U0505664

管理伦理

理论、实践与修养

辛　杰　王旭凤　主编

任　荣　邵康华　副主编

中国财经出版传媒集团

经济科学出版社

Economic Science Press

图书在版编目（CIP）数据

管理伦理：理论、实践与修养/辛杰，王旭凤主编
. --北京：经济科学出版社，2021.11
ISBN 978 - 7 - 5218 - 3167 - 2

Ⅰ.①管⋯ Ⅱ.①辛⋯②王⋯ Ⅲ.①管理学 - 伦理
学 - 高等学校 - 教材 Ⅳ.①C93 - 05

中国版本图书馆 CIP 数据核字（2021）第 249541 号

责任编辑：李一心
责任校对：刘　娅
责任印制：范　艳

管理伦理：理论、实践与修养
辛　杰　王旭凤　主　编
任　荣　邵康华　副主编
经济科学出版社出版、发行　新华书店经销
社址：北京市海淀区阜成路甲 28 号　邮编：100142
总编部电话：010 - 88191217　发行部电话：010 - 88191522
网址：www. esp. com. cn
电子邮箱：esp@ esp. com. cn
天猫网店：经济科学出版社旗舰店
网址：http://jjkxcbs. tmall. com
北京季蜂印刷有限公司印装
710 × 1000　16 开　31.75 印张　550000 字
2022 年 7 月第 1 版　2022 年 7 月第 1 次印刷
ISBN 978 - 7 - 5218 - 3167 - 2　定价：96.00 元
（图书出现印装问题，本社负责调换。电话：010 - 88191510）
（版权所有　侵权必究　打击盗版　举报热线：010 - 88191661
QQ：2242791300　营销中心电话：010 - 88191537
电子邮箱：dbts@ esp. com. cn）

序　言

　　改革开放四十多年以来我们一路高歌猛进，在经济、文化、科技等领域取得了长足进步，中国经济的快速发展和社会的进步举世瞩目。但随之而来的经济发展与道德滑坡、诚信缺失的矛盾也较为明显，一方面，随着全球政治经济形势复杂化、经济全球化、产业跨界化、社会信息化、组织平台化、员工创客化、管理人文化等新的时代特征的出现，很多企业面临着转型升级、产业融合、技术创新、员工赋能、量子管理、新生代员工管理等一系列的挑战，企业深刻感受到生存危机；另一方面，企业的伦理真空也带来了诸多经营问题和社会问题，安然公司财务造假导致破产，奶业巨头三鹿因三聚氰胺倒闭，肯德基苏丹红影响消费者健康，知名方便面品牌的酸菜汤料包生产车间肮脏不堪，滴滴约车平台司机杀人事件触目惊心，锦湖轮胎超量掺"返炼胶"导致安全性难保，宝洁纸业用脱墨纸制餐巾纸，双汇因瘦肉精危及消费者健康……这一个个管理伦理方面的案例让我们意识到，企业没有伦理则不会健康可持续发展，而且还会危及公共利益，关注管理伦理问题刻不容缓。

　　近年来，越来越多的学者和企业家呼吁学习管理伦理，并以不同方式进行了形式多样的宣贯和落实，越来越多的商业人士在努力获取财富的同时，开始寻找精神家园，试图探寻人生最根本的问题，他们尝试用伦理和信仰来管理内心的欲望，把握事情和人的纹理，缔造健康的工作和生活方式。他们一致认为，企业应该传承的是价值观和信仰，企业家在追求财富积累的同时，更应该关注伦理和信仰的塑造。

不少企业在践行管理伦理的过程中也收到很多正面的反馈，如企业健康度、员工忠诚度、产品美誉度等得到提高，这也在不断地激励企业家群体更加积极主动地学习和践行企业伦理。著名企业家张瑞敏从《论语》《道德经》《易经》等国学经典中汲取发展的智慧，探寻中华传统伦理与海尔发展的有效融合。他从《易经》乾卦的九三爻中汲取"君子终日乾乾"的智慧来打造"乾泉"，激励海尔人奋发图强、追求卓越。他从《易经》中感悟"乾道变化，各正性命"，在企业经营实践中的应用就是早些年的"战略业务单元"（strategic business unit，SBU）以及今天类似于"海立方"的扁平化、平台式经营。方太集团总经理茅忠群是个不折不扣的现代儒家伦理的践行者和中华优秀传统文化的倡导者，他以儒家之道修身养性，开设企业读经学堂，自己研习并带领企业员工学习《大学》《论语》《孟子》《中庸》《弟子规》《道德经》等中华传统文化读本，他笃信"可以治理国家的思想，肯定是可以管理企业的"，并指出"国学和管理的结合，效果很好"。员工们积极撰写学习中华传统文化的感悟文章并发表在集团内刊《方太人》的"总裁儒吧"专栏上，吸引更大范围的员工参与到学习中华传统文化的活动中来，深入领会儒家的"仁义礼智信"。

做企业和经商是两个概念，经商就是赢利，而企业是生产经营＋创造＋开发的集合，企业本身是社会的，它包含一种企业精神，是在创造思想，创造物质与精神财富。现代社会中，企业被赋予了先进的思想、文化，而企业家本身就应该是思想家、政治家，这是其必备的基本素质，不会忧国、忧民、为国、为民的企业家就不是一个真正的现代企业家，他只能算是一个商人。管理要发挥真正伟大而持久的影响作用则需要与一个社会的基本价值观、思维习惯、信仰等相契合，管理越是能够利用一个社会的传统、价值和信念，则其成就越大。德鲁克是最不像管理学家的管理学者，他从来不是孤立地谈管理，而是将管理置于社会、伦理、信仰之中，他更像一个传教士。可见管理不是孤立地存在，而是与伦理、文化、信仰密切相关的。伦理是对价值观的持有，是对事物纹理的根本认识，对伦理的信奉可以让我们看清企业经营的基本纹理，在经济大势面前把握商业的基本逻辑，在经营行为面前把握基本的行为准则。企业伦理使我们可以管理和调整欲望、能够恪守职业道德与对家庭的承诺，避免工作与生活偏离正常的轨道太远，来达到平衡发展与可持续发展。下一波商业浪潮将走向深层的生命体验，真正意义的全球品牌需要包含一种基本的人类关怀和情感，寻找人类共同的价值、尊重、宽容、爱、忠诚，并将其植入品牌中。新时代的中国企业应树立更高的经营坐标，立意要高，取法要高，有志于做基于企业伦理的圣贤而不是一般意义上的商人，不断提升自己的文化品格，从而更持久、更健康地创造企业价值。

从 2017 年 12 月中共中央办公厅首次以印发文件形式专题阐述中华优秀传统伦理的传承发展工作，到公众呼吁弘扬中华传统伦理的社会文化导向，再到诸多企业学习并践行企业伦理的种种现象，我们认为，大力学习和践行企业伦理正逢其时，为此，山东大学管理学院管理伦理编写小组（辛杰、王旭凤、任荣、邵康华）基于当下的企业伦理现状与表征，充分吸收借鉴前人在此方面的智慧，系统地撰写了本教材，创造性地编入"伦理领导的修养""个体的伦理修养"等章节内容，不仅注重教材内容体系的完备性，还注重教材内容的生动性和鲜活性，不仅注重外在的伦理制度和伦理规范，更注重内在的伦理修养和伦理觉悟。本教材面对的读者群体为商学院本科生、科学学位研究生、MBA、EMBA 以及与商科培训有关的受众群体，在功用上一方面帮助企业管理者矫正自己的精神坐标，另一方面有利于企业管理者群体找准践行企业伦理的切入点和可持续发力点，促进企业健康可持续经营。

《中庸》有云：能尽人之性，则能尽物之性；能尽物之性，则可以赞天地之化育；可以赞天地之化育，则可以与天地参矣。真正的管理伦理教育能使我们的内心更加丰裕，解放小我、成就大我，把人从梦寐无知中解放出来，实现人与人之间爱的互动，把人内在的良知引发出来，在潜能与现实之间架起一座桥梁，将我们由黑暗引向光明，由低俗引向高贵，由狭隘引向宽广，由肤浅引向厚重，由痛苦引向快乐，由失败引向成功。真正的管理伦理教育能去除人为物役的状态，帮助人们实现自由的本性。

需要指出的是，企业伦理也是动态发展、与时俱进的，需要吸收具有时代气息的新内容，摒弃不符合时代潮流的糟粕，如推崇守旧、压制个性、压制自由思想、阻碍发展等。我们需要继承和发扬的是有价值和反映事物本质规律的东西，并赋予其浓郁的时代气息和未来感，以时代的角度、以比较的观点和方法看问题。未来的企业伦理需要放在整个世界文化大背景下去研究和实践，中国企业在深入国际化经营的过程中需与西方的价值观不断碰撞、交融，最终回归我们的文化之根，中学为体、西学为用，更加系统化、情景化地推进中国企业的管理升级和可持续发展。

本教材受山东大学教育教学改革研究项目（2022Y223）资助。

谢荣贝、臧梦娇、屠云峰、范蕾、江舰、刘欣瑜、谭清远、岑莹、董楠楠等参与了书稿的编写和校对工作，在此一并表示感谢。经济科学出版社李一心老师对本书稿提出许多宝贵的修改建议，才使得书稿日趋完善，在此尤其表示衷心感谢！

因编者学识能力所限，教材内容难免有不足之处，还望广大读者朋友不吝指正。

目 录

第一章 管理伦理学概论

➤ 学习目标

1. 了解管理伦理学的形成和发展。
2. 掌握伦理与道德的内涵。
3. 分析管理与伦理的统一性。
4. 掌握伦理道德管理的特点与功能。
5. 掌握道德与法律的联系与区别。

➤ 引导案例

企业需要伦理①
——三鹿事件警示录

2009 年 1 月 22 日，石家庄市中级人民法院对三鹿问题奶粉系列刑事案件中的数名被告人做出一审判决，其中原三鹿集团董事长田文华被判处无期徒刑，剥夺政治权利终身。2009 年 2 月，三鹿集团正式宣告破产。2009 年 3 月 4 日，中国石家庄市中级人民法院委托的拍卖公司宣布，北京三元集团与三元股份全资子公司河北三元以 6.1650 亿元的价格，成功竞购石家庄三鹿集团股份有限公司破产财产包。

三鹿，这个经过 50 年打拼树立起来的品牌，曾是中国著名的乳品企业，是中国食品工业百强、农业产业化国家重点龙头企业，连续 6 年入选中国企业 500

---

① 《新华视点：三鹿集团部分高管受审警示录》，新华网，https://news.ifeng.com/opinion/200812/1231_23_949101.shtml。

强，三鹿奶粉产销量连续 15 年实现全国第一。三鹿奶粉、液态奶还被确定为国家免检产品，并双双荣获"中国名牌产品"荣誉称号。2005 年 8 月，"三鹿"品牌被世界品牌实验室评为中国 500 个最具价值品牌之一，"三鹿"商标被认定为"中国驰名商标"，品牌价值曾高达 149.07 亿元。仅仅几个月内就成为 11 亿多元负资产的破产企业、而最终以 6 亿元的价格被拍卖，是什么导致发生如此颠覆性变化？与其说是三聚氰胺打倒了三鹿，倒不如说是三鹿自己打倒了自己。

三聚氰胺（Melamine）又名"蛋白精"，是一种三嗪类含氮杂环有机化合物，重要的氮杂环有机化工原料。牛奶和奶粉里如果添加了三聚氰胺，能够增加蛋白质含量。牛奶和奶粉都是要按规定检测蛋白质含量的。要是蛋白质不够多，说明牛奶兑水太多，说明奶粉中有太多别的东西。但是，蛋白质太不容易检测，生化学家们就想出一个办法：因为蛋白质是含氮的，所以只要测出奶粉中的含氮量，就可以推算出其中的蛋白质含量。因此添加过三聚氰胺的奶粉就很难检测出其蛋白质不合格了。添加了三聚氰胺的奶粉，食用后会导致肾结石，使肾功能衰退，危及生命安全。

据知情人透露，其实在 2007 年第四季度，就已经发现奶源问题，三鹿并没有采取措施，到 2008 年 3 月份，发现奶粉出现问题后，三鹿仍在"打自己的小算盘"，继续生产、销售问题奶粉。一直到媒体曝光、事态严重到无法掩盖时，三鹿才首次开口承认了奶粉受三聚氰胺污染的事实。此时，三鹿"毒奶粉"已经源源不断地流向了市场，伤害到了更多的人。庭审记录表明，单是从 2008 年 8 月 2 日至 9 月 12 日 40 天的时间里，三鹿集团共生产含有三聚氰胺婴幼儿奶粉 72 个批次，总量 904.2432 吨；销售含有三聚氰胺婴幼儿奶粉 69 个批次，总量 813.737 吨，销售金额达 4756 万多元。

2008 年 9 月，经媒体披露和国家有关部门调查证实，河北省石家庄市三鹿集团股份有限公司生产的三鹿牌婴幼儿配方奶粉受到三聚氰胺污染，导致全国多名曾食用该奶粉的婴幼儿发生泌尿系统结石，污染原因是不法分子向原奶中非法添加三聚氰胺。9 月 16 日，国家质量监督检验检疫总局通报的奶粉三聚氰胺专项检查结果显示，三鹿、圣元、蒙牛、伊利、光明、雅士利等 22 家企业 69 批次产品检出了含量不同的三聚氰胺。随后多次针对婴幼儿奶粉、普通奶粉、液态奶的国家专项检查显示，三聚氰胺问题涉及众多国产乳品企业。

据卫生部通报，截至 2008 年 11 月 27 日，全国共有 29.4 万名婴幼儿因食用问题奶粉患泌尿系统结石，重症患儿 154 人，死亡 11 人。

一时间，人们谈奶色变，对乳制品的信心降到最低点，消费量也降到最低。

销售商方面，所有被检测出三聚氰胺的问题奶粉全部下架。问题奶粉企业，产品滞销，原奶堆积，行业股票普遍大跌，使数以十亿计市场份额瞬间蒸发，还有数以百亿计品牌资产灰飞烟灭。更严重的是，它动摇了中国乳业的诚信根基，几乎整个行业都遭到公众的质疑和排斥！

奶粉与其他行业不一样，它能直接作用于人体，影响人们的身体健康，严重的将危及生命。所以做这个行业首先必须有良心，要不然一出事肯定就是大事。有关人士从更深层面上反思三鹿奶粉事件，他们认为，现在回过头来看整个事件，从一些非法奶农掺假到生产企业刻意隐瞒真相，到相关政府机构的不负责任，到一些干部甚至是领导干部的麻木不仁，置若罔闻，都凸显问题之严重，可以概括为四句话：企业丧失道德良知的基本原则，干部缺失以人为本的基本理念，监管部门违背全面协调可持续发展的基本要求，地方政府缺乏统筹兼顾的基本功能。

三鹿事件后不久，国务院总理温家宝曾就中国食品安全说过这样一句耐人寻味的话："企业家不仅要懂经营、会管理，企业家的身上还应该流淌着道德的血液。"

三鹿集团难逃市场惩罚，诸多责任人也受到法律的制裁，其引发的恶果让全社会付出了沉重的代价——众多孩子健康受损，有的甚至离开了人世，国家耗费了巨额财力，国产乳业深陷信用危机。企业家首先要有良知，田文华和三鹿用血淋淋的教训给中国的企业经营者们上了宝贵的一课：企业追求利润无可厚非，但是必须严格自律，一定不能以牺牲产品质量、危害他人性命、以泯灭生产者良心为代价，否则只能是自食其果、咎由自取。真正对消费者的生命健康负责，对社会负责，才能赢得消费者的信任。在监管缺失的情况下，企业唯有依靠道德自律才能保证自己健康发展。

苏丹红、瘦肉精、毒大米、大头娃娃……频频爆发的食品安全事件无一不指向同一个问题：这些企业经营者缺失了基本的社会良知。做企业就是做人，企业经营者的道德修为决定了企业的所作所为，如果企业缺失了良心和社会责任心，不重视消费者的人身安全和健康，片面追求经济利润最大化，那么这个企业即使做得再大，也难有长远发展，最终会被消费者所抛弃。缺乏人文关怀和底蕴的企业家最终只会沦为"经济动物"，绝无可能被后人敬仰。

前事不忘，后事之师。三鹿事件虽然已经画上一个句号，而留下的深刻教训，令人反思。

第一节　管理伦理学的产生与发展

一、人类社会与伦理道德

与管理一样，伦理也是无所不在的。有人的地方就有伦理道德。人类作为社会性动物，总是过着群居的生活。在长期的共同生活中，人们发现遵守一定的伦理道德是一个群体得以维持、昌盛和发展的必要条件，是既利人又利己的最佳选择。比如，在人类社会的早期，生产工具和生活资料都极度困乏，为了捕获猎物，人们不能不团结合作、服从指挥、信守诺言，依靠集体的力量才能达到目的。任何个人的单独行动都不可能获得成功，能否生存下去甚至都可能成为现实的问题。

因此，在氏族内部，生产资料是共有的，人们共同劳动、和睦友爱、平等相处。由此决定了食物、生活用品的分配，都要严格按照平等的原则进行。达尔文在他的旅行日记中曾经记述了当时还保存着原始风俗的火地岛土著人的分配情况。即使在饥荒严重的时候，"年轻的火地岛人跑到海岸边去寻找食物，假如他幸而发现一条搁浅的鲸鱼，这是他们最喜欢的食物。但是，他即使快饿死了也不去触动它一下，而是跑回去报告本氏族的其他成员，他们立即赶到发现场所，然后由年长者将鲸鱼的尸体平均分配。"[①] 在这种情况下，约束这个年轻人的就是一种伦理规范。他如果先吃了一块鲸鱼肉，或许别人不会知道，但是他会受到自己良心的谴责。一旦被别人发现了，他就会受到严厉的惩罚。所以，伦理道德是人们在长期的生活实践中的经验和教训的积累。

伦理作为人类的创造物，成为人类精神活动的基本形式，在个人欲望的满足和社会秩序的和谐之间发挥重要的平衡机制，是个人自我实现的方式，也是调节社会关系的重要手段，为人们的生活、工作以及各种交往活动提供必要的秩序。因此，伦理在本质上是人类对自我的管理活动。

在人类社会的早期，法律尚未形成，维系人际关系和氏族之间交往的是伦理道德。恩格斯对原始社会这种伦理道德的调节作用，曾经做过生动的描述："这

[①] 达尔文著，苗德岁译：《物种起源》，译林出版社 2016 年版，第 152 页。

种十分单纯的氏族制度是一种多么美妙的制度啊！没有今日这样臃肿复杂的管理机关"，"没有士兵、宪兵和警察，没有贵族、国王、总督、地方官和法官，没有监狱，没有诉讼，而一切都是有条理的。一切争端和纠纷，都由当事人的全体即氏族或部落来解决，或者由各个氏族相互解决。复仇仅仅当作一种极端的、很少用的手段。……一切问题，都由当事人自己解决，在大多数情况下，历来的习俗就把一切调整好了。"①

二、管理伦理学在国外的产生

管理和伦理都是伴随着人类社会的出现而出现的，都是人类社会实践活动和生产劳动的产物。然而，全社会普遍关注管理与伦理之间的联系，并将企业管理过程中的伦理问题放在"管理伦理"（business ethics，或称为"管理伦理""商业伦理"）的名称下进行专门研究则是近几十年的事。

管理伦理问题在 20 世纪 60 年代的美国开始受到关注。当时一些企业在生产经营活动中肆意污染环境、忽视安全生产、销售不合格产品，这些不道德行为经媒体曝光后，引起了公众的强烈不满，并在全社会引发了一场保护消费者权益运动。迫于公众的强大压力，1962 年，美国政府公布了一个报告——《关于管理伦理及相应行动的申明》（A Statement on Business Ethics and a Call for Action），此举表达了公众对企业经营中伦理问题的极大关注。

同时，20 世纪六七十年代爆发的形形色色的企业丑闻也引起了学术界的广泛关注，特别是在水门事件后，华尔街的非法股票交易、一些大企业的非法政治捐款甚至向政府工作人员行贿行为愈演愈烈，工业化的弊端也越来越清晰地暴露出来，给人们带来了许多困境：环境污染、能源枯竭、土壤沙化、生态危机等自然环境问题，以及道德堕落、精神危机、管理低效等社会环境问题。这些问题的产生，促使人们对近代以来单纯追求经济利润的价值取向产生了怀疑，促使人们思考一些重大的经济伦理问题，如经济活动的道德内涵、经济立法的道德基础、企业的社会责任与道德地位、利润最大化原则的合理性及其限度、价值观念和道德风气在经济发展中的作用等。对这些问题的探讨使一些在西方长期占统治地位的观念受到挑战，比如关于经济与道德无关，经济活动只遵循弱肉强食的"丛林法则"的观念；关于法律和市场万能的观念；关于企业只对其所有者和投资者

---

① 《马克思恩格斯选集》第四卷，人民出版社 1992 年版，第 92 页。

负责，而不是对其所有的利益相关者负责的观点；等等。

1962 年，威廉·罗德（William Ruder）在美国管理学院联合会（American Assembly of Collegiate Schools of Business）所属成员中发起了一项关于开设管理伦理学必要性的调查。1974 年，在美国堪萨斯大学召开了第一届管理伦理学讨论会，标志着管理伦理学的产生。此后，管理伦理学越来越受到学术界、教育界和企业界的重视，在 20 世纪 80 年代，管理伦理学逐渐发展成为一门学科，绝大多数大学中的管理学院相继开设了管理伦理和商业道德方面的课程，重视管理伦理学教学逐渐成为世界各地 MBA 教学的一大趋势。到 1993 年，美国已有 90% 以上的管理学院开设了有关管理伦理（business ethics）的课程。1997 年，著名的布莱克威尔出版公司出版了《经济伦理学百科辞典》，标志着经济伦理学成为学术界公认的相对独立的研究领域。早在 1988 年，被誉为"企业家摇篮"的哈佛大学商学院首次推出"决策及伦理价值"的课程，目前已将它列为工商管理硕士研究生 MBA 入学后的首要必修课。近年来，哈佛大学商学院规定所有申请报考 MBA 的学生都必须写一篇管理伦理方面的文章。

与此同时，管理伦理逐渐进入其他课程，几乎所有的管理学（Management）教科书都开辟专章讨论"企业社会责任和管理伦理"。比如哈罗德·孔茨（Harold Koontz）和海因茨·韦里克（Heinz Weihrich）合著的《管理学》（1998 年第 10 版）中，新增了"管理与社会：外部环境、社会责任和伦理规范"等内容。斯蒂芬·P. 罗宾斯（Stephen P. Robbins）著的《管理学》（第 7 版）中，专门增加了"社会责任与管理道德"一章，并且在每一章都插入有关伦理小实例或伦理难题，以引起读者的伦理思考。管理伦理不仅成为管理学的构成内容，而且还向市场营销学、战略管理学、组织行为学、国际商务学、会计学、谈判学等课程渗透。

商学院及其毕业生对管理伦理的重视程度开始影响到商学院的排名。在美国《商业周刊》对商学院的排名中，2002 年新增了对商业道德的评价，毕业生根据对商业道德的重视程度，对学院进行评分。招聘人员要评出哪所学院的毕业生具有商业道德。目前，毕业生对学院的评分包括课程设置、商业道德。招聘人员对 MBA 毕业生的评分包括商业道德、团队精神和分析能力。在排名时，还对每所商学院的知识资本进行评分，评分方法是计算其在 18 种出版物上刊登的学术文章，这些出版物包括《哈佛商业评论》《管理伦理学报》等。

继美国之后，欧洲也开始重视管理伦理的研究。1983 年，荷兰商学院设立了欧洲第一个管理伦理学讲座，1986 年，荷兰特温特大学商业管理学院也设立了同样的讲座。到 1995 年 8 月，欧美的大学已开设了 500 门以上的管理伦理课程，而有关教材和专著则多达上千种。

20 世纪七八十年代，世界特别是美国一系列经济丑闻事件不断发生和频频曝光。如美国洛克希德飞机公司为争夺日本市场的贿赂案，美国国际电话电报公司、海湾石油公司、埃克森公司、格鲁曼宇航公司、默克公司等在国外的贿赂事件，海湾石油公司、布兰尼弗和美国航空公司非法捐款资助尼克松竞选连任，美国牛奶生产商为提高联邦牛奶价格而贿赂前总统尼克松，等等。除此以外，还有非法操纵市场和股票交易，随意处置有毒化学物质、严重污染环境、生产有毒或危险产品、无视工人和顾客生命安全，甚至致使化学工厂有毒气体大爆炸等事件。

➢ 阅读材料

埃克森公司污染环境被重罚①

1989 年 3 月 24 日，美国埃克森公司（Exxon Company）的一艘巨型油轮在阿拉斯加威廉太子湾附近触礁，800 多万加仑原油泄出，形成一条宽约 1 公里，长达 8 公里的漂油带。这里是美国和加拿大的交界处，以前很少有船只从这里通过。海水湛蓝，海鸟在天空中自由地飞翔，鱼儿在水里畅游，成群的海豚、海豹在礁石上嬉戏，沿岸山青林密。事故发生后，这一切被严重破坏了。环境保护组织对这一突发事件感到伤心，加拿大和美国的当地政府官员敦促埃克森公司尽快采取措施解决这一问题。

然而，埃克森公司却无动于衷。它既不彻底调查事故原因，也不采取及时有效的措施清理泄漏的原油，更不向加拿大和美国当地政府道歉，致使事故进一步恶化，污染区域继续扩大。埃克森公司的态度激怒了美国、加拿大地方政府、环保组织以及新闻界。他们联合起来发起了一场"反埃克森运动"，指责埃克森公司太不负责任，企图蒙混过关。各国新闻媒介群起而攻之和国际环境保护组织的尖锐批评，甚至惊动了布什总统。3 月 28 日，布什总统派遣运输部长、环境保护局局长和海岸警卫部队总指挥组成特别工作组，前往阿拉斯加进行调查。

---

① 《埃克森美孚因污染环境被罚 240 万美元》，网易财经，https://www.163.com/money/article/64FIN5FR002524SO.html。

经过周密调查得知，这起恶性事故的原因是船长饮酒过量，擅离职守，让缺乏经验的三副代为指挥造成的。调查结果一经公布，舆论为之哗然。埃克森公司陷入极为被动的境地之中。

在社会各方面的谴责声中，埃克森公司被迫花费重金请工人使用高压水龙、蒸汽冲洗海滩，甚至用双手刷洗巨大的岩石。事故发生在初春的3月，阿拉斯加寒风袭人，海滩的清理工作十分费力，进展缓慢。埃克森公司仅此一项就付出了几百万美元。此外，因为污染了环境，埃克森公司被处罚35亿美元，这还不包括索赔等其他费用。

更为严重的是，埃克森公司的石油大王形象受到严重破坏，西欧和美国的一些老客户纷纷抵制其产品，转而购买皇家壳牌产品，这使埃克森公司顿感狼狈不堪。

这些丑闻不仅直接导致企业信任危机、伦理危机，而且增加了企业的经营成本，导致了企业的生存危机，企业管理者们不得不开始清醒地思考企业经营中的伦理问题，并采取措施解决问题。

三、管理伦理学在我国的形成

管理伦理学（Business Ethics）作为一门独立的应用伦理学科产生于美国，引进到国内后，出现了不同的译文：管理伦理、商业伦理、经济伦理。我们认为，在企业里讲伦理自然就应该称为管理伦理学，它是一门研究企业这个法人在处理利益相关者关系时应该遵守的行为规范和准则。

（一）我国管理伦理学的形成

从现有资料看，我国管理伦理学的相关著做出现在20世纪末期。

1989年唐能赋的《企业管理伦理学》（四川大学出版社）从管理学的角度，通过对管理哲学、管理伦理的研究，探讨了企业管理的伦理问题；1990年乔法容的《管理伦理文化》一书出版，对管理伦理的含义、要素、企业人伦关系、企业道德调节、道德激励、道德评价等问题从理论上进行了较为全面的论述，并尝试通过管理伦理建设的案例，用经济伦理的视角审视管理伦理建设同企业发展的关系；继1991年龙静云、乔洪武的《钥匙的魔力——企业道德概论》（武汉工业出版社）出版后，1992 年山西教育出版社又推出了两人合著的《企业与道德》一书。两位作者对企业道德的特征、作用、功能，企业的社会责任，生产、交换、分配、消费等诸环节的伦理规范做了较为深入的探索。这一时期的研究成果表明中国管理伦理研究已初具规模。王小锡的《经济伦理与企业发展》从经济伦理学的视角，对中国管理伦理及企业发展的深刻揭示，受到了学界的广泛关注。

　　1996 年 12 月，南开大学的陈炳富和周祖城联合编著出版了《管理伦理学概论》，1997 年 11 月，复旦大学的苏勇编著出版了《管理伦理》，为管理伦理学在我国的研究、教学、推广做出了贡献。

　　徐大建的《管理伦理学》（上海人民出版社 2002 年版）从管理伦理学的理论基础、企业管理中的伦理问题、企业的伦理建设三大方面，全面地论述了管理伦理的有关理论；欧阳润平的《管理伦理学》（湖南人民出版社 2003 年版）立足于全球化的竞争背景，以多学科交叉的视野，以在企业长期调查研究的经验、思考与实践为基础，力图构建培育中国企业道德实力和经营实力的机制，这是对管理伦理理论和实践操作的一种全新探索，是现阶段我国管理伦理研究代表性的成果之一。

（二）我国管理伦理研究的初步成果

　　首先，在管理伦理的有关基本概念界定、研究对象、企业社会责任、管理伦理和社会文化的关系、企业管理活动中的伦理道德、人伦关系在经济管理、经济社会发展中的作用，以及管理伦理决策等方面取得了不少理论成果。其次，开展了对我国传统文化宝库中传统伦理道德思想的挖掘与研究。不少学者将儒家、道家、释家思想中的道德伦理范畴引进管理伦理，体现出管理伦理学的民族性、时代性。最后，注重市场经济中有关管理伦理道德丧失的原因的研究。比如 2003 年 11 月在上海召开的"经济伦理与完善社会主义市场经济体制"的研讨会等。

（三）我国管理伦理学研究现状

　　第一，研究领域不断拓展。目前管理伦理的研究已经涉及企业管理的方方面面：从生产到销售，从人力资源管理到财务会计，并且渗透到电子商务、环境保护、跨国经营等领域。

　　第二，研究内容不断丰富。既对企业与其利益相关者的伦理关系进行探讨，也研究各类行业的企业应承担的社会责任；既对市场经济条件下出现的管理伦理新问题进行思考研究，又重视传承中华文化的优秀传统，以及吸收国外管理伦理的精华。

第三，研究方法多样化、研究视角多元化，从宏观论证到微观证明，从规范研究到实证分析，从人文科学的描述法、理论分析到自然科学的数学方法、建模等都有运用。

第四，呈现出多学科综合研究的态势。不仅有哲学、伦理学、经济学、管理科学的专家学者在研究，更有企业家人士的积极参与，而且越来越多的学科增加了伦理的角度进行研究和阐释相关理论。

四、管理伦理运动

（一）国外管理伦理运动

1. 设置专门机构和伦理主管

在 20 世纪 80 年代，大多数西方企业开始明确企业的价值观、信条和使命，制订企业经营管理守则和行为规范，对企业管理人员和一般员工进行伦理道德培训，设置管理伦理官员和制订伦理办公室制度。1995 年 8 月，英国《经济学家》杂志在一篇文章中指出，欧洲的大型企业约有一半设有专门的管理伦理机构，负责有关管理伦理工作，在企业的实际运作中均起到了很好的作用。美国企业界出现了一种新型的职位：伦理主管。据统计，美国制造业和服务业前 1000 家企业中，有半数以上的企业设伦理主管，而且许多公司的伦理主管由董事长或总裁兼任。比如美国第五大公司马丁·马莱塔（Martin Marritta）公司的伦理指导委员会主席就由总裁担任。伦理主管的任务主要是训练员工遵守正确的行为准则，并处理员工对受贿和报假账等可能发生的不正当行为提出的质疑。到目前为止，日本有 90% 以上的企业设有专门的管理伦理机构。

2. 制订管理伦理守则

1988 年，由各大公司总裁组成的美国企业圆桌委员会把企业良好的伦理道德风气看作是首要的企业资产，并以此促进美国企业界的观念变革。美国本特莱学院的伦理研究中心在 20 世纪 80 年代所作的一项调查表明，《幸福》杂志排名前 1000 位的企业中，80% 的企业把管理伦理价值观融合到日常活动中，在这些企业中，90% 以上的企业有成文的伦理准则来规范员工的行为。英、德等欧洲国家中越来越多的大企业也制订了成文的管理伦理准则。

1994 年，欧、美、日三方企业界领袖在瑞士通过了《康克斯圆桌委员会商务原则》，呼吁全球企业特别是跨国公司本着"共生"和"人类尊严"的理念，处理好企业与其雇员、客户、竞争对手、所有者或投资者、供应商以及所在社区的关系，积极承担相应的责任，而不能仅仅依靠法律和市场的力量去规范企业活动。这一原则为企业经营管理提供了伦理道德上的重要参考。

马丁·马莱塔公司的信条[1]：

统一原则声明：在我们的日常活动中，我们对自己的国家、顾客、所有者和彼此之间，都负有重要的义务。我们将按照某些统一的原则履行这些义务：(1) 我们的基础是忠诚。(2) 我们的优势是人，即员工。员工的集体智慧构成了公司的一项重要资产。(3) 我们的风格是团队工作。(4) 我们的目标是实现卓越。

伦理准则与行为标准：(1) 对员工而言，我们将致力于全员的管理活动，实现人人平等。同时，还为员工提高安全健康的工作环境，尊重个人隐私与尊严。(2) 对顾客而言，我们将致力于以合理的价格生产可靠的产品和提供可靠的服务，按时交货。(3) 对股东而言，我们将致力于追求合理的成长和盈利目标。(4) 对供应商而言，我们将致力于公平竞争。

3. 开展伦理培训

进入 20 世纪 90 年代之后，西方一些著名的大企业包括波音、摩托罗拉、惠普、壳牌、奔驰、菲利普等，都花大力气进行管理伦理建设，在企业内部实施伦理行为守则，为员工开办职业道德培训班。美国通用电力公司决定，要求所属的 10 万名员工必须参加伦理研讨班。到 90 年代中期，30% ~40% 的美国企业进行了某种形式的伦理培训。日本企业通过对员工定期培训，通过制订社训、唱社歌、做朝礼等活动来推动管理伦理建设。韩国企业界的民间组织"全国经济人联合会"于 1996 年 2 月代表政府和国民公布了《管理伦理宪章》。

4. 创建适于伦理管理的法律环境

1988 年，美国国会重新修订了 1977 年制定的《反不正当竞争法》关于"禁止对所谓官员进行贿赂而影响商业道德"的条款，以进一步禁止美国公司和公民对外国官员的贿赂行为，该法案的制定和实施，有助于恢复公众对美国商业体系

---

[1]　林恩·夏普·佩因著，韩经纶译：《领导、伦理与组织案例》，东北财经大学出版社 1999 年版，第 169 页。

所一贯崇尚的"正直"的信心，唤起了政府、公众、企业对商业道德伦理的觉醒，开始对企业经营活动中的非伦理行为给予法律上的约束和制裁。

1991 年，美国联邦司法部下属的独立机构——美国判决委员会颁布了《联邦组织判罚指南》（FSGO，以下简称《指南》），其中所秉持的、被人们称为"胡萝卜加大棒"的原则，使众多美国企业认识到伦理管理不仅是企业自身价值观的体现，也是企业风险控制的重要战略，成为美国伦理管理运动的一个重要的分水岭。一方面，《指南》中被称为"大棒"的政策，是指当被证实存在不道德事实时，参与犯罪的企业可能被加重惩罚，甚至面临上百万美元的罚款；另一方面，相关高管人员可以将伦理和合规（compliance）项目的落实作为在民事诉讼中替自己辩护的理由，罚金甚至可以减少 95%，这一被称为"胡萝卜"的政策体现出美国法律精神中对企业道德自律行为的强调和支持。2004 年新修订的《指南》更加强调企业应该具有创造伦理文化的责任，如果企业能够提供已经构建了伦理管理体系的依据，也同时正致力于更加完善的管理伦理文化建设的话，判决将对公司更为有利。但如果企业的伦理项目仅是作为装饰而缺乏切实可行的行动，或者根本没有项目的话，罚金可能更高。这是美国历史上联邦政府首次鼓励企业建立内部合规管理的行动，因此，在实施几年后，美国绝大多数企业开始推行伦理管理体系，同时，《指南》的条款及判罚标准也逐步在各种案例的处理中逐渐明确化。

作为对 2001、2002 年度安然、世通等公司财务欺诈事件所做出的反应，2002 年 7 月 30 日美国颁布了《萨班斯—奥克斯利（Sarbanes - Oxley）法案》。该法案以条款严苛而著称。它对企业高层管理人员提出更严格的守法要求，并要求他们确保财务报告能真实反映公司的状况，比如公司首席执行官和首席财务官必须对财务报告的真实性宣誓，一旦公司提供虚假财务报告，这两名高管就要承担相应的刑事责任，最高可能被处以 10 年或 20 年监禁的重刑，这与美国持枪抢劫的最高刑罚是一样的。有报道称，国际财务执行官组织对美国 321 家企业的调查显示，每家大型企业第一年单是实施其中的 404 条款的总平均成本就超过 460 万美元，大名鼎鼎的通用电气公司更是花费高达 3000 万美元的巨款来完善内部控制系统以符合 404 条款的要求。在内部控制系统的完善过程中，管理伦理管理框架的构建被提高到一个新的高度，它将企业道德与责任的自律行为上升为无法回避的立法要求，根本性地推动了美国的管理伦理管理。

（二）国内管理伦理运动

中华人民共和国成立后，我国管理伦理管理大致可划分为新中国成立初期、"文革"期间、改革开放后三个阶段：

改革开放前，我国实行高度集中的计划经济，企业（主要是国有企业）作为政府的车间，其社会责任亦即政治责任是无偿地完成国家下达的各项计划指标，"全心全意为人民服务"，党和政府将企业的经营管理纳入政府活动和政权建设。"集体人"是企业对人的基本假定，企业员工（包括企业的经营管理层）被认为是企业的主人，是"革命的螺丝钉"，要发扬主人翁精神，必须对企业集体无私奉献。企业的道德建设主要是加强职工的革命道德教育。为了保证企业的社会主义性质，企业党组织处于一切生产活动的绝对领导地位，加强对职工的思想政治教育，是企业党组织最重要的职责，不断地用马克思列宁主义、毛泽东思想武装全体职工的头脑，组织职工学习毛泽东著作；经常地、系统地对职工进行社会主义教育，包括爱国主义、国际主义教育，形势、政策教育和革命传统教育；培养职工树立革命的作风，在企业中普遍学习推广大庆的"三老四严四个一样"① 精神等。另外，国家通过群众运动强化企业的革命性。所以，这个时期的企业生产积极性高、制度严明，而且无论职工还是领导都有一种"人人为社会、人人为企业、人人为他人"的主人翁精神，为社会主义新中国的建设提供了强有力的保障。

"文革"期间，在"阶级斗争为纲"的旗帜下，企业人际关系高度紧张，生产效率明显下降，人们的价值观出现扭曲。"人有多大胆，地有多大产"，生产不讲究科学技术，责任事故频频发生，造成资源的极大浪费，生产力大大受挫，使管理伦理水准严重下滑。

改革开放以来，我国从建设有计划的社会主义商品经济，逐步过渡到社会主义市场经济，从整体上讲，管理伦理水平在持续发展，但也存在一些值得思考的问题。1985 年开始实行租赁制和承包制，各地乡镇企业如雨后春笋般茁壮成长，一时间全国企业出现空前的繁荣。但是由于没有形成规范的市场秩序，市场投机行为严重，加之管理思想滞后，新兴企业经常使用经济手段来刺激职工的积极性，结果是丢弃了原有的主人翁精神，促使了"拜金主义"思潮的泛滥，社会上

---

① "三老"是指当老实人、说老实话、做老实事；"四严"强调严格的要求、严密的组织、严肃的态度、严明的纪律。"四个一样"是指黑夜和白天工作一个样、坏天气和好天气干工作一个样、领导不在场和领导在场干工作一个样、没人检查和有人检查干工作一个样。

出现了形形色色的贪污腐化现象。

20 世纪 90 年代中期以来，随着市场经济体制的逐步规范，法制的完善，现代企业制度的实施，特别是党的"十五大"以来，企业开始重视包括管理伦理建设在内的企业文化建设，员工整体素质有了提高，管理伦理思想，如爱祖国、爱人民、爱企业、集体主义和共产主义精神得到发扬，管理伦理道德正朝着现代企业制度所要求的目标发展。1997 年 5 月，合肥荣事达集团在北京公布了《荣事达企业竞争宣言》，保证在接受法律法规制约的同时，严格进行企业自律。此举在国内引起很大反响，被列为当年全国十大经济新闻之一。1999 年 7 月 15 日，我国 33 位非公有制经济代表在人民大会堂发布《信誉宣言》：在市场活动的各个环节中，从自己做起，带头做到守信用、讲信誉、重信义；做到爱国敬业、照章纳税、关心职工；做到重质量、树品牌、守合同、重服务。

进入 21 世纪以来，越来越多的企业开始重视管理伦理建设，以法律和伦理道德来规范企业的经营行为，并创造了良好的经济效益与社会效益。

2021 年，中共中央　国务院发布《关于完整准确全面贯彻新发展理念做好碳达峰碳中和工作的意见》《2030 年前碳达峰行动方案》两份重要文件，初步形成双碳工作"1＋N"政策体系。前者是"1"，是顶层设计，管总管长远；后者是"N"中为首的政策文件，指导 2030 年前碳达峰工作。各部委、各重点行业和各地区都将根据这两份文件制订各自的工作意见和行动方案，转型路径更加清晰，还将开展多层级碳达峰碳中和试点示范。企业应密切关注所属行业、所在地区的政策方案，及时应对、积极响应。2021 年绿色电力交易试点启动，有利于激活零碳电力的商品属性，2022 年会继续深化并扩大规模。碳市场在完成了首年的平稳运行之后，"十四五"内有望扩容，自愿减排机制（CCER）有望在市场化生态补偿机制下重启。设立碳中和时间线、规划零碳转型路线图，正成为各行业龙头企业的"新标配"。在"1＋N"政策体系的指引下，将有更多大企业制订零碳战略。国资委已将双碳纳入中央企业考核评价体系，提出建立绿色低碳循环产业体系、构建清洁低碳安全高效能源体系等五个方面的要求。对跨国公司来说，在华分支有望实现超预期的"脱碳"成效，成为全球亮点。龙头民营企业也在政策和市场的驱动下加速前行，将涌现更多细分领域的"碳中和解决方案"提供方。

2021 年 8 月 17 日，中央财经委员会第十次会议召开，重点研究扎实促进共同富裕问题。会议提出，要把促进全体人民共同富裕作为为人民谋幸福的着力点，不断夯实党长期执政基础。从实现路径看，在高质量发展中促进共同富裕就是要正确处理效率和公平的关系，构建初次分配、再分配、三次分配协调配套的基础性制度安排。每次分配都与企业社会责任相关：初次分配主要关系到劳动条件；再分配主要关系到依法缴税；三次分配主要关系到企业捐赠。共同富裕的政策倡导将极大地提升企业的社会责任意识，引导企业提高员工福利、依法缴税、积极投身公益慈善回报社会。未来将会有更多企业和企业家投身负责任的投资及公益慈善，通过产业帮扶、公益基金会、慈善信托等方式，以更系统、专业的方法促进共同富裕。

责任投资金融市场加速拥抱 ESG。国内外市场近两年的统计数据清楚地显示，金融市场拥抱 ESG 已呈明确的加速趋势。具体到中国市场，一方面，ESG 发展以绿色金融为依托，绿色金融发展又以双碳目标为引领，因此应对气候变化、助力双碳目标将是中国责任投资市场的主旋律；另一方面，中国市场结构和发展路径决定了以商业银行为主的信贷市场、债券市场仍占主导地位，央行及银保监会的政策措施如碳减排支持工具、金融机构气候环境压力测试、银行业金融机构绿色金融评价等将继续促进中国绿色金融的快速发展。在此背景下，上市公司对 ESG 评级的关注将持续提升。商道融绿对 A 股的评价报告显示，上市公司 ESG 评级还有较大的改进空间。因此，上市公司应建立完善 ESG 管理体系、改进 ESG 披露，以提升 ESG 评级。

第二节　伦理、道德与法律的内涵

一、伦理

英语"伦理"一词源于希腊文 ethos，表示惯常的住所、共同居住地。亚里士多德（Aristotle）的《尼各马可伦理学》首先使名词 ethos 成为一个形容词 ethikos，意思为"伦理的""德行的"，从而使它具有德行的含义，并由此构建了一门新学科——伦理学。"morality"一词源于"mores"（风俗），"mores"是拉丁文 mos，即习俗、性格的复数。后来古罗马思想家西塞罗（Cicero）根据古希腊道德生活的经验，从 mores 一词创造了一个形容词 moralis，指国家生活的道德风俗和人们的道德个性，以后英文中就出现了相应的名词形式"morality"。在英语中"ethics"和"morality"两个词在日常用语中很多时候是可以互换的。根据《21 世纪大英汉词典》《柯林斯英汉双解大词典》等相关词典的解释，英文

"ethics"是指伦理学、道德学，以及道德体系、道德准则、行为准则；"morality"更多是指行为方面的道德性，以及人的德行、品行或美德。

实际上，在西方哲学界和伦理学界，"ethics"和"morality"有明确的区分。黑格尔（Hegel，1770－1831）在《哲学史讲演录》中提出，伦理是指社会行为规范，包括风俗习惯等，而道德主要是指个人的内在操守。他指出，"道德的主要环节是我的识见、我的意图……伦理之为伦理，更在于这个自在自为的善为人所认识、为人所实行……道德将反思与伦理结合，它要去认识这是善的，那是不善的。伦理是朴素的，与反思相结合的伦理才是道德。"具体而言，伦理范畴侧重于反映人伦关系以及维持人伦关系所必须遵循的规则，道德范畴侧重于反映道德活动或道德活动主体自身行为之应当；伦理内化为人的操守即是道德。

在汉语中，"伦理"这个词在先秦典籍中就出现了，《礼记·乐记》曰："凡音者，生于人心者也；乐者，通伦理者也。"郑玄注："伦，犹类也。理，分也。""伦"本义为"辈"。《说文》曰："伦，辈也。"引申为"人际关系"。"理"本义为"治玉"。《说文》曰："理，治玉也……玉之未理者为璞。"引申为整治和物的纹理，如修理、理发、木理、肌理；进而引申为规律和规则。《孟子·滕文公上》说："饱食暖衣，逸居而无教，则近于禽兽。圣人有忧之，使契为司徒，教以人伦：父子有亲，君臣有义，夫妇有别，长幼有序，朋友有信。"

根据这些论述，我们可以得出这样的观点，伦者就是人伦，即人与人之间的基本关系。"伦""理"二字合用就是关于人与人之间关系的系列相关基本原则，这就是汉语"伦理"一词原本应有之意。"伦理"是指人、群体、社会、自然之间的利益关系，包括人与他人、人与群体、人与社会、人与自然、群体与群体、群体与社会、群体与自然、社会与社会、社会与自然的关系等。伦理也是指人类社会中人与人之间，人们与社会、国家的关系和行为的秩序规范。"理"即道理、规则和原则。"伦"与"理"合起来就是处理人、群体、社会、自然之间利益关系应当遵守的行为规范和准则。

二、道德

"道"的最常用的含义是道路，引申为宇宙、自然界、人类社会的运行规律。关于"道"字，许慎在《说文解字》中说："道，所行道也。从辵、首。一达谓之道。古文道，从首、寸。"清代段玉裁在《说文解字注》中说："道，引申为道理，亦为引道。从辵、首。首者，行所达也。首亦声。一达谓之道，四达谓之衢，九达谓之道。"也就是说，道所指的路不是四通八达的，它有一个顶端。古文"道"同"导"。从较早的金文和甲骨文看，"道"与"導"本为一字。综合这几层意思，"道"包含着人应该走的唯一正确的人生之路的含义。从哲学的角度来说，"道"是中国哲学的基本范畴，包含天道、人道、地道，具有终极意义的概念。在《荀子·劝学》中"道"与"德"二字始连用，"故学至乎礼而止矣。夫是之谓道德之极"。既包含道德规范，也包含个人品性修养之义。

西周初年的大盂鼎铭文的"德"字，是按礼法行事有所得的意思。"德"字在古代的时候是没有"彳"旁的，是由殷墟甲骨文中的"惪"（音同德）演化而来。东汉学者许慎在《说文解字》中解释："惪，外得于人，内得于己也。从直，从心。"段玉裁在《说文解字注》中解释说："内得于己，身心自得也；外得于人，谓惠泽使人得之也。""德"是指人们内心的情感和信念，指人们坚持行为准则的"道"所形成的品质或境界，亦即处世做人的根本原则。明末大儒焦竑在编撰的《老子翼》中认为："道者，人之所共由；德者，人之所自得。"朱熹《四书集注·论语注》对德的观点是"德者，得其道于心而不失之谓也。"许慎在《说文解字》中写道："德，外得于人，内得于己也。德，得也。"所谓"外得于人"，就是"以善德施之他人，使众人得其益"。所谓"内得于己"，就是"以善念存储心中，使身心互得其益"。可见，"道"是指规律、规范、原则，"德"则是对道的认识、情感、意志、信仰以及在此基础上形成的稳定的和一贯的行为。有德之人即是有道之人，也就是能够自觉遵循宇宙、自然界、人类社会运行规律的人。

道德一词包含了社会的道德原则和个人的道德品质两方面的内容，是依靠社会舆论、人们的内心信念和传统习惯，以善恶评价的方式来调节人与人之间、个人和社会之间的行为规范的总和。道德表示人们在沿着人生唯一正确的光明大道而行的过程中，不断领悟真理，不断净化自己的心灵，提升自己的智慧，所形成的内在精神境界。黑格尔说："道德是体现主观意志的内心的法。"费尔巴哈说："道德就是幸福，伦理学就是到达幸福的科学。"

三、道德与法律

（一）法律的特点

1. 强制性

法律和规章制度来自政府或者上级有关部门，必须执行，是强制的管理手段。但是，如果遵守企业法规和制度不是出自行为主体内心的自觉自愿，就会出现"上有政策，下有对策"的逃避现象，使法规制度成为一纸空文。只有在人们具有遵守法律制度意识的情况下，它们才会奏效。

有些情况下，法律规范之所以为广大的民众所遵守，不仅是因为在这些规范的背后隐藏着的国家强制力，而是由于人们害怕受到法律的惩罚，更主要的是这些法律规范本身合乎道德原则，并且民众相信它的正确性、合理性以及正义性，即法律有内在的道德价值。

2. 法律所要规范的行为有限，往往存在漏洞

再严密的法律和制度也不可能涵盖人类的所有行为，总是存在这样或者那样的漏洞，这些漏洞为人们逃避法律的惩罚提供了便利。更何况许多问题法律制度无法而且不能进行控制和干预，比如员工把企业的原料、半成品、办公用品拿回家，数量不大的情况下，法律一般不管；在招聘、提升和报酬上的不公正现象，法律也不大管；不安全和有损健康的工作条件，只要不出现伤亡，法律也不管；不完全真实的广告宣传，法律也不管。

3. 成本高

以法律、制度、公司章程和规则来管理企业，是人类社会成本最高的管理手段。因为这种管理手段需要首先制定法律制度，然后还要监督执行，出现问题之后，还要聘请律师打官司，搜集和保护证据，宣判之后还要监督执行……

4. 副作用明显

企业制度化管理会出现如下不良后果：（1）企业管理太死，过于教条，从而使气氛沉闷，员工的冲劲与干劲都不足，影响企业中员工的工作效率。（2）企业监管力度太严，物极必反，很容易造成员工的厌烦情绪，从而产生抵触情绪。（3）企业在管理中一味强调制度就是"圣旨"，无法变通，即便是一些不是违反原则的员工犯了小错也不能变通和给予其纠正错误的机会。可制度是死的，人却是活的。（4）员工没有归属感，与企业距离越拉越大，越来越远，员工与企业之间只存在利益关系。实在无法忍受企业制度管理的员工也同样容易跳槽，使企业人才流失。（5）企业中员工会人人自危，企业犹如一潭死水，相互间无人性与真诚可言。

5. 滞后性

法律本质上是回应式的规范制度，绝大部分的法律都是针对特定问题而研制出来的，"先乱而后治"是其规律，法律总是等某种现象或某种行为发展到一定程度，且相当普遍后，才出台加以必要的管理和约束。即先有问题，后有法律。

立法是一个漫长的过程——引起制法的问题先被觉知并得到社会及立法者足够的重视，才能启动立法者的立法动机，继而研究调查、草拟法律条文、辩论、修订及审议、通过及执行法令，整个过程经过数年的时间是平常不过的事。

6. 法律制度不能预先扬善，只能在事后惩恶

哈佛商学院教授林恩·夏普·佩因所说："法律不能激发人们追求卓越，它不是榜样行为的准则，甚至不是良好行为的准则。那些把伦理定义为遵守法律的管理者隐含着用平庸的道德规范来指导企业。"

所以，法律和规章制度在任何时代都不会是包治百病、无所不能的，总是存在着固有的缺陷或局限。它们所能调节管理的范围和程度都具有一定的局限性。对此，我国古代先贤老子早在 2000 多年前就已经精辟地论述了法规的缺陷以及伦理道德的优势："以正治国，以奇用兵，以无事取天下。吾何以知其然哉？以此：天下多忌讳，而民弥贫；人多利器，国家滋昏；人多伎巧，奇物滋起；法令滋彰，盗贼多有。故圣人云：我无为，而民自化；我好静，而民自正；我无事，而民自富；我无欲，而民自朴。"

> **➤ 阅读材料**

郑筱萸事件引发的思考①

2007 年 5 月 29 日上午，北京市第一中级人民法院对中国国家食品药品监督管理局原局长郑筱萸案做出一审判决，以受贿罪判处郑筱萸死刑，剥夺政治权利终身，没收个人全部财产；以玩忽职守罪判处其有期徒刑 7 年，两罪并罚，决定执行死刑，剥夺政治权利终身，没收个人全部财产。

判决根据的证据认定：1997 年 6 月至 2006 年 12 月，被告人郑筱萸利用担任国家医药管理局局长、国家药品监督管理局局长、国家食品药品监督管理局局长的职务便利，接受请托，为 8 家制药企业在药品、医疗器械的审批等方面谋取利益，先后多次直接或通过其妻、子非法收受上述单位负责人给予的款物共计折合人民币 649 万余元。2001 年至 2003 年，郑筱萸先后担任国家药品监督管理局、国家食品药品监督管理局局长期间，在全国范围统一换发药品生产文号专项工作

---

① 《食品药品监管局原局长郑筱萸一审被判处死刑》，搜狐网，http://news.sohu.com/20070529/n250281260.shtml。

中，违背重大事项请示报告制度和民主决策程序，草率启动专项工作；严重不负责任，对这一事关国计民生的药品生产监管工作未做认真部署，并且擅自批准降低换发文号的审批标准。郑筱萸玩忽职守造成严重的后果，经后来抽查发现，包括部分药品生产企业使用虚假申报资料获得了药品生产文号的换发，其中 6 种药品竟然是假药。

法庭认为，郑筱萸身为国家药品监管部门的主要负责人，本应认真行使国家和人民赋予的权力，廉洁从政，但其置国家和人民的重要利益于不顾，为有关企业在获得相关许可证、药品进口、注册、审批等方面谋取利益，直接或者通过其妻、子多次收受贿赂，严重侵害了国家工作人员的职务廉洁性，严重破坏了国家药品监管的正常工作秩序，危害人民群众的生命、健康安全，造成了极其恶劣的社会影响。其受贿数额特别巨大，情节特别严重；犯玩忽职守罪，使国家和人民利益遭受重大损失，情节特别严重，遂依法做出上述判决。

搜狐网报道：了解内情的人士透露："客观地说，郑筱萸主政期间，中国的药政事业进行了很明显的改革，是有进步的。"从 1994 年到 2005 年间，中国的药政管理经历了《药品管理法》大修改、药品生产企业 GMP 改造、中药种植的 GAP 认证、药品商业流通的 GSP 认证、药品研发实验的 GLP 认证等规范性整顿，意义是积极的。但该人士坦言，这些改革也为药政部门的官员创造了腐败的空间，让一些人管不住自己的手。"每一项认证和审批都为钱权交易创造了商机，有着极大的寻租空间。"如原注册司司长曹文庄就是"栽"在药品批准文号的审批中，分管这一工作的局级领导正是郑筱萸。

据一位药业人士介绍，从 1985 年起，由于各省具有新药审批权，批准的药品已达十多万个品种规格，这给药监工作带来巨大挑战。1999 年，时任国家药监局局长的郑筱萸提出，新药审批权力收归局里。从此开始了长达两三年的统一核发药品批准文号工作，许多地标升国标的药品就是在那段时间被审批注册的。"在统一换发药品'地标升国标'工作中，最后很多标准低于国标的地标药品根本没法通过实验考察，只能编造数据后向注册司官员行贿才能顺利拿到新的批文。"该人士表示，"善于利用制度和政策设计来创造腐败机会"成为当年医药行业内对郑筱萸当政的药监系统的一个普遍评价。

据有关资料显示，仅在 2004 年，国家药监局（SFDA）就受理了 10009 种新药申请，而同期美国的药监局（FDA）仅受理了 148 种。

由于国家政策规定，企业对新药拥有自主定价权，因此众多药企竞相到国家药监局申报新药，以期获得较高的销售利润。而在郑筱萸主政期间，国家药监局发放的数万张新药证书中（包括地标升国标换发新批文），大多数新药为老药的仿制品、改换剂型规格的产品甚至是直接抄袭已有报批数据的"克隆"产品。当年的国家药监局对这种低水平重复的"新药"报批采取默许态度，导致现今"一药多名"现象泛滥，药价"畸高难降"。

郑筱萸事件告诉我们：制度不能解决道德风险。他在任期间建立的药品制度和认证为其权力寻租、腐败创造了条件。这正好应验了老子2000多年前说的话："法令滋彰，盗贼多有。"制度和法律是人制定的，在那些道德败坏、一心为自己谋私利的人那里，总是有空子可钻。

（二）道德与法律的区别

道德与法律是两种不同的行为规范，它们在产生条件、调整对象、调整范围、表现形式、调整机制等方面存在差异。

1. 道德与法律产生条件不同

道德出于人们社会生活的日积月累、约定俗成，它的建立和改变不是通过行政命令或法定程序来制定或修改的，道德标准的有效性取决于它的合理性。法律是国家制定或认可的、以国家强制力为后盾的行为规范，法律的产生是以国家的形成为前提条件的。

2. 道德与法律调整的对象不同

道德既包括维系社会所必不可少的"最低限度的道德"，如不得伤害他人、不得用欺诈手段谋取利益、不得危害公共安全等，也包括有助于促进社会进步、人类幸福的原则，如仁爱、无私等。换句话说，道德既指出什么是恶的、不应该的，又指出什么是善的、应该的。道德除了对不道德同时也是违法的行为予以谴责外，对虽不违法但仍属不道德的行为也予以批评、谴责，而对道德的行为，尤其是高尚的行为则予以鼓励、褒奖。而法律虽然也鼓励良善行为，但着重规范的是违法犯罪行为。

3. 道德与法律调整的范围不同

不论法律还是道德，其调整的范围既包括行为也包括行为人的内在活动，两者的区别在于，道德不仅可以调整外在活动，还可以调整单纯的内在活动。而法律不能离开行为过问动机，单纯的思想而没有付诸行动不是法律调整的范围。

4. 道德与法律的表现形式不同

道德表现为一种抽象的规范与信念。法律虽然也有原则性的规定，如我国的

《公司法》第五条规定："公司从事经营活动，必须遵守法律、行政法规，遵守社会公德、商业道德，诚实守信，接受政府和社会公众的监督，承担社会责任"，但作为以国家强制力为后盾的行为规范，法律通常包含明确、具体的规定。另外，法律作为一种国家评价，对于提倡什么、反对什么，有统一的标准，而一个社会虽然也会倡导某种道德，但不同群体和个人理解和接受的行为标准未必相同。

5. 道德与法律的调节机制不同

道德对行为的调节作用，主要是依靠道德评价来实现的。道德评价分为社会评价和自我评价两种形式。社会评价的主要形式是社会舆论。自我评价主要通过行为者本人的义务感、荣誉感、尊严感和良心等内心信念反映出来。社会舆论之所以对个人是一种强大的约束力，其原因是通过普遍存在于社会成员内心的一种特殊心理机制——荣辱心而起作用的。荣辱心根源于人的社会性，任何人都不能离开社会而生存，每个正常的人都需要人群，需要交往，需要他人的赞誉和尊重。因此，凡是有人群的地方，任何人都会有这种精神需要，都要受到不同程度地社会舆论的支配和制约。除了荣辱心外，良心和义务则是使社会舆论这种外部控制力量实现其作用的个人自我控制的道德心理机制。道德评价不需要得到官方批准，每个人都可以评价周围人的行为和自身的行为。违反道德的后果是行为者会受到社会舆论的谴责，以及行为者自身的自责、内疚、悔恨。违反法律，则由相应的国家机关追究行为者的法律责任。

（三）道德与法律的联系

1. 道德与法律在内容上相互渗透

法律和道德都具有规范社会行为，调节社会关系，维护社会秩序的作用。国家制定的法律往往反映了社会的道德。有些道德原则，如公平、诚实守信等，不仅仅是道德原则，同样也是我国法律确立的法律原则。"在正常的社会里，法律与道德维护的价值基本相同，法律与道德的实现离不开民众的认同与社会的认可，任何社会的法律都必须顺应社会流行的道德观念的要求，否则，它就难以发挥作用。因此，立法者在创制法律时，必须以道德的基本原则与基本精神为指导，努力反映道德的基本要求。"[①] 在我国的法律中，法律鼓励、培养的行为，

---

① 石文龙：《法伦理学》，中国法制出版社 2006 年版，第 95 页。

也是社会道德规范要求的行为，法律所禁止的行为，也是社会道德所反对的行为。道德原则约束力的增强，是通过将它们转化为法律规则而实现的。道德是法律制定、修改、废止的依据。随着社会的进步和环境的变化，道德也会发生变化。法律需要顺应道德的发展要求而制定、修改和废止。

2. 道德与法律在作用上相互补充

《孟子·离娄上》曰："徒善不足以为政，徒法不能以自行。"道德与法律是两种重要的社会调控手段，两者是相辅相成、相互促进、相互推动的。用立法手段推进一定的道德的普及以及通过刑法惩治不道德行为，以弘扬社会倡导的道德。法律的实施，本身就是一个惩恶扬善的过程，不但有助于人们法律意识的形成，还有助于人们道德的培养。而道德可以引导人们尊重和信守法律。法律可以用来制止已经发生的违法和严重不道德行为，而道德可以用来防范尚未发生的违法行为。道德与法律的关系，就像保健与治疗，平时注意保健就不容易得病，即便得病病情好转就快，当然如果一个人已病入膏肓，保健和治疗都无能为力了。相反，如果缺乏道德支持，法律的作用必然会被削弱，而没有法律的保证，道德的作用也一定会降低，这样就会进入一个恶性循环。

四、管理伦理的内涵

管理伦理学作为一门新兴学科，是在一般伦理学与企业经营学、企业管理学的交叉地带上建立起来的学科，所以，它既是管理学的一个分支，又是伦理学的一个分支。从学科分类来看，它属于应用伦理学，直接服务于企业，注重分析和解决企业经营管理中出现的伦理问题，如假冒伪劣产品、环境污染、虚假广告、不正当竞争等，揭示伦理道德在计划、组织、指挥、协调和控制等管理过程中的作用，以自己独特的研究视野和角度来分析和研究管理思想和行为，有助于帮助人们从深度和广度上对管理思想和行为做出思考，并使人类社会的企业管理行为趋向于更加符合伦理道德，以此来促进社会进步。

所谓管理伦理，是指企业在处理内、外部各种关系（包括企业与顾客、竞争者、供应商、政府、社会、自然环境、企业所有者、管理经营者、员工以及员工之间、员工与物质之间）时所应遵循的行为规范和准则，即正确处理企业及其成员与利益相关者关系的规范。

企业需要所有者提供资金，供应商提供原材料，员工实现生产力，竞争者发挥激励，顾客购买商品，政府、社会、公众的合作与支持。这些利益相关者也从与企业的合作中获得好处，他们也离不开企业。可见，企业与这些利益相关者的关系极为密切，企业的任何决策、行为都会对利益相关者产生或多或少的影响。所以，如何妥善处理企业与各类利益相关者的关系就不可避免地需要伦理规范，协调人、群体、社会、自然之间的利益关系，形成和谐的企业生产经营秩序和社会秩序。

管理伦理具有以下内涵：

第一，管理伦理是关于企业及其成员行为的规范。企业作为法人，与自然人一样都是社会公民。包括企业公民在内的每一个公民，不仅要遵守法律，还要遵守道德伦理，并对自己的行为负责。企业的各项经营活动都要与各类人员或组织交往，管理伦理就是关于在这些交往中企业及其成员行为应该遵守的伦理规范。

第二，管理伦理是关于企业经营活动的善与恶、应该与不应该的规范。指导企业及其成员行为的规范有许多，有法律规范、技术规范、礼仪规范等。管理伦理是关于善恶的规范。管理伦理告诉人们哪些经营活动是善的、应该的，哪些活动是恶的、不应该的。一般而言，人们总是把那些有利于自己、他人及社会群体的行为和事件当成是善，而把那些有害于自己、他人及社会群体的行为和事件当成是恶。

第三，管理伦理是通过社会舆论、传统习俗、内心信念和内部规范来起作用的。管理伦理和法律法规都是调节企业及其成员行为的重要手段，但是二者的调节方式不同。法律法规是政府通过国家机器等强制力量执行的，具有强制性和外在性。管理伦理则是通过社会舆论、传统习俗、内心信念和内部规范而起作用，既是外在的，也是内在的。社会舆论和传统习俗作为企业外部的力量有时对企业行为的影响是无法估量的。众口可以铄金。内心信念和内部规范是通过企业及其成员本身的良心、信仰、名誉和信念等自觉地发挥作用的。

由于管理伦理学是一门新兴学科，尚未形成固定的理论体系。目前国内外管理伦理学研究内容的展开方式大致有以下几种：

第一，按企业与主要利益相关者之间的关系展开。企业在经营中存在着以下主要利益关系：企业与消费者的关系、企业与供应者的关系、企业与竞争者的关系、企业与社区的关系、企业与政府的关系、企业与自然环境的关系、企业与所有者的关系、企业与管理者的关系、企业与员工的关系、其他与企业经营活动有关的人和组织的关系等。

第二，按生产、营销、财务、人事、后勤等企业所要履行的职责展开。对于工业企业来说，企业要从事生产、营销、财务、人事、后勤等经营活动，这些活动都涉及伦理问题，比如财务管理中不要做假账、营销活动中要童叟无欺、公平交易、诚实守信等。

第三，按产品安全性、广告真实性、不正当竞争等企业经营过程中典型的伦理问题展开。

第四，按公正、平等、诚实信用、互惠等基本伦理范畴展开。公正、平等、诚实信用、互惠等基本伦理范畴是企业经营必须遵守的，逐项讨论它们在企业经营活动中的作用是很有必要的。

第三节　管理与伦理的统一性

伦理从根本上说是人对自我的内在管理，是一种特殊的社会管理方式。归根结底，管理是对人的管理，管理中必然包含着对人的道德价值目标的追求，内在地具有管理的道德性。在这种意义上，伦理具有管理职能，管理具有伦理性质，伦理和管理具有内在的一致性和统一性。

一、管理和伦理具有目的一致性

人的全面发展是马克思、恩格斯针对资本主义生产对人的异化、造成人的畸形发展而提出的人的发展的理想状态和终极目标，是指人的自我意志获得自由体现，人的各种需要、潜能素质、个性获得最充分的发展，人的社会关系获得高度丰富等。如果一个人实现了全面发展，就是从低级的温饱需要到高级的精神需要全部得到了满足。

德国古典哲学家康德提出了"目的人"的概念，并把它作为一条绝对的道德律令，他认为：人只能作为目的，而不能作为手段。马克思认为，人是社会人，是手段与目的的统一，既是目的，也是手段。在企业管理中，人不只是手段，也是目的，企业管理的最终目的就是为了实现人的全面发展。

稻盛和夫在42年的经商生涯中，缔造了京瓷和第二电信电话两个世界500强公司，是目前唯一在世的日本"经营四圣"。他说："不论是研究发展、公司管理，或企业的任何方面，活力的来源是'人'。而每个人有自己的意愿、心智和思考方式。如果员工本身未被充分激励去挑战成长目标，当然不会成就组织的成长、生产力的提升，和产业技术的发展。"稻盛和夫相信，要开发员工的潜能，必须对"潜意识""意愿""服务世界的真诚渴望"等人类心灵活动有新的理解。他教导京都陶瓷的员工在公司"敬天爱人"座右铭的引导下，不断为追求完美而努力的同时，还要向内反省。身为管理者，他深信提供员工物质的富足和精神的福祉同样重要。

对于每一个工作者来说，生活远比生存的意义更广阔。无论是老板还是员工，都希望自己生活得好一些，都希望自己衣食无忧、生活安定、家庭幸福、朋友和睦、受人尊敬、实现自己的人生理想和价值……，从而实现全面发展。赚钱不是人生的最终目的，它只是让人生活得更充实、更完美、实现全面发展的手段。实现全面发展既然是每一个人的人生追求，自然也应该是管理的最终目的。以人为目的，实行人本管理，将点亮人性的光辉，回归生命的价值，共创繁荣和幸福。

二、管理与伦理具有同质性

管理和伦理是相辅相成的，是相互为用，并互为因果的，必须并行发展，缺一不可。因之今天我们必须同时讲管理伦理化、伦理管理化。伦理不足的地方，要用管理来弥补。同样，只靠管理是不够的，只有管理而没有伦理，只是一种外在的规范，而没有内在的制约，因而不能收到最好的效果。所以，管理还要内在化为伦理。也就是管理之不足，必须济之以伦理。

从历史唯物论的角度看，管理和伦理都是由一定的社会生产关系和经济基础决定的上层建筑的组成部分，其职能都在于为人的行为选择明示方向，从"可为"和"不可为"这样两个方面来规范人的行为，共同发挥着调节人的行为、规范社会关系和社会生活的作用。这一相同的作用本质，决定了两者在具体内容上的一致性。一般而言，伦理规范所反对或许可的，管理上往往亦相应地禁止或许可。从形式上看，管理常常表现为由一定社会、国家、民族、阶级、集团、组织、群体制定的，规范人的行为活动、调节人的社会交往关系的准则体系，它的形成和执行具有一定的强制性，表现为制度化的特征。

伦理作为调整人的行为规范，主要是通过社会舆论对人的行为的善恶评价，以及人的良心、内心信念的反省、支配作用，使人的行为从"实然"向"应然"转化，它的形成和执行具有非强制性，表现为非制度化的特征。但就两者的实质内容而言，管理和伦理都是社会规范文化的主体，都是为维系人类社会的生活秩序而产生的。通过管理和伦理的设定，社会关系和社会活动会朝着人类所共同追求的价值方向发展。可以说，一切社会价值观念和人类理想目标，都需要借助于人类的管理活动和伦理规范，使人们遵循"应如何行为"的指向，才能实现。

管理是实现目标的活动。任何目标，都是人制定的。这表明，人的管理活动具有巨大的能动性与强烈的价值性。人类管理活动的最终目的，是追求人的全面发展和自由自觉的活动。不同历史阶段的管理活动，只是一个不断地向新目标和终极目标跃进的过程，一个不断从"实有"到"应有"的过程。从终极的意义上说，管理并非像有些人所理解的那样，是一种保守性、束缚性的活动，其内在精神在本质上是一种变革活动，具有批判性、理想性和超越性。卡斯特说："管理的特点就是变革——迅速地、不断地、根本地变革。唯一不变的事就是变革。"①

在本质上，管理所追求的，是未来，是人的自由全面发展。管理不断通过自身的优化——结构优化、功能优化，通过人的自身努力，在现实的基础上，不断追求管理的理想性——理想的功能、理想的效果，以及人的本质力量的实现和发展。管理通过对不断变化的内部要素与外部环境的动态控制，使管理系统内外因素的配合在变动中不断趋于合理，根据人的发展变化，不断变革那些失去合理性的规章制度。管理理论与原则的发展，管理手段与方法的更新，人类整个管理水平的提高，以及人的本质力量的不断发展和完善，就是人们在变革自然、变革社会，在获得自由的过程中不断变革管理的结果。

伦理作为人类对自我的内在管理，它所体现的内在精神是对社会理想和人生价值的崇高追求，理想性是它的灵魂。伦理总是以"应然"的价值指向把社会生活引向理想的层次，具体包括人际关系的和谐、生活的幸福、社会秩序的稳定、人的自由全面发展和自我实现等，是一个不断从"实有"到"应有"的过程，也具有批判性、理想性和超越性。一旦失去了批判性、理想性和超越性，伦理就失去了它应有的价值。伦理的这种内在精神，不仅使伦理伴随着人类社会发展的始终而起作用，并且成为各种管理规则与实施的价值取向。管理本身所蕴含的伦理追求和价值理想，在本质上就是伦理理想所追求的价值体现。

三、管理和伦理具有相容性

管理中渗透着伦理的善恶评判性。管理原本没有什么善恶评判，它只是随着人类的进化而出现的一种社会控制活动和特殊的实践活动。由于伦理生活作为人类社会中一种特殊的理性价值活动，几乎和人类社会历史一样久远，并且是作为人类控制活动的最初形式出现的，这就使得管理这种社会控制活动从一出现就渗透着伦理的善恶评判性。伦理生活这一不同于自然科学知识的人类行为智慧，既实行着人类行为的准则体系，又使管理中也渗透着普遍存在的伦理要求。这主要表现在：

管理原则总是与一定的社会伦理原则相一致。在中国长期的封建社会中，伦理历来与政治融为一体，发挥着巨大的管理力量。"从总体上看，形式上，政治原则是从伦理原则推导出来的。孟子所谓有'仁心'才有'仁政'，后儒所谓有'仁义''天礼'才有'礼乐刑政'等，讲的都是这种道德。"政治手段往往广泛渗透着伦理手段，制度规范往往就是伦理规范。仁义礼智信，究竟是政治，是伦理，还是文化？伦理规范在中国传统社会中发挥着极强的社会整合作用，使中国传统政治和传统文化具有浓厚的伦理色彩和伦理性质。在西欧中世纪，同样如此。政教合一，伦理与宗教混为一体，封建伦理借上帝之名，蒙上毋庸怀疑的不可侵犯的神启圣光。在这种情况下，中世纪的一切管理都带上了神的色彩。西方近代管理理论与原则的发展，对人的认识历经了"工具人""经济人""社会人""决策人"等过程，而这个过程正是与文艺复兴以来社会伦理对人的认识的不断进步相吻合的，正是与西方人文主义所要求的实现人的自由、平等、博爱的伦理精神相一致的，从而使在文艺复兴之前盛行的童工制、血汗制管理方式成为社会伦理所不容的管理制度，并上升为法律所明确禁止的。任何一种管理制度、管理规则规范，如果失去其现实的伦理基础，或者与现实的伦理规范相对立，那么这种管理制度是不可能长久的。

伦理中渗透着具有管理性质的制度强制性。伦理制度的强制性，是指伦理存在于社会的基本结构之中，并普遍渗透于社会制度之中，如政治制度、经济制度、法律制度中。伦理具有制度强制性由来已久。如我国古代的《周礼》就把官员的责任和道德要求制定为典章制度；孟子所言的"仁政"，便是中国古代社会政治伦理体系的核心；唐律则把"三纲五常""忠孝节义"等封建伦理明文化、条文化；我国现行宪法把"五爱"、公民的人身自由、人格尊严不受侵犯等道德基本要求规定出来；新加坡利用制度来保证东方伦理道德的发扬，在社会公德、家庭伦理、国家公务员职业道德等方面做出非常细致的规定等。这些都是这种制度强制性的表现。制度性的道德原则和伦理规范，虽然有其特定的适用对象和范围，其绝大多数都与人们的日常道德原则和规范直接重叠，或者与相应制度的基本精神直接同一。我国封建时代的"三纲五常""忠孝节义"，既是人们日常生活的伦理原则与行为规范，同时也是社会政治制度精神的内核，是贯穿于当时全部政治制度、政治组织机构以及政治活动中的伦理原则和伦理规范。

四、管理和伦理具有互补性

管理和伦理分别反映着主体对客体的不同关系。一般地说，管理作为一种以规律性和价值性相统一的理性认识，首先是以"实然"认知即事实认知为前提的，它直接以客体作为自己的认识对象，表现为主体对客体的属性及其规律的反映，要求尽可能真实地把握客观对象，具有精确性、规范性和可预测性。而伦理体现的是主体对客体的主观态度，是从主体需要的角度判断客体对于主体的意义，因而在本质上表现的是人们对客观事物是否符合人的利益所产生的情感体验和价值追求。

管理与伦理的评价基础不同。管理活动以对客观对象的运动规律的认识为前提，在此基础上实现对系统要素的优化组合与功能优化，使对象依据客观规律发生有利于主体的变化。因此，管理主要是一种事实判断。它一般以事实为依据考察主体行为对客体产生的实际效果、作用及行为主体应负的责任。管理一般不诉诸良心、不允许渗入主观因素，主要以行为的实际效果作为衡量依据。伦理则不同，它主要是一种价值判断。它虽然也考察人的行为的社会后果，但更关注的是人的内心信念和价值观念，是行为主体由自身利益和文明素质熔铸而成的思想动机，带有浓厚的主观色彩。

管理行为和伦理行为遵循的原则不同。我们说，自愿自觉的活动是人类管理的最高境界。但严格地说，管理行为体现得更多的是遵循自觉原则，伦理行为体现得更多的是遵循自愿原则。自觉是一种理性的品格，更多地符合管理活动的要求。管理强调的是外部世界及其规律性对人的行为的限定，主体在这里是受制的、被动的，要求理智地服从不以人的意志为转移的外部强制力量。自愿则是一种意志的品格，更多地符合伦理活动的要求。伦理强调的是行为主体从善去恶的内在信念与价值追求，主体在这里是主动的、积极的，是出于自由意志的内在实现和价值体验。

第四节　伦理道德管理的特点与功能

一、伦理道德管理的特点

伦理道德的管理功能远远没有引起人们足够的重视，事实上，伦理道德具有法律制度所无与伦比的优点。伦理道德由于是通过社会舆论、习惯、良心、信念、理想等发挥其管理功能，通过对人的深层心理的渗透，潜移默化地直接影响人的内部精神世界，获得一种内在的威严与力量，因而对企业管理的作用有时显得更为深刻、稳定、有效。这种管理功能，虽然不如企业法规制度那样明显有力，是无形的，但却是广泛而又深刻的，事实表明，社会舆论的威慑作用，有时甚至比法律法规的作用还要大。所谓"众口铄金"，即是这个道理。

管理大师德鲁克曾经指出，企业要兴盛，"需要的是用发自内心的动力来代替外加的恐惧心的刺激，唯一能达到这一目的的是责任心，而不是其他。"

（一）非强制性：自觉、自愿的要求与愿望

伦理道德作为人类的自我发展在个人欲望的满足与社会秩序和谐之间的一种平衡机制，既是人类自我实现的方式，也是社会矛盾的调解方式和社会关系的调节手段，是人类自我的内在管理。伦理道德来自人们内心自觉、自愿的要求与愿望，只要他明白了道理，就会自觉履行自己的职责。

孔夫子在 2500 年前就提出"以德治国"的政策主张，他曾言简意赅地指出了利用伦理道德的优越性："道之以政，齐之以刑，民免而无耻；道之以德，齐之以礼，有耻且格。"如果用政治、刑法管理国家，老百姓就会千方百计逃避惩罚而变得不知羞耻；如果用礼仪道德管理国家，老百姓的耻辱心就会约束他自觉地遵守社会秩序。他的继承人孟子进一步具体阐述了道德的力量："以力服人者，非心服也，力不赡（足）也；以德服人者，心悦而诚服也。"

晚明学人吕坤痛感社会道德的重要，他在《呻吟语·治道》中痛切地指出，"五刑不如一耻"，即再残酷的刑罚，也不如让人懂得一个"耻"字，教育人懂得廉耻比重刑重罚更重要。人的道德水准提高了，知道什么叫羞耻，什么事该

做，什么事不该做，就能明辨是非。人贵有"羞耻之心"，知羞是善的开端，无耻是恶的开始。人之所以是非颠倒，以丑为美，以耻为荣，做出种种不道德的事，一个重要的原因就在于不知羞耻。"耻之一字，乃人生第一要事"；"礼义廉耻，国之四维。四维不张，国乃灭亡"；"人之有所不为，皆赖有耻之心，若无耻心，则无事不可为也。"

（二）广泛渗透性

法律制度只能就最主要的问题来制定，永远不能面面俱到，满足所有人的要求。伦理道德通过社会舆论和内心良知起作用，渗透到人们日常生活和工作的方方面面，把法律制度不能管也管不了的方面全管了，能够弥补法律制度的缺陷和不足。

（三）成本低

道德规范是人们在长期的社会生活中日积月累的经验和教训的基础上形成的，依靠人们自觉的行为发挥作用，不需要通过行政命令或者法定程序的制定或修改，不需要监督执行。在一个人人讲究伦理道德的社会，即使出现了纠纷，也可以很容易通过协商得到解决。在内部有了伦理道德的调节和约束，形成团结协作、和谐共处、诚实守信、忠于职守、勤奋工作的习惯，是企业长期发展的无形资本。

（四）扬善性

道德伦理既指出什么是恶的，什么是不应该做的，也指出什么是善的，什么是应该做的。

（五）灵活性

法律制度等强制性管理手段的实施，需要通过专门的机构、专职人员、既定的程序、严厉的措施，而且一旦确定，一定时间内不可能更改，难以适应瞬息万变的客观市场形势。伦理道德的管理具有较强的灵活性，它不受上述种种条件的限制，它可以在任何时间和地点，通过任何组织和个人，以灵活多样的方式进行。

二、伦理道德管理的功能

伦理道德从产生之日起就担负着必不可少的社会管理功能。伦理道德的管理功能就是在人类社会的管理活动中，通过一定的伦理规范来调整人们之间的行为，从而使人们的社会活动最好地达到自己的目标，实现自己的利益。伦理道德犹如一个调节器，不断调整和控制着人们的思想和行为，保证着社会生活和社会活动有序地运转。所以，伦理道德在各类社会活动中发挥着巨大的管理功能。在现代社会，随着人类社会活动的扩大和深入，伦理道德的管理功能越来越重要并且不可替代，尽管我们经常忽略它。

（一）凝聚功能

企业作为现代社会最重要的经济主体，容纳了来自四面八方的成员，大家能否齐心协力地在各自的岗位上兢兢业业地工作，使企业发展壮大起来，与企业是否具有强大的凝聚力关系很大。我们很难设想一个一盘散沙的企业能够繁荣强大。伦理道德就发挥着无可估量的凝聚功能。

首先，企业领导者本身高尚的伦理道德水平能够产生巨大的凝聚力。"为政以德，比如北辰，居其所而众星共之。"如果领导者本人具有高尚的道德情操，在管理过程中遵守伦理道德准则，优秀人才就会像众星围绕北极星一样积聚在他的周围，形成一个风气正、人心齐、奋发向上、生动活泼的局面，大家心往一处想，劲往一处使，企业就会一步步健康发展起来。

其次，伦理道德能够为员工提供健康向上、陶冶情操、愉悦身心的精神食粮，营造出和谐的人际关系与高尚的人文环境。这样的精神食粮和人文环境往往比物质条件具有更大更持久的吸引力。在这样的环境里工作，人们身心愉快，积极进取，各尽其能，充分发挥主动性和能动性，提高企业的生产效率和经济效益。

在伦理缺位的企业中，人与人之间的关系紧张，虚伪、失信成风，相互间冷漠无情、漠不关心、自私自利、阿谀奉承、钩心斗角、人性麻木，无法形成相互协作的运行机制。企业缺乏伦理道德的纽带，丧失凝聚力，人心涣散，犹如一盘散沙，直接导致工作疲沓，工作效率低下和产品合格率低，加重了管理成本和生产成本，这种外强中干的企业是经不起任何风浪的。

（二）导向功能

我国先贤孔子曾经言简意赅地指出了伦理道德的导向功能："其身正，不令而行；其身不正，虽令不从。""政者，正也。子帅以正，孰敢不正？"企业领导人本身品行端正，符合伦理道德，即使他不发号施令，员工们也会自觉地按照规章制度和上级要求去做。否则，如果领导人品行不正，即使发布命令，下属也不会听从。从事领导工作的人一定要品行端正，他带头走正道，谁敢不跟着走正道？

历史上积淀下来的伦理道德准则，转化为人们的风俗、习惯、良心、信仰、信念来约束、调节、规范人们的行为。一方面，风俗、习惯、良心等规定人们哪些可以做、哪些不可以做；另一方面，良心、信仰、信念等常常成为人们自我约束和调节行为的动力，为人们指明行为的方向，使人们把自己的思想和行为都集中到既定的目标上去，形成巨大的精神推动力，此外，符合伦理道德的行为获得社会的赞扬，会鼓励、鼓舞人们，而违背伦理道德的行为受到指责、制止，则会限制人们继续从事类似的行为，因此，我们说伦理道德能够规范人们的行为，具有导向功能。

同样，一个企业或者企业家的伦理道德也会在企业管理中发挥巨大的导向功能，指引和导向着企业和员工的行为。

（三）调节功能

孟子说："以力服人者，非心服也，力不赡也。以德服人者，心悦而诚服也。"如果运用经济原则和法律原则来调节人际关系，人与人之间就必然陷入赤裸裸的利害关系的泥坑，导致人际关系的冷漠，人与人之间就不可能和谐相处。"放于利而行，多怨。"依靠经济利益来调节人与人之间的关系，必定相互指责、抱怨、算计，企业就不可能具有凝聚力、生命力。相反，如果运用伦理原则来调节人际关系，人与人之间以诚实、平等、友爱、尊重、责任等准则进行交往，相互之间信任、理解、宽容、友好、互助，那么，企业里就会形成和谐的人际环境。

和谐的人际关系对企业的生存和发展意义重大。它作为企业管理的润滑剂，不仅能够减少人际摩擦带来的"内耗"，而且能够形成宽松、愉快、默契的团体氛围，激发员工的灵感和创造性思维，维持工作的最佳状态，实现企业的目标。

（四）激励功能

激励是管理的重要职能。以往的管理主要以物质激励为主，物质激励是一把"双刃剑"，既可以在一定程度上激起人们的工作热情，但也可能引发人类物欲的恶性膨胀，因此，企业管理在进行物质激励的同时，更要重视精神激励。

佛法讲众生皆有佛性，每个人都有善心以及向善向上的愿望。如果一个企业注重伦理道德，就能给全体员工提供一种强有力的精神激发力，从而使他们的心理和行为都保持着高昂的状态，达到良好的管理效果。而且，伦理道德的激励是内在的、持久的。人的行为动力根源于动机，而动机来源于需要，需要的满足便形成动力。人除了物质需要外，还有精神需要，还追求超越于物质和自身本能的意义与价值。心理学研究表明，人们对行为的目的和社会意义认识得越清楚就越有信心、勇气和干劲去履行自己的职责，完成自己的工作。企业管理的动力源是伦理道德，它可以满足人的精神需求，因而能持久地触发人们追求目标的强烈欲望，引发人们的热情，唤起人们的信念，强化人们的意志，最有效地促进企业目标的实现。

管理伦理的激励功能具体表现在以下几个方面：首先，制定积极进取的企业价值观，并向员工展示出企业存在的意义和员工工作的价值，从而激发出员工的工作热情和潜能；其次，企业管理以人为本，能够使员工从情感上真正感到自己在企业中的重要地位，从而激发起强烈的职业使命感和职业道德意识，产生强大的内在推动力；最后，营造出和谐的人际氛围和精神面貌，这对全体成员都有巨大的熏陶和激励作用，使他们自觉产生为企业振兴作贡献、添光彩的激情和愿望，并努力付诸实践。

（五）创新功能

优秀的管理伦理具有创新功能，它能对企业的各种创新活动提供精神上的支持和激励，以及伦理方面的基础和依据。因为无论是管理模式的创新，还是科技创新、产品创新、营销创新等，都要依赖于观念、思维的创新，而观念、思维的创新必然要有伦理基础。积极向上的伦理精神能营造一个良好的伦理环境，并能引导、激励观念和思维的创新。在这个意义上可以说，管理伦理是企业所有创新活动的根源、动力。一家公司如果没有富于想象力的、勤奋的员工，就不可能维持其革新能力并进而在飞速变化的环境中保持竞争力。管理者也越来越清楚地认识到，大多数人在充满信任、责任和抱负的环境中能够取得最出色、最富创造性的成果，而这种环境只有在诚实、信赖、公平和尊重等价值观念的基础上才能建成。新制度学派认为，有效率的伦理基础对经济主体创新和进取精神的推动，具有和产权界定匹敌的巨大作用。

第五节　学习管理伦理学的意义

有人认为，企业是将利润最大化作为经营目标的，与伦理道德之间没有必然联系，甚至是水火不相容的，企业如果讲伦理就赚不到钱。其实这不过是表面的虚假现象。事实上，讲究管理伦理不仅不会赚不到钱，而且能够获得长久的辉煌。相反，如果企业只追求利润而不考虑管理伦理，在企业经营活动中没有正确的伦理观做指导，企业就不能成功，即使赚到钱，也只是暂时的，终究会因败德行为被曝光而失去。

（一）有助于培养优秀的管理者

管理者的人格魅力主要由管理者的道德素质决定，它能产生威信，使管理者赢得员工的信任，有助于二者之间的沟通，它能产生感染力和号召力，使员工产生一种归属感、安全感、责任感，并进一步转化为对企业的忠诚，产生强大的凝聚力。作为管理者，他需要调度指挥下属去完成任务，他本身是否具备完成那些任务的能力并不很重要，重要的是他能否调动下属的积极性，他在能力、智力等方面的缺陷可以由下属的才能来弥补。但是，品德则不能由别人来弥补。如果他过于自私、霸道、专横，就会众叛亲离，更不可能吸引优秀人才与他同甘共苦去创业。小财靠智，大财靠德。厚德才能载物。德不厚，无以载物。

➤ 阅读材料

成也诚信败也诚信——老干妈的生意经①

自陶华碧退居二线，老干妈由两个儿子掌舵后，老干妈便变了味道，原来享誉世界的辣酱之王便慢慢淡出了人们的视野。同样，其他辣酱品牌如雨后春笋一般大量涌现，抢夺蚕食大片的辣酱市场。如今老干妈品牌影响力屡创新低，退居

---

① 《"老干妈"陶华碧谈生意经》，腾讯网，https://new.qq.com/rain/a/FIN2021022400829600。

幕后的陶华碧不得不重出江湖。虽然老干妈重新回归原来的配料，原来的味道，而且公司营收明显回升，但能否回归当年一家独大享誉全球的地步尚未可知。不过有一点可以肯定，陶华碧的诚信之举的确挽回了不少粉丝的心。这也说明了做生意的基本准则"诚信"的重要性。不要把消费者当成傻子，否则最后变成傻子的只能是自己。

想要深耕所在领域，建立自己的品牌，打造口碑企业，那诚信便尤为重要。开门营业做生意都有一个自己的领域，只要想把公司做强做大的企业，没有一个不想在自己的所属领域内全力深耕的。但想要建立自己的强大企业，想要建立自己的品牌形象，想要打造口碑企业，那诚信便尤为重要。因为诚信是积累客户的根本，没有哪个客户是真正属于人傻钱多的类型，哪怕有些人偶尔有一些冲动性消费，那也不是一个公司，一个企业能够以此为长久营收的利益点。冲动性消费不可能支撑一个企业永远发展，品牌与口碑才是一个企业蓬勃发展的基石。

把别人当成傻子的人，最终只会让自己变成傻子。哪怕你的小聪明可以暂时忽悠住个别人，但并不代表着你的小聪明别人真的不理解。其实现实中许多小聪明在那些所谓的被忽悠的人眼里，都是跳梁小丑，并非人家不知道你在耍小聪明，而是人家根本就不跟你一般见识，或许人家只是不屑于还击。当然也有一些人，只是限于自己的口才，找不到合适的语言反击而已。还有一些人，不反击的原因只是因为自己胆小怕事，并非人家不懂得你在耍那些低智商的小聪明。

其实正常人之间的智商差距非常小，当你在别人面前耍小聪明时，就是自己在光天化日下裸奔时。基本生活方面的东西很少能够真正拉开人与人之间的差距，真正能够拉开人与人差距的是技术，是知识，是涵养，是人生境界。耍小聪明从来不是标榜一个人能力大小的标志。

同样消费者人群也是如此，如果以为自己真的忽悠住了自己的客户，那只能说明你占了别人的一点小便宜，却损失掉了以此人为中心的一整个客户群。

一个消费者的良好评价，往往会影响到他身边的许多人。哪怕此人并不是那种善于社交的人。如果此人人脉广泛，那此人对品牌的影响力不可估量。

以诚信为基石，打造出良心品牌，用真诚服务于大众，用品牌的力量去开创一片自己的市场，这才是经营之道。而经营的根本就在于赢得人心，得到消费者的认可。消费者就是这个经营之道的关键，而诚信的目标就是赢得这些消费者人群的心。

据研究表明，哪怕是一个不善于交际的人，其人际关系网依然会大到可怕，其一生中所接触与认识的人多不胜数。缩小到能够保持长久联系的人，或者说与其亲近的人，依然可以称得上是一个不小的群体。至于那些能言善辩，处事左右逢源的人，其交际群则只会更大更广泛。因此没有哪一个消费者是真正对企业未来发展没有丝毫帮助的人。能够把鞋子卖给那些迫切需要鞋子的人并不值得炫耀，能够把鞋子卖给那些从来不穿鞋的人才是真正的能力。

其实老干妈陶华碧回归之后的一系列措施，无不是在为企业找回诚信，挽回自己的品牌形象。换掉儿子们经营老干妈时使用的便宜的河南辣酱，用回口感更好，味道更醇正的贵州辣酱就是一则鲜明的例子。

诚信不仅适用于企业经营，生活交际也同样适用。只要自己有一条明确的底线，以法律和道德为双重约束，待人接物均以诚信为本，思路清晰，辅之以卓越的眼界，宽广的胸怀，丰富的学识与阅历，总能展现出非同常人的人格魅力，赢得属于自己的幸福人生。

（二）有助于企业可持续健康经营

1. 管理伦理能够有助于提高企业经营管理效率

合理的道德伦理价值体系是企业的一种无形资本，能够提高企业的凝聚力和战斗力。现代社会越来越重视人的价值，强调"以人为本"，伦理因素在管理中的作用越来越大，企业对伦理规范的重视和是否按伦理规范行事对员工会产生很大的影响。根据心理契约理论，员工在与企业确定正式的劳动合同之外，还会形成自己的心理契约。员工的心理契约受很多因素的影响。除了正式合同中的条款外，企业的各种行为都是影响员工心理契约的重要因素。如果员工感觉到企业讲究社会公德，公平地对待员工，尊重员工的人格和权利，对员工负责，员工就容易形成关系型的心理契约。员工对企业的信任感、归属感和忠诚感将大大增强。员工会感觉"有责任"回报企业，自发地努力工作。在关系型心理契约下，员工将更重视与企业的长期合作关系，更愿意与企业长期共同发展，不过分看重短期物质利益。大家同心同德，劲往一处使，就会出现"人心齐，泰山移"的局面，企业效益就会蒸蒸日上。

运用伦理管理企业可以有效降低管理成本。管理成本包括获取信息的、人际关系的协调，制度契约的签订、实施、监督等方面的成本。降低管理成本是提高经济效益的有效途径。管理成本主要是由于环境的不确定性，信息的不对称性以及人们行为的不确定性引起的。其中后者对管理成本的影响最大。因此，强化人们行为的确定性，减少人与人之间的摩擦力是减少管理成本的根本途径。这正是伦理管理的优势所在。首先，伦理主要是依靠社会舆论，传统习惯和内心信念起作用。荣辱心、良心、义务是使社会舆论这种强制外部控制力量实现其作用的个人自我控制的道德心理机制。因此，有助于通过内在的强制力约束个体行为，防止其不道德行为的出现。同时，社会舆论也可以监督个体行为，使其强化个体自身的行为；其次，伦理的约束具有普遍性，除了少数人（如精神病患者和婴儿），没有不受其指导、调节、约束、游离于伦理规范之外的特殊公民。这些特征便决定了管理伦理在降低企业管理成本的过程中起着根本性作用。

管理伦理能够为企业的发展营造良好人文环境，而融洽的合作气氛能够使员工心情轻松愉快地工作，从而提高工作效率。任何企业都是在一定环境中从事活动的，环境包括自然环境和人文环境。管理伦理对企业营造良好的人文环境具有重要意义。在正确的管理伦理的指导下，能够建立一个竞争有度、互助合作、积极进取的工作环境，使个人的生活、工作、事业、理想等和整个组织统一起来，个人的工作潜能就能得到最大限度的开发。否则，严重的内耗会极大地降低企业的效率。

2. 管理伦理是企业管理活动和理论发展的精神动力

马克思主义认为，社会存在决定社会意识，社会意识对社会存在具有反作用。管理伦理属于社会意识，对企业管理发展具有巨大的反作用。20 世纪 60 年代的大庆石油会战中，在制定了必要的纪律和规章制度外，更重要的是在全体参战人员中大力提倡"十不"精神：不怕苦、不怕死、不为名、不为利、不计较工作条件好坏、不计较工作时间长短、不计较报酬多少、不争职位高低、不讲分内分外、不论前方后方、一心为会战、一心为革命。正是靠这种崇高的价值理念，才取得了大庆石油会战的胜利，甩掉了我国石油落后的帽子，为祖国争了光。

正确的管理伦理道德的作用，必然推动管理活动的发展，从而推动企业的发展。这是因为：首先，进步的伦理道德能够为管理的变革做舆论准备，论证管理改革的合理性、科学性，从思想理论上阐明改革的重要意义，澄清人们的模糊认识，在同错误伦理道德观念的斗争中，不断完善自己的理论体系，提高管理水平。随着科学技术的迅速发展，社会经济活动的空前活跃，市场需求的千变万化，社会关系的日益复杂，管理者面对新情况、新问题，从管理理念到管理方法都必须不断创新，更需要进步的伦理道德作为指导，予以保证。其次，伦理道德作为理论化、系统化的世界观的重要组成部分，影响着企业规章制度的制定，由于不同的道德观念，对管理者和被管理者的看法截然不同，会制定出完全不同的规章制度。

3. 管理伦理有助于企业树立良好的社会形象，这是企业非常重要的无形资本

从短期来看，讲求伦理，企业可能会遭受"显性"的经济损失，比如：采用环保设备会增加产品的成本，指出产品的缺陷会影响产品的销量，收回并销毁不合格产品会影响当期收益，提高产品质量会加大研发成本和生产成本等。但是，从长期来看，这些行为毫无疑问会赢得利益相关者的尊重和信赖，会为企业树立良好的社会形象，其"隐性"的收入远远大于眼前的"损失"。这些无疑将有助于企业长期的发展。

（三）有助于国家经济健康发展

当前，我们国家经济快速发展，人民生活水平大大提高，但是仍然有不少不和谐因素。其中一部分就是由于企业行为缺乏伦理道德而引起的。比如在建筑业，有的企业由于不讲诚信，不守合同，造成工程质量的下降，甚至产生豆腐渣工程，使人民生命财产受到损失；有的企业长期拖欠农民工工资，致使有人采取极端行为讨要工资；有的企业安全意识不强，措施不力，导致重大事故的发生等等。凡此种种，影响了政府形象，给社会带来了不和谐不安定的因素，妨碍了我国经济健康发展。如果我们的企业都能对管理伦理有个正确认识，并积极按照管理伦理管理企业，努力为社会提供优良产品及优质服务，根据自己实力凭着一颗善心为社会多做慈善事业，不以破坏环境为代价发展生产，这个社会就会和谐得多，人民的幸福会大大提高，我国经济就会健康稳定发展。

（四）有助于建设和谐社会

无论何时，企业都是社会的重要组成部分。自人类进入 21 世纪以来，企业对社会的影响越来越大，对创建和谐社会有着义不容辞的责任。企业要和谐，就离不开伦理道德。

孔子曰："己欲立而立人，己欲达而达人"孟子曰："穷则独善其身，达则兼济天下"。老子说："上善若水。水善利万物而不争。"无论是以人为本的儒家、众生平等的佛教，还是宣扬博爱的基督教，都认为社会每个成员都应该遵守伦理道德，互助友爱，和睦相处。

如果企业在经营管理的过程中崇尚和谐、追求和谐，处处以人为本，与社会伦理所认同和倡导的"善"的行为一致，那么，这种"善"的行为越多，对社

会的感召力就越大，美好的形象自然在人们的心目中树立起来，这不仅大大有利于企业的兴旺发达，而且推动了个人、企业、社会相互促进、共同发展、互利共生，为和谐社会奠定了必不可少的基石。

本章小结

管理伦理学是专门研究管理伦理的新兴学科。所谓管理伦理，是指企业在处理内、外部各种关系（包括企业与顾客、竞争者、供应商、政府、社会、自然环境、企业所有者、管理经营者、员工以及员工之间、员工与物质之间）时所应遵循的行为规范和准则，即正确处理企业及其成员与利益相关者关系的规范。

"伦理"是指人、群体、社会、自然之间的利益关系，包括人与他人、人与群体、人与社会、人与自然、群体与群体、群体与社会、群体与自然、社会与社会、社会与自然的关系等。道德一词包含了社会的道德原则和个人的道德品质两方面的内容，是依靠社会舆论、人们的内心信念和传统习惯，以善恶评价的方式来调节人与人之间、个人和社会之间的行为规范的总和。道德与法律既有联系又有明显的区别。

管理和伦理具有统一性：目的一致性、同质性、相容性、互补性。伦理道德管理具有五个功能：凝聚功能、导向功能、调节功能、激励功能、创新功能。中国传统伦理与西方伦理之间的最大差异性是如何处理个体与群体的关系。

学习管理伦理学有助于学员成为优秀的管理者；帮助企业讲究伦理，而管理伦理是企业赖以生存的基石；讲究管理伦理是国家经济健康发展的迫切需要；讲究管理伦理是建设和谐社会的要求和保证。

本章关键术语

伦理　道德　管理伦理　管理伦理学　伦理文化

复习思考题

1. 管理伦理学产生的原因是什么？
2. 伦理与道德的内涵是什么？
3. 伦理与道德有着怎样的统一性？

4. 伦理道德管理的特点与功能是什么？

5. 为什么要学习管理伦理学？

> 情景分析

情景分析1①

把5只猴子关在一个笼子里，笼子顶部挂一串香蕉，实验人员设计了一个自动装置，一旦探测到有猴子去动香蕉，马上就会向笼子中的所有猴子喷水。

首先，一只猴子发现了香蕉想去拿，当然，结果是每只猴子都被突如其来的凉水浇透。其他猴子也纷纷尝试但莫不如此，几次以后，猴子们达成一个共识：谁也不能去拿香蕉，以避免被水喷到。

然后，实验人员把其中的一只猴子释放，换进去一只新的猴子A。A看到香蕉，马上就想要拿到，结果是弄得大家一身湿。在A又第二次去拿的时候，其他四只猴子便一起开始制止，并对A大打出手。以后，A又尝试了几次，但每次都被打得很惨，此后不再敢打香蕉的主意。当然，这5只猴子就没有再被惩罚。

后来，实验人员又换了一只猴子B，同样，B开始也迫不及待地去拿香蕉，于是一如之前发生的一样，B试了几次，每次也被打得很惨，只好作罢。这样，一只接一只，所有的旧猴子都换成了新猴子，可谁也不敢去动那根香蕉。但这些新猴子都不晓得不能动香蕉的真正原因，只知道去拿香蕉就会被其他猴子痛扁。

思考与讨论：

1. 伦理或道德的本质是什么？在这个实验共同体中的道德规范是什么？

2. 为什么新来的猴子都不去拿香蕉？用相关伦理的理论解释。

情景分析2②

这个实验是在情景分析1中实验的基础上偶然发现的，由于天气变热，室温上升，笼子里的猴子开始饱受酷热的煎熬，但由于谁也不敢去接近香蕉，因此无法冲水乘凉。很偶然地，猴子里出现了一位"反潮流"的英雄E。开始只是E在无意中接近了香蕉并进入侦测范围，于是理所当然地引来一顿暴打，但同时猴子

---

①② 宋志勇：《企业伦理学》，清华大学出版社2017年版，第21页。

们享受到了冲凉的乐趣。后来，倒霉的 E 又一次接近了香蕉。于是，猴子们享受了第二次冲凉，E 也遭受了第二次痛殴。

在此之后，猴子们虽然不知道喷水的真正原因，但认为 E 可以给它们带来这个享受，因此只要猴子们有冲凉的要求，它们就会联合起来对 E 进行"合理冲撞"，打得 E 上蹿下跳，直到喷水。而大家对 E 的态度也发生了明显的转变，平时对待 E 异常温和，以弥补在冲凉时为维护规则而不得不对它进行的暴力举动。

一天，饱受折磨的 E 出于本能，在大家享受冲凉的时候把香蕉给吃了。而且此后实验人员不再用新的香蕉来填补空缺。猴子们陷入了另一个尴尬的境地：没有冲凉的水，只有 E。

于是，另一个规则产生了。猴子们在热得烦躁的时候会痛打 E 出气，当笼子里的旧猴子被新的换掉后，新来的猴子会在最短的时间内学会殴打 E。

终于有一天，老天有眼，倒霉的 E 被换出了笼子，猴子们失去了发泄对象，因此只能任意选取一个目标进行攻击。从此以后，笼子里的猴子们整天唯一的举动就是打架。

思考与讨论：

1. "道德的沦丧"是一种什么样的状况？
2. 暴打 E 的行为道德吗？为什么？
3. 一个社会没有道德为什么秩序会乱？

➤ 案例分析

海底捞的秘密：把员工当人看①

海底捞没有秘密，又充满神秘。把员工当人看，就是海底捞的创新，但又不是全部。

海底捞的速度不算快，从 1994 年创办，到现在整整 17 个年头，才 60 个连锁店，营业额也就十几亿。

海底捞所在的产业一点都不酷，就是火锅，它既不是资源垄断行业，也不是高科技行业，只要是中国人，自己在家都会涮。

海底捞的商业模式并不独特，就是一锅一锅卖、一店一店开。

---

① 《海底捞的秘密：把员工当人看》，腾讯网，https://news.qq.com/a/20110218/001162_2.htm。

海底捞的创始人张勇，今年刚好40岁，是个出身底层的"川娃子"，不擅豪言壮语，不帅、肤色黑，比实际年龄看起来老得多。

这是一个关于"人"的故事。

有人说，如果把海底捞搬到日本或者韩国，它的优势就荡然无存。但是，日式或者韩式服务舶来已久，中国企业只习得其"变态"之形式，未习得"变态"背后的精髓。服务者感到耻辱，接受服务者也觉得别扭，原因在于那些标准化的流程移植到中国，其他方的满意往往是建立在员工不满意基础上的。

技校毕业的张勇，发迹在偏僻的四川简阳，一切经验都摸索自简陋的麻辣烫店。他的逻辑很简单："公平"。这词一点都不陌生，向来是人心最普通、却殊难成真的诉求之一。一旦把这简单口号贯彻到底，员工就会视"海底捞"为第二个家，为之真心付出，甚至为这个家拼命。海底捞出色的服务就是这么来的。

就这样，海底捞在海外虽然一家店都没有，却成为哈佛商学院经典案例。

海底捞员工与富士康员工来自同一群体，主体是"80后"或"90后"，在农村长大、家境不好、读书不多、见识不广、背井离乡、受人歧视、心理自卑。而且相比富士康的环境，在海底捞工作的待遇更低、地位更低、劳动强度更大。可张勇就是做到了，员工没有跳楼，还能主动、愉悦地为客人服务。

中国近代商业文明最好的传统之一，是较为注重"家庭感"，管理制度也会朝这个方向设计。可近三十年来，经济高速发展，机会喷涌而出，这一传统却产生了断裂。张勇无意中接续了断层，他不懂平衡计分卡，不懂KPI，甚至不采用利润考核，但却创造出让管理专家们叫绝的家庭式管理制度。融合了儒家之仁——员工在公司找到自尊、法家之术——在公司中强势而富有权谋、道家之无为——给一线员工足够的权限，让其自己管理自己。

可这些看似简单、传统的东西，别人学不会，连张勇自己都难以持续复制。首先，他不是神，性格中有"暴虐"、自大的一面，也会犯错误、有缺失。在小范围内，他的搭档与下属可以谅解与包容他的缺点与过失，但随着海底捞名声越来越响，规模越来越大，管理半径超出了张勇肉身所能及，张勇与海底捞擅长的言传身教，边际效应一定会递减，而其毛病与缺陷，有可能被放大。其次，没有定量、成形的管理工具与模型辅助和支撑，张勇基于对人性直觉理解打造的理想国，随着海底捞管理疆界越来越广阔、复杂立体，难以不受浮躁世界的侵扰。

把员工当人看，是海底捞最大的创新，但这似乎又不是其成功的全部。

张勇在海底捞创造了一种家庭氛围，他的方法是将员工当作家里人，这是常识，但难以做到。

他的答案就这么简单："人心都是肉长的，你对人家好，人家也就对你好；只要想办法让员工把公司当成家，员工就会把心放在顾客上。"

哦，这不是常识吗。

中国人真有信仰的不多，家最能触动神经，是绝大多数人的精神家园，一生的追求与荣辱都同家连在一起。家还有一个特点，就是公私不分。家的成员很多，地位有高有低，可每个家庭成员都愿意为它做出最大贡献。

怎么才能让员工把海底捞当成家？

好像一切问题的答案在张勇这里都变得很简单——把员工当成家里人。

给员工超值感受，譬如南京海底捞，别人家餐馆服务员1500元工资的时候，海底捞给员工1900元工资，没有像其他一样给1500元，这给了员工"超值感受"。不仅如此，做得好的员工，公司还给其家里发奖金。这超出了员工及员工家人的感受。

海底捞给员工租住中高档小区当宿舍，有空调、暖气，海底捞安排专人打扫卫生、换洗被单、免费上网、电视、电话一应俱有，离上班地点近，步行20分钟。没有供暖气时，海底捞发暖水袋。等等一系列让员工感觉被尊重的举措。

在四川简阳建了寄宿学校，海底捞员工的孩子在那里就读。领班以上的干部的父母每月直接收到公司发的几百元补助。

我现在快50岁了，我总在想怎么报答海底捞。在我有生之年，我要每天拼命端锅、扫地、拖地……只要我能干动的我都干，我没有半点怨言，因为这是我的第二个家。——海底捞北京四店王彩虹

服务员主动、自觉考虑节省成本的办法：几个旧拖把捆在一起用，厨房用过的钢丝球，刷厕所……

会计在厨房忙的时候，主动放下财务工作，去厨房刷碗一下午。

杨小丽的故事是一个注脚。她是海底捞唯一的副总经理（总经理是张勇），今年刚满30岁。

杨小丽家在四川农村，20世纪90年代初，两个哥哥做蜂窝煤生意赚了不少钱，可惜，后来生意失败，欠了一屁股高利贷，杨小丽只好到海底捞干起了服务员。

快过年了，妈妈来到店里。半年不见，妈妈憔悴不少。小丽赶紧拉妈妈进包间里问。原来一个债主今年来得早，把家里所有值点钱的东西都拿走了。妈妈让小丽想想办法，能不能借800元钱，否则别的债主打发不了。

海底捞每月发工资，钱在杨小丽手中从没超过半个小时，就进了海底捞旁边

的邮局。她每月只给自己留 10 元。一起打工的姐妹也都要回家过年，去哪儿借这 800 元？没办法的女儿跟着妈妈哭红了眼。

小丽送走妈妈后，张勇知道了此事。他让公司借给小丽 800 元。小丽说："每月从我工资里扣吧。"

"扣了，你家不还没钱？年底再还吧。"

过年了，公司发奖金。杨小丽觉得肯定没自己的份儿。可是会计找到她，让她去领奖金。

小丽不解地问："我还有奖金？"

会计告诉她："张大哥说了，你家还债的 800 元由公司出。"

人不仅需要爱，还需要尊敬。对员工的尊敬就是信任。

信任你的操守，就不会把你当贼防；信任你的能力，就会把重要的事情委托给你。人被信任了，就有了责任感；于是，士为知己者死，才能把公司的事当成家里的事。

信任的标志就是授权。张勇在公司签字权是 100 万元以上；100 万元以下是由副总、财务总监和大区经理负责；大宗采购部长、工程部长和小区经理有 30 万元签字权；店长有 3 万元签字权，这种放心大胆的授权在民营企业实属少见。

张勇对一线员工的信任更让同行匪夷所思。一线普通员工有给客人先斩后奏的打折和免单权。不论什么原因，只要员工认为有必要都可以给客人免一个菜或加一个菜，甚至免一餐。这等于海底捞的服务员都是经理——这种权力在其他所有餐馆都是经理才有的。

2009 年春天，我把张勇请到北京大学给我的 MBA 学生讲课，一个学生问："如果每个服务员都有免单权，会不会有人滥用权力给自己的亲戚朋友们免单？"

张勇反问那个学生："如果我给了你这个权力，你会吗？"

整个课堂 200 多个学生，一下子鸦雀无声。

2006 年海底捞成立了工会。张勇为海底捞的工会赋予了特殊使命，他在工会成立时说：

一个无法回避的事实是，我们绝大多数员工来自农村，他们有一个共同的特征就是没有受过良好的教育，因此不可能像公务员和白领那样过上体面的生活。在陌生的城市，他们几乎没有任何有效的方法受到这个社会的尊敬。

为什么这样？这一切怪谁？我们可以改变吗？我的答案是：谁也别怪，要怪就怪我们自己。北大清华每年招那么多学生，你能考上吗？你知道要付出多少汗水和智慧才能得到大家的尊重吗？既然我们已经失去了一些东西，那么我们就只能靠剩下的东西改变命运。这不是可不可能的问题，而是必须竭尽所能地去改变。否则，我们的员工一辈子都要在社会最底层，我们的后代也将重复我们的命运。因此，我们必须有一个组织来帮助和关心我们基层员工的成长，这个组织就是我们的工会。

"每一个工会会员都必须明白一个基本道理，我们不是在执行公司命令去关心员工，而是真正意识到我们都是人，每个人都需要关心与被关心，而这个关心基于一种信念，那就是'人生而平等'。"

思考与讨论：

管理伦理如何在海底捞的企业经营中发挥重要作用？

➤ 附录：

《考克斯圆桌商业原则》——商业伦理的经典范本①

"考克斯圆桌"是由来自北美、欧洲和日本的 100 多名商界领导组成的国际组织。它产生于 20 世纪 80 年代中期，恰逢华尔街投机兴旺之时，该组织每年在瑞士的考克斯召开会议。"考克斯圆桌"相信，全世界商业群体应该在改善经济和社会条件中发挥重要作用。"考克斯圆桌"的成员们共商道德大计：他们遵循道德至上的原则，与时俱进，科学确定适合现代商业活动的共同准则，调和不同的准则，以促成各方达成一致，形成广为接受并被尊重的、共同的经济行为原则。

一、《考克斯圆桌商业原则》（以下简称《考克斯原则》）的源起与发展

1986 年，日本经过 20 年左右的经济高速增长，日用品和电子产品行销全球，但由于贸易摩擦不断而招致整个西方世界的反感，各国甚至不惜摩拳擦掌准备大打贸易战以对抗日本，许多国家和诸多大企业更是暗流涌动，谋划着如何将日本挤出欧美市场，为此不惜准备与日本决裂，将欧美企业撤出日本。

飞利浦家族的掌门人弗里德瑞克·菲利浦邀请了这些来自日欧美的企业家们集聚于瑞士小镇考克斯召开了此次圆桌会议，拟通过友好对话的方式，消除彼此间的敌对情绪，共同商讨解决当时全球汽车和消费品市场的排外主义的对策，会议取得了巨大成功。所有来宾一致反对商业上的排外主义，大家认为商业就应该

---

① 周祖城：《企业伦理学》，清华大学出版社 2020 年版，第 113 页。

是纯粹的商业，在公平竞争的原则下胜出者理应获利。商业活动不应该以妨碍他人利益为前提，从商的人要具备"考虑整体的自我利益"的能力。与会者发现，协商的考克斯圆桌会议对他们极具吸引力，于是，大家约定每年都到这里进行交流、分享、沟通，"让自己时刻保持着对国际商业的敏感度"。

出生于广岛的佳能公司总裁贺来龙三郎，孩提时代在原子弹轰炸中死里逃生，有强烈的社会责任感。贺来龙三郎接替圆桌会议的领导职务后，把日本的"共生"概念引入考克斯圆桌组织。"共生"在日本来自佛教，本意是"为了共同的目标而一起生活和工作"。它假定每一个生命个体都是互相依存的，没有任何一个个体可以完全脱离其他个体而单独存在。贺来龙三郎在担任佳能公司总裁时，把"共生"概念成功地应用于公司管理并获得了巨大的商业成功。1991年，在美国明尼苏达，贺来龙三郎向美国商界领域阐述了自己将"共生"原则应用于公司管理的方法，受到与会者的热烈欢迎。经过一番辩论以后，明尼苏达企业责任中心根据会议的共识起草了《考克斯圆桌商业原则》。1992年，明尼苏达企业责任中心的负责人受邀参加考克斯论坛，他们将这个准则带到了会议上，这促使当年的考克斯论坛萌发了为全球撰写商业行为准则的想法。1992年，在弗里德瑞克·菲利浦、贺来龙三郎等人的倡导和推动下，《考克斯圆桌商业原则》正式问世。

二、《考克斯原则》简介

《考克斯原则》是由一篇绪论、七条通则，以及六组利益相关人士通则组成。后者规定了公司对客户、员工、业主或投资者、供应商、竞争对手以及社区这六个利益相关群体所担负的责任。

《考克斯原则》首先肯定"法律和市场力量是必要的，但仍不足以满足指导商业行为的需求"，因此"要肯定道德在商业决策中的价值"。同时，断言社会达尔文主义哲学中的野蛮生存法是对市场和商业活动的误导，肯定"拥有经济力量的道德责任感的存在"。公司的作用是创造财富和就业，并以合理的价格和质量为消费者提供产品和服务。

和以往的认知不同，《考克斯原则》明确提出生存不是公司的唯一目标，公司必须兼顾顾客、股东和利益相关者的福利，勇于负责，用健康的商业活动影响所在社区的未来。建立在海外的公司要通过创造就业机会、提高当地人民的购买力为所在国做出贡献，同时还要关注所在国的人权、教育、福利，通过创新、有效使用资源和公平竞争促进所在国的社会进步。

《考克斯原则》还规定，企业应当尊重国际、国内的规则，避免贸易摩擦，促进自由贸易，推动公平竞争。倡导符合法律、符合通行商业规则的企业行为，倡导企业真挚、坦诚、真实、守信和透明。

《考克斯原则》第一次正式提出，企业要做公民，要在商业活动中为人类的人格尊严服务。要在商业活动中尽最大努力维护客户的权益和利益。要善待员工，关注员工的精神追求。要在处理客户、员工、业主、供应商等相关利益关系时兼顾他人的福利和利益，以求达到共赢的结果。

在当前迅猛发展的中国经济社会，《考克斯原则》具有积极的现实意义。《考克斯原则》的出发点是善意的和体贴的：人类在解决自己困境时要学习和调整自己的思路和方法，这是人类的基本生活经验。在全球经济一体化的浪潮下，除非闭关锁国，否则，任何一个经济体都难以独善其身。被全球化的浪潮席卷的中国，以"一带一路"积极推动世界经济实现大融合的当前，中国已成为引领国际商务的主流。商业伦理的核心价值愈加凸显，遵循并推动全球商业规则的趋同是大势所趋。

三、《考克斯圆桌商业原则》全文

第一部分　序言

就业与资本的流动使经济活动及其影响不断地全球化。在这种背景下，法律和市场的制约很必要，但是还不能充分地实现对商业行为的指导。公司的基本职责是对公司行为和政策负责，并尊重利益相关者的尊严与利益。而共同的准则（包括对共同繁荣的承诺）对小规模人群和全球人群同样重要。由于上述原因，同时由于商业可以有力地带动积极的社会变化，我们提出以下原则作为商业领导者的讨论基础和履行公司责任中的行为基础。我们也肯定道德准则在经济决策中的合法性与中立性。没有道德准则，就没有稳定的经济关系和全球的可持续发展。

第二部分　总则

原则 1　公司责任：从股东变为利益相关者

公司的作用是创造财富和就业，并以合理的价格及与价格相应的质量向消费者提供适合销售的产品和服务。为发挥该作用，公司必须保持其经济健康和活力，但是公司生存并不是公司的唯一目标。公司的另一个作用是与公司顾客、雇员和利益相关者分享创造的财富，提高他们的生活水平。供应商和竞争商应该本着诚实公正的精神履行义务，相信这样才会带来更多的商机。公司是地方性、全国性、地区性和全球性社区（人群）中勇于负责任的成员，影响着所在社区的未来。

原则2　公司对经济和社会的影响：面向革新、公正与全球性社区

建立在海外的发展、生产或销售公司应通过创造就业机会、提高当地人们的购买力为所在国家的社会进步做出贡献，同时应关注所在国家的人权、教育、福利，激发社区生命力等。此外，公司应通过革新、有效地使用自然资源、自由公平的竞争，为所在国家和全球的经济、社会进步做出贡献。这种贡献是广义的，包括新技术、生产、产品、经销和通信等。

原则3　公司行为：从遵守法律条文发展为信任精神

除了合法的商业秘密外，公司应认识到，真诚、公正、真实、守信与透明不仅有利于经济活动的信誉和稳定，而且有利于提高商业交易（尤其是国际商务）的效率和顺利性。

原则4　遵守规则：从贸易摩擦发展为贸易合作

为避免贸易摩擦，促进更为自由的贸易，保证商业机会均等、各方得到公平并且相同的待遇，公司应遵守国际国内规则。此外，公司还应认识到，尽管有些行为合法，但仍可能带来不利后果。

原则5　支持多边贸易：从孤立走向世界

公司应支持关贸总协定、世界贸易组织的多边贸易系统和其他类似的国际合约。公司应积极配合，提高贸易的合理自由度，放宽国内政策，减少这些政策对全球经济的不合理障碍。

原则6　关注环境：从保护环境发展到改善环境

公司应保护并在可能的情况下改善环境，促进可持续发展，防止自然资源的浪费。

原则7　防止非法运行：从利润发展到和平

公司不可参与或包庇贿赂、洗钱等腐败活动，也不可从事武器交易和用于恐怖活动、贩毒或其他有组织犯罪的物品交易。

第三部分　利益相关者

顾客

我们相信应充分尊重顾客的尊严。顾客不仅指那些直接购买产品或服务的人群，也包括从正当渠道获得产品与服务的人群。对于那些不直接从我们公司购买但使用我们产品与服务的顾客，我们将尽最大努力选择那些接受并遵循本文件规定的商业经营标准的销售、安装/生产渠道。我们有以下义务：

——向顾客提供质量最好的、符合他们要求的产品与服务；

——在商业的各方面公正对待顾客，其中包括高水平的服务和顾客不满意时

的补救措施；

——尽一切努力保证顾客的健康与安全（包括环境质量）在消费了我们提供的产品与服务后得到保持或改善；

——在提供的产品、销售和广告中避免侵犯人的尊严；

——尊重顾客的文化完整性。

雇员

我们相信每位员工的天赋尊严，因此我们有以下责任：

——提供工作机会和薪水，改善提高他们的生活状况；

——所提供的工作条件应尊重雇员的健康与尊严；

——与雇员坦诚沟通，了解他们的思想、不满和要求；

——与雇员有冲突时应相互信任，协商解决；

——避免歧视行为，确保公平对待、机会均等，不受性别、年龄、种族和宗教的影响；

——在公司内部鼓励雇用残疾人，将他们安排到能发挥作用的岗位；

——保护雇员在工作场所的安全和健康；

——对由商业决策导致的严重失业问题保持关注，并与政府和其他机构共同解决相关事宜。

物主/投资者

我们应尊重投资者对我们的信任，因此我们有以下责任：

——专业、勤勉地管理公司，以确保投资者得到他们应得的而且具有竞争力的回报；

——向物主/投资者披露相关信息（只受法律与竞争情况限制）；

——保存并保护物主/投资者的资产；

——尊重物主/投资者的要求、建议、不满和他们的正式决定。

供应商

我们相信公司与供应商、分包商的合作关系以相互尊重为基础，因此我们有以下责任：

——在定价报价、许可、售卖权等所有业务中追求公正性；

——确保我们的商业行为不带任何强制性、不涉及任何不必要的诉讼，并以此促进公平竞争；

——与高价值、高质量、可靠性高的供应商建立长期、稳定的关系；

——与供应商分享信息，并将供应商纳入公司的计划过程，达成稳定的关系；

——按时、按照贸易条款支付供应商；

——寻找、鼓励并优先选择在实际工作中尊重雇员尊严的供应商和分包商。

竞争商

我们相信公平的经济竞争是增加国家财富的基本要求之一，它能使公平分配物品与服务最终成为可能。因此我们有以下责任：

——培养开放的贸易与投资市场；

——改良竞争行为，使其有利于社会和环境；

——与竞争商之间相互尊重；

——戒除公司为保证竞争优势而意图或切实给予他方可疑支付与好处；

——尊重物产所有权和知识产权；

——拒绝采用不诚实或不遵守职业道德的手段获取商业情报（如工业间谍）。

社区/共同体

我们相信，公司作为一名集体成员，即使力量不大，也能够为所在社区投入改革力量，改善当地的人权状况。因此公司对公司所在地的社区负有以下责任：

——尊重人权与民主制度，并尽可能改善人权与民主状况；

——承认国家对整个社会的合法义务，支持、执行通过商业与社会的其他行业部分之间的和谐关系促进人类发展的公共政策；

——在经济发展困难的国家和地区，一些力量致力于提高健康、教育、工作场所安全等标准，公司应与它们合作；

——促进可持续发展；

——在物理环境保持和地球环境保持中起领导作用；

——支持地方社区的社会秩序、治安防卫和多样性；

——尊重地方文化的完整性；支持所在社区，做优秀的社区成员。具体的方式有：慈善捐款、捐助文教、雇员参与民事与社区事务等行动和活动。

参考文献

［1］Archier B，Carroll. Business and Society：Ethics and stockholder Management［M］. Cincinati，Ohio：South－Western Publishing Co.，1993：85.

［2］周祖城：《管理伦理学》，清华大学出版社2015出版。

［3］刘光明：《新管理伦理学》，经济管理出版社2015出版。

［4］彼得·圣吉：《第五项修炼》，上海三联书店 1998 年版。

［5］威利斯·哈曼：《未来启示录》，上海译文出版社 1988 年版。

［6］魏英敏：《新伦理学教程》，北京大学出版社 1993 年版。

［7］彼得·德鲁克：《管理实践》，工人出版社 1989 年版。

［8］纪良纲、王小平：《商业伦理学》，中国人民大学出版社 2005 年版。

［9］袁思考：《考克斯圆桌商业原则的来龙去脉》，载于《企业技术进步》2010 年第 11 期。

［10］吉姆·柯林斯，杰里·波勒斯：《基业长青》，中信出版社 2006 年版。

［11］吴晓波：《大败局》，浙江人民出版社 2001 年版。

［12］林恩·夏普·佩因：《领导、伦理与组织信誉案例》，东北财经大学出版社 1999 年版。

第二章 人性与伦理

> **学习目标**

1. 了解中国传统人性论中的性善论和性恶论。
2. 掌握经济人、社会人、自我实现人、复杂人假设的含义。
3. 了解人性理论。
4. 理解人性可塑的原理。

> **引导案例**

从电影《监禁》想到的①

《监禁》(The Keeper, 2004) 是一部关于绑架的电影，却直观地向我们揭示了所有统治者实施统治与操纵的密码。一个表面正义、内心扭曲的警察将一个舞女绑架，并在囚禁过程中使用了一种"赚分"的方式进行控制。起初极力反抗的女孩，在一次次的"奖励"过程中，开始自觉屈服，并感觉得到了莫大的恩赐。同时她将原本值得同情的痛苦归结为自己"不听话"所造成的恶果。至此，绑架者成了救赎者，受害者成了作孽者。统治变成了符合情理又充满人性的奖励。电影只是虚掩的现实，"奖励"作为一种社会控制方式一直存在于历史生活之中。学生是教育制度的人质，病人是医疗制度的人质，公民是极权统治的人质。只要你没能控制自己人生，而把它随便交付给任何形式的外界，你就在看上去很美的奖励中失去自由，将自我拱手相让。

人与伦理问题的关系密切程度，或者他们对解决伦理问题所负形式上的责

---

① 顾剑：《管理伦理学》，同济大学出版社 2012 年版，第 176 页。

任，是一个重要因素，与问题关系越密切，则采取行动的义务越大。斯图尔特（Stewart，1984）将此定义为秋园原则（源于纽约的秋园公园里围观者袖手旁观了一场谋杀案）。秋园原则提出了履行见义勇为的条件：情况明显紧急；义务主体靠近该紧急情况（留意）；有救助能力；无他人可能援助。

伦理问题的具体情况也将影响人们的反应。大多数人对偷窃一盒办公纸的反应不同于他们对严重滥刷公司信用卡所做出的反应。经常在办公室将纸、笔等顺手牵羊地拿走，但是对于同样价值的钱却谨慎许多。你认为导致安然大厦倒塌的建筑师肯·莱、杰弗里·斯基林和安德鲁·法斯陶会从一个老妇人的钱包里偷钱吗？不错，他们是从许许多多的老妇人养老金里拿走了数百万美元、数千万美元，不过，他们还真不可能用铁棍把一个老妇人打倒，然后抢走她的钱包。有了适当的机会，平日里诚实的人也会作弊。但离现金犯罪一步之遥的作弊最容易发生。企业作弊是在账目上玩花样；公司主管作弊是在股票期权日期上倒签；制药公司的作弊是给医生夫妇安排豪华度假游。人的伦理准则只有在考虑重大问题时发挥作用。只要能够自圆其说，作弊恐怕是家常便饭。

第一节　中国传统人性论

一、性善论

《周易》是从性善出发提出社会治理思想的。《周易》认为人的本性、人类的伦理是由天地自然决定的。它说："一阴一阳之谓道，继之者善也，成之者性也。"（《系辞传·上》）因为"天地之大德曰生"（《系辞传·下》），而生养万物就是善。万物无不得天地阴阳二气而生，也就得到了天地的善质，此即"继之者善也"。得到天地善质的万物各有自己的特殊性，即"成之者性也"。《系辞传》又说："成性存存，道义之门。"指人们要修养自己受之于天的善性，使之存之又存，不要丢失，就进入了"道义之门"。可见，《周易》关于人性的观点，实际上也是性善论。《周易》称人的社会伦理为"四德"，即"元、亨、利、贞"。从自然界来看，它是春、夏、秋、冬；而从人类社会看，它则是仁、礼、义、信。《易·乾文言》释曰："元者，善之长也。亨者，嘉之会也。利者，义之和也。贞者，事之干也。君子体仁足以长人，嘉会足以合礼，利物足以和义，贞固足以干事。君子行此四德者，故曰：元、亨、利、贞。"善之长，是仁；嘉之会，是礼；利物，是义；贞者正也，正固干事，是信。此四德出于天地自然，是君子行为的理据。人之善性由天决定，人的伦理四德由天决定，天人合一，自然界发展和谐有序，人类社会是承天道而来，故亦和谐有序。圣人在《周易》一书中占有崇高地位。《系辞传》说圣人能"成天下之务"、"定天下之业"、断"天下之疑"，能"明于天之道，察于民之故"，是"知周乎万物，而道济天下"之人。《系辞传》说："圣人之大宝曰位。"即说君位是圣人的大宝。《乾》九五爻辞："飞龙在天，利见大人。"讲的就是圣人在位治理天下。故《乾文言》释"利见大人"说："夫大人者，与天地合其德，与日月合其明，与四时合其序，与鬼神合其吉凶，先天而天弗违，后天而奉天时。天且弗违，而况人乎，况于鬼神乎。"这个大人就是在位的圣人，大人能与天地、日月、四时、鬼神合德、合明、合序、合吉凶，就是进入了"天人合一"境界。实现了人与人、人与社会和谐，人与自然和谐。孔子认为从"修己"可达到"安人"，进而达到"和为贵"的管理目标，其中隐含了人性向善的假设。在《论语·颜渊》中，孔子说："政者，正也。子帅以正，孰敢不正？"在《论语·子路》中又说："其身正，不令而行；其身不正，虽令不从。""苟正其身矣，于从政乎何有？不能正其身，如正人何？""上好礼，则民莫敢不敬；上好义，则民莫敢不服；上好信，则民莫感不用情。"（《子路》）"为政以德，譬如北辰，居其所而众星共之。"（《为政》）在孔子看来，行仁好礼就是正道，若君王能时时以仁义礼信自律，则可为百姓树立一个可遵循的道德与行动标准，为政以德能产生众星拱卫北斗那样的凝聚力。

　　孟子对性善论在理论上进行了系统阐述。孟子认为人性天生是善良的，他说："人性之善也，犹水之就下也。人无有不善，水无有不下。"（《孟子·告子上》）在这里孟子用水往低处流这一自然现象来论证人性趋善的必然性。孟子所说的人性并不是指人生来就有的一切本能，而是指人与其他动物不同的是使人成其为人的那些特性。他所谓人性本善是指人的那些特殊本性是善的。具体说就是只有人才具有的恻隐之心、羞恶之心、恭敬之心（有时称为辞让之心）、是非之心。他说："恻隐之心，人皆有之；羞恶之心，人皆有之；恭敬之心，人皆有之；是非之心，人皆有之。恻隐之心，仁也；羞恶之心，义也；恭敬之心，礼也；是非之心，智也。仁义礼智，非由外铄我也，我固有之也。"（《孟子·告子上》）就是说人生来就具有仁义礼智四种善良的天性，这四种天性是"不学而能""不虑而知"的"良知""良能"（《孟子·尽心上》）。"今人乍见孺子将入于井，皆有怵惕恻隐之心。非所以内交于孺子之父母也，非所以要誉于乡党朋友也，非恶其声而然也。由是观之，无恻隐之心，非人也；无羞恶之心，非人也；无辞让之心，非人也；无是非之心，非人也。恻隐之心，仁之端也；羞恶之心，义之端也；辞让之心，礼人端也；是非之心，智之端也。人之有是四端也，犹其有四体也。"（《孟子·公孙丑上》）人有不忍人之心，说明人性善良。不善的症结在于人，而不在于"性"。孟子强调，人之所以不能发挥自己的天生的善良本性，完全是受了外界不良因素的影响，恢复人善良本性的途径是通过道德教化的力量，使其彰显出来。

孟子的全部管理思想都是建立在"人性本善"的基础上的，"性善论"是孟子行为管理思想的基本出发点与依据。孟子这里所说的实际上就是人具有的同情心、自尊自重、渴望被人理解、渴望激励、渴望和谐的人际关系、必要时能担当社会责任的勇气等精神方面的需求。孟子的性善论则突出了人作为社会动物具有相互依存、利他性的一面，这种对人性的积极乐观的态度，影响到孟子行为管理思想的基本面貌。

二、性恶论

与孟子主张的人性本善不同，荀子认为，人性是"恶"的，同时荀子区别了"性""情""欲"三者的不同。

他说："性者，天之就也；情者，性之质也；欲者，情之应也。"（《荀子·正名》）"性"指人的自然性；"情"，即喜、怒、哀、乐等，是"性"的内容；"欲"是与外界事物发生交感之后而产生的心理倾向或追求。荀子认为，由于人的这种自然的本性，生而好利多欲，为了满足这种利欲故必争斗，所以人的本性是"恶"的。荀子说："今人之性，生而有好利焉，顺是，故争夺生而辞让亡焉；生而有疾恶焉，顺是，故残贼生而忠信亡焉；生而有耳目之欲，有好声色焉，顺是，故淫乱生而礼义文理亡焉。然则从人之性，顺人之情，必出于争夺，合于犯分乱理，而归于暴。"（《荀子·性恶》）荀子的结论是："人之性恶，其为善者伪也。"在荀子看来，"性者，本始材朴也；伪者，文理隆盛也。"（《礼论》）即"性"为"本有"，而"礼"为"伪有"。"本有"指人生理本能或生理欲望，"夫人之情，目欲綦色，耳欲綦声，口欲綦味，鼻欲綦臭，心欲綦佚。"（《荀子·王霸》）"饥而欲食，寒而欲暖，劳而欲息，好利而恶害，是人之所生而有也，是无待而然者也"（《荀子·非相》）。"目好色，耳好声，口好味，心好利，骨体肤理好愉佚，是皆生于人之情性者也，感而自然，不待事而后生之者也。"

（《荀子·性恶》）人的这种好、恶、喜、怒、乐的情感，就是人性本有的内容。这些情感与外界的事物发生交感时，便产生欲望，而在欲望的驱动下，就要产生满足这些欲望的行动，于是争斗就发生了，这就是荀子所说的"性恶"。

荀子又认为庶民百姓，学《诗》《书》《礼》《乐》《春秋》，习"先王之遗言""真积力久""入乎耳，箸乎心，布乎四体，形乎动静"（《荀子·劝学》），"积礼义而为君子"，"积善而全尽"为圣人（《荀子·儒效》）。这里似乎陷入了"性恶"与"成圣"的矛盾之中。

荀子认为，"心"与"性"是分而为二的，心的本质是"虚壹而静"，不包含恶的本性，人"性"恶，"心"未必就为恶。这就是说，人们认识"先王之道"，学习"先王之遗言"，积习积善，改造人性是可能性的。荀子说："人何以知道？曰：心。心何以知道？曰：虚壹而静。心未尝不藏也，然而有所谓虚；心未尝不两也，而有所谓一；心未尝不动也，然而有所谓静。人生而有知，知而有志。志也者，藏也。然而有所谓虚，不以所已藏害所将受谓之虚。心生而有知，知而有异。异也者，同时兼知之；同时兼之，两也。然而有所谓一，不以夫一害此一位谓之壹。心，卧则梦；偷，则自行；使之，则谋。故心未尝不动也，然而有所谓静，不以梦剧乱知谓之静。未得道而求道者，谓之虚一而静。作之，则将须道者之虚，虚则入；将事道者之壹，壹则静；将思道者谓之静，静则察。知道，察；知道，行，体道者也。虚一而静，谓之大清明。"（《荀子·解蔽》）荀子所说的"虚壹而静"就是知识心："虚"是不以已有的知识去妨碍去接受新的知识；"一"是不以已有的这一种知识去妨碍接受另一种知识；"静"是不要以梦想和烦恼去扰乱了心智。学习要有虚怀若谷和全面接受各方面知识的态度，要有安静的心态和专注的精神。心若虚谷，新的知识就能进入；心若专注，就能安静；心能安静，就能明察。明察就能分辨是非，就能学得"先王之道"。认识"道"，又能透彻理解"道"，又能实行"道"，这算是真正体悟到了"道"，也就达到了"大清明"的境界。孟子之学"心"即"性"也，荀子则把"心"和"性"分别开来；而荀子的"心"又有"知识心"和"礼义心"以及"人心"和"道心"之分。

荀子认为，既然人性本恶，同时"心""性"两分，那么对人和管理就应该"化性起伪"了。人们受各种"蔽"的影响，总是"蔽于一曲，而暗于大理"。人的"蔽塞"有种种："欲为蔽，恶为蔽，始为蔽，终为蔽，远为蔽，近为蔽，博为蔽，浅为蔽，古为蔽，今为蔽"。总之，凡对事物的任何差异的认识都可能成为"蔽"。因为对事物的任何一个差异方面认识，都会产生认识上的片面或局限。在荀子看来，为要获得全面的正确的认识，就需要"解蔽"，为此荀子在《荀子·非十二子》中批评了他认为带有片面性和局限性的学说。为获得正确的认识，必须"兼陈万物而中县衡"，把不同的事物都陈列起来，建立一个标准，去进行分析比较，然后做出判断，这样就不会造成片面和局限，搞乱事物的本来面貌。荀子认为，对事物进行正确判断的标准是"道"。"何谓衡？曰：'道'。故心不可以不知道，心不知道，则不可道而可非道。"（《荀子·解蔽》）真正认识了"道"，就不会否定"正道"而肯定"邪道"，即不会颠倒是非。荀子在回答普通人何以"为禹"时："然则仁义法正有可知可能之理，然而途之人也，皆有可以知仁义法正之质，皆有可以能仁义法正之具，然则其可以为禹明矣。"（《荀子·性恶》）"知识心"是没有善恶的。"仁义法正"具有可以认识的本质，而人又具有能认识"仁义法正"的能力和条件，这样人就必然能认识"仁义法正"。当"知识心"知晓了"仁义法正"之后，人心就从"知识心"上升为"礼义心"了，这就使"化性起伪"成为可能。

荀子是把"性"和"伪"置于矛盾的辩证统一之中的，他真正强调的是"性伪合一"，他说："天地合而万物生，阴阳接而变化起，性伪合而天下治，……宇中万物，生人之属，待圣人然后分也。"（《礼论》）即是说，"性伪合而天下治"是荀子人性治理模式的最好表达。人性多欲，首先要满足人的生存的需求，然后尽量满足人的欲望；但是，人的欲望又是没有止境的，所以必须要用礼义来教化，使之节欲，把人们的欲望限制在"礼"所规定的范围之内，使人各自按照自己的职分、地位去行事，不能有僭越的行为。社会上各个阶级、各个阶层、各个等级的人，都按照"礼"的规定，各安其本分，各得其位，社会才能安定和谐。

在荀子之前，《周易》对人性的弱点也有深刻的认识。《系辞传下》中说："小人不耻不仁，不畏不义，不见利不劝，不威不惩。小惩而大诫，此小人之福也。"又说"禁民为非曰义。"把一己之利当成最高的甚至唯一的行为准则，这样的人，《易传》称之为"小人"，这样的行为，《易传》认为必然导致对社会整体秩序的破坏，甚至会走上犯罪道路并反过来毁掉这些人自己的根本利益。所谓"不恒其德，或承之羞"（《恒卦》），就是这方面的警示。因此必须用"义"来规范人的行为。可以说荀子的人性论与《周易》是一脉相承的。

孟子和荀子的人性论表面上看是针锋相对的，其实它们有着共同的一面，即人的本质属性是道德性，人性不是已成的，而是待成的，认为无论人性善恶都是可以教化的，所以都主张把道德教化作为行为管理的重要手段，主张实行宽厚温和的政治统治。又由于他们对人性认识的区别，他们的行为管理策略各有侧重。

第二节　西方管理人性论

如果说传统中国人性理论偏重"人与社会"的探讨，西方哲学则更关心世界本源问题。较之对人的内观，他们更侧重外在的探索与社会契约。西方管理学家对人性的认识先后经历了"经济人""社会人""自我实现的人""复杂人"四种类型，亦即经历了一个恶—善—现实的过程，这些人性假设成为不同时代背景下管理者采取措施的必要前提。

一、"经济人"假设

"经济人"的假设，起源于英国哲学家和经济学家亚当·斯密（Adam Smith）的《国富论》。亚当·斯密认为人的本性是懒惰的，必须加以鞭策；人的行为动机就是为了满足自己的私利，工作是为了得到经济报酬，只有金钱才能刺激工人的工作积极性。

美国工业心理学家麦格雷戈在他的《企业中的人性面》中把以"经济人"假设为前提的管理理论概括为 X 理论①。X 理论的基本观点如下：（1）多数人天生是懒惰的，他们都尽可能逃避工作。（2）多数人都没有雄心大志，不愿承担任何责任，而心甘情愿受别人的指导。（3）由于人们具有不喜欢工作的天性，所以对大多数人必须用强制、控制、监督和惩罚的办法。（4）多数人工作都是为满足基本的生理需要和安全需要，因此，只有金钱和地位才能鼓励他们努力工作。（5）人大致可分为两类，多数人都是符合上述假设的人，另一类是能够自己鼓励自己，能够克制感情冲动的人，这些人应负起管理的责任。

由此可见，"经济人"的人性假设只注意到了人的本性中"恶"的一面，忽视了人是有思想、有情感、有道德的社会性动物，从而将人"物化"，看成"机器的附属物"。以此为依据的"科学管理"理论把人当作"经济动物"来看待，认为人的一切行为都是为了最大限度满足自己的私利，工作只是为了获得经济报酬。于是，他们把管理工作的重点放在提高生产率、完成生产任务上，而不考虑

---

① 道格拉斯·麦格雷戈著，韩卉译：《企业的人性面》，浙江人民出版社 2017 年版，第 54 页。

人的情感、需要、动机、人际交往等社会心理因素。他们认为管理就是计划、组织、经营、指导、监督。他们认为，管理工作只是少数人的事，与广大工人群众无关。工人的主要任务是听从管理者的指挥，拼命干活。在奖励制度方面，主要是用金钱来刺激工人的生产积极性，同时对消极怠工者采用严厉的惩罚措施，即"胡萝卜加大棒"的政策。这种管理方式被称为任务管理。

"科学管理"之父泰罗是"经济人"观点的典型代表。在科学实验的基础上，他设计出最佳的工位设置、最合理的劳动定额、标准化的操作方法、最适合的劳动工具。在其主要著作《科学管理原理》（1911）里，他认为管理要科学化、标准化；要倡导精神革命，劳资双方利益一致。科学管理的内容包括：（1）进行动作研究，确定操作规程和动作规范，确定劳动时间定额，完善科学的操作方法，以提高工效；（2）对工人进行科学的选择，培训工人使用标准的操作方法，使工人在岗位上成长；（3）制订科学的工艺流程，使机器、设备、工艺、工具、材料、工作环境尽量标准化；（4）实行计件工资，超额劳动，超额报酬；（5）管理和劳动分离。[①]

美国推广了泰罗制，运用"胡萝卜加大棒"政策，结果30多个工种的劳动生产率超出欧洲的3倍。但是，由于泰罗制把工人变成了机器的奴隶，让资本家最大限度地榨取工人血汗，长期实行泰罗制的结果是加大了工人对机器和工厂的依赖，身心受到摧残，激化了劳资矛盾。由于人的需要是多方面的，不仅有物质需要，而且有精神需要，所以，一味强调物质手段，虽然能够取得一时之效，但难有长久之功，事实也证明了这一点。在推广了泰罗制的美国企业中，在一段时间内劳动生产率得到了明显的提高，但是，由于"经济人"假设没有完全揭示人性，泰罗制的许多做法违背了人性，所以，工人的不满情绪就日益上升，劳资对立现象日益严重，生产效率逐渐下降，管理者不得不开始重新思考"人性"问题。

二、"社会人"假设

"社会人"假设认为在社会上活动的员工不是各自孤立存在的，而是作为某一个群体的一员有所归属的"社会人"，是社会存在。人具有社会性的需求，人与人之间的关系和组织的归属感比经济报酬更能激励人的行为。"社会人"不仅

---

① 弗雷德里克·泰勒著，马风才译：《科学管理原理》，机械工业出版社2021年版，第82页。

有追求收入的动机和需求，在生活工作中还需要得到友谊、安全、尊重和归属等。因此，"社会人"假设为管理实践开辟了新的方向。

"社会人"假设的理论基础是人际关系学说。1933年，梅奥总结了霍桑实验以及其他实验的结果，得出了以下结论：（1）传统管理认为，生产效率主要决定于工作方法和工作条件。霍桑实验认为，生产效率的提高和降低主要取决于职工的"士气"，而士气取决于家庭和社会生活，以及企业中人与人之间的关系。这是因为，人除了物质外，还有社会需要，人们要从社会关系中寻找乐趣。（2）传统管理只重视"正式群体"问题，诸如组织结构、职权划分、规章制度等，霍桑实验还注意到组织里存在着某种"非正式群体"。这种无形的组织有其特殊的规范，影响着群体成员的行为。（3）霍桑实验还提出新型领导的必要性。领导者在了解人们的合乎逻辑的行为的同时，还须了解不合乎逻辑的行为，要善于倾听和沟通职工的意见，使正式组织的经济需要与非正式组织的社会需要取得平衡。[①]

从"社会人"假设出发，管理学家提出了行为科学理论，他们认为管理者应该采取不同于"经济人"假设的管理措施，主要有以下几点：（1）管理人员不应只注意完成生产任务，而应把注意的重点放在关心人和满足人的需要上。（2）管理人员不能只注意指挥、监督、计划、控制和组织等，而更应重视职工之间的关系，培养和形成职工的归属感和整体感。（3）在实际奖励时，提倡集体的奖励制度，而不主张个人奖励制度。（4）管理人员的职能也应有所改变，他们不应只限于制订计划、组织工序、检验产品，而应在职工与上级之间起联络人的作用。一方面，要倾听职工的意见和了解职工的思想感情；另一方面，要向上级呼吁、反映。（5）提出"参与管理"的新型管理方式，即让职工和下级不同程度地参加企业决策的研究和讨论。

三、"自我实现人"假设

"自我实现的人"也叫"自动人"，这一概念是美国行为科学家马斯洛提出来的，他认为，人类的需要是分层次的，由低到高，它们分别是生理需要、安全需要、社会交往需要、尊重需要、自我实现的需要。

生理上的需要是人们最原始、最基本的需要，如吃饭、穿衣、住宅、医疗等。这些需要如果得不到满足，就会有生命危险。这就是说，它是最强烈的、不

---

① 徐向艺：《管理学原理》，经济科学出版社2019年版，第95页。

可避免的、最底层需要，也是推动人们行动的强大动力。显然，这种生理需要具有自我保护的意义，以饥渴为主，是人类个体为了生存而必不可少的需要。当一个人存在多种需要时，例如同时缺乏食物、安全和爱情，总是缺乏食物的饥饿需要占有最大的优势，这说明当一个人为生理需要所控制时，那么其他一切需要都被推迟。

安全的需要包括劳动安全、职业安全、生活稳定、希望免于灾难、希望未来有保障等，具体表现：（1）物质上的，如操作安全、劳动保护和保健待遇等；（2）经济上的，如失业、意外事故、养老等；（3）心理上的，如希望解除严酷监督的威胁、希望免受不公正待遇，对工作有应付的能力和信心。安全需要比生理需要较高一级，当生理需要得到满足以后安全需要就日益重要。每一个在现实中生活的人，都会产生安全感的欲望、自由的欲望、防御的欲望。

生理需要和安全需要都属于温饱需要，一个人在温饱问题尚未解决的时候，他会全力以赴解决温饱问题。当温饱问题得到解决之后，他就会想方设法满足较高层次的需要——社交需要、尊重的需要和自我实现的需要。

社交的需要也叫归属与爱的需要，是指个人渴望得到家庭、团体、朋友、同事的关怀爱护理解，是对友情、信任、温暖、爱情的需要。社交的需要比生理和安全需要更细微、更难捉摸。它包括：（1）社交欲，希望和同事保持友谊与忠诚的伙伴关系，希望得到互爱等；（2）归属感，希望有所归属，成为团体的一员，在个人有困难时能互相帮助，希望有熟识的友人能倾吐心里话、说说意见，甚至发发牢骚。而爱不单是指两性间的爱，而是广义的，体现在互相信任、互相理解和互相给予上，包括给予爱和接受爱。社交的需要与个人性格、经历、生活区域、民族、生活习惯、宗教信仰等都有关系，这种需要是难以察悟，无法度量的。

尊重的需要可分为自尊、他尊和权力欲三类，包括自我尊重、自我评价以及尊重别人。与自尊有关的，如自尊心、自信心，对独立、知识、成就、能力的需要等。人们渴望获得实力、成就、适应性和面向世界的自信心，以及渴望独立与自由；渴望名誉与声望。一个人的自我尊重的需要得到满足会产生自信、价值与能力体验、力量及适应性增强等多方面的感觉，而这些需要受到阻挠将产生自卑感、虚弱感和无能感。基于这种需要，愿意把工作做得更好，希望受到别人重视，借以自我炫耀，指望有成长的机会、有出头的可能。

自我实现的需要是最高等级的需要，是成长与发展、发挥自身潜能、实现理想的需要，就是以最有效和最完整的方式表现人内在的潜力。有自我实现需要的人，竭尽所能使自己趋于完美。自我实现意味着充分地、活跃地、忘我地、集中全力全神贯注地体验生活。在人自我实现的创造性过程中，能够产生出一种所谓的"高峰体验"的情感，这个时候的人处于最激荡人心的时刻，是人的存在的最高、最完美、最和谐的状态，具有一种欣喜若狂、如醉如痴、销魂的感觉。

每个人都潜藏着这五种不同层次的需要，但在不同的时期各种需要表现出来的迫切程度是不同的。

马斯洛认为：人类需要的最高层次就是自我实现，每个人都必须成为自己所希望的那种人，"能力要求被运用，只有潜力发挥出来，才会停止吵闹。"这种自我实现的需要就是"人希望越变越完美的欲望，人要实现他所能实现的一切欲望。"具有这种强烈的自我实现需要的人，就叫"自我实现的人"，或者说最理想的人就是"自我实现的人"。

麦格雷戈在他的《企业中的人性面》总结并归纳了马斯洛等人的观点，结合管理问题，提出了 Y 理论：（1）工作中的体力和脑力的消耗就像游戏休息一样自然。厌恶工作并不是普通人的本性。工作可能是一种满足（因而自愿去执行），也可能是一种处罚（因而只要可能就想逃避），到底怎样，要看可控制的条件而定。（2）外来的控制和处罚的威胁不是促使人们努力达到组织目标的唯一手段。人们愿意实行自我管理和自我控制完成应当完成的目标任务。（3）致力于实现目标是与实现目标联系在一起的报酬在起作用。报酬是各种各样的，其中最大的报酬是通过实现组织目标而获得个人自我满足、自我实现的需求。（4）普通人在适当条件下，不仅学会了接受职责，而且还学会了谋求职责。逃避责任，缺乏抱负以及强调安全感，通常是经验的结果，而不是人的本性。（5）大多数人，而不是少数人，在解决组织的困难问题时都能发挥较高想象力、聪明才智和创造性。（6）在现代工业化社会的条件下，普通人的智能潜力只得到了部分的发挥。[①]

将"自我实现的人"的人性假设运用到管理中的结果带来了管理方式、管理重点和奖励方式等方面的改变：（1）管理重点的改变。"经济人"的假设只重视物质因素，重视工作任务，轻视人的作用和人际关系。"社会人"的假设正相反，重视人的作用和人与人的关系，而把物质因素放在次要地位。"自我实现人"的假设又把注意的重点从人的身上转移到工作环境上，但重视环境因素与"经济人"假设的重视工作任务不同，重点不是放在计划、组织、指导、监督、控制上，而是要创造一种适宜的工作环境、工作条件，使人们能在这种环境下充分挖

---

① 道格拉斯·麦格雷戈著，韩卉译：《企业的人性面》，浙江人民出版社 2017 年版，第 57 页。

掘自己的潜力，充分发挥自己的才能，也就是说能够充分地自我实现。（2）管理人员职能的改变。从"自我实现人"的假设出发，管理者的主要职能既不是生产的指导者和监督者，也不是人际关系的调节者，而只是一个采访者。他们的主要任务在于如何为发挥人的智力创造适宜的条件，减少和消除职工自我实现过程中所遇到的障碍。（3）奖励方式的改变。"经济人"的假设依靠物质刺激调动职工的积极性，"社会人"假设依靠搞好人际关系来调动职工的积极性，这都是从外部来满足人的需要，而且主要满足人的生理、安全和归属（交往）需要。麦格雷戈等人认为，对人的奖励可划分为两大类：一类是外在奖励，如工资、提升、良好的人际关系；另一类是内在的奖励，内在奖励是指人们在工作中能获得知识、增长才干、充分发挥自己的潜力等。只有内在奖励才能满足人们的自尊和自我实现的需要，从而极大地调动起职工的积极性。正如麦格雷戈所说："管理的任务只是在于创造一个适当的工作环境——一个可以允许和鼓励每一位职工都能从工作中得到'内在奖励'的环境。"（4）管理制度的改变。管理制度应保证职工能充分地展现自己的才能，达到自己所希望的成就。

四、"复杂人"假设

"复杂人"假设是在 20 世纪 60 年代末至 70 年代初由美国麻省理工斯隆学院教授艾德佳·沙因提出来的，他认为，无论是"经济人""社会人"，还是"自我实现人"的假设，虽然各有其合理性的一面，但并不适用于一切人。就个体而言，每个人的需要和潜力都会随着年龄的增长、知识的增加、地位的改变、环境的改变以及人与人之间关系的改变而各不相同。[①] 就群体而言，人与人是有差异的。

根据这一假设，莫尔斯（J. Morse）和洛希（W. Lorsch）提出了一种新的管理理论——超 Y 理论。超 Y 理论具有权变理论的性质。他们认为，人的需要是多种多样的，而且这些需要随着人的发展和生活条件的变化而发生变化。每个人的需要都各不相同，需要的层次也因人而异。有些人在同一时间内也会有不同的需要和动机，各种需要和动机相互作用并结合为统一整体，形成错综复杂的动机模式。由于人的需要不同，能力各异，对于不同的管理方式会有不同的反应。因此，没有适合于任何时代、任何组织和任何个人的普遍行之有效的管理方法。因

---

① 埃德加·沙因著，陈劲译：《组织文化与领导力》，中国人民大学出版社 2020 年版，第 152 页。

此，管理者的管理方式和目标、组织结构和制度等都应该因人而异，因时而异，不能千篇一律。①

五、"全面自由发展人"假设

20世纪80年代初期，日本的"管理旋风"掠过了美国的管理学"丛林"，一种新的人性假设应运而生，这就是"全面而自由发展的人"的人性假设，它强调人是目的，而不是手段；每个人都有其存在的价值；人人都希望掌握自己的命运，过有意义的生活。

日裔美籍管理学家威廉·大卫在对照研究典型的美日企业管理模式之后，发现日本企业管理具有独到之处，日本企业成功的因素均可归为广义的文化因素，引发了80年代管理思潮——企业文化的产生。企业文化的核心内容是，在企业生产经营活动的人、财、物等各种要素中，人处于管理的中心和主导地位。在人的因素中，信仰、人生观、价值观、道德观等精神因素在企业的生存和发展中处于主导地位。这与新的"人性假设"——"全面而自由发展的人"是相辅相成的。

基于"全面而自由发展的人"的人性假设，现代企业管理者在企业文化建设方面投入了更多的、充足的资源，推出了各种旨在最大限度实现员工激励的各种措施。如：（1）确立职工的主体地位，实行责任激励。分解、细化企业目标，充分赋予职工责任；发展民主参与管理和自下而上的监督，实行不同层级和程度的职工自主管理，提供上下沟通渠道，建立各类专门委员会、自治工作组等。（2）保障职工的合法权益，实行精神激励。落实职工各种平等权利，如职工选举权、检举权、重大事宜知情权等；维护职工身心健康，为职工提供心理咨询；改善职工工作环境，提高职工满意度；实施各种工作再设计方案（工作轮换制，工作扩大与丰富化，弹性工作时间与弹性工作地点）；协助解决职工家庭困难和冲突等。（3）创新分配机制，实行多元激励。职工薪酬与绩效（产量、质量、生产率、技术性与企业目标一致性等）挂钩；员工自选获酬方式；实行职工股权参与制（如优惠购股制、职工股份所有制等）；福利涵盖面更广。（4）完善用人机制，实行成才激励。为职工个人职业生涯发展计划提供咨询与指导；丰富个人成长与发展路径；鼓励、组织和资助职工在职、业余培训、进修，实行内

---

① 徐向艺：《管理学原理》，经济科学出版社2019年版，第97页。

部提升制（提供机会、信息及鼓励自荐等）。

第三节　人性理论

一、三种争论

人性的争论，有些是关于"本性与教养"的争论，有些是关于基因（生物）决定和环境（文化）影响的争论。按照布罗诺夫斯基的观点，与动物相比，人类能通过技术、创新、想象力、判断等各种方式更自由地改变世界。经过人类智慧重塑的自然已经不再是单纯意义的生物进化，而是文化演进。文化是人类自身演进变化的主要驱动力之一，是各种共享的符号及其概念，包括长期积累起来的、共同帮助人们生存的技术和社会创新。这些创新常常专属于某一群体，从而使文化具有生理和心理双重作用，是一种包含精神价值和生活方式的生态共同体；它通过积累和引导，创建集体人格。由文化差异（或深厚或短暂的文化历史）而形成的民族感，从另一个角度展示了文化所具有的时空性：文化是开启人类想象力的主要工具，使我们的思想穿越时空，连接了一个民族自身的过去、现在和未来。正是基于文化对人类自身演进的认识，几千年来我们似乎一直在探索三种可能性，即究竟怎样才能使人有个好的结果？通过什么手段？能否实现人的真实存在？西方学者对于人性的探讨与争论，可以归结到对人类不同族群的文化认知能力上，总括起来可分为三种理论："白板论""高尚野蛮人论""机器灵魂论"。

1. 白板论

"白板论"（blank slate）是指初生之时尚未受外界和自身经验影响的纯净心灵，汉语里面更喜欢用"白纸"来形容这种状态。在白板论中，学习被看作是人生各种经验形成的唯一途径，有时候一些族群看起来似乎比另外的族群更聪明（例如亚裔和犹太人），但没有确实证据表明这些族群比其他族群更聪明，看似聪明的背后则是这些族群可能更重视教育。白板论者相信，如果通过媒介、教育或奖励等方式改变了人的经历，就会改变一个人，任何一个人都有成功的机会，老师在其中的作用至关重要。

2. 高尚野蛮人论

"高尚野蛮人论"（noble savage）的诞生颇具传奇色彩。哥伦布在其探险的航程中，惊愕甚至带点失望地发现他所遇到的野蛮人并不是想象中畸形发育的庞然大物；相反，他们体格完好、俊美端庄。自然状态是简单的完美，没有文明的附属品——贪婪和暴力，比西方人更平和无私，源于自然是真实可靠的，沉浸于自然的人性无疑更具美德。

3. 机器灵魂论

思想和肉体是二元的、是分离的，人之异于动物在于人类是由灵魂控制的，所谓"我思故我在"。

二、基因和文化决定论

所有关于人性的争论最终可能都归结为是什么决定了人性的差异。一种观念认为人性取决于文化（后天的学习与养成），另一种观点则认为取决于生物遗传（基因）。与文化决定论不同，基因决定论是一些生物学家和人类学家的最爱，他们认为文化的普遍性（共相）不仅存在而且非常重要，人类生物学和进化心理学是理解人类学共相问题的关键。

人并没有什么与生俱来的抽象本质，也没有什么一成不变的永恒人性，人的本质是永远处在制作之中的，它只存在于人不断创造文化的辛勤劳作之中。因此，人性并不是一种实体性的东西，而是人自我塑造的一种过程：真正的人性无非就是人的无限的创造性活动。

然而，人类的繁衍生息有着不可抗拒的自然法则，人类在演化过程中为了更好地生存也形成了某些一致性的规则。基因决定论和文化决定论的争论与分歧恰恰是对这种一致性规则的渊源的识别，意味着人们开始进一步思考并探讨生物演进的思想能否应用到人类的繁衍生息中。

三、利己与利他

关于人性的最持久的争议是：人类到底是天生自利型，还是合作型的。很多西方研究者认为，无论持何种观点，从哲学和科学的角度来看，人的利己性都是人性形成的重要因素。考察进化的最佳途径是考察基因；动植物做事不是为了自己或其种族，而是为了自己的基因。因为只有基因才能传承其各种属性（包括持续数代完成自然选择的物质）。基因是物种属性的复制者，长期存在并体现在世代繁衍中。基因相关者中更容易产生利他行为，这也是自然选择的一种属性。如果利他行为可以遗传，在近亲中"利他"则更容易普及，因为亲属是共享基因的。即使有利他行为发生也是因为利他行为有助于实现族群的利己目标，如工蜂，用"无私"的个体实现蜂巢的安全和族群成长。

➤ *阅读材料*

蜜蜂的基因遗传：哈密尔顿的观察

哈密尔顿发现，在群居动物蜜蜂的族群中，工蜂（worker）之所以努力工作并不是蜂后（queen）通过化学手段操纵的结果，而是工蜂比蜂后与幼虫的联系更紧密。由于工蜂不能生育，它们只有努力通过蜂后而无法通过自己的子孙实现基因的永存。人们在公司内部排除对手获得晋升，也是这种基因自私性的实现。另外，人们更乐于捐赠器官给兄弟姐妹而不是非家庭成员，也是因为亲族选择（帮助自己的兄弟）比群体选择（帮助家庭以外成员）更能增加捐赠者的基因遗传。

基因的利他说则认为在受益者有可能在将来回报施惠者时，互惠行为就会发生，只要接受帮助的利益不少于回报的代价，双方就会发生合作，并彼此帮助。

➤ *阅读材料*

吸血蝙蝠家族的互惠：威尔金森的观察

哥斯达黎加的吸血蝙（vampire bats）会共享食物（把血回流给其他同伴）。血液共享取决于亲缘关系程度，亲缘关系和互惠（非亲缘）关系中血液共享程度不仅是相同的，而且是彼此独立的。互惠需要满足三个条件：①有足够多的彼此互动和角色交换，确保所有捐赠者获得净利益；②得到帮助的净利益平均高于捐赠的成本；③捐赠者能识别那些没有履行互惠义务的受惠者，并不再给他们食物。

在灵长类动物中，邻里间互相关照非常普遍，彼此都会做一些目前有利于对方、之后会各自有利的事情。互惠利他的需求解释了人类在漫长的繁衍生息过程中超越生物演进而形成的社会道德情感：同情和信任使人开始善行、感激和忠诚使人回报善行、内疚和羞耻使人不会拖延回报、恼怒和蔑视使人避免或惩罚欺骗。由于基因的存在，人能够理解那种调节自己利他行为的心理系统。例如，友谊与喜爱：自然选择会青睐于喜欢别人并形成友谊作为激发利他行为的情感回报。人类对利他行动的成本和收益非常敏感，需求越大，互惠的可能性越大。一旦互惠演绎成友谊、道德、内疚、同情和感激等情感来调节人类的心理系统，自然选择就会模仿这些特性，从而影响其他人的行为。互惠利他心理系统的另一个特征表现在利他关系的确立，选择会倾向于建立利他关系的机制，这可能包括为了引发友谊而对陌生人做出的利他行为。因此，互惠利他是一种共生形式，其中的每一个有机体通过帮助另一方而帮助自己。这种共生关系可能会滞后，因为利他者往往需要等待另一方回报某一恩惠。人类具有识别并排斥欺骗者的能力（特别是那些接受了利他者帮助的欺骗者），从而使互惠者能够在合作中彼此获益并战胜欺骗者。

出于自我利益的利己主义并不是对共同利益的唯一威胁。在一些资源分配的试验中，当个人利益和集体最大利益吻合时，资源就能公平分配。但是，如果利他仅仅是出于同情和友情，则可能是对共同利益的一种威胁。例如，把企业中的重要职务给予朋友而不是其他更称职的更能带来自我利益的"别人"。这也许就是一种人性的博弈，抑或是道德的力量，如人类历史上众多舍生忘死、"三过家门而不入"的故事，并不代表当事人内心没有本能的痛苦。

四、博弈论

博弈论的核心思想是一个"选手"采纳的策略必须是根据其他选手所采取的策略而做出的最佳选择。所有个体都采用建立在个体内部事先拥有的行为知识基础上的进化稳定战略（ESS），即利益成本分析。如阅读材料中的鸽子，虽没有通过你死我活的争斗一决胜负，但最终却以种群的大量繁殖体现了基因延伸带来的"儿孙满堂"所展示出的最终"胜利"，这也许就是所谓退一步天高地广，许多博弈并不是零和游戏，而是如何保证自身群体的繁荣延续。

➤ **阅读材料**

鸽子和老鹰：ESS 战略

研究人员用老鹰和鸽子的战斗展示了 ESS 战略。老鹰总是奋力战斗，不受重伤绝不撤退，鸽子则只是摆个姿势威胁了事。假设老鹰对决鸽子：鸽子撤退，就不会受到伤害；两只老鹰对决：彼此会血战到底，不到一方重伤或战死，绝不停止；两只鸽子交锋，则可能出现长时间相持对阵的情况，任何一方都不会受到伤害。

常识告诉我们，老鹰肯定会击败鸽子。但研究人员观察发现，鸽子的平均回报要高于老鹰，因为前者避免伤害，后者则存在较高的伤害率；鸽子温和行为的结果显示了自己的战略更为实用。假以时日，温和的基因更可能在其种群中传播。该研究形象地向我们展示了动物像人类一样，总是在创造有利于基因和种群长期生存的最优战略。

博弈论中的"囚徒困境"是大家非常熟悉的。在"囚徒困境"中，最符合个体理性的最优选择（两人都招供），却可能是集体非理性的。在市场机制充分作用的前提下，个体的自利选择会导致社会集体利益最大化，但现实中反例却比比皆是。许多公地悲剧已让人黯然神伤，即使从大家熟悉的岔路口抢行一幕中，我们也嗅到了这种纠结，自利个体选择的结果是交通秩序大乱，这也体现了一种集体的非理性。

自私的社会有"囚徒困境"，无私的社会也有"圣洁礼物困境"。个体理性与集体理性的困境，表明社会群体中学习和规则的重要性。商业伦理也是需要习得和加强的，否则当其他情感或欲望占据了主导地位，其形成的氛围往往使应有的规则偏离航线。我们也许应该承认：自利不是问题，但如果被放在了第一位，那可能就成了问题。

五、使命论

尽管亚当·斯密在其《国富论》中大力倡导个体自利可能带来集体利益最大化，但在其《道德情操论》中，亚当·斯密则不得不承认同情心使人类把他人的需求放在首位，认为所有的人都应该具备强烈的道德情操，即道德的使命。使命感能使我们放弃不加约束的自我利益。①

　　"囚徒困境"是基于不加约束的自我利益的理性决策，其中最重要的是二人之间根本不存在信任、关爱和自我牺牲等情感因素。在彼此猜忌的阴影里，二人根本无法达成共赢。

　　利他主义主要是由同情心使然，认为利他和关爱与同情心密不可分。很多社会心理学家认为人类都是群居自利主义者（social egoist），即使思想和行为有时是社会性的，但内心仍然是自我的。一个人的利他和对别人的关爱可以被理解为是一种价值观：珍惜别人是出于对方的利益还是自我的利益？如果是前者，则表明珍惜是终极价值（terminal value）；如果是后者，则仅是使用价值（instrumental value）。人类的同情心是有限度的，而且也会面临考验。过于关爱他人而忽视家人和自身的需求，是不是一种理想状态？铁路扳道工面对一个人和多个人的生命，该如何选择呢？

　　许多时候，我们的行为是在遵循社会约定俗成的规则，以及人类自身进化中生成的各种情感。使命论认为，正是这些情感因素维系了人类的道德体系。在商业伦理中，也不乏同样的案例。回想一下"三鹿事件"中人们的情绪，更多的是对违反人类社会道德底线和基本规则的愤怒。

第四节　人性可塑：情境与环境

　　有规律的环境塑造有符合规律的行为，无规则、无规律的环境塑造混乱的行为，甚至把人逼疯。环境可以把好人变成坏人。2004 年 4 月，美国哥伦比亚广播公司公开了驻伊美军在阿布格莱布监狱虐待伊拉克战俘的照片。这些美军士兵真的那么"坏"吗？在家里，他们曾是有责任心的父母、机修工、渔民或者游行队伍里的一名志愿者，曾是美国城镇里最平凡的居民。而今，这些循规蹈矩的美国人穿上军装，跨越半个地球抵达伊拉克，就退化成"穷凶极恶的虐待狂"。这种性格的巨变可能吗？普通人接到有违道德准则乃至残酷的指令，会不会执行？

　　2007 年 1 月 3 日，美国广播公司（ABC）在黄金时段重复一度引发争议的"服从权威实验"，将这项实验与驻伊拉克美军虐俘类比，并发出疑问：美军士兵

---

① 亚当·斯密著，蒋自强等译：《道德情操论》，商务印书馆 2020 年版，第 241 页。

的行为意味着什么，是本性邪恶，还是有更复杂的原因？在圣克拉拉大学心理学家杰里·伯格的帮助下，美国广播公司实施了这项实验的"改良版"。美国广播公司在报纸上刊登招募广告，挑选了 70 名参与实验的志愿者，其中一人是 39 岁的电气技师特洛伊。和其他志愿者一样，特洛伊得到了 50 美元报酬，而且实验组织者告诉他，中途可以退出实验。这项实验中的"权威角色"名叫布赖恩。他告诉特洛伊，这是一项英语单词记忆实验，学习者名叫肯，任务是记忆许多相互搭配的单词组。肯每记错一对单词，特洛伊就电击他一次，而且电压随着错误次数增加而升高。电击并没有实际执行，肯发出的惨叫声是预先录制好的，痛苦程度与特洛伊施加的电压高低一一对应，自动播放。在实验中，特洛伊向肯施加 75 伏电击时，肯开始惨叫。电压增加到 105 伏时，特洛伊开始感到不安。到了 150 伏，他听到肯在哀求："算了，让我离开。我告诉你我心脏有问题。我的心脏开始难受了……让我出去！"特洛伊面带疑问，看了看"权威"布赖恩，布赖恩让他继续。虽然感到不安，特洛伊还是继续执行布赖恩的指令，让肯学习另一组单词。实验到此为止。实验结束后，特洛伊说："我没有感到不安。我无法解释自己为什么听到他惨叫后，还继续实验。我当时应该说不。"他又说："我当时只是在干我应该干的事。"

这是米尔格拉姆的实验 40 多年来首次得以重复。美国广播公司将这一实验与驻伊美军虐待伊拉克在押人员的案例类比。《焦点》月刊说，"服从权威实验"表明，如果相信可以把责任推到权威身上的话，许多普通人会"奉权威之命"虐待陌生人。如果置身一种秩序紊乱的环境，许多人或许都会走上道德沦丧之路。不仅士兵如此，受过高等教育的民间人士和社会领袖亦如此。

1973 年，津巴多做了一个经典的模拟实验，就是让被试者（实验对象）在模拟得非常逼真的环境下做出反应，然后对被试者真实的行为进行观察研究。在这个实验里，津巴多首先以标准的生理与心理测验，挑选了 22 名身心健康、情绪稳定的志愿大学生，愿意担任某种角色两周，每天 15 美元的优厚待遇。随后，他随机地把这些志愿者分成"犯人"组和"看守"（警察）组。22 名男性大学生，随机地被指派扮演警卫或囚犯的角色。扮演警卫者都穿上卡其制服，戴上反光太阳眼镜，并配有警棍与警哨。扮演囚犯的学生则穿上棉制工作服，脚穿塑料脱鞋，并以铁链拴住两脚。警卫可以各种方法来维持监狱的秩序，但绝对不可以打人。现在开始正式实验。一切都是模拟正常的监狱里的情境。"看守"给"犯人"们戴上手铐后，把他们押回"警察局"。签字画押，验明正身后，"犯人"们便被蒙住了双眼，带到一个地下室的"监狱"里。在这里，"犯人"们会一一经历真正的犯人才会碰到的事情，如戴着脚镣手铐，全身喷消毒剂，脱去平常的衣服，换上统一制作的"布袋衣"，"犯人"不再有姓名，只用号码称呼，每名"犯人"分别关入只有一张床、一个门洞的单人牢房。而看守们也装备得与真的一样：身着警服，手拿警棍，轮流值勤。监狱里一共有3个看守监视"犯人"的行动。

津巴多通过闭路电视和录音装置来观察"犯人"和"看守"的行为与谈话，并定时与他们进行个别谈话和交流，从而获得其他有关信息。仅过几天，"看守"和"犯人"们的表现便越来越"专业化"：随着时间的演变，一些令人震惊的现象渐渐出现，例如："警卫"对待"囚犯"的限制与管束越来越多，态度也越来越残忍；他们限制了"囚犯"的食物供给及休息时间，接着管制不听话或态度不佳的"囚犯"：不准刷牙、不准上厕所，甚至用连坐法及群体的压力来管束特殊分子或不顺从者。警卫们更不时地设计一些新招式来使"囚犯"觉得不舒服或耻辱，不仅剥夺了学生"囚犯"的基本自由，而且也剥夺了他们的自尊感。更令人惊讶的是，他们似乎忘记了只不过是在进行一项心理实验，有些人开始暗自悲伤，有些人出现激烈的情绪起伏，有些人被动地与"警卫"对抗，有些人甚至想到要逃狱，但只有少数人想到要中止实验。原本计划要进行两个星期的实验，由于"警卫"对"囚犯"的虐待，及"囚犯"的过度投入，在逐渐无法掌控的情况下，不得不于第六天叫停。

在这一个实验中，大学生只是随机地被指派担任警卫或囚犯的角色。但在6天的实验中，受试者都强烈地感受到角色规范的影响，努力地去扮演他们被指定的角色。许多担任警卫角色的学生报告，他们很讶异自己是那么容易就以控制他人为乐，当他们穿上警卫制服时，就自然地使他们从被动的大学生转变为富有攻击性的监狱警卫。担任囚犯的学生，则讶异自己只会在情绪上起波动，被动地顺从或反抗警卫的管束及处罚，而忘了这只是测试。这个结果除了对当时的司法制度和政治提出了忠告外，给我们的最大启示还在于：人的社会角色地位的改变将对人的心理和行为产生相当大的影响。换句话说，人的社会角色影响着他的心理和行为。

因此，我们理解一个人的行为时，便多了一个砝码：我们不仅可以通过一个人平常的言行、他（她）对人对事的态度，或一些人格测验来了解他，还可以站在他所处的社会角色来理解他的行为。例如，同样是一个人，当他作为儿子和作为父亲的感受和表现肯定是不一样的；她在外面当处长时的表现和在家里当妻子的表现也必定不同。我们也可以理解为什么有的人一当了警察便耀武扬威，有的人一戴上博士的帽子便变得文质彬彬，因为不同的角色赋予一个人的权利和责任是不同的，人们对他的期待也必定不同，这些无形的东西都会影响一个人的心理和行为。

本章小结

中国和西方都有对人性的深入阐述与研究。中国传统人性论大致可以分为孔孟的性善论和荀子的性恶论，二者殊途而同归，其目的都在于实现最后的人性的完善。西方的人性论按照人性假设可以分为"经济人"假设、"社会人"假设、"自我实现人"假设、"复杂人"假设、"全面自由发展人"假设。

人性理论多是发源于西方，目前主要有三种争论（白板论、高尚野蛮人论、机器灵魂论）、基因和文化决定论、利己与利他、博弈论、使命论。

不论是东方人性论还是西方人性论都主张人性是可塑的，其中情境与环境发挥重要作用，有规律的环境塑造符合规律的行为，这可以从津巴多等实验中获得结论。

本章关键术语

人性论　性善　性恶　人性假设　人性理论　人性可塑

复习思考题

1. 中国传统的人性论中性善论与性恶论的思想主要体现在什么方面？这对管理实践有什么启示？

2. 西方的人性假设主要有几种？

3. 说出三种人性理论的内涵与管理启示。

4. 从环境和情景的角度阐述为什么人性是可塑的？

5. 《西游记》四个主人公中，谁代表"贪"？谁代表"嗔"？谁代表"痴"？妖魔鬼怪象征什么？

6. 从津巴多实验中，结合中国《三字经》中"人之初性本善"，谈谈你对管理中塑造人性的看法。

7. 我们经常在办公室将纸、笔等顺手牵羊地拿走，但是对于同样价值的钱却谨慎许多,为什么?

➤ **情景分析**

没有放盐的甲鱼汤①

今天又是忙得要死,餐厅全满,但是出现一个以前从来没有的重大失误,宴席中的甲鱼汤居然没有放盐,汤是没有味道的,这个汤130元一份,总共18份,幸好客人没有纠着这个问题,否则只能退款了。

问题出在厨师王某和打盒的杨某身上。

我和李总找厨师长聊了一下,厨师长对这个杨某是一点办法都没有,以前很机灵的一小伙子,最近工作不在状态,老想偷懒,心不在焉,出了很多问题。我让厨师长把小伙找来包厢,我和李总陪他坐一会,了解一下情况。

小伙一进来,我感觉到他身上那种压抑、沮丧、紧张的气息,右手拇指不停地抠左手的食指和中指,双手还在不停地抖,抖得很厉害。

我就忍不住地笑他说:小杨,你这是咋啦。他低着头看着自己的手,摇了摇头,不说话。

李总接过话,大概说了一下从厨师长那了解到的一些小杨最近的状况,小杨没有否认,然后李总继续说了一些她的看法并教他如何改进,希望他能找回原先的工作状态,并在工作中有一些改进。

我听李总讲完话我笑了。

我接着说:你以为小杨他不知道该怎么做吗?他心里跟明镜似的,如果他的工作需要咱两个外行来教的话,那饭店离关门不远了,不仅是他打盒上的活儿,我相信包括从粘板、洗碗房、炒菜到传菜部的流程该如何改进,他都一清二楚,是不是,小杨,我没说错吧?

小杨很不好意思地笑着看我们,摇了摇头。

我接着说:你看,过年的时候那么忙,比这场面乱多了吧,咱的厨房没有像今天这么乱吧,也没出过啥大的失误吧,当然小失误难免。李总点点头。我说:那你说为什么?那不还是小杨的状态好,脑子清楚,调配合理。接着我转头面对小杨说:但是,小杨,你是人,不是神,你不可能任何时候都能保持那个状态

———————————

① 周祖城:《企业伦理学》,清华大学出版社2020年版,第79页。

的。是吗？

杨点了点头。

我：你今年多大了？

杨：24 岁。

我：哦哦哦，那该是被情所困的年龄了。

大家一听都笑了，小杨也开心地笑了。

我：真被我猜中了？好吧，我和李总在你这个年龄也一样，李总，你要不要也分享一下？

李总不好意思地笑了。

李总：是的是的，听你这么一说是这样的，我在他这么大的时候也是感情这事烦得很，那时候还经常用工作来麻痹自己。

我：你家人是不是催你结婚呢？

杨点点头：是的，家里人老说。

我：那你有什么想法，有女朋友没？

小杨嘿嘿一笑，有点害羞的表情。这时李总又问他了：哎，上回不是家人给你介绍个女子吗？你不是和人家谈上了吗？咋样？

小杨：唉，别提了，性格是可以，就是长太丑了。

一句话把我三人都笑喷了。

李总：没有呀，我听大伙都说可以啊，怎么还太丑了，你是心有所属吧。

就这样我们八卦了他的私生活一阵，然后我又把话题引向工作。

我：你不会只想永远打盒吧，有没有别的想法？

杨：有，我想学炒菜。

我：哦，那很好啊，你找焦氏（厨师长）说你的想法了吗？

杨：说了，我现在就学着做员工餐呢，但是做不好，我也不懂该怎么做。

我：那你不问一下厨师们？让他们教教你。

杨：问了，他们都说，就那样随便做做。

我：你怎么问的？

杨：就比如王氏（厨师），咋个弄嘛？然后人家说就随便弄。

我：你这样随便问，人家肯定这样随便回答你嘛，你要想学艺，那得诚心向人家请教，不然谁知道你是不是想真心学艺，说不好听点，至少身上得备包烟吧，先给人把烟点上，很诚恳地请教：王哥，你看我这个辣子鸡要怎么弄，请你教我一下，该放什么调料还是怎么炒，或者你菜炒好了，让王氏过来给你尝一下，指点一下。你要这样人家才有可能教你。就这样人家教你都是好的了，手艺活都是人家的饭碗啊，别人当初也是辛辛苦苦学来的，能白教给你吗？又不欠你的。

他听我说完后，不时点头，说是的是的，那都是人家的饭碗。

聊了有半个多小时后，感觉氛围轻松了很多，话也说得差不多了。

我：小杨，最后我想说个啥呢，算是我个人的经验吧，你现在遇到的这个情感问题啊，几乎每个人都会遇到，处理得好，你整个人的事业也好，爱情也好，精气神等都会往上走；相反，如果你调整不好，整个人就往下落了，速度很快的，这是我看到的现象。至于你的问题属于什么情况该怎么做，我想你应该心里是清楚的。对吧？

杨：嗯嗯嗯。

我：好吧，那就这样，希望你尽快找回状态。

思考与讨论：

1. "我"满足了员工小杨什么样的人性需求？
2. "我"与李总的做法，效果会有什么差别？

➤ 案例分析

方太儒道之匠心深耕①

方太集团创立于1996年。20多年品牌发展取得了两大成就：一是打造了一个中国人自己的高端品牌；二是把中华优秀传统文化深深扎根到企业里面，成为实践者和先行者。我从2004年开始学习国学，到2008年开始在企业里导入儒家文化，开始探索实践一种中西合璧的管理模式。经过多年实践与总结，形成了"方太儒道"的核心理念。

一、方太儒道的五大总纲

总纲之一：中西合璧（中学明道、西学优术、中西合璧、以道御术）。儒家文化本来就是开放、包容、中庸的，落实儒道管理，复兴中华文化，并非要从全盘西化的极端，走向全盘东化的另一极端。所以方太走的是中西合璧道路，具体来讲即"中学明道，西学优术，中西合璧，以道御术"十六字。既然说企业经营

---

① 周永亮：《方太儒道》，机械工业出版社2016年版，第124~135页。

有"经营之道"，有"商道"，如何觉悟这个"道"呢？既然不能把支撑西方管理的价值信仰体系照搬过来，当然要从自身文化传统中去找答案，即"中学明道"；西方近百年来已经发展出很有效的现代管理体系、流程、工具和制度等方法，可以直接拿来使用，即"西学优术"；但也不能机械地放在一起变成"两张皮"，而是需要有机地糅合成"一张皮"，一体两面，即"中西合璧"。那么如何去糅合呢？这就需要"以道御术"，即在运用西方管理"术"时，充分以儒家文化核心理念去"观照"，确保此"术"不有悖于中华传统文化的人文精神，比如儒家的仁义礼智信等核心思想。

总纲之二：品德领导。很多讲领导力的西方管理书籍，更多聚焦在领导艺术、技巧、方法等层面，而中华传统文化在领导力方面只强调一点就是品德，所以叫品德领导。其核心思想是："为政以德，譬如北辰，居其所而众星拱之；其身正，不令而行，其身不正，虽令不从。"说明领导者不一定要学太多领导方法、技巧和艺术，最重要的是把自身品德和心性修炼好，才会有越来越多的人才围绕到你身边。

总纲之三：德礼管理。西方管理之所以有效，是因为背后有宗教信仰的价值支撑，而这部分工作由社会教化完成了，所以既没搬到 MBA 课堂上，企业也没有强化；而当中国企业家通过上 MBA 课学习西方管理时，由于少学了这个环节，等于单脚走路，自然走不稳，运用效果不理想。这也是我们早期的困惑，后来学了传统文化才终于解开此困惑。中国虽然文化迷失了数百年，但血液之中根深蒂固存有五千年的文化基因，是断不掉的，定会被一唤而醒。

管理要讲阴阳平衡，一手引进西方规范管理制度，另一手用儒家道德教化来填补，管理的阴阳就平衡了。"道之以政，齐之以刑，民免而无耻"即只用峻法制度来管束，人民不敢犯罪，但并无耻心；儒家思想强调"道之以德，齐之以礼，有耻且格"，当员工有了羞耻感，自觉遵守规矩，管理才真正有效。

总纲之四：仁道经营。过去讲经营之道，主要讲的是，销售收入减去成本费用等于利润，然后尽量控制成本，扩大销售。似乎也没错，但这属于"术"的层面。经营之道到底是什么？学习传统文化后，觉悟出经营之道就是"仁道"——修己以安人。一旦回归到经营本质，大道至简也至朴素：作为企业家就是要把自己修炼好，把员工、顾客安顿好，仅此而已。假如产品和服务能让顾客获得十二分安心的话，经营结果会不好吗？

总纲之五：领导修身。这是总纲的核心关键点。为什么？因为前面四条都有一个共同点，中国特色的管理中，每一条都对领导人提出了很高的要求，所以增加了第五条。那怎么修呢？这跟我们从小到大学习知识的方法完全不同，和学习西方文化的逻辑理性与实践理性也不同，不是在课堂上听完知识就能学到的，一定需要在实践中切身感悟和体悟。"志于道、据于德、依于仁、游于艺。"短短12个字就指出了修身的目标、方向和方法，全在里面。要从立志开始，立志成为圣贤、君子。

二、方太儒道之文化落地——两要五法

前面的总纲和愿景主要说的是中华传统文化与现代管理相融合的核心理念，但企业文化重中之重在于落地，难中之难也在落地。怎样把它深入落实到各个部门？方太总结出了具体实操工具——"两要五法"。两要（阴阳）为主线：以顾客为中心，以员工为根本，五法（五行）是实施方法：教育熏化、关爱感化、礼制固化、专业强化和领导垂范。

以顾客为中心，就要求做到"一体五心"。"一体"就是打造无与伦比的顾客体验；"五心"是产品服务要让顾客动心、省心、放心、舒心、安心。然后围绕"一体五心"，从产品角度打造五大文化：创新文化、品质文化、工匠文化、服务文化和品牌文化。创新文化对应研发；品质文化和工匠文化对应制造；服务文化对应售前、售中、售后；品牌文化对应营销、与顾客沟通。通过这五大文化让顾客获得无与伦比的"五心"体验。而五大文化背后的价值理念则是源自儒家的仁爱之心和良知的守护。

2010年央视做了"厨房油烟加剧家庭主妇的肺癌风险"的报道。看到这个报道后，方太改变了以往的开发模式。以前跟很多企业一样，产品开发围绕的是大家很关注的行业内的标准，比如抽油烟机的风量、风压等。但是这类指标跟真正顾客体验之间，让顾客安心之间，不一定有太大联系，只是如果不关注这些指标，产品就会很难卖。

看到这个报道后，方太觉得要把解决消费者健康问题摆在首位，所以研发目标整体做了改变，不再以指标为评判标准。以吸油烟机为例，最重要的不再是风量多少、风压多少，而是不跑烟。于是，吸油烟机研发的唯一定性目标就被设定为不跑烟。

新研发目标制订3年后，方太诞生了第一台几乎不跑烟的"风魔方"，从2013年3月上市以来，其中主力型号01T到今天还是畅销榜冠军，虽然价格高达5000多元，但相对于市场上一两千块的吸油烟机，"风魔方"一直是冠军。

另一个以顾客为中心的产品研发的典型案例是水槽洗碗机的研发。现在的"80后""90后"对洗碗深恶痛绝，虽然他们很有可能是烹饪爱好者。对此，一个家庭主妇道出了心声，她说很喜欢做菜，手艺很不错，平时总会得到家人表扬，但是洗了多年的碗，没有受到过一次表扬，毫无成就感。现代社会研发产品的一个重要思路是根据场景开发，从场景考虑，洗碗机在中国应该有很大的市场。

但是市场调研反馈却是，从20世纪90年代起，西方的洗碗机早已进入中国市场，经过近20年的推广，到2010年洗碗机在全中国的保有量只有0.7%，连1%都不到。一方面是大家都不想洗碗，另一方面又不想买洗碗机，这不是很矛盾吗？通过深挖原因，方太发现西方洗碗机之所以没能广泛进入中国家庭，是因为有五大痛点没解决。第一，都是原装进口，比中国橱柜标准要高将近20公分，因为欧美人普遍比较高大；第二，中国厨房比欧美的小很多，腾出空间很困难；第三，进口洗碗机安装比较麻烦，中国式厨房只有在水槽下面才有下水道；第四，进口洗碗机是侧面打开，放一个碗就要弯一次腰，很辛苦；第五，洗碗周期比较长，一般要1.5~3小时，中国人会认为太耗水耗电。

所以方太在研发洗碗机时设定的目标就是为中国家庭研发一款洗碗机。公司从创意到研发足足花了5年时间，一次性解决了中国家庭使用洗碗机的五大痛点。自2015年上市以来，基本囊括了各项顶级大奖，如中国国内产品最高奖"金投奖"、广交会最高奖项"至尊金奖""中国家电科技进步等奖"，等等。

曾有人提出过这样一个问题，说中国文化好是好，就是不支持创新。而我们的体会是，创新最大的源泉就是仁家之心，上述两个例子已经充分说明了这一点。

方太的品质文化，是透过"三有"实现的，即"有决心、有办法、有文化"。有决心不是指普通的决心，一定是真正的决心，是"不看口号看行动"，因为做好品质非常不易，所以需要立志；有了决心还要有办法，公司研究了日本、德国、美国的优秀企业，采用了太多品质管理的方法工具；有文化即在全员当中建立品质文化，让每个员工都认为品质第一，对品质要有信仰、敬畏，就像给自己父母做的一样，并形成习惯，这样才有持久性，而背后的价值依托还是儒家文化的仁爱之心。

说到工匠文化，我们一开始创业时就确立了专业化、高端化和精品化的定位，立志打造中国家电第一高端品质。正式提出了工匠文化和工匠精神，强调"把简单的事情做到极致，在平凡的岗位上扎根"。目前公司实行的工匠管理制度，把普通员工分为技工、工匠，每年有全员参与的工匠技能比武；还有通过师徒制保证名师带高徒。从技术传承发展到品德技术双重传承。拜师的时候还要举行相对传统的拜师礼，师长带领徒弟向先圣行拜师礼，徒弟向师长递上拜师帖，行拜师礼、敬茶。

以员工为根本，总的来说就是"企业创造环境，员工创造幸福"。企业创造环境来提升员工的"五感"：安全感、归属感、使命感、成长感和成就感。其实员工的幸福不是别人或者企业给的，而是员工用自己双手创造的．在方太，员工如何追求幸福呢？方太总结了"三要两者"。"三要"就是要感恩、要立志、要笃行；"两者"是员工要成为快乐的学习者和快乐的奋斗者。这都来自传统文化的经典，尤其是《大学》。员工要成为快乐的学习者就要修养身心，要成为快乐的奋斗者就要尽本分。修身心暗合内圣之道："格物致知、诚意、正心、修身。"尽本分暗合外王之道："齐家、治治国、平天下。"

修身心从格物开始，通过学习把过去不正确的知见转成正确的知见，去除过去不良的情绪、习气和过分的私欲，达到中正圆满。传统文化的学习已经在方太人身上留下烙印，各种不同形式的学习贯穿了方太人工作的每天：比如员工上班前15分钟的晨读分享，车间里面随处可见的日行一善，高管致良知群里的每日分享。

修身心是实现人生的意义，而尽本分则是实现人生的价值；只尽本分不修身心，活不出人生的意义，只修身心不尽本分活不出人生的价值。每个人都有很多角色，在家里可能是父母、子女、兄弟姐妹、爱人，而在企业里，大家都是员工。在家里尽本分可以是"父慈子孝""兄友弟恭""夫义妻贤"；在企业尽本分则是要认清自己的角色，"上爱下尊，同事信和，有信有和"，处理好企业与员工之间的归属关系、上下级之间的管理关系、同事之间的共事关系。稻盛先生说人生是一场修炼，而工作是实现人生价值的重要修炼平台。《论语》里第一句"学而时习之，不亦乐乎"，说的就是学习是快乐的。修身心是做快乐的学习者，尽本分是做快乐的奋斗者。要做到就离不开感恩、立志和笃行。

在以员工为根木上，方太正在扫造十大文化：生命教育、快乐学习、快乐奋斗、五个一文化、三性文化、党建文化、师徒制文化、破格用人文化、中医文化、全员渗入文化。其中的五个一文化，就是立一个志、读一本经、改一个过、行一次孝、日行一善。方太正是这样通过公司营造的"五感"环境，结合具体的文化落地，最终让员工获得全面身心幸福。

"两要"之外还有"五法"，是文化落地的具体实施方法。

其一，教育熏化。这是方太推行儒道的首要工具。中国几千年的传统文化虽然已经深入骨髓，但是因为环境不同，很多员工没有接受过传统文化教育，对传统文化的了解程度和理解角度都不相同。要使公司上下对传统文化的认识达成一致，教育无可避免。教以伦理道德，方始敬畏因果天命，才能唤醒自主意识。但对于教育，方太奉行熏化的办法，相信每天熏习的力量，并不发文强制要求，倡导通过潜移默化的学习来改变员工。

教育的第一步是读传统文化经典。方太的书单里有关乎伦理道德的《三字经》《传习录》《弟子规》；有关乎因果教育的《了凡四训》；也有传播公司价值观的《方太文化手册》《圆满幸福人生》；还有引导员工日常行为及提升素养的《日行一善手册》《相亲相爱一家人》《心的飞翔》《诗经》《唐诗》等，《党章》也在其中。

方太倡导员工读经典原文，而鲜有外请老师来解读经典；倡导让员工从日常生活的感悟中去理解、解读经典，避免不同流派的观点分歧而导致员工领悟上的混乱。同时，对不同类型员工推荐不同的经典著作，比如对工厂一线员工首推《弟子规》，总部文职人员可从《论语》入手，高管层可研读王阳明的《传习录》。

方太员工正式上班时间是早上八点半，但是八点十五到八点半这十五分钟，方太人已经习惯用来读经。习惯的养成并非因为方太颁布了这个规定，最开始是人力资源部发起了早上读经的活动，后来传播到了别的部门。到现在已经成了方太人的习惯，大家都喜欢上了这个活动。主动与被动的一念之差，效果完全不一样。每天十五分钟的读经，短期是看不到效果的，只有经过三五年的时间，效果才会慢慢呈现。方太从开始推行传统文化至今已有八年，虽未做到百分百有效，但是足以形成方太人的谦和气质。这种气质不仅仅影响了公司内部，也连带影响了与公司有交往的人。

教育形式是多样的，方太除了建孔子堂、设置传统文化学习宣传廊等营造学习氛围，方太人报、内网、学习会、微信群等都是传播途径。除了读经典，设立明师大课堂讲授专题课程外，"我陪孩子读经典""国学读书室""相约论语100""方太青竹简国学计划"等一系列活动相继开展。方太甚至将儒家思想与党建工作进行了融合，并且连续两次获得全国"双强百佳党组织"荣誉称号。

其二，关爱感化。要让员工相信公司推行传统文化是真诚地致力于员工的幸福，公司必须要付出，营造"五感"环境去关爱员工的成长，激发员工的自主意识。传统文化最终是通过一点一滴的行动来让人感动、让人接受的。

方太为员工提供安全可靠的工作环境，提供有竞争力的薪酬待遇。更在对员工的关怀福利上设置了40多项具体内容：保障类除了"五险一金"之外，还有商业意外险、出差意外险、补充医疗险；生活类除了首房贷、车贷、车补、租房补助、免费住宿、人才购房外，还有免费班车、助困基金；更有情感类的长期服务奖、回家看看、新婚纪念、家属开放日等。比如"回家看看"，方太在全国各地有一万多名员工，有将近七十个办事处，每年会选拔优秀员工，集中一个时间来总部回家看看，安排最高的接待等级。当他们到总部的那个时刻，总部办公楼里面的所有人都会下来在路旁迎接。

方太营造的环境让员工之间的关爱都发自内心。有一位年轻小伙子，18岁刚毕业就来到了离家很远的方太，第一份工作是做冲压工。从他加入方太的第一天起，老员工的关爱就一直伴随左右。在工作上老同事会主动告诉他怎么做，提醒他怎么注意安全。有一次他肚子痛，班长看他脸色不是很好，全天都在关心他。他说没来之前还想找个离家近的地方工作，来了方太后，感觉方太就是自己另一个家。

有员工说："其实我们已经是跟企业一同成长了，等于这个企业的发展愿景和我们实现自身的人生价值已经合在一起了。"

其三，礼制固化。没有规矩，不成方圆。制度是管道，以礼仪制度进行约束，用奖惩机制来激励，培养员工的自主行为，是方太文化落地的心得。比如，对于在日行一善行动中表现突出的员工，按照积分可以选择休假，也可以选择其他奖励方式。对任何一件小小的善事或者业绩，都会给予关注和奖励；但是对于一旦触犯公司红线的行为，也严惩不贷。

但规矩制度也不是冰冷的。方太是将儒家的仁义思想融入每个制度的制订当中。过去定制度，往往是哪里出了问题就从哪里补充约束。管理层在讨论制度制定时，往往考虑如何处罚捅娄子的"坏人"，制度执行的结果就是为了处罚那个捅娄子的人，而让其他很自觉的员工，内心感觉不舒服，因为没有约束前他们也做得很好。如果从儒家思想重新思考制度的制订，就要站在员工立场来考虑，重新思考为什么定制度。对此方太总结了两点：其一，制度首先是合理的，其二，制度要公平地执行。

用儒家思想来重新定义和改变制度，也会有很多阻力，但是只要坚持成效也是明显的。比如制度规定了ABC三类错误的处罚方式，C类错误过去是罚款20块，如果从儒家角度出发，倡导让人"有耻且格"，不提倡动不动就处罚。如果他交了20元罚款，会觉得已经为错误买单了，不会因羞愧而避免再犯。后来方太取消了对C类错误的罚款，换成由直接主管找犯错者面谈，这会让犯错者感觉不安和羞耻。新制度执行的结果是，C类犯错率几乎每年下降50%。新制度再次佐证，从儒家思想出发、从仁义出发定制度更有利于员工成长。

再比如方太的末位淘汰制。方太同样从儒家思想出发，给末位员工多次机会：第一次得 C 不会马上淘汰，而是帮助他做改进计划，只要下次不再得 C 就没有关系。如果连续两次得 C，仍旧劝退。目前公司 C 的员工比例有 3%～5%，对此，方太一方面给员工机会，另一方面也让员工理解如果总是不进步，企业会失去竞争力。

另一个独具方太企业文化特色的落地制度，是全员身股制。公司每年分红两次，其中一次是每年 9 月 28 日，孔子诞辰日。方太身股覆盖全体员工，不仅包括总部员工，各分公司、办事处员工，不管是维修人员、卖场推销员还是清洁工，全员覆盖。只要员工入职满两年，方太都会根据岗位职级给予每位员工一定数量的身股。但一旦达到这个条件，身股和员工就职年限就关系不大了，而和员工岗位价值的关系更密切。全员身股制的实施，不仅培养了员工"股东"意识和主人翁意识，使他们主动从公司角度考虑问题，不知不觉间改变了行为方式，更深地体认并贯彻了公司文化。比如方太的仓库管理这几年做得非常好，是因为员工开始自觉地做好整理工作，互相之间也时常提醒杜绝浪费。

其四，专业强化。方太的文化不仅提倡修身心，修炼品德，也提倡员工尽本分，修炼专业技能，鼓励遇事多磨炼，强调任何学问和素养首先体现在做事上。管理人员修炼领导力，普通员工修炼专业技能，这是员工的基本素养所在。公司倡导的匠人精神，比如抽油烟机很多时候将油烟吸没了，但是味道还在，鼻子感受并不好，匠人精神就要求抽烟机不仅吸烟还要吸味，让厨房里没有厨房的味道，而有客厅的味道。

专业强化一方面依托"名师带高徒"，把精益求精、一丝不苟、孜孜追求的工匠精神、优良技艺传承给新员工；另一方面要求老员工积极发挥"传帮带"作用，指导新员工尽快掌握作业要领。公司对高级技工提供福利，激励每个人去提升技能。方太图书馆里有很多书，不同岗位的员工，焊接、冲压，都可以去里面找到提升自己技能方面的书。

为了发扬一种对待产品精雕细琢、精益求精的精神理念，方太已经举办了两届工匠文化节，更设立了"方太工匠吉尼斯"。员工可以申请挑战各项技能比武冠军的成绩，一旦挑战成功，即可刷新本项纪录而荣登榜首成为新冠军。在此过程中，一批优秀工匠代言人涌现了出来：付利，单人独立装配台油烟机仅用时 6 分钟，一般人需要 13 分钟；胡辉，蒙眼也能在材料相同厚度不同的板材中靠手摸出板材的厚度；邬家强，在 2015 年的工作中发现 19 个可改进的不良事项……

郑家强说，用户不投诉不是我们的追求，用户认可也不是我们的愿望，感动用户、留住用户的心才是我们的目标，作为方太人要精益求精，止于至善。

其五，领导垂范。方太推行传统文化，先是从领导垂范开始，再上行下效。俗话说"村看村，户看户，群众看干部"，领导的表率作用是相当大的。

传统文化推行之初，我们并没有找到很好的方法，但凭着一种与生俱来的学习力和耐力，很快传递给组织，营造出较强的学习氛围。我对高管们说，我们就当种子，我是第一颗，不知道什么时候会发芽，但是我们要把它种到方太人的心里。由此，我们利用一切机会讲儒家文化的管理模式，讲"义"与"利"的关系。现在方太每个季度召开一次季度文化落地会，对公司企业文化进行专门讨论和总结。除了常设文化落地会，在公司发言和每次年终总结时，都会用大量篇幅讲企业文化建设，并给员工专门授课，讲述传统文化智慧。在内部报刊《方太人》上，我常年坚持给"总裁儒吧"专栏撰写文章，借此小小的阵地，表达自己对儒家思想的理解以及公司可汲取的传统文化智慧。

中国式管理对领导要求很高，职位越高要求就越高。领导应该以身作则，率先垂范，从学习、行为、奋斗、服务、担当几个方面都要做好带头作用。员工都是看着领导的行为来做判断的，而高管恰恰是最难改变思想的一群人。方太高管多为外部聘请，且多在世界500强公司工作多年，自有一套原则和处事态度，如何用传统文化统一思想呢？

最开始是在高管层设立总裁圆桌会，由我和八九个高管组成。每个人都要分享学习感悟、心得和突破点是什么，不谈业务只谈修行心性。我和大家一起分享，相互学习点评。这样在最初保持了由不同背景组成的高管团队能够围绕着核心文化思想来学习和提升。

后来每个月干部有一个标杆学习会，从最早的读书会到现在已经有十多年了，从最初二十多人，到现在已经五六十人了。学习会要求干部每个月读一本书；自己专业领域的或者管理通用类的都可以，学习会上每个人讲5分钟的读书心得，还要和工作结合。一开始纯粹是业务读书会，后来逐渐把国学学习结合起来，比如每次会前先读一遍《大学》，每次读完以后找一个干部来讲读《大学》的心得。

现在高管层都加入了"致良知"微信群，这个群不是工作交流群，而是专门进行心性修炼的体会分享群，主要交流学习国学经典的经验、体会和感受，尤其是修习心学的体会。在这里高管每人轮流分享儒道学习心得，且要求高管人人都会讲传统文化。

在方太领导层垂范的当属"三省会议"。三省会在方太各级管理团队内定期开展，以自我反省为主，结合他人帮助，运用批评与自我批评来提升心性，为的是个人每日三省，以达到不断完善自我、超越自我、战胜自我的目的。积极、坦诚、开放的心态是三省会的基础。比如有管理层在三省会上反省："我有时候发现有员工在公司乱扔烟头，但是没有制止，我没有把制止违纪行为当作自己的责任，存在推诿、不作为的思想意识。"

当然，即使有总纲做指引，有"两要五法"做工具，方太儒道的推行也不是一帆风顺的，但是所有方太人都深信，今日公司取得的成就，的确得益于此。

思考与讨论：

1. 方太在推行儒家管理思想的过程中是如何塑造员工的人性的？
2. 新时代的企业家如何践行"内圣外王"的领导之道？

参考文献

[1] 顾剑：《管理伦理学》，同济大学出版社 2012 年版。

[2] 龚天平：《伦理驱动管理》，人民出版社 2011 年版。

[3] 宋志勇：《企业伦理学》，清华大学出版社 2017 年版。

[4] 于惊涛、肖贵蓉：《商业伦理：理论与案例》，清华大学出版社 2016 年版。

[5] 刘爱军、钟尉：《商业伦理学》，机械工业出版社 2016 年版。

[6] 李玮、刘建军：《现代商业伦理》，清华大学出版社 2017 年版。

[7] 戴木才：《卓越管理的道德智慧》，湖南教育出版社 2015 年版。

[8] 叶陈刚：《商业伦理》，东北财经大学出版社 2020 年版。

第三章 中国传统伦理思想

➤ 学习目标

1. 了解中国伦理体系的特征。
2. 掌握儒家伦理思想及其实践应用。
3. 了解道家伦理思想及其实践应用。
4. 掌握法家伦理思想及其实践应用。
5. 了解兵家伦理思想及其实践应用。

➤ 引导案例

苏州固锝电子践行中华传统伦理①

1. 苏州固锝电子简介

苏州固锝是中国电子行业半导体十大知名企业、江苏省高新技术企业、中国半导体分立器件协会副理事长企业。苏州固锝注册资本72305万元人民币。总占地面积20万平方米,总资产15.04亿元人民币。2006年11月16日,苏州固锝电子股份有限公司在深圳证券交易所成功上市,股票简称"苏州固锝",股票代码"002079"。公司下辖子公司8个。苏州固锝是国内半导体分立器件二极管行业完善、齐全的设计、制造、封装、销售的厂商。

苏州固锝企业的"家文化"的树立,成功促进了企业发展,也构建了幸福企业的典范。2010年,苏州固锝的董事长吴念博提出了"建设幸福企业"的概念,即要把企业当作"家"来爱护和经营,把所有的员工当作"家人"。

---

① 资料来源:笔者自编。

2. 苏州固锝的幸福企业建设的八大模板

模块之一：人文关怀。

苏州固锝在公司内部倡导"家"的氛围，从新员工入职第一天起，即有专人对其进行爱的呵护，不仅在工作、学习、生活中给予他们最大的帮助，更通过陪伴志工的言传身教，在思想、行动、情感上帮助他们尽早融入公司的大家庭。针对困难员工以及有特别需要照顾的员工家庭进行特别照顾。将离职员工也视作自己的家人。公司的关怀举措不仅关爱员工本人，包括员工的父母子女家庭等都是公司关注的对象。公司特设黄金老人关爱计划以及幸福宝宝关爱计划，照顾员工年迈的父母公婆，并让员工带薪回原籍地照顾自己的孩子，解决留守儿童的健康成长。

模块之二：人文教育。

人文教育是幸福企业之根本，在人文关怀的基础上提升员工的道德理念。孝亲尊师、善良朴实、敦伦尽分、恪守本分、乐于奉献是中华的传统美德，透过圣贤教育找回做人的基础，久远的孝道和爱心，找到作为人何为正确，找到生命的价值和意义。让每一个社会人都能够扮演好自己在家庭、社会以及工作中的不同角色。这样的教育不仅限于学校，包含社区、学校等都可以落实。

模块之三：绿色环保。

这是企业社会责任的体现。公司秉持"4G"理念：绿色设计、绿色采购、绿色销售、绿色制造，在经营生产中践行绿色低碳，同时更注重生态环境的保护。在固锝，心灵环保的理念已经扎根，专辟土地，种植幸福林场、农场、果园，为地球增绿、让员工吃到无污染的绿色蔬菜。

模块之四：健康促进。

很多家庭都是因病而贫，尤其对于个体的人而言，健康是至关重要的。"上医治未病"，而在20世纪80年代世界卫生组织就提出了健康促进的理念即人的健康以及寿命的长短与人的生活环境以及行为习惯息息相关，因此提升员工的工作环境、健康意识，巩固幸福基石。

模块之五：慈善公益。

启发志工的爱心，教育志工内求知足，每个人伸出援手帮助需要帮助的人。用自己的点滴付出，换得更多人的幸福；对于弱势群体而言，物质的帮助是暂时的，心灵的抚慰更重要。固锝志工期盼把天下的老人视为自己的老人，把天下的孩子视为自己的孩子。让这个世界充满爱和温暖。小到爱物惜福，大到敬天爱地。

模块之六：志工拓展。

公司倡导人人都是志工，积极培养公司志愿工作者以及幸福志工。公司志工是幸福企业八大模块的实践团队，幸福志工的职责是义务协助更多的企业、社区、学校等进行创建幸福典范，引导更多行业懂得以员工的幸福为第一要务，同时知道如何去落实。苏州固锝期盼引领更多的企业、社区、医院、学校等更多的团体都开始真正落实幸福的理念并承担社会责任，让我们的社会更加和谐幸福。

模块之七：人文记录。

传播真善美，幸福企业中的清流与交流窗口。以创建和传播幸福企业的人品典范为使命，不只是一家做好，而是希望全中国乃至全世界的企业，包含所有爱心团体都能一起共同携手成长，因此在创建之初，透过人文志工进行文字、照片和影像的记录，为全面推广做好文档及相关资料的储备。

模块之八：敦伦尽分。

每一个人到这个世间，都有自己的责任和义务。无论是在社会家庭还是在自己工作的公司团体，人人都应该承担起自己应尽的职责和义务。尤其在一个企业大家庭中，每个人把自己对公司对部门对工作的一份热爱化作一份敦伦尽分，用恭敬心、感恩心以及尽职尽责的心去完成好每一项工作。

3. 固锝电子与儒家文化

（1）修身齐家平天下的践行。

《礼记·大学》中说："古之欲明明德于天下者，先治其国；欲治其国者，先齐其家；欲齐其家者，先修其身；欲修其身者，先正其心；欲正其心者，先诚其意；欲诚其意者，先致其知，致知在格物。物格而后知至，知至而后意诚，意诚而后心正，心正而后身修，身修而后家齐，家齐而后国治，国治而后天下平。"苏州固锝22周年庆董事长吴念博曾这样说：我最大的心愿就是全公司的两千多位家人们都能够成为"幸福员工"。我的内心一直在期许：每一位固锝员工都是幸福员工的典范，在家要成为一个好儿子、好女儿、好女婿、好爸爸、好媳妇、好妈妈，在社区要成为一个好的志愿工作者，在公司要成为一个好员工、好干部，并且还是圣贤文化的传承者，低碳出行的践行者等。两千多位幸福典范未来一起带动全中国乃至全世界的每个企业、每个员工都能这样做，那么我们的社会就真正成为一个和谐、大同的世界。

从企业具体时间的角度来说，固锝电子具体执行了以下政策：①增加员工休息时间，带薪学习圣贤教育，让员工懂得生命的价值和意义。②定期读书会、从典籍的阅读和分享中汲取精神食粮。使员工感受到个体对公司对社会的价值，激发他们敦伦尽分，回馈社会信念。③晨读弟子规，每天不间断的好话一句分享，每天增加正能量。④设立孝亲话吧，定期开展孝道的教育和践行，倡导员工感念父母恩德，及时尽孝道。⑤通过个人的改变，影响到自己的家庭朋友，最终带动社会的孝亲尊师，尊老爱幼的良善风气。

（2）对孝文化的践行与应用。

孝道内涵：敬亲、奉养、侍疾、立身、谏诤、善终。孔子认为孝悌是仁的基础，孝不仅限于对父母的赡养，而应着重对父母和长辈的尊重，认为如缺乏孝敬之心，赡养父母也就视同饲养犬，乃大逆不孝。

固铻电子在实践中是这样做的：①设立"孝亲电话吧"，每周免费开放，话费由公司承担，只为方便员工问候远方的父母家人；②中秋节，固铻的员工和父母都收到了一份特别的礼物。吴念博自掏腰包，作为感恩员工的慰问金，亲自为两千多位员工九十度鞠躬双手奉上。他给全体员工的父母写了一封言辞恳切的信，并希望孩子们也都写一封家书。在他的感召下，有的员工十多年来第一次给父母写了一封信。"员工的父母就是我的父母。"吴念博说，"有的老板收到过子弹、炸药包，而我收到的是一封封来自千里之外的最朴实最真挚的感谢信。"

（3）对待金钱和人才的态度。

《大学》中说"德者本也，财者末也"，固铻电子的董事长在固铻电子22周年庆中说："怎样使我们的员工获得更多的财富，让员工懂得精神财富和物质财富的双丰收，教育是根本。从去年开始，我把教育，也就是员工的全员学习作为公司的重要事项来推进，目的就是希望每一个到固铻来工作的孩子们，不仅仅来到这里领一份薪水报酬。我希望每一个孩子都能够都懂得孝顺父母尊敬长辈，懂得正确的教育子女的方式，懂得关爱社会和服务他人，能够开启大家生命中的另一扇窗，让大家懂得生命的真正意义。这就是大学之道，在明明德。"

第一节　中国伦理体系的根源及其发展

作为一种萃取各种历史管理思想人文精粹的当代集成，伦理管理模式本源于中国传统文化土壤之中，以至于数十位诺贝尔奖得主早在20世纪80年代就倡议，到古老中国孔子那里去寻求解蔽"现代性危机"的伦理管理理论良方与经验集成。在中国几千年的历史中，伦理文化是社会管理的基础，伦理观念渗透到了社会关系的各个领域。这也是我国传统伦理思想独具特色的内容。如何科学传承传统文化的这部分遗产，是中国现代管理理论不容推卸的历史任务。

一、中国伦理体系的建立

中国伦理体系的建立是中华民族作为一个民族社会，逐步糅合、凝聚、演化出来的一个成果。中华民族起源于远古华夏诸族，故《左传》有曰："裔不谋夏，夷不乱华"（《左传·定公·定公十年》）。此一华夏民族又汇合东夷荆吴百越诸族，形成汉民族。发展到近代遂形成了包含中国各民族的中华民族。此一融合同化的过程可看作中华文化凝聚与扩展的过程，亦为中国社会伦理秩序之凝聚和扩大的过程。一个民族与一个文化有凝聚和扩展的过程，而中国伦理体系就表现了一个民族和一个文化的凝聚力和扩展力。在开始阶段，此种伦理秩序的建立也许并未成为民族社会的自觉与共识，但在文化日新、文明日进的行程中，乃渐发展为伦理规范自觉的要求和实践。此处我们可举出中国古代文献《尚书》中所包含及提示的伦理政治哲学为中华民族社会早期伦理体系的自觉范式，也可视之为中国伦理体系之原点架构。

《尚书·虞书·大禹谟》中说："舍己从人，不虐无告，不废困穷。"又说："罔游于逸，罔淫于乐。任贤勿贰，去邪勿疑。疑谋勿成，百志惟熙，罔违道以干百姓之誉。罔咈百姓以从己之欲，无怠无荒，四夷来王。""德惟善政，政在养民。水火金木土谷惟修，正德利因原生惟和。"《皋陶谟》言"在知人，在安民"。这些话明显地包含了一套力求社会稳定和谐的国家伦理。《皋陶谟》中列举"行有九德"（宽而柔，案而立，感而恭，乱而敬，扰而毅，直而温，简而廉，刚而塞，疆而远），又言"都慎厥身，修思永"，与《大禹谟》所说"人心惟危，道心惟微，惟精惟一，允执厥中"等言乃显示了一套完整的个人伦理。更值得注意的是，这套言国家之治的"国家伦理"与个人之修的"个人伦理"已连成一片，认知了国家之治乱是以个人的守德与否为前提的。同时更进一层把"民"与"天"联系起来，也就是把"宗教伦理"与"政治伦理"结合在一起，使"政治伦理"有其形而上的基础。"天聪明自我民聪明，天明畏自我民明畏，达于上下"，也就是《尧典》中所说"克明俊德，以亲九族，九族既睦，平章百姓，百姓昭明，协和万邦，黎民于变时雍"的基础。这是一套贯通首尾上下的大伦理系统，到了《周书》记载的"洪范篇"更明显地扩大为涵盖天地万物及人事政治的一贯圆融的伦理系统了。"洪范"一词表示天地之大经大法，故为一套

"宇宙伦理"，包含了自然论的五行五纪，治民哲学的三德、卜筮、庶征、五福、六极，以及为人处世的五事，从事生产的八政，而统之以皇极之中的大准则。

以上举出《尚书》中之伦理体系以表示中国伦理体系由来有自，可以溯源到中华民族社会及华夏文化的造型阶段，约当中国历史中夏商周政治文化发皇扩展时期，综观此一伦理体系，我们可以举出下列五大特征以为中国伦理体系理论性的说明。

1. 整体性

伦理是以建立整体为目的，因之不必限于一个有限的层次，而是要伸展到世界层面，与天地万物合为一体。在这个意义下，伦理体系也就与宇宙体系合而为一了。此乃把宇宙伦理化，而宇宙也不必具有独立的单纯本体意义。中国伦理系统的伦理化宇宙与西方知识系统的知识化宇宙正好形成一个对比：西方知识体系把人知识化，正如中国伦理体系把自然伦理化一般，都是整体性原则的推演。但西方的知识有其向低层次约化的倾向，而中国的伦理则有其向高层次提升的倾向。近代西方的伦理学在西方的知识约化原则下，依循基本的律则体现意志自由或追求最大的功利。传统儒家的伦理原则在中国的价值提升原则下，提出贯通人类范围，天地与万物一体同流的"仁"的理念，以为人生价值追求的最高目标。

2. 内发性

伦理的建立是以一己的修持功夫为起点的。此即是说，伦理是根源于人性的内涵，绝非外缘于宗教或政治的规定。孔子的"修己以敬"，孟子的"四端说"都表明了伦理发自内在的生命根源。这种内在的生命根源叫作"性"。故伦理的内发性就是指伦理行为和伦理秩序都发自"性"。"性"是根源，也是动力。人的求善行善也莫不以"性"为依据的理由。而人之趋向于伦理并努力使其整体的实现也就是"尽人之性"了。明白简捷地指陈伦理这种内发性的根源意识是《中庸》的首句："天命之谓性。"性来自天，天是生命之源，更是涵盖一切存在的。故"天之所命"既是生命又是实现生命的潜能。故伦理必然要扩展到天地万物，由"尽己之性"达到"尽人之性""尽物之性"，以及最后的"参天地之化育"的境地。这种"尽性""与天地参"的过程就是伦理秩序内在性与内发性的最好说明。

3. 延伸性

在上述整体性与内发性的阐释中即已提及中国伦理体系的逐层发挥、依次推广的特性了。伦理体系的建立是以宇宙为最高的和最大的内涵，但却开端于个人的自省和修持。若谓伦理的最高目标为"至善"，则其最初的起点即为"至诚"。

从"至诚"到"至善"是要逐步推展的。在一般正常的情况下，是历经"个人伦理""家庭伦理""国家伦理""世界伦理"等建立的过程，表现为实质的"修、齐、治、平"的效果。《大学》在"个人伦理"的层面上，特别强调"格物""致知"以"诚意""正心"。这又表现了一个尊重客观、融通知识以规范主观心志的灼见，也可以说是孔子"智及仁守"精神的发挥，依此，中国伦理体系中的"致知以诚意"或可与西方尊重知识，并以知识为德性的基础的重知主义（首创于苏格拉底）相互发明，兼可为现代"责任"的理论基础。但自《大学》看，无可否认的是：重智是返回重德的一个进阶，故格致之道实可看成个人心知的伦理，循此可以发展个人的"心意伦理"亦即诚正之道。"个人伦理"自然也可以看为心知到心意的发展以及心知与心意的综合一体，这就是《大学》所谓的"修身"，也就是孟子所说"尽心以知性"的过程。这自然也与《中庸》"尽性"之意相合。"知性"是偏知的，"尽性"则是偏德的。基于心知和心意的统一，两者也就合而为一。修身、齐家、治国、平天下都是一己心知和心意真切笃实的推展，以达到"宇宙伦理"中"天人合德"与"天人合一"的最高目标，于此也可以看出人性本质的善和人性追求的至善的合一。

4. 提升性

上述伦理的延伸性是就其涵盖的时空而言。若就其延伸的动力方向及其价值高低来判断，则其延伸性就是提升性了。中国伦理是提升人的精神生活和精神价值的，故可称之为德性的修持和发扬。《尚书》中提到修持九德的重要，《尚书》中的帝尧帝舜也都是德化的权力。权力若无德相伴则只是威势，若有德则具启导与感化之功。故《中庸》有"小德川流，大德敦化"的说法。事实上，从中国伦理的理想来看，权力必须依恃德性而成立。《尚书》中的尧舜都是以大德或玄德即帝位的。尧的"钦明文思安安""允恭克让"，舜的"浚哲文明，温恭允塞"都是德的表征。后来儒家继承此一重德的传统，把德的自我修持看成人性的一种实现，此即为人性同时向外的延伸与向上的提升，不但自觉地掌握了生命的精神价值，也使人的生活有所寄，有所安。

5. 超越性

《论语》言"志于道，据于德，依于仁，游于艺"就点明了人性自觉以求实现的精神境界。"志于道"，以至于"致其道"都明显地表明了人性提升的方向。中国伦理体系发展到"天人合一"而人能"赞天地之化育"的境地，已超越西方哲学中的伦理体系了，它已兼含宗教的"终极关怀"之义。古代中国以天为至高的精神境界，中国伦理体系的根源和目标都指向天，透过"天命之谓性"的内在人性的动力，把内在之性实现为外在之命，即为一种终极与超越的行程。当然这种"超越"不是离性而至命，而是即性以至命或即性以即命的修持，与西方宗教中之离性以至命的外在超越不一样，故可名之为"外化的"而非"外在的"超越。"外化的超越"即实现自我之性于"民胞物与""与天地参"的投入与贯注之中，此一投入与贯注在价值上即是至善，亦即人性最高的精神提升。上述指出中国伦理体系中的"宇宙伦理"隐含了一个宗教伦理之意即在此。

6. 连续性

基于对中国伦理体系的延伸性和提升性的了解，中国伦理体系实已涵摄了政治体系、经济体系和社会体系，而呈现了整体性的结构。事实上，从《尚书》等古代文献及制度历史的探讨中，我们就已看出古代中国政治是以伦理为基础的。不但政治的权力德性化了，德性也政治权力化了。同时，德性也被认为是政治合法化的唯一依据。人有德即中天命，天命又与性一致，故有德必能唤起百姓大众的共信与共识，形成政治权力的基础。政治权力之施行又有待于教化百姓，使百姓同登德性之堂，故伦理又为政治的手段与工具。由于伦理与德性包含甚广，凡是增进及维护整体生活秩序的都是伦理之事。因之勤劳、奋勉、俭廉、恭让、和谐、协力等行为都是德性的表现，其效果则不仅为社会政治上的安和，也是经济上的自足自给了。

二、中国管理思想的伦理本位

"伦理本位"是由梁漱溟先生提出来的。① 所谓伦理即是关系，"人一生下来，便有与他相关系之人（父母、兄弟等），人生且将始终在与人相关系中而生活（不能离社会），如此则知，人生实存于各种关系之上。此种种关系，即是种种伦理……伦理关系，即是情谊关系，亦即是其相互间的一种义务关系。"梁漱溟提出了中国以伦理为本位是中国文化不同于西方的基本特征。他引用张东荪先生在其所著《理性与民主》中的观点论证说："自古希腊罗马以来，彼邦组织与秩序即著见于法律。唯中国不然。中国自古所谓法律，不过是刑律，凡所规定都必与刑罚有关。它没有规定社会组织之功用，而只有防止人破坏已成秩序之功用。社会组织与秩序大部分存在于礼中，以习惯法行之，而不见于成文法。"梁先生认为，"西洋自始（希腊城邦）即重在团体与个人之间的关系，而必然留意

---

① 梁漱溟：《中国文化要义》，上海人民出版社 2018 年版，第 129 页。

乎权力（团体的）与权益（个人的），其分际关系似乎为硬性的，愈明确愈好，所以走向法律，只求事实确实，而理想生活自在其中。中国自始就不同，周孔而后则更明确地重在家人父子间的关系，而映于心目者无非彼此之情与义，其分际关系似为软性的，愈敦厚愈好，所以走向礼俗，明示其理想所尚，而组织秩序即从以奠定。儒家之伦理名分，自是意在一些习俗观念之养成。在这些观念上，明示其人格理想；而同时一种组织秩序，亦即安排出来。因为不同的名分，正不外乎不同的职位，配合拢来，便构成一社会。"梁漱溟认为，中国以伦理组织社会，重点表现在伦理的经济、伦理的政治、伦理的宗教三个方面。"伦理本位的社会"与西方"团体组织"是不同的。它没有边界，不形成对抗。恰相反，它由近以及远，更引远而入近；泯忘彼此，自古相传的是"天下一家""四海兄弟"。

中国的民族文化与管理思想一向充满了"如实慧"，因为中国人深悟大化流衍生生不息，宇宙全局弥漫生命，故能顶天立地，受"中"以立，然后履中蹈和、正己成物，完成中国人之所以为"中"国人的至德！换言之，我们深知如何浃化于大道的生意，浑然一体，浩然同流，正如《道德经》中老子所说："大道氾兮，其可左右，万物恃之而生而不辞，功成不名有。衣养万物而不为主，常无欲，可名于小，万物归焉而不为主，可名为大。""执大象，天下往。往而不害，安平太。"从中国哲学家看来，"宇宙"所包容的不只是物质世界，还有精神世界，两者浑然一体，不可分割，不像西方思想的二分法，彼此对立，截成互相排斥的两个片段。

中国的管理思想与实践受到中国哲人"宇宙观"的影响，不能与西方形上学的二元论混为一谈，更不能矫揉削弱、曲解成偏狭的唯心论或唯物论。"宇宙"在中国人看来，是精神与物质浩然同流的生命境界，在波澜壮阔的创造过程中生生不息，宣扬一种日新又新的完满、自由，绝不被任何空间或时间束缚。它全心全意地致力于一个目标，那就是跳出宿命论的束缚、摒弃阴郁、突破偏执，以求自我解放、神思驰骋，更而力振翅翼、征服空间、超越命运，臻于活力世界。中国的管理思想家不像西方思想家在科学主义的偏执下囿于"万物无生论"的偏见，而是永远在追求一种广大圆融的观点，以统摄大宇长宙中生命的创进完成。伦理本位在行为管理上以群体为中心，以心理情感为纽带，表现出温和内敛、崇尚亲情、注重主体道德修养、追求整体协和的特点。儒家更是把主体管理实践的一切活动都伦理化，管理伦理纲常成了主体的价值意义和最终目的，管理矛盾往往被消融在人的主观伦理善恶之中。

第二节　中国儒家伦理思想

一、五常伦理

孔子所开创的儒家思想其实是以"仁"为中心的体系。"仁"，儒学中最重要的范畴，含义十分丰富。广义的"仁"是全德之辞，而狭义的"仁"即是"五常"（所谓"仁""义""礼""智""信"）之一，主要是以人与人之间相亲相爱的道德情感为主要内涵的道德规范。孔子倡言"仁者爱人"，朱熹释之曰："仁者，爱之理；爱者，仁之事。"这种思想成为儒学的重要传统。在儒家学者看来，"古之为政，爱人为大"，故而主张为政者必须"亲亲而仁民，仁民而爱物"，以仁爱之心治理天下，"老吾老以及人之老，幼吾幼以及人之幼"，从而使"四海之内，合敬同爱"。儒家"仁"的思想的核心是对人的关注，而对人的重视首要的就是对人有仁爱之心，通过"爱人"来建立起人与人之间的和谐关系，最终达到一种"仁"的状态。人与人之间绝不是孤立存在的，所以在一个社会共同体中应该互爱互信，这对共同体的每个成员以及整个共同体都有好处。

仁爱是基于"仁"这种道德修养而产生的特殊的爱，其情感本质是仁，而仁同时也是儒家思想中所包含的个人素质和领导艺术的中心，其含义是非常丰富的，包括个人修养、人生态度、生活方式乃至管理理念、具体政策等。《孟子》第一篇《梁惠王上》开头即说明了仁的重要性："孟子见梁惠王。王曰：叟，不远千里而来，亦将有以利吾国乎？孟子对曰：王何必曰利。亦有仁义而已矣。"这段话的意思是，梁惠王见到孟子，问他："老先生，你不远千里来到我国，有什么对我国有利的高见吗？"孟子却回答："大王何必要说利，只要说仁义就行了。"这里孟子所说的仁，指的就是仁的整体，而与仁爱这种个人素质所对应的仁，则是一个人所应具备的道德修养。

仁爱之爱是一种有别于亲爱和爱惜的感情，这种爱的产生并非由于血缘或喜爱，而是基于"仁"的道德修养，因此仁爱的外在表现与其他爱有所不同。孟子说过："君子所以异于人者，以存其心也。君子以仁存心，以礼存心。仁者爱人，有礼者敬人。爱人者，人恒爱之；敬人者，人恒敬之。"意思是，君子与一般人不同的地方就在于其内心的所想不同。君子心中以仁和礼为原则，有"仁"这样的道德修养者就会关爱别人，有"礼"这样的行为规范者就会尊敬别人。关爱别人的人，别人也经常爱他，尊敬别人的人，别人也经常尊敬他。由此可见，仁爱之爱包括关爱和尊重他人两个方面。

"仁"是一个整体性的、内发性的、延伸性的、提升性的与连续性的观念，因为"仁"是涵盖人的一切的，内发于人性的，是推己及人的，又是提升人性、完成人性于逐步扩展的人格与行为中，更是实践于实际经济、社会与政治中的连续活动。"仁"之具有这些特性也许并非偶然，因为"仁"可以说是中国伦理经验和精神自觉的集中表现。因之"仁"也就可以被看作至德或全德了，而儒家的"仁"的哲学也就成为中国伦理体系的最高发展了，不但为中国伦理体系找到了一个"原点"，也为中国伦理提出了一个理念和理想。

在"仁"的哲学架构上，其他诸德也都或多或少地显示上述伦理体系的五种特性，然而却没有任何一种德性像"仁"一样兼具五种特性到丝毫无缺的地步。这也就说明了"仁"何以涵盖着诸德，而诸德则在不同的社会层面上遵行"仁"的观念与理想。

我们可以视"义"为相应"整体性"的"个体性"原理，显示辨别差异的重要。"义"就是兼重分别和差异，以寻求部分和部分、全体与部分之间的平衡和对称，借以实现整体的个体性与个体的整体性。"义"也有内发性，但相对于"仁"而言，却有较多层面的外在性。这也就是告子与孟子辩难"仁内义外"的缘由。"义"有扩伸性，然就"义"的实际应用而言，则表现为因人、因事、因地、因时制宜的凝聚和关注。"义"可以提升到宇宙的高度，故孟子言"吾善养吾浩然之气"可视为由"集义"而来。但一般言之，"义"是要对人、对事而言的，是有特定对象的，故与其说有提升性，宁可说其有落实性更为妥当。"义"之兼具伦理与政治两面，是毋庸置疑的。使民固然要以仁，但只有"务民之义"才能使仁政落实。故"义"的功能是同时依据"仁"的原理与事实的需要而建立的。

"礼"之为德也兼具社会伦理与政治伦理两面。就儒家言，"礼"是道德规范，也是政治规范。故"礼"原与"法"并列合用，到荀子则几与"法"合一。"礼"的提升性与"乐"相同，是一种社会教化与安定的力量。这在《礼记》中言之甚详。但"礼"的内发性却是间接的，是透过"仁"和"智"的功能而来的。故儒家认为具体的"礼"是圣王所制作，而非个别人性的发用。"礼"当然是整体的，也是延伸的，但却如"义"一样，必须考虑人事、物象、时空等因素的相关与限制，表现为不同的形式和内涵，但也随着时代的转移，获得新的形式和内涵。儒家德治管理手段强调"为政以德、礼为用"，强调德优于刑、先教后刑，依据是二者治理效果殊异："道之以政，齐之以刑，民免而无耻；道之以德，齐之以礼，有耻且格"（《论语·为政》）。刑罚手段只是一种外加的强制和威慑，不能达成耻于犯罪的至善境界。德治则可以通过道德教化和礼教的结合，使民众自觉防止犯罪和反叛。

"智"是与"仁"有同功异能的人性之德。孔子言"知及仁守"，并以为"智"就是对"仁"的选择，对善之固执。故"仁"之德的自觉实行就是"智"的开始。经过反省，"智"就能引发为更大的"仁"，而"仁"也能促进更多的"智"。"仁者无忧，智者不惑。"不惑就不忧，不忧就不惑了。故"智"有整体性，经下学而上达，能致天下之道。"智"也有内发性，是人性的启蒙和自觉，经"学"与"思"的并用而有发展。故"智"应兼具推展性与提升性。但"仁"与"智"虽相互为用，相互为基，"仁"与"智"却在连续上显出不同："仁"是包含的，智是分别的。"仁"以爱民、亲民为目标，故可言仁政，"智"却是以正名、正己、正人、守法为行政的手段。故"智"倾向于法治，"仁"却倾向于人治。这是很大的分野点。

"信"具备内发性与推展性，是基于"仁"与"诚"而来的个人和社会的凝聚力，可视为"仁"的推展，"诚"的凝聚。"信"也可说有提升性，因人之立足于社会就在其信之有无，可信度之大小。故孔子有言"民无信不立"。在整体和连续性上，"信"不能没有"仁"和"义"的引导。故"信"之为"信"就是"仁"和"义"在人的实际行为中的表现和效应了。儒家认为，客观的天道真实无妄，体现天道的人道亦真实无妄，故而诚信理应成为人的基本品性。孔子说："人而无信，不知其可也。大车无輗、小车无軏，其何以行之哉？"先秦儒家都提倡人与人之间以信义相交，坦诚相待，"必诚必信，勿之有悔"。人与人之间只有重诚守信，才能建立相互理解、尊重、信任的关系，否则必将无法沟通而生隔阂，以致关系恶化，甚而影响整个社会秩序和社会风尚。并且，儒家又以诚信为立国之本。孔子说一个国家可以"去食""去兵"，但绝不能没有诚信："自古皆有死，民无信不立！"王肃云："自非忠信，则无可以取亲于百姓者矣；内外不相应，则无以取信于庶民者矣。"《孔子家语·人官》吴兢亦曰："言而不信，言无信也；令而不从，令无诚也。不信之言，无诚之令，为上则败德，为下则危身，虽在颠沛之中，君子之所以不为也。"《贞观政要·诚信》由此可见，在儒学传统中，诚信是非常重要的。

二、内圣外王

儒家"德治主义"的实施机理是以"修身"为逻辑起点，循"三纲八条目"为逻辑进路。"三纲"即"大学之道，在明明德，在新民，在止于至善"（《大学》经一章）。宋代朱熹在《大学章句》中解释说："止者，必至于是而不牵之意；至善，则事理当然之极也。言明明德、亲民，皆当至于至善之地而不迁。"其意为：修身育人，都必须达到完美的境界而毫不动摇。这也是儒家所倡导的大同社会的一个理想目标。循此而行，就要先"明明德"，然后通过明德使民众得到教化成为"新民"，最后使君臣父子关系和整个社会处于合乎礼制人伦的至善秩序。而如何完成"三纲"起点的"明明德"环节，就要按"八条目"的严格秩序展开："古之欲明明德于天下者，先治其国；欲治其国者，先齐其家；欲齐其家者，先修其身；欲修其身者，先正其心；欲正其心者，先诚其意；欲诚其意者，先致其知；致知在格物。"（《大学》经一章）不难分析，"三纲八条目"就是实现德治目标的逻辑秩序，这个逻辑顺序实际上是倒叙的，即"八条目"是"三纲"达成的必经路径，而"三纲"则是"八条目"的管理目标高级化的接续。操作中可逻辑地分成内修、外治、至善三个阶段。

由于儒家德治信仰"为政在人，取人以身"（《中庸》20 章）的管理逻辑，其实施基础是"内圣"的德性造化，所以儒家伦理被定性为德性伦理。而内圣的德性是由修身而至的，即由修身成"内圣"手段而达至管理上"外王"目标。"八条目"秩序阐明了"内修"成"内圣"的修炼过程和方法（即"格物"—"致知"—"诚意"—"正心"等），然后外化为"外王"安人、安百姓达"外治"（即"齐家"—"治国平天下"等）。可见，"三纲八条目"所阐述的儒家管理思想是以"至善"的和谐为目标，以德治为手段，通过"修身"（"内修"）和"齐家、治国平天下"（"外治"）两条途径具体实施的。这个"修、齐、治、平"的实施进路特别强调管理者"正人先正己"的内圣外王示范效应。"政者，正也。子帅以正，孰敢不正？"（《论语·颜渊》）将身正视为为政效果保障的基本前提，提出了圣贤治国的基本学理依据：领导者"其身正，不令而行；其身不正，虽令不从。"（《论语·子路》）"上好礼，则民莫敢不敬；上好义，则民莫敢不服；上好信，则民莫敢不用情"（《论语·子路》），而且，"上好礼，则民易使也。"（《论语·宪问》）孟子对此颇为认可，"君仁莫不仁，君义莫不义，君正莫不正。一正君而国定矣。"（《孟子·离娄上》）为保证其"上行下效"的畅达，推己及人的立场和公正是不可或缺的，据以管理者必须谨守"己所不欲，勿施于人"（《论语·颜渊》）的权利对等规则，奉行"己欲立而立人，己欲达而达人"（《论语·雍也》）的教化戒律。

既然管理者的"身正"决定了德治的效力和合法性，那么"身正"的标准是什么就逻辑地成为如何用人的重要命题。一般而言，德与才是管理者任职的基本条件，儒家"任官惟贤才"（《尚书》）的用人标准体现了对德性的严重偏爱。官阶与品阶是对等的，德与才的经验安排是："贤者在位，能者在职"（《孟子·公孙丑上》），依据是"举直错诸枉，则民服；举枉错诸直，则民不服"（《论语·为政》）。如此，孔子为这些以身作则的为政"贤才"设定了系列的德目："思不出其位"（《论语·宪问》）的职业操守、"见危授命"（《论语·宪问》）的牺牲精神、"知之为知之，不知为不知"（《论语·为政》）的求实态度、"君子坦荡荡"（《论语·述而》）的豁达胸襟、"不怨天，不尤人"（《论语·宪问》）的担当理性、"周则不比"（《论语·为政》）的团结意识和"躬自厚而薄责于人"（《论语·卫灵公》）的自省精神等。如此几近完美的道德圣贤不需刑罚的他律，而百姓也能为之教化，加之齐之以礼，法制就顺理成章地被排挤出德治的领地，再无存在的必要。

三、以人为本

我国春秋时代的政治家管仲在《管子·卷九》中说："夫霸王之所始也，以人为本，本治则国固，本乱则国危"；"齐国百姓，公之本也"。他认为，要想成就霸业，其根本要经营民心，获得百姓的支持。而老百姓是国家发展的根本，只有时刻把人民作为国家的根本，君主才能成就霸主地位。要求齐桓公要时刻认真接受民众的意见，把人民作为成就伟业的重心。《汉书·郦食其传》也提出了："王者以民为天，而民以食为天"的思想。孟子从"民为立国之本"思想出发，在《孟子·尽心下》中指出："民为贵，社稷次之，君为轻。"范仲淹在《岳阳楼记》中也指出"居庙堂之高则忧其民，处江湖之远则忧其君。"是说身居高位要时刻为人民考虑，远离朝廷要时刻为君主着想。陈寿在《三国志·吴书路统传》中对这一思想也作了具体阐述，他说"财须民生，强赖民力，威恃民势，福由民殖，德俟民茂，义以民行"。讲的是一切的财富都要靠老百姓的辛勤劳动来创造，国家要想富强必须要依靠广大人民的力量。国家的强大和影响力的扩大，以及所有的德行推广和人民的幸福安康都靠人民的共同努力才能实现。这就像曾子在《大学》中说到的："是故君子先慎乎德。有德此有人，有人此有土，有土此有财，有财此有用……"强调了领导者要时刻把关爱人的德行修养放在首要位置。因为只有无数的人追随你，才能为你创造诸多的财富，你才能把这些财富广泛地运用于社会之中。诸多先哲圣贤对重民、爱民的精辟论述及其蕴涵的思想实质值得现代人认真思考。孟子说，"天时不如地利，地利不如人和"，讲了"人和"的重要性。企业的管理也是这样，贵在人和。人和，是企业业绩腾飞的基础。人不和则心不齐，心不齐则事难成。管理者不能脱离员工，缺乏沟通，而需要对员工"道之以德，齐之以礼"，与员工坦诚相待，使员工和睦相处，为企业的发展而共同奋斗，形成精诚团结，奋发向上的大家庭。

孔子说：君子坦荡荡，小人长戚戚。他提倡领导者要造就一种春风和煦、热情洋溢的君子之风，造就轻松愉快的组织氛围，循循善诱，张弛有度。领导者不仅要和集体成员共同拼搏，辛勤工作，还要与员工同乐，进行非正式的沟通。所谓"暮春者，春服既成，冠者五六人，童子六七人，浴乎沂，风乎舞雩，咏而归"。重视对员工的人文关怀，贯穿于工作和管理的始终，使员工焕发内在动力，轻装上阵，快乐积极地工作，组织充满活力，才能创造良好业绩。

"人"这一要素在当前的经济环境中，其重要作用突出于企业运行所需要的如土地、厂房、生产原料甚至于资金等。重视人的作用，以人为本，对企业的一切人才不断加以培训，以提高他们多方面的素养和能力，是体现企业竞争力的核心要素。在道德培养和文化建设中，将儒家思想中的"孝悌、忠恕"引入企业，将这种理念植根于员工思想，帮助员工规划职业生涯，将其个人目标与企业发展战略达成一致，才能够使员工忠诚于企业，使企业拥有大量人才，在企业竞争中持续向前。

儒家思想重视人才，强调"致安之本，唯在得人"。在教育和使用之外，要简选骨干，使一个组织"贤者在位，能者在职"。在人才使用上，要不拘一格、知人善任。在选拔人才时，"不以言举人，不以人废言""众恶之，必察焉，众好之，必察焉"。实事求是，公平公正地考察和推荐人才，而且要推举好的人才，使不好的也能学习改进，起到带动一片的作用。人才是企业生存和发展的关键，企业在用人时，需要借鉴儒家的用人观，对人才随时培养，给他机会，然后"举尔所知"，委以重任。而企业的领导者在人才使用时，也一定要能爱才、识才、容才、用才，量才使用，使企业人才辈出，百花齐放。这样，企业才能不断地向前，形成一种良好的文化氛围。

四、忠恕之道

《论语》记载："仲弓问仁。子曰：'己所不欲，勿施于人'。"（《颜渊》）孔子又说："夫仁者，己欲立而立人，己欲达而达人。能近取譬，可谓仁之方也已。"（《论语·雍也》）由此看来，如何实行仁，在于推己及人。"己欲立而立人，己欲达而达人"，换句话说，"己之所欲，亦施于人"，这是推己及人的肯定方面，孔子称之为"忠"，即"尽己为人"。推己及人的否定方面，孔子称之为恕，即"己所不欲，勿施于人"。推己及人的这两个方面合在一起，就叫作忠恕之道，就是"仁之方"（实行仁的方法）。忠恕之道同时就是仁道，所以行忠恕就是行仁。行仁就必然履行在社会中的责任和义务，这就包括了义的性质。因而，忠恕之道就是人的道德生活的开端和终结。《论语》中说："子曰：'吾道一以贯之。'曾子曰：'唯。'子出，门人问曰：'何谓也？'曾子曰：'夫子之道，忠恕而已矣。'"（《论语·里仁》）每个人在自己心里都有行为的"系矩"，随时可以用它。实行仁的方法既然如此简单，所以孔子说："仁远乎哉？我欲仁，斯仁至矣。"（《论语·述而》）孔子所讲的"忠恕之道"，是用来调节人际关系的道德规范，以利于人际关系的和谐，从而达到一个组织、一个集团、一个企业的有序化管理。具体来说"忠恕"思想内涵主要包含以下几个方面：

首先，思想上要有"己欲立而立人，己欲达而达人"的胸怀。孔子"忠"的思想首先对人自身提出了较高的道德要求，一个人在自己的欲望和愿望得到满足时，也产生了要帮助他人实现愿望的想法。希望自己事事顺利，同时也希望别人同自己一样事事顺利。这一思想引导我们在待人接物时，将自己内心的真实思想真诚地推及人与物。这样不仅提高了自身的修养，实现了人与人的和谐，而且呼吁我们把这种情怀扩充到世界万物上，将人与自然融为一体，善待自然。人类要实现和谐生活，希望自然也能够和谐发展，推己及物，实现了人与自然关系上的和谐。

其次，行为上要有"己所不欲，勿施于人"的表现，也就是说每当自己在对他人采取行动之前，先思考一下如果是自己是否愿意遇到这样的行为，如果自己都不愿接受，那就更不能将其实施于他人。《论语》记载：仲弓问仁。子曰："出门如见大宾，使民如承大祭，己所不欲，勿施于人。在邦无怨，在家无怨"。孔子认为侍君待民不仅要严肃认真，而且要宽以待人，这就是"恕"，这也是行动上为"仁"、行"仁"的重要方面。如果人人都自觉地按照"己所不欲，勿施于人"的原则对待和处理人与人的关系，人人都可称为有德之人，在行为上都相互着想，终将生活在理想的社会中。

最后，"己欲立而立人，己欲达而达人"与"己所不欲，勿施于人"，这是"孔子忠恕"之道的两个方面，表达的都是做人和待人的一种方式。"己欲立而立人，己欲达而达人"是对自己内心本身的要求，表明的是做人的基本准则，就是要有"立人""达人"的态度和精神。在提高自身的内在修养的同时，秉持端正、诚实不欺、负责的思想，使自己的行为完全符合一定的社会道德规范要求，然后才能去"立人""达人"；"己所不欲，勿施于人"强调的是人与人之间的关系，待人的一种方式，在有了"忠"的道德情操下来处理自己与别人的关系，由自己延伸到他人，将心比心，己之不愿亦不施予他人，从行动上来影响人和物。这两个方面，"忠"发于内心，"恕"表于行为，"忠恕之道"要求内心道德情感和人与人之间关系的良性互动，这两个方面不可分割，是"可以终身行之"的一种道德规范。《中庸》中有这样一段话："子曰：射有似乎君子，失诸正鹄，反求诸其身。君子之道，辟如行远必自迩，辟如登高必自卑"。说的是做君子就像射箭一样，如果没有射中祀心，一定会从自身来找原因的。

五、义利共生

对义与利，古圣先贤有着不同的认识。但是，义与利是不矛盾的，而是有它融合统一的方面。孔子对义和利有着这样的认识。他说："君子义以为上"，同时又讲："君子喻于义，小人喻于利"，"礼以行义，义以生利，利以平民，政之大节也"，强调义、利思想的统一。孔子还提出了"见利思义""不义而富且贵，于我如浮云"。孔子还说："富而可求也，虽执鞭之士，吾亦为之，如不可求，从吾所好。"孟子在义利方面也有他的见解，他认为人人都有追求利益的愿望，而这种愿望从根本上说是一定的，也是符合人性的。他在《孟子·告子上》中说："欲贵者，人之同心也"；在《孟子·公孙丑下》中也说"人亦孰不欲富贵"，强调了人们对利的追求。而对于义的阐述，孟子在《孟子》开篇就讲："王何必曰利？亦仁义而已。"强调如果国王、大夫、士庶人都以"利"为重，想方设法去"利吾国""利吾家""利吾身"的话，那么就会"上下交征利而国危"，只有义与利统一起来，以利成义，以义辅利，才是理想的状态。在现代企业的经营管理中，正确处理好"义"与"利"的关系，主张"君子爱财、取之有道"，把"义利合一"的思想作为企业经营的理念。既要处理好企业与职工之间的义利关系，也要把企业与企业之间、企业与社会之间的关系处理好。"仓廪实然后知荣辱，衣食足然后礼义兴"。在企业经营中，让每一个人的利益得到满足，让合作伙伴之间能获取合理的利润，平等、互利，和谐发展。在企业获取最大的合理利润的同时，还要关注社会效益，努力服务社会，为社会创造价值，让更多的人获得关注和利益。这样，社会上就会有更多的人能认可并尊重企业的发展。企业在发展中把"义以生利"的思想转化成一种经营理念和企业价值，才能在未来的经营中立于不败之地。

曾子在《大学》中讲："生财有大道，生之者众，食之者寡，为之者疾，用之者舒，则财恒足矣"。"仁者以财发身，不仁者以身发财。""未有上好仁而下不好义者也，未有好义其事不终者也，未有府库财非其财者也。"讲明了财富的赚取不是一个人的最终目标，也不是靠一个人来完成的。生财的大道有很多，能不能让很多的人来追随你，为了你的事业而拼搏。这样，当你获得了足够多的财富时，才可能安心享用。当然，你在享用这些财富的时候一定要懂得让你周围的人和你一起享用。因为"财散则人聚，财聚则人散"。当一个人始终能够关注到周围的人，关注到社会，并与他们共同分享，共同发展时，自然就有许多人来追随你，而且所追随你的人也一定是讲情重义之人，这样你的事业才能永远发展而不停滞，社会的财富才可能成为你永远的财富。

六、和谐圆通

"取象于钱，外圆内方。"这是中国著名教育家黄炎培送给儿子的座右铭。它的意思是说为人处世应该像铜钱，外圆而内有方孔。外圆内方，不是虚伪圆滑，是中国几千年优良传统积淀而成的人文精粹，是中国最具有社会良知的人格体现。"圆"，代表着曲线，从视觉上就具有美感。圆可以减少阻力，代表着顺畅。"方"，是人格的独立，"方"是情操的独守，"方"是自我价值的完善实现，"方"是对美好理想的不懈追求。棱角分明，代表着踏实稳重；坚定执着，应该成为我们的工作态度。

孔子的学生颛孙师（子张）问他："何如，斯可以从政矣。"他回答说："尊五美，屏（摒）四恶，斯可以从政矣。"（《论语·尧曰》）"五美"是："惠而不费""劳而不怨""欲而不贪""泰而不骄""威而不猛"。"四恶"是："不教而杀"、"不戒视成"（不预告而要求拿出成果）、"慢令致期"（不及早出令而临时限期）和"出纳之吝"（对财物吝付）。可以看出，"五美"都是为了在管理过程中保持和谐、圆融，而"四恶"则会导致摩擦和怨恨。孔子认为，在"从政"即从事国家管理工作时，应该提倡美的管理，避免恶（丑）的管理。从"五美"、"四恶"的具体内容看，孔子所要求的是在国家管理工作中，不仅要充分实现管理目标，完成规定的任务，取得预期的成果，还要使整个管理过程进行得尽量平稳、顺畅、圆融，人际关系尽量和谐，少有摩擦和冲突，给人以美的感受。孔子认为，国家的管理工作做到了这种境界就是美的，反乎此就是恶的。孟子强调在管理中争取民心，也就是赢得被管理者的支持和认同的重要性。他说："得天下有道，得其民，斯得天下矣；得其民有道，得其心，斯得民矣；得。其心有道，所欲与之聚之，所恶勿施尔也。"（《孟子·离娄上》）他提出了"天时不如地利，地利不如人和"的著名观点，极大地突出了"人和"即和谐的人际关系和团队精神的重要性。他说："天时不如地利，地利不如人和。三里之城，七里之郭，环而攻之而不胜，夫环而攻之，必有得天时者矣；然而不胜者，是天时不如地利也。城非不高也，池非不深也，兵革非不坚也，米粟非不多也，委而去之，是地利不如人和也。"（《孟子·公孙丑下》）孟子指出在战争中，天时、地利、人和这些因素都会影响到战争的胜败，但最终起决定作用的因素既不是天时，也不是地利，而是人和，即是否得到老百姓的拥护。孟子说："善政不如善教之得民也。善政，民畏之；善教，民爱之。善政得民财，善教得民心。"（《孟子·尽心上》）

在孔子看来，"和"还是一种各得其所，秩序井然的状态。孔子认为，在"为政"中，要做到"君君，臣臣，父父，子子。"为君、为臣、为父、为子都必须严格按照各自的标准，恪守各自的职责范围，如果做君的不能履行君主的职责，做臣的不能履行臣子的职责，做父亲的不能履行做父亲的职责，做儿子的不能履行做儿子的职责，整个国家"君不君""臣不臣""父不父""子不子"，那么，一个国家的秩序就不复存在。要达到秩序井然的状态，管理者，特别是高层管理者应该严格遵循自己的职责标准，譬如国君，他必须按照"君道"而行，才于名、于实都是真正的君。如果一个高层管理者能够达到他所从事职位的各项标准，就能实行有效的管理，达到和谐状态。

七、修己安人

"修己"就是道德、学识、能力（尤其是道德）方面进行自我修养，它是行为管理的出发点和基础。"安人"即使人"安"，"安"是一种精神上的自足状态，行为管理必须使人"安"，"安"才能达到"和"的目标。相反，如果管理者为了达到某个目标而不择手段，使人处于一种不安的状态，这就违背了儒家行为管理原则，也不能达到"和"的目标。"修己"也就是《礼记·大学》所讲的格物、致知、诚意、正心、修身，安人即齐家、治国、平天下，并使管理对象能"安"。"修己"与"安人"又是统一的，"修己"是安人的基础和前提，只有"修己"才能"安人"，这就要求管理者首先管理好自己，培养好自己的仁义道德，然后再去管理别人，管理天下。"安人"，就是要使整个社会组织的人都能各得其所，各有所安。"修己安人"，也就是由个人推及整体，以个人发展带动整体进步。"子帅以正，孰敢不正。"（《颜渊》）"其身正，不令而行；其身不正，虽令不从。"（《子路》）"苟正其身矣，于从政乎何有？不能正其身，如正人何？"（《子路》）

关于"修己"，孔子提出了五项基本要求，即前面所讲的"恭、宽、信、敏、惠"。这"五德"是一个管理者所必须具备的五种基本素质：修身要庄重，办事要勤敏，对待被管理者则要宽厚，守信用，施恩惠。其中，孔子尤为重视"信"，《论语》中"信"字出现了 35 次。"信"主要包括两个方面：一方面是强调民众对管理者的信任。"子贡问政，子曰：'足食，足兵，民信之矣。'子贡曰：'必不得已而去，于斯三者何先？'曰：'去兵。'子贡曰：'必不得已而去，于斯二者何先？'曰：'去食，自古皆有死，民无信不立。'"（《颜渊》）孔子认为，民众对政府的信任甚至比粮食和军备更重要，可见，"信"在管理中的地位是何其特殊。另一方面是强调管理者自身的信实，"信则民任焉"（《尧曰》）。民众对管理者的信任与管理者自身的信实是统一的。管理者讲信用才能得到民众的信任，"君子信而后劳其民；未信，则以为厉己也。"（《子张》）得到民众的信任之后才能役使人民，否则，民众便认为统治者在虐待自己，"上好信，则民莫敢不用情。"（《子路》）"人而无信，不知其可也。"（《为政》）管理者如果不讲信用，那就毫无可取之处了。孔子除了对管理者提出"五德"的要求外，还有过其他描述，比如，"君子义以为上"（《阳货》），"君子义以为质"（《卫灵公》）；等等。当管理者具备了高尚的道德品质之后，就会自然地对民众有巨大的影响力。

在安人方面，孔子讲求的是"立之斯立""道之斯行""绥之斯来""动之斯和"。

"立之斯立"讲述的是"立民"之道。所谓"立民"，就是要让民众"自立"，即使老百姓自我管理、积极管理、自我约束、自我发展。孔子认为管理民众有两种方式：一是"道之以政，齐之以刑"的外在法制管理；二是"道之以德，齐之以礼"的内在道德约束。两者相比较，孔子更推崇以德以礼来"立民"。他认为重刑苛政能使人一时畏惧，但难以从本质上被感化而真心向善，故功效短暂且不能深入人心，长久以往会造成"民免而无耻"的后果。而以德化之、以礼齐之则是从改造人的内在思想处着手，使个体清楚地认识到遵循道德原则不仅是社会得以存在的基础，更是完善自身、焕发人性的精神需求，以此而行，人即能达到"有耻且格"的地步。人的纲常伦理关系得以维持，很大程度上，所依靠的并不是外在的强制性规定，而是一种人性道德感召。孔子主张摒弃强制性的"制民"之策而选择了道德性的"立民"之法。

"道之斯行"讲述的是"导民"之道。所谓"导民"，指的是教化百姓。对于教化百姓，孔子一直坚持两大原则。一是重视道德教育，即通过礼乐等手段对老百姓进行潜移默化的思想教化。孔子很重视艺术的作用，他把艺术看作陶冶个人性情、不断完善自我的重要手段，提倡"志于道，据于德，依于仁，游于艺。"（《论语·述而》）在艺术中，他尤其重视音乐。他曾"学琴于师襄"，受过严格的训练。他在齐国时，听到演奏中国古代著名的"韶"乐，以至"三月不知肉味"（《论语·颜渊》）。在他的日常生活中，音乐是他不可一日离的东西。他的学生言偃（子游），做鲁国的武城宰，孔子去武城访问，一入境就听见"弦歌之声"。言偃告诉他，这样做是遵循老师的一贯教导："偃也闻诸夫子：君子学道则爱人，小人学道则易使也。"（《论语·阳货》）可见，孔子一向是把"弦歌"作为教民、为政之道的一部分来教育自己的学生的。孔子认为，《诗》本于性情，可发人心志，使人兴起；礼以恭敬辞让为本，可使人卓然而立，不为物动；乐者，可养人性情，荡涤邪秽。诗、礼、乐都能对学习者的道德修养产生良好的导向作用，因此他提出了"兴于诗，立于礼，成于乐"的观点。（《泰伯》）另一原则便是"有教无类"的平民教育。在孔子的眼里，人不分类别，不分贵贱，所有社会成员都享有受教育的权利。"自行束修以上，吾未尝无诲焉。"（《述而》）孔子身体力行这一原则，使文化向民间下层普及，向夷狄之邦传播，使平常百姓也可获得学习的机会，从而修德明理，终至成仁成圣之境界。

"绥之斯来"讲述的是"抚民"之道。所谓"抚民"主要是在物质上和精神上安抚、安慰。孔子说"盖均无贫，和无寡，安无倾。夫如是，故远人不服，则修文德以来之。既来之，则安之。"（《季氏》）安抚百姓需从物质和精神两个方面着手。在物质方面，孔子提倡"富民"。他认为"百姓足，君孰与不足？百姓不足，君孰与足?"《（颜渊》）将百姓的利益置于为政者利益之前考虑，并将"足食"与"足兵""民信之"一起奉为为政的三大原则之一，所以安抚百姓的重要前提就是使民衣食无忧。在此基础上，孔子进一步强调从精神方面对百姓进行安抚。当统治者执行"均无贫，和无寡，安无倾"等举措后仍出现"远人不服"的情况时，便应该修文德来招揽他们，此乃精神安抚的方式。

"动之斯和"讲述的是"使民"之道。君王治理国家时，要求百姓尽心尽力地为其服务，这是必然的事情。但在这一过程中，并不是一味地要求依照在上者的个人意愿来行事，其中仍有一些必要的原则应该遵循。其一是"使民以时"。（《学而》）"时"指农时。上位者必须考虑到人民所能负担的程度，使民当于农隙，以不妨其生业为前提。这种做法既能保证有效运用民力，解决国家相关的问题，又不会因为严重影响民众生计而激发社会矛盾。其二是"以惠养民，以义使民"。对于怎样做到"惠而不费"，孔子的主张是："因民之所利而利之"（《论语·尧曰》），即听任百姓去做他们自认为能够获利的事情，从而为自己谋得利益。他认为这样可使百姓靠自己的力量得到利益，统治者无所烦费，又不致引起抵制、反抗，还可从百姓产生的财利中分取一部分，一举得到几个方面的效果，所以孔子把"惠而不费"列为五美之首。"择可劳而劳之"可使民"劳而不怨"，管理者和管理对象皆能各取所需、从中受益。其三是"使民"的关键在于"使民如承大祭"《（颜渊）》，用与祭祀祖先同样的态度来对待"使民"问题。不存故意欺骗之心，未有任意妄为之举，郑重其事、恭敬认真方能使"民忘其劳"。

八、中庸之道

儒家思想所说的"中庸"并不是大家平时所理解的"平均主义"。中庸之道其实是一种朴素的辩证法思想。其所阐述的是不偏不倚、不走极端的处世之道——"执其两端而用其中"；蕴含解决事物矛盾的方法，体现了管理伦理中的适度管理原则。宋程颐认为："不偏之谓中""中者，天下之正道"。"中"是无过无不及、恰到好处的"度"和"平衡点"，是古来历圣相传的治道。"和"表示和顺、和谐、有序。《中庸》指出："喜怒哀乐之未发，谓之中，发而皆中节，谓之和。中也者，天下之大本也，和也者，天下之达道也；致中和，天地位焉，万物育焉。"这里指出：中是天下事理的本体，和是天下万物的通行之路；如果能够达到"中和"境界，则天地也会各得正位，万物也会和谐生长。北宋司马光说："夫中和者，大者天地，中者帝王，下者匹夫，细者昆虫草木，皆不可须臾离也。""君子守中和之心，养中和之气，既得其乐，又得其寿，夫复何求哉？"因此，管理要以"中"为本，坚持中道管理，同时以和为贵，和而不同，要具有中和思维。《人物志·九征》指出："人之质量，中和最贵"。中和思维是管理者的最高管理智慧。

《中庸》说："万物并育而不相害，道并行而不相悖。""中庸"是一种管理思想方法，讲究"不偏不倚""执两用中""适量守度"。其基本精神是通过折中调和的手段，达到消融管理矛盾、避免管理冲突、稳定管理秩序的目的。众生在和平融洽的良好气氛中，各尽所能；在上者应努力克服自己过分的专横暴虐，以换取在下者的感戴拥护，在下者则应恭谨勤勉，以赢得在上者的关怀爱护，这样就可以上下各得其所。这种温和内敛不仅反映在人与社会的关系中，同时也反映在对人与自然关系的认识上。

任何矛盾都有两个对立面，但两个对立面之间又是相互联系、相互统一的。解决矛盾就是把矛盾的两个对立面中正确的东西提炼出来，并将其融合在一起，使事情得到一个较为圆满的解决方式。对管理者而言，就是认识问题和处理问题要注重度的把握，主张不偏不倚，行权执中，与时屈伸，刚柔相济，不偏听偏言，也不搞折中和放弃原则，以社会利益为重，高瞻远瞩、全面观察。在中国现代管理中，人"和"精神是一项基本的管理思想，要求贵"和"持"中"。因此，解决矛盾，还要善于平衡表面上不相容或相互抵触的失误，把握矛盾的各个方面，从而化解矛盾，减少冲突，包容一切，坚持中庸，以达到社会的和谐稳定。"中庸管理"主要分三个方面：其一，从整体发展看，既要安人，又要安己。在经营状况良好时，企业要积极为社会多作贡献，感恩于社会；在经营不善时，要从实际情况出发，具体问题具体分析，改善运营以及创新行为。其二，从具体管理看，管理者要保持刚性与柔性的平衡，要保持集权与分权的平衡，要保持事前控制、事中控制与事后控制的平衡，要保持长期战略与短期规划的平衡。其三，从管理文化看，管理者要注重权威与德化的平衡，维系权利的长久性。

> **阅读材料**

汇通汇利用《弟子规》改造企业①

1. 公司简介

北京汇通汇利技术开发有限公司是一家集进口和国产壁挂炉的技术研发、方

---

① 根据刘勇：《弟子规式领导行为及其运行机制研究》，东北财经大学博士论文，2015 年；刘碧珠：《从汇通汇利公司的实践看弟子规在企业管理中的应用》，中山大学博士论文，2010 年改编而成。

案设计、销售、设备安装调试、售后服务为一体的专业化公司，是北京最早开展壁挂炉业务的公司。多年来，公司以严谨的态度、负责的精神，先后与多家国外品牌合作，并依靠强大的销售网络、良好的服务质量，赢得市场的认同。公司以"弟子规"为企业文化的基础，以孝道、仁爱为道德核心，培养员工的责任、正直、坚忍、明礼、诚信的素质。公司员工将以感恩之情、仁爱之心对待每一位用户，以诚实守信，娴熟技艺服务于每一位用户。

2. 公司组织结构

北京汇通汇利技术开发有限公司成立于 1997 年，随着改革开放和中国经济的不断发展，公司业务规模和经济实力也与日俱增。尤其是从 2007 年开始，汇通汇利引入《弟子规》，在企业文化和管理模式上进行了《弟子规》式的改革，从而带动了企业各项经营指标的不断改善。作为一家壁挂炉的销售代理公司，汇通汇利为了更好地服务客户，满足市场的需求，在公司内部最初设置了人事行政部、合同执行部、工程技术部、材料部、销售部、客服部、维修部和财务部八个部门。但董事长胡小林深知学习《弟子规》，落实传统文化，首先应该做到的就是"舍得"和"放下"，企业有责任资助有困难的员工和客户。于是，汇通汇利成立了"爱心基金"，并将原来的"人事行政部"改名为"爱心部"，负责"爱心基金"的管理，帮助那些有困难的员工。同时，汇通汇利遇到家庭经济困难的客户难以支付维修费用时，经常免费为其检修，并将"维修部"改名为"舍得部"，以便更好地落实《弟子规》教诲。

3. 《弟子规》式的企业文化

《弟子规》，原名《训蒙文》，由清朝康熙年间的秀才李毓秀所著，全文 360 句，共 1080 字，记录了孔子的 108 项言行，列述了弟子在家、出外、待人、接物与学习上应遵守的行为准则，是教育孩子的启蒙读物。《弟子规》全文三字一句，共分为"入则孝、出则弟、谨、信、泛爱众、亲仁、余力学文"七个部分，集中了孔孟思想的道德精华，是传授中华伦理道德教育的必读之物。现如今，已有较多的华人企业家将《弟子规》应用到企业管理之中，遵循"孝义"之美德，时常感恩并反思自我，在企业落实"以人为本"的儒商管理之道，不仅传承了中国传统文化，也在企业绩效上取得不可思议的成绩。汇通汇利的企业文化，实质上就是《弟子规》式儒商文化，这是企业长久以来遵循中国传统文化以及《弟子规》教诲所形成的，归结起来就是将《弟子规》所传授的、符合中国传统道德标准的思想及行为规范渗透到企业中，汇通汇利弟子规式企业文化的建设，同样遵循霍夫斯坦特所提出的企业文化物质、行为、制度、精神层次论。首先，汇通汇利以《弟子规》中的"谨"篇来建设物质层面和行为层面的企业文化。胡小林于2007年开始引进弟子规文化,并在企业内部印发大量的《弟子规》文刊,供员工阅读学习,并要求员工在行为细则中落实《弟子规》,以"冠必正,纽必结""置冠服,有定位""衣贵洁,不贵华"……来落实物质层面的约束,以"步从容,立端正""事勿忙,忙多错""勿畏难,勿轻略""用人物,须明求"……来落实行为层面的文化建设。其次,汇通汇利以"将加人,先问己,己不欲,则速已"的原则来建设制度层面的文化。胡小林将企业的管理制度、规章流程都做到了《弟子规》化,就是规定企业员工在面对问题时首先要以"将加人,先问己,己不欲,则速已"的原则反思自己,凡是符合《弟子规》教训的我们就可以去做,而有悖于《弟子规》要求的都要规避。最后,汇通汇利精神层面文化建设则是以《弟子规》全篇和我国传统文化作为指导,形成了"凡是人,皆须爱,天同覆,地同载""凡出言,信为先,诈与妄,奚可焉""凡取与,贵分晓,与宜多,取宜少""能亲仁,无限好,德日进,过日少"的"孝悌谨信、爱众亲仁、余力学文"的《弟子规》精神。

4. 落实《弟子规》后

第一,汇通汇利《弟子规》文化的建设卓有成效。胡小林先生于2007年带领企业学习落实《弟子规》,实施"以人为本"的儒家管理思想,建立了以《弟子规》为基础的企业文化以孝道、仁爱为道德核心,培养了员工的明礼、正直、诚信、责任、坚忍的品质,树立了"孝悌谨信、爱众亲仁、余力学文"的价值观和行为准则。公司员工能以感恩之情、仁爱之心对待每一位客户,以诚实守信的态度、娴熟的技艺服务于每一位客户,展示汇通汇利"取法圣贤,送暖当代"的企业宗旨。第二,汇通汇利在实施《弟子规》管理后,企业绩效发生了质的变化。根据胡小林先生的讲座得知,汇通汇利壁挂炉的销售量由2006年的2.5万台增长到2009年的3.7万台,销售额也增长了36.1%,然而其行政管理成本却下降了46%,这样的业绩是同行业中其他企业所做不到的。同时,汇通汇利也塑造了良好的社会口碑,获得了政府、客户的较多赞誉。此外,能够反映企业经营绩效的非经济性指标也因《弟子规》的落实而大大改善,比如企业人际关系更加和谐、员工满意度更高、身心更加健康等。第三,汇通汇利和胡小林先生的社会影响较大。胡小林先生从2007年开始学习并落实《弟子规》,并于次年开始在中国、马来西亚、新加坡举行各种形式的演讲,以企业和自身为案例,传播《弟子规》文化和《弟子规》管理的重要性,在华人圈内形成巨大影响。

5. 故事一则：烟管事件

壁挂炉销售时，一般带有一些配件：一件 90 度的弯头、一件 1 米长的烟管、四根波纹管。北京汇通汇利公司与客户商谈和签订合同时，称这些配件为标准配件，并设有详细注明规格。而事实上就烟管规格，双方往往会有两个不同的"标准"。安装烟管的位置和壁挂炉挂的位置总共超过一米长。烟管伸不出墙，客户就得追加烟管，这截烟管费用就得要 150 元。以装 5000 台壁挂炉计算，客户要为烟管需多支付 40 万元左右的费用。

在洽谈业务时，北京汇通汇利公司的销售员为了能顺便把生意谈下来，能不说就不说。这样在执行合同时，北京汇通汇利公司还能额外多赚几十万的烟管费。尽管客户对此十分不满，相关跟进工作的工程师和工程部经理也因重新申请预算受到公司批评并扣奖金，预算部、合同执行部、工程部、安装部也同样会受到影响。

直到在一次招标中，招标负责人就因为曾为增加烟管一事吃过亏，拒绝与北京汇通汇利公司合作。那家公司招标几千台壁挂炉，以北京汇通汇利公司一台炉子毛利 1000 元算，这笔生意毛利就有几百万元了。然而，北京汇通汇利公司就因为当初那 40 万元烟管追加费（毛利只有一半左右，即 20 万元），失去了现在的大生意。10 倍的损失呀！

公司落实《弟子规》后，总经理胡小林与销售员深刻反省烟管事件的做事方法。《弟子规》说："凡出言，信为先，诈与妄，奚可焉""事非宜，勿轻诺，苟轻诺，进退错"，如果能早日认识到《弟子规》，他们就不会犯这种愚昧的错误！"过能改，归于无"，胡小林决定带领公司纠正以往的错误。他主要着手做两个方面的工作：

第一，提高合同质量，签合同前把客户未预见到的容易在工程中出现的问题说清楚。第二，做设计院的工作，说服他们把安装壁挂炉的位置从 1.5 米改为 0.5 米。

开始进展这些工作时，北京汇通汇利公司遇到很大的困难，在与客户沟通合同细节时，销售员非常担心会丢去生意。在跟进设计院工作时，虽然修改一个数字是举手之劳，但要说服他们，北京汇通汇利公司做了很多的工作。

胡小林万万想不到的是，因为合同质量提高了，客户对他们的信任度和生意额也有所提高；因为做了设计院的工作，投标的时候北京汇通汇利公司就可以先入为主，因为设计院的设计是依据北京汇通汇利公司的炉子规格来定的。

第三节　中国道家伦理思想

一、阴阳合德

《周易》认为整个客观世界由阴阳两大势力组成，处于普遍的联系之中，是个一体化的大系统，表现为大化流行的动态过程，生生不已，变化日新，其内在的动力机制则是阴与阳的协调并济，相辅相成。阳之性为刚健，阴之性为柔顺，阳之功能为创生，阴之功能为成全，阳居于领导地位，阴居于从属地位；此二者的关系，既对立，又统一，相互依存，彼此感应，由此而形成"天地交泰"（《泰·象传》），这就是宇宙的和谐，自然的和谐。人类可以推天道以明人事，顺应自然界的和谐规律来参赞天地的化育，促进事物的发展，并且谋划一种和谐的、自由的、舒畅的社会发展前景，使得社会领域的人际关系能够像天地万物那样调适畅达，各得其所。中国文化在人与自然关系上主张"天人合一"，主张人与自然的和谐与统一，人与天地可以"合其德"，即所谓人出于自然，以天地为父母，以万物为朋友，其气可以与天地相通。从而把人伦观念贯穿到了天地的万物之中。这种管理思维方法在古代中国管理行为中曾经促进主体在很大程度上实现自我协调、天人协调和人我协调。

《易·序卦传》说："盈天地之间者唯万物"；《系辞传》又说万物皆"阴阳合德而刚柔有体"，即万物都由阴阳合德而生。所以"一阴一阳之谓道"（《系辞传上》），而阴阳之道的变化是有规律的："日往则月来，月往则日来，日月相推而明生焉"；"寒往则暑来，暑往则寒来，寒暑相推而岁成焉"（《系辞传上》）。日月往来、寒暑交替就是自然界阴阳的运动规律。《易·乾卦》卦辞所云："乾，元、亨、利、贞。"《子夏传》释为"始、通、和、正"；古人又释为"春、夏、秋、冬"。元为春，万物始生；亨为夏，万物亨通；利为秋，万物和成；贞为冬，万物收藏，表达的是自然界的运动规律。《说卦传》还运用八卦及其代表的方位进一步阐释四季变化规律说：乾之元气至春分始震，震是东方之卦，万物开始生长；巽是东南之卦，是立夏，其时万物生长一片洁齐；离是南方之卦，是夏至，其时万物包括飞、潜、动、植都出现了；坤是西南之卦，是立秋，坤为大地，万物立秋时赖大地养成；兑为西方之卦，是秋分，万物成熟，一片欢悦；乾为西北之卦，是立冬，其时寒暖交替，阴阳二气相搏；坎为北方之卦，是冬至，其时万物归藏，唯水在流动；艮是东北之卦，是立春，其时旧的发展过程已经结束，故曰"成终"，但春风吹动，新的发展过程又将开始，故曰"成始"。艮是万物成终成始之卦。在《周易》看来，一年四季的时间与空间运动都是和谐有序的，万物在时空中生长、茂盛、成熟、收敛，年复一年也是和谐有序的。自然界的和谐发展过程是生生不息的，故曰"生生之谓易"。

在《周易》里，"阴阳之道""君子之道"与"生生之道"（易道）完全合一了。阴阳相交相合的关系在太极图中表现得更为直观，阴阳没有明显的界线，而是自然地相互融合，并以流畅的曲线表现出内在贯通和相互吸引、相互转化的趋势。阴阳之间不存在截然对立和以吃掉对方来实现自身飞跃的内在矛盾，而是显现出一种基于平等的根本差异。唯其平等和差异才使双方从根本上相互需要、内在亲和，构造出生生不息的生存态势。所以管理行为是要建立在阴阳和合、天人合一的基础上而不是建立在主客分离的基础上。也就是说控制是一种自然的、系统的、和谐的控制，而不是外力的强行干预、一种刻意的控制。这样的控制必然是深得人心的控制。管理者所处的管理环境无时无刻不处在变化之中，所以要在管理过程中认识变化、驾驭变化，最重要的是把握变化的规律，然后应用于管理实践。这种以变应变，面对变化的内外环境，采取最适宜的管理方法，以取得最佳的管理效果的权变观点，恰是与现代系统理论、权变理论相一致的。

二、道法自然

"道"是道家哲学思想的核心概念，"道"的哲学是道家哲学思想的核心部分。"道"即规律。它主要包括三个基本方面：一是本根之道，即"道"是天地万物的总根源和构成天地万物最原始的混沌未分的始基或材料；二是法则之道，也就是把"道"看作自然界的内在秩序和必然性，具有客观法则和规律的意义；三是无为之道，表明"道"的特性是自然无为的。"道"的自然性指"道"产生天地万物是自然而然、自己如此的一种状态，它以自身为根据，自己决定自己的存在、运动和变化，所以"道"的存在、运动、变化也就自然而然不是任何人为活动所能左右的。

老子认为"道"是宇宙的本体，是宇宙间一切事物由以形成的最终根源。在老子看来，"道"的运动和"道"生万物，都不是有意识的而是自然而然的。"自然"是"道"的根本品格和属性。所以，人类对于"道"应持"道法自然"

的态度，即必须严格遵循"道"的自然法则。《老子》第二十五章曰："人法地，地法天，天法道，道法自然。"《老子》一书中的"道"，含义比较复杂，一般区分为"实体"或"规律"两种。但"道法自然"中的"道"，显然是指人类社会运行的客观规律。道法自然也就是说，人们必须按照自然规律办事，以"自然"为法，而不要把自己的意志强加给自然界。从管理的角度讲，就要求管理者必须遵循社会管理的客观规律，一切都顺其自然，才能取得良好的管理效果。这里所谓"自然"，并不是指存在于人之外的自然界。它有三层含义：一是指"道"及由它派生的宇宙万物的"本体如此""本性如此""自然而然"的天然或天赋的自然状况；二是指"道"和宇宙万物的"天性"或"真性"；三是指"道"和宇宙万物因其自然本性而具有的存在形式与运作方式。这是"道"和万物的最根本的法则，宇宙间的任何事物都必须受到这一宇宙法则的制约。道法自然也体现《老子》重视人的生命价值和人格的尊严。"故道大，天大，地大，人亦大。域中有四大，而人居其一焉。"老子把人置于与道、天、地同等的地位，并认为对于一个国家来说，外在显赫的名声与构成这个国家的实体的全体人民生命相比，人民的生命更为重要；一个国家所拥有的物质财富与人民的生命相比，人民的生命更加珍贵。换句话说，人民的生命价值高于一切，与人民的生命相比，外在的名声与物质财富都是次要的。而且如果用人民的自由与幸福换取国家财富的增加和声誉的提高是不足取的、有害的。"名与身孰亲？身与货孰多？得与亡孰病？""欲先民，必以其身后之。"老子说："圣人常无心，以百姓之心为心。"圣人能始终如一地超越片面的有限的个人意识与意志而达于普遍无限的世界意识与意志，因为他总是以人民这一世界历史主体的意志为意志，将个人的意识和意志与整个世界的意识和意志融为一体，正所谓"圣人在天下，歙歙焉，为天下浑其心。"

三、无为而治

《老子》的行为管理原则是"无为"。无，许慎《说文解字》说"天屈西北曰无"。即"无"是"天"的"别意"，与天在意义上相通。"无"是贯彻《老子》一书的一个极其重要的概念，《老子》的"无"的概念，是无极，即世界的整体，作为动词是指超越具体的有限性而达到无极、达到宇宙整体，使具体融入宇宙整体，具体是宇宙整体的具体。可以说，《老子》"无"的概念就是哲学的认识论意义上的否定与超越的概念。《老子》"无为"的管理思想就是宇宙整体的管理思想。无为具有两层意思：一层意思是指，无极之为即世界整体的活动或世界之道的普遍无限和绝对永恒的自然活动，在这种活动中"有"的活动完全是被支配被决定的。因此，老子主张"无为"，就是主张人类个体服从世界整体的力量、服从作为世界整体的全部历史必然性的道的力量，个体违背这种力量，就是违背自然、违背世界，并从而失去自然失去世界、失去安身立命之所，这样个体将陷入一种毫无意义的、毫无价值的、完全孤寂的、无依无靠的状态之中，陷入与世界分离与对立的、渺小的、不自量力的荒诞状态之中。另一层意思是否定或超越个体片面有限的以自我为出发点、以自我为目的的活动，而这种否定或超越个体片面有限的以自我为出发点、以自我为目的的活动，也就是达到普遍无限的世界整体的并以世界整体为出发点，以世界整体为目的的活动，只有这种活动才是合乎自然、合乎道德、合乎个体存在的世界本质的活动。

老子认为"我无为而民自化；我好静而民自正；我无事而民自富；我无欲而民自朴"，强调无为才能无不为，所以无为而治并不是什么也不做，而是要靠万民自我实现无为无不为，靠万民的自治实现无治无不治。无为而治，是顺应自然变化不妄为而使天下得到治理。无为其实就是无主观判断的作为，无人为之为，是一切遵循客观规律的行为。无为，就是积极合理地顺应自然科学的作为。要"顺天之时，得人之心"，而不违反"天时、地性、人意"，不要凭主观愿望和想象行事。无为，不是不为、没有作为、无所事事，而是主张为人、处世乃至治国、兴邦、治世要顺其自然的基本原则。对领导而言，无为有四层含义。第一，不折腾。领导瞎折腾会让下属无所适从，今天一个会战，明天一个运动，没有了稳定长远的预期就很难安心做好当前的事情。汉文帝抚民以静才有了文景之治的盛世局面；当年我们坚持联产承包责任制30年不改变，才有了今天的全面建成小康社会；坚持社会主义初级阶段路线一百年不动摇，才有了今天中华民族的经济成就；如此等等，这就是"我好静而民自正"的道理，就是要形成长远的预期，不折腾。第二，成人之美。作为领导，一定要不断反思：因为你的存在，让别人得到了什么？领导要舍得把鲜花和掌声让给下属，自己甘当绿叶，去扶持和发展别人。如果发展和成就下属，组织成员个个有为，那结果不就是"无不为"吗？一枝独秀不是春，百花齐放春满园。发展下属是领导的职责所在。第三，功成弗居。"万物作焉而不辞，生而不有，为而不恃，功成而不居。夫唯不居，是以不去。"当领导要有些功成弗居的气度，"不自伐，故有功"，功劳是让别人说的，自己居功自傲，自我表彰，反而显得没有功劳了。第四，功成身退。"功成、事遂、身退，天之道。"不管是大领导还是普通人，要时刻提醒自己急流勇退，急流勇退谓之知机。"江山代有才人出，各领风骚数百年"，这是豪杰雄才，有后世数百年的影响。对我们普通百姓而言，运气所致当上领导，能做个三五年就不错了。适时退下来，留给别人一个回忆的背影，不也是人生的一大快事吗？

四、上善若水

"水"是老子之学的主体特征之一，"上善若水，故几于道"，水集"道"的所有特征于一身。老子将具备天性物性的"水"，与人的心灵相结合，提出了人在宇宙中的位置问题，包含了作为人类行为准则的处世之道。

老子用水性来比喻上德的人格，他认为水是天地间最有善性、最有道德的事物。在老子看来，水最显著的特性和作用：一是柔；二是愿意停留在卑下的地方；三是滋润万物而不相争。水是一切生命之源，给万物以利益。水之所以善利万物，是因为它本身是流动的、运动的、功成不居的，所以能成全万物。最完善的人格也应该具有这样的心态与行为。"上善若水"，这是老子的人生态度，也是老子所倡导的处世哲学。其实，这也是几千年来中国人修身的最高哲学准则，在中国历史上，有多少被喻为成功人士的名臣良相其实都是"上善若水"处世之道的忠实执行者。现在，大到治理国家，小到实现公司文化和谐共融，都应该向"上善若水"的精神学习，植入"水"的精神。

老子提出"上善若水"这个观点后，又明确提出"水"的七条准则：居善地，心善渊，与善仁，言善信，政善治，事善能，动善时。这七条准则是从水的七种特性引申出来的，是谓"七善"。

居善地。水具有"居善地"的特性，是说水流善下而不居于高处，提示我们为人处世也应该学习水谦下自处的风格，要保持低姿态，定好位。在管理上也是如此，要平和低调，以理服人，而不是以权压人。处于劣势的水一旦遇到顽石，也会绕道而行，不会与强者硬拼，以柔克刚，反而顺利通过。处众人所不愿处的恶劣处境，更多的是一种品格，那就是坚持。

心善渊。老子说"渊兮似万物之宗"，将"渊"用来形容"道"的概念。"心善渊"就是指人要像水那样深沉宁静，抛弃过多的物欲约束，顺应自然，眼光深远。古之成大事者，都有赖于这种大度的胸襟。"心善渊"，既是个心胸度量的问题，也是个学问知识的问题。老子强调"江海为百谷王"，就是告诉我们心胸要像江海一样博大容物，海纳百川。

与善仁。"与善仁"，就是要以慈爱之心去待人接物，真心为他人着想，仁义为先。老子认为，水滋润万物却不求回报，正是这种精神，才成就了自己的伟大。我们为人处世也要学习水仁慈柔和的美德。要真诚地待人接物，真心地关心别人、帮助别人，不奢求任何回报，要有仁义之心，仁义为先。

言善信。水自上而下顺势流淌，潮起潮落总有规律，这就是"信"。做人，也要像水一样，诚信无伪。一个讲信用的人，必须言行一致，表里如一。企业也是如此，对待员工要讲信义，这才是企业生存的长久之道。《道德经》中多处谈到"信"的问题。"信不足焉有不信焉"，"信者，吾信之，不信者，吾亦信之：德性"。为人诚信不足，就不会有人信任他；反之，则能得到人们的信任。管理上最大的许诺就是诚信，"夫轻诺必寡信"，即轻易许诺别人的要求，势必很少遵守信约。"信言不美，美言不信"就是要人们警惕漂亮的话语并不真实，诚实的言谈未必漂亮。

政善治。做企业要善于管理，管理上要学习水约束自己的品质，这就是所谓的政通人和。水是善于约束和委屈自己的最佳物质，当它散落于四方时，它被地球上所有的生命利用而毫不吝惜；当它汇集起来之后，虽然具有了排山倒海之势，却仍然沿着固定的道路而行，对任何生命都不构成威胁。老子希望人们能够效法水的品质，以约束和调整自己，来适应自然。

事善能。"事善能"就是要学习水方圆有致的修为。水具有柔弱的形体，能方能圆，无所不及。老子借助水的本性告诫我们，做事要能上能下，讲究原则与方法。一个人如果只"方"不"圆"，那就太刚易折；反之，又会成为过于圆滑的"墙头草"，"方圆有致"才是智慧与通达的成功之道。老子强调要有办事的技巧，他说："图难于易，为大于细。"他又强调"企者不立"（踮起脚来站，就站不稳）、"跨者不行"（两步当作一步走，就走不远）的道理，认为做事必须按部就班，不能急躁。

动善时。水是非常典型的随自然而变的物种，用现在的话来说是与时俱进。"动善时"就是要善于抓住时机，适时而动。老子说："其安易持，其未兆易谋。其脆易泮，其微易散。为之于未有，治之于未乱。"意思就是说，事情在稳定时容易维持，在还没有出现变化时容易对付，在脆弱的时候容易分解，在微小时容易消除。因此，我们要见微知著，在事情还没发生变化时就把它做好。在企业经营时，领导者也应该学习利用"动善时"的观点，当条件不成熟时不勉强去做，条件成熟了顺其自然去做，正确把握周围的环境与条件，努力寻找天时、地利和人和的交汇点。

第四节　中国法家伦理思想

一、法、势、术

法家思想的中心是尚"法"，用"赏、罚"的结构面来治理国家。韩非子有云："书约而弟子辩，法省而民萌讼。是以圣人之书必著论，明主之法必详事。尽思虑，揣得失，智者之所难也。无思无虑，挈前言而责后功，愚者之所易也。明主虑愚者之所易，不责智者之所难，故智虑不用而国治也。"（《韩非子·八说》）意为表达一切以法为标准，不必依赖个人的智能和知识来逐一判断，则中智之人也可以操作，不必像儒家那样待贤而治。法家主张"法不阿贵"，不论贵贱，一切以法为标准，也不必有任何争论。法家强调"法者，国之权衡也。……法令者民之命也，而治之本也。……以法治国，则举措出已"。在法家看来，法之所以重要，是由于它具有"定分止争""兴功禁暴"的作用，以顺应和利用人们的名利之心来争取民心，"利之所在民归之"，化私为公，把人的自私心、自为心引导到国家最迫切的任务上，为生产服务，为国富民强效力，立意于以利趋义。圣明的君主应该明确地进行赏罚管理，这样百姓就会踊跃建功立业，时间长了，百姓们会习惯、认同法治，奸邪自然会被禁止。在管理实践中，首要之事应建立企业之"法"，最基本的是要建立管理流程和规章制度。

法家认为，君王能够统治国家的首要原因并不在于其能力强、品德高，而是由于拥有"势"而位尊权重，舍此，必将功不立、名不遂。把"势"看作统治者相对于被统治者所拥有的优势或特权，"柄"是具体而有形地掌握下属命运的生杀大权，"势"则是有形的权所产生的无形的影响力。君势是借助权力之威依照法的规范来发挥，使得法有效执行，而不能任由君主私意发挥，这就是所谓的"抱法处势"。韩非强调必须集中一切权力于君主一身，并言："臣重之实，擅主也。有擅主之臣，则君令不下究，臣情不上通。一人之力能隔君臣之间，使善败不闻，祸福不通，故有不葬之患也。""国之利器不可以示人。"韩非认为，把法治和权势很好地结合起来，就可以将国家治理得有声有色；如果背离法度，丢弃权势，就会天下大乱。一个理想的、足以控制局面的控制系统，其中必须有一个能决定和支配整个系统的控制中心，设立这样一个有控制中心的控制系统，是实现对组织有效控制的根本条件。

"术"本义为方法、手段、策略等，韩非对"术"做了如下界定："术者，因任而授官，循名而责实，操生杀之柄，课群臣之能者也，此人主之所执也。"这里的含义主要指着眼于对下属的有效制衡，以暗藏不露的机智方法考察下属、以设计精巧的手段制约下属的一系列方法之和。术治就是驾驭群臣、拿捏政权、推行法令的策略和手段，主要目的是察觉、防止、铲除犯上作乱者，维护君主地位。对"术"的滥用才会造成"术"的黑暗或者堕落，"术"的黑暗与堕落是因为君主的黑暗与堕落，在于用错了方法。韩非强调："术者，藏之于胸中，以偶众端而潜御群臣者也。故法莫如显，而术不欲见。"综合韩非的诸多论述，"术"有以下四个特点：其一，术的对象只是官吏，不同于法的对象是民众及官吏；其二，用术的前提是不信任，越亲近的人越不能信任；其三，术由君主独操，不能与他人共享；其四，用术要隐蔽，不能让他人知道。君主之患在于信人，信人则受制于人，所以用术之时不能暴露自己行动和思想的端倪，要"函掩其迹，匿其端，下不能原。去其智，绝其能，下不能意"。

二、好利恶害

韩非把人的本性概括为"好利恶害"。他认为，人们的一切社会活动都有其谋私的动机和目的，"好利恶害，夫人之所有也。"（《韩非子·难二》）"夫安利者就之，危害者去之，此人之情也。"（《韩非子·奸劫弑臣》）他认为人的"好利恶害"的本性是由人的生存境遇决定的，"人无毛羽，不衣则不犯寒。上不属天，而下不著地，以肠胃为根本，不食则不能活。是以不免于欲利之心。"（《韩非子·解老》）所以"好利恶害"是人之常情。韩非从人类社会生活中列举了大量的事例来说明人性是自私的，甚至认为世界上根本就没有存心做好事的人，即使有人做一点儿好事，也完全是为了沽名钓誉，如果把这些人放到无人看管的地方，他们也可能去偷窃。政治关系是一种利益关系，集中表现在君臣之间是买卖关系、虎狼关系。"臣尽死力以与君市，君垂爵禄以与臣市。"（《难一》）因此，人与人之间完全是相互利用的利益关系，人总是计利而行的。韩非在好利恶害的人性论基础上构建了一个君、官、民三极对立的社会模型。在这一模型中，君、官、民是三个相互联系但彼此有着独立利益的实体。君处于核心的地位，官是君的协助者，但同时又怀揣着私利，觊觎着君位，民则是君和官利用、治理的对象。君必须掌握权术才能免于被臣下也就是朝廷大小官员欺骗；官施君令于民，为君取民利使民力，故官民关系必然处于紧张状态：民则追求利益逃避害恶，所以君只有根据民的这种本性制定适当的政策才能使国家安定，才能达到既定的目的。韩非认为，要使政治力量对立的双方达到一致与和谐，从而实现社会政治局面的稳定和安定，只有以对抗的斗争形式才能完成，任何宽柔政策、平衡折中的方法都是行不通的。

三、赏信罚必

在法家看来，国家之所以会混乱，往往并不是由于国家没有法，而是法律得不到充分的贯彻实施。法律得不到贯彻，就是赏不"信"，罚不"必"。赏不"信"，人们就会放弃国家所奖励去做的事情；罚不"必"，则奸臣会欺骗君主，民众将不再畏惧刑罚，君令也将不被贯彻执行。所以君主施政，应该保证法律的充分贯彻，不应当因为当事人的亲疏贵贱而偷赏赦罚，要不断地积累小信用，从而树立国君、法的大信用。赏信罚必是指应该得到赏赐的人都要保证他们得到赏赐，应该受到刑罚处罚的人都要让他们受到处罚。赏信罚必有利于累积君主的威望。"故赏厚而信，刑重而必，不失疏远，不违亲近，故臣不蔽主，而下不欺上。"（《商君书·修权第十四》）"明必死之路者，严刑罚也；开必得之门也，信庆赏也"（《管子·牧民》）。"小信成则大信立，故明主积于信。赏罚不信，则禁令不行"（《韩非子·外储说左上第三十二》）。"故明君无偷赏，无赦罚。赏偷，则功臣堕其业；赦罚，则奸臣易为非。是故诚有功，则虽疏贱必赏；诚有过，则虽近爱必诛。疏贱必赏，近爱必诛，则疏贱者不怠，而近爱者不骄也。"（《韩非子·主道第五》）"故安国在于尊君，尊君在于行令，行令在于严罚。罚严令行，则百吏皆恐：罚不严，令不行，则百吏皆喜。故明君察于治民之本，本莫要于令。故曰：亏令则死，益令则死，不行令则死，留令则死，不从令则死。五者死而无赦，唯令是视。故曰：令重而下恐。"（《管子·重令第十五》）

四、治吏不治民

韩非清晰地意识到，君主个人的力量和智慧都是有限的，一个人的力量不能胜过众人的力量，一个人有限的智虑不能穷尽万事万物，一个人的精力无论有多旺盛，他的管理幅度也是有限的。君主治理国家，不可能，也没有必要亲自去管理所有的百姓，亲力亲为去处理细小的事情。韩非说："力不敌众，智不尽物，与其用一人，不如用一国。"怎样才能"用一国"呢？韩非比喻道：善于捕鱼的人，只要把渔网上的钢索展开，渔网上的网眼自然张开，这就叫"纲举目张"。官吏是治理人民的，相当于渔网上的钢索，贤明的君主只要治理好官吏，就不必劳神去治理人民。所以，他提出的治国总原则就是"明主治吏不治民"，并把能否发挥臣下的聪明才智作为划分君主愚贤等级的标准——"下君尽己之能，中君尽人之力，上君尽人之智"。

管仲更有针对性地将以上观点概括为："明主不用其智，而用圣人之智；不用其力，而用众人之力。"这里，我们可以清晰地分辨出管理的三个层次：第一个层次是"尽己之能"，第二个层次是"尽人之力"，第三个层次是"尽人之智"。在《韩非子·主道》中韩非说："明君之道，使智者尽其虑，而君因以断事，故君不穷于智；贤者敕（施展）其材，君因而任之，故君不穷于能；有功则君有其贤，有过则臣任其罪，故君不穷于名。是故不贤而为贤者师，不智而为智者正。臣有其劳，君有其功，此之谓贤主之经也。"韩非在管理上的理论目标是设计出一套有效的管理方法，让那些"不贤""不智"的君主也能够驱使智者尽其虑，贤者尽其才。

五、因静无为

申不害说："古之王者，其所为小，其所因多。因者，君术也；为者，臣道也。为则扰矣，因则静矣。""因"就是顺应规律，"静"就是无为。"因事之理，则不劳而成"，此即为君者因静无为之原则。韩非在《韩非子·主道》中说：道是万物的本体、是非的准则，英明的君主把握本源来了解万物的起源，研究准则来了解成败的起因，所以虚静以待，让事物的名称依自然而定，让事情根据自然规律发展。虚心就能知道事情的真相，安静就能知道行动正确与否。臣下进言，自然表达自己的主张，臣下办事，自然表现出一定的成效。主张与成效相互验证，君主就可以无为而治，使事情呈现出自身本色。君主有智慧也不要思考，使万物处在各自适当的位置上；有贤能也不要施展，以便观察臣下言行背后的动因；有勇力也不逞威风，使群臣尽情发挥他们的勇武。所以，君主舍弃了机智才有神明，舍弃了贤能才有事功，舍弃了勇力才能强大。君主处在君位上，寂静得好像没在君主之位上一样，臣子们不知道君主在哪里，又好像无处不在，只能在下面诚惶诚恐、殚精竭虑地办事。由此可见，韩非的"因静无为"是要让君主无为，而让臣子们人人自为，无为是君德，有为是臣道。君主虽不亲力亲为，但必须准确全面地掌握值息，以知晓局势发展的进程；更重要的是，要洞察臣下的利益格局、利益分配、利益流动方向，即而知事、知人、知动向，无为而无不知，才能真正做到因静无为。

第五节 中国兵家伦理思想

一、修道保法

贯穿于《孙子兵法》全书的是谋略思想，而主导这一谋略思想的哲学基础就是"道"。《孙子兵法》在开篇《始计篇》中即开门见山地说："兵者，国之大事，死生之地，存亡之道，不可不察也。""道"就是"令民与上同意"，换言之，"道"即儒家仁政学说中强调的所谓"人和""得民之心"。孙子说："善用兵者，修道而保法，故能为胜败之政"。"修道保法"，就是修治用兵治国之道，确保必胜的法度，实际上也就是以人为本，实行"人道"。孙武认为战争的宗旨是"唯民是保"，他体认到"亡国不可以复存，死者不可以复生"，要求在战前慎重考虑，爱惜民生民财，对"带甲十万""日费千金"的战争要慎之又慎，要求"明君慎之，良将警之"（《火攻篇》），绝不可一时冲动，"怒而兴师""愠而致战"。因而把"兵不顿而利可全""不战而屈人之兵"（《谋攻篇》），即用最小的伤亡换取最大的胜利作为战争的最高目标。士兵的战斗力在很大程度上取决于他们与管理者的意愿是否一致，因为只有意愿一致，才能有效地调动被管理者的积极性、主动性。凝聚力大的群体，其成员的归属感强，群体内部人际关系和谐，气氛融洽，从而能显示出旺盛的活力和战斗力。得"道"之君主，民"可以与之死，可以与之生，而不畏危"（《计篇》）。使民众的意愿与国君的意愿相一致，在民众和国家利益受到侵害时，心甘情愿地去为之奋斗和牺牲。

二、五事七计

孙子曰："故经之以五事，校之以七计，而索其情。"即必须通过对决定胜负的五个基本因素的分析和决定战争胜败的七个基本条件的比较，来预测战争胜负的趋势。成功的经营战略也是如此。

　　"五事"分别是"道""天""地""将""法"。首先是"道"，然后一分为二是"天""地"；再把它合起来是"将"，再产生"法"。（1）用兵者要为"道"。"道者，令民与上同意也，可与之死，可与之生，民弗违一也"，意思是说国君施行仁政，以恩信道义爱抚民众，则民众便与国君上下一致，同心同德，可以为国君出生入死，而不违抗。（2）用兵者要知"天"。"天者，阴阳、寒暑、时制也"，意思是顺天时，因时制宜。从经营管理的角度来看，就是要抓住市场机遇，顺应市场的变化，特别是对消费者偏好的变化要敏感。（3）用兵者要知"地"。"地者，高下、远近、险易、广狭、死生也"，意思是说要知地利，因地制宜。从经营管理的角度来看，企业要熟悉和掌握市场需求、市场容量、市场竞争的变化情况，根据自身的情况选择经营策略。（4）用兵者要善于用"将"，要善于任用将领，选用将领的标准是"智、信、仁、勇、严"。从经营管理的角度来看，就是要做好用人决策，这五条用人标准对企业用人决策同样有借鉴价值。（5）用兵者要知法。"法者，曲制、官道、主用也"，曲制是指军队的组织编制及组织运行方式，官道指职责分工，主用指物资供应。从经营管理的角度来看，就是要规划设计企业的组织运作方式、指挥系统，明确岗位职责与分工、激励与惩罚，使物流畅通。

　　所谓"七计"，是指"主孰有道，将孰有能，天地孰得，法令孰行，兵众孰强，士卒孰练，赏罚孰明"。（1）"主孰有道"指领导要贤明。一个企业的领导一定要解放思想，转变观念，发扬民主，听取大家的意见，全心全意依靠大家。（2）"将孰有能"，指干部要有才能。一个企业不光要有好的领导，而且还要有一大批德才兼备的技术干部和管理干部，去贯彻执行领导制订的方针和政策。（3）"天地孰得"，指要把握环境的有利条件。一个企业要发展，就要有良好的环境。有了宽松的政治环境和优越的政策环境，还要及时抓住机遇，迅速发展。（4）"法令孰行"，指法规要执行。企业要管理好，必须严格贯彻企业的各种标准和规章制度，做到有令则行，有禁则止，有法必依，违法必究。（5）"兵众孰强"，指具有一定实力。企业要有实力，必须形成一定的规模，要有一定的人力、物力和财力。企业有了实力，才有竞争能力。（6）"士卒孰练"，指队伍要有训练。企业有高素质的职工，才能生产高质量的产品。为了提高职工的素质，就要经常对职工进行培训和教育。（7）"赏罚孰明"，指奖罚要严明。当前许多企业缺乏活力，其中很重要的原因，就是奖罚不公平，没有章法。

三、知己知彼，百战不殆

《孙子兵法·谋攻篇》中说："知己知彼，百战不殆；不知彼而知己，一胜一负；不知彼，不知己，每战必殆。"意思是说，在军事纷争中，既了解敌人，又了解自己，百战都不会失败；不了解敌人而只了解自己，胜败的可能性各半；既不了解敌人，又不了解自己，那只有每战必败的份儿了。"知己知彼"是企业制定科学决策的前提，它要求企业的领导者全面了解和掌握企业自身、竞争对手、顾客用户以及市场环境等方面的信息。只有对"彼"和"己"的各个方面、各个环节都了如指掌，才能扬长避短，提高决策的自觉性，减少盲目性，使企业沿着正确的轨道顺利前进。用"知己知彼"思想指导企业决策，必须做到以下三点：首先，必须客观地了解企业自身。企业必须正确估计自己的实力，了解自身的优势和劣势，在竞争中扬长避短，把自己有限的资源用在最能发挥作用的地方。其次，必须认真分析竞争对手。唯有全面分析和了解企业的竞争对手，才能"以己之长，攻人之短"，取得竞争的主动权。企业领导者必须加强对竞争对手的调查研究，把对方的每一个环节都摸透，并与自己的企业进行对比，看清双方的优势劣势，针对竞争对手的实际情况制定相应的策略。最后，必须及时掌握市场环境变化。企业领导者应当特别关注大环境所发生的变化，分析这些变化的发展趋势，研究哪些是带有倾向性的；分析宏观经济形势，估计经济大气候对企业的影响，并考虑对策。

四、全争天下

《孙子兵法》追求一种"全"的境界，在十三篇中提到"全"的有十多处，如《谋攻篇》中的"兵不顿而利可全""自保而全胜""凡用兵之法，全国为上，破国次之；全军为上，破军次之……是故不战而屈人之兵，善之善者也""故上兵伐谋，其次伐交，其次伐兵，其下攻城""故善用兵者，屈人之兵而非战也，拔人之城而非功也，毁人之国而非久也，必以全争于天下，故并不顿而利可全，此谋攻之法也"。战争达到的目的，上策是"必以全争于天下"，就是说一定要依靠全胜的战略争胜于天下。战争的最高谋略是"上兵伐谋"。要取得全胜，"知天知地，胜乃可全"，是说懂得天时、懂得地利，胜利就可以保全。中策是"自保而全胜"，是说将帅在打仗时不能够感情用事，只追求一时之利而兴师致战，应当慎重考虑国家和军队的安全。下策是"伐兵""攻城""拔人之城""破人之国"。如果不出下策就"必以全争于天下，故兵不顿而利可全"，应当在战争中尽可能避免攻城、拔地而战胜敌人，将战争损失减少到最低，达到对自己最为有利的结果。战争的最高境界是"不战而屈人之兵"，追求"全"的理想也就是"不战而屈人之兵"的必然结果。这种全胜战略思想构成中国传统战略文化的重要内容，成为后世用兵者孜孜以求的理想境界。用兵作战并且取得胜利的法则是保全一个国家或一支军队，而不是彻底地消灭它。

五、出奇制胜

在谋略上，最重要的是出奇制胜。奇是一种超常规行为，于不可能中寻可能。孙子在兵法开篇论述道："兵者，诡道也"。诡道本质是创新，是走常人常境下没有走过的路，通过达到出其不意的效果来取胜。诡道制胜主要包括诈敌、愚敌和秘密。（1）诈敌，诡道制胜的本质是兵不厌诈。（2）愚敌，诡道制胜的基础是自己心中有数，迷惑和麻痹敌人。（3）秘密，诡道制胜的关键是保密。在中国古代，无论是军事家、思想家，还是文人学者，都把谋略的保密工作做得好坏与事业的成败直接联系起来，要求人们对此保持清醒的认识和高度的警觉。《兵经》说："谋成于秘，败于泄。三军之事，莫重于秘。"

《孙子势篇》说："凡战者，以正合，以奇胜。故善出奇者，无穷如天地，不竭如江河。"正合奇胜主要有如下运用方式：（1）以正为基，以奇求胜。"正"是常规的，符合普通人常识与习惯的作战方法，用这种一般性的战略战术，使自己立于不败之地或败有退路。"奇"法不循常理，不合常法，难以预料，无迹可寻，防不胜防。军事中，"正"是用兵的基础，"奇"是制胜的手段。（2）平时用正，战时用奇。平时要用正常之法加强备战，加强训练，积蓄力量。在条件成熟时，以实力为基础，用奇招一举求成。（3）奇正相生，不可胜穷。《孙子势篇》说："战势不过奇正，奇正之变，不可胜穷也。奇正相生，如循环之无端，孰能穷之?"正合奇胜原理是把握管理的时变性揭示了心战诡道制胜的机理，强调正合奇胜的运营规律，倡导奇正相生，不可胜穷的中华兵家智慧。

六、择人任势

孙子在《势篇》中讲道："故善战者，求之于势，不责于人，故能择人而任势。"意思是说：善于指挥打仗的将帅，他的主导思想应放在依靠、运用、把握和创造有利于自己取胜的形势上，而不是去苛求手下的将吏，因此他就能从全局态势的发展变化出发，选择适于担当重任的人才，从而使自己取得决定全局胜利的主动权。孙子所讲的"势"，是指由一方向另一方发起军事挑战或进攻，由此形成的使双方或多方面临的军事"战势"。把它引用到企业经营中，"势"是指企业谋划的某一重大经营战略行动决策，或是经营者在市场竞争中所展现的如科技进步、新产品的开发、营销策划等竞争态势，由此会形成各种使经营者面临的商势。但不论是战势或是商势，都有一个作为"求之于势"的问题。按照孙子的思想，求势的根本出发点是取势，即在充分利用、把握势态的发展变化中，以势酿势，实现克敌的战略目的。从《势篇》的其他论述中可以看出，要"取势"，则必须先做到"识势"。所谓"识势"，有两层含义：一是对形势发展和趋向变化要有超前认识的目光和谋断能力；二是自己是否具有取势的条件和实力。"择人任势"主要是指对是否拥有可以委托重任的核心人才要有清醒的认识。择人任势不仅体现了成事在人、人可创造时势的思想，同时也体现了不同的人才具有不同的能力。只有当其价值得到充分的尊重，并处在最适合于充分发挥的位置时，才能产生出最大的创造能量。

本章小结

中国传统伦理思想在治国安邦上有着不可替代的作用。中国伦理体系理论性具有整体性、内发性、延伸性、提升性、超越性、连续性。

中国儒家伦理思想包括五常伦理、内圣外王、以人为本、忠恕之道、义利共生、和谐圆通、修己安人、中庸之道等方面；中国道家伦理思想包括阴阳合德、道法自然、无为而治、上善若水等方面；中国法家伦理思想包括法势术、好利恶害、赏信罚必、治吏不治民、因静无为等方面；中国兵家伦理思想包括修道保法、五事七计、知己知彼百战不殆、全争天下、出奇制胜、择人任势等方面。

本章关键术语

伦理体系　伦理本位　五常伦理　内圣外王　以人为本　义利共生　道法自然　无为而治　上善若水　法势术　赏信罚必　修道保法　全争天下

复习思考题

1. 你是否认同"儒家入世、道家出世"的看法？原因是什么？在管理伦理方面又有怎样的启示？

2. 儒家义利之辨在管理伦理中如何实践？

3. 请用道家的"道法自然"的思想论述企业绿色经营的理念与做法。

4. 企业家如何践行"内圣外王"之道？

5. 谈谈你对"水性领导"的理解。

6. 法家的法术势对管理伦理有着怎样的启示？

7. 兵家的"修道保法"在管理伦理中如何实践？

➤ 情景分析

春秋战国时代，鲁国有这样一条规定：凡是鲁国人到其他国家去旅行，看到有鲁国人沦为奴隶时，可以自己先垫钱把他赎回来，待回鲁国后再到官府去报销。官府除了用国库的钱支付赎金外，还给予一定的奖励。一次，孔子有个弟子到国外去，恰好碰到有个鲁国人在那里做奴隶，就掏钱赎了他。回国之后，这个弟子既没有到处张扬，也没有到官府去报销所垫付的赎金和领取奖励。可是，被赎回的人却把这个情况讲给别人听，人们都称赞孔子的弟子仗义，人格高尚。一时间，街头巷尾都把这件事当作美谈。谁知，孔子知道后，不但没有表扬弟子，反而对他进行了严厉批评。孔子为何批评"高尚"？这不是有违"大道"吗？

思考与讨论：

孔子为何批评"高尚"？

➤ 案例分析

京博仁孝文化进阶①

一、企业介绍

山东京博控股集团有限公司（以下简称"京博"）是中国 500 强企业，目前

---

① 资料来源：笔者自编。

已建立起面向全球发展的高端化工、教育与艺术、现代服务、生态环保、新材料、现代物流、新兴资源、投资与金融、现代生态九大产业方向，形成集研发、设计、生产、市场、服务于一体的现代化产业集团。京博先后为中国、美国、俄罗斯、日本、新加坡、澳大利亚、南非、中东等国家和地区的客户和伙伴带来价值和服务，在高端制造、新一代信息技术、生物技术、绿色低碳、节能环保、新材料等领域研发出具有代表性的科研成果和先进技术。

从 1991 年企业创办以来，京博致力于创建可信赖的产品、体系和服务，以领先的科技创新理念，打造可持续发展的低碳服务和能源未来，为行业发展和消费者生活品质提升做出贡献。京博通过遍布全球的 10000 多名员工，立足中国本土和优秀传统文化，构建起一套适应中国民族企业发展的管理文化体系，在中国民营企业里搭建以仁孝文化为核心且有儒释道易特点的企业管理模式，把中国传统文化和现代企业管理实践相融合，向全球客户提供富有价值的"中国智造"和中国文化智慧。

二、仁孝文化 1.0：本立道生，初悟仁孝（1995～2000 年）

马韵升刚进企业时，并不熟悉什么是企业战略、愿景和使命，但是他有一个信念：一个企业就像一个家庭一样，一定有自己的目标和理想，能够对社会有担当，能够自食其力养活自己，还得养活别人。在来到京博之前，马韵升一直在政府部门任职，到企业后虽然提出了建设企业文化，但是对于企业文化是什么却是有点摸不着头脑。

改变绝非易事，尤其是人的思想观念。"经营好了组织上肯定不会放我走，但如果经营差了，自己的人生就会和企业一样'惨淡'，一起垮了。所以，只有把国有企业当作自己的企业，踏踏实实，用一辈子的时间去经营，才有起死回生的可能。"带着"一个企业就像一个家庭一样"的初衷，马韵升立足于传统文化，逐渐种下了以"孝"为先的企业文化种子，而后期京博企业文化的体系中，"家文化"理念则是重要的特征。

任何企业的文化形成和建构，既出自创业者的初心和使命，又要具备孕育文化的"细壤"。在马韵升看来，孝文化是做任何事情的基础，让员工懂得了孝，也就懂得了感恩和汇报。山东是孔孟之乡，儒家文化的发源地，而博兴又是汉孝子董永的故里，这也促使京博在不断探寻文化的本源——孝。不孝顺父母的人，能力再强，公司也不录用。马韵升说，京博人要讲究"三孝"，就是小孝、中孝和大孝。在大大小小的会议上，马韵升反复提及孝经里所讲的"夫孝，德之本也，教之所由生也。夫孝，始于事亲，中于事君，终于立身。"小孝是对家庭来讲的，孝敬父母，尊老爱幼；中孝是在企业这个大家庭里，要敬上司帮同仁，成就下属成长伙伴（客户）；大孝是对国家，要做一个爱国敬业诚信友善的好公民。

三、仁孝文化 2.0：格物致知，仁孝成风（2000～2009 年）

（一）筚路蓝缕，以启山林

从 2006 年开始，京博不断推动儒学的国际化发展，带领员工系统学习儒、墨、兵、法等国学，推动国学在商业上的复兴。这主要表现在三个方面：其一，京博专门成立了文化集团，传播孔子符号和弘扬优秀传统文化，创立了孔子标准像，并使其进入了官方认可和使用推广的范围；制作的孔子标准像已经进入各级孔子学院，并作为国家礼物赠送来访元首或国家领导人出访的国家。京博还与许多大学和地方进行合作交流，并将孔子像作为礼物赠送，用以传播孔子哲学和仁孝文化。其二，打造孔子学堂，弘扬仁孝文化。京博除了与国家汉办、孔子学院进行合作外，在地方还创立孔子学堂来传播仁孝理念，或者是通过与地方学校合作进行仁孝文化的教育。更为出彩的是，京博企业抓住互联网快速发展的契机，建立了孔子空中学堂，同时积极拓展新的方式，如京博企业与山东航空合作，在济南飞往厦门的 SC4959 航班上举办"空中孔子学堂"。在三万英尺的高空传播中华优秀传统文化的魅力，实现了广播、网络、现实交织的空中学堂建设。其三，感化社会，重拾仁孝之风。京博通过设立"孝工资"给员工父母发放工资，以员工及家庭感化和带动社会仁孝之风；通过赞助各类文化和体育活动及赛事，广泛传播传统优秀文化，通过每年的敬老爱老、感动地方人物评选等感化和带动社会风气。面对乡村道德凋敝的一些现象，京博还采取了感化农村的一系列措施，在乡村振兴中大力提倡孝文化和传统美德，将企业的有益经验移植到乡村扶贫和乡村振兴事业中去，通过建立孝文化卡、设立孝基金、建立农村敬老金等，唤起农村仁孝之风，助力农村各项事业顺利进行。

（二）仁孝君亲，上下同欲

1. "孝"文化工资：始于事亲，中于事君，终于立身

在京博，有一类工资称作"文化工资"，包括孝工资、敬老金、忠孝敬老金等项目。从 2007 年起京博在高管层试行"孝工资"，2010 年推广到全公司。员工（包括实习员工）入司，其父母（或其感恩的人）可享受每月 200 元的"孝工资"。公司为每位员工的父母办理了"孝工资"银行卡，每月 20 号左右将钱直接打到卡上。根据职级不同，"孝工资"发放金额 200～2000 元，高层按照生活费的 10% 直接邮寄给父母或其感恩的人。员工父母满 70 周岁，可申请 100 元/（月·人）的"敬老金"，多位子女在公司工作的可重复享受。另外，司龄满 10

年的员工父母可领取 100 元/（月·人）的"忠孝敬老金"，司龄满 20 年的可领取 200 元/（月·人）的"忠孝敬老金"，多位子女在公司工作并符合发放条件的可重复享受。截止到 2020 年 5 月，京博共发放"孝工资" 2.8 亿元。

京博的薪酬体系是典型的结构工资制，但每一项工资的设计都有深厚的文化符号。薪酬体系由八个方面有形和无形的收入组成，除了常见的岗位工资、绩效工资，还包括文化工资、改善工资、福利保障、人文关怀等（见表 1）。

表 1   **薪酬构成**

岗位工资		绩效工资 （月度奖、季度奖、年终奖）
文化工资 （孝工资、敬老金、忠孝敬老金）		改善工资 （改善奖、创新奖）
福利保障 （培训、社会保障、话补、车补等）	各类补贴 （学历、工龄、出勤、夜班、职业健康、职业资格、执业资格、安全补贴、安全合格班组等）	人文关怀 （节日活动、技术比武、特色假期、公寓、食堂、饮水、班车、校车、子女教育等）

京博的"孝工资"将企业对员工的"仁"和员工对父母的"孝"相结合，使以"仁孝"为核心的"家文化"在企业的身体力行下逐渐内化为员工为人处世的准则，而这也恰恰契合了马韵升对企业文化的理解——"我们的企业文化就是所有京博人为人处世的总和，把企业倡导的一些优秀理念落地，变成我们全体员工的自觉行为"。在这样的企业文化影响下，企业积极地承担对员工的责任，员工在其影响下也积极地承担自己的"孝道"，如此良性循环使得京博的"仁孝"文化很好地展现出其精神层面的作用，在培养优秀员工的同时，也在培养对家庭、对社会有益的人才。

京博除了从企业的角度提供给员工父母和地方上的老人各种各样的资金、物质，同时还深谙孝敬老人绝不仅仅只是物质上的激励。公司还定期举办"京博孝星"的评选活动，通过标杆和榜样，鼓励员工在日常生活中主动尊老敬老，激发全体员工践行孝道的积极性，同时也体悟着京博"仁孝"文化的底蕴。

2. 用母亲的心态管理员工：厚德载物

马韵升认为，现在很多企业出现问题不仅是因为没有解决员工的需求，有些甚至连员工的要求都没有解决；要求不等于需求，要求是底线，解决了需求就有亲情，员工对你就更起劲、更上心；实际上，员工就是"手"，当你关爱你的手的时候，手会替你完成很多事情。一年夏天，马韵升到员工宿舍视察员工生活状况，马韵升对总务部的负责人说："如果是你在这个屋子里住，情况肯定不是这样。你是不懂得员工甘苦，也不懂得换位思考。我不管你怎么做，10天内必须把空调全部装上！"

马韵升每到一处，问得最多的一个问题是"我们员工的工作环境怎么样？"他常常走进流水线，与管理人员进一步探讨目前的工作环境是否可以改善。在每一条流水线上，马韵升都仔细查看员工的工作环境，并嘱咐身边的管理人员，要让一线员工多提想法，因为只有他们对工作环境最熟悉。马韵升和分公司老总交流时说："汽修车间是脏累差苦的工作，咱把汽修当作一个事业干吧，咱能不能少赚50万元，改善一下工作环境，提高下员工的待遇。让这些人冬季在温暖的环境中工作，夏季在舒适的环境中工作，作为管理者，一定要像对待自己的孩子一样管理下属，反过来，管理者都要当母亲，管理者用母亲的心态管理员工和下属。"

3. 为员工谋幸福：甘其食，美其服，安其居，乐其俗

随着企业不断发展，效益日益提升，社会影响也随之增加，马韵升越来越意识到京博应该成为社会的企业，应该为员工谋求"幸福生活"。2000年，马韵升制定了三个振奋人心的目标：用5年的时间实现利税5亿元；让京博人均年收入达到5万元；到2005年底，京博的家庭要开进100辆小轿车。后来，马韵升完全兑现了当时的承诺，并在此基础上对员工的生活环境的提升制定了八个方面的落实措施，即居有其所、行有其车、老有所养、幼有所教、困有所助、膳食营养、医疗保障、精神文明。

例如，为了帮助员工安居乐业，京博制定了购房租房奖励补贴相关政策，帮助员工以远低于市场价的水平买到属于自己的房子。对于在购房方面可能存在较大资金压力的刚就业的年轻员工，京博在企业内部实施了公租房制度，即为新入职的年轻员工和购房困难的员工提供限定户型面积、居住对象和收费标准的福利性住房等。在养老方面，除了为员工缴纳国家规定的"五险一金"外，京博成立了养老理财基金项目，为中高层以上员工按年缴纳一定额度的养老基金。在员工年龄和任职年限满足一定要求的情况下，可一次性领取养老理财金和收益。

京博的女员工曾自豪地说，孩子从孕育在妈妈肚子里开始，就享受企业的一系列优待，这主要是指京博关于女性员工的生育和产假管理方而言的。京博对于入司时间不满两年生育的，产假长度执行国家规定；对于入司时间满两年的，行

政类的办公岗位，有6个月的产假；对于倒班的岗位，有长达9个月的产假。这一政策的初衷，就是让孩子在一岁之前能够有来自母亲的关怀和陪伴，这无疑对幼儿的教育是很大的助力。特别是在当今这个社会体系下，大部分夫妇在孩子出生之后，免不了需要依靠祖父母照看，但有时父母也是力不从心。这种情形下，企业主动延长产假的制度，从细微之处体现着企业的"仁孝"文化，并且男员工执行陪产假政策，也体现了公司的人文关怀。

京博员工是京博教育资源的最大获益者：其一，根据以往的政策，国家给独生子女的补助是每人每月5元左右，现在，京博则是每月500元的独生子女费（针对女员工，如果是男员工的每月50元）；其二，就读于京博婴慧园、幼智园的，按照实际学费的60%报销。就读于其他幼儿园的，按照260元/（孩·月）进行定额补助；其三，京博还会为企业的员工子女召开金榜题名欢送会，为考上大学的学子颁发"京博教育金"，向有理想、有志向的年轻人表示祝贺。

随着工作节奏的加快，员工在上班期间和假期照管孩子的压力越来越大。为了解决这一后顾之忧，公司建立了专门的"智慧托管中心"，面向公司内部招收3~12岁员工子女。托管中心聘用有专业资格的托管老师来管理，除了日常的看护和作业辅导外，在这里会针对孩子的不同特点培养兴趣特长、学习国学文化知识，开展礼仪教育、心理健康教育、蒙氏特色教育等。此外，公司还为员工子女安排班车和专职保育员全程负责孩子上学的接送，为员工子女开办"学生餐厅"。在医疗保障方面，京博还成立了面向全体员工的"爱心互助基金"。基金来源于两个方面：一是每年各产业公司根据经营情况注入的捐赠款；二是员工根据职务层级每月缴纳的金额。例如，一般员工每月10元，高级主管每月500元。基金实行专款专用，用来对员工重大疾病医治中医保范围内不予报销的医疗费用的补充。

（三）诚对客户，己达达人

1. 为客户创造价值：既以为人，己愈有；既以与人，己愈多

京博在其多个主要业务板块中充分践行全面关怀客户的企业社会责任，为客户营造公平、公正的消费决策环境，全面助力客户价值创造的重要过程。"京博加油站"在严保油品质量的同时，在油品数量方面坚持保证计量准确，除了市场监督管理局每季度校检加油机除外，各加油站每月对站内加油机计量准确度再自检一次，一旦自检发现问题立即把加油机停止并再邀请市场监督管理局帮忙调校维修，坚决不允许发生客户加油的数量产生缺斤短两的情况。

在京博有一个很有意思的现象，供应部门的员工讲话全是博兴话，销售部门

的员工都讲普通话。这是因为做销售的人最怕别人听不懂他说话，而做供应的人面临的问题是对方是否爱听你说话。这就是京博的"换位思考"文化，在京博人看来所有的利益相关者地位都是平等的，供应商和销售商同样的重要，"我们受到对方的尊重，更要去尊重别人"。

为了更好地向消费者提供健康、安全的产品，京博高度重视产品健康与安全生产的管理工作，各产业公司的产品生产管理取得多项行业健康与安全管理体系认证的审核，主要产业公司如京博石化连续多年通过 ISO9001 国际质量管理体系认证、ISO14001 国际环境管理体系认证等多项认证审核；博华农业公司通过 ISO9001 国际质量管理体系认证、ISO14001 国际环境管理体系认证、ISO22000 国际食品安全管理体系认证、OHSAS18001 职业健康安全管理体系认证，同时公司 10 余种果蔬产品通过有机产品认证和绿色食品认证。这些行业认证审核的通过和规范体系的生产实施，持续提高了京博产品健康与安全管理水平和管理理念，为集团向社会提供优质的产品与服务提供了更加强劲有力的保障。

2. "夥伴"而非"伙伴"：仁者，以财发身

不少初到京博的人会对一个词特别留意，京博的"伙伴"被写为"夥伴"而非"伙伴"。什么原因呢？马韵升曾在客户联谊会上分享过自己对"夥伴"的理解：一个果实的"果"，这叫果实。然后一个多少的"多"，果实很多，后面加上一人一半。"夥"寓意着果实多多，大家彼此双方都能分享丰厚的果实和价值。京博家风中就有"成长夥伴"，供应商和销售商都是京博的夥伴。京博追求从客户的角度去利他，去成全夥伴，用与上下游夥伴互联互融、合作共赢的思路去指导经营。京博不止做产品（服务），更是通过它与各位夥伴连在一起，融在一起，形成一个紧密的、有竞争的又有共同利益的战略合作夥伴关系。

一个夏天的下午，货车司机李师傅十分着急，他的车厢里载着满满一车水泥，必须马上找地方躲开这场急雨。李师傅向其他几个加油站求助都遭到了拒绝，当来到京博加油站，没等他开口，加油员先打起招呼。"师傅，您需要帮助吗？"满含热情的问候让他心头一暖。在加油员的帮助下，李师傅成功地躲过了那场大雨，从此，他认准了京博"家"油站。每天下午两点，李师傅都会准时来加油。这样令客户感动的事在京博时时上演，为大车特制"品牌棉衣"，成立"夥伴之家"为客户提供 2 元钱的丰盛自助餐，京博"家"油站 2 公里内为顾客免费送油等，都体现了京博为顾客着想、把顾客当夥伴的企业文化。

（四）环保事业，生态和谐

从京博的发展轨迹来看，京博在理解和贯彻中央政策的基础上，较早地思考了发展、人本与生态的关系。京博企业主业是石油产品，过去传统的石油生产方式和炼化方式对环境会造成相当的污染，如果没有先进的环保处理设备和严格的处理标准及措施，其生产会产生相当的工业三废（废水、废气和废渣）。马韵升常常对相关部门的领导讲，"垃圾，是放错了地方的资源"，他特别注重企业对绿色循环技术的创新与发展。京博自觉地严格遵守国家的相关环保法规，花重金上马环保处理设备，建立起以工业废水、废气、废渣为主的资源综合利用体系，实现整个工业链条中"三废"利用的无害化、资源化和资源价值最大化。主动帮助周围企业处理企业废水、废气和废渣，通过接纳周围企业的废物排污环保净化，使得整个工业体系的排污和处理以系统化的方式呈现出来，增进了企业发展的环保品质。在实际经营中，马韵升和京博积极响应国家油品质量升级改造，专注油品质量提升，率先成为民营炼厂中第一家加入清净剂的企业；在废液污染物排放等监测上的不断改善，废液的处理技术也在不断创新，废液处理的思考模式也在与时俱进。

京博大力投资支持绿色技术创新，其目的不仅在于满足绿色发展的环保需要，还在于提供更加具有竞争力的商品和服务，以更好地满足市场和消费者的需求。在这一过程中，京博各个子公司都展开了积极的尝试：在固体废物的处理中，京博成立专门研究团队，将精细化工、热电联产中的炉渣、粉煤灰、硫化氢等资源变废为宝；京博石化创新减少废气，致力于向社会提供高品质的清洁燃油、高端燃油清净剂和车用尿素。

四、仁孝文化 3.0：明心见性，渡人渡己（2010～2020 年）

（一）克己复礼，君子慎独

1. 8854：从心而觅，感无不通

在京博的"仁孝"文化体系中，不得不提的就是 8854。所谓的 8854 就是 8 个字的企业精神，8 个字的企业价值观和 54 个字的企业家风。"越基层的员工，8854 背得滚瓜烂熟，到了高管又是什么样呢？"马韵升常常提醒大家，在梳理标准、建立品牌形象上，所有人必须以 8854 为核心，践行合一。"市长问我们 8854 诵读活动排练了多长时间？我说，如果是排练，那我们就是'排练'了 20 多年"，马韵升认为，企业文化说得多好不重要，重要的是知行合一。在京博，以"孝"为核心的仁、义、礼、智、信、善、慈等文化是做人的根本，这些是"恒道"，是"常道"。孝是指对国家、民族、社会、政府、企业、父母、长辈的回报；慈是指对下级、晚辈、子女、徒弟、学生和下属单位的关爱；仁是指对待同级、同事、同学、朋友、客户、兄弟姐妹的帮助利他。仁又是一个团队、组织、单位、部门、法人等内部和谐共生的核心。

2. 自罚 30 万：君子德风，小人德草，草上之风必偃

在这一时期，每个京博人都在向内觉醒，打开内在的德性和智慧。京博内部有个为人称道的小故事，那就是董事长的"自罚 30 万"。从 2015 年，为了响应国家"反腐倡廉"的号召，也为了形成公司良好的生活风气，京博集团于 2015 年颁布了"禁酒令"。在酒文化盛行的齐鲁大地上，可是稍不注意就会触碰规矩严明的"禁酒令"，马韵升也不例外。作为京博的大家长，马韵升明白自己的一言一行势必会影响到万名员工。全员执行力主要看领导行为，马韵升在一次去深圳出差的应酬中不得不喝了点儿红酒，顺遂了当时的情景但也触犯了公司的条例，马韵升回来之后毫不犹豫地自罚 30 万并将罚金放入公司帮扶基金账户，面对全体员工检讨了自己的错误。如今京博自上而下严格落实"禁酒令"，马韵升的"自罚 30 万"也成为美谈。

京博的"禁酒令"中禁止公司员工饮用白酒。常白班员工禁止在周末和节假日晚上之外任何时间饮酒。倒班员工禁止在接班前十二小时内饮酒。看似是制度，严格苛刻，但背后体现的是对员工的一种关爱，也是对经常需要喝酒应酬员工的一种保护。此项制度的出台在省内兄弟企业单位中引发了不小的反响。试想一下以前炼化企业圈内潜规则：客户和主人坐在一起不喝个三杯五杯都开不了口谈事情，彼此都是一件头痛的事情。但是京博自从实行了禁酒令，客户来到京博招待时不喝酒，到客户单位拜访也不接受喝酒招待，慢慢地相互之间也就达成了共识。以前晚上喝完酒很晚回家，喝醉了到家就睡，没时间锻炼身体，现在不喝酒了，下班参加锻炼活动，降低体重，减轻身体负担，精神状态和工作精力都大大提高。

3. 健康考核：身与货孰多

为了提高员工的健康意识，京博先后出台了"员工健康奖惩制度"和"禁酒令"。根据前者规定，京博定期测量员工体脂指数，如果指标不达标，员工需要向财务部门上交考核兑现金。如果兑现期内体质指数考核合格，将会返还本考核周期的处罚金，否则不予返还。为此，京博专门成立了健康管理科，为员工建立健康档案，追踪员工的健康指数，其背后体现了京博管理高层对员工健康关怀备至、爱员工如同家人的情感。

根据考核记录，在 2015 年底对于符合指标要求的中高层管理人员兑现了奖

励，不符合指标的进行了惩罚。2016 年后又启动了班组级以上人员的健康考核，覆盖面进一步扩大。很大一部分人在这样的健康计划中受益匪浅，原来很多肥胖的身体和赘肉逐渐消失，随之而来的就是"三高"现象不见了，各项指标也趋于正常了，员工身体康健了，工作时的精气神也就提升了。

（二）发利他心，同体大悲

1. 灰树花生物科技：道生之，德畜之

在京博，以灰树花为重点项目代表的生物科技一直延续了 10 多年，虽然没有形成产业，但马韵升认为它有其独特的存在价值。灰树花本身是一种非常奇特的特殊蘑菇，通过发酵提取这个产品，最基本的功能是增加人或者动物的抵抗力、免疫力；另外它还具有抗辐射功能，所有肿瘤患者手术完了之后，接着就是化疗，这个过程中辐射很厉害，化疗后吃了这个产品，保证三个症状不会发生：一不呕吐，二不脱发，三不降低白细胞。现在市面上有的产品，药很贵，能控制白细胞不降低，但是保证不了不呕吐不脱发，京博这款产品就能做到对血糖、血脂、血压都有调节作用。同时，产品还能美容，延缓衰老。

在马韵升看来，当年买那个产品不是为了赚钱，就是为了保证员工的健康，是通过大家吃这个功能食品，提高生活质量。他认为，为了利己而利他，"发心"坏了，一定有问题。所以，不管利己不利己，就是利他，最终的结果一定是利己，如果你是用心——为了利己而利他，你永远利不了己。因为是有目的利他，佛家讲，用心行善就是过。

2. "一碗鸡汤"的感动：君之视臣如手足，则臣视君如腹心

在京博，管理者总是竭尽所能地去对待下属的父母，帮助同仁，以员工心为心，用实际行动践行公司的"仁孝"文化，给员工们做出榜样。2016 年 2 月 13 日，一员工家中老人突发脑出血晕倒，当即被送到了县医院。财务总监张总得知消息后，第一时间带着部门的祝福到医院看望了这位员工的亲属。因为这件事，这位员工利用周末时间到公司加班完成落下的工作，意料之外接到张总的电话，说是给老人做的鸡汤，说老人现在的身体需要多补充营养，听了张总的话，员工非常感动。如果说第一次探望是公司的文化和理念，那么第二次的举动完全是出于个人的博爱和对员工发自内心的关怀。

（三）仁对客户，长生久视

1. 换位思考，不自生故能长生

在 2018 年 3 月的一天，有一位客户来到了财务室，手中拿着一张 6 万元的四中的欠条说："财务有钱吗？能给结账吗？现在资金周转不开了，再不给我今

天晚上就要出去借钱了"，高艳芬感到有些疑惑，接过客户手中的欠条说："您这是什么时候的什么款项啊"，"这是去年给学校干的绿化工程款"，"如果你们财务有钱能给结账，我就去找学校领导签字去，你不知道，签字可能也需要几天的时间，不是这个不在就是那个不在"。当客户说到这里的时候，高艳芬感觉到学校的流程有问题，随即想到现在京博集团与客商之间的结算业务，他心里的想法就是必须马上梳理流程。

随后高艳芬拿着这张欠条找到了分管的贾校长同时也是分管总务部的领导，随后高艳芬就说："贾校长，这单业务您先协调走完手续尽快付款，不能因为这种内部的流程不畅影响了学校的信誉，更影响了京博的信誉，接下来，我们必须理顺流程，提高工作效率，多站在客户的角度考虑一下"。领导也痛快地答应了。经过沟通，这笔款在当天下午完成了支付。到了第二天早上，这位客户高兴地来到财务室，夸赞"你们效率太高了，你们京博进来了，确实不一样了，以后来你们这里干活真的就放心了"。

2. 以客户心为心：圣人无常心，以百姓心为心

马韵升强调"制定制度和规范都要以客户常理心来做，对待客户，要按照常理心、基本需求心，绝不是为了满足每个人和一己私欲做事，不符合公道、常道的事情坚决不做"。他要求京博员工在为客户服务时"要问自己把客户当成了谁"，"换位思考客户需要什么样的服务"，"如果自己是客户，接受这样的服务是否满意"成为每个京博员工在提供客户服务时经常思考的问题。正是在这样以客户为中心的服务思想的指引下，京博在向客户提供服务的过程中充分体现了"厚爱客户"的京博特色。京博物业公司的员工在小区物业服务中将住户当作自己的家人负责、尽心服务，这在博兴当地早已成为佳话，物业员工服务小区住户的令人感动的事更是比比皆是。

在与消费者安全、健康最紧密相关的博华生态农业公司中，为了消除消费者对产品在安全、健康方面的顾虑，2015 年，博华生态农业公司投资搭建了农产品溯源体系，让消费者参与到生产中，可以通过二维码等手段查询到生产管理员录入的产品信息，实时监控查看或者录像留存，让消费者直接参与计划、生产、分配、运输等工作，让消费者监督生产过程，真正做到从田间到餐桌的安全生产，建立互信基础，增加消费者对农产品的信心。"违背自然、他人的利益者，终将得到大自然的惩罚"，博华生态农业公司始终坚持这一生产理念，严把食品安全关，其生产的多项产品已在市场上获得良好口碑，这是公司有效行动的最好收获。

五、仁孝 4.0：孝悌之至，通于神明（**2020 年至今**）

京博自 1991 年至 2000 年共计交税约 1.3 亿元；从 2001 年至 2010 年共计交税约 28 亿元；从 2011 年至 2020 年将实现交税共计 198 亿元。集团三十年来共计交税 227 亿元。尽管这份"成绩单"对于所有京博人而言依然亮眼，但是对于向来习惯于居安思危的马韵升来说，感受到的却是压力和挑战。2020 年，集团依然面临强产能、去库存、用杠杆、降成本、补短板五大任务，随着京博在国内外声誉不断提高、企业产值和利润逐年稳步攀升，如何进一步优化和提升以仁孝文化为根基的京博文化，并将其深度嵌入企业的经营发展中，对于马韵升和京博来说依然任重而道远。

京博从最初"百善孝为先"的质朴价值观，到以"家文化"为核心的"仁孝"文化体系建立，再到"不言之教，无为之益"的自觉觉他之道，将关爱员工、服务客户、奉献社会、节约能源、创新改善、生态保护等现代企业社会责任的文明理念作为企业决策和行动的考量，将"诚信、奉献、改善、利他"内化于每一位京博员工内心等。展望未来，马韵升认为中国梦是实现中华民族的伟大复兴，京博要为实现中华民族的伟大复兴梦做出贡献，他提出三个京博梦：通过 30～50 年的努力，为博兴 50 万人口在养老方面除了政府国家补贴外，所有花费全部由京博托底；通过 30～50 年的努力，在教育上除了国家政府补贴外，在博兴 50 万人口中实现 0～18 岁免费教育；通过 30～50 年的努力，为博兴县 50 万人口，在医疗保障方面除通过医疗保障体系报销以外的费用，都由我们京博人报销。

未来，京博将持续构建完善一套适应中国民族企业发展的管理文化体系，在中国民营企业里搭建一个以仁孝文化为核心且带有儒释道易特点的企业管理模式，把中国传统文化和现代企业管理实践相融合，让民族企业更具中国智慧。输出具有东方智慧的现代化企业管理模式，将是京博未来发展永恒的主题！马韵升相信，京博有以"仁孝"为核心的好企业文化，落实产业报国，服务社会的责任，通过全体京博人的共同努力，一定能为国家、为社会献上一份满意的答卷。

孝悌之至，通于神明，光于四海，无所不通。

思考与讨论：

1. 京博的仁孝文化体现了哪些中国传统伦理思想？

2. "仁孝"文化的中华文明源头是什么？这对管理伦理的实践有什么启示？

参考文献

［1］成中英：《文化·伦理·管理》，东方出版社 2011 年版。

［2］刘云柏：《中国管理思想通史》，上海人民出版社 2014 年版。

［3］吴照云：《中国管理思想史》，经济管理出版社 2012 年版。

［4］苏东水、苏宗伟：《中国管理学术思想史》，经济管理出版社 2014 年版。

［5］葛荣晋：《中国哲学智慧与现代企业管理》，中国人民大学出版社 2006 年版。

［6］彼得·德鲁克：《管理的实践》，机械工业出版社 2006 年版。

［7］梁漱溟：《中国文化要义》，上海人民出版社 2012 年版。

［8］庞朴：《中国文化十一讲》，中华书局 2011 年版。

［9］成中英：《文化·伦理·管理》，东方出版社 2011 年版。

［10］刘云柏：《中国管理思想通史》，上海人民出版社 2014 年版。

［11］吴照云：《中国管理思想史》，经济管理出版社 2012 年版。

［12］苏东水、苏宗伟：《中国管理学术思想史》，经济管理出版社 2014 年版。

［13］葛荣晋：《中国哲学智慧与现代企业管理》，中国人民大学出版社 2006 年版。

［14］黎红雷：《企业儒学》，人民出版社 2017 年版。

［15］黎红雷：《儒家商道智慧》，人民出版社 2017 年版。

［16］徐井岗：《人心管理论》，经济科学出版社 2013 年版。

［17］赖永海：《宏德学刊》，南京大学出版社 2017 年版。

［18］齐善鸿：《道本管理——新管理哲学》，东北财经大学出版社 2011 年版。

［19］成中英、吕力：《成中英教授论管理哲学的概念、体系、结构与中国管理哲学》，载于《管理学报》2012 年第 9 期，第 1099～1110 页。

［20］黎红雷：《当代儒商的启示》，载于《孔子研究》2016 年第 2 期，第 15～23 页。

［21］苏勇、于保平：《东方管理研究：理论回顾与发展方向》，载于《管理学报》2009 年第 6 期，第 1578～1587 页。

[22] 黎臻:《无为与自然——道教的管理智慧》,载于《中国宗教》2015年第10期,第68~69页。

[23] 刘旭、连华:《"无为而治"之管理思想探析》,载于《求索》2011年第26期,第93~94页。

第四章　西方管理伦理思想

▶ 学习目标

1. 了解西方管理思想的伦理化。

2. 掌握利益相关者论、自律与他律论、企业公民理论。

3. 了解社会契约论、经济伦理论、权力与责任论、公平与正义论、工具与规范论。

4. 分析中西方伦理的差异。

▶ 引导案例

强生公司泰诺胶囊事件①

1982 年，芝加哥出现了多起服用掺有氰化物的浓缩"泰诺"（Tylenol）胶囊后死亡的事件。"泰诺"胶囊是强生的一个子公司生产的，占有止痛药市场 35% 的份额，其销售额大约占强生总销售额的 7%，利润占强生总利润的 17% ~ 18%。美国食品与药品管理局已经发布公告，禁止服用泰诺胶囊，但尚未要求公司采取任何针对性措施。

强生公司管理层确信其位于宾夕法尼亚州的工厂并未出现氰化物污染。但是公司还是决定不应心存侥幸，于是将出现中毒问题的整批药全部收回。董事长兼首席执行官伯克亲自负责处理泰诺危机。收回活动从向消费者发布用药片换回胶囊的广告开始。数以千计的信件寄往行业杂志，而且在媒体上发表声明，以便找到所有尚留在市场上的泰诺胶囊。胶囊的回收使泰诺的销售额大幅度下降，从

---

① 刘爱军、钟尉：《商业伦理学》，机械工业出版社 2016 年版，第 1 页。

35%下降到7%。强生报道说：1982年采取的保护公众的主动行为使公司损失了1亿美元。

有人建议强生公司用新名称重新推出该产品，但强生公司认为这样做可能会误导消费者，因而决定保留原有的名称，并设计了一种抗破坏包装。不久之后，全美受到影响的地区的消费者和相关的公众开始改变对强生的看法，认为强生公司是一家负责任的公司。事故发生后的5个月内，该公司就夺回了该药原所占市场的70%，而8个月后，就几乎重新夺回了失去的全部市场份额，达到35%。

1986年2月，又发生人为投毒案件，纽约的一名妇女因服用遭氰化物污染的泰诺胶囊而死亡。强生公司立即把全部胶囊撤出市场，主动向已购买胶囊的顾客退款。

公司做出一项重大决定，不再生产任何自由销售胶囊，因为无法确保安全性和不受非法污染。在电视节目中，伯克带着一个超大的泰诺药片模型表示这个糖衣药片将代替所有的泰诺胶囊。这将耗资1亿~1.5亿美元，还不算失去的市场份额所带来的损失。

第一节　西方管理思想的伦理化

一、西方管理思想的伦理化趋向

西方管理理论的发展，以对"人性"的假设为主线，形成了一条发展脉络。"工具人""经济人""社会人""文化人""网络人""知识人"等关于"人性"的不同假设，代表了西方行为管理理论发展中"人性化"的不同发展阶段和表现形式。其间呈现出一条伦理化趋势。管理理论产生之初，管理的对象主要是企业内部的各种要素，其目的是提高工人在工厂生产中的作业效率，因而主要研究的是工厂中对生产过程的管理，也就是对工人劳动的管理。法国的法约尔、德国的韦伯、美国的穆尼、英国的厄威尔等古典管理学派的重要代表人物关注的也是组织功能而非人。

从20世纪70年代的美国到80年代的欧洲，管理伦理成为管理学和伦理学交叉研究的一个热门话题，并迅速发展成为一门正式学科，首先其直接起因是一系列的"经济丑闻"和"寻租行为"，例如飞机采购中的行贿受贿，化学工厂中有毒气体的大爆炸，对湖泊、河流和海洋的大量污染，食品、药品的中毒事件，走私和非法出口等。阿基·B. 卡罗（Archie B. Carroll）1993 年指出："回顾过去30 年来人们对企业伦理的兴趣，可以得出两个结论：一是对企业伦理的兴趣不断加深，二是对企业伦理的兴趣看来是由重大丑闻曝光引发的。"[①] 其次是日本和亚洲"四小龙"经济的迅速崛起，特别是其成功的经营管理伦理之道，推动了管理伦理研究的深化和东西方研究的融合。其基本经验就是将西方管理理论的科学精神和东方传统文化中深厚的人文伦理精神有机结合，既不轻视管理的科学技术基础，并开放性地汲取西方合理有效的管理理论和经验，又不因此而放弃自身传统文化的资源，并积极地汲取中国传统儒家伦理的精髓，从而创造了成功管理范式。人们已普遍注意到了人文伦理对于有效管理的重大价值，甚至有的学者断言管理与伦理结合将带来管理思想的深刻变革并会成为管理科学发展史上新的里程碑。

二、对经济理性主义的反思

西方现代管理思想的最大特点就是对理性主义方法论的盲目推崇，也就是它始终把片面追求经济利益最大化作为自己的最高价值目标。西方各种现代管理理论提出的管理"模式"虽然几经变化，并增加了满足工人社会需要的激励措施，但是物质报酬手段一直受到资本家的高度重视。这种理性主义又是与所谓的资本主义精神一脉相承的。马克斯·韦伯在《新教伦理与资本主义精神》中，借本杰明·富兰克林之口说出了资本主义精神的实质："时间就是金钱""信用就是金钱"。韦伯认为理性资本主义就是要求人们把争取高效率、高质量的劳动成果和不断创造更多的财富作为人生的目的。韦伯虽然指出不择手段地通过赚钱谋取私利，不受任何道德规范约束、无情谋取财富的现象绝对不能代表现代资本主义精神，却坚决肯定"从牛身上榨油，从人身上赚钱"的贪婪哲学。马克斯·韦伯认为贪婪哲学体现了个人对于增加自己的资本并以此作为目的负有某种责任的观念、尽职的观念，同时将在增值过程中所表现的执着视为伦理观念、精神气质的表现。把赚钱纯粹当作目的本身，赚钱、获利支配着人并成为他一生的最

---

① Carroll A B. The Pyramid of Corporate Social Responsibility: Toward the Moral Management of Organizational stakeholders [J]. *Business Horizons*, 1993, 34（4）：39 – 48.

终目标。①

美国当代著名的批判社会学家、未来学家丹尼尔·贝尔（Daniel Bell）在《资本主义文化矛盾》一书中从文化层面对于资本主义精神衰变原因和过程做了深刻的分析。贝尔认为近代资本主义精神是由两个要素构成的：一个是宗教冲动力，即韦伯所谓的"禁欲苦行主义"；另一个是经济冲动力，就是桑巴特在《现代资本主义》一书中所提出的"贪婪攫取性"。在资本主义上升时期，宗教冲动力抑制着经济冲动力，这两股力量之间是平衡的。苦行的宗教冲动力使资产者精打细算，兢兢业业，贪婪攫取的经济冲动力培育了他们激烈进取的冒险精神。然而随着资本主义制度巩固与进一步发展，尤其是科学技术与经济的迅速发展，这两股力量之间的平衡被打破了，经济冲动力逐渐摆脱宗教冲动力的制衡，直至今天才能完全摆脱。西方资本主义失去了宗教苦行禁欲主义的束缚，经济冲动力成为社会前进的唯一主宰，社会完全被世俗化了。资本主义精神随着宗教禁欲与节制失去控制力而失落，资本主义已难以为人们的工作与生活提供所谓的终极意义了。贝尔认为资本主义精神发生的裂变，是当今资本主义文化矛盾的根源，造成人们普遍的精神危机。美国管理学家劳伦斯·米勒指出，资本家把企业视为"一个不讲人性的唯物主义机构，它既不激励人类去追求崇高目标，又不激励个人为了自己而对公司忠诚和献身。"②

失去宗教伦理约束的资本主义经济活动，把最大限度地获取利润当成自身的目的，导致了三个后果。其一，物质富裕，人们的获利欲望越来越强。人们获利欲望获得了前所未有的膨胀，追求尽可能多的物质财富成为现代资本主义社会的普遍规范和中心，一切都围绕着这个中心运转。从事经济活动的商人是否成功最为明显的标志在于能否获得最大的经济效益，能否追求到尽可能多的财富，商人的人生价值的最高体现也在于能最大限度地获取利润。在西方，尤其是资本主义高度发达的美国，评判一个人成功与否的标准在于财富，如果一个人的财富越多，说明他就越成功，就越有社会地位，越受人尊重，他对社会越有价值。其二，人与人之间的关系成了纯粹的物质利益关系、商品交换关系。其三，精神领域萎缩，人们日益陷于精神危机之中。

对理性主义和资本主义精神对行为管理的损害，学者们进行了反思。学者们认为，片面追求经济利益最大化目标的过程中，不仅使得工人的利益受到损失、

---

① 马克斯·韦伯著，刘作宾译：《新教伦理与资本主义精神》，作家出版社2017年版，第136页。

② 丹尼尔·贝尔著，赵一凡等译：《资本主义文化矛盾》，三联书店1989年版，第77页。

尊严被践踏，而且社会的整体利益也受到不同程度的损害，"它们给最大多数人造成了最大的伤害。"德鲁克于 1954 年在其发表的《管理实践》一书中对片面追求经济利益最大化的理论进行了全面、系统的批判。他认为，如果把企业看成一个谋取利润的组织，这种看法"不仅不对，而且牛头不对马嘴"。贝尔在《资本主义文化矛盾》一书序言中呼吁，整个社会应"重新向某种宗教观念回归"。他还为"后工业社会"设计出他称之为"公众家庭"理论的新宗教，他认为资本主义前工业化阶段的主要任务是直接处理人与自然的关系，工业化阶段的中心任务是通过机器间接地处理人与自然的关系。到了"后工业社会"阶段面临的首要问题是人与人、人与自我之间的问题。因此，新宗教必须在人际关系和个人对社会的重新认识的基础上求得成为维系新的精神的支柱。信奉新宗教的人们应是具有比较发达的公民意识和社会公德的人，他有充分的民主权利，又不唯我独尊，他反对无节制地享受纵欲，而愿意为公民做出牺牲，与社会患难与共。

第二节　西方伦理基本理论

一、社会契约论

企业社会契约的三个特点：第一，企业社会契约有两个主体：企业和社会，这是两个可以分开并且有利益冲突的实体，这些利益之间的冲突可以通过协调的方式加以解决，形成一个企业社会契约。第二，企业社会契约是一种双方共识。这是企业与社会关系的特点，企业社会契约的内容存在于社会法律体系和社会道德体系之中。第三，企业社会契约是企业与社会之间不断变化的契约关系。企业的基本任务是为追求利润而提供产品和服务，同时也对社会做出贡献和承担社会责任。发展的企业社会契约理论认为，企业追求经济发展不会自动导致社会进步，相反可能会导致环境的退化、工作条件的恶化、对社会中特定团体的歧视及其他社会问题。唐纳森和邓菲认为在全球经济交往中存在着一种广义上的社会契约，这种社会契约以两种方式存在：一是假设的或宏观的契约，反映一个共同体的理性的成员之间假设的协议，这种宏观的契约是指理性人之间广泛的假设的协议，设计这样的契约是为了给社会的相互作用建立参照标准。二是现存的或微观的契约，反映一个经济共同体内的一种实际的契约，指行业、企业、同业公会等组织内部或相互之间存在的非假设的、现实的协议。综合的社会契约理论把微观社会契约与宏观社会契约结合在一起，坚持宏观社会契约的道德规范要充分考虑到公司、行业和其他经济共同体内部的现有协议，保持两者的一致、相互联系。

　　综合社会契约不是一种正式的书面合同，而是一种关于行为准则的非正式协议，这些行为规范是从群体或社会共有的目标、观念和态度中产生的。社会契约论可以看作对各种伦理理论的折中与妥协的结果，商业组织则通过与社会建立社会契约而获得合法性。最高规范具有普适性特征，是评价其他道德规范的基础。最高规范所确定的原则是人类生存和发展必不可少的原则。核心人权（即人身自由权、人身安全及健康权、政治参与权、知情权、财产所有权和生存权）是全球通行的最高规范，尊重与尊严通常也被认为是最高规范。在商业伦理中，所有商业行为都应受到最高规范的制约。

　　社会契约包括宏观社会契约和微观社会契约两个层次。宏观社会契约可以被看作社会范畴内的契约，全球性的规范以及微观社会契约都依托于宏观社会契约而存在；宏观社会契约适用于所有社会成员，是全社会的共同契约。微观社会契约则适用于特定的社团，是某个社团成员共同遵守的规范。

　　在经济社团中，微观社会契约是指导特定经济团体的商业行为的社会契约，这些团体包括从企业内部的正式及非正式群体、企业、行业及各种行业或专业协会、国内和国际组织等，微观社会契约为这些经济组织提供行为规范。经济社团的微观社会契约同样受宏观契约的影响。

　　社会契约的一些基本条款包括：（1）给本地经济社团自由的道德空间，以便通过微观社会契约为社团成员确立强制性道德规范；（2）微观社会契约必须是在意见一致的基础上确定规范，并且给予成员绝对的退出权；（3）为使微观社会契约规范对社团成员有强制性作用，它必须与最高规范一致；（4）微观社会契约的规范有时是竞争的，相互排斥。在解决这些规范之间的矛盾时必须用与前三条原则一致的优先准则。

二、经济伦理论

　　从微观、中观和宏观三个层次来看，企业伦理处在中观层面上。商业道德可以比普通的社会或个人道德更为宽容，他们概括了两种对立的理论：第一种，"非道义理论"，即认为商业行为是非道德的，商业行为不受整个社会道德理想所指导。这种理论在 19 世纪颇为流行；第二种，"道德同一理论"，按照这种理论，商业行为应当由社会的普遍道德标准判断，而非用一套更为宽容的特殊标准。

作为一个道德行为者的企业，具有经济的、社会的和环境的责任，它在各个层次上与其他行为者有关联，并在某种不确定的和变化着的范围内进行运作。这些方面互相关联，它们中的任何一个方面都不得被排除，所有的方面都要以一种平衡的方式来考虑。社会各领域包括经济、政治、社会文化和环境几个领域，这些领域既有一定的自主性，又互相关联，每个领域都不能为了另一个领域的利益而被完全地工具化。与利益相关者理论相比，平衡的企业概念是从经济的、社会的和环境的方面阐述企业应该做什么的问题，这两种方法并不矛盾，而是相互补充的。经济伦理学的社会责任理论主要阐明，企业的发展不能背离社会道德伦理规范，而要与社会道德伦理规范相一致，应该符合公众的期望，与经济社会以及环境均衡发展。这个角度出发，企业承担社会责任不仅仅是企业的自发行为，而是自觉履行道德责任的自觉行动。

三、利益相关者论

利益相关者（stakeholder）的概念最初是由伊戈尔·安索夫在他的《公司战略》一书中首次提及，1984年弗里曼的《战略管理——利益相关者方式》出版后，"利益相关者""利益相关者理论"等术语才得以广泛使用。弗里曼认为，利益相关者是指那些对企业战略目标的实现产生影响或者能够被企业实施战略目标的过程影响的个人或团体。弗里曼从所有权、经济依赖性、社会利益三个方面对企业利益相关者进行了分类，他认为利益相关者是在一个企业的过去、现在和未来的行动中，拥有或者有权提出要求、所有权、权力和利益的个人或者群体。这些权利或者要求是与企业交易的结果，可以是法定或者是道德的、个人或者是集体的。有相似的权利或者利益或者主张的利益相关者可以归为一类，如员工、股东、消费者等，并将当地社区、政府部门、环保主义者等实体纳入利益相关者管理的范畴①。克拉克桑（1995）提出了两种有代表性的利益相关者分类方法：一是根据相关群体在公司经营活动中承担的风险种类，可以将利益相关者分为自愿利益相关者（voluntary stakeholders）和非自愿利益相关者（involuntary stake-

---

① Freeman，R E. Corporate Social Responsibility：A Critical Approach ［J］. *Business Horizons*，1991，34（4）：92 – 98.

holders）：前者是指在公司中主动进行物质资本或人力资本投资的个人或群体，他们自愿承担公司经营活动给自己带来的风险；后者是指由于公司活动而被动地承担了风险的个人或群体。二是根据相关者群体与公司联系的紧密性，可以将利益相关者分为主要利益相关者和次要利益相关者。没有主要利益相关者的持续参与，公司就无法作为延续体生存，主要相关利益者包括股东、雇员、顾客、供应商和提供基础设施和市场的政府和社会。公司的生存和发展取决于为每一个利益相关者群体创造财富、价值和满意的管理能力，公司与主要相关利益者群体有高度的相互依赖性。次要相关利益者是那些影响公司、或被公司影响的个体或团体，他们不参与同公司的交易，并对公司的生存不起根本的作用。公司的生存虽不依赖于次要利益相关者，但处理不善也会对公司造成破坏，比如媒体和众多的特殊利益集团①。

丹娜尔森（1999）根据对上述三个特性进行评分，将企业的利益相关者又细分为以下三类：（1）确定性利益相关者（definitive stakeholders），他们同时拥有对企业问题的合理性、影响力和紧急性。为了企业的生存和发展，企业必须十分关注他们的欲望和要求，并设法加以满足。典型的确定性利益相关者包括股东、雇员和顾客。（2）预期型利益相关者（expectant stakeholders），他们与企业保持较密切的联系，拥有上述三项属性中的两项。同时拥有合理性和影响力的群体要想达到目的，需要赢得另外的更加强有力的利益相关者的拥护，或者寄希望于管理层的善行。他们通常采取的办法是结盟、参与政治活动、呼吁管理层的良知等。这类群体可以包括政府、社会组织、社会团体和 NGO 等。对企业拥有紧急性和影响力，但没有合理性的群体对企业而言是非常危险的，他们常常通过暴力来满足他们的要求。比如在矛盾激化时不满意的员工会发动罢工，环境主义者采取示威游行等抗议行动，政治和宗教极端主义者甚至还会发起恐怖主义活动。（3）潜在的利益相关者（latent stakeholders）只是拥有三项特性中一项的群体。只拥有合理性但缺乏影响力和紧急性的群体，随企业的运用情况而决定是否发挥其利益相关者的作用。只有影响力但没有合理性和紧急性的群体，处于一种蛰伏状态（dormant status），当他们实际使用权利，或者是威胁将要使用这种权力时，将被激活成一个值得关注的利益相关者。这种分法大大改善了利益相关者分类的可操作性，极大地推动了利益相关者理论的应用，使企业社会责任的对象更加明

---

① Clarkson，Max B E. A risk based model of stakeholder theory. Proceedings of the second Toronto conference on Stakeholder Theory. Centre for Corporate Social Performance and Ethics. University of Toronto，1995：25.

确和具操作性①。

威乐（1998）提出了运用主要和次要、社会和非社会的类别对利益相关者进行划分的方法，主要利益相关者包括股东和投资者、当地社区、普通雇员和管理者、供应商和其他合作企业、消费者；次要利益相关者包括政府和监管机构、媒体和学术评论者、市政机构、贸易团体、社会压力群体、竞争者。主要的社会利益相关者在企业中拥有直接的权益，对企业的成功起着直接的影响作用。次要的社会利益相关者也具有对企业极大的影响力，尤其是在企业的声誉和社会地位方面。与直接的权益相比，次要利益相关者在企业中的权益更能代表公众特殊的利益。企业对次要利益相关者负有的责任往往较小，但是这些利益相关者群体对企业可能产生十分重要的影响，并颇能代表公众对企业的看法。需要注意的是，次要的利益相关者能够迅速转变成主要的利益相关者。这种情况往往存在于媒体或特殊利益群体中，尤其是当某一要求的紧急性比该要求的合理合法性更为重要的时候，如对商品的抵制或对经营行为的抗议示威。在当今的企业环境中，一些媒体借助新闻报道就可以瞬间改变某一利益相关者社会地位的力量。所以因为讨论的方便，需要把利益相关者分为主要和次要两个类别，但应该认识到这两个类别利益相关者之间的相互转换是非常容易且迅速的。②

四、权利与责任论

道德权利来源于康德的绝对道德（道德命令）。在商业伦理中，对权利与责任的界定是商业社会基本秩序得以保障的基础。

商业伦理中的"权利"同样源于"人"的基本权利。1948年12月联合国大会通过并颁布了《世界人权宣言》，提出了人生而自由的权利、生而平等的权利、生命自由和人身安全的权利、享受人道待遇的权利、财产处分权、思想宗教及工作自由的权利、受教育及享受有尊严的基本生活保障的权利等29条基本人权。

2003年前后，美国劳工委员会起诉了沃尔玛、耐克等跨国公司，认为它们通过在中国等发展中国家建立血汗工厂牟取利润，违反了基本的人权。除了雇员，所有参与经济活动的利益相关者也都有其各自的权利。

---

① Donaldson, T. and T. W. Dunfee. Ties that Bind: A Social Contracts Approach to Business Ethics [M]. Harvard Business School Press, 1999.

② Wheeler D. &Maria S. Including the Stakeholders: the Business Case [J]. *Long Range Planning*, 1998, 31 (2): 201 –210.

在商业活动中，权利是一种重要的机制，能够保障个体有权利自由选择是否从事某项经济活动并保护其利益。商业伦理中的基本权利被归纳为：生存和安全的权利、获得事实权、隐私权、良心自由权、言论自由权、私有财产所有权。

"权利"具有个体的属性，因此经常被用来对抗功利主义的伦理观，认为后者强调整体的"效用"而忽视个体的权利；通过权利设计，可以弥补功利主义伦理观所缺失的公平与正义原则。

权利还分为"积极"权利和"消极"权利，消极权利保护个体不被侵犯，如隐私权等；积极权利保护个体有权利去追求自己的利益或完成某件事情。

各种不同的权利可能存在冲突，在如何平衡权利的问题上，首先是法定的权利，即按照法律规定处理权利问题；其次是按照人类情感的指引，你希望别人如何对待你，你就按照同样的方式对待他人的权利。道德权利不是绝对权利，而是相互的：保障自我权利的前提是不得侵犯他人权利。例如，"工作权"并不意味着在任何时候任何人都有责任为某个个体的人提供工作，而是所有的社会成员享有平等地获得工作的权利，享有自由选择的权利。

与权利密切联系的是责任，责任通常通过社会契约的形式得以确认。在这里，责任分为企业的责任和与之相关的个体的责任。随着企业在社会发展中的重要性的增长，对企业社会责任的要求与争论也随之产生，关于企业社会责任将在后面的章节加以讨论。

五、公平与正义论

正义（justice）的观念显然是一个人类最基本、最原始的观念。在古典希腊哲学没有形成之前，追求正义可说是整个史诗及悲剧的传统的主题。苏格拉底是西方第一个从神话与史诗的世界开拓出人文与人道的理性世界的哲学家。理性就是客观地思考与分析问题，在对不同意见的批评省察中追求真理的标准。除了理性主义，人文主义也是苏格拉底的重大建树。他把注意力放在人类社会与个人面临的问题上，而对之加以毫不保留的批评与审查。

柏拉图继承了苏格拉底的理性主义与人文主义，对正义问题提出了更系统与深刻的探索。他的理想国就是建筑在"正义"的观念上。他指出"正义"可用于个人，也可用于国家与社会，因之我们可称一个人为正义的人，也可以称一个社会为正义的社会。引申来讲，自然我们也可以称一件事为正义的事，一个行动为正义的行动，一个制度为正义的制度，一个原则为正义的原则。柏拉图又指出"正义"是一个人的理想存在，是人性中理性指导意志、节制欲望的一种理想状态，这种状态也是社会正义的基础与楷模。柏拉图在他的著作中极力把他理想的社会建筑在人性中理性节制欲望、指导意志的原则上。因之他把一个理想社会照人性三部分划分为三个阶层，使他们的关系亦如人性中三部分的关系一样，建立在理性（统治者）指导情感、意志（卫防者）、节制欲望的原则上面。他似乎并未想到一个理想社会也可以自全体个人的"正义"发展而产生。这点已为孔子的正义哲学所显示。

公平与正义原则体现在以下几个层面。

（1）分配层面（distributive justice）。这是基本的层面，所有成员应该平等地分担社会成本也平等分享社会的收益。虽然在理解究竟什么是"平等"方面有相当大的差异，但这一原则却是多数人都赞同的。然而在实际的商业运作中，这一原则也是最容易被忽略的。例如，大量存在的内幕交易、底层劳动者无法获得公平的收入等。就公平与正义的内容而言，分配层面上的分歧也许是最大的，从绝对的平均（不患寡而患不均）到按劳分配、按资本分配、按能力分配、按需求分配，都有其支持者。

（2）惩罚层面（retributive justice）。惩罚公平需要考察惩罚与错误行为的一致性问题，通常需要衡量三方面的因素：是否明知错误而为之、是否有能力避免错误、是否受到外部因素的强制而犯错。福特和通用公司在汽车安全事故中之所以要支付惩罚性赔偿，是因为它们明知安全隐患的存在但基于经济因素而不加以改善。惩罚的公平还包括对所有错误的行为采用同样的标准，不因其阶级、种族、社会地位而有所不同。

（3）补偿层面（compensatory justice）。补偿的公平主要涉及对错误或不道德行为的受害者的补偿问题，例如消费者损害、医疗事故等，都涉及补偿问题。补偿原则通常涉及过错行为，在确实发生过错的情况下进行补偿。但某些情况下，尽管行为人没有过错，但却对他人造成后果，基于公平的原则也需要进行赔偿。

同权利理论一样，公平也有两个基本的原则：不受侵犯的原则；相对公平的原则。后者通常将个体行为与其后果相联系，例如按照贡献进行分配，就是一种相对的公平。

六、自律与他律论

（一）康德的自律理论

"自律"和"他律"原是德国哲学家康德伦理学的用语，在康德的理论中，自律是排斥他律的。"自律"和"他律"本义是指道德价值的根据是在人之外，还是在人自身。"自律"，就是强调道德意志受制于道德主体的理性命令，自己为自己立法，将被动的"必须如此行动"变为"愿意如此行动"，把服从变为自主。就是说，道德价值的根据只在人自身，即在于对道德法则的尊重。在他看来，他律就是道德行为受制于理性以外的其他因素，即受制于神或环境或社会的权威或感性欲求等，而这样的行为，在他看来是有悖于道德的纯粹性和人的尊严的。因为按照康德道德哲学的根本原理，人是目的，他律使人成为手段、工具，这是与人的本质和本性不相容的。

康德的自律论在18世纪的德国乃至欧洲有重大的启蒙意义，它作为对基督教神学道德和机械道德论批判的结果，被看作道德哲学上的"哥白尼式革命"。他的历史功绩在于把道德价值的根据从神、权威那里转移到人自身，树立起人的权威和尊严，从而把人的理性道德和宗教信仰道德对立起来，实现了思想启蒙的决定性一步。所以在当时的德国理论界形成一种流行的批判性观点，认为道德的基础是自律，宗教的基础是他律。换句话说，只有自律才是自由的道德，他律就是宗教的强制。那时，康德被激进的青年们崇拜为"道德领域的思想巨人"。他们以这样的观点为武器批判神学道德和各种庸俗道德观。

（二）黑格尔的他律主张

黑格尔肯定了康德道德哲学对思想启蒙的伟大功绩，同时批评他只是停留在主观道德领域而未能进入客观的伦理领域。在黑格尔看来，单有主体自身的"意志内部的自我规定"还只是形式上的道德，只有进一步通过家庭、社会和国家这些客观的实体性的伦理关系规定，即进入他律，才能成为真实的道德。

他认为，人在做某种事情，从事某种职业活动的时候，就是在以伦理的客观要求规定着自己，限制着自己，并且只有通过这种限制，人才能成为现实的、有特性和有教养的人。不仅如此，黑格尔还把这种理论用于指导职业道德教育，他指出："在市民社会中个人在照顾自身的时候，也在为别人工作。但是这种不自觉的必然性是不够的，只有在同业公会中，这种必然性才能达到自觉的和能思考的伦理。"并指出意志自由在道德伦理中只能是自律与他律的统一。对此恩格斯做了肯定的评价，说"黑格尔的原则也是他律""他主张主体和客体力量相调和，他非常重视客观性"。

（三）马克思和恩格斯的自律与他律道德观

马克思和恩格斯继承并发展了康德的道德理论。青年时代的马克思利用康德的自律观点成功地批判了普鲁士的压制自由的书报检查令。同时，马克思也指出了康德道德自律观点的片面性，指出康德的道德观，仅仅是从道德和宗教之间的根本矛盾出发的。这里，马克思是从人类精神而不是从个别精神的角度来谈道德自律的，即把自律当作人类社会整体的内在制约，而不是仅仅作为孤立的个体意志的表象。

当然这种人类精神自律也不是没有物质基础的。这种人类精神的基础和内容，就是他常常强调的"全人类的利益"。马克思的主张是必须使个别人的私人利益符合全人类的利益。即一定社会的人的道德自律，只能建立在对必然性规律认识的基础上，个体的道德自律不可能离开外部规律性的制约和客观要求，只能自觉地去认识外部世界的规律性和必然性，把自己的行为限制在规律性、必然性、必要性所允许的范围之内。正是在这个意义上，马克思和恩格斯肯定道德本质是他律的，并肯定了黑格尔对康德造德哲学的批评。

七、企业公民理论

20 世纪 80 年代，出现了"企业公民"概念。"企业公民"说认为社会赋予企业生存的权利，是让企业承担受托管理社会资源的责任，那么企业就必然要为社会的更加美好而行使这项权利，承担这项责任，合理地利用这些资源。一个美好的社会不仅需要经济的繁荣，还需要政治的稳定、道德伦理的和谐。

威乐（2003）提出了一个"企业公民基本原理三角模型"，指出企业好公民的绩效是由三种力量形成的：首先是企业经理需要理解外部环境，并与之进行协调的动力；其次是来自社会的压力，促使企业改进在社会和环境方面的绩效；最后是道德价值。英国"企业公民公司"总裁戴维·罗根认为企业公民是指企业在业务活动中被赋予了对等的权利和义务。企业公民既包含企业在社会中的合法权利，又包含企业应尽的社会责任，并且将这种权利和责任与企业长期发展战略相结合。①

马丁等（2003）将"企业公民"发展分为五个阶段：第一阶段是初级阶段（elementary stage）。在这一阶段，企业的公民行为较少，企业主要是按照国家法律和行业标准来经营，很少考虑股东利益以外的事务。这一阶段面临的挑战是怎么赢取公众对企业的信任。第二阶段是参与阶段（engaged stage）。这一阶段的企业已经开始用一种新的视角看待企业在社会中的作用，比如企业应该遵守环境保护法、参与更多的社区及社会事务以赢取公众的信任，以免遭受公众媒体或非政府组织的批评。这一阶段面临的挑战是企业可能缺乏从事企业公民行为的能力。第三阶段是创新阶段（innovative stage）。企业不仅要对股东而且要对利益相关人负责，要考虑企业的经济、环境、社会责任。这一阶段面临的挑战是创造企业的凝聚力。第四个阶段是结合阶段（integrated stage）。企业从长期可持续发展的角度来考虑，将企业的社会、环境责任等与企业的经济责任相结合。将企业的公民责任放入企业的长远规划中，既注重经济的发展，也注重社会及环境的发展。这一阶段面临的挑战是怎么样控制、协调好企业在经济、社会、环境等方面的发展。第五阶段是转变阶段（transformative stage）。这一阶段的企业家也是慈善家，把企业公民行为看作持续的商业行为，关注世界贫困、疾病等一系列问题。②

在全球经济一体化的今天，企业公民已经从一个社区、一个国家发展到了"全球企业公民"③。它的流行反映了一种强烈的社会期望：人们期望企业应该能够像公民个人那样，成为对社会的福利与发展负有社会责任与社会义务的社会团体公民。

---

① Wheeler, D., Colbert, B., &Freeman, R. E. Focusing on Value：Reconciling Corporate Social Responsibility, Sustainability and a Stakeholder Approach in a Network World ［J］. *Journal of General Management*, 2003, 28（3）：1 - 28.

② Matten, D., A. Crane and W. Chapple. Behind the Mask：Revealing the True Face of Corporate Citizenship ［J］. *Journal of Business Ethics*, 2003（5），105.

③ 在"全球企业公民"的推动上，具有划时代意义的是在 2002 年的世界经济论坛（World Economic Forum, 2002）上，34 个世界最大的跨国公司加入"全球企业公民"的宣言，宣誓在世界范围内履行全球企业公民的责任。这些公司包括可口可乐公司（Coca - Cola Company）、德意志银行（Deutsche Bank）、帝亚吉欧（Diageo）、飞利浦（Philips）等。

八、工具与规范论

在论证综合性社会契约之所以能成为联系企业社会责任与利益相关者利益要求的纽带时，学者们考察了两种不同的支持性观点。第一种观点被称为"工具性观点"，其核心思想是企业之所以要承担社会责任、关注利益相关者的利益要求，是因为这样做将使企业变得更有利可图。这一观点的否定说法就是，忽视企业的社会责任、忽视利益相关者利益要求的企业实际上是在冒风险，而与重要的利益相关者对立则可能危及企业自身的生存。以一家公司有关迁址的决策为例，有些利益相关者可能会采取支持性行动，例如，政府机构放松有关划区的法令或提供退税，工会同意更灵活的工作规定，以及供货商答应给予更优惠的条件等；而另外一些利益相关者则可能表示强烈反对，如，分销商由于需要重新规划分销渠道而发动联合抵制进货，社区由于就业机会的减少而表示抗议等，可能的行动包括工会发起罢工，社区各群体采取联合抵制，现有的分销商会因为合同的中断而起诉等。因此，企业管理者需要对利益相关者支持和抵制的行动所可能造成的得失做出预算，再根据公司的财务状况做出权衡。总而言之，工具主义的观点认为企业需要承担社会责任、考虑利益相关者的利益要求，是因为可以将其作为一种实现企业经营目的的手段和工具。第二种观点则是"规范性观点"，其核心思想是不论企业的经营状况如何，它都有一种伦理性的社会责任，应当对利益相关者的要求做出恰当的回应。规范性观点强调做"正确的事"，做"应该做的事"，它不再将"关注利益相关者的利益要求"作为"实现企业经济利益"的一种手段和工具，而是超出对企业的净成本的简单分析。因此，公司应该立即从市场召回一种不太安全的产品，而不是花费时间去计算这样做的成本有多大。尽管在很多情况下公司的律师会从纯法理的角度劝告说，这么做会增加公司被追究责任的可能性。持这种观点的研究者跳出了如何看待利益相关者利益要求的"目的—手段"之争，而是从更根本的价值判断视角来论证企业必须关注利益相关者的利益要求，认为这样做既不是企业的"目的"，也不是企业为了达到某种目的而采用的"手段"，其性质完全类似于一个人在社会系统中所需要扮演的角色任务。

在丹娜尔森等（1995）所建立的综合性社会契约论中，兼收并蓄了上述两种观点。他们认为工具性观点是企业必须承担其社会责任、考虑其利益相关者利益要求的"最流行的辩护理由"，也容易为企业界所接受；但是规范性观点从更根本的基础上奠定了企业与利益相关者之间的契约关系、明确了企业承担社会责任的本质①。综合社会契约论之所以强调规范性观点，是因为企业与其利益相关者的契约性质使然。虽然许多利益相关者的利益要求都是通过他们与企业所签订的显性契约来实现的，但是还有许多利益要求是无法显化的，或是显化的成本极高以至于双方都愿意放弃这种显化的努力。但这并不意味着当某些事前没有在契约中明示的或然事件发生时，企业可以以"契约中没有这一规定"为由而推卸责任，因为这既不符合规范性的道德伦理，也会对企业的生存发展产生不利的影响②。事实上，在当今社会，企业在其经营活动中必须考虑承担更多的社会责任的观点开始深入人心，而那种单纯追求股东利益最大化的经营思想开始受到质疑。当然，绝大多数人仍然认为企业的经营活动必须考虑利润，但人们对利润的态度已经发生了变化。"今天，如果经理试图增加公司股东的利润，最好的方式是兼顾企业中相关的主要社会团体的利益"。

➢ **阅读材料**

电影《阿凡达》

　　故事发生在 2154 年，故事从地球开始，杰克·萨利是一个双腿瘫痪的前海军陆战队员，他觉得没有任何东西值得他去战斗，因此他对被派遣去潘多拉星球的采矿公司工作欣然接受。杰克的目的是打入纳威部落，外交说服他们自愿离开世代居住的家园，从而 SecFor 公司可砍伐殆尽该地区的原始森林，开采地下昂贵的"不可得"矿。在探索潘多拉星的过程中，杰克遇到了纳威部落的公主娜蒂瑞，向她学习了纳威人的生存技能与对待自然的态度。与此同时，SecFor 公司的经理和军方代表上校迈尔斯逐渐丧失耐心，决定诉诸武力驱赶纳威人。尽管杰克等人一再争取希望可以不要那么做，但是采矿公司还是决意要去摧毁。采矿公司派遣的战机摧毁了他们前进的障碍——纳威族人赖以生存的那棵巨树，纳威族人的领袖也被炮火炸死。

　　没有了生存之地的纳威族人被迫暂居神树之下。而杰克等人的正义行为因为

---

　　① Donaldson, T. and Dunfee, T. W. Integrative Social Contracts Theory: A Communitarian Conception of Economic Ethics [J]. *Economics and Philosophy*, 1995 (1): 85 – 112.

　　② 有些利益相关者的利益要求是合理的，有些利益相关者的利益要求则是不合理的，这需要企业建立起一套严格的审计程序和规范的决策过程来加以甄别，但这是一个技术层面的问题，并不能从根本上否定企业应该承担的社会责任。

和采矿公司的利益相冲，被他们关了起来。后来，他们借机驾机逃跑了，杰克骑着"魅影"到达纳威族人暂居的神树下，呼吁纳威族人做出反抗，他终于又得到纳威族人的信任。在他的呼吁下，他们联络了潘多拉星球上其他民族的人，一起组建了一支几千人的反抗军，形成了陆空两路的防线。纳威族人的反抗联盟和采矿公司的军队展开了血战，结果，纳威族人反抗军最终打败了人类，而人类的军队指挥官也被杀死，纳威族人在杰克的帮助下，将遣送采矿公司全部离开潘多拉星球。在纳威的精神领袖的带领下，纳威族人用自己的感受器（辫子）与神树相连，借助神树的力量，将杰克·萨利的精神（灵魂）转移到阿凡达身上，杰克最终成为纳威人的领袖。

《阿凡达》其实是一封迟来 500 年的道歉信："对不起，我们推倒了那么多树木，修建铁路；对不起，为了金矿，除掉了你的家人；对不起，我们被你们从风雪中拯救，刚刚暖和过来，就把利刃插入你的胸膛。"

第三节　中西方伦理差异与融合

一、中西方伦理的差异

中国传统伦理文化是以儒家思想为主体，融入释、道观念的一种成熟的伦理文化。西方传统伦理文化则是根植于古希腊世俗文化、犹太契约文化、古罗马政治文化的土壤之中，历经基督教文化到文艺复兴、宗教改革和启蒙运动而形成的一种发达的世俗文化。中西方传统伦理文化由于其产生的文化渊源和地理环境以及其发展的历史过程的不同而产生了巨大的差异。这种差异总体来说主要体现在以下几个方面。

（一）整体性与个体性

相比较而言，中国伦理文化更加重视整体，在认识过程中，注重从总体上把握事物之间的联系，而西方伦理文化更加重视个体，在认识事物时侧重于对各个部分的深入研究。这种差异表现在以下方面：首先，在认识世界的方法上，中国伦理文化认为人与所要认识的世界或者说自然是和谐统一的，"天人合一"的观点贯穿于传统中国人认识世界的活动中；西方则不然，他们认为人独立于其所要认识的自然之外，"人为万物之灵"，能够认知自然并在此基础上改造并驾驭自然。其次，在个人与社会的关系上，中西方的态度有明显的差异。中国传统更倾向于个人依赖于社会，每个人都属于一个或多个集体或人际关系网，在集体或关系网中每个人都有着自己的地位，而各种不同的地位需要不同的群体予以认同，这种认同用孔子的思想可以表述为"正名"，孔子曾说，"名不正则言不顺，言不顺则事不成"（《论语·子路》），因此，一个人要在群体中有一个被认同的地位，就需要"正名"。在"名正"之后，个人的责任就是依照自己的身份履行相应的职责，证明对这个共同体的依属关系，而不是索隐行怪、标新立异、凸显个性；西方传统则不然，基督教认为每个信徒都可以与上帝直接进行对话，其间不需要经过任何中介，由此导致在西方个人对自我实现的要求很高，而社会目标的实现依赖于个人价值的实现。再次，在对人本身身体的认知上，中华传统文化认为个体就是一个和谐统一的"小宇宙"，中医认为，人体"小宇宙"与世界"大宇宙"相互作用，相互推动，同认识世界的方法一样，对于人体"小宇宙"，唯反观者能照察之；西方文化则认为，人体是由一个个器官组成的，器官是由一个个组织构成的，组织是由一个个细胞构成的，如此往下推，这从中西医不同的治疗方法中也可见一斑。

（二）内向性与外向性

与中华传统文化中的整体性相一致，中华传统文化还具有内向性的特点。这种内向性即遇事注重向内求而不是向外求，主要表现在"己欲立而立人，己欲达而达人""己所不欲勿施于人"的人际关系原则、修（身）齐（家）治（国）平（天下）的政治理想和"克己复礼""止于至善"的自修原则。这种思想上升到意识形态的高度反映到历朝统治者的政策之中，其一就表现为"重农抑商"，与此相适应的经济基础是中国几千年来的"小农经济"。自给自足的经济模式基本满足了小农的各项需求，从而使得交换的需求被压缩到一个小得不能再小的空间，再加上前述传统文化中对整体的重视和个性的压抑，反过来又进一步加固了传统文化的保守性。同样，与西方传统中对个体性的重视相对应，西方传统文化崇拜英雄，有着强烈的个人英雄主义色彩，强调积极向外追求，建立个人功业。新航路开辟以来，西方列强在利益的驱动下，肆意对弱小国家进行的侵略和殖民，鸦片战争以来的中国反侵略史可以算作是这种差异的生动体现，只是这个体现说起来总是带着些许沉重。

（三）灵活性与规范性

这种差异也可以表述为模糊性与精确性，即中华伦理文化由于其对整体重视，注重宏观把握事物之间的联系，大体说来，越是向微观领域，其认识也就越模糊，因此对很多概念其内涵和外延都是很不好把握的。正如黄仁宇先生所说，"（概念）只是谈到了可能包括的含义，而在文章中又把这些偶取偶舍的含义作为美术化的衬托，致使读者不能确定他是在介绍一种粗线条的观念还是在作精细的分析，这是中国古代哲学家的一个共同缺点"[1]；而西方伦理文化由于对个体的重视，对事物的认识往往追本溯源，例如对于人体的构造，观察到了微观的细胞都不能算是结束，细胞还要进一步分为细胞核、细胞膜、细胞质等。这种差异反映到现实生活中，其中一个表现就是中西方所依赖的社会规范的不同。中国人习惯于依赖道德的制约，而不是条条框框的规范法律和程序，而西方更依赖契约和法律中明确的权利义务关系来维持正常的社会关系。正如费孝通指出的那样，"在他们不是人情冷热的问题，而是权利问题。在西洋社会里争的是权利，而在我们却是攀关系、讲交情"[2]。

（四）契约型与关系性

一些自认为了解东亚文明的西方学者很容易将"关系"误解为是完全超越契约精神的，是有违西方契约伦理的。甚至近当代的一些中国研究者也将"关系"理论等同于"厚黑学"。如果这种论述能代表"关系"理论的全部，那么这就意味着正常的商业伦理规范在"关系网"中可能会失去原有的作用。这是不是意味着中国是一个只讲关系而不受社会契约约束的社会呢？

在这种关系理论中，伦理规范体现的是一个个体的人对其他个体、对其所成长和所依附的群体的责任和义务。西方的"个人"指的是"人本身"，而中国的"个人"是指共同成为一体中的一个，一个人存在的意义必须从其所从属的关系中加以确立。有些西方学者甚至认为在中国儒家的观念中至少要有两个人才有"人"的存在，否则就没有"人"（西方意义上的人）。然而，这也许只是对"仁"的构成所形成的表面理解，忽略了其中蕴含的以"仁者爱人"的伦理思想

---

① 黄仁宇：《中国大历史》，生活·读书·新知三联书店 2021 年版，第 76 页。
② 费孝通：《乡土中国》，青岛出版社 2019 年版，第 55 页。

为基础的人与人的关系。在中国数千年的发展中，关系不仅仅是"天人合一"整体观的体现，而是隐含着作为个体的人对"整体"和特定"关系人"的责任、义务和权利。无论在社会生活、家庭生活、经济生活抑或是政治生活中，中国人的伦理规范并不需要通过白纸黑字的契约来加以确认，而是依靠在最基本伦理原则（例如，三纲五常）指导下的个人德性和集体压力来维持的，是一种源自内在的警醒和外在关系监督的结合。

关系网络并不仅仅限于中国。西方许多商人也是各种机构的成员，如高尔夫俱乐部、校友会、狮子会（Lions Clubs）、扶轮社（Rotary Clubs）、商会等。有人认为这些机构集商业、娱乐和工作于一身，使其成员彼此受益，与中国所谓"关系"的差异很大，甚至到了不可同日而语的程度。而这种认知恰恰体现了西方文化的高度优越感。我们也可以这样表述：中国并不是一个缺少"契约"精神的社会，我们的契约是存在于我们的家族、我们的血液、我们所依存的社群中。这种契约精神是内在的而非外在的，是对与我们有"关系"（家族、朋友、师长甚至是熟人）的人的内在承诺，是在特定规范下的自觉行为。

西方契约能够发挥作用至少存在两个关键的因素：首先，各种契约都需要某种有效的合法系统来规制其运作，否则契约双方将无法保障条款的执行，从而终止交易。其次，如果双方能够建立彼此间的相互信任，任何一方则都不会存有侥幸心理，不会因担心其中存在的不确定性而终止交易。

在中国这种"大而化之"的文化环境下，传统上高度依赖个人、家族自觉的社会中，法制体系确定的是最基本的原则与规范，"关系"则是有效交易的一种支持机制。随着中国传统社会的解体和传统文化影响日衰，这种源自"内在"、基于"关系"上的伦理规范运行体系也在失去其作用。伴随着法制的健全以及市场化的进一步深入，建立新的伦理规范运行方式已经是势在必行；在这个过程中，传统的"关系"，自然会逐渐失去其重要地位。

应该看到，以上几点既为中西方传统文化的差异，同时又体现了中西方各自传统的精髓。其中，中华伦理文化精神所注重的，是西方伦理文化所忽视的，而中华伦理所短缺的，又恰为西方伦理文化所擅长的。近代以来中西方文化的交流实践也越来越证明，西方文化以逻辑思维方式构建的概念、范畴无法包容和概括通过修道，以直觉感悟获取的认识；同样，中国文化通过心身内证感而遂通天下的"体认"也无法将西方的严密逻辑体系收入囊中。因此，在现代管理中努力实现中西方文化的有机平衡与互补就成为适应经济全球化和世界一体化发展的要求。表4-1总结了中西方伦理演变及特征。

表4-1　中西方伦理演变及特征

时代	中国伦理特征	西方伦理特征
远古时代	以神话、传说解释世界，做出判断：女娲补天、后羿射日等善行	源于古希腊，以神话传说解释世界，做出判断：荷马时代英雄伦理的善行
前秦两汉（前770－220），古希腊罗马时期（前500－300年）	孔子建立了以仁和礼为核心的儒家伦理作为最高道德准则和道德境界，孟子提出了人性善论；以老子、庄子为代表的道家伦理思想主张人生哲学为清净寡欲，与世无争；以墨子为代表的墨家伦理提倡"兼爱"的原则，主张"重利"，在义利关系上，主张义利统一，就是"贵义"；以韩非子为代表的法家伦理强调法在社会生活中的作用，主张以法代德，即"不务德而务法"	毕达哥拉斯：认为世界的来源是一种精神性的"数"，反对过分的行为和欲望，注重灵魂的净化；德谟克利特：第一个明确把"快乐"或"幸福"宣布为行为标准；苏格拉底：提出了"美德即知识"的命题，和"认识你自己"的要求；亚里士多德：第一个建立了较为完整的伦理思想体系
魏晋南北朝至明中叶（220－1500年），西方中世纪时期（300－1500年）	在思想文化领域形成以儒家为主，儒、道、佛三者逐步融合的格局；道教：劝善成仙，道德是求得好结局的重要手段；佛教：劝人在今世行善，以求得来世的好后报，或者在死后进入佛的极乐世界。隋唐时期（581－907）：儒、道、佛三教并用。宋至明中叶（960－1500）：提出以"天理"为宇宙本体和道德本源，存天理灭人欲，儒家文化逐渐僵化与神化	中世纪伦理思想（300－1500）：主要讨论人与神的关系、基督教伦理占据主导地位，强调道德教化和道德产生禁欲、命态，追求有效生产和消费。奥古斯丁：基督教教父基人，对后来的西方文化产生了重大影响；托马斯·阿奎那：经院神学思想的代表，把基督教教义与古希腊思想亚里士多德思想调和起来，创建了庞大的天主教思想体系
明代中叶到"五四"（约1500－1900年），西方近代资产阶级伦理思想时期（1700－1900）	明代中叶以后，随着封建社会的衰落，儒家伦理也逐步走向衰落。资本主义萌芽开始产生，形成了具有启蒙主义特点的伦理思想。代表人物包括王夫之、颜渊、戴震等。反对灭人欲的禁欲主义观点，自然及其规律是可以认识的；提倡功利主义和尊重人的自然欲望呈现呼吁个性解放，要求个性解放，关注自然个性利益	社会变革导致道德观的极大变化。霍布斯：提出了人性恶的观点，认为"人是人的狼"；爱尔维修："人是环境产物"的论断；边沁：功利主义的主要代表，提出了"最大幸福"原则；康德：理性是道德的基础，一种行为是否合乎道德，关键在于是否出于"善良意志"的动机，黑格尔：继承和发展了康德的伦理思想，建立了完整的理性主义伦理思想体系
近现代（1900年至今）	以"五四"新文化运动为代表，以"科学"和"民主"为号召，几乎彻底摧毁了儒学在中国传播，西方文化开始在中国传播	20世纪50年代出现的个人生存伦理观，从财富积累转向快乐和心理生存的寻求，自我实现，各种伦理思潮涌现

二、比较视野下管理伦理融合

第一，明确中国情境下管理伦理思想与实践的主要研究内容。中国情境下管理伦理思想与实践研究内容应是具有中国社会和文化特点的管理活动及在此基础上提炼形成的管理理论。管理既是一种科学又是一门艺术，我们更有必要从中国文化价值体系出发，立足于中国大地，通过分析中国企业中每时每刻所发生的鲜活案例，来研究各种管理伦理活动的适用性和有效性，并从中归纳提炼出相关理论。

第二，用中国和东方社会文化视角，系统分析现有来自西方的管理伦理学理论。现有来自美欧林林总总的管理学理论，是在总结提炼西方企业近百年发展壮大的历史经验中产生的，不少理论具有很强的完整性和系统性，这些理论虽然经过了西方社会发展过程的筛选和企业管理伦理实践的检验，但在当今时代，这些理论是否依然适用，尤其是基于中国和东方社会文化视角来审视，是否具有文化差异性，依然需要深入研究。

第三，探讨现有管理伦理学理论在中国社会和企业情境下的应用效果。东西方管理伦理学并非互相排斥，其中有很多相通之处。西方管理伦理学理论在西方企业中的应用收到了良好效果，具有一定普适性，是否能很好地被吸收到中国的管理学实践体系中，是否适用于受到中国伦理文化影响的管理者和被管理者，成为中国的管理伦理学的有机组成部分，仍然有待于认真检验。

第四，研究东方伦理文化价值体系下对管理活动的认知和判断。东西方社会由于文化传统和社会背景不同，导致各自的价值体系有所差异，而在具体的企业管理中，因为管理的主体和客体都是具有思想和价值观的人，从管理主体即管理者来看，不同文化背景的企业经营管理者对于同样的管理活动和行为会有不同的认知和判断。面从管理客体即被管理者角度而言，东西方员工对于不同的管理方式感受也会有差异，而且有时候这种差异甚至会对管理绩效产生巨大影响。

第五，研究中国企业管理伦理活动的特点与规律。美国著名科学哲学家托马斯·库恩认为，范式是指特定的科学共同体从事某一类科学活动所必须遵循的公认的模式，它包括共有的世界观、基本理论、范例、方法、手段、标准等与科学研究有关的所有东西。我们要从管理伦理学已有的范式出发，去分析和研究中国企业管理伦理活动的特点、规律，并探寻这些特点和规律背后的原因，并用科学范式将已有的中国企业丰富的管理实践活动规范化体系化。

第六，研究东西方管理伦理思想和理论的异同和融合。西方管理伦理学理论经过一百多年的发展已经较为丰富和全面，其内涵也相当丰富，而现代意义上中国情境下的管理伦理学理论需要超越认知与经验阶段，认真分析研究东西方管理伦理理论的异同，做到洋为中用、兼容并蓄，从中国丰富多样的管理伦理实战案例中找出其共同规律，探索东西方管理伦理理论的融合之道。

中国社会科学要形成中国特色，要解决中国的实际问题。中华民族在全球化的趋势中如何找到自己的文化地位，建立强大的文化自信，是当前中国社科界重大而又紧迫的任务。费孝通先生给我们点明了文化创新和文化自信的实施路径，那就是"各美其美，美人之美，美美与共，天下大同"。全球文化的繁荣就像生物多样性那样，一定是百花齐放、群芳争艳。我们要充分认识中国管理智慧的优势，充分学习吸收西方管理学理论的长处，在建立中国管理伦理学理论体系的同时，与世界其他管理学理论流派"美美与共"，共同开创世界管理学的美好明天。

本章小结

西方现代管理思想的最大特点就是对理性主义方法论的盲目推崇，也就是它们始终把片面追求经济利益最大化作为自己的最高价值目标。对理性主义和资本主义精神对行为管理损害，学者们进行了反思。管理与伦理结合将带来管理思想的深刻变革并会成为管理科学发展史上的新的里程碑。

西方伦理基本理论大致包括社会契约论、经济伦理论、利益相关者论、权利与责任论、公平与正义论、自律与他律论、企业公民理论、工具与规范论。

中西方伦理差异总体来主要体现在以下几个方面：整体性与个体性、内向性与外向性、灵活性与规范性、契约型与关系性。

本章关键术语

西方伦理　利益相关者　权利与责任　自律与他律　东西方差异　伦理演变

复习思考题

1. 西方伦理有哪些基本的理论？
2. 中西方伦理的差异是什么？

3. "全球村"背景下中西方管理伦理如何走向有机融合？

➤ 情景分析

孔融让梨放在国外会发生吗？

情景1：

孔融有五个哥哥，一个小弟弟。有一天，家里吃梨。一盘梨子放在大家面前，哥哥让弟弟先拿。你猜，孔融拿了一个什么样的梨？他不挑好的，不拣大的，只拿了一个最小的。父亲看见了，心里很高兴：别看这孩子才四岁，还真懂事哩。就故意问孔融：

"这么多的梨，让你先拿，你为什么不拿大的，只拿一个最小的呢？"

孔融回答说："我年龄小，应该拿个最小的；大的留给哥哥吃。"

父亲又问他："你还有个弟弟，弟弟不是比你还要小吗？"

孔融说："我比弟弟大，我是哥哥，我应该把大的留给弟弟吃。"

你看，孔融讲得多好啊。他父亲听了，哈哈大笑："好孩子，好孩子，真是一个好孩子。"

孔融四岁，知道让梨。上让哥哥，下让弟弟。大家都称赞他。

情景2：

女儿凯丽上的中文班学到了"孔融让梨"这一课，为了看看学生们如何理解，老师挨个问，如果换成了她们，会不会让梨？这天共有五个女孩子来上课，都是八九岁的年纪。第一个女孩A是独生女，老师知道她常和邻居小孩一起玩，就问她如果邻居家的小朋友来了，她会不会把大梨让给邻居的小孩吃？女孩A摇头说不会，我要吃大的。老师很吃惊地问为什么呢？A回答："他家那两个小孩每次吃东西都要剩下来，如果把大梨给她们吃肯定要浪费，浪费东西不是好习惯。"老师呆了呆，觉得这个孩子虽然不让梨，但是她的说法也蛮有道理，所以对A的说法没有加以评判。

第二个女孩B家里有个年龄比她大很多的哥哥，父母对B极其宠爱。老师和蔼地问道："你在家里吃梨，会不会把大的让给哥哥吃？"B女孩连连摇头。为什么呢？"因为我妈妈和哥哥总是要把大梨给我吃，我让给哥哥他也不会吃，我吃了他们才高兴，为了让他们高兴，我要吃大梨。"这孩子的出发点好像也站得住脚。

第三个女孩 C 有个大她两岁的哥哥，两个人时常打打闹闹。问 C 是否会把大梨让给哥哥，她斩钉截铁地回答："不！"且义愤填膺地说："哥哥他很坏，对我一点儿都不好，我才不要把大梨让给他！"

第四个问到凯丽，老师满怀希望地问凯丽："凯丽，如果你和弟弟一起吃梨，会不会把大梨让给弟弟吃？"凯丽毫不犹豫地回答："我不让，大的吃大的，小的吃小的，我当然要吃大的。这才公平。"

在重重打击之下，可怜的老师不抱任何希望地问最后一个孩子，她也有个大她两岁的哥哥。"你是否会把大梨让给哥哥？"这个女孩轻轻地点了点头。老师眼睛骤然一亮，这一课没白上啊！终于有孩子领会了课文的重大意义，领会了中华文化的精髓。于是探身向前，热切地问道："那你为什么要把大梨让给哥哥呢？"那女孩子回答："我不爱吃梨，我哥爱吃，他都拿去吃我不在乎。"

思考与讨论：

1. 孔融让梨能否成为社会推崇的普遍道德标准？如何评判中国版"孔融让梨"？

2. 私利好不好？私心是不道德的吗？如何评判美国版"孔融让梨"？

➤ 案例分析

迷惘的拼多多①

2018 年 7 月 26 日，一家号称"三亿人都在用"的 App 在美国上市。那天，纽约这座位于世界之巅的金融之城，为一个中国的"80 后"年轻人敲响了警钟，黄铮的电商平台拼多多上市了。当日，拼多多股价开盘跳涨 39.45%，冲到每股 26.5 美元，市值 340 亿美元。创始人黄峥个人财富达 138 亿美元，超越刘强东，跻身全球百大巨富之列，一个新的财富神话诞生了。

在地球的另一边，真正缔造这个神话的 3.44 亿人，从未听说过美国证券交易委员会（SEC），根本不知道"敲钟"意味着什么。他们正忙着 1 元拼单购买樱花小冰箱，正在用 9.9 元的低价抢购包邮的无人飞机，正在扫荡 7.7 元 10 条的内裤，正在一边诅咒差劲的产品，一边享受拼单成功的快感。这一天，"折叠

---

① 《吴晓波：拼多多的新与旧》，财经 365 网，http://www.caijing365.com/html/caijing/yaowen/20180802/176805.html。

世界"的两个群体，被拼多多这个平台无缝连接，都在幸福地生活着。

黄峥出生在杭州一个中等收入家庭。1998 年，黄峥从杭州外国语中学毕业后，被保送到浙江大学，主修计算机专业。本科毕业后，黄峥远赴美国威斯康星大学攻读计算机硕士学位。硕士毕业，黄铮选择到谷歌工作。谷歌上市后，黄峥手里的原始股已经价值几百万美元。很快，黄峥被派往中国，随同 45 岁的李开复组建谷歌中国办公室。不过，顶配的薪资、城市最高档的写字楼、差旅全程五星级酒店，都留不住黄铮。黄峥觉得这些成功都是谷歌的，没有意思，开始把目光投向中国的互联网世界。最终，黄峥辞职创业。

2015 年，黄峥创办了拼好货电商平台，走的是"好货"路线，2016 年自营收入达 4.57 亿元，但是困在高存货、高损耗、高成本的陷阱里走不出来。到 2017 年，自营收入所占比例从 90.4% 狂跌到 0.2%。来自淘宝的孙彤宇献上了当年为淘宝谋划但未被采用的法宝：面对高贵得像公主一样的 eBay，我们要土得掉渣，在孙彤宇的指导下，黄峥开启了土得掉渣的模式，拼好货变成了拼多多。

很快，拼多多吸引了投资者的注意。经过一轮跟投、一轮领投，腾讯占股比则达到 18.5%，是除黄峥外的第二大股东。2018 年 4 月，拼多多的估值已经达到 150 亿美元。6 月，拼多多向 SEC 遵交招股书，准备通过首次公开发行股票（IPO）募集最多 10 亿美元。从创办到海外上市，京东用了 10 年，唯品会用了 8 年，淘宝用了 5 年，拼多多只用了 2 年 3 个月。

拼多多在美上市前后，有两波铺天盖地的宣传文。第一波是赞赏其商业模式的。一个早期投资人用"洞察人性"来形容创始人，并大力表扬了"社交 + 电商"的创新思路和近乎病毒式营销的拉新手段，让它在阿里和京东双寡头的电商领域中硬是闯出一片天地。第二波则是在上市后。当众人开始调侃平台上假货多多时，网上猛然出现了多篇文章，开始夸奖平台为"拉平消费"，让"更多三、四线城市和农村消费者享受到现代社会生活的便利和丰富"做出的贡献。文章的配图往往是平台上各种家徒四壁的买家秀，配合"纯真喜悦"的商品评论，为此还创造出一个词——"五环内视障"，用来形容那些居高临下做出道德判断的一、二线城市的居民。

但是，更多的人对拼多多那些便宜商品提出了质疑。为了写一篇专栏文章，著名财经作家吴晓波专门下载了拼多多的 App。他在拼多多上找到了小米新品、创维先锋、蓝月壳洗衣液和老于妈……之后，吴晓波读到两份分析报告。一份是天风零售提供的。它用爬虫技术统计了 2018 年 6 月 27 日到 7 月 27 日期间，拼多多家电销售额接名 TOP100 的商品，结果发现，涉嫌假冒品牌的商品共 39 个，在总销售额中的占比为 57.82%，销售量占比为 63.37%。天风零售还总结了假冒品牌的三种套路：采用和知名品牌一致的中文名称，但是英文 LOGO 不同；在知名品牌前后增加小字；借用其他品类的知名品牌名称。另外一份是华尔街见闻的见智研究所做的抽样调查，他们统计了电器、母婴、食品饮料、日用品、服饰 5 个大品类 12 个品种中涉及普通消费者日常使用的 56 款产品，以拼多多公布的已拼单数和特单价格计算，上述产品销售总期为 5.8 亿元。见智研究所得出的核心结论有两个：其一，在总计 5.8 亿元的销售额中，疑似仿冒产品的销售额为 2.58 亿元，占比 44.5%；其二，单个产品的划线价格远超正常范围。划线价格整体上是拼团价格的 10 倍。研究人员查阅了同类产品在其他电商平台的划线价格，拼多多平台的划线价格存在刻意过分夸大的现象。

吴晓波认为，任何商业模式的可行性，都应当建立在两个"基本尊重"的前提之下：其一，对知识产权和品牌的尊重，是一个成熟商业社会的秩序基础，是所有商业行为的法治化前提。无论是制造者还是平台方，都应当自律和维护它的尊严，对知识产权与品牌的刻意漠视，构成商业伦理的沦丧。其二，为消费者提供合适的商品，是对他们的一种基本尊重，其中包括品质与价格的相当、承诺服务的兑现，也包括商品本身的合法性。消费者对商品的性价比追逐是永无止境的，对消费者这些要求的满足，理应通过技术创新和效率提升来完成。制假贩劣，终非正途，既不值得赞美，也不应给予任何谅解的借口。

众多网民也表达了自己的愤慨。网民"鲁不逊"认为：拼多多的"劣货"之痛没有真正从技术上进行突破，而是瞄准人性弱点，游走在灰色边缘，落地于法律空白。

思考与讨论：

1. 拼多多的行为合法吗？为什么？
2. 从管理伦理的角度看，拼多多的经营是否存在问题？存在哪些问题？
3. 从管理伦理的角度，拼多多该怎么办？

参考文献

[1] 叶陈刚：《商业伦理》，东北财经大学出版社 2020 年版。
[2] 周祖城：《管理伦理学》，清华大学出版社 2015 年版。
[3] 叶陈刚：《商业伦理》，东北财经大学出版社 2020 年版。

〔4〕辛杰:《企业社会责任研究:一个新的理论框架与实证分析》,经济科学出版社 2011 年版。

〔5〕于惊涛、肖贵蓉:《商业伦理:理论与案例》,清华大学出版社 2016 年版。

CHAPTER 5

第五章 企业社会责任

▶ 学习目标

1. 掌握企业社会责任的定义与内容。
2. 运用企业社会责任理论分析和解决问题。
3. 了解企业社会责任的标准。
4. 分析企业社会责任范式演化的过程。

▶ 引导案例

央视3·15晚会曝光男运营冒充女主播讨赏诈骗[①]

2022年的央视3·15晚会晚会上曝光了男运营冒充女主播讨赏诈骗事件。直播间里刷一个"嘉年华"礼物需要3000元,一个"帝王套"甚至需要18000多元。是什么让粉丝"大哥"不断掏钱刷礼物、打赏?

哈尔滨的聚享互娱传媒有限公司号称全国十强直播公会,下辖30多家分公司和加盟伙伴,拥有3000多名签约艺人、2000多间直播间。通过几天的调查,记者摸清了聚享互娱公司运营粉丝的套路。

女主播背后的男运营把有打赏经历的粉丝"大哥"从其他直播间找出来。男运营会冒充女主播,与粉丝"大哥"在直播平台私信聊天,拉近距离后,男运营还会趁机添加上粉丝"大哥"的微信,冒充女主播叫粉丝"大哥"老公、亲爱的,内容极为露骨,毫无底线,这些人的"老公"都不止一位,甚至称"我想全球都是我老公"。娇滴滴的老公叫着,每天的嘘寒问暖,感人的小作文

---

① 资料来源:https://www.cctv.com/。

让不明真相的粉丝"大哥"、粉丝"老公"被女主播和她背后的男运营深深套牢。

为了让他们尽可能多地掏钱打赏，这家公司使出更狠的一招，连线 PK。落后主播发嗲的求助声，直接刺激粉丝"大哥"们的神经，不断掏钱打赏。在暗访中，男运营称一位已经分手的粉丝大哥"没有借钱能力了，支付宝、亲戚朋友啥的全不行了，信用卡全让我给干空了"。还有大学生连续每天刷礼物超过 1000 元，男运营嘲笑道"慢慢的老师都能给他劝退了，我谁都不带可怜的，有这种人我往死整他们"。亿泰传媒有限公司老板说："吃大哥喝大哥，吃完大哥骂大哥。"

就这样，公司、娱乐女主播、男运营将不明真相的粉丝大哥骗得团团转，掏空口袋里的钱，不断刷礼物打赏。

第一节　企业社会责任的定义与内容

一、企业社会责任的定义

西方学者真正给出企业社会责任的定义是 20 世纪 50 年代以后的事。博文（Bowen，1953）在他的里程碑式的著作《商人的社会责任》中定义到：商人（或企业家）的社会责任是指商人（或企业家）有责任根据社会价值观和目标的要求来拟订政策、制定决策或遵守行动线。商人（或企业家）要在一个比损益清单覆盖得更广的范围内，为他们的行为后果负责。他首次给 CSR 下了一个明确的定义：商人按照社会的目标和价值，向有关政策靠拢，做出相应的决策，采取理想的具体行动和义务。①

20 世纪 60 年代后，研究人员对什么是企业社会责任问题做了更加深入的探讨。戴维斯（Davis，1973）在《企业和它的环境》一书中对先前的定义做了修正，他认为，社会责任是指一个人关注他的决策和行为对整个社会系统造成的影响的责任。当商人（或企业家）关注被企业行为影响的其他人的利益和需要时，

---

①　Bowen, H. R. Social Responsibilities of the Businessman [M]. New York：Harper, 1953, P. 31.

应该考虑相应的社会责任。① 弗雷德里克（Frederick，1960）认为社会责任意味着商人（企业家）应该检查经济组织的运作以便满足公众的期望；反过来也意味着经济组织应该采用这样的一种生产方法，即生产和分配应该能够提高整个社会经济福利。社会责任不仅指企业针对社会的关于经济和人力资源的一种公开姿态，还指企业将这些资源应用于广泛的社会目的而不是简单地限制在狭隘的个人和企业利益方面的一种意愿。②

20 世纪 70 年代以后，学术界才把视线从"商人"转到"企业"上。巴尼（Barney，1991）认为社会责任通常指企业除了追求经济效益以外应该关注的目标或动机，例如少数民族就业、减少污染、广泛参与改善社区的计划、改善医疗设施、改善行业卫生与安全标准。在"利益相关者"概念出现后，为了更好地界定企业社会责任，有些学者把这一概念引入企业社会责任的定义中。③ 卡罗尔（Carrol，2004）把 CSR 定义为某一特定时期社会对组织所寄托的经济、法律、伦理和自由决定（慈善）的期望。④

从国际相关组织来看，比较有代表性的看法如下：

世界银行：企业社会责任是指企业与关键利益相关者的关系、价值观、遵纪守法以及尊重人、社区和环境有关的政策和实践的集合。它是企业为改善利益相关者的生活质量而贡献于可持续发展的一种承诺。

欧盟：社会责任是指公司在资源的基础上把社会和环境关切整合到它们的经营运作以及它们与其利益相关者的互动中。

英国的"企业公民公司"（Business for Social Responsibility）：该组织是美国权威的帮助会员公司实施社会责任战略进而实现商业成功的组织，它认为企业社会责任就是通过尊崇伦理价值以及对人、社区和自然环境的尊重，实现商业成功。

英国的"企业公民公司"（Corporate Citizenship Company）：认为"企业公民"有四项内容：（1）企业是社会的一个主要部分；（2）企业是国家的公民

① Davis，K. The Case For and Against Business Assumption of Social Responsibilities [J]. *Academy of Management Journal*，1973（6）：312 – 322.

② Frederick W C. The Growing Concern over Business Responsibility [J]. *California Management Review*，1960，2：54 – 61.

③ Barney，J B. Firm Resource and Sustained Competitive Advantage [J]. *Journal of Management*，1991（17）：99 – 120.

④ Carroll，Archie B. Corporate Social Responsibility：Evolution of a Definitional Construct [J]. *Business and Society*，1999，38（3）：268 – 295.

之一；（3）企业有权利，也有责任；（4）企业有责任为社会的一般发展做出贡献。

安南的"全球契约"：该协议不仅关注劳工权益问题，而且还涉及企业环境责任问题。1999年2月，在瑞士达沃斯世界经济论坛上安南提出了"全球契约"，并于2001年7月在联合国总部正式启动。

世界企业可持续发展委员会（World Business Council for Sustainable Development，WBCSD）于1998年在荷兰进行第一次七国CSR对话时，认为企业社会责任是企业对经济可持续发展贡献的承诺，保持同员工、他们的家庭、地方社区和广大社会的良好关系，提高他们的生活质量。对社会和环境的关注是企业社会责任的一部分。

英国国际工商领袖论坛（IBLF）：企业社会责任是指企业运营应当公开透明，符合伦理道德，尊重劳工社群，以及保护自然环境，并从而为股东和全社会持续创造价值。这一概念意味着，企业在考虑企业自己经济利益的同时，也要考虑企业的社会和环境责任，做到企业的经营对社会负责，对环境友好，即实现企业的"三重底线"原则。

中国劳动与社会保障部劳动科学研究所"企业社会责任运动应对策略研究"课题组也表达了类似的看法：企业社会责任是指企业在为股东谋取最大利润的同时，应当充分考虑利益关系人的利益，主要包括人权、劳工权益和环境三个方面，其中劳工权益是核心。

本书的定义：企业社会责任是指企业在创造利润、对股东利益负责的同时，还要承担起对其他企业利益相关者的责任，保护其权益，以获得在经济、社会、环境等多个领域的可持续发展能力。

二、企业社会责任的内容

（1）企业对股东的责任，指企业的经营要符合股东利益，要向股东提供充分、真实的投资信息，力促公司股票价格的上升，保证按时发放股息。

（2）企业对员工的责任，指企业在生产经营活动中雇佣员工的同时，要肩负起保护劳动者人身安全，身体健康，培养和提高员工政治、文化、技术等多方面素质，保护劳动者合法权益等责任。为此，企业要保证员工获得相当的收入水平，保持工作的稳定性，提供良好的工作环境和适当的发展机会。

（3）企业对消费者的责任，指企业向消费者提供的产品和服务应能使消费者满意，并重视消费者即社会的长期福利，致力于社会效益的提高，如向消费者提供安全可靠的商品，以及准确真实的信息，维护社会公德等。

（4）企业对政府的责任，指企业应当按照法律规定上缴利税，响应政府的号召和遵守政策和法规，帮助政府解决居民的就业问题。

（5）企业对社区的责任，指企业对企业所处社区有维护社区正常环境、适当参与社区教育文化发展、保护环境、维护社区治安、支持社区公益事业的责任。

（6）企业对环境的责任，指企业应当为所在的社区、区域、国家或社会，乃至全人类的长远利益负起责任。要维护人类的生态环境，以适应经济社会的可持续发展。企业作为自然资源（能源、水源、矿场资源）的主要消费者，应当承担起节约自然资源、开发资源、保护资源的责任。企业应防止对环境造成污染和破坏，要整治被污染破坏了的生态环境。

（7）企业对供应者的责任，要遵守诺言保证付款的时间。

（8）企业对债权人的责任，要信守承诺，遵守合同条款，保持值得信赖的程度。

（9）企业对竞争者的责任，要开展公平竞争。

（10）企业对特殊利益集团的责任，要提供平等的就业机会，积极支持城市建设，热情为残疾人、儿童和妇女组织做贡献。

> 阅读材料

九阳：一杯豆浆的传奇①

在九阳之前，世界上本没有豆浆机。

那时候，人们如果想喝豆浆，需要用石磨来磨豆浆，然后用纱布过滤，再用锅熬煮。熬煮时需要有专人看管，因为一不留神，豆浆就会溢出来。

1994 年，有着稳定职业的中专教师王旭宁，本着"为中国人民身体健康做点儿事"的朴素愿望，开始研制全自动豆浆机，他希望中国人都能够轻轻松松地制作营养丰富、方便卫生的美味豆浆。几位志同道合的大学同学与他一起同甘共苦，历尽艰辛，终于原创发明了家用全自动豆浆机，实现了豆浆制作方法的革新。

---

① 资料来源：笔者自编。

在"为中国人民身体健康做点儿事"的朴素愿望指引下，九阳将企业的价值观确立为做有责任感的企业，对员工、消费者、合作者与社会负责任，同时倡导每一位员工都要做有责任感的人，将九阳的目标确定为"努力为社会做出更大的贡献"。

为了实现"努力为社会做出更大的贡献"的企业目的，九阳一直致力于研制、生产健康、方便的产品。豆浆机是当时国内市场上唯一一种由中国人自己发明、生产的家用电器，客观地说，是九阳原创发明了豆浆机，开创了豆浆机市场。但是，第一代豆浆机缺点一点不比优点多：一煮就糊，粘机且清洗困难，电机工作不稳，返修率高，等等。九阳坚持技术创新，不断研发新工艺、新品种，豆浆机技术不断提升，已经在九阳手中实现了包括外部加豆技术、智能不粘技术、浓香技术等九次重大革新，九阳已经拥有100多项专利。

九阳公司一直致力于为消费者提供健康的产品，创造健康的生活，豆浆机、电磁炉、果汁机、料理机、开水煲、紫砂煲、电压力锅、净水机等引领新兴健康生活的小家电，是九阳始终坚持的方向和目标，九阳没有选择盈利但不利于消费者健康的产品。2016年九阳荣膺中国航天太空厨房合作伙伴，九阳航天净水机为航天员保驾护航。

九阳不仅为社会提供健康的产品，而且把唤起全民健康意识当作九阳的责任。正是在这种理念的指引下，九阳举办"大豆饮食与健康"有奖征文、开展"豆浆饮食文化周"、编辑出版《鲜豆浆营养食谱》和《中国学生营养饮食指南》。鉴于九阳公司坚持不懈地对宣传大豆营养保健知识的贡献，2000年"国家大豆行动计划"小组授予九阳家电企业中唯一的示范企业称号。

九阳一直致力于建设健康的企业文化，九阳创造条件与环境，使九阳员工拥有健康的身心与健康的生活方式。举办丰富多彩的体育活动是九阳的传统，公司长年包租体育馆，周末休闲，篮球、羽毛球、乒乓球、游泳，让九阳人拥有健康的体魄；九阳倡导员工间团结、互助的大家庭理念，所以九阳的员工就幸福得很：吃饭不要钱，冬夏有空调，洗澡有太阳能。对于常年在外公干没时间谈恋爱的光棍们，九阳还创造性地专门设立了"红娘奖"，以奖励那些为他们婚事忙活着的"月老"；另外九阳还有一支免费钟点工的志愿者组合——"家庭服务队"，随时机动地为那些出差后家里没有壮劳力的员工家属去干活……

九阳关心员工、爱护员工，九阳了解员工现实的和潜在的需要，为员工的实现自我价值创造了适宜的环境和条件。在九阳，谁有能力谁就上，只要你有能力，总裁以下的位子你可毛遂自荐；九阳倡导学习，刻意建设学习型企业，非常注重对员工的培训，在这方面不仅董事长以身作则去上海中欧商学院、长江商学院、清华大学读 EMBA，也安排他的下属（九阳的中、高层）分别在中国人民大学和山东大学等高等院校参加 MBA 学习。九阳拒绝不正之风，谁"犯规"就制裁谁，因此每年总裁办都会收到一大批被交上来的礼品和回扣款；九阳提倡集思广益，鼓励提合理化建议，不但每件建议会有答复，而且谁的点子好、被采用了，每年还会有奖金。

九阳力争与供货商、经销商实现共赢，把公司的发展与供货商、经销商的发展相结合。九阳认为：我有利，客无利，则客不存；我利大，客利小，则客不久。

九阳积极承担社会责任，努力为社会做出更大的贡献。在九阳的发展历程中，"慈善事业"一直是九阳人所关注的重点。2008 年 5 月 12 日，汶川发生举世震惊的 8.0 级大地震。在得知消息的第一时间，九阳副董事长黄淑玲即赶到北京，捐助现金 100 万元。此后，在这次赈灾行动中，九阳股份有限公司共捐助款物达 365.9 万元。5 月 28 日，九阳股份在深圳证券交易所挂牌上市，在庆祝企业实现大跨越之时，九阳人没有忘记那些失学的孩子，没有忘记那些无奈的母亲，没有忘记那些需要帮助的人。在回到济南之后，九阳股份董事会当即与槐荫区慈善总会联系，认捐了 2000 万元的"九阳慈善教育基金"，用于困难家庭子女完成学业和捐建希望小学。

中国青少年发展基金会调查显示，全国有 3000 多万的农村寄宿制中小学生，而这些中小学的食堂普遍无法满足正在发育的青少年成长的需要，5 个农村孩子中就有 1 个存在营养不良的状况。为了改善这种"进得起学堂、进不起食堂"的状况，2010 年，九阳与青少年发展基金会签订捐赠协议，设立九阳希望基金，计划未来 10 年内捐赠 5000 万元，专项用于在贫困地区的 1000 所中小学建设和改造符合国家食品卫生要求的厨房和食堂，让老师和孩子们有一个干净卫生、安全健康的就餐环境。2014 年，九阳希望厨房开始升级，建好厨房做食育，从吃饱到吃好。到 2022 年初为止，已建 1084 所九阳希望厨房，覆盖了全国 27 个省份，直接受益学生达 260 万。

正因为如此，九阳荣获了众多荣誉，"国家名片""国家标准制定单位""国家知识产权示范企业""国家级技术中心""国家级实验室""最具社会责任上市公司""中国年度最佳雇主百强""最受女性关注企业"，等等，不胜枚举。

第二节　企业社会责任理论

一、企业社会责任层级理论

企业社会责任层级理论主要探讨的是企业究竟应该承担哪些社会责任，这些责任之间的关系如何，它提出了企业承担社会责任的层次性，区分了企业应该承担的基本社会责任和高层次社会责任。

1. 企业社会责任同心圆模型

美国经济发展委员会（CED）在 1971 年发布的《工商企业的社会责任》报告中指出，"企业应该为美国人民生活质量的提高做出更多贡献，而不仅是提供产品和服务的数量"。这份报告详细阐述了"三个中心圈"的企业社会责任规定：内层圆包括产品、就业和经济增长等有效执行经济职能的最基本责任；中层圆包括在执行经济职能时对变化的社会价值及偏好的敏感知觉责任，如环境保护、雇用及与员工的关系、向顾客提供更多的信息、公平对待和预防伤害；外层圆包括企业应承担的新出现的和未明确的责任，包含企业更大范围地促进社会进步的其他无形责任，如消除社会贫困和防止城市衰败、广泛参与改善社会环境的活动、解决贫困问题等。

美国的经济发展委员会的三个同心责任圈理论考虑到了企业社会责任的全面性、丰富性和历史条件等因素，但就各种企业社会责任的性质的区别混淆不清，而且三个同心责任圈理论中所划分的各个圈内的责任也不具体，作为一种理论观点显得很新颖，但作为一种理论分析框架就显得苍白无力。

2. 企业社会责任的金字塔模型

卡罗尔（1991）提出了企业社会责任的金字塔模型，如图 5-1 所示。

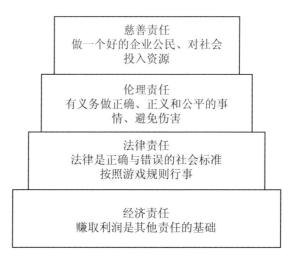

图 5 - 1　企业社会责任金字塔模型

资料来源：Archie B. Carroll. The Pyramid of Corporate Social Re-sponsibility：Toward the Moral Management of Organizational Stake-holders ［J］. *Businee Horizons*，July - August 1991，39 - 48.

　　经济责任是基本责任，处于金字塔的底部。经济责任是企业生存和发展的根本，因为没有经济责任，也就是说，企业没有经济利益，对其他三个方面责任的讨论将"失去意义"。第二个层次是期望企业遵守法律。在此之上是伦理责任层次，企业有义务去做那些正确的、正义的、公平的事情，还要避免或尽量减少对利益相关者（雇员、消费者、环境等）的损害。在该金字塔的最上层，寄望企业成为一个好的企业公民，期望企业履行其自愿的慈善责任，为社区生活质量的改善做出财力和人力资源方面的贡献。卡罗尔认为，企业需要从整体来看待金字塔模型，去关注在同时履行这些责任时所可能涉及的决策、行动、政策和活动。企业并不是按金字塔中由低到高的次序履行其责任，而是同时履行所有的社会责任，包括经济、法律、伦理和慈善四个方面的责任。卡罗尔同时指出虽然这四方面责任经常是相互冲突的，但是他们也紧密地联系在一起。

　　卡罗尔的四责任理论根据企业的各种社会责任的性质进行了比较分析，有清晰易解的特点，对企业社会责任理论研究尤其是企业社会责任内容的界定有着明显的突破，正因为如此，目前理论界把卡罗尔的四责任理论作为分析企业社会责任的主要理论之一。其不足之处是：第一，该框架对伦理责任和慈善责任的界定是不明确的，二者之间的关系也模糊不清。第二，各类责任之间的界限不够清晰，有很多交叉重叠之处。例如，某国有企业的管理层利用他们对企业的实际控制权非法转移国有资产，显然，这背离了经济责任，因为股东、国家的利益受到了损害；企业的行为又是违法的，因而也背离了法律责任；同时，这种行为与主流的社会伦理规范是相悖的，所以也背离了伦理责任。但究竟应划入哪一类别是不确定的。如果某一社会责任行为不能清晰地归入稳定的类别，那么这种分类方式是有问题的。第三，该框架通过责任属性来划分社会责任类别显得比较抽象，对象和内容都不够明确，不利于研究的操作化，也不利于企业管理者的实际应用。

二、企业社会责任响应理论

企业所处行业不同，面临的利益相关者构造也不相同，也就有不同的社会事务，社会事务发生变化，不同行业有不同的事务，所以对于社会事务的管理就落实到了企业社会响应（corporate social responsiveness，CSR2，CSR 作为 CSR1）。弗雷德里克于 1994 年第一次提出了把企业社会响应作为 CSR2，CSR2 是一个企业对社会事务响应的响应能力。[①] 表 5－1 列出了一些学者提出的公司社会响应策略类型。

表 5－1　　　　　　　　　　　企业社会响应策略类型

作者	公司社会响应策略				
威尔逊（Lan Wilson，1975）	反应		防御	适应	前瞻
麦克德莫特（Terry McAdam，1973）	坚决抵制	只做要求做的		不断进步	行业领先
戴维斯（Davis & Blomstrom，1975）	退出	公共关系方法	法律途径	谈判	解决问题
詹姆斯（James Post，1978）	适应		前瞻		互动
塞维斯（Savage，1991）	监控		防范	参与	合作

资料来源：笔者整理。

三、企业社会责任驱动理论

希尔曼和凯姆（Hillman and Keim，2001）发现，通过与主要利益相关者建立紧密的关系，这种关系能帮助企业获得不可见的、有价值的资产；投资者与利

[①]　FrederickWC. From CSR1 to CSR2 [J]. Business and Society，1994 (33)：150－164.

益相关者的关系，能够导致客户与供应者的忠诚，降低员工的离职率，以及提高企业的声誉。① 萨尔等（Sarre et al.，2001）认为，为有效地防范因不讲商业道德而导致的社会灾难、企业灾难甚至破产的发生，虽然法律和法规能够发挥一定的作用，但最有效的方式是把企业社会责任纳入公司管理，发展战略性社会责任，最好是形成企业社会责任文化，并把运用企业社会责任作为风险评估和风险管理的基本工具之一。因此企业从承担社会责任中获得资源，这种资源包括与员工的关系，与顾客的关系，在投资者与社区中的良好声誉，以及企业对风险防范能力的提高，等等。②

兰顿（Lantons，2001）将企业社会责任分成三种类型：第一种类型，伦理/道德型的企业社会责任，是企业受伦理/道德的影响去完成企业的经营责任、法律责任、道德责任等一系列的企业社会责任。第二种类型，利他型的企业社会责任，是企业之所以从事慈善事业，是为了社会的利益，而不是为了企业自身利益，不管企业的行为是否对企业盈利有贡献，企业都应该从事慈善事业，完成企业的社会责任。第三种类型，策略型的企业社会责任，是企业进行慈善事务的目的是为了提高企业的形象，从而使企业从经济上受益。③

万马瑞维克（Van Marrewik，2003）提出了企业社会责任的五层次模型，包括：第一层次，依赖趋动（compliance driven）。企业社会责任是一种社会义务，企业社会责任的花费仅仅被看作一种成本。企业的经济责任是重要的。第二层次，利益驱动（profit driven）。企业社会责任是一种策略，用企业社会责任创造竞争优势。在企业社会责任上的花费是一种创造力和竞争力的投资，在未来可以带来利润。第三层次，爱心驱动（driven by caring）。用企业社会责任去平衡利益、人类和地球之间的关系。企业从事社会福利，是为了利益相关人创造财富。企业的社会和环境责任胜过经济责任。第四层次，互动的（synergistic）。从事企业社会责任的目的是从长远角度创造企业持续经营的能力。企业的社会和环境责任被企业策略性地用来创造竞争力，以便更进一步地提高企业的经济责任。第五层次，整体的（holistic）。企业社会责任作为一种企业文化。企业的社会和环境

---

① Hillman, Amy J Gerald D Keim Shareholder. Value, Stakeholder Management, and Social Issues: Whats' the Bottom Line? [J]. *Strategic Management Journal*, 2001, 22 (2): 125 – 140.

② Sarre, Rick, et al. Reducing the Rick of Corporate Irresponsibility: The Trend to Corporate Social Responsibility [J]. *Accounting Forum*, 2001, 25 (3): 300 – 317.

③ Lantons, G. 2001. "The boundaries of strategic corporate social responsibility" [J]. *Journal of Consumer Marketing*, 2001, 18 (7): 24 – 25.

责任被企业策略性地用来创造企业文化，进而创造竞争力，以便更进一步地提高企业的经济责任。[①]

施瓦茨（Schwartz，2003）在研究 CSR 的动力机理的过程中，提出了一个三动力模型，如图 5 - 2 所示，即企业之所以承担社会责任，是因为有三个方面的动力，包括经济动力、制度动力与道德动力，他把外在动因和内在动因都整合在一起，并以三维图的形式来表示该模型[②]（见图 5 - 2）。

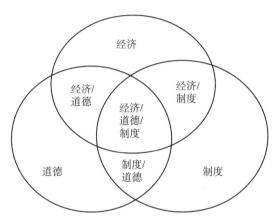

图 5 - 2　CSR 的动力模型

图 5 - 2 中，经济动力、制度动力和道德动力分别以三个圆表示，由三个圆相交而产生七个区域：纯经济、纯制度、纯道德、经济/制度、经济/道德、道德/制度、经济/道德/制度，并认为中间的状态，也就是同时满足经济/道德/制度三方面要求的状态是理想状态，因为它可以同时满足社会各个方面的要求。根据三个动力各自的强度不同，企业承担社会责任被划分为不同类型，即经济动力主导型、制度动力主导型、道德动力主导型和平衡型。用以表示不同 CSR 的不同特质。模型中对企业社会责任的划分是比较全面的，但现实中企业纯粹出于道德动因承担社会责任的十分少见，而纯粹出于制度动因承担社会责任则往往是对制度的被动适应，更何况，在制度范围内承担社会责任只是企业在市场上存在的

----

① Van Marrewijk, M. Concepts and definitions of CSR and corporate sustainability [J]. *Journal of Business Ethics*, 2003 (5): 44.

② Schwartz M S, Carroll A B. Corporate Social Responsibility: A Three Domain Approach [J]. *Business Ethics Quartly*, 2003 (13): 79.

前提条件，是企业分内之事。另外道德和经济动因往往难以区分，因为很多道德动因可以被解释为经济动因，而一些经济动因也可以用道德动因来解释。

四、企业社会责任战略理论

沃特克（Wartick，1985）建立了评价企业社会责任的 RDAP 模式，这四个术语是："消极反应型"（reactive）、"抵御型"（defensive）、"适应型"（accommodative）和"预见型"（proactive），并对这一模式做出了解释，如表 5 –2 所示。

表 5 –2   企业社会责任的 RDAP 模式

模式	社会责任态度	社会责任行为
消极反应型（R）	否认企业社会责任	尽量逃避社会责任
抵御型（D）	承认责任但消极对抗	尽量少履行
适应型（A）	承认并接受责任	仅做所有被要求事项
预见型（P）	预见将要担负的责任	比要求的做得多

资料来源：Wartick, Steven L, Philip L, Cochran. The evolution of the corporate social performance model [J]. Academy of Management Review, 1985, 10 (4)：758 –769.

1. 消极反应战略

消极反应战略（reaction strategy）就是未能甚至不愿意按照社会责任方式行动。这种战略认为企业社会责任不是必要的，无视企业的社会效益，只要能赚钱，可以不择手段。这种战略行为往往会鼓励企业的短期行为，从而不利于企业的长期发展，结果只能是被市场抛弃。这种企业战略根本无视企业社会责任，是既不合法又不合理的危险型战略。例如 20 世纪初生产石棉的美国曼维尔（Manville）公司。当时有权威科研机构研究表明，长期呼吸石棉纤维，容易使人虚弱，甚至导致癌症、肺病（被称作石棉肺）等病症，在这种情况下，这个公司不是寻找方法改善公司员工的工作条件而是选择隐瞒证据，比起员工安全和健康，该公司更关心的是利润，公司总裁认为给工人更多的补偿比改善工作条件费用低。曼维尔公司不负责任的行为不但没有使它的利润最大化反而被迫支付 2.6 亿美元调停费，使公司股东利益受到极大的损害。这也说明，公司如果为了眼前利益而忽视了社会责任，最终必将受到自身行为的严厉惩罚。

2. 抵御战略

抵御战略（defense strategy）仅仅是为了保住它们现有的位置，采取不积极的防御战略，得过且过。对于必须遵守的规章制度和法定义务规定的强制性要求，维持最小的努力，对抗处理企业社会责任问题，在道德底线上徘徊。对本企业降低成本是自觉的、明确的和积极主动的，而对履行企业社会责任则是不自觉、不明确和消极被动的。这类企业片面追求自身的发展，不注重生态和社会的和谐发展，是一种短视行为，但一般不越雷池，属于合法但不合理型的成本导向战略。典型的例子就是美国的三大主要汽车生产厂家，20世纪70年代，他们面对空气污染、汽油短缺、车辆交通安全等问题，未能做出积极的反应。当美国大学教授们宣称烟雾的最大贡献者是汽车时，各大汽车厂家却无动于衷，仍然把着汽车原有的功能不放，置空气污染、汽油短缺于不顾，结果付出了惨痛的代价，当日本公司提前解决了这些社会问题，大举进攻美国市场时，美国汽车公司才意识到问题的严重性，但大量的市场份额被日本汽车公司占有。因此抵御战略只能是自欺欺人，一旦忽略或者抵触必将自食其果。

3. 适应战略

适应战略（accommodation strategy）是一种既合法又合理的战略，企业比较自觉地使它们的行为服从利益相关者的期望，把企业社会责任纳入企业发展战略，把它看成一种谋略和手段，企业社会责任能给企业带来可持续发展的机会。企业履行企业社会责任有一定的自觉性，但也存在很明显的局限性。高层管理者仅仅在必要时才考虑企业社会责任问题，满足管制需要。首先为本企业，其次为利益相关者，在本企业利润最大化的前提下，也适当履行企业社会责任。一旦在不利于或有损于本企业利益的情况下，就不愿意服务社会了，其履行企业社会责任的水平自然就随之下降，企业道德建设水平也随之滑坡。

4. 预见型战略

预见型战略（precaution strategy）把企业社会责任看成企业社会资本的投入和企业可持续发展的客观要求，而不仅仅是谋略和手段。注重企业的长期利益，为了保持企业核心竞争优势，企业可以放弃一部分利润和市场份额。企业能比较自觉地把企业利益和为社会服务的目标统一起来。企业既不单单是追求利润的工具，也不是公共法则的附属，而是积极预防社会责任的发生，一旦发生社会责任问题勇于去承担，努力开展改善社会福利，奉献社会的活动。有许多企业为社会问题的解决献计献策，如美国通用电气公司在教育领域的行为很有代表性，公司总裁杰克·韦尔奇认为学生是未来社会的栋梁之材，企业有责任引导学生将来为社会奉献，GE 公司的几个分公司在当地都建立了企业与高校学生之间的友好联系，意在为国家教育及社会目标的实现做贡献，为此 GE 公司赢得了良好的社会信誉，也使杰克·韦尔奇在 1999 年全球最受尊重的企业家中名列榜首。这种战略表明企业对待社会责任的态度应是超前的、主动积极的。

第三节　企业社会责任标准

据不完全统计，进入 21 世纪，全世界范围的企业社会责任守则已经超过 400 种。跨国公司不但要推行自己的社会责任守则，还要遵守各种行业性、地区性、全国性以及国际性的社会责任守则，以应对不同利益相关者的要求。同时，作为多家跨国公司的供应商，加工企业必须应对不同客户的不同守则，每年可能要接受有重复但在概念、内容、程序上又有差别地多次审核和检查。这样的情况会浪费大量的人财物力，而收效却未必能令各方满意。因此，建立一种全球一致的企业社会责任标准，提高企业社会责任审核的透明度和公信力，就成为消费者、企业和社会的共同愿望。

一、SA8000 社会责任标准

1997 年初，长期研究社会责任及环境保护的非政府组织"经济优先权委员会"成立了认可委员会（CEPAA），制定并发表了"社会责任国际标准"，并根据 ISO 指南评估认可认证机构；2001 年，CEPAA 更名为"国际社会责任组织"（SAI），组成由 11 个国家的 20 个大型商业机构、非政府组织、工会、人权及儿童组织、学术团体、会计师事务所和认证机构参与的 SAI 咨询委员会，经公开咨询和深入研究，对 1997 年的标准进行了修改，于 2001 年 12 月 12 日发表了"SA8000 社会责任国际标准"。SA8000 标准是全球第一个可用于第三方认证的社会责任国际标准，旨在通过有道德的采购活动改善全球工人的工作条件，最终达到公平而体面的工作条件。SA8000 标准是根据国际劳工组织（ILO）公约、联合国儿童权利公约及世界人权宣言制定而成的，主要内容包括童工、强迫劳工、安全卫生、结社自由和集体谈判权、歧视、惩罚性措施、工作时间、工资报酬及管理体系九个要素。它从劳动保障、人权保障和管理系统三个方面，对企业履行社会责任提出了一系列最低要求，其中，雇员利益是 CSR 中最直接和最主要的内容和侧重点，这不同于 ISO 系列所考核的技术性指标。SA8000 重点推广领域包括零售业、跨国公司和劳动密集型产业。把跨国公司作为重点，将对整个价值链上的生产商、供应商、分包商都产生影响，覆盖面越来越广。SA8000 属于非政府组织制定的民间标准，是 CSR 领域的自愿性标准，与 ISO9000 质量管理体系、ISO14000 环境管理体系一样，是一套可被第三方认证机构审核的国际标准，也是全球首个道德规范国际标准。SA8000 标准是一个通用的标准，不仅适用于发展中国家，也适用于发达国家；不仅适用于各类工商企业，也适用于公共机构；只有不存在"劳工权益"问题的企业，其产品才符合"社会责任"要求。

SA8000 的宗旨是"赋予市场经济以人道主义"，通过有道德的订单采购活动改善全球工人的工作条件，最终确保工人的工作公平而体面。该标准适用于世界各地，任何行业，不同规模的公司，同时也适用于公共机构。SA8000 标准主要内容包括童工、强迫性劳工、健康与安全、组织工会的自由与集体谈判的权利、歧视、惩戒性措施、工作时间、工资、管理体系九个方面。该标准不仅可以减少国外客户对供应商的第二方审核，节省费用，使得企业运作更大程度符合当地法规要求，建立国际公信力，而且能使消费者对产品建立正面情感，使合作伙伴对本企业建立长期信心。因此，该标准颁布后，很快在国际社会尤其是发达国家获得了广泛的关注和支持。

欧洲在推行 SA8000 标准方面走在前列，美国紧随其后。1998 年底，全球仅有 8 家企业得到了官方认证，而截至 2010 年 6 月，全球已有 60 个国家、66 个行业的 2258 家企业获得了 SA8000 标准的认证。目前，全球大的采购集团非常青睐有 SA8000 标准认证企业的产品，这迫使很多企业投入大量人力、物力和财力去申请和维护这一认证体系。中国自加入 WTO 后，在劳工问题上面临着前所未有的巨大压力，国际大买家不仅仅关注企业在质量控制、环境保护和职业安全卫生方面的表现，也开始对企业在社会责任和劳工标准方面提出越来越高的要求。从 2004 年 5 月 1 日起，欧美国家强制实施 SA8000 标准，自此以后，中国越来越多的企业也加入认证的行列，成为公认的认证较为密集的国家之一。

二、OECD 公司治理原则

《OECD 公司治理原则》最初起源于对 1998 年 4 月 27 ~ 28 日召开的 OECD 部长级理事会的一项提议的反应。1998 年 4 月，OECD 召开部长级会议，呼吁各国政府、有关国际组织及私人部门共同制定一套公司治理的标准和指导方针。该原则在 1999 年获得批准后，就成为 OECD 成员国和非成员国公司治理行动的基础。

《OECD 公司治理原则》旨在帮助 OECD 成员国和非成员国政府评估和提升本国公司治理的法律、制度和监管框架，为股票交易所、投资者、公司和其他在推进良好公司治理过程中发挥作用的机构提供指引和建议。一般来说，该原则针对金融和非金融的公开上市交易的公司，但在一些方面，它也可以适用于非上市公司（如私营企业和国有企业），成为它们改善公司治理的有效工具。它包括以下五个方面的内容。

（1）保护股东的利益。

（2）对股东的平等待遇。包括小股东和外国股东，如果他们的权利受到损害，应有机会得到有效补偿。

（3）利益相关方在公司治理中的作用。治理结构的框架应该确认利益相关方的合法权利，并且鼓励公司和利益相关方在创造财富和工作机会，以及为保持财务健全方面进行积极的合作。

（4）信息披露和透明度。治理结构的框架保证及时地披露与公司有关的任何重大问题，包括财务状况、经营状况、所有权状况和公司治理状况的信息。

（5）董事会的责任。治理结构的框架应确保董事会对公司的战略性指导和对管理人员的有效监督，并确保董事会对公司和股东负责。

为了在不断变化的世界中保持竞争力，公司必须创新并调整其治理实践，以应对新需求，把握新机遇。同样，政府担负着塑造有效的监管框架的重大责任，监管框架必须具有足够的灵活性，既要保证市场有效运行，又要考虑股东和其他利益相关者的要求。如何应用该原则来制定本国的公司治理框架，需要由政府和市场参与者通过评估监管的成本和收益等共同决定。

三、联合国"全球契约"

1995 年召开的世界社会发展首脑会议上，联合国前秘书长安南曾提出社会规则、全球契约的设想。1999 年 1 月瑞士达沃斯世界经济论坛年会上，科菲·安南正式提出"全球契约"计划，并于 2000 年 7 月在联合国总部正式启动。安南向全世界企业领导者呼吁，遵守有共同价值的标准，实施一整套必要的社会规则，即"全球契约"（Global Compact）。

"全球契约"使得各企业与联合国各机构、国际劳工组织、非政府组织以及其他有关各方结成合作伙伴关系，建立起一个更加广泛和平等的世界市场。它动员全世界的跨国公司直接参与减少全球化负面影响的行动，推进全球化朝着积极的方向发展。

"全球契约"不具有法律效力，但要求加入企业要接受、支持并实施在人权、劳工标准、环境保护和反腐败方面的一套核心价值观和原则，并在其业务领域积极倡导。这些核心价值观和原则就是著名的"全球契约"十项原则，在世界各国享有普遍共识。"全球契约"的提出，为企业成为对社会负责的公司，为企业参与经济全球化条件下的国际事务提供了一个机会，公司参与"全球契约"获得的好处包括以下几个方面。

（1）体现作为负责任的公民的表率。

（2）与有共识的公司及组织交流经验，相互学习。

（3）与其他公司、政府组织、劳工组织、非政府组织，以及国际组织建立合作关系。

（4）与联合国各机构，包括国际劳工组织、联合国人权事务高级专员办公室、联合国环境计划署、联合国发展计划署等建立合作伙伴关系。

（5）通过实施一系列负责的管理计划与措施，将公司发展视野扩大到社会范畴，从而使商业机会最大化。

（6）参与旨在寻找解决世界重大问题的方法的对话。

"全球契约"一经推出，就得到了很多国家和国际工会组织的坚决支持，而且获得了企业界和国际雇主组织的积极响应。一些大型跨国集团公司开始行动起来，倡导承担社会责任，与工会组织签订实施以基本劳工标准为核心内容的全面协议，开展社会认证活动。目前，加入联合国"全球契约"的组织或企业已经超过6000个，"全球契约"成为一个名副其实的全球企业社会责任组织。

四、ISO 26000 社会责任指南

ISO 26000《社会责任指南》是国际标准化组织（International Standard Organization，ISO）从 2001 年开始着手进行可行性研究和论证，于 2004 年 6 月由54 个国家和 24 个国际组织参与开发并于 2010 年 11 月 1 日正式出台的适用于包括政府在内的所有社会组织的"社会责任"国际标准化组织指南标准。

ISO 26000 国际标准共八章，针对各种组织生产实践活动中的社会责任问题，

从社会责任的适用范围、社会责任内涵、理解社会责任、社会责任的原则、承认社会责任和利益相关方参与、社会责任核心主题指南、社会责任融入组织指南、附录依次展开论述，以统一社会各界对社会责任的认识，并为社会责任融入组织提供了指南性的参考标准和付诸实践的指导原则。

ISO 26000 指南中明确提出，社会责任是指"组织通过透明的、合乎道德的行为，为其决策和活动对社会和环境的影响而承担的责任"。这些行为应该符合以下标准：（1）贡献于可持续发展，包括健康和社会福利；（2）考虑利益相关方的期望；（3）遵守适用的法律，并与国际行为规范相一致；（4）全面融入组织，并在其关系中得到实践。

ISO 26000 指南中指出，社会责任原则包括七个方面：（1）承担责任；（2）透明度；（3）道德行为；（4）尊重利益相关者的利益；（5）尊重法律规范；（6）尊重国际行为规范；（7）尊重人权。

ISO 26000 社会责任关注以下七项核心主题：（1）组织的治理——组织应在建立和实施决策中应考虑法规及要求（不仅限于此）；（2）人权——组织在其影响力下尊重和支持人权，而其影响力也应向外延伸至供应链、当地社区等；（3）劳工惯例——组织建立与实行劳务相关程序，并且包括以组织名义工作或在组织现场工作的供方、外包方员工；（4）环境——组织应以融合手段来降低负面环境影响及改善环境表现；（5）公平营运实践——组织应以道德行为及守则的态度与其他机构洽谈；（6）消费问题——组织应对顾客及消费者的产品和服务所担负的责任乃至相关事务；（7）社区参与和发展——组织应与当地社区建立关系并促进其不断发展。

ISO 26000 指南中就社会责任融入组织提供了以下可操作性的指导，具体包括：（1）意识到企业的社会责任；（2）社会责任方面的已有先例；（3）增强社会责任方面的信誉；（4）评估并改进组织中有关社会责任方面的行为；（5）和利益相关各方交流社会责任；（6）组织中和社会责任相关的特点之间的关系，通过把社会责任融入组织的政策、文化、策略和具体行动中，在企业内部培育实践社会责任的能力，在企业内外和各利益相关方沟通社会责任方面的内容，实现企业肩负起社会责任的运营。

ISO 26000 是自愿性的倡议，不是管理体系，无须进行第三方认证，但它可作为标准和用于第三方认证的倡议和工具。ISO26000 国际标准对于规范和约束各类组织的经营行为具有极其重要的作用，它将为在更大范围、更高层次的意义上推动全球商业伦理的建设起到积极的作用。

ISO26000 是国际标准化组织在广泛联合了包括联合国相关机构、GRI 等在内的国际相关权威机构的前提下，充分发挥各会员国的技术和经验优势制定开发的一个内容体系全面的国际社会责任指南。它兼顾了发达国家与发展中国家的实际情况与需要，并广泛听取和吸纳了各国专家意见与建议。正如指南所言，它既能为初涉社会责任的组织所使用，也能为较有实施经验的组织所使用。该指南为准备践行社会责任的组织提供了指导规范，使社会责任不再是一纸空文，使践行社会责任有了真正实施的指导，并且针对不同类型的组织，可以寻求不同的指导方法，意义重大。可以预见，该指南的诞生将会在更大范围、更高层次的意义上推动全球社会责任运动的发展，并将获得各类组织的响应与采纳。

第四节　企业社会责任范式演化

通过对近二十年来企业社会责任研究领域的脉络梳理，将其概括为四个研究阶段："单体—供应链—集群—平台"企业社会责任研究，四个阶段分别对应"点—链—群—网"的企业社会责任特征和语境范式，平台企业社会责任研究阶段的语境越来越表现出共生性、协同性、互动性。四个阶段并非相互取代，在时间节点上也并非完全的迭代，而是存在一定程度的重叠关系。

平台企业社会责任的内涵与特征与以往三个阶段的研究相比有着明显的区别，主要体现在以下几个方面：（1）双边或多边特性，连接不同类型的参与者完成社会责任活动，为双边或多边群体创造提供一个履行社会责任必不可少的物理空间或虚拟空间；（2）圈层性，依据平台企业社会责任的主客体关系形成了平台运营企业、第三方外接或内接平台企业、平台买方与卖方、监管机构、行业协会等为辐射的圈层系统，系统中各个主体的社会责任定位与职责不同，且存在较强的交互性；（3）虚拟性，借助大数据、云计算等互联网工具，平台企业社会责任表现为线上与线下高度融合的态势，平台各方参与企业社会责任带有越来越强的虚拟性，企业社会责任的大数据赋能有了非常广阔的应用空间；（4）复杂性，平台企业连接了多方主体，参与者众多且具有较高的层次性，参与主体的规模大小不一致且社会责任的强度存在较大差异，企业社会责任问题波及面广，社会责任信息传播速度快且触角广泛，其监管和治理存在较大困难和复杂性；（5）多元参与性，平台企业的社会责任已经不是单体企业能有效治理的，因其与其他成员普遍的联系性而带来的多方共同参与社会责任治理的现象非常常见，多元主体在社会责任治理方面可以发挥互补优势，形成全面社会责任的合力。

企业社会责任研究经由个体语境（单体企业社会责任）到群体语境（产业链企业社会责任、集群企业社会责任）再到网络语境（平台企业社会责任）。四个阶段的研究演化过程并非完全的迭代，而是根据经济社会环境情景的不断变迁过程，各阶段在一定程度上存在交叉重叠的关系，如表5-3所示。

表5-3　　　　　　　　　企业社会责任研究四阶段演化比较

演化阶段	单体企业社会责任（CSR1.0）	产业链企业社会责任（CSR2.0）	集群企业社会责任（CSR3.0）	平台企业社会责任（CSR4.0）
主导年代	1923～2010	2003～	2009～	2016～
CSR范式	利益相关者范式	链条合作化范式	集群组织化范式	平台生态圈、共生范式
CSR组织关系	点—点关系	点—链关系	点—网关系	超网络关系
CSR驱动因素	道德驱动、社会压力回应、财务价值	生产连续性、风险防范、财务价值	社会风险防范、财务和衍生目标	多元价值、共同价值驱动，创造市场
CSR驱动逻辑	制度规制驱动、德行逻辑	工具理性驱动、市场逻辑主导	市场逻辑与社会逻辑逐步混合	社会逻辑、价值共创与共享逻辑
CSR本质认识	道德主体或道德代理人	机械的"刺激-反应"系统	具有社会功能和完全理性的经济组织	立体化、全息化的企业社会责任管理
CSR状态	良好企业公民，合规、道德经营	责任融于战略，产业链合作与分享	跨界合作，催化社会创新	形成互动、共生、平衡的生态环境，共同解决问题
CSR管理目标	实现道德追求，增强合法性资源	规避社会风险，增强公众信任	将社会问题转化为商业价值并增值	不同社会主体实现多元价值并实现价值共享
CSR主客关系	彼此独立	竞争合作性	合作性	互动、共享、互赖、共生
价值创造主体	企业、消费者	企业、消费者、链条利益相关者	企业、消费者、集群利益相关者	平台企业与所有参与者

续表

演化阶段	单体企业社会责任（CSR1.0）	产业链企业社会责任（CSR2.0）	集群企业社会责任（CSR3.0）	平台企业社会责任（CSR4.0）
CSR 治理主体	政府	政府、第三方机构	政府、第三方机构	政府、第三方、平台参与者、社会组织共同参与
CSR 治理客体	企业单一主体	价值领先型企业	行业主导型企业	平台企业、平台企业与买方/卖方，互为主客体
CSR 治理定位	独立管理或推进	产业链上下游联动	集群内互动	共生治理、协同治理
CSR 治理结构	点对点单向度治理	链条式双向度治理	面式多向度治理	网络状节点治理
CSR 决策模式	规则命令式	规则命令＋协商式	共同参与＋协商式	多元主体协作共生式
CSR 组织形式	科层制	科层制＋链条	科层制＋集群	扁平化、去中心化、无边界、泛组织共生型社群
CSR 价值流动	企业与利益相关者	产业上下游	集群内的融合价值	交错流动、跨边效应

➤ 阅读材料

蚂蚁森林①

　　2016 年 8 月 27 日，蚂蚁金服面向旗下支付宝平台的用户正式上线了"蚂蚁森林"。用户在"蚂蚁森林"页面注册开通账户后，其日常生活中的低碳减排行为将自动被测算为该用户的个人碳减排量——在"蚂蚁森林"页面中则体现为相应克数的"绿色能量"，用于"浇灌"手机界面中的虚拟树。而在虚拟树"长成"之后，蚂蚁金服再联合公益组织以用户的名义在现实世界种下一棵实体树，或者维护相应面积的保护地。

---

　　① 祝运海：《蚂蚁森林：用"好玩"做环保公益》，载于《中国经营报》2020 年 3 月 16 日。

上线仅两三个月时间后，蚂蚁森林的注册用户数就达到了六七千万之多。这不仅是由于公益项目天然的亲和力，也得益于一些社交互动和游戏元素的加入。2017 年春节的集五福活动成为"蚂蚁森林"的爆发点。注册用户数量激增，短短几天时间内一举突破 2 个亿的规模。到 2019 年 8 月底为止蚂蚁森林的用户数已经突破 5 亿，继续保持高速增长的势头。

"蚂蚁森林"产生了多重的碳减排价值。以种下一棵梭梭树的过程为例——首先，用户个人在养成虚拟树期间的绿色低碳行为将减少 17.9 千克的个人碳排放量；其次，蚂蚁金服及合作公益组织以该用户名义种下的一棵梭梭树，一生内又将通过光合作用吸收二氧化碳 17.9 千克。此外，一棵梭梭树可以固定约 10 平方米的沙漠，其根系可用于嫁接肉苁蓉等珍贵中药材，为阿拉善盟农牧民提供有效的抵御荒漠化、维持生计的手段，更有意义的是，用户在"蚂蚁森林"平台种下一棵真正的树平均需要坚持 3 个月的低碳减排行动。长时间减排行为的实践有助于帮助用户养成绿色低碳的生活习惯。

根据蚂蚁金服公开的数据，截至 2019 年 8 月底蚂蚁森林上线 3 年时，"蚂蚁森林"平台注册用户数已经超过 5 亿，线下植树的范围也从内蒙古阿拉善盟逐渐扩展到鄂尔多斯、库布齐、甘肃、通辽、武威、兰州等地。累计种植实体树木 1.22 亿棵，实现碳减排量 792 万吨。

"蚂蚁森林"取得成功的主要原因，在于它在以下几个方面对传统公益模式进行了改进与创新：

在项目宣传推广方面，借助支付宝自身的平台优势及互联网营销手段，迅速扩大了项目的受众人群及社会影响力。蚂蚁森林用户规模从 0 增长到 2 亿只用了半年不到的时间，对于以往任何一家公益组织来讲，这都是无法想象的高速度，充分体现了互联网传播的爆发力。

在募捐手段上，突破了传统公益模式由捐赠人直接出资的模式。"蚂蚁森林"模式鼓励公众以环保的形式参与环保公益，将各类参与者的低碳行为转化为相应数量的碳排放量，并最终折算成相应数量的资金，用于支持公益项目。项目的最终出资方包括个人、相关企业、组织等，覆盖范围更广。在提升公众对公益项目参与程度的同时，将个人用户、相关企业、公益组织、政府等组合成一个有机的整体，共同推进公益项目的进展。

改变捐赠人的日常行为模式，"蚂蚁森林"在荒漠中种下了大片的实体森林，但影响更大的是亿万用户日常的环保行动。在"蚂蚁森林"模式中，每个人都可以利用日常碎片化的时间和行为参与环保，改善个人身边的微环境，促进环保公益新生态的形成。

在项目后期反馈与监督上，充分发挥互联网企业的在线优势，给参与者及时、多角度的反馈，方便用户监督并进一步提升公益项目黏性。用户可以在"蚂蚁森林"的活动页面看到自己种下的树，随时关注自己种下的小树苗的成长，甚至可以透过卫星图像查看当地环境的变化。公益活动形式的多样化不仅提高了公益项目的透明度，而且进一步推动了环境保护的社会化参与程度。

本章小结

企业社会责任是指企业在创造利润、对股东利益负责的同时，还要承担起对其他企业利益相关者的责任，保护其权益，以获得在经济、社会、环境等多个领域的可持续发展能力。企业的社会责任的内容涉及对股东、对员工、对消费者、对政府、对社区、对环境、对供应者、对债权人、对竞争者、对特殊利益集团的责任。

本章介绍的企业社会责任理论主要包括层级理论、响应理论、驱动理论、战略理论。目前常见的企业社会责任标准包括 SA8000 社会责任标准、OECD 公司治理原则、联合国全球契约、ISO26000 社会责任指南等。

"单体—供应链—集群—平台"企业社会责任研究的四个阶段分别对应"点—链—群—网"的企业社会责任特征和语境范式，平台企业社会责任研究阶段的语境越来越表现出共生性、协同性、互动性。

本章关键术语

企业利益相关者　　企业社会责任　　企业社会责任标准

复习思考题

1. 企业社会责任的定义是什么？

2. 试讨论社会责任的内容有哪些，列举某一具体企业，指出该企业将如何践行以上相关社会责任？并写出社会责任实施方案。

3. 简述企业社会责任的层级理论。

4. 简述企业社会责任战略理论并选一家中国五百强企业阐释其企业社会责

任战略。

5. ISO26000 与 SA8000 有什么异同？

6. 论述企业社会责任范式的演化过程。

> ## 情景分析

经济萧条定要裁员吗①

经济萧条是每家公司都要面临的问题，在经济萧条时期，大多数企业的做法是裁员。日本企业家稻盛和夫却采取了不一样的策略：绝不裁员。在他看来，景气和萧条是企业发展中的必然规律。在经济景气的时候，要打造企业高收益的经营体制。因为高收益是一种"抵抗力"，使企业在萧条的形势中照样能站稳脚跟，就是说企业即使因萧条而减少了销售额，也不至于陷入亏损。

当萧条的风暴席卷而来时，稻盛和夫给出了应对萧条的五项对策。

对策一：全员营销。萧条时期，全体员工都应成为推销员。员工有不同的岗位，平时都会有好的想法、创意、点子，这些东西在萧条时期不可放置不用，可以拿到客户那里，唤起他们的潜在需求。这件事全体员工都要做。

对策二：全力开发新产品。萧条时期全力开发新产品非常重要。稻盛和夫认为，平时因工作忙碌而无暇顾及的产品、没空充分听取客户意见的产品，都要积极开发，不仅是技术开发部门，营销、生产、市场调查等部门都要积极参与，全公司要团结一致共同开发。

对策三：彻底削减成本。萧条时期竞争愈加激烈，眼看着订单数量、单价不断下降，这时仍要维持盈利，必须彻底削减成本。"成本的下降程度要大于价格才行。"人工费不可以随便降低，除了提高每个人的工作效率外，一切都要重新审视，其他各方面的费用都必须彻底削减。"把走廊里的灯关掉""把厕所里的灯也关掉"，不断采取切实的措施。

对策四：保持高生产率。稻盛和夫认为，必须在萧条时期仍然保持高生产率，这点非常重要。因萧条订单减少，要干的活少了，如果仍然由过去同样多的人来生产，制造现场的生产效率就会下降，车间里的工作气氛就会松弛。这种情况下，应该把多余的人从生产线上撤下来，维持制造现场的紧张气氛。富余的人

---

① 杨杜：《企业伦理》，中国人民大学出版社 2019 年版，第 127 页。

员从生产线上撤下来后，去从事生产设备的维修、墙壁的粉刷、花坛的整修等工厂环境的美化工作。同时，举办哲学培训班，让员工学习哲学，使企业内全体员工掌握共同的思维方式。也就是说，在因萧条而减产时，也绝不降低生产效率，不仅要维持高生产率，而且去做平时无暇顾及的环境整理工作，去开展统一组织方向的哲学学习活动，这将成为使企业再次飞跃的推动力。

对策五：构建良好的人际关系。稻盛和夫认为，萧条来临劳资关系往往出现不和谐的声音，景气时彼此都可以说些冠冕堂皇的话，一旦面临萧条的状况，经营者要求严格，光说漂亮话就不管用了。在困难的局面之下，职场和企业的人际关系受到考验，同甘共苦的人际关系是否真的已经建立，职场的风气、企业的风气从正面受到考验。从这个意义上讲，萧条是调整和再建企业良好人际关系的绝好机会，应趁此机会努力营造更优良的企业风气，这一点十分重要。

1973 年 10 月第一次石油危机冲击全世界时，也波及稻盛和夫的京瓷公司。日本大企业纷纷停产，解雇员工，或让员工歇业待岗。此时，京瓷公司并不裁员，而是保证所有员工正常就业，依靠景气时企业内部积累的留存渡过了难关。事实上，在京瓷公司 50 年的历史中，虽经历过因萧条销售额大幅下降的情况，但从未裁减过员工，也未出现过一次亏损。

思考与讨论：

1. 在经济萧条时，企业裁员是不是一项好的决策？为什么？
2. 稻盛和夫应对经济萧条的对策是否值得借鉴？为什么？
3. 本案例对你有何启示？

➤ 案例分析

日本丰田汽车召回①

2010 年 3 月 16 日，日本本田公司宣布将在美国市场召回 41.2 万辆刹车踏板存在隐患的汽车，致使日系汽车召回风波进一步扩大，尤其是丰田汽车在美国可能将面临五倍赔偿诉讼，由此导致在美国听证会之后暂时得以平静的丰田危机管理面临新的考验。

2009 年以来，曾经的全球销量冠军丰田汽车大规模召回问题汽车，总数超

---

① 《丰田汽车深陷全球"召回门"》，新华网，http://www.xinhuanet.com/auto/zhmindex.htm。

过850万辆被召回，成为世界汽车史上规模最大的召回事件。深陷"召回门"的丰田，因召回损失可能超过50亿美元，而其品牌所受的损失更是难以估量，而且目前仍然潜伏着巨大的危机。作为世界汽车行业的领跑者，丰田在此次事件中危机管理的表现，或许能为正在全球化进程中的中国企业带来启示。

在这次召回危机发生前，丰田公司对不断增多的消费者投诉采取了"大事化小、小事化了"的态度。早在2004年，引爆这次"召回门"的是：行驶中，突然加速导致交通事故的问题，美国汽车保险巨头州立农业保险公司在当年2月就向美国公路交通安全监管部门提交了相关报告。而一名曾经与死神擦肩而过的女车主，在听证会上哭诉她在2006年遭遇到的这个问题，但投诉无果。站在消费者角度上，"息事宁人"并不是受损失的消费者们希望得到的结果；从危机管理角度来看，在危机初期"控制危机信息流"确实是企业应当做到的，但丰田忽视了质量问题带来的危机预警，以致在事件初期对事态做出了错误的判断。

危机事件一旦被媒体聚焦，成为全球性事件就很难消除其产生的恶劣影响。2009年11月，丰田在美国的召回已构成其当时在北美最大规模的召回案；直到2010年1月连续出现召回的几天里，丰田公司仍没有发表任何的公开声明，仅在报纸上刊登了公开的召回消息，以致当事件愈演愈烈时，已无力将严重的事态挽回，错失了将危机的信息流、影响流控制在最低范围内的良机。

2010年1月29日，美国国会宣布对丰田汽车的召回展开调查，丰田才改变其迟缓的反应。当天，丰田章男在瑞士达沃斯论坛上被日本媒体拦截，发表了致歉声明。1月31日，美国的主流报纸首次出现丰田汽车的召回公关广告："一个暂时的停顿，只为将您放在第一位。"丰田章男在2月5日向用户鞠躬道歉，但丰田公司高管在新闻发布会上和接受媒体记者采访时，均无认错态度。接下来的2月17日，丰田暗示不出席美国国会的听证会，但是美国政府以及媒体轰炸式的报道使丰田汽车感觉到了问题的严重性，迫使丰田章男转变态度，在翌日表示将出席听证会。

听证会后，丰田展开了密集的公关准备，改变了早期的不作为，全力运作。除广告攻势，丰田还主动在权威媒体上发表自己的观点，争取消费者的好感。又聘请权威的第三方机构检测有争议的电子元件。在政治气氛越来越不利之际，大量招募说客，发动经销商等利益相关者，游说国会议员。丰田章男于2月22日向美国《华尔街日报》（网络版）投稿，称希望在出席美国国会听证会时，当面告诉美国国会和民众，丰田有决心通过制造世界最安全的汽车向顾客做出正确的承诺。但是，在听证会后，丰田能否从容应对即将到来的包括民事、刑事在内的诉讼浪潮，目前仍不得而知。

2010年3月1日，在中国质检总局发出对丰田汽车的风险警示之际，刚刚结束美国国会听证的丰田章男没有按原计划返回日本，而是直接乘飞机到北京，主动召开说明会，并向中国用户道歉。这或许表明丰田已吸取教训，希望及早着手应对危机，以免在中国市场再次陷入被动局面。丰田同时宣布在中国市场召回7.5万辆RAV4。中国市场召回车辆不及美国市场零头，而且对美国和中国召回车主的补偿相差甚远，这使消费者对丰田存在中国市场歧视的质疑浮出水面。

思考与讨论：

1. 哪些原因导致丰田危机管理反应迟缓？

2. 丰田"召回门"带来哪些启示？

3. 这几次召回汽车出现在零部件上，与零部件供应商有关。供应商有责任吗？

4. 丰田生产方式是否需要调整？

参考文献

［1］周祖城：《企业伦理学》，清华大学出版社2015年版。

［2］寇小萱：《企业营销中的伦理问题研究》，天津人民出版社2001年版。

［3］叶陈刚、王克勤、黄少英：《商业伦理学》，清华大学出版社2013年版。

［4］赵德志：《现代西方企业伦理理论》，经济管理出版社2002年版。

［5］张应杭：《企业伦理理论与实践》，上海人民出版社2001年版。

［6］赵书华、娄梅：《企业伦理与社会责任》，中国人民大学出版社2011年版。

［7］李萍：《企业伦理：理论与实践》，首都经济贸易大学出版社2008年版。

［8］曾萍：《企业伦理与社会责任》，机械工业出版社2012年版。

［9］陈炳富、周祖城：《企业伦理学概论》，南开大学出版社2008年版。

［10］杨杜：《企业伦理》，中国人民大学出版社2019年版。

➢ **附录:**

附录1　联合国全球契约

1999 年 1 月 31 日，联合国秘书长科菲·安南在世界经济论坛上的发言中首次提出全球契约构想，2000 年 7 月 26 日在纽约联合国总部正式起动。

全球契约是一项自愿的企业公民意识方面的倡议，它有两个相互补充的目标：使全球契约及其各项原则成为企业战略和业务的组成部分；推动主要利益相关者之间的合作，促进伙伴合作关系，以支持联合国的各项目标。"全球契约"希望成为一个不仅政府参与而且也有企业和民间组织、协会积极参与的论坛。"全球契约"工程使得各企业与联合国各机构、国际劳工组织、非政府组织以及其他有关各方结成合作伙伴关系，建立一个更加广泛和平等的世界市场。

"全球契约"计划号召各企业遵守在人权、劳工标准以及环境方面的九项基本原则，而这些原则来自《世界人权宣言》、国际劳工组织《关于工作中的基本原则和权利宣言》以及《关于环境与发展大会的里约宣言》。2004 年 6 月 24 日，在美国纽约的联合国总部举行的第一次全球契约领导人峰会上，联合国秘书长安南宣布增加"反腐败"为第十条原则。"全球契约"有关企业活动的十项原则可归为四个基本领域：人权、劳动、环境和反腐败。每一个原则都有一些开发和培育的具体机制（大会、建议和国际宣言）。具体原则如下：

（1）人权原则。

原则 1：企业应在其影响范围内对保护国际人权给予支持和尊重；

原则 2：企业应保证不与践踏人权者同流合污。

（2）劳工原则。

原则 3：企业界应支持结社自由及切实承认集体谈判权；

原则 4：消除一切形式的强迫和强制劳动；

原则 5：切实废除童工现象；

原则 6：消除就业和职业方面的歧视行为。

（3）环境原则。

原则 7：企业应支持采用预防性方法来应付环境挑战；

原则 8：采取主动行动，促进在环境方面采取更负责任的做法；

原则 9：鼓励开发和推广不损害环境的技术。

（4）反腐败原则。

原则 10：推广并且采用反对包括勒索和贿赂在内的各种形式腐败的举措。

附录 2 《2030 年可持续发展议程》

联合国 193 个会员国在 2015 年 9 月举行的历史性首脑会议上一致通过了可持续发展目标，《2030 年可持续发展议程》于 2016 年 1 月 1 日正式启动。新议程呼吁各国采取行动，为今后 15 年实现 17 项可持续发展目标而努力。时任联合国秘书长潘基文指出："这 17 项可持续发展目标是人类的共同愿景，也是世界各国领导人与各国人民之间达成的社会契约。它们既是一份造福人类和地球的行动清单，也是谋求取得成功的一幅蓝图。"

这 17 个可持续发展目标是：

目标 1　在全世界消除一切形式的贫困

目标 2　消除饥饿，实现粮食安全，改善营养状况和促进可持续农业

目标 3　确保健康的生活方式，促进各年龄段人群的福祉

目标 4　确保包容和公平的优质教育，让全民终身享有学习机会

目标 5　实现性别平等，增强所有妇女和女童的权能

目标 6　为所有人提供水和环境卫生并对其进行可持续管理

目标 7　确保人人获得负担得起的、可靠和可持续的现代能源

目标 8　促进持久、包容和可持续的经济增长，促进充分的生产性就业和人人获得体面工作

目标 9　建造具备抵御灾害能力的基础设施，促进具有包容性的可持续工业化，推动创新

目标 10　减少国家内部和国家之间的不平等

目标 11　建设包容、安全、有抵御灾害能力和可持续的城市和人类住区

目标 12　采用可持续的消费和生产模式

目标 13　采取紧急行动应对气候变化及其影响

目标 14　保护和可持续利用海洋和海洋资源以促进可持续发展

目标 15　保护、恢复和促进可持续利用陆地生态系统，可持续管理森林，防治土地荒漠化，制止和扭转土地退化，遏制生物多样性的丧失

目标 16　创建和平、包容的社会以促进可持续发展，让所有人都能诉诸司法，在各级建立有效、负责和包容的机构

目标 17　加强执行手段，重振可持续发展全球伙伴关系

第六章　企业利益相关者伦理

▶ 学习目标

  1. 了解企业利益相关者的含义、划分与类别。

  2. 明白企业与利益相关者的关系。

  3. 认知企业与利益相关者之间存在的伦理问题。

  4. 掌握企业与利益相关者伦理问题的解决方案。

▶ 引导案例

利润重要还是人命重要①

  20 世纪 60 年代后期，美国汽车行业受到日本与德国汽车的激烈竞争，福特汽车公司作为美国三大汽车公司之一，自然要做出回应。1968 年福特决定生产一种型号叫 Pinto 的小型跑车。为了节省成本，福特将正常的生产日程由三年半缩减为两年。在 Pinto 未正式投产前，福特将 11 部车进行安全试验，公路安全局规定在时速 20 里的碰撞中，汽车的油缸要不漏油才算合格。测试的结果是：有 8 部 Pinto 在碰撞中不合格，只有 3 部 Pinto 因改良了油缸通过了安全检查。由此，福特的行政人员面对一个困难的抉择：选择一，依原来的生产日程生产，会对消费者的安全构成威胁；选择二，改良油缸，会延迟生产，增加成本，公司会继续处于下风，让外国车雄霸市场。面对这个选择，福特公司做了一个成本效益分析，计算了改良油缸的可能成本与效益，经过利益与成本的权衡，福特公司做出了维持原来设计的决定。原因如下：

---

  ① 资料来源：笔者自编。

第一，改良油缸会使单车价格突破 2000 美元，进而导致无法达到预期的市场目标。

第二，原有设计也符合当时的联邦安全标准。

第三，福特急于开发出一种能够与市场十分流行的大众"甲壳虫"车相抗衡的新车型。

最后，经福特总裁批准，并根据利润极大化的考虑，福特公司做出了抉择——保持原来的设计，不做安全的改装。这个决定导致了严重的后果——超过 50 人在 Pinto 车中烧死，另有多人烧伤，福特公司被控谋杀，但法院陪审团最后裁定福特无罪。

虽然福特在这次诉讼中免除其刑事责任，但从伦理角度而言，福特公司根本没有履行生产者义务——为消费者制造安全的产品。他们只是最关心如何用最低的成本生产最多的车。更令人震惊的是改良油缸所需的额外费用，只不过是每辆车多付 11 元而已。然而在利润极大化的诱惑下，11 元却比人命更有价值！人的价值与利润成本数字比较时被舍弃了。福特在商业利益面前忘记了企业的目的最终是要满足人的需要，提高人的生活质量。

第一节　企业的利益相关者

一、利益相关者的含义

利益相关者英文词汇为"stakeholder"，"stake"一端是指单纯的利益，另一端是指依法拥有的所有权，两端之间则是某种权利，这种权利可能是法律的权利，也可能是道德的权利。在这样的区域划分卜，stake 具有了三层含义：一是利益（interest），当一个人或一个群体受到某项决策的影响时，这个人或这个群体在该决策过程中存在利益的驱动性。二是权利（right），包括法律权利和道德权利[①]。三是所有权（ownership），即当一个人或一个群体依法拥有某种资产或财产时，这个人或这个群体即拥有所有权。

---

① 法律权利是指一个人或一个群体依法应该受到某种对待或拥有应该得到法律保护的某种权利。道德权利是指一个人或一个群体认为，应该受到合乎道德的对待，或者拥有按照道德应该享有的某种权利。

　　企业的利益相关者（stakeholder）是在企业经营中拥有一种或多种利益（stake）的个人或群体①。利益相关者（stakeholder）是指可能对组织的决策和活动施加影响或受组织的决策和活动影响的所有个人、群体或组织。投资者、员工、顾客、供应商、政府、社区、公众、竞争者都是企业的利益相关者。

　　因此，企业是一个利益相关体，企业经营是一种合作活动。企业必须拥有所有者，没有所有者的初始投入，就不可能有企业。企业必须拥有顾客，产品或服务须有足够数量的顾客按照一定水平的价格购买才行，购买的人越多，愿意支付的价格越高，企业才能获得越多的利润。企业还必须拥有员工，员工的素质越高，员工与员工之间，员工与企业之间的合作程度越高，生产出的产品或服务才越具有竞争力。企业必须拥有供应商，因为企业不可能自行生产所有原材料和零部件，也不可能自行开发所有技术，不可能自备所有资金，因此，需要相应的原材料、零部件、技术、资金供应者。而这些资源的供应越是稳定可靠，企业经营就越顺利。企业还必须具备竞争者，虽然企业通常不喜欢竞争，但若真失去了竞争者，就会形成垄断，而垄断既不会在现实市场中长期存在，也不会被法律接受。因此，竞争将是市场的常态。除此之外，企业还必须有政府、社区、公众等利益相关者的理解、合作和支持。由此，所有者、顾客、员工、供应商、竞争者、政府、社区、公众等都是企业密不可分的利益相关者，他们均会对企业的日常经营产生促进或阻碍的影响。当然，反过来，这些利益相关者也离不开企业，他们从与企业的合作中获益，企业的相关决策和行为也都会对其利益相关者产生或多或少的影响。换言之，怎样处理与利益相关者的关系是企业不可避免的，每时每刻都会面临的问题。

二、利益相关者的类型

　　利益相关者可以分为直接利益相关者（primary stakeholder）和间接利益相关者（secondary stakeholder）。直接利益相关者包括所有者、普通员工、管理者、顾客、社区、供应商和其他合作伙伴。间接利益相关者包括政府、公共组织、社会压力团体、新闻界和学术界、工会、竞争者。由于直接利益相关者与组织有直接的利益关系，所以往往更受重视。但实际上，有时间接利益相关者也能对组织

---

　　① Archie B. Carroll, Ann K. Buchholtz. Business and Society: Ethics and Stakeholder Management, 4th ed [M]. Cincinnati, Ohio: South – Western Publishing Co. , 2000: 65 – 66.

施加重大的影响。

　　根据正当性、影响力和紧迫性三个划分标准可以对利益相关者进行了类别划分。正当性（legitimacy）是指利益相关者对企业提出某种要求的合理性。影响力（power）是指利益相关者能够对企业施加影响的能力。紧迫性（urgency）是指利益相关者需要企业对他们的要求给予关注或回应的急迫程度。根据这三个标准，可以将企业的利益相关者划分为 7 种类型，具体如图 6 - 1 所示。

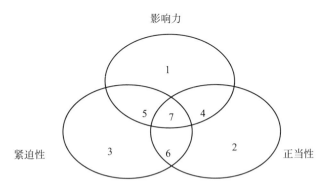

图 6 - 1　基于正当性—影响力—紧迫性的利益相关者分类图

　　根据正当性、影响力和紧迫性的不同组合构成了不同类型的利益相关者。图中的区域 1 代表那些仅仅具有影响力的利益相关者，称为"潜在的利益相关者"；区域 2 代表仅仅具有正当性的利益相关者，称为"可自行处理的利益相关者"；区域 3 代表仅仅具有紧迫性的利益相关者，是"苛求的利益相关者"；区域 4 代表兼具影响力和正当性，但没有紧迫性的利益相关者，是"强有力的利益相关者"；区域 5 代表兼具影响力和紧迫性，但没有正当性的利益相关者，是"危险的利益相关者"；区域 6 代表具备正当性和紧迫性，但没有影响力的利益相关者，是"依赖性的利益相关者"；区域 7 代表同时具有影响力、正当性和紧迫性的利益相关者，是"决定性的利益相关者"。

三、利益相关者的管理原则

　　利益相关者管理原则的主要内容包括七个方面：

　　（1）管理人员应该承认所有法律认可的企业利益相关者，并积极了解他们的想法与需求，在制定企业决策和从事经营生产时，适当考虑他们的相关利益。

（2）管理人员应该与利益相关者广泛交流，认真听取他们的意见和建议，了解他们所认定的企业生产活动给他们带来的风险。

（3）管理人员应该采取一种敏感的行为过程和行为模式，以应对每一名利益相关者的诉求和力量。

（4）管理人员应该明确承认利益相关者的贡献与回报，在充分考虑他们各自的风险与弱点之后，公平分摊责任、义务及利益。

（5）管理人员应该与其他力量（公共组织及私人团体）积极合作，确保将企业经营活动带来的风险、危害减小到最低限度，并对无法避免的危害进行适当补偿。

（6）管理人员要坚决避免违反基本人权（如生存权）的活动和造成人权危害的风险，对于这一类危害和风险，利益相关者是断然不能接受的。

（7）管理人员应该承认自己作为企业的利益相关者与作为其他利益相关者利益的法律、道德责任承担人之间的双重角色冲突，承认和强调这一对冲突的形式有很多，比如公开的交流、适当的报告、有效的激励以及第三方评议（如果需要的话）等等。

第二节　企业与股东关系中的伦理

一、企业与股东

（一）股东

股东是企业最重要的内部利益相关者之一，是股份公司的出资人或叫投资人，也指其他合资经营的工商企业的投资者，是企业运营中剩余风险最主要的承担者。股东是企业存在的基础，是企业的核心要素；没有股东，就不可能有企业。

根据《公司法》的规定，有限责任公司成立后，应当向股东签发出资证明书，并置备股东名册，记载股东的姓名或者名称及住所、股东的出资额、出资证明书编号等事项。

股东，既拥有一定权利，也承担一定义务。股东的主要权利包括：参加股东会议对公司重大事项具有表决权；公司董事、监事的选举权；分配公司盈利和享受股息权；增发股票请求权；股票过户请求权；无记名股票改为记名股票请求权；公司经营失败宣告歇业和破产时的剩余财产处理权。股东权力的大小，取决于股东所掌握的股票的种类和数量。

根据不同的标准，公司股东可以分类如下：

1. 个人股东和机构股东

以股东主体身份来分，可分机构股东和个人股东。机构股东指享有股东权的法人和其他组织。机构股东包括各类公司、各类全民和集体所有制企业、各类非营利法人和基金等机构和组织。个人股东是指一般的自然人股东。

2. 创始股东与一般股东

以获得股东资格时间和条件等来分，可分为创始股东与一般股东。创始股东是指为组织、设立公司、签署设立协议或者在公司章程上签字盖章，认缴出资，并对公司设立承担相应责任的人。创始股东也叫原始股东。一般股东指因出资、继承、接受赠予而取得公司出资或者股权，并因而享有股东权利、承担股东义务的人。

3. 控股股东与非控股股东

以股东持股的数量与影响力来分，可分为控股股东与非控股股东。控股股东，是指其出资额占有限责任资本总额 50％ 或依其出资额所享有的表决权已足以对股东、股东大会的决议产生重大影响的股东。

控股股东是股东的重要代表，他们对企业目标、企业宗旨、企业发展战略的形成具有重大影响，其经营理念、行为模式将会极大地影响企业的经营行为。以控股股东为代表的股东群体是企业文化的倡导者和表率，也决定着企业伦理的发展方向。自日本首次引入商业诚信文化使众多企业取得成功以来，企业文化已成为促进企业发展的巨大动力和重要手段。企业文化建设是否成功，虽然取决于很多因素，但最重要的还在于股东。他们把企业的价值观和信念传输给员工并首先做出表率，从而产生巨大的示范带动效应。由于企业文化的核心就是企业伦理，所以企业股东也是企业伦理的倡导者和表率。日本松下电器的创始人松下幸之助认为其自身首当其冲担负着经营企业的社会责任，他明确提出日本松下电器的目标是促进整个企业的成长及增加社会福利，与此同时还要进一步致力于世界文化的发展。正是在松下幸之助的倡导和示范下，松下电器由一个手工作坊发展为世界一流的著名企业。

（二）企业与股东的关系

马克思主义唯物辩证法揭示了对立统一规律是自然界、人类社会和宇宙的根本规律。它揭示出自然界、人类社会和人类思维等领域的任何事物都包含着内在的矛盾性，事物内部矛盾推动事物发展。又称对立面的统一和斗争的规律。如果我们运用唯物辩证法来全面客观地分析企业与股东之间的关系，就会发现他们之间也是对立统一的关系。

首先，二者的统一表现在：股东是企业存在的基础，若没有股东投资入股，企业就无从谈起。因为股东的投资，企业才得以建立和发展，股东因出资而对企业享有权利和负担义务；反过来，企业也同时对股东负有相应的义务。从这个角度来讲，他们的利益是一致的，是相互联系和相互依赖的命运共同体。只有企业兴旺发达才能给股东带来更多的利益。

其次，二者相互对立的关系表现在：企业与投资者有各自相对独立的经济利益，在分配利润的时候他们之间存在着此消彼长的关系。由于现在大多数企业的所有权与经营权相分离，所以企业的经营管理者未必是股东，所以二者的利益就存在着矛盾。

企业管理层如果能够正确地看待他们和股东对立统一的关系，就要适应企业内外部环境变化的要求，公正、合理地处理好各利益相关者之间的复杂关系，使权利责任在各个利益相关者之间合理分配，推动企业健康成长，因而自己也从中受益，而绝不是削弱股东的权利，减少股东的收益。

遗憾的是，企业管理层往往不能全面地看问题，只看到二者关系中的对立面，忽视了他们之间存在着相同的利益，所以出现了管理层侵犯股东利益的情况。

二、企业与股东关系的伦理问题

由于企业管理层目标和股东目标的不一致性，以及二者之间的信息不对称性导致企业管理层与股东主要面临如下问题。

（1）股东只能观察到经营结果，而不能直接观察到企业管理层的行为，这时就存在着隐性行为下的伦理问题。

（2）企业管理层在给定的自然状态下做出选择行动，股东能观察到企业管理层的行为，但观察不到自然状态，于是就存在着隐性信息下的伦理问题。

（3）企业管理层为了实现自己的目标故意错误地报告信息，使股东面临"逆向选择与道德风险"，企业也不一定能雇用到那些工作能力高的人。

"逆向选择"是指由于信息不对称所造成的市场资源配置扭曲现象。具体而言，市场交易的一方如果能够利用多于另一方的信息使自己受益而对方受损时，信息劣势的一方便难以顺利地做出买卖决策，于是价格便随之扭曲，并失去了平衡供求、促成交易的作用进而导致市场效率的降低。

> **阅读材料**

逆向选择①

在现实的经济生活中，存在着一些和常规不一致的现象。按常规降低商品的价格，该商品的需求量就会增加；提高商品的价格，该商品的供给量就会增加，但是，由于信息的不完全性和机会主义行为，有时降低商品的价格，消费者也不会做出增加购买的选择；提高价格，生产者也不会增加供给。

乔治·阿克劳夫（George Akerlof）在 1970 年发表的名为《柠檬市场：质量不确定性和市场机制》的论文，被公认是信息经济学中最重要的开创性文献。在美国俚语中，"柠檬"俗称"次品"，这篇研究次品市场的论文因为浅显而先后被三四份杂志退稿。然而，乔治·阿克劳夫在这篇论文中提出的逆向选择理论揭示了看似简单实际上又非常深刻的经济学道理。逆向选择问题来自买者和卖者有关车的质量信息不对称的现象。在旧车市场，卖者知道车的真实质量，而买者不知道，这样卖者就会以次充好，买者也不傻，尽管他们不能了解旧车的真实质量，只知道车的平均质量，按平均质量出中等价格，这样一来，那些高于中等价的上等旧车就可能会退出市场。接下来的演绎是，由于上等车退出市场，买者会继续降低估价，次上等车会退出市场。演绎的最后结果是：市场成了破烂车的展馆，极端的情况是一辆车都不成交。现实的情况是社会成交量小于实际均衡量。这个过程称为逆向选择。

"道德风险"是指参与合同的一方所面临的对方可能改变行为而损害到本方利益的风险。一般可分为社会道德风险和个体道德风险。道德风险并不等同于道

---

① 资料来源：笔者自编。

德败坏。道德风险即从事经济活动的人在最大限度地增进自身效用的同时做出不利于他人的行动，或者说是，当签约一方不完全承担风险后果时所采取的自身效用最大化的自私行为。道德风险亦称道德危机。

➢ 阅读材料

道德风险①

在经济活动中，道德风险问题相当普遍。2001 年度诺贝尔经济学奖获得者——斯蒂格利茨在研究保险市场时，发现了一个经典的例子：美国一所大学的学生自行车被盗比率约为 10%，有几个有经营头脑的学生发起了一个对自行车的保险，保费为保险标的的 15%。按常理，这几个有经营头脑的学生应获得 5%左右的利润。但该保险运作一段时间后，这几个学生发现自行车被盗比率迅速提高到 15% 以上。造成这种变化的主要原因是自行车投保后学生们对自行车安全防范措施明显减少。在这个例子中，投保的学生由于不完全承担自行车被盗的风险后果，因而采取了对自行车安全防范的不作为行为。而这种不作为的行为，就是道德风险。可以说，只要市场经济存在，道德风险就不可避免。

企业与股东关系中的典型的伦理问题包括：

（1）在职消费。公款吃喝、公费旅游、不必要的公费出国考察、不适当的住房奖励等。

（2）短期行为。不考虑企业的长期利益和资产的保值增值，而是只考虑眼前可能取得的成绩、地位、利益，并不惜以后者牺牲前者。于是出现诸如过度使用资产、进行投机性投资，工资、资金、集体福利增长过快以致侵占利润等现象。

（3）不尽心尽力经营企业，造成企业债台高筑，甚至严重亏损，不能分红或只能少量分红给股东。

（4）转移资产。如在企业之外建立一个为与经营者关系密切者所有的小厂，通过关联企业的内部转移价格将利润从大厂转移到小厂，而风险损失从小厂转移到大厂，造成资产的流失。

（5）信息披露不规范，既不及时，也不真实，报喜不报忧，随意对会计程序

_____

① 资料来源：笔者自编。

作"技术处理"，甚至对重大的经营活动也不作应有的解释。

对于股东而言，总是希望企业管理层按其利益来选择行动，但股东不能直接观察到企业管理层究竟选择了什么行动，所能观察到的只是另一些变量，而这些变量则是由企业管理层的行动和其他外生随机因素共同决定的。所以，股东的问题是如何根据所能观察到的信息来监督和奖惩企业管理层以激励其选择对自己最有利的行动。

> **阅读材料**

国美控制权之争①

陈晓，永乐电器的创始人，1996 年他与 47 名同事一起，凑够 100 万元买来濒临破产的永乐电器品牌，由员工变成了老板。他创办的永乐电器在当时是仅次于国美、苏宁的电器巨头。也正是基于这一点。国美收购了永乐电器，陈晓也从老板的角色转换为职业经理人。

在合并之后，双方也有过甜蜜期，陈晓出任国美电器董事局主席，黄光裕则退居幕后，而且黄光裕把陈晓当兄弟看，给予了陈晓极大的真实权力。陈晓在早期也是知恩图报，将国美经营得风生水起，使国美成为当时电器第一巨头。

而陈晓在执掌国美期间，大肆培养了自己的亲信，以此希望国美有很强的陈氏烙印。这想想多可怕。曾经网上有玩笑的话说，陈晓面带反骨，这都属于马后炮了。

而国美创始人黄光裕在 2008 年底被指控多项罪名而被调查。也是由于当时黄光裕的首肯，陈晓正式掌握了国美的大权。在掌握国美大权之后，陈晓对国美进行了大刀阔斧的改进。首先是抛弃了黄光裕制定的门店路线，然后又引进外来资本，以此希望稀释黄光裕的股份。

要知道身为职业经理人，这样的做法，无疑是挑战创始人的权威，双方也因此正式决裂。

而对于黄光裕来说，更为讽刺的是，早前在国美一手培养的亲信，如王俊洲和魏秋立等人，目前都已投向了陈晓的"怀抱"。陈晓也是依靠资本与国美高层的支持，差点把黄氏国美给搞翻。值得庆幸的是，黄光裕的妻子杜鹃挡住了众多

---

① 《国美控制权之争》，新浪财经，http：//finance. sina. com. cn/focus/gome_huang2010/。

的压力，将国美的控制权留在了自己的手中。当然，当年杜鹃能获得国美内战的成功，也离不开广东系商人对黄光裕的支持。

最后，我们可以从国美内战中看出，领导最重要的还是识人。

三、企业与股东关系伦理问题的治理

股东与企业管理层之间的关系可以视为一种契约关系。在这种契约关系中，股东把企业委托给管理层，管理层通过经营实现企业利益。而在经营过程中真正的问题是如何通过一定的机制来保证管理层服务于股东的利益，保证股东与企业管理层之间"契约"的实现。在经济契约之外，股东与管理层还需要遵守重要的伦理道德规范。

（一）企业股东的主要责任

（1）企业股东应及时如数供应所应提供的财务资源，从而保证企业经理层对企业的正常管理与运营。

（2）企业股东对企业经营成果最终负责。股东既然享有剩余控制权，就决定了其必然对公司行为的最终结果负责；股东必须促使其与企业经理层保持协调的关系。

实际中常有违背上述股东责任的股东行为发生。有些事情表面上看好像能给股东带来某些好处，但事实上只要加以跟踪观察和分析就会发现这些行为损害了企业、产品形象，严重地危及企业的正常发展乃至生存，最终无疑会导致包括企业经理层在内的各利益相关者遭受损失。

（二）股东监督企业管理层

为了避免道德风险和逆向选择，股东就必须获取更多的信息，制定各项规章制度，建立各种监控机制，约束企业管理层的权限，监督企业管理层的行为，在发现其背离股东目标时给予一定的处罚甚至解聘他。但这也需付出沉重的成本，既包括由于监督而直接增加的费用，又包括由于监督而使企业管理层不能及时采取措施丧失时机所带来的损失，因此应在这种监督成本和因为监督而可能给股东带来的收益之间进行权衡。

（三）股东激励企业管理层

企业管理层的个人报酬同企业的运营成果挂钩，从而鼓励他们采取符合企业最大利益的行动。这也涉及成本问题，如果激励成本过低，则不足以激励企业经理层，股东的权益得不到有效的保护；如果激励成本过高，股东又得不到应得的收益，因此只有适当的激励才能一定程度上调整股东与企业管理层之间的利益冲突。

对企业管理层的激励可以采用与企业产出相关的工资、奖金等货币形式，也可采用股票期权等形式，但对于行为和绩效难以监督的高层企业经理层而言，可以让其拥有部分剩余索取权和控制权，如使之拥有企业股票或债券，成为企业的股东或准股东，他的报酬就会直接同企业运行的绩效和结果挂钩；另外，如果某些人员的产出难以计量，可以用等级制的提升职位制度来监督其努力程度。对于股权分散情况，似乎没有人能够监督高层企业经理层，此时可以给予等级制的高级经理一揽子的津贴，并使这些津贴取决于企业的整体经营绩效，以为高层企业经理层提供刺激和动力。经济学家承认，存在各种各样的机制能完成这个任务，如董事会的监督、正式的控制体制、预算上的限制、激励报酬体系等。但现代企业伦理学认为，企业经理层仍需担负着对股东的伦理道德责任，才能更完美地终结与股东之间的委托经营关系。因此，股东应特别关注企业经理层对某些伦理理念的反应，如表6-1所示。

表6-1　　　　　　　　　企业管理层对伦理理念的反应

理念	完全不同意		不太同意		一般		比较同意		完全同意	
	频数	百分比（%）	频数	百分比（%）	频数	百分比（%）	频数	百分比（%）	频数	百分比（%）
善有善报，恶有恶报	8	2.7	31	10.3	39	13.0	117	39.0	105	35.0
人都是自私的	27	9.0	103	34.3	54	18.0	63	21.0	53	17.7
做生意运气很重要	9	3.0	43	14.3	59	19.7	107	35.7	82	27.3
吃苦在前，享受在后	3	1.0	23	7.7	43	14.3	107	35.7	124	41.3
一个人活着总要做点有意义的事	2	0.7	11	3.7	24	8.0	53	17.7	210	70.0

理念	完全不同意		不太同意		一般		比较同意		完全同意	
	频数	百分比（%）	频数	百分比（%）	频数	百分比（%）	频数	百分比（%）	频数	百分比（%）
生意归生意，朋友归朋友	7	2.3	40	13.3	40	13.3	62	20.7	151	50.3
讲信用是经营根本	3	1.0	8	2.7	18	6.0	40	13.3	231	77.0
商业中适当的夸张和吹嘘是必要的	46	15.3	96	32.0	53	17.7	65	21.7	40	13.3
把握机会的能力是商业成功的关键	3	1.0	12	4.0	24	8.0	76	25.2	185	61.7
无奸不商，无商不奸	109	36.3	99	33.0	33	11.0	37	12.3	22	7.3

资料来源：苏勇、陈小平：《MBA 管理伦理学教学案例精选》，复旦大学出版社 2001 版，第 18 页。

（四）企业管理层为股东利益服务

企业管理层有必要而且有责任采取措施和管理手段，使企业向边际利润最大化方向发展。

（1）卓越的企业经理层做事情首先要有目标，要把目标作为企业的组织原则。知道自己的企业要做什么，为什么要这样做，并且要把企业的目标通过员工贯彻到企业的各个方面。这些都是事情的本源问题。目标的三大要素分别是使命、远景目标和价值。使命，就是通过大家共同努力，达到某个既定的目标；远景，是通过可以衡量的目标来说明解释结果；价值则为结果提供了非常具有意义的原因。

（2）企业经理层应十分清楚企业的目标，与股东利益保持一致，为股东利益服务。而一个企业的价值，就是改变他人的生活。企业经理层应该意识到企业对他们意味着什么，除了完成工作以外，重要的是他为这个企业做出贡献。

企业经理层必须为了结果进行管理，并且要通过与他人的共同努力，来实现利润的增长，这是商业的精髓所在。因为利润是一种生存的条件，如果一个企业没有利润，就无法生存，所以作为以营利为目的的企业不能从事没有利润的亏本工作。利润，同时是一种成本以及未来要达到的某种指标。但是利润，不是最终的目的，只是一种手段。

（3）企业经理层应恰当处理长远利益与眼前利益关系。在经商管理实践活动中，企业经理层必须恰当处理好企业长远利益和眼前利益的关系，应该看到，在一定的历史阶段，企业的长远利益与眼前利益是一致的；但在某一个特定时点上，由于劳动生产力的水平性和社会财富的有限性，企业的长远利益与眼前利益可能会呈现差异性，存在一定程度的矛盾性。

企业经理层在本职工作中，既不能单纯为了满足企业的眼前利益而不顾长远利益，特别是要克服生产经营的短期行为；也不能借口企业的长远利益而不顾及眼前利益。企业经理层为股东利益服务要求企业经理层在兼顾企业的长远利益的同时，不断满足企业眼前利益的需要。

第三节　企业与消费者关系中的伦理

一、消费者

1. 消费者与消费

广义上的消费者泛指一切从事消费活动的人，包括生活消费者和生产消费者；狭义的消费者专指法学意义上的消费者，即为满足生活需要而购买、使用某种产品和服务的社会个体成员。本章所讨论的消费者是指狭义的消费者。

产品同样也包括狭义和广义两种概念，最狭义的产品仅局限在其特定的物质形态和具体用途上；最广义的产品概念则指为满足人类需要和期望的任何媒介物，包括有形的产品和服务、体验、事件、资产、组织、信息和创意等。本书使用的概念介于狭义和广义之间，在讨论消费者问题时，我们用"产品和服务"这一概念概括满足消费者欲望和需求的有形与无形介质。

消费过程是消费者对产品和服务的选择、购买、使用和受益的过程，也是形成生产者的产品和服务市场的过程。在这个过程中，企业作为基本经济单位，将各种社会资源转化成消费者愿意接受的产品和服务并从中获取赢利。

在传统社会中，生产者和消费者往往同属某个共同群体，熟人社会的"信用""声誉""道德"制约被用来保障双方的权利，缺乏信誉、有了坏名声的商人很难在传统社群中立足。"圈子"越小，权利的保障就越可靠，保罗·费德曼的面包圈、穆罕默德·尤努斯的穷人银行似乎都验证了这一点。在现代社会中，这种来自熟人群体的信用和声誉压力已经不适用于生产者和消费者的关系。

➤ 阅读材料

无人看管的面包圈①

20世纪80年代，保罗·费德曼就职于一家为美国海军提供服务的研究所，每当拿到新合同时，他习惯买些面包圈分给同事。后来费德曼养成每到周五就在办公室里放一筐面包圈请大家随便吃的习惯。同一办公楼的其他员工知道后，也经常过来拿几个面包圈。为了收回面包圈的成本，费德曼决定在面包筐旁放一个空篮子，并标上面包圈的价格，他收回了95%的钱。

随后费德曼辞职专门售卖面包圈，招揽生意的方式很简单：他一大早将面包圈和用来收款的篮子放在各个公司的食品间，然后再回来取钱。费德曼在140家公司放入大约8400个面包圈，并详细记录每一次收支情况。费德曼的记录显示，小公司的人彼此相识，信用和荣誉的压力就大于那些互不熟悉的大公司，而有较高控制欲的高层人员则更倾向于白吃。

费德曼实验的总体情况表明，在团体中诚实水平还是不错的，平均付款比例达到87%。只有十几个人的小公司比大公司高出3%～5%，令人产生荣誉感的节日付款比率高于其他日子，基层员工所在楼层的付款比率高于高层员工。实验显示：在有监督的情况下，人们更容易保持诚实的品质。

在现代社会中，买卖双方更多依照契约而规定各自的权利和义务。当消费者购买某种产品和服务时，就意味着消费者与企业达成了契约。在这层契约关系下，消费者支付"货币"来获得某种"效用"，因而也具备了相应的权利。

2. 消费者权利

理论上，在自由竞争的市场上，通过竞争机制达到资源的最佳配置从而取得社会效用最大化，消费者完全可以通过这一机制保护其权利而无须额外的保障。但这只是理论上的可能性，实际情况并非如此。消费者的权利获得充分保障的前提条件是：市场是完全自由竞争的，消费者具有选择的可能性；消费者拥有与产品和服务提供者等量的信息和知识，从而具有选择的能力；消费者的行为是理

---

① 资料来源：笔者自编。

性的。

基于各种原因，消费者无法完全依赖市场交易来保障自身的权益，必须辅之以外部干预，尤其是法律的干预保障其权益。法律意义上的消费者权利，是指在法律框架下，消费者有权做出（不做出）或者要求他人做出（不做出）一定行为的权利，这种权利也被称作消费者基本权利。在中国，消费者保护的主要依据是《消费者权益保护法》。

通常，消费者保护所涉及的基本权利包括安全的权利、知情权、自由理性选择权、犹豫权（犹豫期内撤销权）、求偿权和获得尊重的权利。

（1）安全的权利。

消费者购买产品和服务时，有权保护自己免受劣质产品、有毒有害产品的伤害。有关安全权利的伦理争论之一是消费者的安全是否可以视为一种"货品"，通过市场机制加以解决。支持者认为消费者的安全问题可以通过消费者的购买偏好引导生产者通过自由竞争得以完善：消费者如果需要更安全的产品和服务，他们会为安全的产品和服务支付更高的价格，从而刺激生产者提高其产品和服务的安全性。他们甚至认为，在产品和服务的安全性上依赖政府干预，会有损市场的公平性和效率。只有消费者有权决定其安全偏好，政府不应要求生产者提供超过消费者需求的安全性能。但在反对者看来，"看不见的手"不能有效保障消费者的安全：信息的不对称、非理性的消费决定、垄断市场等都会降低市场配置资源的能力。而安全的权利是一项基本人权，政府必须加以监督并提供基本保障。

（2）知情权。

《消费者权益保护法》第八条规定："消费者享有知悉其购买、使用的商品或者接受的服务的真实情况的权利。"第十三条规定："消费者享有获得有关消费和消费者权益保护方面的知识的权利。"知情权使消费者有权从厂商那里获得产品与服务的真实信息。虽然从交易的公平性角度，生产者有责任提供所有的与产品和服务相关的真实信息，但实际上，这些信息掌握在生产者手中，而几乎没有哪些生产者愿意提供与产品和服务安全欠缺相关的信息。消费者还可以从第三方机构获得相关信息。在有些国家，第三方机构负责收集信息并通过出售信息获取收益，但这种方式很难成为普遍性的模式。收集信息的成本、消费者的支付意愿以及第三方机构本身的信用程度都会成为障碍因素。进入互联网时代后，消费者能够很方便地利用公共信息平台和即时通信工具获取相关信息，但信息的可靠性却难以保证。

（3）自由理性选择权。

自由理性选择权意味着能够在众多替代产品和服务中自由选择，其实现的前提条件是市场上有足够多的生产者和需求者，并且他们都可以自由进入或者退出某个市场；同时消费者掌握足够的产品和服务信息。在垄断市场上，自由选择权固然无法实现；即使在竞争性市场上，如果所有的生产者高度趋同，消费者也无从选择。

（4）犹豫权（犹豫期内撤销权）。

知识经济和互联网时代的到来，电子商务、网上交易等的数量逐年增加，越来越多的国家倾向于赋予消费者犹豫权。犹豫权的确立，主要是基于产品和服务提供者和消费者权利的公平性。由于在类似电子商务、金融保险等合约的订立过程中，消费者受到专业知识或信息不充分的限制，很容易产生非理性消费的冲动，使选择权及知情权受限，合理的犹豫期是对双方权利的一种平衡。

（5）求偿权。

求偿权是指消费者获得赔偿的权利。当消费者受到有缺陷的产品或服务的伤害，或者是不公平交易的损失时，能够获得合理的赔偿。目前，世界各国在消费者求偿权的实践中，彼此之间多有不同。一些国家如美国等，惩罚性赔偿力度较高；另一些国家，则尚未有惩罚性赔偿措施。

（6）获得尊重的权利。

尊重权主要指消费者的意见得到尊重的权利。当消费者面临产品和服务问题以及产品和服务提供者不公平交易行为时，能进行投诉并有机构针对投诉做出公平处理。我国目前主要是由各地的消费者协会作为处理消费者投诉的机构，其作用比较薄弱，政府相关职能部门监控、调节市场的能力还有待提升。

二、企业与消费者的关系

依据《中华人民共和国消费者权益保护法》，消费者关系是现代企业伦理关系的重要组成部分，其特定的含义是指企业在其产品和服务互动过程中现实的、潜在的与消费者之间所结成的社会联系。与世界上的任何事物一样，企业与消费者的关系也是相辅相成、对立统一的关系。企业与消费者之间既有各自独立的经济利益，也存在相互联系、相互依存等共同的经济利益，其中任何一方脱离了它的对立面都不能生存。

统一：企业与消费者互利互惠，实现双赢。

　　企业与消费者之间的关系是统一的，它们应该并且可以互利互惠，实现双赢。一方面，顾客就是上帝，是企业的衣食父母，只有消费者购买了企业的产品或服务，企业才能把投入的本钱收回、获得利润。如果企业生产的产品得不到消费者的认可和支持，企业的生存就只能是空话。另一方面，企业提供的产品或服务能够满足消费者生活、生产的需要，提高消费者的生活质量。在现代社会，任何消费者都不可能自己生产自己所需要的各类生活用品。由此可见，企业与消费者彼此依赖，难分难舍。

　　目前，人们日益增长的物质文化的需求与生产力落后的矛盾关系是我国的社会基本矛盾。生产决定消费，生产的目的是消费；消费又在很大程度上反作用于生产，能够促进推动生产的发展。消费者权益得到保障了，社会才能和谐发展。

　　对立：企业和消费者各自有自己的经济利益。

　　企业与消费者之间的关系又是对立的。在私有制条件下，企业与消费者各自拥有相对独立的经济利益。在一定的商品质量条件下，价格越高，企业赚得越多，而消费者付出的代价就越大。在价格一定的情况下，商品的质量越差，企业获得的眼前利益就越多，消费者的生活质量就越差、甚至糟糕。所以，有些企业为了满足自己赚钱的欲望，常常会压低商品质量、提高价格，甚至不择手段地生产假冒伪劣产品、不安全产品，坑害消费者的合法权益。

　　企业想要长期稳定地生存和发展，必须全面、正确地看待企业与消费者之间的关系。不能只看到双方利益的对立面，为了赚钱不惜一切代价损害消费者的利益，必须看到双方相互依存的统一面。现代企业必须把消费者利益放在首位，企业只有不断满足消费者的需求，才能得到源源不断的财富，才能给企业带来经济利益和社会效益，企业才会在市场中站住脚跟，才有机会扩大再生产，寻求发展，才能基业长青。所以，消费者不是企业的敌人，而是企业赖以生存的衣食父母。

三、企业与消费者关系中的伦理问题

（一）产品中的伦理问题

1. 产品设计中的伦理问题

有缺陷的产品设计是导致很多灾难性悲剧的主要原因，如福特公司的 Pinto

车案例和"挑战者"号航天飞机失事就是因为产品设计存在问题而造成悲剧的两个典型事例。Pinto 车是福特公司20世纪70年代初推出的一款车型，其油箱位置不合理的设计导致其追尾碰撞中极容易起火爆炸。1986年美国"挑战者"号航天飞机失事，事故的直接原因是 Morton Thiokol 公司生产的一个 O 形密封环的损坏。该密封环的损坏是由于发射时气温过低引起的，而生产厂商在设计垫圈时没有充分考虑气温因素。

环境保护是产品设计中经常涉及的另外一个伦理问题。有些产品方便和改善了人们的生活，但其使用却给社会带来了不可忽视的负面作用，其中最常提及的就是环境保护问题，如喷雾剂与氟利昂制冷剂对大气的臭氧层有破坏，不可降解的塑料包装造成长期的土地污染问题，一些化学物资如清洁剂会污染空气、河流和地下水。

2. 产品包装中的伦理问题

产品包装也是产品整体中的重要部分，包装不仅具有传统意义上的保护产品的功能，在现代营销观念下，许多企业更强调包装的新功能，如宣传、物流、销售等，而且随着网络购物的普及，大数据、人工智能、新零售的发展，产品包装的功能也日益多元化，其作用也显得越来越重要。

目前，部分商品包装中存在着一些违背商业伦理要求的行为。例如商品包装中过分强调外在包装而忽视内在质量的哗众取宠现象；"豪华包装""大包装"所造成的过分包装和过度包装问题；包装欺诈问题；包装环境污染问题；等等。以上这些行为带来了诸多负面效应：一是过分包装对消费者产生误导，有悖商业伦理；二是过度包装既提高了商品的成本，侵害了消费者的合法权益，又带来了资源浪费；三是包装欺诈鼓励了不正当竞争；四是以上行为严重破坏了人类赖以生存的环境。

企业在商品包装中存在的种种不规范行为，是不符合伦理要求的。商品包装必须充分反映市场营销伦理道德的要求，因此必须构建符合现代市场营销观念要求的商品包装道德规范。

（二）定价中的伦理问题

定价策略中的伦理问题可以分为两类：一类是妨碍公平竞争的定价策略，即企业的定价行为损害了正常的竞争，称为"反竞争性定价行为"，包括串谋定价（或合谋定价）、掠夺性定价、歧视性定价；另一类是消费价格的合理性，它主要讨论的是企业的定价行为对最终消费者的影响，它主要包括两种最容易引起争议的定价行为：价格欺骗或误导性定价、保利价格。

1. 歧视性定价

歧视定价是指对同一商品的不同买主索要不同的价格。歧视价格主要流行于卖主是垄断者或寡头的某些市场上，从广义的垄断来看，歧视价格是垄断定价的一种延伸。

价格歧视现象最早出现在市场经济发达的美国，因此美国市场对于价格歧视问题的讨论较多，并且有相对完善的法律法规对价格歧视行为进行调整，美国的《反托拉斯法》要求同类产品应以公平而相等的价格出售给买主，禁止卖主对不同的买主实行不同的价格。这项规定不仅适用于卖主直接实行的价格歧视，也适用于因各个买主的不同购买力而形成的价格歧视，但因卖方销售成本的差别而形成的价格上的差异是允许的，有关歧视价格的伦理问题，主要是要考虑这种策略是否真正或者从根本上削弱了竞争关系。

➤ **阅读材料**

大数据杀熟[①]

所谓"大数据杀熟"，有人将其定义为互联网厂商利用自己所拥有的用户数据，对老用户实行价格歧视的行为。也就是说：同一件商品或者同一项服务，互联网厂商显示给老用户的价格要高于新用户，并依此获得利润最大化。

有网友自述，通过某旅行服务网站订特定酒店，朋友的账号显示只需300元，自己的账号则要380元。相同的房间，不同的价格，这算得上算法的"功劳"。通过深挖消费者过往消费甚至浏览记录，让算法洞悉消费者偏好，不少互联网平台清晰地知道消费者的"底牌"，于是就有了上述的看人下菜碟。

大数据杀熟现象最早可以追溯到亚马逊在2000年一个差别定价"实验"。当年，有用户发现《泰特斯》（Titus）的碟片对老顾客的报价为26.24美元，但是删了cookie后发现报价变成了22.74美元。这件事情的曝光，让亚马逊面临消费者如潮的谴责，最后CEO贝索斯亲自道歉，称一切只是为了"实验"。这是否仅仅是个"实验"不得而知，但调整价格来"追逐利润"是毋庸置疑的。

---

① 资料来源：笔者自编。

部分企业为了获得更多的利润空间会把用户进行分类。最简单的分类方法就是把用户分为价格敏感性用户和非价格敏感性用户，由于使用习惯，老客户多为非价格敏感性用户，而新用户则对价格比较敏感。企业则针对不同类别的用户提供不同的价格以获取更多的利益。

2. 串谋定价

串谋定价也称为"串通定价"或"价格协定"或"固定价格"，是指生产者、经营者之间互相串通，订立价格协议或达成价格默契，以共同占领销售市场，获取高额利润。

（1）协议定价。

通过一个类似合同的协议来固定价格，其反竞争的性质是非常容易判断的。但是，如果竞争者之间通过价格信号传递但又没有明确的协议存在时，这种情况就是隐含的价格串谋。在这种情况下，就需要判断竞争者合谋定价的动机，而不能仅仅依赖是否存在统一的价格这个结果进行判断。同样的情形也可以用于竞争对手之间互相交换价格信息，尽管可能并没有明确串通定价的信息，但是实际存在协调定价的情况。除此之外，平行定价，即所有竞争企业都制定基本同样的价格，这在寡头垄断市场中是非常普遍的。

（2）价格领导。

在价格领导情况下，小企业通常采用行业中领导者制定的价格。关键的问题是行业领导者制定价格的动因是什么。一般情况下，小企业的这种行为被认为是公平的，因为小企业需要与大企业竞争，价格上不能相差太大，价格过高就没有竞争力。同时行业的领导者一般都有成本优势，所以小企业所定的价格也不可能比大企业的价格低很多。

（3）转售价格维持。

转售价格维持指的是制造商规定了零售商和批发商销售商品时的最高或最低价格，也有可能同时定一个最高价和一个最低价。

尽管明确规定转售价格的行为是非法的，但是一直以来对企业阻止经销商打折的行为还是存在着很大的争议。企业和经销商关于禁止打折的协议对竞争究竟有什么影响呢？一方面，禁止打折妨碍了竞争，伤害了消费者的权益；但另一方面，禁止打折可以增强竞争，因为经销商为了竞争必须增强服务，并且避免了"搭便车"的问题。在营销中"搭便车"问题随时可能存在，因为低价的经销商可能提供很少的服务，但却能从本地区其他经销商那里获得好处。比如说，某些经销商的购物环境很差，也很少提供售前的咨询等服务，消费者可能会从另一个高端的经销商那里了解产品信息，进行咨询，但是却到低端经销商那里去购买产品。这种情况在非常标准化的产品销售中很容易出现，因为不同的经销商的同品牌同型号的产品没有质量差异。

3. 掠夺性定价

掠夺性定价是指某家企业为了挤出或吓退意欲进入该市场的潜在对手，降低价格至其成本以下，待对手退出市场后再提价。它以驱逐竞争对手、获得或增强"市场控制力"为目的。通常是在市场中处于优势的企业采用这种策略打击竞争者，迫使竞争者退出市场，一旦竞争者完全丧失竞争力，它便可以垄断市场价格，获取高额利润。

企业的实际定价目标是很难判断的。例如，市场上处于主导地位的企业的产品价格可以定得比小企业或者新进入者的产品低得多，原因在于大企业的规模经济效益。同样，竞争性市场的实际情况可以使得企业将其价格定在边际成本或平均成本以下，企业的低价格可以增加销量，而随着销量的增加，产品的成本会不断降低。有意思的是，许多经济学家的研究表明掠夺性定价并不是获得市场垄断地位的有效方法。对这种观点直观的解释就是，由于执行掠夺性定价的都是市场上占主导地位的企业，由于销售量大，其损失也大。结果是，获得垄断地位的企业为了弥补前期的损失必须要在获得垄断地位后足够长的时间内制定足够高的价格。要在长时间内保持高的垄断价格，市场进入壁垒是个非常关键的因素。而实际上，这种壁垒在竞争性的市场中一般是很小的。

判断掠夺性定价行为的关键之处在于怎么描述不合理的定价或者是亏本性定价。一般认为，如果定价低于平均可变成本或边际成本二者中较低的那个值就是掠夺性定价，另外还要考察企业定价的目的和意图。

在一些长期合同的投标中还会出现另外一种妨碍竞争的行为。因为合同是长期的，并且内容非常复杂，产品的要求和其他指标都在不断变化，某些大公司就可能开始以低价获得合同，希望在下次招标时得到弥补。大的公司有实力以开始的低价获得合同，而小公司就处于非常不利的地位。而且由于这些合同的特殊性，一旦某个公司获得初始合同，往往还是这个公司获得下一阶段的招标。这些行为也妨碍了公平的市场竞争。

4. 价格欺诈与误导性定价

价格欺诈是指经营者以不正当的价格手段，欺骗购买者并使其经济利益受损的行为。误导性定价行为是指经营者在经营活动中，使用容易使公众对商品的价格产生误解的所有表示或者说法。具体而言包括以下做法：

（1）高—低定价。

在超级市场、百货公司、家具店等销售场所几乎每天都能够看到"促销价""优惠价""清仓价"等字眼。销售商惯用的做法是开始时将产品定一个很高的价格，这个价格只维持很短的时间，然后销售商在其后的大部分时间内进行打折销售。不知情的消费者在将现售价和所谓的"原价"比较后，认为获得了优惠从而购买该产品，这种定价方式称为"高—低定价"（high - low pricing），对这种定价策略的争议主要集中于消费者会错误地以虚高的原价作为参照并做出决定。

（2）价格比较。

价格比较是指零售商在销售商品时将其商品价格和其竞争者的价格进行比较，这种行为在市场竞争非常激烈的产品中较常见。这种竞争行为主要影响的是零售商与其竞争对手之间的竞争关系。一般认为，如果零售商所标示的比较价格是准确的，这种价格比较是可以接受的，如果提供虚假信息则是不道德的。

（3）建议零售价。

对于企业在产品包装上印刷的建议零售价存在广泛争议。企业的典型解释是"我们在商品外包装上标明建议零售价的用意是想约束商家擅自抬高价格或者压低价格，避免消费者的利益受到损害，也避免损害我们产品的品牌形象"。而超市的经理却是这样认为的："洗衣粉、香皂这些家庭日用消费品市场竞争非常激烈，建议零售价是厂家的促销招数。一般来说，我们在进标有建议零售价的商品时，通常会优先选择建议加高零售价的商品，这样就会有更大的利润空间。因而厂家便将建议零售价逐渐抬高来刺激商家。"企业的建议零售价应该是与商品价值相称的合理的价格。但如果企业如超市经理所说的那样因竞争的压力而将建议价格远远定于正常价值之上，企业的行为就是有误导性的。如北京市某服装商店的上衣标示的厂家建议零售价为288元，但实际商店的标价只有98元。

（4）暴利价格。

对于何为暴利这个问题到目前为止还没有统一的看法。一种定义是，暴利是指通过不正当的价格手段在短时间内获得的巨额利润。另外一种定义是按国家计委发布的《制止牟取暴利的暂行规定》来界定暴利与合理利润，即经营者经营某一商品或服务，其价格水平或差价率或利润率不得超过同一地区、同一时期、同一档次、同种商品或服务的市场平均价格或平均差价率或平均利润率的合理幅度（简称"四个同一""三个平均""一个幅度"），超过这一"合理幅度"的为暴利，低于这一"合理幅度"的则为合理利润。这个定义的问题是，随着科技的进步以及新兴产业的出现，这些"三个平均"的计算就难以客观公正地进行。还有，如果没有同种商品，该如何确定暴利，也没有相应的规定。

高利润和暴利有一定的联系，但是并不能说高利润就一定是暴利。有些产品的高利润是由于高风险引起的。例如，一些高科技产品研发阶段时间长、投入高，而且成功率低，这些产品一旦开发成功，其售价远远高于产品本身的生产成本是可以接受的。因为只有这样，才能弥补前期的研发投入以及其他失败的研发计划投入，只有这样的"暴利"才能激励企业和个人进行这种科技投入，推动科技的不断进步。但是有些企业的暴利是通过垄断来实现的，这种情况下，企业的高利润就是不符合商业伦理的。还有一种情况是企业所处的行业是竞争非常激烈的行业，进入壁垒也很低，但是企业能够获得高额利润。这种情况下，暴利所引起的争议就要小得多。

（三）促销中的伦理问题

产品促销也称为销售促进，是指企业通过人员推销或非人员推销（包括广告、宣传报道等）方式，将产品或服务以及企业本身的信息传递给广大顾客，引起他们的兴趣以及购买行为。企业促销一般采用组合方式进行，组合工具主要包括人员推销、广告和公共关系。

1. 广告中的伦理问题

（1）广告的真实性存疑。

现代广告的种类繁多，包括电视广告、电台广告、报纸广告、期刊广告、印刷广告、户外广告等。这些广告通过文字、图像、声音等元素的精心安排，向消费者传播企业和产品的一组特定信息。广告信息可以分为三类：陈述性信息，表示"有什么"；暗示性信息，表示"可能有什么"；承诺性信息，表示"将来有什么"。

对于广告信息本身，可以从三个方面进行分析：①关键信息是真实的还是虚假的？真实与虚假取决于广告所主张或陈述的具体内容，如果广告所主张或陈述的具体内容与现实世界是一致的，那么它就是真实的，否则就是虚假的。②关键信息是完全的还是不完全的？有时广告未提及的方面与它提及的方面一样重要。在宣传和销售某种具有危险性的产品时，如果不向购买者提示产品的危险性，该广告就是不符合伦理标准的。③分析广告商的动机。该广告的内容在客观上是否为虚假？在主观上有无欺骗或误导受众的故意？其分析可以更加认清本质。

由此，我们可以将可能存在伦理争议的广告分为四类：吹捧性广告、虚假广告、欺骗性广告和半真实广告。

吹捧性广告包含了一些富有表现力的陈述，如明喻、暗喻和夸张。明喻、暗喻和夸张都是语言中可以接受的修辞手法。大部分正常人能通过语言中的上下文、措辞、语调以及其他一些细微的线索，分辨出哪些是完全真实的，哪些是运用了比喻、夸张的修辞手法，哪些是有所变化的。如果这类广告的实质内容或者关键内容是真实的，并且采用的这些吹捧手法不会对受众造成误导，那么它在伦理上就是可以接受的；但是如果这种吹捧超过了合理的限度，对受众造成误导，那么它在伦理上就是不能接受的，有些过度吹捧的广告甚至演变为欺骗性广告。

虚假广告是指客观所陈述的内容与现实不一致，但主观上不存在欺骗或误导受众的故意的广告。由于现实世界的复杂性、广告商知识的局限性或者疏忽大意，广告作了错误的陈述。广告主、广告代理商、媒体应当对广告的真实性共同负责，并采取稳健性原则对广告的内容进行审核，以杜绝可能的虚假内容。另外，在广告发布之后，如果发现其内容存在虚假之处应及时采取有效的补救措施。

欺骗性广告是指客观上所陈述的内容与现实不一致，而且广告主主观上存在欺骗或误导受众的故意的广告。欺骗性广告同时满足以下两个主要条件：①该广告的内容在客观上是虚假的；②该广告在主观上有欺骗或误导受众的故意。

半真实性广告是指内容是真实的，但是没有揭示那些将会明显影响产品消费的效用或者安全的其他关键信息的广告。有时，广告未提及的方面与它提及的方面一样重要。在宣传和销售某种具有危险性的产品时，如果不向购买者提示产品的危险性，该广告就是不符合伦理标准的。对于某种带有一定危险性的产品，如果消费者在潜意识里认为这种产品是安全的，那么在广告中或者产品的包装上就应该包含特定的警告。

（2）针对儿童的电视广告存在误导。

很多广告以儿童作为对象，因为家长在儿童身上的花费比较高，儿童能影响父母的购买行为，而且传统观念认为儿童是冲动型购买者，因此广告商期望能够自小便建立起儿童对某个品牌的忠诚。另外，电视广告声情并茂、跳跃动感、短小精悍，正好符合儿童注重感觉、好奇心强、活泼善变的性格特征，所以一般儿童都比较喜欢观看电视广告。由于儿童缺乏对外界信息的完全判断和认知能力，在接受儿童电视广告信息时，有可能不能完全对广告信息进行处理并做出合理的判断，因此许多家长和消费者团体都非常担心儿童会受到不良电视广告的影响。

儿童电视广告在儿童道德发展中有两方面的作用：

首先，它影响着儿童的道德观念，通过参与儿童道德认知的形成，决定着儿童道德行为的方向。儿童阶段是形成是非观念的重要阶段，但是由于儿童阶段道德认知发展的特点是被动接受多于主动选择，所以电视广告多样化的制作形式及多元化的宣传内容很容易影响儿童道德观念的发展，渗透到儿童道德认知的形成过程中。一方面，广告中宣传的积极的价值观有助于促进儿童正确道德观念的发展；另一方面，广告中所宣传的错误观念也会因为儿童认知能力的局限而对其产生消极的影响，误导其认知判断能力。

其次，它直接影响着儿童的道德行为，通过儿童模仿电视广告形象的行为，影响儿童道德行为的表现。儿童电视广告中常以成人权威或者一群儿童充当主角，他们的语言、行为中表现的道德价值取向影响着电视机前的儿童的道德认知、情感和行为。因为儿童电视广告中的成人权威常是家长、老师、专家、明星等社会推崇的儿童榜样，他们代表的是权威、公正和榜样，儿童在心理上对他们极为信赖，当他们以教育、劝服的口吻来引导儿童时，常常事半功倍，常言道，"近朱者赤，近墨者黑"，儿童的模仿能力极强，甚至是那些他们并不是特别了解的事情也常常会引起他们强烈的好奇心，成为他们的模仿对象，电视广告就对儿童的这种模仿行为起着形象示范作用。

（3）比较广告不当。

比较广告是指在广告中把所宣传的产品和同一竞争领域内的其他产品相比较的广告。欧共体《比较广告议案》对比较广告的解释是：任何广告无论以何种方式，或直截了当，或以间接方式，或以某种隐含暗指的手段，涉及自己的竞争对手，或提及了其产品和所提供的服务项目，即构成了比较广告。加拿大将比较广告定义为：在广告中把所宣传的产品和同一竞争领域内的其他产品相比较。

从比较广告的表现形式看，比较广告可分为直接比较广告和间接比较广告两大类。直接比较广告是指商品的经营者或者服务的提供者在其广告中"指名道姓"地与竞争对手的商品或者服务进行比较的广告，间接比较广告是指商品的经营者或者服务的提供者在其广告中与不特定的同一行业的竞争对手的商品或者服务进行比较的广告。

比较广告往往存在"抬高自己，贬低对手"的做法，有悖伦理要求，具体而言有以下表现：

①以自己商品或者服务的长处与竞争对手商品或者服务的短处相比，即对比的内容没有针对性，违背"面对面，点对点"的要求，如某厂在为其产品所

做的广告中称"我厂生产的产品与××厂生产的产品相比，在质量、性能等方面具有……优点，而××厂生产的产品价格贵，没有售后服务。"

②不说明比较内容只表现结果，如"作为新生代的××空调，已远远超越了松下空调"的广告词，未对××空调的性能、特点等内容加以说明。

③违背事实，片面夸大，无根据地引用最高级形容词，如××牌洗衣粉的广告称："世界首创，国家专利，堪称最高质量，与现有市场的所有洗衣粉相比，是唯一的无毒洗涤用品。"其实，该洗衣粉根本不具国家专利，且含有一定的毒素，"世界首创"更是无稽之谈。

④对比性诋毁，实践中常见的是广告主通过拿自己产品或服务与竞争对手的产品或服务的某些特点进行不真实、不全面的比较，来诋毁他人商品或服务声誉的行为，如甲厂生产的全自动洗衣机的综合性能明显不如乙厂生产的同类洗衣机，但甲厂在为其洗衣机所做的广告主要宣传自己产品远比乙厂产品在噪音表现上更舒适、宁静，其实，乙厂生产的洗衣机噪声震动完全符合有关标准。除此之外，诋毁还表现为诋毁他人的资信状况、生产技术水平、经营管理水平和信誉、个人名誉等。

比较广告必须真实、明白，不得误导消费者。比较广告要具备真实性，应做到：

第一，比较的内容必须以具体事实为基础。广告主必须对商品和服务的特点及有关方面作客观比较，比较的论点必须建立在可以证实的、公正事实的基础上，不但应说明对比的是什么商品或服务，而且应说明是在什么基础上进行，对比的内容和条件不能人为地有利于某商品或服务，而不利于另一商品或服务。

第二，比较的内容必须可被证明。比较广告中指名的商品或服务必须确定是相互竞争的，而且应拿出实在的数据来支持所作的宣传，任何结论必须有据可证，能够对比较的准确性提供令人信服的论据。

第三，比较必须全面，其中包括对自己不利的比较。广告既然选择了比较的形式，则必须是有针对性地毫无保留的比较，即美国广告法律规定的"面对面，点对点"，某方面具体的比较中确实是自己的商品或服务优于他人，则应允许比较广告"以己之长，攻人之短"；反过来，如果自己在某方面不如别人，则也应广而告之。

2. 人员推销中的伦理问题

人员推销是企业促销的重要手段。推销人员身处营销活动的终端，直接与消费者接触，他们一方面是企业产品或服务的拥护者，另一方面，也要迎合消费者，拥护消费者，即企业和消费者都希望推销人员对他们忠实诚信，但这种期望总是存在落差，推销人员总会在两者之间徘徊，并经常陷入伦理的困惑之中。同时，推销人员面临销售业务的巨大压力，这种压力迫使其不择手段地推销，出现了所谓的"恶劣销售"或"高压销售"。具体而言，人员推销中常见的伦理问题主要有：

（1）高压推销。

高压销售的表现有两种：一种是推销人员对消费者纠缠不休，即使消费者已经明确表示了不需要，他们还是频繁出现在消费者周围，竭尽全力迫使消费者购买他们的产品。另一种是推销人员通过一些花招，如"限时销售""限量销售"等，使消费者产生紧迫感，或者实行产品大幅度打折或加送赠品，使消费者感到该产品物超所值而大量购买他们本来用不上的东西。这两种手段都是推销人员人为地给消费者施加压力，剥夺了消费者依靠主观判断进行决策的机会，都是典型的不伦理行为。

（2）故意误导。

推销过程中，推销人员迫于完成任务或受到高额提成的诱惑，常利用消费者的知识漏洞，采取夸大产品功能的行为，对产品做出不正确的陈述或虚假的承诺，或者通过猎奇玩惊险，甚至歪曲产品用途等，这些都属于典型的故意误导行为。推销人员夸大产品和服务功能的行为，对产品或服务进行了不正确的陈述或者做出了虚假承诺，实际上是对消费者构成了欺诈。当与产品有关的信息被误导时，推销人员不仅要承担法律责任，而且由于其扰乱了消费者的自由购买意愿，在道德上也应该受到谴责。

（3）差别对待。

差别对待消费者主要表现在以下两个方面：一是对不同消费者在服务态度或提供便利上存在差异，如对有些顾客提供快捷的送货和更大的折扣，而对其他顾客则没有这些优待。例如，商业银行对大客户和普通客户的服务态度和方便性上就截然不同。二是对同一消费者在其购买前后态度上的差异，购买前笑脸相迎，购买后冷若冰霜。

（4）送礼和款待。

给顾客送礼是许多推销人员的惯常做法。伦理能够接受的是推销人员为了与顾客建立亲密的人际关系或是为了感谢顾客而进行的送礼行为，但当送礼是为了诱使顾客购买产品或服务时，那就是一种不符合伦理规范的行为。另外，给顾客送礼的价值大小也是区分送礼与行贿的标准。如果款待被用来对顾客施加额外的影响和压力，超出了产品本身的特点和好处对消费者的吸引力，款待行为就存在一定的伦理问题。

（四）渠道管理中的伦理问题

企业营销渠道也称分销渠道，是指企业产品的所有权和实体从生产领域转移至消费领域所要经历的通道。菲利普·科特勒认为分销渠道是促使产品或服务顺利地被使用或消费的一整套相互依存的组织。事实上，这些分销通道，就是帮助产品所有权转移的一切企业和个人。

企业分销渠道管理中的伦理问题，具体表现为产品直接分销渠道伦理问题和间接分销渠道伦理问题。

产品直接分销渠道是指没有中间商参与，产品由生产企业直接销售给消费者和用户的分销渠道类型，是服务消费者最快捷的通道。直接分销渠道的伦理问题，主要包括侵犯隐私权、欺诈、不公平、骚扰等。其中侵犯隐私权是当今营销中最棘手的问题之一，由于企业生产者需要拥有潜在目标消费者的资料，可能会违背伦理道德采取各种非正常、非公开的途径获取相关资料，这样就侵犯了消费者的隐私权。

间接分销渠道是指生产企业将产品经中间商销售给消费者和用户的渠道类型，它是消费品销售的主要方式，许多工业品也采用间接分销渠道。间接分销渠道的伦理问题主要包含在企业处理其与中间商的伦理关系，以及中间商与终端消费者的伦理关系之中。比如生产企业对中间商的不公平及欺诈等问题、中间商欺诈消费者和生产企业的问题。

1. 直接分销渠道管理的伦理问题

直接分销渠道模式下，直销者和顾客面对面接触、互惠互利。其中的伦理问题主要包含以下几种：

（1）侵犯消费者隐私权。

隐私权的侵犯也许是直接分销渠道模式下最棘手的伦理问题。消费者每次通过邮政或电话订购产品、抽奖、申请信用卡或订购杂志，他们的姓名、地址和购买习惯等个人信息就会被列入公司建立的数据库。消费者虽然经常能从数据库营销中得益，如他们可以收到更多的符合他们兴趣的订单，直销商年终寄给消费者纪念品等。然而企业也经常利用顾客的个人信息作为他用，甚至售卖给其他企业赚取额外利润，因此侵犯了消费者的隐私权。大数据时代的来临更是加剧了消费者个人信息的公开化和利用的被动性，消费者隐私权受到了越来越大的威胁。

（2）骚扰和激怒消费者。

电话营销是直接分销的主要形式，但常常让消费者感到厌烦。多数时候，直销公司会通过电脑系统自动拨打客户电话介绍其新业务，若客户对其介绍不感兴趣没有听完录音就挂电话，他们过一段时间还会打来。这种行为就构成了对消费者的骚扰。

直接分销模式下，企业还会直接向有具体地址的消费者寄发各种产品信息或通过电子邮件发送广告资料，这些都可能给消费者带来很大的麻烦。尤其是随着互联网和大数据时代的到来，直销商在互联网上以电子邮件的形式肆无忌惮地向消费者发送各种产品信息和广告资料，致使大多数消费者每天都要花费宝贵的时间识别和删除垃圾邮件，对这些没完没了的垃圾邮件感到厌烦。虽然很多国家都已经制定法律对这种行为进行限制，但在还没有制定相关法律的地方，直销商仍然可以随便发送广告邮件给消费者。从伦理的角度讲，直销商的行为造成了对消费者的骚扰，使消费者对企业及其产品产生不信任和反感。我们认为直销商可以有选择地发送电子邮件。因为并不是所有消费者对接收的邮件都感到厌烦，有些消费者乐于收到相关的商业信息，但直销商应尽可能选择确定这部分潜在客户。

（3）传销。

探讨直销的伦理问题，传销是不可回避的内容。很多国家都立法对传销进行限制或禁止，那么传销与直销之间到底是一种怎么样的关系呢？在部分国家，直销分单层次直销与多层次直销。单层次直销习惯称为直销，多层次直销又叫传销。传销公司是一个等级分明的多层次的营销渠道网络。传销员大多经人推荐并购买最低数量的产品来取得经销权，成为传销公司成员。每一个传销员都处于渠道网络中某一层次，与自己的上线和下线直接发生联系，既接受自己上线的领导，又可以以独立的经销商身份发展和经营管理自己的网络。这样，通过较高级别的传销员发展低级别的传销员，低级别的传销员再发展更低级别的传销员，如此下去就形成一个金字塔形的销售网络。

许多传销员开始进入传销业并不是由于需要才购买产品，而是为了取得经销权，以便从销售产品和发展下线中获得投机收益。传销企业利用大众的投机心理，以产品为媒介组织传销网络，通过高价销售产品，将众多下线的资金聚敛到传销企业和少数上线的手中，使他们获得远远高于行业平均水平的超额利润。所以传销具有浓厚的投机色彩，并带来很多严重的不良社会问题。传销是人员发展上线、下线、金字塔式，限制人权与自由的非法模式。因此，传销在我国是非法的，是明文规定禁止的。1998 年 4 月 18 日国务院颁布《关于禁止传销经营活动的通知》，宣布传销为非法，不分种类、名称，全部停止活动。

2. 间接分销渠道中的伦理问题

间接分销的基本模式为：生产者—中间商—消费者。间接渠道是社会分工的结果，通过专业化分工使得商品的销售工作专业化；中间商的介入，分担了生产者的经营风险；借助于中间环节，可增加商品销售的覆盖面，有利于扩大商品市场占有率。但中间环节太多，会增加商品的经营成本，从而将增加的经营成本转嫁到最终消费者身上。间接分销渠道的伦理问题主要体现在以下几个方面：

（1）中间商挤压生产企业。

在我国，生产企业过分依赖中间商的现象十分普遍。由于中间商拥有巨大的资源和市场，其良好的分销能力被生产企业所看重，有助于提高产品的销量。所谓得渠道者得天下，现代企业的竞争归根结底就是分销渠道的竞争，分销商通过压低采购价格盘剥控制生产企业，造成生产企业利润率的降低，厂商关系紧张。突出的例子就是国美将格力的产品清除出卖场，不再销售格力的产品；沃尔玛和家乐福都有自己的自主品牌，生产企业为它们贴牌生产。生产企业为了摆脱经销商的控制，有些甚至自建渠道，这在一定程度上增加了生产企业的营销费用支出。2004 年，在我国北京、昆明、重庆等地，先后出现了普尔斯玛特会员商店因过度盘剥供应商、大肆挤占供应商的资金、损害供应商的利益，导致与供应商矛盾激化而倒闭的事件。

（2）渠道冲突严重。

渠道冲突是指企业在同一市场建立了两条或两条以上的渠道而产生的冲突，其本质是几种分销渠道在同一个市场内争夺同一客户群而产生的利益冲突。由于市场竞争压力与需要，企业在同一区域市场内往往会使用多种分销渠道，最大限度地覆盖市场，这样不可避免地会发生几种分销渠道将产品销售给同一客户群的现象。渠道冲突的主要表现在以下两个方面：一是经销商与制造商之间的冲突，主要体现在双方的权利和义务上，集中表现在价格政策、销售条件、地域区分和促销过程上，制造商存在因赊销货物给经销商产生拖欠货款的风险。二是经销商之间的冲突，主要表现就是经销商不规范操作如竞相杀价、串货造成严重的网络冲突等。

（3）窜货问题。

渠道窜货是经销网络中的公司分支机构或中间商受利益驱动，把所经销的产品跨区域销售，造成市场倾轧、价格混乱，严重影响厂商声誉的恶性营销现象。

通常情况下，造成窜货的原因主要有以下两个。一是渠道建设与市场管理机制不匹配。比如在以终端零售商为主，二级批发商并存的渠道建设中，其市场管理机制或办法是针对中间零售商的，但在二级批发商的管理上方法或经验欠缺。渠道监管乏力，销售实践中的"营销近视症"，对市场窜货放任蔓延。监管和相应惩治机制的缺失，助长窜货大行其道。二是价格。价格体系不完善，以低价格或高价值直接扰乱原渠道成员目标市场既有的价格体系。

四、企业与消费者伦理问题的治理

(一) 产品伦理问题的治理

1. 确定合理的产品质量水平

企业开发和设计新产品的第一步就是进行产品质量水平的决策。产品质量是指产品为适应社会生产和生活消费需要而具备的特性，它是产品使用价值的具体体现。具体衡量标准包括耐久性、可靠性、精确性、易操作性和易于维修性等几个方面，企业对产品质量的控制并非越高越好，如果每个汽车生产企业都生产的是奔驰那样高质量水平的产品，而由此造成对较低质量水平消费的忽视不利于企业的现实发展，也是不符合营销伦理的，关键是产品的质量水准要与目标消费者的需求层次和水平相一致。

产品设计还要优先考虑环境保护的准则，减少自然资源损耗、减少原材料的消耗、减少使用后带来的污染成为越来越多企业的选择，例如：一次性尿布产生的垃圾占固体垃圾的 15%，针对这一情况，两大纸尿布生产厂家宝洁公司和金伯利·克拉克公司在产品设计上体现了对环境的关注，他们开发出超吸附能力的尿布，这使得需处理的垃圾数目减少了一半。RMED 国际公司则推出了一种不含化学物质，可以完全生物降解的尿布。再比如，上海大众汽车有限公司研制成功的新型发动机比过去的旧型发动机行驶百公里的耗油量降低了 39.1%，达到了每百公里耗油 5 升的水平，污染物的排量也明显降低。按照上海大众的年生产量，每年在全国可节省汽油 8 万 ~ 10 万吨，注重环境保护、注重可持续发展，进而关注消费者和社会的长远利益已成为一种趋势，这也是产品设计符合商业伦理的一个方面。

技术的发展一日千里，及时掌握技术发展的最新动态，设计出更符合环境保护要求的产品也是大势所趋，例如，在冰箱行业，我国的老冰箱企业大多形成于

20 世纪 80 年代，靠向银行贷款起家，资产负债率高，企业利润率低。现在在倡导绿色环保的条件下，无氟冰箱必将逐步代替有氟冰箱，以减少对环境的破坏。然而，对于那些已经负担很重的企业而言，引进无氟技术，再建设或改造无氟生产设备谈何容易。后进入的企业在技术、设备、资本、结构和产品的市场潜力方面都有明显的优势，抓住机会，就可以将企业的利润与道德目标有机结合在一起。

在评价产品设计是否符合伦理时，可以利用全过程成本分析来评价和识别某个产品、某项工艺或某个活动给环境带来的问题和机遇。全过程成本分析，涉及从摇篮到坟墓的整个过程，包括从地球开采原材料，到制造过程、销售和分销过程，到产品使用和维护过程，以及最终处理的整个过程，是对产品的生命周期的各阶段给环境带来的好处和坏处的全面认识过程。

总之，产品设计的伦理性包含的一项重要内容是：关注环境利益，有利于环境保护和社会的可持续发展。这里归纳起来，要做到的是以下几个方面：

第一，产品设计中符合安全标准，在发现存在安全隐患时要及时予以更改，而不能采用拖延、掩饰的态度，将责任放在事后的赔偿上。

第二，降低产品的能源、原材料的消耗，资源的稀缺和有限性要求企业为了人类的长远发展，在产品设计上向节能、节约原材料方向发展。

第三，对生产过程产生的废物进行充分利用，实现废物的减量化、无害化和资源化。

第四，采用新技术或运用新的流程，使产品增加可拆卸性和易于销毁性。这种思路从长远发展的角度构思和开发产品，以便在产品使用寿命完结时，部件可以翻新和重新使用，或者安全地将零部件处理掉。如，我国各大城市都在陆续推广消除白色污染，使用可生物降解的塑料盒和纸质餐盒等。

第五，以关注最新的技术发展为基础，在符合伦理道德要求的导向下，企业可以充分利用后进入优势，在负担低、成本低的条件下，实现经营的目标。

第六，在产品的设计上，一方面要考虑产品对消费者短期需要的满足程度，另一方面还要考虑消费者的长远利益，社会的长远发展。

2. 产品包装要符合伦理要求

首先，在产品包装上，产品说明及警告要合理，要将厂名、厂址、生产日期、使用有效期、产品构成成分及其营养成分明白无误地告知消费者，不能以含糊其词的方式造成顾客理解的困难。只有这样，才能达到安全消费。这一点在药品包装上更为重要。由于药物的成分、剂量对消费者的人身安全直接造成影响，药品包装标识的"准确"是这种商品标识符合商业伦理的重点所在。

其次，包装的伦理问题还表现在包装成本与材料上。包装本身具有宣传商品的作用，即所谓的"收买"效应。这里有一个前提，顾客在没有损害自身经济利益的前提下，是需要一定的诱惑的，但如果因为增加包装的成本，使产品的最终价格太高，那么，顾客将不能接受。因此，包装成本上的伦理界限建立在包装的基本功能基础上，美化商品包装部分的成本投入要恰当。

最后，包装材料要注重环境保护。企业往往只片面地注重精美的包装可以增加商品利润的一面，而忽视了包装材料对环境的影响。如：包装所用的材料如金属、纸、塑料，会造成自然环境的破坏；相当数量的包装，废弃后不能重复使用，大量地消耗自然资源；在包装品生产过程中，会产生许多不能分解的有毒物质，如废水、废气、废渣，会造成严重的环境污染。因此，产品道德化包装的准则是应选择可再循环和可再利用的包装材料。

（二）价格伦理问题的治理

价格策略中的伦理控制应主要围绕制止价格欺诈、掠夺性定价和串谋定价三个方面进行。

企业在市场营销价格策略中，消除价格欺诈的途径主要有两条：一是明码标价，不使用模棱两可的语言，引起误导，引发争议；二是要价值相符，在产品成本基础上，根据行业特点、科技含量等条件，加上合理比例的利润，而不能对新颖性的紧俏商品任意抬高价格。对大公司而言，为了保证价格策略的道德化，有必要建立起一套制定产品价格的规范，具体规定价格表述方式，不同产品类别的价格加成比率，以及部门的浮动权限等。

掠夺性定价是超越理性的价格竞争，使消费者、相关企业甚至政府的利益受损，引起行业的恶性竞争和动荡，甚至波及更广泛的领域，对整体经济发展造成不利的影响。企业不能用降低质量标准、采用劣质材料、以次充好等方法，将掠夺性的后果转嫁到消费者身上。

市场经济下的价格形成机制是以企业自主定价为主，但这并不意味着国家对企业的不合理价格行为束手无策，即使在市场经济制度已相当成熟的国家，对物价的管理仍是相当用心和有权威的。因此，在企业的价格行为与市场经济的自由竞争原则背道而驰时，政府不应熟视无睹，而应该积极地予以干预，保护消费者的利益。我国在价格法律制度方面，也逐步趋于完善化，已经正式实施的《价格法》对企业的价格行为进行了全面的规范。

（三）促销伦理问题的治理

促销中的伦理问题是市场营销道德的一个主要方面，消费者主义运动的兴起、企业伦理学的形成，都与企业界的虚假广告行为、强压式推销行为有关。促销的道德准则的主导方向是不能因为要满足企业扩大销售的目的而一味地加大宣传推广的力度，还要以倡导正确的消费方式为己任，因而，企业实施道德化营销，还应包括对消费者消费进行合理引导以及适度消费。

1. 广告道德化

在规范企业的广告行为方面，发达国家的企业形成了行业的伦理规范。在美国和日本，广告协会都颁布了行业伦理规范。广告活动的伦理控制主要体现在以下两个方面：一是要避免对消费者产生行为的控制，让消费者有一个自由选择的机会，要防止对产品形成依赖效应；二是要禁止广告中的各种欺诈行为。有时，欺骗性广告引起的误导很难界定，因为它往往会滞后一段时间才显示出影响力。在广告中避免误导性言论，以真实的广告内容吸引消费者，增长消费者的消费知识，才是企业营销中符合伦理要求的选择。

制止企业的欺骗性广告，要对欺骗性广告坚决果断地予以惩罚。在美国，一旦某项广告被认定是虚假、欺骗性广告之后，要求企业必须在大众传播媒介上，说明先前所登的广告为虚假广告，并要醒目地表明虚假内容已被联邦贸易委员会认定。显然美国的这一做法对欺骗性广告业的商业信用威胁是很大的。因而，也制止了欺诈性广告的频繁出现。

➤ **阅读材料**

"苏大女学生购买会员仅可跳过部分广告"案①

2018 年，苏州大学法学院女学生孙欣（化名）观看爱奇艺视频时，看到"会员跳广告"字样，买会员后却发现，只跳过了片头广告，片中广告并没有

---

① 《买了会员却不能跳过广告　女大学生状告爱奇艺获赔偿》，新民晚报网，https：//baijiahao.baidu. com/s？id＝1636781102562284901&wfr＝spider&for＝pc。

"跳过"。"较真"的她一纸诉状将爱奇艺告上了法院。一年以后的 10 月 24 日，苏州市中级人民法院做出终审判决，维持一审判决，即判决被告爱奇艺公司赔偿孙欣 30 元，驳回其他诉讼请求。11 月 6 日，苏州市中级人民法院官方微信公众号"苏州中级人民法院"发文评析称，爱奇艺在网页上用了"会员跳广告"的宣传语，通常可以理解为会员可以跳过、免看视频内容里插播的全部广告，但实际会员仅可跳过片头广告，而爱奇艺对"会员跳广告"实际含义的解释，则要点开里面的会员特权和会员协议才能看到。

法院认为，爱奇艺公司作为更有技术条件优势的网络公司，以带有误导性的宣传方式引导消费者购买会员，侵犯了孙欣的知情权。对于爱奇艺应如何承担责任，苏州中院表示，爱奇艺没有履行诚信告知义务，侵害消费者的知情权，导致孙欣有一定的利益损失。不过，其中孙欣没有仔细看会员协议和会员特权里的具体条款，也有一定责任。最终，根据会员价相应比例酌定赔偿金额，一审判赔 30 元，应属合理。

根据苏州中院的说法，要保护促进互联网商业的创新，宽容互联网新业态新服务的多样化发展，司法不宜过多干预限制。但是，互联网经营仍然要有底线有尺度有规范，特别面向不特定的大量网迷消费者，要遵循诚信原则，不能损害消费者合法权益。

现代商业的基石是契约精神，而明确合理的条款和完整按时的执行就是商业伦理的最好体现。爱奇艺公司的会员活动，其目的就是提供消费者花钱买服务的机会，消费者需要的服务就是清除广告和抢先观看。而现在看来，广告是部分清除，抢先观看也是部分抢先，观看前的广告可以跳过，而观看中的广告和视频自带的插播广告则无法清除；抢先观看也只是针对小制作等部分电影，口碑较高等电影、电视剧则仍然需要付费观看。

爱奇艺的经营依赖广告收入和会员收入，想要二者兼得却无法厘清二者的关联，广告商希望扩大广告投放面已实现更大的宣传目的，消费者希望享受高清畅快的视听体验，怎样在二者之间做好平衡显得尤为重要。

2. 人员推销遵循伦理原则

首先，严禁不道德强压式销售。运用不断拜访，强迫客户接受他（或她）所推销之物是一种不伦理的行为，有时消费者的接受是在不堪忍受多次登门的困扰下，而被迫接受推销品的，这样做违反了消费者自由选择的基本准则。这一现象在国内的个人商业保险推销中常有发生，主要原因是保险公司的任务目标设计，单纯以销售多少单保险为主要内容，而没有考虑顾客的实际满意程度。

其次，推销人员在推销中的伦理还应体现在对所推销产品或服务的质量保证上，推销员应是所推销商品的第一检验师，对各种不安全、质次价高、假冒伪劣的商品，推销员应坚决拒绝参与推销。

（四）渠道伦理问题的治理

处理分销渠道中各主体间的伦理问题时应做到以下几点：首先，企业在处理与其他分销渠道成员的关系时，应遵守诚实、守信的基本伦理准则，建立起相互信任、长期合作的关系。其次，要选择对顾客最有利的分销方式，包括中间商数目的多少、分销渠道的宽度、分销后勤工作的有效性等。最后，分销渠道成员都有为顾客利益着想的基本责任。这主要是指企业应联合所有渠道成员杜绝假冒伪劣、不健康有损精神文明的商品流入市场，不能形成渠道成员彼此心照不宣，联手形成假冒产品生产、销售"一条龙"现象，损害消费者的利益。

➤ **阅读材料**

欧典地板的"道歉"①

欧典曾是一个国内地板行业响当当的牌子。从 2001 年开始，欧典地板连续三次取得可使用六年的中消协授予的"3·15"标志，是全国同行中唯一享有如此殊荣的品牌，在国家质检总局 2005 年国家免检产品及生产企业名单中，欧典地板榜上有名。中国环境标志认证委员会于 2000 年 6 月授予欧典地板中国环境标志认证。欧典地板被北京市消协评为"2005 年北京人最喜欢的品牌"。

然而，2006 年中央电视台"3·15"晚会，向全国消费者揭开了一个惊人内幕，"号称行销全球 80 多个国家，源自德国，著名品牌地板德国欧典总部其实根本不存在！"欧典企业提供的印制精美的宣传册上写着：德国欧典创建于 1903 年，在欧洲有 1 个研发中心、5 个生产基地，产品行销全球 80 多个国家。此外，在德国巴伐利亚州罗森海姆市拥有占地超过 50 万平方米的办公和生产厂区。

---

① 《欧典地板迟来的道歉》，搜狐网，http://news.sohu.com/20060919/n245408073.shtml。

"地板，2008元一平方米，全球同步上市!"从2004年7月开始，写有这样内容的绿色巨幅地板广告牌，出现在全国许多大中城市，几乎每个装修过住房的人都听说过"欧典"这个名字。

据《第一时经日报》报道，每平方米2008元的欧典地板，其进价也不过五六百元，欧典地板专卖店销售人员称，欧典敢于卖出2008元一平方米的价格，除了德国制造、选材苛刻外，最主要的原因就是德国品牌。

不仅德国欧典不存在，被欧典公司在网站和宣传材料上频频使用的"欧典（中国）有限公司"也根本没有注册过，欧典这个商标在2000年才正式注册，注册人是1998年成立的北京欧德装饰材料有限公司。

据透露，欧典在北京门头沟工业区某厂、大兴某小厂、湖北、杭州等多地均有过生产，除部分产品包装上标注生产基地为欧典（中国）生产基地外，其他大部分都没有标注生产厂家和地址。

2006年4月，北京丰台工商分局对北京欧德装饰材料有限公司做出了行政处罚决定：2004年以来，国家建材测试中心对北京欧德装饰材料有限公司的22种进口及国产地板样品进行了检测，结果显示产品质量符合国家标准，但欧典在经营过程中，利用网络发布广告，同时设计、策划了19种印刷品广告共计852万余册，在其中将虚拟的"德国欧典企业集团""欧典（中国）有限公司"及发展历史、生产经营规模、与之隶属关系等夸大企业形象的事实对外进行宣传，广告费接近150万元。工商部门指出其行为违反了《中华人民共和国广告法》和《中华人民共和国反不正当竞争法》，令其停止发布违法广告，并处以广告费5倍的罚款，共计747.3776万元。

2006年9月15日至17日，北京欧典木业总裁闫培金分别约见京城部分媒体，并首次通过媒体表达了对欧典地板用户的歉意，同时，公布手机号码，接受所有欧典地板用户的相关询问和投诉。"首先，我就欧典企业的隶属关系、企业规模等夸大宣传向全国的消费者道歉，由于欧典的错误，给消费者造成情感伤害，我在此向消费者表示真诚的道歉。在此我也公开我的手机号，愿意向每一位打电话的消费者表示真诚道歉，聆听每一位消费者的建议与呼声。"闫培金还透露，公司销售额现已下降了三成到四成，半年时间里损失销售至少2000万元。他希望通过此次道歉使曝光事件告一段落。他还在接受媒体采访时说："欧典就企业形象夸大宣传的错误，向全国消费者致以诚挚的道歉。我清楚地知道，欧典所犯的错误，绝不是一次道歉两次道歉所能解决的，只要在法律的层面上，我们应该承担的责任，我们一定承担。3·15曝光对欧典来讲，是一个惨痛的教训，欧典为这个惨痛的教训付出的代价也是沉重的，痛定思痛，我会刻骨铭心一辈子，铭记这个教训，从零开始，从头做起，保证在今后的经营中绝不再犯。"

五、道德营销

所谓道德营销，就是通过合乎伦理的方式，提供能够增加社会福利和社会效益的产品和服务，实现企业自身的生存和发展。道德营销强调企业的道德形象，以此提升企业竞争力。与一般营销不同，道德营销强调服务社会，突出企业的社会责任。

（一）道德营销形式与方法

经常被提到的道德营销手段包括公益营销、绿色营销、社会营销等。

1. 公益营销

公益营销（public welfare marketing）也被称为善因营销或事业营销（cause relative-marketing），其显著特点就是通过开展公益活动而进行营销。公益营销改变了营销仅重视企业商业利益的传统观念，通过与公益机构合作等方式，以慈善和公益活动为纽带，将公司的产品或服务与公益事业联系起来，可以建立良好的企业品牌形象和商誉，从而提高产品或服务的附加值、增强雇员的组织归属感等。正因如此，公益营销经常被视为竞争战略的有效手段。

在第二章中我们讨论了利己与利他的人性观，公益营销的本质就是企业在利他的过程中实现利他与利己、商业利益与公共利益的统一和结合。企业在贡献社会公益、树立良好道德形象的同时，还建立了与消费者的良好互动并在未来可能从中获取更大的商业利益。公益营销可以通过将部分营销收入捐赠公益团体、与公益团体合作或者取得公益团体的特许或授权等方式进行。将营销收入与慈善捐赠绑定，是很多企业采用的公益营销手段。公益营销的成功，有赖于企业对利益相关者需求的精准把握。迪拜可口可乐公司和扬罗必凯公司推出的广告就成功打动了无数人的心灵。

➢ **阅读材料**

可口可乐电话亭：hello，happiness！①

在迪拜，每天有成千上万的南亚劳工。他们独自在异国他乡，用辛苦工作换取家人更美好的未来。背井离乡的他们，渴望与家人的交流。但是，打电话回家的国际电话费用高达 0.91 美元/分钟，这让日工资 6 美元的劳工们不可能经常与家人联系。

可口可乐公司开发了用可乐瓶打电话的电话亭，并放置在南亚劳工工作地。只要将可口可乐瓶盖投入电话机，就可以免费打 3 分钟的国际电话。

广告中，排着长队的南亚劳工们，脸上洋溢着无法抑制的幸福。在他们对幸福的诉说中，可口可乐推出了它们的广告词：幸福就是可口可乐和一个打回家的电话。

在可口可乐电话亭前，等待打电话回家的人们纷纷诉说："每天，成千上万的南亚劳工来到迪拜寻找更美好的未来，如果在这打工能让我的家人过得更幸福的话，那我就一辈子在这里打工。""我做这些是为了孩子们有受教育的机会，如果他们生活能更好一点，我也就值了。""我希望每天都能听到他们的声音，哪怕几分钟，如果能听到的话我就太开心了。""我又攒了 1 个瓶盖，明天我又可以给我老婆打电话。""我周末给我弟弟打电话了。我今天又打了，他可高兴了。"当这些工人讲述他们打电话回家的喜悦时，感动人心的力量就油然而生。可口可乐公司，将营销与南亚劳工跟家人沟通的幸福联系在一起的时候，自然而然地收获了感谢、信任以及对产品的美誉。以社会公益为载体，可口可乐在相关人群中建立了良好的品牌形象。

公益营销以"公益"为标签，重要的是在整个营销链条上必须保证在道德上没有瑕疵和污点。从某种程度上看，公益营销是一把双刃剑，如果不能真实地实现"公益"目标而仅仅把公益作为一种招牌，则很容易产生负面效果。

---

① 资料来源：笔者自编。

▷ 阅读材料

鸿星尔克捐款引发的野性消费①

2021 年 7 月 22 日，"鸿星尔克的评论好心酸"占据微博热搜榜首。随后，网友们纷纷冲进其直播间买单。根据灰豚数据，7 月 22 日晚鸿星尔克官方旗舰店淘宝直播间单场观看次数暴涨至 201.7 万次。同时，单场直播带货的销售额超 1022 万元，是之前一周均值的 168 倍。即使在今年"6·18"大促当天，其淘宝直播间的直播带货销售额仅有 96.6 万元，不及 7 月 22 日直播的十分之一。

几位品牌营销资深人士均认为，本次鸿星尔克的品牌传播是一次"意外的品牌传播"。直播间里主播与消费者的互动能够直接观察消费者情绪，让鸿星尔克树立了一个为消费者思考的形象，品牌热度从线上传递到线下。品牌营销资深人士娄峻峰表示，此次河南灾情是消费者对鸿星尔克产生共情的出发点，先引发品牌情感的共情，再达到情感上的共鸣，在品牌传播上实现了水到渠成的超级传播效果。在此次事件中，首先是情绪点的引爆。蒋美兰表示，"新媒体的引爆有两点：成图率和情绪点。成图率主要涉及参与打卡、拍照上传，而情绪点则意味着话题一定要引发情绪，让情绪不断发酵。在群体接力中，细节逐渐丰满，为鸿星尔克立了个爱国本分、善良救灾的人设，这就是触发汹涌情绪的起源。"

根据各社交平台，二、三线城市多处门店排起长队，出现商品断码、店铺售空等场景。面对众多消费者突如其来的"爱意"，鸿星尔克方面迅速做出反应，集团总裁亲临直播间表达感谢、亲自回应评论。48 小时内，鸿星尔克登上了微博、抖音、头条、知乎、百度、B 站等各个平台的热搜或热门。

2. 绿色营销

绿色营销是企业以"生态环保""绿色低碳"为号召，通过满足消费者的绿色消费需求实现企业的商业目标。绿色营销的关键是将消费者利益、企业的商业利益和生态环境保护三者结合起来。绿色营销可能贯穿设计、生产、营销各个环节，也可能仅体现在生态环保等营销口号中。真正的绿色营销应通过资源节约、减少环境污染、维护社会利益而实现。

消费者绿色意识的提高，也直接影响到企业对营销的改变，企业绿色营销概

---

① 资料来源：笔者自编。

念一时兴起。绿色营销是以满足消费者和经营者的共同利益为目的的社会绿色需求管理，以保护生态环境为宗旨的绿色市场营销模式。企业在生产经营过程中，将企业自身利益、消费者利益和环境保护利益三者统一起来，以此为中心，对产品和服务进行构思、设计、制造和销售的过程就是绿色营销。

　　绿色营销要求的是整体营销过程的环保，不仅是产品的环保，产品的生产、包装、运输及销售过程都要达到环保要求。这要求企业的环保意识进一步提高，不仅在生产中做到提高能源利用效率，还要在产品包装、运输过程及回收过程中都做到绿色化。"绿色营销"运动说明企业界对环境保护运动态度的转变，由消极应付转变为积极参与。然而还要防止某些企业是为了营销而绿色，例如前文提及的"漂绿"行为。

　　美国杜邦公司和埃克森公司堪称"绿色营销"的典范，它们用于污染防治的投资已达数十亿美元；太平洋电力公司投资于对废料的回收再利用，实现了经济效益增长与自然环境保护的良性循环；3M 公司实行的"预防污染有奖"计划带来了污染和成本的大量减少；此外，日本的佳能公司也把环保当作义不容辞的责任，开发干净能源，重复使用材料，改善人机关系。

　　企业积极开展"绿色营销"活动，主动承担消除环境污染的重任，这不仅是保护自然资源与环境，保证人类社会可持续发展的需要，而且也是企业树立良好的形象，参与国内与国际市场竞争的需要。因为企业的产品如果注重环境保护，没有污染，就能增加销售量，就能在竞争中取得胜利。虽然一时用于治理污染的费用较高，但从长远来看，将给企业带来较好的经济效益、环境效益与社会效益。

　　星巴克的广告中，呼吁每个人改变一小步，共同改变整个世界。广告试图通过减少纸杯消费实现保护森林的目的。星巴克使用"星巴克指数"衡量顾客自带杯子的数量。星巴克指数是指每天自带杯子的客户数量除以当天咖啡销售数量。不同地区的星巴克指数差别很大，一些地区仅有不足 5%，有些地区高达 50%。向顾客提供折扣优惠鼓励减少纸杯消费，实际上是一种双赢的努力。例如，在中国的一些地区，优惠折扣在 2 元左右。减少纸杯的使用，不仅实现了环保的目的，星巴克也减少了相关费用。

　　3. 社会营销

　　科特勒早在 20 世纪 70 年代就提出了社会营销的概念，认为企业可以通过有计划的活动来影响社会观念的改变。社会营销的真正兴起开始于 20 世纪 90 年代，重点在于通过相应的营销手段和技术影响特定受众的行为，使他们自愿接受、拒绝、改变或放弃某些行为，从而提升个人、集体和社会的利益。

社会营销是消费者利益、公共利益、公司商业利益的平衡，经常用于环境保护、疾病防治、不良行为导正、提高健康水平等社会项目中。一些国际组织如联合国、世界银行、亚洲银行等的社会项目，也已承认和接受了社会营销这一概念。

社会营销干预或改变特定社会行为的三个要素：利益、规则和关系干预。在三个要素中，最重要的是关系干预。通过改变与受众的关系，引导受众行为的改变，是最有长久影响力的方式。利益与规则，则是通过让参与者从中受益并诱使其改变行为规则，从而达到社会营销的目的。新西兰环保组织曾拍摄了"环保总动员"的宣传片，该片真实记录了环保组织通过帮助一般市民改变生活方式以降低能源和资源消费的故事。在这些故事中，环保组织通过提供现金奖励，鼓励市民适应新的生活规则，减少其生态足迹。企业参与社会营销活动，经常需要与非营利机构合作，重点是理念的营销，将企业自身的理念与社会理念有机融合在一起，从而起到较好的作用。

（二）消费主义与道德消费

由于战后世界经济的高速发展，社会财富大量增加，任意占有和消费财富成为一种社会地位的象征。消费主义认为人们可以无限制地占有和耗费物质财富，以满足个人需求的最大化。消费主义首先在欧美尤其是美国盛行起来，其后果是使炫耀性消费取代了西方传统的新教伦理，经济冲动取代了宗教冲动。厂商通过广告宣传，达到刺激消费、诱导消费的目的，广告在不断激励需求的同时，也制造着炫耀性消费的空间，诱使人们按照广告来制定自己的消费需求。消费主义思潮在中国的流行，还仅仅是最近这数十年时间。炫耀性消费显然不是一种理性的消费，消费者在决定其购买决策时，不是考虑费用和收益，而是为了炫耀其社会、经济地位。例如，汽车在很多国家仅仅是代步工具，但在另外一些国家则象征着身份和地位。

1. 炫耀性消费与厂商营销

炫耀性消费是消费主义流行的重要特点，厂商的不良营销手段在一定程度上促进了炫耀性消费的产生和扩张。对厂商道德决策的讨论经常集中在消费价值观的营造方面。一些厂商试图通过迎合、诱导消费者的不良消费倾向而获取利润。个别厂商甚至瞄准人性的弱点，创造不良消费的空间和可能性。

按照对消费者个体是否有利、对他人及社会是否有利两个标准，可以将消费者的需求分为四类：对个体和社会及他人有利、对个体不利对社会及他人有利（或无害）、对个体有利对社会及他人无利（或有害），对个体、社会及他人均无利（有害）。

对上述四类消费需求，是否应该满足每一种可能的需求，即使这种需求是对消费者或者对社会和他人有害的？按照道德的标准，答案显然是否定的。但理论是一回事，实践又是另一回事。

一些厂商通过宣扬炫耀性消费的广告，来促使消费者进行此类消费。例如，在一些炫耀性消费品的广告中，美女富豪、香车宝马几乎成为经典桥段，似乎在竭力营造"如果你没有这些，你就不入流"的消费观。消费者尤其是年轻的消费者，似乎很难抵御这种诱惑。

在一些少女援交案件中，涉案少女中甚至有未满 14 岁的未成年人。不少参与援交者家境稳定，其援交目的只是购买各种奢侈品。

奢侈品本身没有道德问题，但奢侈品所诱发的炫耀性消费心理，值得关注。在消费主义盛行的时代，厂商的自律责任值得关注和提倡。

2. 动物福利保护及争议

所谓道德消费，就是购买符合人们道德期待的商品和服务（即不伤害或剥削人类、动物及自然环境的商品），拒绝那些不道德的商品和服务。环境保护、劳工权益等，都是道德消费中所考虑的因素。

道德消费的议题之一是动物福利保护问题。奢华的裘皮大衣，或许就意味着对珍稀动物的伤害。在一些文化中，身着貂皮大衣早已成为无知和粗鄙的暴发户的象征。著名球星姚明所做的公益广告"没有买卖就没有杀戮"，就是一则宣扬反对消费鱼翅制品的道德消费广告。

➤ **阅读材料**

牛奶背后的故事：每一滴奶都是乳牛的血泪？[①]

动物保护组织 Farmwatch 对新西兰 30 个农场进行了秘密拍摄，部分视频在新西兰电视台播出：

[①] 于惊涛、肖贵蓉：《商业伦理：理论与案例》，清华大学出版社 2016 年版，第 185 页。

"为了使奶牛可以连续生产牛奶，新西兰的奶牛每年都需要怀孕并生下一只小牛犊。""有超过 200 万只幼小的牛犊，在刚刚出生仅仅 4 天的时候就被送到了屠宰场。尽管它们还没有吃过一口东西，没有喝过一口水，甚至连眼睛都没有睁开过，不知道自己的妈妈长什么样子。"

"刚出生的小牛犊……会被强制带走。因为它们妈妈的奶，不是给它们喝的。"

"就这样，它们从被生出来的那一刻，等待它们的不是阳光，不是食物，不是母亲。"

"几乎每一个刚出生的小牛犊被运走时，它们的妈妈都会一直跟在它们的身后，能追多远追多远……"

"尽管法律规定，在运输前 2 小时，农场主必须喂食它们，但事实上没人这么做。因为喂食只是徒然增加成本，这些小牛犊，在农夫的眼里，它们就像是一堆垃圾，被扔在屠宰场的各个角落。"

"这就是人类每喝一杯牛奶背后的故事。当你高高兴兴喝牛奶的时候，有无数的生命因此而遭受虐待并悲惨地离开这个世界。"

Farmwatch 的视频片段在 Youtube 上迅速流传，一些消费者认为人类是唯一在成年阶段还在使用乳制品的生物，应该减少乳品消费或采用替代产品；但另一些消费者则认为人类与动物本来就不平等，满足人类的需求天然是第一顺位的。

随着人类消费文明观的不断变化，越来越多的消费者在满足自身需求的同时，开始关注动物福利保护。人们普遍认为人类的需求不应以过度损害动物福利为基础，即人类的消费不应建立在动物的不必要痛苦之上。

企业作为消费产品的生产者和提供者，如果不能有效应对消费者认知的这种转变，就有可能成为消费者批评和扬弃的对象。很多时候，正是消费者和企业之间的相互作用改善了所在社会的整体消费道德观。

3. 道德消费的兴起

道德消费观的兴起，与人们的同情心密切相关。亚当·斯密认为，同情心自然而然地产生道德。无论人们认为某人会怎样自私，这个人的天赋中总是明显存在这样一些本性，使他关心他人的命运，这种本性就是怜悯或同情，就是当我们看到或设身处地联想到他人不幸遭遇时所产生的感情。这种感情同人性中所有其他原始感情一样，绝不只是品行高尚的人才具备。道德消费的兴起，也正是基于这种普遍同情心之上的。人们对自己所消费产品生产制造过程中发生的一些悲惨事实普遍持有反感，促使消费者对产品和服务提出了更高的道德要求。

当消费者愿意为"道德"埋单时，消费者的道德选择就形成了对企业的压力。值得注意的是，中国市场上有越来越多的消费者愿意并且有能力为"道德"埋单，企业需要关注消费倾向的改变。除了消费者努力外，劳工协会、环境保护组织、动物福利保护组织的努力，也是道德消费的重要社会基础。厂商责任之一是对这些组织的呼吁做出正面的回应。

道德消费不仅体现在动物福利保护方面。人们在购买产品和服务时，已经不再仅仅关注产品质量和价格问题，也开始更加关注这些产品和服务生产过程中是否存在违反道德守则的情况。例如，使用廉价劳工和童工问题。一些厂商，经常因为廉价劳工和童工问题，被指责为血汗工厂而受到消费者的抵制和批评。苹果公司的批评者就经常批评其供应链管理。批评者认为与其他一些跨国公司相比，苹果公司在建立与合作伙伴的互惠关系方面还相当落后，其供应商利润空间微薄，大部分代工厂都处在微利边缘，使工厂不得不严格控制成本，无力改善员工待遇。根据苹果公司官网报告，苹果供应商中存在诸如违反童工规定、对有害物质处理不当、每周工时超过苹果规定的最高 60 小时、工人工资低于法定最低工资标准等问题，还有一些加工厂对安全违规无行政控制、未能合理防止职业危害及工伤事故。此外，还存在环境污染问题。正是由于供应链管理上的这些问题，苹果公司经常被批评为通过"无情地攫取"而获得巨大成功。

在推动道德消费方面，一些国家已经开始尝试为消费者编制购物指南，对那些符合社会期待的产品和服务，使用某些特殊标签加以推荐，鼓励消费者积极购买和消费。这些标签包括公平交易、有机食品、资源回收、动物保护、绿色制造等。对那些存在不道德行为的公司产品或服务，则将其列入拒绝购买名单中。

第四节 企业与员工关系中的伦理

一、企业与员工的关系

由于企业的任何工作都必须要通过员工来完成，所以员工是企业最重要的资源。"天时不如地利，地利不如人和""得民心者得天下，水能载舟也能覆舟""人心齐，泰山移"都说明了企业里员工的重要。著名管理学家彼德·德鲁克认为，企业除了创造并保持顾客之外，管理任务的第二个主要方面是使工作富有生产性和使职工有成就。白手起家缔造了两家世界500强、掌管过三家世界500强的稻盛和夫把员工看作企业所有利益相关者中最重要的，他把为员工谋幸福确立为企业经营的目的。他说：企业管理者必须站在追求员工幸福的角度，最大限度地提高员工满意度，使员工真正以企业为家，他们就能积极参与企业的整个服务过程和经营。员工满意程度的高低会直接体现在整个服务过程当中，顾客就会得到满意的服务，顾客对服务的质量、价格、服务态度、销售环境等方面满意的提高，企业的效益就会增加，因此，股东的利益也得到了保障，形成良性循环。

如果我们运用马克思主义唯物辩证法分析企业与员工的关系，就会发现他们自己也是对立统一的。首先，他们有着共同的利益，相互依存。企业聘用了员工，企业才能生存和发展。否则，离开了员工，企业经营也就无从谈起。员工受聘于企业，员工才有了用武之地，才能取得收入，养家糊口，进而实现自己的人生理想。所以，从这个角度来看，他们是统一的，统一于企业这个命运共同体。其次，他们的利益也存在着对立，在企业利润一定的情况下，他们都要从分配利润中得到自己的一部分收入，所以他们的收入就存在着此消彼长的情况。

如果企业能够全面地看待企业与员工既对立又统一的关系，就会把员工当作企业最宝贵的财富，会比较注重人性化管理，满足员工的需要，不侵害员工的正当权益，注重人才的培养和员工价值的实现，实现企业与员工共赢，这类企业往往非常有凝聚力，发展迅速。不能全面看待企业与员工关系的企业，往往只看到二者关系的对立面，往往只注重公司的利益，最大限度地压榨员工，而不关注员工的发展，结果员工和企业离心离德。

二、企业与员工关系中的伦理问题

企业中员工关系的伦理问题主要表现在以下方面。

（一）招聘选拔中的伦理问题

招聘是企业选拔招聘人才的活动。随着我国市场经济的发展，我国各级政府对于企业招聘的法律法规逐步健全，但实施监管的力度、广度和公正程度还很不够。目前，比较突出的伦理问题有以下几种。

1. 发布虚假招聘信息

企业发布虚假招聘信息的主要目的在于扩大企业知名度。由于各种媒体的广告费用越来越高，企业如果通过媒体进行纯粹的企业宣传广告，不仅费用支出巨大，而且也很难达到理想效果；而通过人才市场发布招聘信息，只需要花费很少的摊位费，就能在求职者中产生比较大的影响。

2. 利用考察人才的机会，无偿获取求职者的智力成果

这种情况主要发生在中高级人才招聘中。在面试时，很多企业都会把自身遇到的问题巧妙地设计到面试或笔试考题中，要求求职者谈观点甚至提交书面报告或者计算机程序。求职者为了谋得这份工作，总会把自己最高的水平展示出来，把自己最新最好的创意提供给企业。企业在集思广益、使自身问题得到解决后，却并不录用这些人员，而求职者被蒙在鼓里，总以为有比自己水平更高的人被企业录用了。

3. 企业夸大宣传，不负责任地做出承诺

有些企业在招聘中有意回避企业中的不足，对应聘者许诺以后难以兑现或根本不准备兑现的待遇条件，鼓吹发展机会有多大，但员工被录用后很快就会发现情况并非如此。为了既逃避履行法律法规规定的员工福利义务的相关财务支出，又避免政府相关部门的检查或员工的投诉，不少企业在招聘、签署合同时玩弄文字欺诈。例如，在招聘广告或招聘会上，人力告知与福利有关的协议将要待试用合格后方可签署；当长短不一的试用期结束，签署正式聘用合同时，新员工又被告知要在符合一些条件的状况下才能享受相关福利；而当出现所列出的一系列问题中的某个问题时，福利即被中止。而一旦真正按规定执行，这些程序便苛刻到几乎没有一个员工能真正享受这些福利。

4. 就业歧视

国际劳工组织 1958 年通过的《就业和职业方面的歧视公约》上规定：歧视是指基于种族、肤色、性别、宗教、政治、民族血统或社会出身等原因而实行的，具有取消或损失就业和职业方面的机会和待遇平等作用的任何差别、排斥或优惠。另外，该公约还规定："歧视的事项包括职业培训的机会，得到就业和一些特定职业的机会，以及就业的待遇和条件。"国际社会对就业歧视的法律控制有相当的共识。我国《劳动法》也规定劳动者就业不因民族、种族、性别、宗教信仰不同而受到歧视。

就业歧视可以分为直接歧视与间接歧视两种。直接歧视即以明确的理由（一般违反法律规定）来区别对待不同的劳动群体，如雇主明言拒绝雇用女性；间接歧视在表面上保持中立，但其规定或行为却导致了某些群体的不平等对待，又可分为就业机会歧视、就业待遇歧视和就业安全保障歧视。现今我国各企业的歧视

一般都为间接歧视。

（1）性别歧视。

性别歧视指在关于性别上存在的偏见，指一种性别成员对另一种性别成员的不平等对待。尤其是男性对女性的不平等对待。两性之间的不平等，造成社会的性别歧视。与性别歧视有关的妇女就业问题是当今较为严峻的歧视问题，形成的原因可以分为两类：一类是女性由于体力和生育等生理差距形成的与男性在个人能力方面的差距；另一类是由于对妇女不公平的待遇造成的差距。前者是一些不容易消除的自然差距，后者是可以消除的社会差距，就业性别歧视是导致妇女就业难的主要原因之一，是应该消除的社会问题。它主要表现在三个方面：一是女性就业难，在同等条件下，妇女不容易找到工作；二是妇女不容易找到满意的工作，即使她们的个人能力与男性相等，甚至高于男性，也不被录用；三是收入低，待遇差。在工作岗位上女性不能享受同工同酬的待遇，也没有同等晋升的机会；等等。

（2）年龄歧视。

年龄歧视也是目前职场中一种较为常见的歧视。35周岁原是机关招考公务员的限制条件，不知何时被社会上众多的用人单位效法，在招聘员工时纷纷将35岁以上的求职者拒之门外。世界卫生组织给"青年"下的定义是"45岁以下"，46～59岁都是年富力强的"中年"。很多处于这个年纪的人，经验丰富，身强体壮，却被拒之于很多工作的门外。实际上，和体力与青春活力相比较，这些工作往往更看重的是知识和技能的"脑力劳动"，如此一来，这样的年龄歧视更加让人费解。"35岁现象"限制并阻碍了人才的合理流动，而35岁以上的下岗、失业人员，尤其是女性，已成为就业的困难户，社会上对于年龄歧视的关注程度日益增加。

（3）户籍歧视。

户籍歧视是指户口的藩篱分割了统一开放的人才市场，使得本地户口与外地户口、农村户口与城市户口成为招用人才堂而皇之的条件，使很多非本地户口的人才在用人单位无法成为正式职工，影响了人才的社会化，也使用人单位自我限制了选才的视野。户籍歧视产生的原因比较复杂，有经济和社会层面的原因。比如，有些城市规定一些工作岗位限制聘用外地员工，就属于政策方面的原因，制定这种政策的初衷，是希望通过由本地人担任涉及财务和安全的工作职位，降低用人单位的风险。而实际上，"户籍限制"并没有降低这些职位的用人风险，客观上却形成了一定程度的就业地方保护。一些城市为了提高本市人口的就业率，也会人为地增加这种职位限制的范围。从短期看，存在"户籍歧视"的城市在某种程度上可以实现就业的地方保护，减轻社保负担。但从长期看，相对于那些实行户籍平等策略的城市来说，这些城市对优秀人才的竞争力也减弱了，阻碍了当地经济的长远发展。

（4）健康歧视。

健康歧视也是就业歧视中的主要问题。

除以上几种情况之外，学历歧视、血型歧视、姓氏歧视、籍贯歧视、身高歧视、相貌歧视、民族歧视、种族歧视、宗教信仰歧视等也是就业歧视的表现，同样对人才和单位都有很大危害。

5. 设置劳动合同关系陷阱

企业有时还会通过设置劳动合同对员工进行歧视，具体表现在以下几个方面。

（1）企业为了降低用工成本，逃避缴纳社会保险费和解雇员工时应负的法律责任，尽量不与员工签订正式劳动合同，出现劳动争议时劳动者的合法权益得不到有效保护。

（2）企业为了通过短期劳动合同最大限度地自由选择劳动者，并减少因解除劳动合同而应向劳动者支付的经济补偿，尽量只与员工签订短期合同。

（3）企业为了降低用工成本，有意设计不规范合同，并利用员工的就业劣势，诱使和强迫员工签订不规范合同。

（4）企业利用与员工的信息不对称，故意隐瞒对员工不利的重要信息。例如，有些企业隐瞒企业生产过程中的有害物质，有些重要的信息不告诉劳动者；与劳动者签订虚假合同，合同中只强调劳动者对企业的义务，保障企业的权利，却极力推托对员工承担相应的责任；有的合同存在霸王条款，甚至签订生死合同，这严重违反了法律，侵害了员工的合法权利。

（二）工作安全中的伦理问题

我国《劳动法》规定：用人单位必须建立、健全劳动安全卫生制度，严格执行国家劳动安全卫生规程和标准，对劳动者进行劳动安全卫生教育，防止劳动过程中的事故，减少职业危害，劳动安全卫生设施必须符合国家规定的标准。

用人单位必须为劳动者提供符合国家规定的劳动安全卫生条件和必要的劳动防护用品，对从事有职业危害作业的劳动者应当定期进行健康检查。从事特种作业的劳动者必须经过专门培训并取得特种作业资格。劳动者在劳动过程中必须严格遵守安全操作规程，对用人单位管理人员违章指挥、强令冒险作业，有权拒绝执行；对危害生命安全和身体健康的行为，有权提出批评、检举和控告。

企业在员工工作生活质量方面常见的伦理问题包括：

1. 无视员工职业安全

员工职业安全，首先表现为员工工作环境的安全。研究表明，人一生将近有1/3 时间在工作环境中度过，人在相对舒适的工作环境中工作，其效率要比在一般工作环境中高 15%。这说明，适宜的工作环境能使人进入较好的工作状态；反之，就会使人感到某些不适，工作也会受到不良影响，甚至导致意外事故的发生。尤其是对于某些易造成事故的工作，工作环境的安全就显得特别重要，否则将给员工的身心健康带来极大的损害。

员工的工作环境包括物理环境，如工作场所的噪声、照明、空气、温度、卫生等；也包括心理环境，即工作氛围，如企业制度、人际关系等。空气中的粉尘能造成呼吸道疾病，严重影响员工身体健康；有毒气体会使人头晕、恶心，甚至失去知觉，威胁人的生命安全；人体正常体温在 36℃ ~37℃之间，所以最佳的环境温度应为 20℃ 左右，如果环境温度接近人的体温，人体的热量就不易散发，如果环境温度过高，人体也会感觉不舒服；作业现场杂乱无章会直接通过视觉神经刺激神经中枢，使人的思维受到干热射病发作，晕倒并随之死亡。

就心理环境来说，由于企业制度在企业范围内具有一定程度的一致性和强制性，如果制度不合理，容易给员工造成普遍的心理压力甚至伤害；会使员工产生对工作的厌倦甚至对企业的严重不满。例如，深圳龙岗区一家工厂在招募员工时，要求员工签署一份"特殊协议"，协议上要求员工签字认同"违反厂规我就是畜生"。该协议内容包括"对父母孝顺""对工厂忠心""对上级领导尊敬"等内容，其中第 15 条赫然写着"本人愿意宣誓：如有违反签名之保证，是畜生"。这份协议在人格上、精神上给员工施加了很大压力，影响了员工的工作情绪。

2. 无视员工职业健康

2015 年，某办公室装修污染导致员工刘女士肾衰竭。员工将公司告上法庭，并在 2017 年获 233 万元赔偿。2018 年 4 月，武汉市郧西县 45 岁的王汉良（化名）因隧道工地职业病——尘肺病蜷缩在床上，身体疲惫，剧烈咳嗽，无力对抗病痛的折磨，留妻子一人照顾家庭生活起居。

工作场所健康促进是一种结合雇主、员工和社会的共同努力，以提高员工工作的健康福利。越来越多的证据表明，工作场所健康水平将成为商业效率和竞争力的重要因素；越来越多的员工期望通过降低意外事故发生率、增加企业效率和活力、提高产品和服务质量、提升企业形象和客户满意度，来使自己经济上获益。员工希望通过增加工作满意度、降低工作压力、改善工作环境、减少工作相关疾病来获得更好的工作条件。

3. 工作压力

适度的压力水平可以使员工集中精力，增强机体活力，提高忍耐力，减少错误的发生。但过度的工作压力将导致人的新陈代谢出现紊乱，心率、呼吸率增加，血压升高，头疼，易患心脏病等生理症状；出现工作满意度下降，紧张、焦虑、易怒、情绪低落等心理症状；还会出现生产效率下降，缺勤、离职、饮食习惯改变、烦躁、睡眠失调等行为症状。

> **阅读材料**

碧桂园安全行为与准则①

所有碧桂园所属的公司与员工都有义务去维护一个安全与卫生的工作环境。严格遵守碧桂园安全行为与准则，有益于所有的员工和我们生活的社区。

您有责任立即向主管、经理或工地安全人员报告任何有关安全或卫生的顾虑事项。如果您无法确定什么情况需要提出报告，请咨询您的主管或经理。碧桂园政策严格禁止对举报安全顾虑的员工进行报复。

（1）安全要求。"安全第一"是公司经营管理的最基本的信条，保证和维护碧桂园顾客和公司的人身、财产安全是员工必须牢记和遵守的公司安全管理制度，坚决执行公司的安全守则；员工入职前必须经过严格的安全及消防训练，清楚各种紧急情况下的安全措施；认真检查各项设施、消除安全隐患。

（2）火警。如发现火警，必须采取以下措施：保持镇定，切勿惊慌；切断火灾现场电源；使用就近的消防器材、设施设备扑救和控制火势蔓延，同时通知保安员、保安部和上级领导；问题严重时应立即致电119救火电话，清楚地说明火警发生时间、地点、燃烧物质、火势情况、联系人及电话；在保安部或公司领导的统一指挥下，抢救伤员、疏散客人和弱体质员工，抢救贵重物品和资料，将易燃易爆物品转移到安全地点；疏通通道，以便消防车顺利开进；自觉保护现场，维护现场秩序，防止不法分子乘势盗窃和抢劫。

---

① 碧桂园控股有限公司员工手册。

（3）自然灾害事故（台风、洪灾、雷击、爆炸）。发生自然灾害时，要沉着冷静，切勿惊慌；立即通知当值保安员、保安部和上级领导；根据灾害事故的性质和状况，利用就近资源进行自救、抢险和救灾；自觉维护好现场秩序，将客人和弱体质人员、贵重物品、资料转移到安全地带等待救援；对伤者进行救治。

（4）治安、刑事案件（打架、盗窃、抢劫或其他犯罪活动）。立即制止事件继续发生；立即通知当值保安人员、保安部及地方公安机关、上级领导；保护好现场，对犯罪分子进行抓捕；对伤者进行救治；维护好现场秩序，防止不法人员乘机盗窃、抢劫以及罪犯同伙破坏现场证物、证据；协助公安机关人员调查取证。

（5）交通事故处理。发生交通事故时，主动拨打报警电话，并通知上级领导；积极救护伤员；保护好事故现场，等待交警到场处理；维护好现场秩序，保证道路畅通，防止不法分子趁机盗窃或抢劫；积极配合交警部门调查取证。

（6）交通安全。自觉遵守交通法规，在公司办公楼区域及公司管理的小区内限速20公里/小时行驶，严禁鸣喇叭；禁止无证驾驶机动车辆，禁止驾驶无行车证或排气和噪声超标的车辆进入公司公共场所、公司管理的小区或停车场；禁止酒后、疲劳、食用迷幻药后驾驶机动车辆；禁止将机动车辆交于无证人员驾驶；驾驶和乘坐二轮摩托车需戴安全帽，小客车驾驶员和前排乘坐人员需系好安全带；不违章开车，不开带"病"车，不乱停乱放车辆；文明礼让，各行其道，按规定参加年检、年审，保持车容整洁、车况良好；因故障等原因不能行驶时，立即将车辆移动至不影响通行的地点，并采取必要的安全示警措施；保安员有权对公司所有员工提出检控，对于第一次违反上述各项要求的员工扣15分，对第二次违章的员工公司将予以辞退。

4. 性骚扰

性骚扰原指男上司或者男雇员用淫秽的语言或者下流的动作挑逗、侵犯女雇员，甚至强行要求与其发生性关系的行为，后引申为社会上以各种性信息侮辱异性（主要是妇女），或者向异性提出性要求的行为。美国著名女权主义者麦金农最早提出性骚扰的概念，并将其定义为："处于权利不平等关系下强加的讨厌的性要求，包括言语的性暗示或者戏弄，不断送秋波或者做媚眼，强行接吻，用使雇员失去工作的威胁作后盾，提出下流的要求并强迫发生性关系。"

性骚扰的地点大多发生在工作场所，少部分发生在公共场合或者私人场合。中国企业联合会雇主工作部法务主管赵国伟指出，工作场所性骚扰主要包括两种类型，即"交易性"骚扰和"制造敌意工作环境"骚扰。"交易性"骚扰指在企业身居高位者以给予或保持某种工作中的好处，包括加薪、提拔、提供培训机会等，向员工提出性要求。"制造敌意工作环境"骚扰指不受欢迎的性攻击、性要求，或其他带有性色彩的语言或身体行为。其后果是形成不利于工作的，甚至是有害的工作环境。

性骚扰是性伤害的一种形式和性暴力延续的一部分，它在生理、心理和感情上都会给对方造成极大的伤害。这样做明显侵害了雇员不受性骚扰的权利。雇员不受性骚扰的规定不但给其他雇员和主管规定了义务，同时也给雇用企业规定了应提供一个没有性骚扰的环境的义务。

（三）薪酬设计中的伦理问题

薪酬是指员工从事某个企业付出所需要的劳动而得到的以货币形式和非货币形式所表现的补偿，是企业支付给员工的劳动报酬，也是企业对员工激励的主要表现。薪酬管理是企业人力资源管理的重要职能，有效公平的奖酬制度是提高员工工作积极性的重要因素。但是，目前"员工待遇低"已成为外国消费者抵制"中国制造"的主要借口之一，物美价廉的中国货形象被称为"血汗工厂"，可见，我国企业人力资源薪酬管理存在着非常严重的伦理问题。具体来说，主要体现在以下几个方面：

1. 拖欠员工工资

我国《中华人民共和国劳动法》规定，企业要按期支付职工工资。近年来，一些企业在这方面的问题比较严重。根据《工资支付暂行规定》第七条规定，工资至少每月支付一次，本月工资在第 3 个月发放属于违法，如 1 月工资在 3 月发放就属于违法行为。2018 年 4 月份，神雾系两上市公司（神雾环保和神雾节能）因被指拖欠员工 4 个月工资延迟揭露 2017 年年报。

2. 随意克扣员工工资

根据我国劳动部门的有关规定，克扣工资是指用人单位无正当理由扣减劳动者应得工资。目前，我国中小企业成为克扣工资的"重灾区"。

3. 薪酬不公平

一些企业没有建立合理的工资奖励制度，给予员工的薪酬和奖励带有随意性和盲目性。企业家、企业管理人员与一般职工的收入差距过大，很多企业员工拼命工作才能拿到微薄的工资，有的员工甚至连病都看不起。这种分配不公会挫伤员工的劳动积极性，致使企业干群关系紧张。同样，在 20 世纪 70 年代的美国，102 家大公司负责人的平均收入是普通全职工人工资的 40 倍，但在 21 世纪初，CEO 的年薪超过 900 万美元，是普通工人工资的 367 倍。大公司中位列 CEO 之下的两位最高管理者，在 20 世纪 70 年代的薪水是普通工人的 31 倍，而在 21 世纪初则为 169 倍。

根据亚当斯的研究，奖酬制度与员工工作积极性密切相关。奖酬制度的公平性会极大提高员工工作的积极性，进而提高其绩效水平。因此，企业应当建立一套公平有效的奖酬制度。一般说来，一个公平有效的奖酬制度具有以下特征：第一，必须满足员工个人在衣食住行方面的基本要求。第二，应将本企业的奖酬制度与其他企业进行横向比较，避免本企业的奖酬水平过分低。第三，应对企业内部各类人员的奖酬加以比较，避免因员工之间奖酬的不合理、不平衡，而影响部分员工的满意程度。第四，应充分考虑不同员工对奖酬要求的差异性，灵活采用多种奖酬形式。

4. 逆向歧视

逆向歧视是指历史上的弱势群体（如少数族群、女性等）成员得到相对优惠的待遇，而以历史上的强势群体（如男性等）的成员利益为代价。相对于一般的歧视概念，即弱势群体因其身份受到不利对待，逆向歧视是指强势群体因其身份受到不利对待。这种情况比较多发生在如就业特殊照顾、外国留学生政策及配额制等方面，因此这个概念通常用于批评积极平权措施也会造成不公平对待。比如，在西方国家中，当一位具有同等资格的妇女或少数族群成员在求职时被给予超出白人男子的聘用偏向时，或当一个资历更差的少数族群成员借助配额系统被给予超过白人男子的聘用偏向时，就会发生逆向歧视指控。

（四）劳资关系中的伦理问题

1. 劳资关系冲突

劳资关系冲突主要表现为企业不签劳动合同或者尽量签订短期合同，这些行为可以给企业带来直接的利益，可以降低用工成本，便于管理，但这种做法并没有考虑到劳资关系中的另一方——员工的利益。由于是短期合同，员工缺乏安全感。一些人把自己最好年龄阶段的一切贡献给了企业，突然失去了工作，打击可想而知。

相反，如果无视企业的用人自主权和签约自主权，无条件地实行终身雇用，员工有了安全感，但企业却会因为员工失去积极进取的压力，导致创新不足，效率低下，丧失在全球化竞争环境中的生存能力。

企业利益与员工利益有一致的地方：缺乏安全感和公平感的员工不可能对企业忠诚，不可能尽心尽力为企业工作，从而削弱企业的竞争力；而企业如果失去竞争力，员工的利益也就无从谈起了。

因此，合理的劳动关系应该是在这两个极端之间找到合适的位置。要尊重企业与员工各自的权利，兼顾各自的利益。

2. 利益冲突

利益冲突是指个人由于受到非其所应有的其他利益的驱使，而使其客观性被削弱。这里"非其所应有的其他利益"，主要包括建立在父子（女）、母子（女）、夫妻等亲属关系，社会中重要私人关系基础上的关联利益，或者对公司利益构成潜在损害的商业贿赂、回扣等。

企业利益冲突可以分为外部利益冲突和内部利益冲突两种。

外部利益冲突，是指企业员工和与本公司有业务竞争关系或有其他各种业务往来的任何组织（包括个人）中的雇员存在亲属关系或其他特殊利害关系，这些关系可能在该员工履行本公司职责时影响其对问题的判断或决定，并进而导致实际的或潜在的利益冲突的发生。例如，采购代理商应该为了公司的利益进行决策，采购的商品或服务的价格应该是经过讨价还价的，并应不高于公允价格。有时供应商会提供给采购代理人回扣，以满足其个人利益，从而使之愿意接受一个更高的购货价格。如果回扣被接受，并且起作用，那么采购代理人正将他的利益和供应商的利益置于其雇主利益之上。这与雇主的期望相反，雇主希望为雇员的尽心尽力的工作支付公正的报酬。

内部利益冲突，是指两名或两名以上雇员在公司内部处于相互检查或制约的岗位，包括相互汇报的岗位上存在亲属或其他特殊利害关系，而这些关系可能在雇员履行职责时影响其对事件判断的公正性、客观性，进而导致实际的或潜在的利益冲突发生。如收款业务和销售业务、采购业务和付款业务、收款和记账、收发货物和电脑记账等。如果这些处于相互牵制的部门岗位存在亲属关系或特殊利害关系时，对公司的利益就可能构成现实的或潜在的损害。

由于利益冲突的存在，相关主体可能会通过各种关系把公司的利益往外进行输送或转移，使得公司无法通过市场竞争得到最好的资源配置，客观上导致不公正、不公平，甚至造成资产的流失。

3. 人员流动

人员流动可促进企业人力资源的优化组合，做到人尽其用。企业人员流动主要有两种情形：一种是员工主动离职；另一种是企业解雇员工。

主动离职的主要形式是员工出自其本意离开原企业到另一个企业就职的行为。对员工个人来说，职业生涯发展是一个持续渐进的过程。根据不同时期和不同要求，个人愿望与职位要求存在相适应和相背离的现象，当现有职位的条件已经不能满足个人发展要求时，员工便可能选择跳槽。

解雇，实质上是企业根据某些原因与员工结束劳动合同关系的行为。在激烈的经济竞争环境中，解雇是不可避免的现象。对企业而言，降低成本的最便捷的途径之一就是通过削减或者合并岗位，达到降低成本、提高劳动生产效率的目的；此外，适当的解雇，一方面可以淘汰那些不符合要求或不适应企业发展变化的员工；另一方面可以促进在职员工不断学习、上进、提高职业水平，有利于员工成长和企业发展。

解雇并非不可以，关键是要做到公正合理。公正的解雇至少包含以下几点：①有正当的理由，无论是公司原因（如业绩下降或业务调整且无法在公司内重新安排岗位）还是个人原因（如违背公司规定或达不到公司要求），都要明确给出正当的理由。②有正当的程序，公司的裁员或解雇政策应对所有人一视同仁，被解雇的人应有申辩的权利。③应有正当的补偿。

4. 商业秘密与竞业禁止

商业秘密是指不为公众所知悉、能为权利人带来经济利益，具有实用性并经权利人采取保密措施的设计资料、程序、产品配方、制作工艺、制作方法、管理诀窍、客户名单、货源情报、产销策略等技术信息和经营信息。其中，不为公众知悉，是指该信息是不能从公开渠道直接获取的；能为权利人带来经济利益，具有实用性，是指该信息具有可确定的可应用性，能为权利人带来现实的或者潜在的经济利益或者竞争优势；权利人采取保密措施，包括订立保密协议，建立保密制度及采取其他合理的保密措施。目前，我国许多企业家和职工尚未真正认识到企业商业秘密的价值，缺乏保护商业秘密就是保护企业竞争优势的意识，使一些重要的非专利技术和精湛的民族传统工艺被窃，教训非常惨痛。

商业秘密具有以下几个特征：

第一，秘密性。秘密性是指一项信息没有被任何人以任何形式向社会公开过，不为公众所知悉，这是商业秘密的首要构成要件。这里指的向社会公开，是指向不特定的人员透露。本单位职工因工作需要而掌握的秘密不能认为是向社会公开；其他单位因业务往来了解到有关秘密的，如果双方有约定或者明知该项信息是他人的商业秘密的，其他单位负有保密的责任，该项信息不视为已对外公开；他人窃取商业秘密但该秘密尚未扩散的，不视为该信息已丧失秘密性；权利人使用技术秘密制造的产品公开出售，也不视为该项技术秘密已向社会公开。此外，对于一项完整的信息，如果仅仅被部分公开，则未公开的部分仍然属于商业秘密。

第二，商业利益性。作为商业秘密的信息必须具有一定经济价值。一项信息具有商业利益性，不仅仅是指该信息能够立即转化为经济价值，凡是具有潜在的经济利益或可给权利人带来竞争优势的技术信息和经营信息，都属于具有商业利益性的信息。技术信息和经营信息，包括设计、程序、产品配方、制作工艺、制作方法、管理诀窍、客户名单、货源情报、产销策略、招投标中的标底及标书内容等信息。

第三，实用性。所谓具有实用性，是指该信息能够被权利人实际使用于生产或者经营。可以从两方面来理解实用性的概念：一方面，如果一项信息是一种纯粹的理论或不能实现的错误构思，则不能作为商业秘密被保护；另一方面，一项信息具有实用性，并不意味着必须能够直接用于生产经营。如果该项信息能够为权利人的生产经营活动提供间接的、有益的帮助，仍应当认定为具有实用性。例如，阶段性的技术成果，往往不能直接用于生产经营，但是，它是权利人进一步开展研究工作的基础，对技术成果的最终完成具有重要作用，它就应当被认定具有实用性。

第四，保密性。保密性是指权利人采取了合理的保密措施来保护其商业秘密，是商业秘密成立的一项重要的构成要件。如果权利人没有采取保密措施，放任相关信息公开，则可以推定权利人自身也没有认为该信息是商业秘密，或者可以推定其没有要求保护的主观愿望。值得注意的是，"合理的保密措施"是指在正常情况下可以使该信息得以保密，而非万无一失的保密措施。

面对大量的员工离职的现实，怎样既保守公司的商业秘密又尊重员工离职择业的权利成了一个棘手的问题。雇主为了防止商业秘密被泄露，常用的方法是"竞业禁止"。

竞业禁止是《公司法》规定的公司高级管理人员，如董事、经理等不得自营或与他人合作经营与其所任职的公司同类的业务。是公司为了保护企业的商业秘密而对员工的一种限制，这种行为限制了劳动者的合法权利，由于离职员工不得从事与原企业相同或相似的行业，势必会导致员工无法利用这些谋生技能，限制了个人发展。但这并不表明竞业禁止是违法的，因为通过协议约定限制了该员工的一部分就业权，即给员工设定了一项在一定时期内不得在约定的行业范围就业的义务。从权利义务对等的原则来讲，法律是允许的。竞业禁止，其实质是禁止职工在本单位任职期间和离职后与本单位业务竞争，特别是要禁止职工离职后就职于或创建与原单位业务范围相同的企业。

董事、高管在实际掌控公司的运营，会接触到很多公司经营的机密，如果在经营公司业务之外，还为自己或第三人从事与公司业务相同或相仿的业务，就会存在一些董事、高管（尤其在其持有公司股份较少情况下）不顾公司业务，为自己或第三人牟取利益，这违背了最基本的商业伦理。竞业禁止，就是为了防范此类情况。

理论上，竞业限制对于企业和人才都有好处。对企业来说，尽管需要支付一定的补偿，但是可以避免人才频繁流动带来的损失和商业机密的泄露；对个人来说，则可以在相应的竞业限制合同中，要求企业提供培训机会、成长空间，并且在离职后获得相应补偿。由于涉及的利益关系比较复杂，现实中雇主雇员站在各自角度有不同看法：雇主认为作为职业人员，保守公司秘密是理所当然的事情，不能危害公司以及同事的利益，离职后不能以任何方式损害原公司的利益。雇员认为企业和员工之间，员工永远处于下风。当员工面临一个好机会，他别无选择，因为他不能放弃任何一个对自己有利的工作。但是同时他又面临很大风险，他在未来公司里面投入时间和精力，所掌握的秘密也都是平时的积累。一旦签订了竞业禁止合同，万一员工和雇主不愉快辞职，那么他只能有两种选择，要么去其他行业就业，要么在合同有效期内放弃就业，这对员工来说是很不公平的，即便是有经济补偿也是不够的。

5. 电子监控和个人隐私

信息技术的不断发展方便了我们的工作和生活。为了提高效率，获得竞争优势，越来越多的企业开始将信息技术应用到日常的商业运作中。一方面，企业从信息技术的普及使用中获得便利；另一方面，员工也会利用这些工具进行私人的活动，甚至会有意无意地泄露公司秘密。为了防止员工网络聊天、网络购物、上班炒股以及工作时间干私活等行为，越来越多的企业采用电子监控的措施，使得大量的个人隐私暴露在人力资源管理的视线下。

目前，企业内常用的电子监控形式主要有以下几种：

（1）电话监听。电话监听内容包括检查时间、目的地、通话时间等。有的系统甚至还可以让雇主旁听员工之间或员工与外界联系的电话。

（2）计算机监控。雇主常常监控员工的电脑，通过视窗等输出设备了解员工使用电脑的情况。计算机监控有以下几种形式：①雇主应用网络管理程序监视并储存雇员计算机终端屏幕或硬盘上的信息。②有些程序软件可使计算机网络系统管理员调阅雇员用户子目录中的文档。有些则在指定时间段里，拍下电脑显示屏上的快照。③还有一些新的搜索密探程序，可以过滤电子邮件，阻止与工作无关的即时信息进入办公电脑，雇员试图访问的所有网站，都可能被拦截并记录在案。

（3）电子邮件与语音邮件监控。大多数情况下，工作场所电子邮件和语音邮件不是私人的。如果一套电子邮件系统被公司应用，雇主拥有权利查阅其中的内容。公司内部，以及由计算机终端发往其他公司或从外部接收的电子函件都在雇主的监控范围内。语音邮件系统也是同样，即使信息被删除，它们经常会在一定时期内与其他重要数据一起备份于计算机系统的磁盘中。虽然公司电子邮件系统有私人信件的选项，大多数情况下，它并不确保信件的隐秘性，除非雇主发表书面的有关电子邮件标有私人信件的信息具有机密性。

（4）全球卫星定位。有的移动电话芯片 SIM 卡具有全球卫星定位功能，公司给员工安上这种电话卡后，就能随时知道员工的位置，让员工在上班期间的工作尽收眼底，无法遁形。

随着电子监控逐渐走进普通雇员的办公室，雇主和雇员面临着关于隐私权的新的法律和伦理问题。

雇主认为公司的信息工具是用于工作的，公司中的人应该利用通信工具和同事、上级、下属、客户联系，利用信息工具安排生产、编制报表预算等。如果员工利用这些设施进行私人目的的活动，与公司目的相违背，是不能允许的。他们认为监视活动是必要的，理由是：避免滥用公司资源；了解工作时间的工作情况；防止员工的盗窃行为；解决技术上的问题。

然而，工作场所进行电子监控，雇员的隐私权势必在一定程度上受到侵犯。只有他人面临严重的威胁时，才可以涉及他人的隐私范围。在生活工作的其他领域，也会涉及其他的私人秘密，我们同样有权保守它。如果其他人试图窃取它们，他们可能侵犯了我们的隐私。因此电话监听、计算机监控、电子邮件与语音邮件监控等手段可能是对个人隐私的侵犯。

另外，当员工受到如此严格的监控时，他们的士气和效率反而会下降。如果没有一个鼓励灵活性和创造性的工作环境，员工就没有发挥个性的空间。

因此，对于电子监控，关键在于雇主和雇员双方确立恰当的界线，确保双方的正当权利得到保护。如果管理者对监督行为能够给员工一个出于工作原因的解释，员工将更愿意把它当作一项工作规定去遵守。企业在对员工进行监控之前，应该制定出一个合理的政策并有选择地进行监控，通过公司内部的备忘录、员工手册、工会条款、开会或贴在计算机上的便条等方式使员工充分了解相关的政策制度信息。

三、员工关系伦理问题的治理

（一）企业对员工的伦理规范

1. 企业价值观的重新定位

符合商业伦理规范的企业价值观的标准是：能够激发员工自觉地工作，通过提升员工积极性降低企业管理控制成本，使企业成为一个既统一又具创新力，并对市场快速反应的组织。企业应力争做到以下几点：

首先，要突破简单功利主义的"团队精神"的束缚，引入强调人格独立、尊重和平等的"个体精神"。承认员工个人追求自身利益的合理性和现实性，强调员工通过努力工作和奋斗达到个体目标的可能性，在企业内形成尊重个人的良好氛围和习惯。

其次，在企业内明确员工作为独立人的基本权利和利益，将个人关系与工作关系区分开，在工作职权上、责任上要明确，减少因个体独立性而形成的性格、爱好等因素对工作的影响，不将员工个体的非工作的生活内容纳入工作的考察范围。尊重员工在工作职能之外的个人空间。

再次，承认员工个性的多样性，不要指望通过企业的培训和价值观的灌输来改变员工的个性和基本人生观、价值观，实际上，在这方面费力是徒劳无益的。商业诚信文化建设和培训的重点应该是在承认和尊重个性多样化的基础上，着眼建立一个有序的文化制度来维持企业工作的有序性，发挥员工个性不同而造成的创造能力，也让员工理解和支持企业在某些方面对员工统一性要求的必要性。

最后，正因为承认和尊重员工的人格独立和平等，这要求企业建立现代管理制度，要求管理的规范化和科学化，以制度来保证员工在追求自身利益的同时，不能损害其他员工和企业的利益，强调员工对自己的行为的责任感。

2. 企业为员工提供明确的目标

制定合理的目标是调动员工积极性和引导企业良性运行的道德力量。一方面，它能通过具体奋斗目标激励员工自觉和进取的精神，从而实现自身控制机制；另一方面，完整的目标体系可以把大家的力量组织起来，共同朝着企业最高目标努力，使企业从整体到个体处于有序、积极的状态。

企业的最高目标总是和企业价值观、企业作风、人事制度紧密联系的。可以说，它同时是企业的伦理目标，体现了企业的社会责任和道德追求。不少企业正是认识到管理伦理的导向功能，纷纷加强商业伦理机制建设和完善，其主要措施有制定企业管理伦理纲要；建立商业伦理监督委员会；奖赏和支持伦理行为，反复解释伦理政策；等等。

3. 企业与员工进行有效的沟通

企业经理层与员工进行积极沟通时，其双方的价值观都要建立在"相互信任"的基础上。在传统人事体系中，一切管理理念都建立在对员工的不信任上，即首先假设员工是不诚信的，然后通过一系列规章制度进行管理。而在企业与员工的伦理道德规范中，维持团队稳定的纪律依然存在，不同的是企业经理层和员工都首先假设对方是完全理性的个体，即企业经理层相信员工是具有自觉性的，员工也相信企业经理层是公平理性、可以信赖的。纪律的目的从防范员工违规转变为对破坏诚信机制的个体进行惩罚。企业经理层与员工要进行有效的沟通，企业经理层与员工都应具备一些沟通的素质。如果让企业经理层应具备的素质集合与员工应当具备的素质集合相交，这两个集合的交集就是企业经理层和员工在企业对员工的伦理道德规范中应当具备的共同素质——沟通。

4. 企业应重视对员工的培训

"人"是企业最重要的资产，在职培训是提升人力资源质量最重要的投资。在竞争空前激烈的今天，企业唯有通过培训来提升人才质量，进而提高企业综合竞争实力。有效的培训，可使企业与员工比翼双飞：既稳固了企业发展的动力，协助企业进步，解决"公司为何存在"的问题；又不断促使员工完善自身，具备更强大的自我能力和内在系统，以适应不断变化的外部环境，完成"公司为了培养更有适应能力的员工"的目标；同时营造了更为和谐的企业文化。

在培训过程中，使用感官（视觉、听觉、嗅觉及触觉）的次数越多，则会越快获得新的技巧。因此在培训中若能同时使用录影带、资料、示范以及实习的方式，效果会更佳。企业员工在学习新事物时，如果内容和他们已经知道的事有关的话，学习效果较好。因此若使用阶梯式的培训方法，逐渐增加其知识与技巧，效果更扎实。

企业员工对他们所做的事需要回顾。良好的工作表现需要正面认可，而不好的工作表现必须尽快更正。在成功的培训系统中，追踪是非常重要的步骤。企业员工在有趣及刺激多的环境中学习效果最好。所以企业可以经常组织一些有意思的团队活动，培训员工团队合作精神，让每个员工都能感受到自己的一份热情。

（二）员工对企业的伦理规范

1. 员工应具有敬业精神

敬业是一种人生态度，是一种珍重就业机会，对自己的行为负责、肯定自己劳动成果的态度。这种态度不仅保证了人们的职业秩序，也使得社会得以实现专业分工，进而促成了社会效率的提高和技术进步。员工有时会由于种种原因对自己所在岗位的工作产生厌倦或反感，这种情况必须在尽可能短的时间内改变，如果长期持续下去，就会演变为没有进取心的混日子行为，持续这种状态就等于白白消耗自己的时间和生命。有敬业精神的人就不会允许这种混日子的状态持续下去。我们经常会遇到这样的情况：企业商业伦理规范出现严重问题时，改变的希望不大，管理层漠然视之，听之任之，这时候在企业中有些享受很好的工资和福利待遇的员工却离开了。问他们离去的缘故，他们会惨然地说，耗不起。即便是白拿薪水，如果不能为明天的职业生涯耕耘和积累，那也是得不偿失的。一个企业如果不能形成一种敬业的文化氛围，它就留不住敬业的员工。

在企业中，敬业往往会被简单而不正确地理解为员工对工作安排的服从。这是非常片面的，也是有害的。敬业从深层上包含着对一份专业精神的执着，这一份执着也包括对作业标准和秩序的肯定。从专业分工的角度来说，任何一项作业，都要求一定的操作技能，操作技能的差异产生不同的作业绩效。提高作业绩效的途径有两个：一是培训，二是专业化分工。敬业肯定在一定时间段里对某种特定的作业专注，从而就支持专业精神。这种专注所伴随的专一和恒久，不是与创新、优化的变化相矛盾，而是互相支撑的。凡事不专注，都做不到最好，所谓浅尝辄止，见异思迁，百事不成。因此我们说敬业才能成就大事业，才能创造恒久的基业，也是一个人取得成功的大智慧。

企业中的敬业氛围与激励机制、企业中的敬业精神是企业与员工伦理道德规范的一个重要组成部分。企业与员工伦理道德规范的核心是企业和员工的思维和行为习惯。有的企业会把这种不成文的东西规范化、格式化、文字化，变成各种守则和规章，以便对员工起到督促和引导作用。由于员工的敬业与否对于企业的绩效乃至竞争力关系极大，因此每个企业都希望通过各种激励手段和培养教育方法使自己的员工敬业。

2. 员工要对企业忠诚

所谓忠诚，并不仅仅是指经营思想和战略规划，忠诚管理并不仅仅是面向个人或团体的忠诚，更重要的是忠于某个企业据以长期服务于所有成员的各项原则。从对忠诚管理的理论划分来看，员工的忠诚可以分为主动忠诚和被动忠诚。前者是指员工主观上有强烈的忠诚于企业的愿望，这种愿望往往是由于组织与雇员目标的高度协调一致，组织帮助雇员发展自我和实现自我等因素造成的。后者是指员工本身并不愿意长期留在该企业，只是由于主观上的约束因素（如与同行业相比具有较高的工资、良好的福利、交通条件、融洽的人际关系等），而不得不继续待在该企业。一旦约束因素消失，员工就可能不再对企业保持忠诚了。相比较而言，主动忠诚比较稳定。从另一角度看，员工的忠诚有两种：一是员工在职期间勤勤恳恳，兢兢业业，能够为企业的兴旺尽职尽责；二是在企业不适合员工或员工不适合企业而离职后，在一定时期内能保守企业的商业秘密，不从事有损于原企业利益的行为。

员工忠诚度可以从以下三个方面来衡量。

（1）积极主动的工作态度。每个员工都要积极地为企业出谋划策，对于工作任务应采取主动的态度。尤其是当工作遇到问题时，例如机器出现故障、原材料不合格等，现场的员工如果态度积极，就会主动排除故障，或主动同上级联系，解决问题。在所有的控制活动中，现场的控制是非常重要的，它的时效性最强。而在企业中，现场控制一般是由员工来执行。因此，控制的效果如何将很大程度上取决于员工的素质。员工应该知道：企业最终提供的产品或服务质量同自己的工作态度是分不开的。在这方面，积极主动的工作态度应该是员工对企业所负的责任。

（2）危机意识。不管什么样的企业，它的规模如何，由于环境的改变和竞争的加剧，总处在危机之中，面对外部的危机，员工会怎么做呢？通常有两种态度：一是置之不理，企业让做什么就做什么；二是与企业共命运，有强烈的危机感。态度产生于对自身角色的认识。更具体地说就是员工有没有主人翁的责任感。以前我们经常说社会主义企业的员工是企业的主人，但并没有让员工深切感受到这一点，还是上级说什么就做什么，不说就不做，而危机感就直接来源于主人翁的责任感。有了危机感，就有了压力，有了进取心，很多企业都设有意见箱等，其目的就是获得员工好的建议。据统计，日本丰田汽车企业的汽车设计每年要采纳一万多条员工建议。可以说，没有员工的充分合作，日本汽车企业是无论如何也不能与美国汽车厂商相抗衡的。企业把员工的建议当作资源，并且是相当重要的资源。只有员工具备了危机意识，企业才能最大限度地利用这种资源。

（3）稳定性。在企业提供员工所需各项保障后，忠诚的员工是企业获得发展与成功的内在原动力。相反，不稳定的员工会造成企业的巨大损失。例如，企业总要对新进员工进行培训，以使其将理论知识转化为实际的工作能力。培训有时需要较长的时间，而且要花费许多培训费用。如果一个新员工完成培训后，掌握了一定的实际经验，却转向其他企业，单从费用上说，损失就不小，更不用说那些携带企业机密投入其他企业的"变节者"，会给企业造成更大的损失，甚至导致企业可能会为此而丧失竞争优势。另外，不忠诚的员工会造成一个不稳定的员工队伍和组织结构，而不稳定性必将影响到企业的正常运营。尤其在流水线作业中，一旦某个岗位的员工突然辞职，整个流水线可能就无法运作。

第五节 企业与竞争者关系中的伦理

一、竞争关系

"竞争"一词最早出现于《庄子·齐物论》。在古汉语中，"竞"字是并立的二兄弟，"争"字是两只手同时拉扯着一件东西。因此，按字面解释，竞争就是对立的双方为了获得他们共同需要的对象而展开的一种争夺、较量。竞争是市场经济的特有现象，它的基本功能就是优胜劣汰，推动社会经济向更高层次发展。竞争一般包括竞争主体、竞争的对象和竞争的场所等三个基本要素。

在现代市场经济条件下，企业是自主经营、自负盈亏、相对独立的商品生产者和经营者，是具有相对独立的经济利益的经济主体。在一定的经济技术关系和条件范围内，不同企业之间为了实现自己的目标、维护和扩大自己利益而展开的争夺顾客、市场和人才、资金、信息、原材料等各项资源的活动，即是企业竞争。

竞争者一般是指那些与本企业提供的产品或服务相似，并且所服务的目标顾客也相似的其他企业。从消费需求的角度划分，竞争者主要有四种类型：愿望竞争者、普通竞争者、产品形式竞争者和品牌竞争者。企业通常不喜欢有竞争者，不喜欢竞争，但没有了竞争者，就成了垄断，而垄断是法律所不容的。

与世界上的任何事物一样，竞争者之间的关系也是相辅相成、对立统一的。由于各个企业都具有独立的经济利益，而竞争的双方是在同一个市场上打拼天下，如果消费者购买了甲企业产品或服务，就可能减少或者不买乙企业提供的同类产品和服务。所以，竞争者之间存在着对立的关系。因此，人们常说商场如战场，同行是冤家。

其实，竞争者之间还存在统一的一面。他们之间不仅不是战场上你死我活的敌人，而是同一个战壕的战友，大家互相依赖，具有共同的利益，存在一损俱损和共生共荣的现象。

1. 一损俱损

竞争者之间拥有共同的利益。正因为如此，我们经常看到生产同类产品的企业之间出现一损俱损的现象。2001 年，南京冠生园使用陈馅生产月饼的丑闻被中央电视台曝光之后，不仅南京冠生园自己自取灭亡，而且全国的月饼企业，甚至生产有馅食品的企业都受到了连累。2006 年假洋品牌"欧典地板"被中央电视台 3·15 晚会曝光后，整个木地板行业深受其害，销量急剧下降；河北石家庄三鹿集团因在奶粉里添加"三聚氰胺"而破产，全国的乳制品企业都遭受前所未有的信任危机。

2. 共生共荣

竞争者之间的统一性还表现在他们存在共生共荣的现象。我们常常看到某个企业的崛起，就会带动一个行业的兴旺，或者一个地区的繁荣。珠三角的家电、温州的鞋和打火机、义乌的小商品、内蒙古的羊绒衣等。在某些大城市里甚至出现饮食业和商业服务业一条街的现象。没有竞争者的行业不能称其为行业，单打独斗干不成事业，正所谓：一花独放不是春，百花齐放春满园。生产同类产品的企业之间的命运非常密切，大家相互影响，相互促进，共同繁荣或者共同衰败。

我国古代商家就已经意识到"商圈"的存在，就已经注意培育"商圈"、利用"商圈"。生产同类产品的企业集中在一个区域，往往能够形成强大的声势。而"势"对企业的生存和发展都是至关重要的，精明的企业家都很清楚"势"的重要性，如何造势或者巧妙地借势都是企业成功必不可少的法宝。

无数的历史经验告诉我们，竞争者之间总是在有意无意地互相帮助，共同进步。有些时候，人们可以把竞争对手当作朋友、助手，互助互利。因为有竞争对手的存在，企业就不孤独。有些时候，企业可以把竞争对手当作老师和领路人，如果对手跑在了前面，它就是冲破重重阻力的领路人，它甚至还为企业支付了广告费；如果对手跑在了后面，它就是一根不断挥舞的鞭子，鞭策企业前进；如果企业和对手交错领先，互为领跑，对手会成为企业的外脑和老师，企业不懂的可能对手懂，企业忽略的可能对手看得到。

➢ 阅读材料

《老子》的竞争之道

上善若水。水善利万物而不争。处众人之所恶，故几于道。居善地，心善渊，与善仁，言善信，政善治，事善能，动善时。夫唯不争，故无尤。

不自见故明，不自是故彰，不自伐故有功，不自矜故长。夫惟不争，故天下莫能与之争。

善战者，不怒，善胜敌者，不争。

天之道，不争而善胜。

人之道，为而不争。

二、竞争关系中的伦理问题

世界各国对不正当竞争行为的界定可分为狭义和广义两类。狭义的是指以欺诈、虚伪表示、诋毁竞争对手、侵犯商业秘密等不正当手段进行竞争，损害其他经营者合法权益的行为。广义的不正当竞争行为除了包括狭义的内容之外，还包括限制竞争行为，即经营者滥用经济优势或者政府及其所属部门滥用行政权力，排挤或者限制其他经营者公平竞争，包括垄断和以限制竞争为目的的联合行为。

我国新《反不正当竞争法》对不正当竞争行为给出了明确定义："本法所称的不正当竞争行为，是指经营者在生产经营活动中，违反本法规定，扰乱市场竞争秩序，损害其他经营者或者消费者的合法权益的行为。"这就明确地规定了，所谓不正当竞争是一种市场竞争行为，它具有违法的性质和两方面的危害。判断不正当竞争的标准即在于此。我国新《反不正当竞争法》列举了7种不正当竞争行为：商业混淆、商业贿赂、误导性宣传、侵犯商业秘密、不当附奖赠、商业诋毁和互联网不正当竞争，并给出了市场竞争中应当遵循的一般原则，即自愿、平等、公平、诚实信用的原则和公认的商业道德。在遵守基本竞争规则之外，还必须讲究一定的伦理规范。

（一）产品竞争中的伦理问题

1. "见贤思齐"与"压低别人，抬高自己"

《论语》中有"吾日三省吾身"和"见贤思齐"之语，说的是一个人要经常审视自己，见到比自己高明的人，要努力充实、提高自身水平、向他看齐，这样才能进步。然而，我们在现实生活中经常会发现，一个人看到比自己高明的人，不是想办法提高自身，而是千方百计压低、贬损别人，试图以此来抬高自己，但实际上自己并没有高起来。这样做，也许一时可以"蒙"住不少人，但并不能长时间地混淆视听，也不能把所有人都"蒙"住。

2. 顺风搭车走捷径——仿冒

一个企业、一项产品，要想赢得消费者的信赖和偏爱，在市场上站稳脚跟、建立信誉，必须花费企业很多的心力，不仅靠过硬的产品质量、合理的价格、齐全的品种、良好的服务，而且靠企业遵守法律、法规和商业道德，以公平、正当的竞争方法，通过长期的诚实劳动才能实现。但很多企业却耐不住这份"寂寞"，它们不仅想"一炮而红"，而且也找到了顺风搭车的捷径——仿冒。主要形式有：假冒他人的注册商标；仿冒知名商品特有的名称、包装、装潢；仿冒他人的企业名称。

（二）价格竞争中的伦理问题

1. 压价排挤竞争对手

压价排挤竞争对手是指经营者为了排挤竞争对手，在一定的市场上和一定时期内，以低于成本的价格销售商品的行为。实施这种行为的企业通常是具有市场竞争优势的企业，它们具有资金雄厚、品种繁多、产量规模大、市场占有率高和经营风险小等优越的竞争实力。而中小企业往往势单力薄，无力承担这种亏损的风险所以实施这种不正当竞争行为的可能性不大。在跨国经营中，有的企业为了打入外国市场或者挤占部分市场份额，也往往用低价倾销的策略。这一现象已受到世界各国的广泛重视，不少国家还制定了"反倾销法"加以惩治。在我国改革开放和进行社会主义市场经济建设的今天，类似事件多有发生。如韩国三星企业收购苏州"香雪海"冰箱后，为了扩大在华市场份额，声言准许 3 年亏损 2.5 亿元。一家彩电合资企业更是制定了"亏损几亿元，也要挤垮长虹"的战略目标。面对跨国企业咄咄逼人的态势，专家呼吁，除了我国企业要自强之外，国家也要加强对倾销的查处，制止不正当竞争，创造健康的竞争秩序。

2. 限制价格的落后行为

价格竞争作为一种有力的竞争手段，在生活中随处可见。例如，我们常常会看到这样一幅景象：即使只有几步之遥的两家商店，同一规格商品的价格却相去较远。这是正常的经营行为，应该受到认可和保护。正是由于这种价格的差异，才使一家商店门庭若市，另一家却门可罗雀。也正是这种压力和反差，促使企业加强管理、改善服务、树立特色、千方百计改善经营、形成向上的动力。反观限制市场价格的行为，不仅起着保护落后的作用，而且让消费者去承担由于商业伦理低水平而造成的额外开销，也是不公平的。因此，这种联合限制价格的行为也是一种不正当竞争行为。虽然它现在未在法律上被明文禁止，但在某些行业规定或约定俗成的基本规则中是不容许的。

（三）销售渠道竞争中的伦理问题

1. 回扣的危害与禁止

回扣是市场交易一方当事人为争取交易机会和交易条件，在账外暗中向交易对方及其雇员等有关人员支付的金钱、有价证券或其他形式的财物。回扣作为商品流通的伴随物，客观存在于经济生活的各个角落，人们对于回扣的利与弊、是与非，以及它是商品经济的"润滑剂"还是破坏公平竞争的"腐蚀剂"，长期以来争论不休。终于，法律给了一个权威的结论。

2. 滥用行政权力限制竞争

滥用行政权力限制竞争行为会阻碍全国统一市场的形成，使市场自身的运行规则屈从于行政干预，并使其他竞争者的正当权益受到侵害，妨碍了正当竞争，其危害甚大。

（四）竞争者信息调研中的伦理问题

近年来，有关竞争者信息调研中的伦理问题越来越突出，原因之一是获得合法的竞争者信息相当昂贵。有价值的信息并不那么容易得到，垃圾信息太多了。随着市场竞争的日益激烈，获得有效信息的压力也不断加大。阻碍信息有效的原因主要有以下几点：

1. 欺骗

欺骗行为可以以很多种形式出现，如以找工作面试为掩饰进行调研；雇用学生作为掩护收集信息；有些学生甚至利用所收集的信息作为就业的筹码。以上行为都是有关竞争者信息收集方面的不道德行为，但事实上有很多组织都利用这些有问题的方式进行信息收集。以合作、洽谈和考察为幌子，乘机获取竞争对手的商业机密也是欺骗的形式。

2. 贿赂

很多情况下，调研者可能利用种种手段影响信息提供者以达到获取竞争者信息的目的，并导致这些信息提供者侵犯其雇主的利益，影响信息提供者最常见的手段是通过行贿的方式交换被视为机密的公司信息，行贿可以是现金也可以是其他形式，如晋升机会等。不少管理者甚至有意雇用来自竞争对手公司的员工以获得竞争者的秘密信息。

3. 监视

技术确实为组织和顾客提供了种种便利，但同时也增加了组织为了获取竞争者信息技术的使用可能超越法律界限的风险，受害者可以通过法律得到一定的补偿，当然，也存在不那么明显的不道德行为。

4. 信息收集过程中的主动泄露

很多公司在雇用员工之前就和他们签订了协议以保守秘密。尽管如此，却不乏主动泄露信息的情况，如由于各种原因，员工带着情绪离开原来的组织并且受聘于竞争对手组织当中，作为报复，该员工开始泄露前组织有关信息。

总而言之，一方面，知识产权尊重人的主体创造性，为知识的再生产提供充分的激励机制，促进了知识生产，推动科技文化的进步。另一方面，科技文化的进步又有助于社会共同目标的实现。知识产权制度本身是社会发展和文明进步的产物，反过来，它又成为促进社会发展和文明进步的手段。

三、竞争关系伦理问题的治理

（一）讲究竞争者的道德价值

（1）主体精神的弘扬。包括主体存在的价值规定性的确定；以意志自由为基础的道德行为的自主性规范；以主体内在化条件的道德意识的自觉性明晰；以主体目的和理想为基本功力的道德价值创造性和理想超越性的确立等。

（2）人性潜能的激活。表现在人性的精神价值自主性和主动性得以充分展现；市场竞争促进人性的全面发展和自我体现。

（3）经济人格的升华。表现为不断求实、进取；主动独创，以创新显现人格魅力；体现自勉、自强、超越自我、主动适应的经济人格。

（二）树立合乎伦理的竞争观念

（1）平等的竞争。在市场营销竞争中，竞争各方必须要在平等的条件下展开竞争，因为只有在平等的地位上，才能真正实现公平有效的竞争。平等具体表现在竞争各方地位平等、权利平等、义务平等、机会平等。平等的竞争才是合乎企业伦理的竞争，才是符合道德规范的价值。只有在平等竞争环境中，才有利于企业运用正当的竞争策略展开竞争，并且接受市场的挑战。所以在市场竞争中，我们要坚决抵制特权，抵制以大欺小，提倡等价交换，实现技术资源、劳动力资源及原材料等资源的自由流动。

（2）公平的竞争。在平等的基础上才有公平，市场经济的竞争是公平的竞争。公平，是企业竞争伦理的核心，是根本的企业道德准则。公平规则是社会伦理对企业竞争的环境支撑，是全社会平等互尊意识在企业竞争行为过程中的反映和保证，它要求竞争主体在市场活动中权利和义务相对应，在利益关系中保持机会均等和分配公正，在竞争活动中保持人格、权利、规则及制度面前的平等。

（3）合作的竞争。在经济全球化的背景下，企业之间的竞争也变得越来越激烈，不单单存在着国内企业的竞争，还需要面临国际企业的竞争。同时，更加激烈的竞争也意味着更加紧密的合作，竞争与合作本来就是不可分离的。市场经济是竞争经济，也是合作经济。有学者认为，企业经营活动是一种特殊的博弈，是一种可以实现双赢的非零和博弈。这种合作有助于实现竞争双方之间的优势互补，创造"1+1>2"的协同效应，实现共同发展。因此，企业在进行市场竞争活动时，要客观分析市场条件，知己知彼，更好地与竞争对手合作，以达到双赢的结果。

（三）讲求产品竞争道德

（1）不得仿冒竞争对手的产品，不得侵犯竞争者的知识产权。公开的仿冒是犯罪。但是，很多仿冒是介于似与不似之间的。利用一些政策和法律的空子进行侵权，对识别和打击仿冒增加了难度。一些企业往往钻这些空子。例如，采用和著名商标相似的商标和包装来蒙蔽消费者就是常见的手法。再比如，我国的商标注册是由国家工商行政管理总局商标局负责的，但是企业名称注册则是在各地工商机关进行的。一些小企业把一些二线品牌的企业商标作为商号在地方注册，随便给产品起一个商标，然后，在产品包装上突出企业商号，把商标打在不显眼的角落，这样来仿冒那些相对知名的产品，在市场上欺骗消费者。

（2）不得诋毁竞争对手，包括其商誉、产品和人格。对竞争对手的企业和产品进行诋毁是常见的现象，目前，在我国的市场竞争中，很多企业采取操纵相关舆论或者部门的方式，对竞争对手进行诋毁。

（四）讲求价格竞争道德

不得进行低于成本的价格竞争。作为一个有道德的企业，在市场竞争中，不能采取倾销的方式，以低于成本的价格打击竞争对手。从对消费者有利的情况看，市场上存在的竞争能够保持对消费者最有利的态势。短期的削价竞争虽然会使消费者一时获利，但是从长远看，一旦竞争对手被从市场上清除，面对垄断者的时候，消费者和社会总福利水平都会下降。因此法律不允许这种恶性竞争。道德上不仅竞争对手不接受这种竞争方式，从整个社会福利看，也不接受这种竞争方式。

（五）讲求销售渠道竞争道德

1. 不得通过不正当手段争取竞争对手的用户

有些企业通过收买、胁迫等方式，迫使竞争对手的用户转向使用自己的产品。商业和企业活动中，客户发生转移是正常现象，企业之间的竞争在很大程度上就是对客户的争夺。但是争夺客户应该采取法律和道德允许的手段。其中最重要的是采取公开和公平的手段争取客户，避免对客户行动自由产生限制，以获得客户资源。

2. 慎重采取兼并和合并等组织行为来阻止竞争

兼并和合并一向是反垄断法重点监察的对象。美国和欧洲的反垄断法的实施中均对兼并和合并有很严格的规定。因此，企业在进行兼并和合并时一定要留意其对市场结构和竞争效果的影响，尤其是以排除以竞争为目的合并与兼并，必须考虑其后果，以防引起不必要的麻烦。

（六）讲求信息竞争道德

1. 禁止侵犯商业秘密

侵犯商业秘密，是指不正当地获取、披露、使用或允许他人使用权利人的商业秘密的行为。我国新《反不正当竞争法》将商业秘密的概念修改为"不为公众所知悉、具有商业价值并经权利人采取相应保密措施的技术信息、经营信息等商业信息"。

2. 禁止散布虚假信息

美国一家小企业生产的一种新型肥皂在费城卖得很好。此时，洗涤业巨头宝洁（P&G）也生产出了这种产品，并决定在费城试销。该企业知悉后不动声色，就在宝洁将产品投放市场的前一天，将其产品悄悄从货架上撤下。宝洁并未发觉。于是宝洁试销"大获成功"。试销的成功促使宝洁制订了庞大的推广计划，大张旗鼓地展开了促销、销售活动。而该家小企业却"回马一枪"，不仅抢回了费城大部分市场，也使宝洁的很多努力无功而返，损失惨重。

"人无信不立，业无信不兴"，商业信息中的诚信是固有的道德规范，可以概括为：买卖公平、诚信无欺；信誉第一、守义谋利；礼貌待客、和气生财。其核心是诚信。因此，在市场交易中，人们推崇诚信，反对欺诈。在信息竞争中，散布虚假信息，搞"小动作"，有悖于公认的商业伦理，是一种不伦理行为，为真正的商人所不齿。若散布虚假信息之风盛行，商场上必会充满尔虞我诈，良好的经济秩序将被破坏。

3. 查封盗版现象

软件是一种特殊商品，它以电子数据的方式存在于磁介质或塑基介质上。它的价值绝不仅仅是其生产成本。在现代电子信息业中，生产制造成本仅占其总成本的很小一部分。凝结在软件中的资金、劳动与知识是庞大的，必须靠出售大批量的正版软件才能回收。而盗版行为却使企业辛辛苦苦开发出来的知识成果"血本无回"，这不仅大大挫伤了软件开发者的积极性，不利于信息产业的发展，而且使很多人短期内就能"暴富"，破坏了公平、公正的竞争秩序。

因此，每个国家都在加大打击盗版行为的力度，国际也加强了打击走私盗版活动的合作，我国相继制定、颁布了多项知识产权保护法律、法规，并加大执法力度。为促进我国电子信息产业的健康发展创造良好的投资环境，维护我国的国家形象，保护版权人的合法权益，打击盗版行为势在必行。

第六节　企业与环境关系中的伦理

一、主要生态环境问题[①]

由于企业长期只注重经济效益而轻视或者忽视了环境保护，而这又导致环境

---

① 龚天平：《伦理驱动管理》，人民出版社 2011 年版，第 145 页。

问题日趋严重。英国著名生态学家爱德华·戈德史密甚至认为："全球的生态环境恶化可喻为第三次世界大战。由于这场大战，大自然在崩溃，在衰亡，其速度之快已到了这种程度：如果让这种趋势继续发展，自然界将很快失去供养人类的能力。"当今的生态环境问题主要有以下几个方面。

（一）全球气候变暖

全球变暖是指全球气温升高。近一百多年来，全球平均气温经历了冷—暖—冷—暖两次波动，总的说来为上升趋势。进入 20 世纪 80 年代后，全球气温明显上升。1981~1990 年全球平均气温比一百年前上升了 0.48℃。导致全球变暖的主要原因是一个世纪以来由于人口的增加和人类生产活动的规模越来越大，大量使用矿物燃料（如煤、石油等），排放出大量的二氧化碳（CO_2）、氯氟碳化合物（CFC）、一氧化二氮（N_2O）等多种温室气体。由于这些温室气体对来自太阳辐射的短波具有高度的透过性，而对地球反射出来的长波辐射具有高度的吸收性，也就是常说的"温室效应"，导致全球气候变暖。

全球气候变暖将会对全球产生各种不同的影响，较高的温度可使极地冰川融化，海平面每 10 年将升高 6 厘米，因而将使一些海岸地区被淹没。全球变暖也可能影响到降水和大气环流的变化，使气候反常，易造成旱涝灾害，这些都可能导致生态系统发生变化和破坏，全球气候变化将对人类生活产生一系列重大影响。

（二）臭氧层的耗损与破坏

臭氧层是大气平流层中臭氧集中的层次，距离地面高 20~25 公里，臭氧层有一种神奇的功效，即它能把太阳辐射到地球表面的紫外线吸收掉 99%，从而保护地球上的生命免遭过量紫外线的伤害。但臭氧层是一个很脆弱的大气层，如果进入一些破坏臭氧的气体，它们就会和臭氧发生化学作用，臭氧层就会遭到破坏。1985 年，科学家们发现南极上空有一个大小如美国大陆面积的臭氧层空洞，第二年在北极上空也出现了臭氧空洞，面积像格陵兰岛一样大。经过调查，地球各部分都有不同程度的臭氧耗损。长此下去，地球上的生命将会受到威胁。

造成臭氧层耗损的罪魁祸首是氯氟烃（又称氟利昂，发明于 1930 年，被用于电冰箱、空调器、泡沫塑料、溶剂、喷雾剂和电子工业中），这种化合物很稳定，进入大气后可以一直上升到平流层，在平流层受到太阳紫外线的照射就会分解，释放出氯原子。氯原子对臭氧有很强的亲和力，一个氯原子可以破坏 10 万个臭氧分子。现在，大气层中的氯浓度为百万分之三点五，而且正以每 10 年增加百万分之一的速度递增。1900 年大气层中的氯浓度只有百万分之零点六。

（三）生物多样性减少

《生物多样性公约》指出，生物多样性是指活体种类存在的三个层次：物种（包括动物、植物和微生物）多样性、遗传多样性和生态系统多样性，其中物种多样性是核心。在漫长的生物进化过程中会产生一些新的物种，同时，随着生态环境条件的变化，也会使一些物种消失，所以说生物多样性是在不断变化的。据报道，1600 ~ 1900 年有 75 个物种灭绝，平均每 4 年一个，而现在每 6 小时就有一个物种灭绝，全球生物多样性展望报告表示：自从 6500 万年前恐龙灭绝时代以来，物种灭绝的速率已经达到了最高峰。

近年来，由于人口的急剧增加和人类对资源的不合理开发，以及环境污染等原因，地球上的各种生物及其生态系统受到了极大的冲击，生物多样性也受到了很大的损害。生物多样性是不可替代的，正是各类物种构成了地球的生命，并维持地球上生命的生存条件，失去了其他物种，人类也不可能长久地生存下去。

（四）酸雨污染

酸雨是由于空气中二氧化硫和氮氧化物等酸性污染物引起的酸碱度低于 5.6 的雨、雪或其他形式的降水。这是大气污染的一种表现。酸雨对人类环境的影响是多方面的。受酸雨危害的地区，出现了土壤和湖泊酸化，植被和生态系统遭受破坏，建筑材料、金属结构和文物被腐蚀等一系列严重的环境问题。酸雨在 20 世纪五六十年代出现于北欧及中欧，当时北欧的酸雨是欧洲中部工业酸性废气迁移所致，20 世纪 70 年代以来，许多工业化国家采取各种措施防治城市和工厂的大气污染，其中一个重要的措施是增加烟囱的高度，这一措施虽然有效地改变了该地区的空气质量，但大气污染物远距离迁移的问题却更加严重，污染物越过国界进入邻国，甚至漂浮很远的距离，形成了更广泛的跨国酸雨。此外，全世界使用矿物燃料的量有增无减，也使得受酸雨危害的地区进一步扩大。

（五）大气污染

大气是包围在地球周围的一层气体，大气也称为大气圈或大气层。大气圈是地球四大圈（土石圈、水圈、生物圈和大气圈）之一，是地球上一切生命赖以生存的气体环境，也是人类的保护伞。大气污染物主要分为有害气体（二氧化硫、氮氧化物、一氧化碳、碳氢化合物、光化学烟雾和卤族元素等）及颗粒物（粉尘和酸雾、气溶胶等）。它们的主要来源是燃料的燃烧和工业生产过程。

大气污染对人体的危害主要表现为呼吸道疾病，大气污染导致每年有 2500 万儿童患慢性喉炎；对植物的危害表现为：其可使植物的生理机制受抑制，从而导致植物生长不良、抗病抗虫能力减弱，甚至死亡；大气污染还能对气候产生不良影响，如降低能见度，减少太阳的辐射（据资料表明，城市太阳辐射强度和紫外线强度要分别比农村减少 10%～30% 和 10%～25%）而导致城市佝偻发病率的增加；大气污染物能腐蚀物品，影响产品质量。近几十年来，不少国家出现雨雪中酸度增高，使得河湖、土壤酸化，鱼类减少甚至灭绝，森林发育受影响，这与大气污染关系密切。

（六）淡水紧缺

淡水是绝大多数生物赖以生存的重要资源，联合国环境规划署的分析资料指出：地球的淡水比例仅占 2.8% 左右，其中 99% 以上蕴藏在南北两极的冰雪中或在地下中。淡水资源越来越少，而与此同时许多国家水资源的污染状况使得淡水资源的紧张状况进一步加剧。随着工业革命以来人类社会的飞速发展，由于大量的生活污水和工业废水未经处理而直接排出，超出了生态环境的自净能力，从而导致许多河流、湖泊、地下水和近海的水质恶化。

（七）海洋污染

海洋具有调节气候（吸收二氧化碳）、蒸发水分有利降水、提供能源（潮汐能可以用来发电）等功能。工业革命以来，人类对环境的污染已经扩展到了海洋，引起海洋污染的原因主要有油船泄漏、倾倒工业废料和生活垃圾、生活污水直接排进海洋，等等。海洋污染给人类和海洋带来许多危害，它使海洋食品中聚积毒素，人食用后会影响健康；使浮游生物死亡，海洋吸收二氧化碳的能力减低，加速温室效应；使海洋生物死亡或发生畸形，改变整个海洋的生态平衡。

（八）危险性废物污染

危险性废物是指除放射性废物以外，具有化学活性或毒性、爆炸性、腐蚀性和其他对人类生存环境存在有害特性的废物。美国在资源保护与回收法中规定，危险废物是指一种固体废物和几种固体的混合物，因其数量和浓度较高，可能造成或导致人类死亡率上升，或引起严重的难以治愈疾病或致残的废物。

二、企业生态环境伦理

（一）清洁生产

联合国环境与发展大会通过的《21 世纪议程》中对清洁生产做出了较详细的定义，即清洁生产是指既可满足人们的需要又可合理使用自然资源和能源并保护环境的实用生产方法和措施，其实质是一种物料和能源消费最少的人类活动的规划和管理，将废物减量化、资源化和无害化，或消灭于生产过程之中。具体来说，企业的清洁生产包括清洁的生产过程和清洁的产品两个方面的内容，即不仅要实现生产过程的无污染或少污染，而且生产出来的产品在使用和最终报废处理过程中也不对环境造成损害。清洁生产是企业对生产过程与产品采取整体、预防性的环境策略，以减少其对人类及环境可能的危害，对生产过程而言，清洁生产包括节约原料与能源，尽可能不用有毒原料并在全部排放物和废物离开生产过程以前就减少它们的数量和毒性；对产品而言，则是通过对产品生命周期的分析，使得从原材料取得至产品最终处置过程中，尽可能将对环境的影响降到最低。

清洁生产从本质上来说，就是对生产过程与产品采取整体预防的环境策略，减少或者消除它们对人类及环境的可能危害，同时充分满足人类需要，使社会经济效益最大化的一种生产模式。清洁生产在不同的发展阶段或者不同的国家有不同的叫法，例如"废物减量化""无废工艺""污染预防"等，但其基本内涵是一致的，即对产品和产品的生产过程、产品及服务采取预防污染的策略来减少污染物的产生。

实施清洁生产，为企业提出了最大限度地提高资源利用率和减少污染物产生的目标，它是可持续发展的必然选择和重要保障。现代工业文明的建设过程，就是在思想观念、管理方式、工艺革新、技术进步等方面改变和提高的过程，企业通过清洁生产，不仅可以提高竞争能力，而且在社会中可以树立起良好的环保形象，这必将得到公众的认可和支持，特别是在国际贸易中，能增加国际市场准入的可能性，减少贸易壁垒。

清洁生产是实现持续发展的关键因素，它既能避免排放废弃物带来的风险和处理、处置费用的增长，还会因提高资源利用率、降低产品成本而获得巨大的经济效益。发展"清洁生产"工艺不仅可以缓解我国资源及能源短缺问题，同时，我国工业发展所带来的严重污染及环境遭到破坏的问题也可以得到进一步解决，并为企业带来良好的经济效益，为社会及人类提供优质的环境，同时也为后代的可持续发展提供强有力的保障。

➢ **阅读材料**

3M 公司的环境伦理[①]

美国 3M 公司就是一个实施清洁生产的企业。它于 1974 年实行了一个称为"污染预防总会得利"的制度，运用系统管理思想将预防污染的理念贯彻到公司的每一项产品设计生产和服务中。"3P"计划主要通过四条途径来实现：产品改良、工艺改进、设备改善和资源回收。工艺改进即改变制造工艺，以控制副产品的产生或者为使用无污染或低污染的原材料创造条件；设备改善即使设备在特定的操作条件下能更好地运行，或使设备更便于利用可用的资源（如来自另一工艺过程的副产品蒸汽）；资源回收即副产品被回收以供出售或在其他 3M 的产品或工艺中使用。自 3P 制度实施以来，3M 公司已减少了 10 亿磅的总体排放量，同时还节省了 5 亿美元的资金，该公司正逐步采用闭路和无废物工艺。3P 的成功，不仅仅对 3M 公司，而且对全球的其他公司而言，均是一种鼓舞。自从 1975 年以来，4650 个雇员项目已经防止了 16 亿磅污染物的产生，节约额大约为 8.1 亿美元。

3M 公司的预防污染制度所遵循的就是清洁生产的思路，它的 3P 规划可能是由企业所发起的最著名和最成功的防污染规划。事实上，3M 公司声称他们已经从其环境政策中获益。他们清洁生产、减少废弃物意味着制造效率更高，危害性材料的排放量越少，给环境带来的危害就越小。3M 公司的这一环境策略得到了顾客广泛而有效的支持，该策略被认为是美国商界中最优秀的策略之一。

（二）绿色管理

绿色是生命的原色，约在 1 万年前，人类为了生存，开始栽培植物，从此绿

---

① 笔者自编。

色象征着生命、健康和活力，绿色也代表着人类生活环境的本色，是春天的颜色、常青永恒的标志，是对未来美好的向往与追求。绿色还意味着和谐的生态环境，沉静恬适的精神境界，民族与事业的蓬勃发展。哪里有绿色，哪里就有生命。

正是因为"绿色"一词有着如此美好的内涵，所以在 20 世纪 90 年代初的西方绿色运动浪潮中，一些学者将"绿色"这一修饰语套用到企业经营管理领域，从而有了"绿色管理"。具体来说，"绿色管理"就是企业在公众日益增长的绿色消费需求和环保舆论压力下，在政府适当的激励与约束条件下，主动将环境保护和可持续发展观念纳入企业生产、经营与管理的决策之中，对产品开发、设计、生产、流通和促销等过程全面"绿化"，使企业的全部生产经营活动朝低消耗、低污染、高附加值的方向发展，通过生产和经营绿色产品，在市场上获得绿色竞争优势，在社会上获得政府的鼓励和保护，赢得公众的信赖与支持，满足消费者绿色消费需求，实现经济效益、社会效益和环境效益三者的兼顾，从而促进社会经济和企业自身可持续发展的企业经营管理活动的总称。

所谓绿色经营，是指企业适应社会经济可持续发展的要求，把节约资源、保护和改善生态与环境、有益于消费者和公众身心健康的理念贯穿于经营活动的全过程和各个方面，以实现企业利益和社会利益的有机统一。企业不仅要从自身做起搞好本企业内部的环境保护工作，同时还要积极参与社会性的环保公益活动，成为环境保护运动的主力军，为人类拥有更洁净的生存空间而做出自己的贡献。

➤ 阅读材料

杜邦公司的"绿色管理"①

美国杜邦公司就大力开展"绿色管理"。该公司是世界上历史最长、规模最大的综合性化工公司，该公司以注重"绿色管理"闻名于企业界。20 世纪 80 年代末，杜邦公司的研究人员把工厂当作实验室，创造性地把循环经济三原则发展成为与化学工业相结合的"3R（reduce、reuse、recycle）制造法"，以达到少排放甚至零排放的环境保护目标。1992 年，杜邦公司进一步革新环境管理体制，在公司董事会下设环境政策委员会和环境领导委员会，环境政策委员会由五名外

---

① 笔者自编。

部董事和一名公司内部副主席组成，负责监督环境政策的执行；环境领导委员会负责制定公司安全、卫生、环境政策以及工作目标、环境质量指标，指导公司的环境计划。杜邦公司还成立了一个安全、卫生及环境中心，其任务是通过与经营部门的直接联系，将决策、监督、安全、卫生和环境管理结合起来，该中心下设与化学品制造商协会的"责任照管"要求相配套的机构，包括职工健康与安全、环境管理、工艺安全管理、产品管理、化学品销售、公众意识与应急对策等。到1994 年已经使该公司生产造成的废弃塑料物减少了 25%，空气污染物排放量减少了 70%。杜邦公司的绿色管理体现了他们的社会价值观、伦理道德观，作为一个对社会充满责任的企业，杜邦公司充分考虑到社会效益和生态效益，恰到好处地协调了企业利益和环境保护之间的关系。

（三）发展循环经济

所谓循环经济（cyclic economy），即在经济发展中，实现废物减量化、资源化和无害化，使经济系统和自然生态系统的物质和谐循环，它是对"大量生产、大量消费、大量废弃"的传统增长模式的根本变革。循环提供了一种既能减少垃圾填埋又能节约自然资源的方法，因此很具有吸引力。

废物并不是真正的废物，它也是一种资源，是一种被"错置"的资源。通过对废物的回收、加工、再生利用，其完全可以变为社会的财富。那样，既节约了资源，又防止对环境的污染。由于原材料的物质成分具有多样性、复杂性，对于单一性的对象产品，其可利用的物质绝不是一次就可以耗尽的，未耗尽的可利用物质经回收处理可成为工业生产中的原材料。随着科学技术的进步，经过二次、三次、四次乃至更多次的回收利用而残留下来的废物依然可能被利用。现代生产追求的目标应该是：废物在量上达到最小的限度，在质上对生物机体无毒无害。这样才能提高资源的有效利用率，更好地防治污染、保护环境。

实践证明，利用废旧物资作为资源来生产产品，比之开发矿产或是生物资源来生产同样的产品，投资较少，资金回收期短，而且能消除污染，改善环境。因此，我国企业应该大力发展废物资源化以及资源的循环利用，增加回收网点，完善回收体系。通过对废物的循环再利用，有效地控制污染的产生及扩散，同时，还可提高资源的有效利用率，为子孙后代留下更多、更宝贵的自然资源，创造更好的自然环境，以保证"可持续发展"战略的顺利进行。

传统经济是一种由"资源—产品—污染排放"所构成的物质单向流动的经

济，循环经济倡导的是一种建立在物质不断循环利用基础上的经济发展模式，它要求把经济活动按照自然生态系统的模式，组织成一个"资源—产品—再生资源"的物质反复循环流动的过程，使得整个经济系统以及生产和消费的过程基本上不产生或者只产生很少的废弃物，从而根本上消除长期以来环境与发展之间的尖锐冲突。

目前，各国对废物的回收再利用越来越重视，许多国家还从法律上对企业的相关行为加以规范。各种物资的回收量与消费量之比逐年上升，而对废物的综合利用，使"废物"资源化，也成为当前许多企业提高经济效益，加强环境保护的重要手段。"垃圾堆里有黄金"，循环经济正在世界各地兴起，开始成为世界环境保护中的一种潮流。

（四）节约资源

合理开发和利用资源是社会可持续发展的首要条件。节约资源已经成为全社会的共同责任和共同行动。资源紧缺是目前绝大多数国家面临的一个非常严峻的问题，因此，对于资源的消耗大户——企业来说，节约资源是非常必要的。我们只有一个地球，对于企业来说，节约资源是一种责任。只要我们改变浪费又污染的生产经营方式，就能够改善环境，减轻地球的负担。无节制地消耗地球资源将使人类生存无法持续。

（五）保护环境

世界知名企业在全球化战略经营中纷纷推出"环境援助计划"，在向自然资源索取的同时，重视了对自然资源的再生和培植。日本企业在进入中东市场后，拨出巨款援助当地政府改造沙漠、植树种草。很多企业非常重视资源利用与再生中的科技进步，不断增加对自然资源的再生投入，推广资源综合利用与环境综合治理，探索资源的可持续供应体系和资源永续利用新路径。比如，奔驰公司在研究新型环保汽车方面的经验就值得借鉴。尽管汽车给人们带来很多的好处，遗憾的是，汽车加速了环境的污染。汽车马达的发动增加了城市的噪声；汽车排出的废气污染了人们呼吸的空气……环境污染成为汽车的两大克星之一（另一是能源危机）。然而奔驰公司却把对环保问题的关切作为其诉求重点，长期以来重视环保技术的研究，研制节能和保护环境方面的新型汽车。石油危机发生后，奔驰公司着力研究汽车代用能源，例如乙烷、甲烷、电子发动或混合燃料发动装置。奔驰公司还每年定期推出强化企业形象的广告，对环境问题的高度关心是它的重要内容。

➤ **阅读材料**

循环经济的 "3R 原则"①

"3R 原则" 是循环经济活动的行为准则，所谓 "3R 原则"，即减量化（reduce）原则、再使用（reuse）原则和再循环（recycle）原则。

减量化原则要求用尽可能少的原料和能源来完成既定的生产目标。这就能在源头上减少资源和能源的消耗，大大改善环境污染状况。例如，我们使产品小型化和轻型化，使包装简单实用而不是奢华浪费，使生产和消费的过程中废弃物排放量最少。再使用原则要求生产的产品和包装物能够被反复使用。生产者在产品设计和生产中，应摒弃一次性使用而追求利润的思维，尽可能使产品经久耐用和反复使用。再循环原则要求产品在完成使用功能后能重新变成可以利用的资源，同时也要求生产过程中所产生的边角料、中间物料和其他一些物料也能返回到生产过程中或是另外加以利用。

第七节　企业与政府和社区的伦理关系

一、企业与政府的伦理关系治理

1. 政企协调

（1）政府应对企业做到：一是加速政企分开。二是对非公有制经济推进公平及相关政策的统一。三是加强政府与企业互动合作，构筑适应经济全球化的合作伙伴式的政企关系。四是兼顾协调效率，大力推进国有企业改革，构筑有竞争力的国有经济布局，切实改革国有企业垄断，致力于建设创新型国家。

（2）企业要对政府做到：一是杜绝官商勾结，权钱交易。二是切实练好

---

① 笔者自编。

"内功"，提升企业素质和能力，提升企业适应全球经济一体化的核心竞争力。三是摆脱依赖思想，特别是国有企业对政府的依赖，要保护和要扶持的诉求。

2. 杜绝企业贿赂与政府官员腐败

贿赂是一种针对政府官员的、可疑的或是不公平的支付行为，是为了影响政府官员做出违反伦理道德、违反法律法规的决策与行为。贿赂的目的是使受贿官员从行贿公司购买产品或服务、逃税费、躲避不利的政府干涉、获得更好的政策优惠或待遇。行贿方式多种多样，既有公开的，也有隐蔽的；既用金钱财物，又用美女色情；还有为贪官及其子女出国定居提供方便及财物等。贿赂不仅败坏政府形象、经济制度、社会风气，而且影响商业关系、政企关系，同时加重了商业决策的不规范性和不确定性，影响企业之间、企业与行业之间、行业与行业之间的伦理道德与社会责任的履行，最终会侵害到所涉及的组织及利益相关者，应坚决彻底地杜绝贿赂。

腐败是个人或组织的堕落，在许多国家以受贿为主要标志的腐败现象和腐败问题一直存在。腐败的形式很多，诸如官员收取回扣、贪污腐化、包养情妇、收取钱物票据，公检法收取保护费，官商勾结秘密签订合同或透露招投标秘密，内部交易，为地方利益用公司资产，公款消费及高额工资福利等。腐败行为也应该通过有效的法律法规和文化制度来规避和治理。

总体而言，优化政企的伦理关系的关键和要点在于建立双反机制、开展双反运动，即反贿赂、反腐败的机制与运动，把反贿赂与反腐败有机地整合起来。

二、企业与社区的伦理关系治理

1. 企业的社区公益活动

（1）公益捐赠。公益捐赠是企业对社区的一项重要社会责任实践活动，也是企业伦理的慈善公益行为，是企业自愿将财物捐送给与企业没有直接利益关系的受赠者。通过捐赠，对于社区而言，可以改善社区环境，增进社区福利，促进社区发展；对于企业而言，企业形象得以优化，与社区建立良好的关系，有益于企业的可持续发展。

（2）开展公益宣传，对于企业进行公益事业关联营销。

（3）开展慈善活动。

2. 企业的员工志愿服务

企业通过支持员工进行志愿者活动，既可以建立与当地社区的联系，实现从企业人到社会人的转变，也可以从中实现自身更多的价值。员工通过与需要帮助的人群接触，既有助于提高员工对企业工作的积极性，也可提高员工对社会问题的关注，提高员工的自主性、独立性，形成有魅力的人格。

3. 企业与非营利组织的合作

企业应当加入与其经营业务或者社会责任具体实践相关的社会团体，积极参加组织活动，为行业成长和社会发展贡献力量。在开展公益活动时，注意与社会责任相关组织协会合作。

4. 企业的战略公益活动

战略性公益是一种对特定的社会公益事业和活动做出长期的承诺，不仅仅是指现金捐助，既从经营单位也从慈善预算中获得资金，形成战略联盟，也同时以促进商业目标的方式来完成这一切（克雷斯·史密斯，1994）。

战略性公益活动对社区可产生重要影响：一是改善教育和培训状况，从而为企业提供大量高质量劳动力储备；二是改善企业所在地居民生活水平，从而对专门人才具有强大的吸引力；三是能够有效提升所在地区研发机构水平、行政机构效率、基础设施质量以及自然资源生产效率。

> ➤ **阅读材料**

西门子的企业社会责任①

西门子在 2018 年 1 月举行的第七届中国公益节上荣膺"2017 年度特别致敬大奖"。这是西门子连续第三年在中国公益节上获得表彰。2015 年，西门子曾在公益节上获得"中国公益奖——集体奖"，2016 年和 2017 年西门子均被授予"特别致敬大奖"。该奖项是对西门子在中国长期支持可持续发展，持之以恒履行企业社会责任并助力中国社会公益事业发展的充分认可。

积极承担社会责任是企业竞争力和生命力的源泉，西门子在"勇担责任"方面的原则堪称其制定业务决策的指南针。多年来，西门子不仅为中国贫困地区的学校捐赠了教学设备、书本和文具，而且还为它们提供了财政援助。2004 年，西门子向 100 名来自困难家庭的孩子提供了教育资助。同时，西门子还大力支持中国的大学教育。2005 年和 2006 年，西门子向中国十所重点大学捐赠了总价值

---

① 笔者自编。

超过 1000 万元人民币的自动化系统，以支持中国高校建立 ASEA（中国自动化系统工程认证）技能测试中心，提高教育和科研水平。2007 年 11 月，西门子启动了探索箱项目在中国的捐赠活动。西门子探索箱由"能源与电力"和"环境与健康"两个木箱组成，捐赠探索箱的两个重要目的是帮助儿童去完成探索这些科学领域所需要的实验；激发学龄前儿童对环境和科学的兴趣，并为幼儿教师提供教授孩子实际知识的实验器具。截至目前，西门子已在中国捐赠了近千套探索箱。2009 年 9 月 16 日，西门子在北京同心学校发起了中国首个针对外来务工人员子女的"爱绿教育计划"，通过环保科技教育来增强这些孩子的环保意识，并帮助他们更好地融入城市生活。截至 2018 年 8 月 31 日，西门子"爱绿教育计划"已经成功在北京、上海、武汉、广州、喀什、深圳、重庆、南京和西安这 9 座城市的 10 所外来务工人员子弟学校中陆续展开，而且还将于 2018 年 9 月在成都推出新的合作学校。西门子将志愿者项目扩大到中国"一带一路"沿线地区，希望通过增强科技和环保教育为实现共同繁荣注入新动能，这再次印证了西门子支持"一带一路"倡议的承诺。

作为负责任的企业公民，西门子在中国致力于通过技术优势实现社会可持续发展、支持中国科学与技术教育，同时也号召员工积极参与到各类公益活动中，传递公益正能量。在西门子员工志愿者协会成立之后五年多的时间里，西门子共有 4200 人次的志愿者贡献了 23750 小时的公益服务。

西门子在践行企业社会责任方面独有的可持续性和创新性受到了社会广泛认可，屡获殊荣。2017 年，西门子在第九届中国企业社会责任年会中再次荣获"最佳责任企业奖"，西门子员工志愿者协会还被评为"年度最佳责任团队"。同年，西门子荣获中国欧盟商会授予的"可持续发展与环境保护"奖，这是西门子第三次在欧盟商会企业社会责任奖项评选中获奖。2016 年，西门子的教育推广项目在中国教育领域的官方 CSR 奖项——"CSR 中国教育奖"颁奖典礼上被授予"最佳可持续发展奖"，该项目还入选了 2016 年中国德国商会"同心、同力、同行"最佳案例。

在新的时代，西门子将继续凭借领先的电气化、自动化和数字化产品、服务和解决方案，在技术、教育和社会发展方面支持中国公益事业的发展，为员工、客户和社会创造更大价值。

本章小结

企业的利益相关者是在企业经营中拥有一种或多种利益的个人或群体。利益相关者是指可能对组织的决策和活动施加影响或受组织的决策和活动影响的所有个人、群体或组织。投资者、员工、顾客、供应商、政府、社区、公众、竞争者、环境都是企业的利益相关者。在现代企业管理中，需要遵循一定的利益相关者管理原则，主要用以指导企业与投资者、员工、顾客、供应商、社会、环境之间的关系，以及表明企业所应担负的社会责任。

投资者是指投入现金购买某种资产以期望获取利益或利润的自然人和法人。投资者关系中存在在职消费、短期行为、不尽心经营、转移资产、信息披露不规范等典型的伦理问题。为确保企业运营自由，股东既要监督又要激励企业经理层。

消费者关系是现代企业伦理关系的重要组成部分，其特定的含义是指企业在其产品和服务互动过程中现实的、潜在的与消费者之间结成的社会联系。消费者关系主要包括消费者满意、消费者信任和消费者忠诚。消费者关系中的伦理问题表现在产品、定价、促销、渠道等各个方面，需要管理者就具体的问题实施具有针对性的治理。

竞争者一般是指那些与本企业提供的产品或服务相似，并且所服务的目标顾客也相似的其他企业。市场竞争中的伦理问题主要包括：产品竞争、价格竞争、销售渠道竞争；市场调研中信息处理的伦理问题主要有：欺骗、贿赂、监视、信息收集过程中的主动泄露。竞争的一般原则有：讲究竞争者的道德价值，弘扬竞争道德，讲求市场竞争伦理，讲求信息竞争道德。

员工关系是指劳资双方的关系，员工关系会对企业的发展潜力产生强烈的影响，这种关系取决于不同的社会环境以及管理者对员工的基本看法。员工关系中比较突出的伦理问题主要是招聘选拔、员工工作生活质量、薪酬设计、劳资关系中的伦理问题。员工关系伦理问题的治理可以分为两个层面进行探讨：企业对员工利益保障的伦理问题和员工对企业履行责任的伦理问题。

环境关系的主要问题包括全球气候变暖、臭氧层的耗损与破坏、生物多样性减少、酸雨污染、森林锐减、土地荒漠化、大气污染、淡水紧缺、海洋污染、危险性废物污染，治理方法包括清洁生产、绿色管理、发展循环经济、节约资源、保护环境等方面。

除投资者、顾客、竞争者、员工之外，企业的利益相关者还有很多，如政府和社区。企业与政府的伦理关系治理集中在政企协调及杜绝贿赂与腐败；企业与社区的伦理关系治理主要通过企业的各项公益活动进行。

复习思考题

1. 企业的利益相关者有哪些？

2. 为什么说令顾客满意的营销不一定是合乎道德的营销？

3. 广告中常见的伦理问题有哪些？

4. 推销人员与顾客关系中典型的伦理问题有哪些？

5. 定价中典型的伦理问题有哪些？

6. 何为歧视？工作歧视有哪些？

7. 怎样处理电子监控和个人隐私权保护之间的冲突？

8. 有时很难做到工作环境绝对安全，那么怎样才算尽到了对雇员的工作安全的责任？

9. 目前的环境问题主要表现在哪些方面？如何解决这些问题？

本章关键术语

利益相关者　投资者　员工　顾客　竞争者　环境　政府　社区

➤ 情景分析

怀孕员工与公司之间的冲突①

2017 年 3 月、A 公司新招聘了一名大客户经理朴女士，面试时 HR 旁敲侧击问过是否考虑生二胎，孙女士表示没有计划，当年 9 月时，孙女士告知公司 HR，她意外怀了二胎，由于年龄偏大（35 岁），所以怀孕以后就申请在家办公，每周到公司 2~3 天，孙女士尽最大努力完成工作，但是由于身体原因，工作效率依然受到影响，导致项目进度滞后，引发客户的不满。

---

① 周祖城：《企业伦理学》，清华大学出版社 2020 年版，第 272 页。

　　公司领导本来对孙女士在短期内怀孕就有微词，收到客户不满的投诉后，就让 HR 以孙女士不能胜任工作为由将其劝退，并答应补偿"N＋1"。但是孙女士对公司在自己特殊时期不予体谅也心存不满，双方沟通无果后，干脆请了长期病假在家安心养胎。无奈，公司只能再新招一名员工来接替孙女士的工作。

　　2018 年 4 月，孙女士顺利产下二胎，8 月份结束产假到公司上班。此时，其原来的客户都已经有同事在负责，不适合再移交给孙女士。刚好公司新开拓了墨西哥客户，就交给孙女士负责。9 月，由于业务需要，需要出差 2 周拜访客户，洽谈业务与后续合作。由于孙女士产后需要哺乳，因此委婉拒绝公司的安排。公司领导认为 2 周的时间不算长，员工应该为了公司的利益做出适当的妥协，因此对孙女士的拒绝甚是不满，于是指示 HR 后续扣除其所有奖金，变相降薪，甚至再次让 HR 私下去劝退孙女士。

　　孙女士在工作中不甚开心，因此在 9 月底接受了劝退，但是离职后又觉得拿到的赔偿太少，于是一周后到劳动局申请仲裁。理由是：公司在其哺乳期间将其辞退违反了《劳动法》第四十二条。《劳动法》第四十二条规定，劳动者在孕期、哺乳期等用人单位不得依照本法四十条、四十一条的规定，解除劳动合同。而公司的立场则是，双方已经达成孙女士主动离职的协议，所以不能算作是解雇孙女士，双方僵持不下，有几次孙女士甚至带着家人到公司讨要说法。

　　思考与讨论：

　　1. A 公司对待孙女士的做法是否合乎伦理？

　　2. 个人、企业、政府应当怎样做才能更好地保护怀孕女员工的权益？

➤ 案例分析

归真堂活熊取胆事件①

　　福建归真堂药业股份有限公司成立于 2000 年，注册资本为人民币 6000 万元，作为一家中药制药企业，形成了黑熊养殖、熊胆系列产品的研发、生产和销售业务体系，成为国内规模最大的熊胆系列产品企业之一。

　　多年来，归真堂在黑熊养殖及熊胆产品开发方面获得过多项认可，2008 年，"取胆汁专用黑熊标准化养殖技术研究"被福建省科技厅列为福建重点项目；

---

　　① 周祖城：《企业伦理学》，清华大学出版社 2020 年版，第 70 页。

2009 年，公司熊胆粉产品被评为"2009 中国义乌国际森林产品博览会金奖"；2010 年 7 月，"人工养殖黑熊及其系列产品研发"项目被科学技术部星火计划办公室列入"国家级星火计划项目"。

2012 年 2 月 1 日，证监会公布了一批 IPO 申报企业基本信息表显示，从事活熊取胆的福建药企"归真堂"正在谋求在国内创业板上市。据归真堂介绍，目前其养殖场有黑熊 400 头，为中国南方最大的黑熊养殖基地。该公司表示，计划用上市募集的资金建设总规划面积为 3000 亩的养殖基地，把黑熊养殖规模扩大到 1200 头。

此举遭到了民间组织和社会人士的反对，"活熊取胆"问题逐渐演变为公司、行业协会、动物保护组织、公众等关于中药产业发展与野生动物保护的激烈争论。

1. 养熊业

熊胆是重要的传统名贵中药材，有大量的处方都含有熊胆成分，在中国和东南亚地区具有重要的影响力。1988 年《野生动物保护法》发布后，黑熊、棕熊被列为国家二级保护野生动物。野外熊类资源持续下降，从野外获得熊胆是违法的。而中国和东南亚地区人口持续增长，对熊胆的需求量也不断加大。

月亮熊又称亚洲黑熊，一种性情温和，常年食草，只有在饥饿与哺乳时食肉的熊，以胸口金黄色月牙纹出名。

自 20 世纪 80 年代初开始，在引进国外技术的基础上，建立了黑熊人工饲养、人工繁殖、活熊取胆等一系列技术体系，推动了养熊业的产生和发展。

比较研究发现，人工饲养并引流取得的熊胆汁有效成分与天然熊胆汁"内在质量基本相同，可供药用"。1988 年，卫生部颁布《关于下达"引流熊胆"暂行管理办法的通知》，使人工引流熊胆汁干品得以作为天然熊胆的替代品入药，并暂时定名为"熊胆粉"，以区别于天然熊胆。后来颁布的《黑熊养殖利用技术管理暂行规定》，要求"养熊取胆"做到卫生、无痛操作，这就是所谓的"无管取胆"。

东北林业大学杨淑慧撰文指出，国家林业主管部门自 20 世纪 90 年代中期开始对国内养熊业进行全面整顿。截至 2011 年，在全国范围内保留了 68 家生产规模在 50 头黑熊以上的大中型养殖企业，并暂停批建新的黑熊养殖企业。

熊胆粉之所以有外观和品质的差别，鲜胆汁的干燥工艺是重要的影响因素。冻干法制备的熊胆粉通常是金胆级，质量最高，被制成熊胆粉、熊胆粉胶囊等单方中药，面向客户直接销售，这类产品习惯上被称为"中药熊胆粉"。而恒温干燥法制备的铁胆级熊胆粉，虽然比金胆的有效成分略低，但以其略低的销售价格在医疗保健市场也有相对稳定的客户群体。菜花胆由于其有效成分与天然熊胆相差较远，一般不作为中药直接面向终端消费者销售，而是作为原料生产中成药，习惯上称为"原料熊胆粉"。

2009 年，按照熊胆粉系列产品市场终端售价计算，福建归真堂药业熊胆粉的市场份额为 24.5%，排在首位，其后有黑龙江省黑宝药业股份有限公司、四川省仁德制药有限公司、四川省绿野生物制药有限公司、延边白头山制药有限公司等企业。

东南亚地区对熊胆粉产品有巨大的需求，且具有较强的购买力，市场前景看好。但同时，一些动物保护组织一直在施加压力，抵制活熊取胆。

2. 动物福利立法

从世界范围看，英国在 1849 年通过了《防止虐待动物法》；美国在 1866 年通过了《禁止残酷对待动物法》；中国香港地区在 1930 年通过了《防止虐待动物法案》；日本在 1973 年通过了《动物保护管理法》；等等。有关法律专家指出，"不无遗憾的是，当前，我国既无专门的动物福利保护法，野生动物保护法等现行国家立法也无直接规定动物福利保护的条款。"

3. 它基金

北京爱它动物保护公益基金会（以下简称"它基金"），于 2011 年 5 月正式成立，是大陆第一个以反虐待动物、改善动物生存境况、促进人与自然和谐发展为目标的非公募基金会。它基金的发起人包括张越、康辉、崔永元、李静、元元、林白等著名传媒人。基金会的宗旨是：尊重生命、感恩自然。理念是：与其诅咒黑暗，何如燃亮烛光！使命是：在中国推动善待动物的公众教育。任务是：改变国人对动物的态度，倡导人道、仁慈对待动物；影响决策层对于人与动物关系的认识，推动"反虐待动物法"的出台。

4. 亚洲动物基金会

亚洲动物基金会于 1998 年正式成立，总部设在中国香港，同时在英国、美国、澳大利亚、德国和意大利设有办事处。在中国和越南建立了黑熊救护中心。亚洲动物基金会创始人谢罗便臣女士（Jill Robinson）从 1993 年开始从事终止活熊取胆的事业。

据亚洲动物基金会网站介绍，该基金会致力于在中国和越南终止残忍的活熊取胆业，推动动物福利。我们呼吁同情和尊重所有动物，努力推动长期的改变。他们的工作围绕以下三个主要项目进行：终结活熊取胆、猫狗福利、圈养动物福利。

5. 事件起因

早在 2011 年初，归真堂打算上市的消息传出后，动物爱好者以动物受到残忍对待和消费者可能受到伤害为由掀起过抵制行动。亚洲动物基金会也曾向福建省证监局递交书面声明。

2012 年 2 月初，归真堂谋求在国内创业板上市的消息再次进入公众视线。2 月 14 日，它基金联合 72 名社会知名人士，向中国证监会信访办递交吁请信。

吁请信称，归真堂不符合《首次公开发行股票并在创业板上市管理暂行办法》（以下简称"IPO 办法"）规定的上市条件，并列举了三点理由：第一，IPO 办法第 12 条规定"发行人生产符合国家产业政策"。卫生部明确规定，不再批准以熊胆粉为原料的保健品，但归真堂仍销售熊胆保健品。第二，IPO 办法第 14 条规定"发行人不存在经营环境变化，影响盈利能力"。近年来，有关部门颁布法规限制熊胆使用，熊胆制品的市场经营环境也在发生变化。第三，IPO 办法第 26 条规定"发行人 3 年内不存在损害公共利益行为"。

据媒体报道，福建厦门市的一家归真堂直营店有熊胆茶，该产品并没有保健食品的批准字号。

吁请信还指出，"归真堂一旦获批上市，将引发各界对自然生态环境保护问题的激烈争辩，并可能对政府职能部门监管能力和公信力产生怀疑。因此，恳请证监会及有关部门慎重考虑，对归真堂的上市申请不予支持及批准。"

2012 年 2 月 22 日，姚明、杨澜等 26 位社会知名人士表示支持"它基金"，共同呼吁抵制归真堂上市，希望早日终止活熊取胆。它基金于 22 日将姚明等人签署的吁请函递交给证监会信访办。

它基金发起人、中央电视台主持人张越表示：第一，"活熊取胆"是极度残忍的，长期采用"活熊取胆"的方法，熊会有胆道炎症，为了不让熊死掉，还要给熊服用抗生素，所以，取出的胆汁中会有抗生素残留。第二，已经发现被实施"活熊取胆"的熊很多都患有肝癌。第三，全世界都没有这样的产业了，对于这种非常"夕阳"的产业，如果我国还批准它上市，还不断扩大，这是很不正常的。

据亚洲动物基金会兽医莫妮卡透露，在该机构曾经救治过的 277 只黑熊中，没有一只黑熊的胆囊是正常的，有 22% 的黑熊有胆结石。莫妮卡表示，所谓"无管引流取胆术"也需要在熊胆上开一个口子，这个口子长期不愈合将会导致胆囊十分脆弱，严重的可能会引发肝癌，一旦伤口感染，很有可能造成黑熊丧命。

对于活熊取胆过程中熊没有痛苦的说法，一位动物保护人士在获知活熊取胆的过程后表示，"虽然不像以前那样插管子，但如果在你的肚子里用你的软组织做一个容器，然后定期取你的胆汁，你会怎样想？就算对黑熊再怎么好，其目的也是为了获利，这本身就是一个虐待的过程。"

亚洲动物基金会中国区对外事务总监张小海表示，"我们的反对并不是针对归真堂这家企业，而是反对整个行业。"之所以反对活熊取胆，首要的原因便是其残忍的生产模式不具备可持续性。

6. 熊胆可以被取代吗？

据它基金介绍，早在1983年，"人工熊胆项目"就正式立项，沈阳药科大学是具体的项目研究组，组建专家团队对此攻关。项目研究组负责人介绍说，在1989年完成了药理、毒理等相关实验，并且根据仿生学原理制造出人工熊胆，后经卫生部批准进入临床试验。根据国家药典规定的功效给定了最能体现熊胆作用的两个病种，经过4家医院、400多例临床试验证明，人工熊胆和天然熊胆可以1∶1取代。2005年又增加了熊胆滴眼液的病种，临床试验证明也是可以等量替代的。

全国老中医药专家学术经验继承指导老师（国家名医）刘正才在接受《新京报》采访时说，现有的，甚至是寻常的中草药材就可以替代熊胆的功效。比如清热解毒，野菊花、金银花的功效反而比熊胆好；而熊胆清肝明目的功效，也逊色于龙胆草、栀子。他强调，在中医的《黄帝内经》《伤寒论》等中医经典中，没有一个药方提到了熊胆，"这就表明，熊胆可用可不用。"

北京同仁堂集团专家委员会专家赵小刚认为，从中成药的角度讲，熊胆作为入药原材料，无法百分之百完全被替代，但有很多中草药有类似的效果。"但从发展中药产业的角度讲，毕竟这算得上是我国历史悠久的一笔遗产，如何权衡野生动物保护与中药资源的利用值得深入思考。"

7. 归真堂的回应

归真堂坚称自己采用的是无痛无管引流技术引流胆汁，不会对黑熊胆囊造成伤害。公司的解释是：根据国家林业主管部门规定，我们研发了"黑熊人工造瘘及活体无管引流胆汁技术"，即利用黑熊自身组织制造胆囊和腹壁间的胆汁瘘道，利用腹肌制造瘘管括约肌，取消了引流管，完全利用熊自身组织制造胆汁通道，引流胆汁时，只需用消毒过的灭菌引流管轻轻挤压经消毒处理后的瘘口并与之对接好，胆汁便自然流入容器中。采集胆汁可在熊进食前进行，取胆汁过程中熊无不适感、安全、自然，不会对黑熊胆囊造成伤害。

归真堂创始人邱淑花表示，"熊胆是护肝的，它有解酒的功能。熊胆卖到现在起码十五年了。多少人皮包里不离开熊胆，有患高血压的人就放在皮包里，随时取用。市县卫生局批准我们生产，从来没有受到处罚。"

作为回应，归真堂在其官方网站发出"归真堂养熊基地开放日"邀请函，将2012年2月22日和24日两天定为开放日，邀请社会人士参观养熊基地。基地参观结束后，归真堂又召开了一次阵容强大的专家说明会。专家说明会上，归真堂董事长秘书兼副总经理吴亚回应称，归真堂的熊胆产品分为熊胆粉、熊胆胶囊、清肝茶三大类，其中"食字"批号的清肝茶是公司的早期产品，目前归真堂获取的熊胆粉全部用于药类产品。

8. 中药协会力挺归真堂

2月6日，中国中药协会给一些主要媒体发出沟通函，函件称，"中国中药产业珍稀动物药用资源养殖状况早已摆脱10年前'铁马甲、插管引流'等落后技术"，"事实上，不规范养熊场都已被政府明令禁止，也同样被中医药及从业人士所反对"。"受西方利益集团资助的、由英国人创办的亚洲动物基金会，假借动物保护名义，长期从事反对我国黑熊养殖及名贵中药企业的宣传"，其目的就是"胁迫我国取缔养熊业，以限制熊胆粉入药、削弱中药竞争力、为西方利益集团垄断中国肝胆用药市场谋取更大利益"。

中医药协会会长房书亭称，目前国家严格禁止猎杀野生黑熊和从野生黑熊身上抽取胆汁，野生黑熊种群数稳中有升。"养熊业有效地制止了屠杀行为，促使了野生黑熊的增加，保护了野生种群的发展。"

房书亭并不认为取胆汁会给熊带来痛苦，他说，"我到养熊场看过，熊在取胆前要消毒，取胆时吃着喜欢吃的东西如蜂蜜等，一根小管子往外流着胆汁，不到10秒钟就结束了，绝对看不出痛苦的迹象。"

针对"熊胆可替代"说，房书亭表示，人工熊胆研究已取得了初步的成效，从临床上看和天然熊胆有一定的相似的功效，但毕竟和天然的熊胆有差异，还需要经过专家全面的研究才能决定它是否可以成为替代品。

9. 政府部门的态度

国家药监局药品注册司原司长张世臣称，取熊胆的技术在我国已由第一代杀熊取胆、第二代给熊穿"铁马甲"发展至如今第三代无管引流，对熊的创伤已降至最低。关于活熊取胆是否具有存续性，张世臣认为只要是在法律框架允许之内就可以做，但必须有资质、合规。

国家林业局野生动植物保护司官员就归真堂事件表示，归真堂只要符合国家法律就同意其上市。

国家中医药管理局领导表示，公众对于黑熊权益的关注是社会文明进步的表现，应该得到尊重。不过，熊胆等名贵中药材是人类抗击疾病的工具，在尚无有效替代品的情况下，"活熊取胆"也属无奈之举。他还强调，中医药产业的发展都将在法律允许的范围内。

10. 公众观点

· 就像烟草企业不能上市，归真堂也不应该上市，一个社会需要道德底线。

· 取熊胆虽然对熊不好，但对人好，况且是自己养的，不是野生的，支持上市。

· 中华民族历来具有善待万物、要求人与自然和谐相处的朴素感情，无论活熊取胆的技术再怎么提高，都无法改变伤害动物的本质。

· 进入现代社会后，人类开始自我反省并要求善待一切生物，这种动物福利主义思想在发达国家很受支持，在我国也获得了公众的认可，这是中国社会的一种进步。归真堂以"活熊取胆"制作药品，虽然据说对人类的某些病症有特殊疗效，但由于制作过程手法残忍，为人们不能忍受，背离了现代文明所应该奉行的动物关爱的道德，这几乎没有争议。但是，"对于一个企业来说，它的社会责任就是遵守法律，而不应该在法律之外再外加充满弹性、见仁见智的道德约束。对归真堂来说，我们要追问它的就是它是否触犯法律，而不是某种道德。"

· 中国企业在国外兼并频频遇阻，一个重要的原因是我们企业的价值观不被信任。我们要做负责任的大国，企业特别是一线的企业要做有理想的企业，因此，走向世界不只要有实力，还要以德服人。

· 从世界各国的趋势来看，人和动物已经不仅仅是一个相依相存的问题了。而且进一步提出了人对动物的慈善和友爱。所谓慈善和友爱就是不能够虐待动物，这是人类文明更高的境界。我们现在仍然有很多用商业的办法从动物身上榨取药材或者其他的商业用途，有些手段是很残忍的，尤其是从活熊的身上来榨取胆汁，这对熊来说是一个非常痛苦的过程。我们用这种办法来谋取商业利益，我觉得是很不人道的。这样的方法过去没有法律来调整，现在人对动物的态度应该有更高的要求。

思考与讨论：

1. 归真堂活熊取胆行为涉及哪些利益相关者？

2. 这些利益相关者各自持什么观点？依据是什么？

3. 你是否同意他们的观点？理由是什么？

参考文献

[1] 周祖城：《企业伦理学》，清华大学出版社 2020 年版。

[2] 寇小萱：《企业营销中的伦理问题研究》，天津人民出版社 2001 年版。

[3] 叶陈刚、王克勤、黄少英：《商业伦理学》，清华大学出版社 2013 年版。

[4] 赵德志：《现代西方企业伦理理论》，经济管理出版社 2002 年版。

[5] 张应杭：《企业伦理理论与实践》，上海人民出版社 2001 年版。

[6] 赵书华、娄梅：《企业伦理与社会责任》，中国人民大学出版社 2011 年版。

[7] 李萍：《企业伦理：理论与实践》，首都经济贸易大学出版社 2008 年版。

[8] 曾萍：《企业伦理与社会责任》，机械工业出版社 2012 年版。

[9] 陈炳富、周祖城：《企业伦理学概论》，南开大学出版社 2008 年版。

第七章 管理伦理决策

➤ 学习目标

1. 了解管理伦理决策理论。
2. 了解伦理论证和伦理相对性。
3. 掌握管理伦理决策的影响因素。
4. 掌握管理伦理决策常用工具与方法。

➤ 引导案例①

　　木樨草游艇挣扎在南大西洋上，离好望角 1300 英里。达德利船长、史蒂文斯大副与布鲁克斯船员都具有优秀的品质，第 4 位是船上的侍者，17 岁的理查德·帕克，他是个孤儿，这是他第一次远航。他不顾朋友的建议，希望远行能让他成为真正的男人。

　　大浪冲击之后，这条船开始下沉。4 个船员逃到救生船上。他们唯一的食物就是两罐腌制的金枪鱼，没有淡水可以喝。前 3 天他们什么也没吃。第 4 天他们开了 1 罐金枪鱼罐头。第 5 天他们捉到 1 只海龟，然后把剩下的 1 罐金枪鱼罐头和这只龟都吃了。接下来有 8 天他们没有进食。没有食物也没有水，想象在那样的情景下，你会怎么做。

　　男孩帕克躺在救生船底部的一角，因为不听其他人的劝告喝了海水，病得几乎要死了。在第 19 天，达德利船长建议抽签决定，谁应该死去以救活另外的 3 个人。布鲁克斯拒绝了，他不喜欢抽签这个主意。我们并不知道是否是因为他不想冒险，或者是他相信明确的道德准则。但是无论如何，抽签没进行。依然没有

---

① 顾剑：《管理伦理学》，同济大学出版社 2012 年版，第 60 页。

过路船出现，所以达德利让布鲁克斯改变想法。

达德利做了祷告，告诉男孩他的死期到了，然后就用铅笔刀杀了他。布鲁克斯不再反对，他也一起分享这可怕的"盛宴"。又过了几天，他们得救了。达德利在其日记中用惊人委婉的语气描述了他们被营救的经过："第24天，我们在吃早餐时，终于出现了一艘船。"他们是被一艘德国船救走的。德国船把他们送回了英格兰的法尔茅斯，他们在那儿被逮捕、审判。布鲁克斯成为事件的证人。达德利和史蒂文斯受审。他们没有驳斥事实，这些就是他们的辩护。他们争论说实际上一个人死可以使3个人活得更好。但是检察官并没有动摇，他说谋杀就是谋杀，因此有罪者必须受审。

第一节　管理伦理决策理论

一、功利论

（一）功利主义原则

功利主义伦理分为行动功利主义和规则功利主义，前者认为应强调具体情况具体分析，建立专门适用于各种情况的"应急"规则；后者提倡遵循某些提高功利的规则，即坚持某些能够给最多数的人带来最大好处的规范。无论行动功利主义还是规则功利主义，其选择都取决于可能产生的最普遍意义上的快乐与痛苦的结果。二者之间的差异性在于行动功利主义强调对规则的遵守应视具体情况而定，其实质是认可了目的决定手段。

功利主义原则是当且只有当行为所产生的总效用大于行为主体在当时条件下可能采取的任何其他行为所产生的总效用时，该行为才是道德的。功利主义原则假设我们能够衡量并加总每项行为产生的快乐（利益），减去该项行为带来的痛苦与损失，从而确定哪项行为所产生的快乐最多或痛苦最小。

以下是关于功利主义的六点说明。

第一，功利主义原则所说的快乐最多或痛苦最小，并不仅针对行为人自身，而是对受该行为影响的所有人（包括行为人）而言的。在选择行为时，功利主义并不要求我们放弃我们自身的快乐，当然也不应该加大自身快乐的权重，自身的快乐和痛苦与他人的快乐和痛苦是同等重要的。

第二，功利主义原则，不是说只要某项行为产生的快乐大于痛苦就是道德的，而是说在特定情形中所有可供选择的行为中产生效用最大的行为才是道德的行为。

第三，"最大快乐"并不是说不考虑痛苦。如果几个行为都既有快乐又有痛苦。那就选择净快乐最大的那个行为，如果几个行为都只有痛苦没有快乐，而且没有别的选择，那就选痛苦最小的那个行为。

第四，同一行为对不同的人有不同性质、不同程度的影响。例如，一个人把录音机放得很响，受其影响的有 5 人，那么可能会出现其中两个觉得有些愉快，两个觉得不舒服，一个觉得既不喜欢也不难受的现象。功利主义原则不是让每个人投票然后根据得票多少来判断行为，而是把各种快乐和痛苦加起来，那个能够带来最大净快乐的行为就是应该选择的行为。

第五，功利主义原则所说的快乐或痛苦，不仅指行为产生的、直接的、眼前的快乐或痛苦，也包括间接的、长远的快乐或痛苦。

第六，功利主义者承认我们常常不能确切地知道行为的未来结果，因此，我们必须尽量使期望的利益最大化。

(二) 功利主义批评

对功利主义的指责主要有两个方面：一是衡量困难；二是不符合权利、公正原则。其中，衡量困难的问题集中在以下几个方面：

第一，行为给不同的人带来的效用难以衡量和比较。例如，甲乙两人都想要某个岗位，怎么确定谁从该岗位中获得的效用最大呢？如果这一点确定不了，也就难以确定把岗位给谁能产生最大的效用，功利主义原则就不适用了。

第二，有些利益和成本难以计量。例如，假设在车间里安装一套昂贵的通风系统可以大大改善室内坏境，工人的寿命能延长，生活质量能提高，部分工人因此能多活 5 年，那么，这增加的 5 年值多少钱呢？生活质量改善又值多少钱呢？如果无法定量计算安装通风系统带来的利益，怎么与成本相比较呢？

第三，许多利益和成本无法可靠地预测，因而也就不能确切地计量。例如，假设一项研究有可能获得理论性很强但没有直接用途的关于宇宙的知识，那么，怎么衡量这种知识的未来价值呢？怎么与把这笔钱投到建医院或给住房困难户建经济适用房带来的利益相比较呢？

第四，有些东西非金钱可以衡量。例如生命的价值、健康的价值、美丽的价值、公平的价值、时间的价值、人的尊严的价值等。

不符合权利、公正原则的问题集中在以下方面：

第一，以功利主义评价伦理行为，并不是说所有人都有权获得自己的那一份快乐，而是以整体的快乐作为评价标准。亚当·斯密对此深表怀疑，他认为功利主义的整体利益最大化是以牺牲个人的快乐为代价的。中国古代思想家杨朱也曾表达过类似的想法："拔一毛以利天下而不为，悉天下而奉一人，不为也。"他认为在某些情况下，所谓"利天下"很容易成为领导者损害公众利益的借口，这种朴素的民主思想，某种程度上正与亚当·斯密的怀疑相契合。

第二，功利主义的另一问题在于对幸福和快乐的衡量。最大快乐原则听起来公平合理，但很容易被管理者或领导者用来掩盖自我利益或偏见。当年东印度公司为其在印度的殖民统治辩护时声称"这是文明国家对一个半野蛮附庸国的管理"。今天管理者们理直气壮地牟取私利时，其辩护的手段也几乎如出一辙。

第三，行动功利主义认可目的决定手段，为管理者的随心所欲提供了理论基础。以目的为手段进行辩护，常常使规则陷入无用之中。以目的决定行为正当性，忽略了伦理的一个重要环节，即无论结果怎样，某些行为在原则上是错误的。

二、权利论

（一）道德权利的特点

权利分法律权利和道德权利两类。我国宪法规定，公民有人身自由、人格尊严不受侵犯的权利，这是法律权利。道德权利通常被认为是作为人，不管是哪个国家、哪个民族的人，都应该享有的权利。这一点与法律权利不同。

道德权利有两个方面：一是消极的权利或自由的权利，如隐私权、生命不被剥夺权、处置私有财产权等。它们之所以被称为消极的权利，是因为每一项权利都要求我们履行不干涉他人的义务。二是积极的权利或福利的权利，包括受教育的权利、取得食物的权利、医疗服务的权利、住房的权利、工作的权利等。积极的权利要求我们履行积极的义务，即主动地帮助人拥有某种东西或帮助他做某些事。

道德权利具有以下三个特点。

第一，道德权利与义务紧密联系。一个人的道德权利至少部分地可以定义为他人对这个人承担的义务，如小孩有受教育的权利，家长有义务让小孩接受教育。如果我有道德权利做某件事，那么，其他人有道德义务不干涉我做这件事。一个人的道德权利意味着其他人的道德义务，相应的道德义务不一定针对某个人，有时是针对整个社会。例如，一个人有工作的权利，但不是说这个人所在的单位有道德义务给他工作岗位，而是说社会公共机构有义务给工人提供工作岗位。

第二，道德权利赋予个人自主、平等地追求自身利益的权利。承认一个人的道德权利，就是承认在权利允许范围内，我的意志不能强加给他，而且他的利益并不从属于我的利益。也就是说，在一定范围内，我们是自主平等的关系。

第三，道德权利是证明一个人行为正当性及保护或帮助他人的基础。如果我有道德权利做某件事，那么我做那件事在道德上是正当的，他人干涉我做这件事是不正当的。相反，他人阻止任何不让我行使权利的人和事才是正当的，或者他人有义务帮助我行使我的权利。

（二）道德权利的基础

我们怎么知道人有哪些权利呢？对于法律权利，这个问题很好回答，因为法律有规定。对于道德权利，问题就不是那么简单了。关于人的道德权利的基础，德国哲学家康德的观点是较重要和较有影响力的解释。康德试图说明有一些道德权利是所有人都拥有的，不论行使这些权利是否会给他人带来利益。

康德的理论是建立在他称之为"绝对命令"的道德原则基础上的，即每一个人都应该作为平等的、自由的人来对待。康德的绝对命令包括两条[①]：

康德的第一条绝对命令，即当且只当一个人愿意把自己在特定条件下从事某一行为的理由作为每个人在相同条件下的行为理由时，该行为才是道德的。这一绝对命令包含两个规则：一是普遍性，即一个人的行为理由必须能够成为每个人的行为理由；二是可逆性，即一个人的行为理由必须是他愿意其他人也遵循这样的理由反过来对待他。假设因为不喜欢某一雇员的肤色，我正在考虑是否解雇他。根据康德的原则我必须问问自己，我是否愿意一个雇主在任何时候仅仅因为不喜欢某个雇员的肤色而解雇他。特别是，我必须问问自己，假如雇主不喜欢我

[①] 康德著，邓晓芒译：《康德三大批判合集》，人民出版社 2017 年版，第 157 页。

的肤色，我是否愿意被解雇。如果我不希望每个雇主都这么做，那么，我这样对待他人就是不道德的。因此，一个人从事行为的理由必须是可逆的，即一个人必须愿意其他人也用这样的理由对待自己。

换句话说，当行为者与受行为影响的其他人交换位置，行为者愿意接受同样的对待，那么该行为是善的，否则是恶的。例如，一位制造商尽管知道产品有潜在的不安全性缺陷，而且顾客不知道这一事实，但仍然推销该产品，根据普遍道德规律，判断制造商的这种行为是否道德，只要问"当他是不知情的顾客时是否乐意企业推销该产品"。

康德的第二条绝对命令，即理性人应该永远把人看作目的，而永远不要把人只看作实现目的的手段。这一绝对命令可以表述为以下伦理原则：当且只有当一个人从事某一行为时，不把他人仅仅作为实现自身利益的工具，而是尊重并发展他人自由选择的能力时，该行为才是道德的。

把人看作目的，并不意味着不能让雇员从事艰苦的甚至是危险的工作，如果这位雇员事先知道该工作的内容和性质，且自愿承担该工作，那么让雇员从事艰苦甚至是危险的工作是完全可以的。但，如果事先并未告知危险，或是雇员不是自愿的，则是不道德的。一般地说，欺骗、强迫行为没有尊重人的选择自由权，是不道德的。

三、义务论

许多时候人们义无反顾地做某件事并不是出于功利而是出于责任，中国传统儒家伦理对此有精辟的论述，康德也提出了伦理的道义论，对意愿和责任进行了深刻的剖析，认为大善就是有"善"的心愿，善意的行为等同于出于义务的行为，"善"取决于行为的责任而非结果。康德不是对结果的功利性而是对正式规则的结果感兴趣。①

康德对目的重要性的理解不同于功利主义所强调的"快乐"的数量结果，他所说的结果具有非物质性的含义，认为幸福与尊严要比权力和财富更可能在理想王国中站稳脚跟，决定人生目的是基于理性判断而不是人性的结果。对于康德来说，人类虽然也有本能和欲望，但同时也拥有两种不同于动物的能力：可以选择实现目标的方法，更进一步地说，具有忽略目标或选择更高级动机的自由。康德

---

① 康德著，邓晓芒译：《康德三大批判合集》，人民出版社 2017 年版，第 182 页。

认为第二种能力尤为重要，说明人类可以为了责任或义务而放弃欲望或偏好；如果做事情只为了欲望，那么行为动机就是不道德的，只有出于责任或义务而为之，才是道德行为，这就是康德的道德命令或道德律，是构成康德道德义务论的一个重要内容。

康德的道德命令强调道德的绝对性特征。首先，道德具有普遍性和先验性，可以适用于所有的人和事；其次，道德命令具有强制性，属于绝对命令，它只考虑"应该怎么样"而不考虑"能不能"的问题；即使在实际行动中无法适用道德命令，也不影响道德命令本身的正当性。由此可见，康德的道德律具有强烈的唯心主义色彩。

黑格尔对此表达了不同的看法。黑格尔指出："如果应该为义务而为不是为某种内容而尽义务……就会把道德科学贬低为关于为义务而尽义务的修辞或演讲"，康德的伦理学没有说明为什么和怎样去做的问题。此外康德摒弃了人的情感、兴趣与爱好而单纯谈论义务，没有认识到冲动、兴趣和爱好中蕴藏的实践理性。①

黑格尔本人将义务的规定分为两个阶段——道德阶段和伦理阶段。在道德阶段，义务尚未成为现实，还只是个人的而非社会整体的。只有到伦理阶段，真实的义务才出现。他认为个人的特殊意志和利益也只有在国家中才得以实现。

黑格尔还将权利和义务作为一个整体对待：一个人负有多少义务，就享有多少权利；他享有多少权利，也就负有多少义务；义务和权利的统一正是国家的内在力量所在。个体的义务表现在个人与家庭、个人与社会和个人与国家的关系中，国家是"家庭"和"市民社会"的真实基础，是"伦理"的最高阶段，是伦理观念的现实化，是自由的现实化。对黑格尔而言，在个人与国家的关系中，为国家而牺牲，是一切人的普遍义务。

四、公正论

（一）分配公正

分配公正的基本原则是：相同的人应该受到相同的对待，不同的人应该受到不同的对待。但是，这个原则过于笼统，它并没有告诉人们哪些差异可以合理构

---

① 黑格尔著，贺麟译：《精神现象学》，上海人民出版社2018年版，第331页。

成区别对待的基础。究竟哪些差异与分配利益及负担有关，存在着不同的看法。

第一，平均分配。平均主义者视平均分配为公正。但是这种分配制度也存在严重的缺陷。其一，人与人之间的能力、智力、品德、需要、欲望等千差万别，人与人并不相同。其二，没有把需要、能力、努力考虑进去是不恰当的。这样，很可能造成"吃大锅饭"，导致社会整体的生产率和效率降低。

第二，按贡献分配。一些学者认为，一个人获得的利益与他所做的贡献成正比才是公正的。社会或群体的利益分配原则：利益应该按着每个人对社会、群体、任务的贡献大小进行分配。在工作独立性较强的群体中，成员一般希望按贡献大小支付报酬。按贡献分配，成员之间的合作程度会下降，甚至会形成竞争，人们不大情愿分享资源和信息。但是，按贡献分配也面临一个重要的难题就是如何衡量一个人的贡献大小。例如，市场给歌星的回报比给从事基础科学研究的科学家的回报要高得多，谁能说前者比后者对社会的贡献一定要大得多呢？

第三，按需要和能力分配。按需要和能力分配的原则：根据人的能力分配负担，根据人的需要分配利益。充分发挥人的潜力是有价值的，因此，应该按着一个人能尽可能提高生产能力的方式分配工作。通过工作产生的利益应该用于促进人类的幸福和福利。多数人都同意应该把个人放在最能发挥自己长处的岗位上，但是，这一分配原则也受到了批评。首先，根据这一原则，工作努力程度与报酬之间没有任何联系，干多干少一个样，没有必要多干，导致员工失去了努力工作的动力。其次，根据个人的能力而不是自由的选择来分配工作，则个人自由受到了限制。如果一个人有能力成为一名优秀的研究员，但他却想当公务员，按能力分配工作，他只能做研究员。如果一个人需要得到一个面包，但他想要一瓶啤酒，按需要分配利益，他只能接受面包。

（二）交易公正

个人与个人之间，组织与组织之间，个人与组织之间不断发生交易，交易必然产生权利与义务，双方权利和义务的保障取决于契约规范。契约规范是保证个体信守诺言的一种途径，使得企业活动得以开展。规范契约的伦理规则包括以下四条：双方必须对契约的性质有充分了解；任何一方都不能向对方提供有意歪曲的事实；任何一方都不能被强迫签订契约；契约不能约束双方从事不道德的行为。

（三）程序公正

第一，普惠性。每一个社会群体、每一个社会成员的尊严和利益都应当得到有效维护，任何一个社会群体的尊严和利益的满足都不得以牺牲其他社会群体和社会成员的尊严和利益为前提条件。

第二，公平对待。公平对待包含两层含义。第一层含义是，在处理同样的事情时，应当按照同一尺度，如果有所差别，也应当因事而异，不能因人而异。第二层含义类似法律界所说的"无偏袒的中立"，即"与自身有关的人不应该是法官"，解决纠纷者应当保持中立，结果中不应包含纠纷解决者的个人利益。

第三，多方参与。制定重要的公共政策时必须让多方人员参与，尤其是要允许相关社群充分参与和表达意见，使之能够充分表达自己的意见，并维护自己的利益。

第四，科学性。程序公证还包含一些技术方面的要求，其一，相关信息充分、准确；其二，应当具有必要的评估机制和修正机制。

（四）补偿公正

一个人损害了另一个人，则加害者有道德义务给受害者某种补偿。补偿多少才合适呢？这是一个较难回答的问题。有人认为，补偿的量应等同于加害者有意使受害者遭受损失的量。可是，有些损失难以计量，例如，一个人诽谤他人，使他人名誉受损，这个损失怎么计量？

五、关怀论

一般的伦理学说都假设伦理应该是不偏不倚的，在决定做什么时，对与个人有特殊关系的人，如亲属、朋友、同事、下属等，也应该一视同仁。有些功利主义者主张，一个陌生人与父亲同时落水，而你只能救一个，你是救陌生人还是救父亲？如果救陌生人比救你父亲能产生更大的效用（假如这个陌生人是个著名的外科大夫，能救许多人的生命），那么，你的道德责任应该是救陌生人而不是救父亲。许多学者指出，这样的观点是不合情理的，是错误的。在上述例子中，你与你的父亲之间特殊的关怀、爱护关系决定了你对父亲负有特别关怀的义务，这种义务应该超过对陌生人承担的义务。对与我们有密切关系，尤其是有依靠关系的人，承担特别关怀的义务，是关怀伦理的关键。

关怀伦理强调了两个道德需求：第一，我们每个人都生活在关系之中，所以应该培育和维护我们与特定个人建立起来的具体的、可贵的关系；第二，我们每个人都应该对那些与我们有实实在在关系的人，尤其是那些易受损害的、仰仗我们关怀的人，给予特殊的关怀，关心他们的需要、价值观、欲望和福利，对他们的需要、价值观、欲望和福利做出积极的反应。

关怀伦理与中国传统文化非常吻合，但是，关怀伦理还是受到不少批评，认为关怀伦理容易导致偏袒和不公正。关怀伦理要求人们对孩子、父母、配偶、朋友等给予特别的关怀，似乎在要求人们为了他人的福利而牺牲自己的需要与欲望。

六、美德论

何谓美德？美德是习得性的、体现在个人行为习惯中的、构成道德高尚的人的特征的一种品质。例如，诚实被认为是道德高尚的人的一种特征，如果一个人习惯性地讲真话，而且之所以这样做，是因为他相信讲真话是对的，在讲真话时他感到愉悦，在说假话时他感到难受，那么，我们可以说这个人拥有诚实的美德。相反，如果一个人偶尔讲真话，或者之所以讲真话是因为出于错误的动机，如为了博得他个人的欢心，那么，不能说这个人拥有诚实的美德。

在我国古代，人们除了把仁、义、礼、智、信作为五常德之外，还提出礼义廉耻、忠孝节义等道德要求。孙中山先生对中华民族传统的核心价值观进行高度概括和改造，提出"忠孝、仁爱、信义、和平"的道德标准。现在的社会主义核心价值观包括富强、民主、文明、和谐、自由、平等、公正、法治、爱国、敬业、诚信、友善。

美德论对行为的指导原则：如果实施某项行为使行为主体实践、展示和培育高尚的品德，那么，该行为便是道德的；如果通过实施某项行为使行为主体实践、展示和发展了邪恶，那么，该行为便是不道德的。美德论不仅可以用于评价行为，还可以用于评价制度。例如，有人认为，一些经济制度使人变得贪婪，大型的官僚组织使人变得不负责任，这种评价的基础便是美德论。

第二节　伦理论证与伦理相对性

一、伦理论证

由于人们在道德论证的过程中对不同道德原则的重要性存在认知差异，常常会出现道德选择的两难境地，我们称之为伦理困境。尤其是当基于文化和价值观的伦理判断出现冲突时，总会出现一种推理优于另一种的情况。请看法国作家维克多·雨果传世巨著《悲惨世界》中的例子。

冉·阿让是一个更名换姓的在逃因犯，多年来始终被警官耶法追捕。多年后，冉·阿让已经成了某个小镇一家工厂的所有者和经理人，并当选了市长，但耶法仍然执着于自己对法律的捍卫。为了逮捕冉·阿让，耶法故意把一个流浪汉当作冉·阿让抓进监狱并告知冉·阿让。冉·阿让陷入了困境中：如果他不表明自己的真实身份，一个无辜的人就要因为他而坐牢；如果自己去坐牢，那座依靠他的管理和执政能力而生存的小镇将有很多人会失去他的关照。无论冉·阿让如何选择，都会面临道德两难：做有利于社会的事情，就会产生不公平；做公平的事情，依赖他的社会又会利益受损。

进一步审视中西方的各种伦理观点，也很容易发现彼此之间存在的矛盾和冲突。这些矛盾和冲突都与伦理论证过程相关，在这一过程中，采用不同的道德推论和伦理判断标准，就会出现对同一"现象"或"问题"截然不同的观点。

（一）道德推论

道德推论（moral reasoning），也称道德判断或者道德推理，是指对道德标准进行判断的过程，也是使用道德语言，通过道德推理的引导，用道德术语界定我们与他人之间交往能力的过程。在道德推论的过程中，常常充斥着对立性的道德论证。表面上看，这些论证都符合逻辑，具有正当性与合理性，但彼此之间却相互矛盾。造成这种现象的原因是在那些看似合乎逻辑的推论过程中，人们所依据的道德准则和价值彼此矛盾。下面，我们通过两个具体例证加以说明。

第一个例子：政府是否应该限制电视广告播出时间。

我们都经历过这样的时刻：手拿遥控器，在各个电视台之间来回转换，电视上不断插播各类广告，一档 30 分钟的电视节目甚至可能插播 10 分钟以上的广告。观众经常会为了不愿错过想看的节目而只能无可奈何地等待，或者因为不耐烦等待而错过了精彩的瞬间。2009 年，国家广电总局开始限制播放广告时间，这一规定引发了争论。

甲：依据正义和公平的准则，电视受众有权要求获得电视台提供公平合理的服务。过多的广告插播影响了电视节目的服务质量，跟电视台相比，电视受众的弱势地位决定了他们需要政府干预和保护，因此政府有权力对公共电视台广告播出时间进行限制，以保障电视受众的权利。

乙：每个人都有权利决定自己的自由选择，电视台和电视受众之间也是相互选择的。

如果电视受众不喜欢插播广告，他可以选择不接受电视台提供的服务。电视台如果没有插播广告的支持，电视受众就必须支付更多费用。因此，自由选择的原则要求政府不应干预电视台广告播出时间的安排。

在这个例子中，甲乙双方分别使用"公平、正义"和"自由选择"作为前提条件，由于这两个准则和价值概念具有哲学意义上的不可通约性，在此基础上的道德推理就可能得出完全不一致的结论。

在商业活动中，我们也可能经常面对类似的矛盾。例如，对雇员来说，"诚实、正义"和"忠诚于企业"都是重要的原则。以三聚氰胺事件为例，那些知情的员工就不得不做出自己的选择："诚实地说出来"或者"为了企业的私利而保持沉默"。遗憾的是，行业内的知情人士，选择了沉默。

有时，即使论辩双方使用完全相同的道德推论前提，但仍然可能无法达成一致意见。请看第二个例子。

第二个例子：政府是否应该干预中小学择校问题。

很多人都可能听到过下面的故事：每年入学季节，为了让子女能够进入一个教育条件好的名校，父母或者带着孩子四处赶考，或者花费更多的资金购买名校所在的"学区房"。通常"学区房"的价格要比同类型的非"学区房"高出很多。在是否允许自由择校的问题上，要求政府干预和反对政府干预的呼声同样强烈。

甲：现代社会，每一个公民都有平等发展机会，不应当因为家庭贫富而受影响，而平等的受教育权是保障公民获得平等发展机会的最基本的条件。如果允许自由择校，那些名校将招收更多能支付高昂借读费或者成绩优秀的学生，这对那些没有支付能力或者成绩一般的学生，是不公平的，因此不应允许自由择校。

乙：现代社会，每一个公民都有平等发展机会，不应当因为家庭贫富而受影响，而平等的受教育权是保障公民获得平等发展机会的最基本的条件。如果不允许自由择校，那些没有能力购买"学区房"的贫家子弟，即使成绩再好也无法通过考试进入名校。考试面前人人平等，是一种公平的竞争方式，因此应当允许自由择校。

论辩双方所依据的基本准则都是教育公平权，但结论却大相径庭，主要原因在于他们双方对具体事实的认知和评价不同。甲方看到的是：事实1 – 通过收取借读费招收学生和事实2 – 通过考试招收学生，其结果是事实1造成了对穷人家庭的不公平和事实2造成了对成绩一般的学生的不公平；乙方看到的却是即使不允许事实1、2存在，其背后是对穷人的不公平（富人可以购买学区房、穷人不能凭成绩优秀升入好学校）。

第一个例子中论辩双方对"公平"和"自由"的重要性顺序认知不同；第二个例子中双方对"公平"原则没有疑义，但对"公平"的解释却不一样，因而不能得出一致的结论。

在道德推论的过程中，以下几个问题特别重要。

（1）我们认定的事实是什么？我们和其他人所看到的事实是否一致？

（2）我们依据什么样的道德准则来对事实进行判断？我们所依据的道德准则是否一致？

（3）我们进行道德判断的过程是否符合逻辑？

如果论辩双方对于事实或基本准则没有达成一致，就很难通过逻辑推理的方式进行论证，双方之争就会变成断言的争论，从而无法达成一致。这种现象同样存在于商业伦理争议中。因此，为了达成一致，我们必须回到对最基本道德准则的讨论，寻求共同的价值准则。

（二）伦理判断

伦理研究有几种不同的思考方式：第一种方式是描述性研究，只记录社会道德现象但不对该现象做出判断；第二种方式是分析性研究，仅对社会道德规范进行意义和逻辑分析，而不做有关是非对错的价值判断；第三种方式是规范性研究，对道德规范本身进行论证，对各种社会关系的内在秩序进行规范。

从社会关系的角度划分，伦理可以划分为个人伦理、家庭伦理、组织伦理、社会伦理等。此外，任何对人类社会产生重要影响的团体行为或专业行为也都有各自的实现其内在秩序的特殊伦理要求。伦理研究还具有目标双重性：一方面，伦理研究需要对道德标准、道德行为进行判断；另一方面，伦理研究还需要对道德实践提出建议和改进的措施。在这里，有几点需要特别了解：规范与价值观、伦理判断与道德判断的模糊性、道德判断与伦理决策。

1. 规范与价值观

规范可以概括为对具体行为的明确期望或者是对其性质进行评价的标准，而价值观则是深植于一个社会的核心的对人的行为的更为一般性的期望与再现，是对自然与生命的基本看法。同样的价值观下，规范可能截然相反。请看下面的例子。世界上多数民族都非常重视对逝者的安葬。汉民族在漫长的历史阶段都把"入土为安"作为一种非常重要的规范，对逝者遗体的任何损毁都会被视为对其莫大的侮辱。例如，春秋战国时代，楚国大夫伍奢全家为平王所杀，伍奢次子伍子胥逃亡吴国并成为吴王重臣。当伍子胥带领吴国军队攻入楚国郢都后，对楚平王"鞭尸三百"，以报父兄之仇。其他一些民族则有完全不同的规范，如古代希腊民族选择"火葬"的方式。

从表面上看，这些规范完全不同，在任何一个民族内，如果采用其他民族的规范，就会被视为无法容忍的行为。但观察其后的价值观，所有这些规则都表现了敬重逝者的价值观，其对生命的敬重是一致的。

不同国家、地区或文化之间的差异不仅体现在规范上，在价值观方面也可能存在巨大差异。例如，个体主义与集体主义、自由与秩序、人生而平等与等级森严，这些观念上的差异就属于价值观的差异而不是规范的差异。

2. 伦理判断与道德判断的模糊性

道德标准经常是模糊的，人们对道德标准的态度也充满了矛盾：有时候对习以为常的不良行为视而不见，从而降低了道德高度；有时候又想当然地要求必须达到某种道德高度，从而形成了道德压迫。人们经常会依据自己的习惯、期望而主观认定是非对错。对许多现实中存在的、以"道德两难"形式表现出来的问题，"不争之事实"经常被用作道德评价的标准。下面就是一个典型例子。

四川汶川地震后，网络舆论迅速整理出一份跨国公司捐款"铁公鸡"排行榜。根据南方周末记者资料，该名单最早出现在 2008 年 5 月 14 日，中国消费者非常熟悉的三星、诺基亚、麦当劳、肯德基、可口可乐等跨国公司均榜上有名。5 月 22 日商务部出面否认，但民意仍然汹涌，很多跨国公司后来陆续增加捐款，并高调公布。除"铁公鸡"名单外，网民和部分传统媒体还对国内包括阿里巴巴、万科在内的若干企业的领导者提出批评，认为他们缺乏社会责任感。中外企业均感受到巨大压力，纷纷增加捐款。这次事件也被称为"逼捐门"，在长达数月的时间内引发了舆论特别是网络舆论的冲突。

在是否应该捐款、应该捐多少的问题上，我们看到中国普通民众和企业家在道德判断上存在巨大落差。正是道德判断的这种模糊性，导致了冲突的发生。由于每个人所处的位置不同，对各种道德选择利弊的判断各异，他们做出的道德评价的标准也会有所不同。

二、伦理的相对性

虽然伦理研究强调规范性，但道德标准对是非对错的判断更多的时候取决于人们的内心世界和对其外部世界的认知，因此就形成了伦理的相对性。

（一）我的"事实"和他的"事实"

所谓"事实"，实际上经常受价值观的影响，我们进行伦理判断时会自觉不自觉地去寻找支持自己观点的"事实"或者"论据"。这样一来，针对同一件事情，我所看到的"事实和他所看到的"事实"可能完全不同。

例如，面对中美贸易顺差问题，部分美国学者看到的是廉价中国商品对美国产业形成巨大冲击这一"事实"，而部分中国学者看到的却是贸易顺差背后中国国民福利向美国转移和巨大的环境损害的另一"事实"。这些"事实"又被用来支持各种伦理判断：中美学者互相指责对方的行为是不合规范的，这同样体现了伦理的相对性。

（二）事实判断和价值判断

区分事实判断和价值判断的一个重要标准就是：客观与主观。举个例子：这个人身高185厘米——事实判断；这个人好高啊——价值判断。这两个判断的根本不同在于，185厘米是客观存在的，不以人的意志为转移。如果身高测量只有182厘米，任你怎么判断他都不会到185厘米；价值判断则是在于：它是主观的，根据不同的人不同的参照物具体会有不同，比如185厘米，A会觉得：这个人好高啊！B则不同意，因为，A的参照物是180厘米，B的参照物则是190厘米，于是就导致了不同的价值判断。

再举个例子："这个人好漂亮啊"是属于事实判断还是价值判断？它应该还是属于价值判断，因为美更多的是一种主观感受。但如果说"她符合主流审美"（而且这个主流有限定是80%或者70%），这个是可以通过统计得出的，也是一个事实判断。

价值判断是判断一种价值取向，跟个人价值观有很大关系。而事实判断则是判断一种客观事实，你判或不判，他就在那里。事实本身也由于"观察者"的参与才发生。也有了"主观性"，也就是说，哪怕是"客观事实"，也存在"价值判断"。

（三）共性特征

行为或规则功利伦理、道义论以及德性伦理的哲学基础各不相同，有些哲学家认为道德准则可以脱离哲学的支撑，也就是持一种道德多元论的观点。在商业伦理研究中，我们试图从各种伦理理论中寻找某些具有指导意义的共性，采用一些基本的道德判断模式，以便分析商业中的伦理问题。功利主义标准考虑了综合社会福利，但却忽略了个人利益及其分配方式。道德权利思考了个人的福祉，忽略了整体利益及其分配。正义或公平标准考虑了分配中的问题，但却忽略了社会及个人的福祉。这三种道德思考似乎都不可以彼此替代，但又似乎是我们道德体系中不可或缺的组成部分。

寻找共性并不意味着抛弃传统，事实上不同的群体中总是有很多共同的伦理价值观，公平、友善、自由、关爱他人被视为美德，撒谎、粗暴、偷窃、杀戮、控制欲、自私等总是被看作是贬义的。

第三节　管理伦理决策的影响因素

一、个人层面的因素

（一）道德推理阶段

个人的道德观念是指个人对什么是正当行为的看法。一个人在成长过程中逐渐形成了一定的道德观念。个人道德发展与生理发育一样，经历从幼儿到成年人的过程。在成长过程中，人们的道德推理一般要经历由低到高的六个阶段：（1）逃避惩罚导向，认为能逃避惩罚的行为是正当的；（2）寻求奖赏导向，认为能获得奖赏的行为是正当的；（3）良好关系导向，认为那些能获得家庭、朋友、上司、同事赞同或能使他们高兴的行为是正当的；（4）守法导向，认为履行个人的义务、尊重权威、遵守法律、维护社会秩序的行为是正当的；（5）社会契约导向，认为虽然规则和法律在大多数情况下应该遵从，但一些根本的价值，如生命、自由，更应该得到维护；（6）普遍伦理原则导向，认为正当行为是由个人基于普遍伦理原则的良心决定的。

（二）人格变量

1. 马基雅维利主义

马基雅维利主义者一贯的指导方针和行动原则是"只要目的正确，可以不择手段"，因而他们更容易实施不道德行为。马基雅维利主义，即个体利用他人达成个人目标的一种行为倾向。该术语包含两层含义：第一层含义是指任何适应性的社会行为，根据生物进化论，自然选择总是偏爱成功操控他人行为的个体，这种不断进化以适应社会互动的能力是不考虑互动是合作性的还是剥削性的；第二层含义就是特指非合作的剥削性行为，其含义源自管理和领导力的"黑暗面"。

2. 心理控制点

"控制点"指人们在归因过程中对控制自己行为的原因和心理力量的看法。控制点反映了一个人如何理解自己对生命中事件的控制能力。

根据学习者在控制点上的差异，学习者可分为"内控型"和"外控型"两种。内控型的学习者倾向于将成败归因于主观的内部原因，认为生命中的事件是由自己的行动控制的。外控者倾向于将成败归因于客观的外部原因，认为生命中的事件是由命运、天命或运气控制的。

（三）个体道德发展水平

1. 道德认知

道德认知是指人们对客观存在的道德现象、行为准则及其意义的主观反映。它是人们在与其他道德角色和社会道德生活现象接触、交往的过程中，通过对其他道德角色或道德生活现象外部特征的知觉，判断其他道德角色的动机、兴趣、个性和心理状态以及道德生活现象的是非、善恶、美丑等状态，从而形成人们对于各种社会道德生活现象的认识、印象、评价和理解。

2. 道德认知发展理论

道德判断可以从其结构和内容两个维度加以界定。道德判断的内容是指思考了什么，包括有关的道德事实，供参照的道德观念及相应的看法。道德判断的结构是指怎样加工的方法与过程。根据道德判断结构性质的不同，个体的道德发展可划分为三个水平六个阶段。

水平一：前习俗阶段。包括阶段一，即惩罚与服从阶段；阶段二，即个人的工具主义目的与交换阶段。

水平二：习俗水平。包括阶段三，即相互性的人际期望，人际关系与人际协调阶段；阶段四，即社会制度和良心维持阶段。

水平三：后习俗水平。包括阶段五，即至上的权力，社会契约或功利阶段；阶段六，即普遍的道德原则阶段。

阶段一：惩罚与服从阶段。

在这阶段，有形后果决定行为正确与否。做正确的行为是为了避免惩罚。所谓对的，就是绝对服从规则和权威，避免惩罚，不造成实际伤害。处于这一阶段的人认为，对规则和权威的直接服从就是正确的。谁的实际权力大，这一阶段的人就响应谁定义的"正确"或"错误"的规则和标签。正确和错误不与更为高级的秩序或哲学有关，只与谁权力大有关。阶段一通常与小孩子有关，但是第一发展阶段的特征在成人行为上也很明显。

阶段二：个人的工具主义目的与交易阶段。

在这个阶段，满足个人需要的就是正确的。做正确的行为是为了满足自己的需要。所谓对的，便是满足自己或他人的需要，按具体交换原则作公平交易。这一阶段的人不再仅仅依赖具体规则或权威人物来做具体决策，而是看某行为对他是否公平。他遵守会给某人带来即时利益的规则。一切能满足自己利益和需求的行为都是对的，并且也赞允别人这样做。对的也就是公平的，即一种平等的交换、交易和协定。本阶段的人采纳的是一种具体的个人主义观点。他能把自己、权威者和其他人的利益和观点相区别。认识到规则不是绝对的、固定不变的东西。每个人都有各自的利益和观点，并且最终都是根据自己的利益来作决定。

阶段三：相互性的人际期望、人际关系、人际协调阶段。

在这个阶段，得到他人同意的就是正确的。做正确的行为是为了让他人认为自己是个好人。所谓对的，就是扮演一个好角色，关心别人、珍惜别人的感情，信赖和忠实于伙伴，鞭策自己遵守规则和期望。处于阶段三的人更在乎别人而非自己。虽然道德动力还是来自对规则的服从，此人考虑的却是他人的福利。"做好"是至关重要的，意指有良好动机、关心别人、保持良好的人际关系，具有信任、忠诚、尊敬和感恩的美德。做得对的理由是，要做自己和别人心目中的好人，如能设身处地地为别人着想，就是希望自己有善的行为。

阶段四：社会制度与良心维系阶段。

在这个阶段，合法的就是正确的。做正确的行为是为了遵守法律和权威。他会考虑自己对社会的责任，而不是对某具体的人。责任、尊重权威、维护社会秩序成为重点。所谓对的，就是履行个人承诺的义务，严格守法，除非它们出现同规定的权利相冲突的极端情况。对的，也指对社会、群体有所贡献。做得对的理由乃致力于使机构作为一个整体运行。自尊和良心是指履行个人既定的义务，或考虑这种后果："假如每人都这样做会怎样？"

阶段五：至上的权利、社会契约或权利阶段。

在这个阶段，尊重个人权利和社会契约的就是正确的。做正确的行为是为了遵守社会契约。在阶段五，人们关注的是捍卫基本权利、价值观和社会的法律契约。处于这阶段的人有种责任感或承诺，形成一种对其他群体的"社会契约"，认识到某些情况下法律与道德的观点可能会相互冲突。为降低冲突，阶段五的人会对所有效用进行理性的计算，然后再作决定。

所谓对的，就是认识到每人均有不同的价值和观点，并基本上相对于所属群体。但是唯有在这些规则是公平时才应该遵守，因为它们是一种社会契约。而对于诸如自由和生命的普遍价值，则应是不管他人意见如何都应遵守的。做得对的理由，一般认为，应有义务遵守法律，因为法律是用来发展人类福利和保护所有人权利的。家庭、友谊、信任及工作义务也是以尊重别人权利为前提的自由协定的承诺和契约。个人对法律和责任的考虑，是基于对人类整体功利："为绝大多数人的最大利益"的理性推断为基础的。

阶段六：普遍性道德原则阶段。

普遍原则决定什么是正确的。正确的行为符合公正原则、公平原则和普遍人权原则。本阶段的人受一种全人类都应遵从的普遍道德原则所指导。这一阶段的人相信正确性由普世的道德原则决定，人人都应遵从。同时，存在不可剥夺的权利，其本质与结果都具有普世性。这些权利、法律或社会约定是有效的，不是因为某一特定社会的法律或习俗，而是基于普世性前提。公正、平等都是被认为具有普世性的原则。他们更加关心社会道德问题，不会依赖企业获得道德指导。至于什么是对的，阶段六的人受人类普遍道德原则指导。

（四）价值观

1. 价值观

价值观（values）是社会个体和群体在生活和工作实践中所建立的比较持久的，用以评价行为、事物及选择自己目标的准则体系，是一种认知结构，将指导个体的行为模式，决定人们在从事某项活动时的态度和行为。价值观是行为的先导，是道德决策的关键。价值观是社会成员用以评价行为、事物并从各种可能的目标中选择自己合意目标的准则，是人们对价值问题的根本看法，是人们在处理价值关系时所持的立场、观点和态度的总和。价值观代表着基本的信仰，个人或社会接受一种特定的行为或终极存在方式，而摒弃与其相反的行为或终极存在方式。这种信仰里包含了道德偏好，因为它传达了个体的是非、好坏以及是否合心意等观念。价值观体系代表在一个人的思想里各种道德标准的优先次序。

2. 个人价值观

个人价值观是个人在生活和工作实践中所建立的比较持久的，用以评价行为、事物及选择自己目标的准则体系。罗基奇认为价值观可分为两类：一种类型称为终极价值观，指的是一种期望存在的终极状态，是一个人希望通过一生而实现的目标（如舒适的生活——富裕的生活）；另一种类型称为工具价值观，这种价值观指的是偏爱的行为方式或实现终极价值观的手段（如有抱负——工作勤奋，充满热情）。表 7－1 中包括罗基奇用到的终极价值观和工具价值观。

表 7－1 　　　　　　　　　　　　　罗基奇价值观分类

终极价值观	工具价值观
生活舒适（生活富裕）	有抱负（工作努力、充满热情）
令人兴奋的生活（刺激的、积极的生活）	思想开阔（思想开放）
成就感（持续的贡献）	有能力（能干、有成效）
和平的世界（无战争和对抗）	快乐（高兴、愉快）
美好的世界（大自然和艺术的美）	清洁（干净、整洁）
平等（手足情谊）	有勇气（维护自己的信仰）
家庭安全（照顾所爱的人）	宽容（愿意原谅他人）
自由（独立、自由的选择）	乐于助人（为他人的利益而工作）

续表

终极价值	工具价值
幸福（满足感）	诚实（诚挚、真诚）
内心和谐（无内心斗争）	有想象力（大胆、有创造力）
成熟的爱（灵与肉的亲密关系）	独立（自立、自足）
国家安全（防御外来进攻）	智慧（聪明、思想有深度）
快乐（愉快、休闲的生活）	逻辑性强（思维有一致性、有理智）
获得拯救（被拯救的、无尽的生命）	亲爱（亲切、温柔）
自尊（自我尊重）	顺从（有义务感、彬彬有礼）
社会认可（尊重、赞赏）	有礼貌（谦恭、文雅）
真正的友谊（亲密的伙伴关系）	负责（可靠、可信赖）
智慧（对生命的成熟理解）	自我控制（自我克制、自律）

资料来源：叶陈刚：《商业伦理》，东北财经大学出版社 2020 年版，第 305 页。

3. 工作价值观

工作价值观（work values）是员工在工作实践中所建立的比较持久的，用以评价工作性质、职业倾向性、职业生涯及选择自己工作目标的准则体系。工作价值观是员工对于工作意义的认识，包括了工作倾向性、工作需求以及职业道德系统等。中国企业职工的工作价值观包含三个基本的因素：（1）工作行为评价因素，反映在努力工作，做好工作，承担更多的工作职责和任务，干一行爱一行，忠诚事业等的工作行为衡量标准上；（2）组织集体观念因素，表现为遵守组织纪律和规章，服从上级，服从组织，服从大局，忠于组织等评价标准上；（3）个人要求因素，包括对个人利益与理想、个人发展前途、工作本身的意义等方面的考虑。

4. 个人的价值观与道德行为的关系

个人的价值观是一种规范的标准，这种标准可以用来指导人们认知他们所感知到的行动并终极做出行动的选择。价值观能够引导人们的态度、判断，个人的态度是其个人价值观的外在化的表现。社会心理学研究结论表明，价值观是人们对客观事物的标准和态度，这种标准和态度是在社会化的过程中逐渐形成的，并且具有相对的稳定性。价值观与态度的区别在于，价值观的范围比态度更加广泛，价值观包括道德期望，而态度是特定化或明确化的。价值观与态度的联系在于，态度是价值观的外显，它能表达人们深层次的价值观并体现对某事物一定价值认识的个体反应。态度具有评价的功能，能够反映个人在具体事件或行为的心理倾向和状态，态度的评价标准是个人的价值观。个人的价值观能够影响他们对行为的态度，进而影响到行为的产生。

二、组织层面的因素

在现代社会中，人们都生活在组织中，组织对伦理决策的影响非常大，有时候个人虽然具有伦理的决策能力和意愿，但是却由于组织内部相关因素的影响无法做出合乎伦理的决策和行为。伦理学中有一个"染缸"理论就认为组织应该对其成员的不道德行为负主要责任，组织如同一个大"染缸"，使其成员习得了不道德的行为。即使是世界上最正直的人，置身于一个不诚实、没有责任感的商业环境里也可能会"变色"。"染缸"理论的研究者进行了大量的实证调查，他们发现商业个体的不道德行为主要是由激烈的竞争、管理高层只注重结果而不关心过程的行为导向、组织缺乏道德行为强化机制等原因导致的。通常组织成员会在上司或者组织权威人物的要求下，在同事的影响及压力下从事不道德行为。而且，商业组织倡导等）对个体伦理决策行为的影响要比公司制定的伦理守则更明显，比如一个具有良好个人道德素养的财务人员，当他的上级让他做一笔假账，以帮助公司渡过难关，以后就不再做假账了，这个财务人员能够很轻松地回绝吗？显然很困难。国外还有实证研究显示在私人生活和商业生活中，经理人的行为表现出了明显的分化，他们在不同领域的问题上采取不同的道德标准，并将个人生活和组织生活截然分开。

组织层面因素的影响，主要体现在组织文化方面。组织文化一般是指组织为了应付内外环境，并在这些环境中指导其成员的行为，而在组织内发展起来的一组共同的信念和价值观念。组织文化的核心是企业价值排序，这也就是组织的伦理。如果一个企业把利润看得比员工的权利和环境保护更加重要，那么，就难免出现侵犯员工权利和环境污染问题。组织风气通过向组织成员提供明确的或隐性的、可接受的行为指南而影响他们的行为。按着差别关系理论，人们倾向于采纳与其交往更频繁的人的行为和观念。因此，组织成员会受到关系密切的同事和上司的行为和观念的影响。而根据相对权威理论，某人拥有的职位权力越大，对决策的影响越大。因此，管理者特别是组织中拥有最高权力的管理者对员工的道德观念影响最大。

三、社会层面的因素

社会层面的因素包括法律、政策、行业生态和文化传统等几个方面。如果国家的政策和法律对于违反伦理的行为没有相关的规范，或者虽然有相关的规范但是惩罚力度很轻，那么，违反伦理的企业很可能就会因为其背德行为而获利。其他企业看到这种情况，就很容易形成一种跟风效应。如果行业中很多企业都在进行恶性的价格竞争和浮夸型的广告宣传，那么，按照伦理进行正常生产和销售的企业很可能在短期之内难以生存和发展，这也就会迫使这些企业采取类似的行为。

文化传统对于伦理决策也具有较为重要的价值，如果一个社会对贿赂的行为比较宽容，甚至认为大家都这么做，不这样做的话，就没办法做生意，那么企业和个人就很难抵挡这种观念的影响。我国传统文化中的"积善之家必有余庆，积恶之家必有余殃"等思想，对于伦理决策的影响力也是不容忽视的。

行业政策或职业准则（或职业道德）会影响行业内成员或职业从业人员的道德评价。例如，国际投资管理与研究协会（Association for Investment Management and Research，AIMR）对会员及注册金融分析师的职业行为准则做了详细规定：要求在处理与公众、委托人、潜在的客户、雇主、雇员和同事的关系时，应以能给会员及职业带来良好声誉的、专业的和合乎道德的方式开展工作，并鼓励他人也这样做。由于规定十分详细，什么是允许的，什么是禁止的，从业人员知道得清清楚楚。

第四节 管理伦理决策工具与方法

一、西蒙四步法

西蒙将企业伦理决策的过程大体上分为四个环节：第一，识别伦理问题；第二，判断行为的伦理性；第三，做出合乎情理的决策；第四，执行决策。[1]

---

[1] 赫伯特·A. 西蒙著，詹正茂译：《管理行为》，机械工业出版社 2021 年版，第 89 页。

1. 识别伦理问题

人们在商业活动中会面临形形色色的需要做出决策的问题，但是这些问题当中只有一小部分涉及伦理问题。而且在不少时候识别伦理问题并不是一件容易的事情，特别是当人们对自己的目标过于在乎和关注时，人们会忽视很多不明显的伦理问题，甚至会不自觉地找出一些借口来逃避伦理问题。有几条标准可以帮助我们识别一个问题是否是伦理问题。

第一，需要决策的行动是否涉及对一个或多个人施加严重的伤害？

第二，伤害有可能发生或者很快就要发生（或者实际上已经发生），受害者将会受到严重伤害（或者已经受到严重伤害）。

第三，受害者与我们相近。

第四，施加的伤害可能违背我们或者大多数人的道德标准。

2. 判断行为的伦理性

有时候，我们虽然识别出需要决策的行为涉及伦理问题，但是还是会有很多偏见会影响我们的决策。比如我们在评估行为的后果时，有时候会忽略小概率事件的出现，有时候会过于关注部分利益相关者，而忽视了另一部分利益相关者；有时候我们会低估行为后果的严重性。

3. 做出合乎伦理的决策

经过上述两步之后，我们明白了什么是符合伦理的事情，即什么是正确的、应该做的事情，什么是不正确、不应该做的事情，但是这是否意味着我们一定会做正确的、应该做的事情呢？其实，在很多情况下，人们即使意识到某些事情是不应该做的，但人们还是会照做不误，或者说明明知道应该怎样做才符合伦理道德，但是还是没有那样做。

4. 执行决策

有时候，我们也许是真心决策要做符合伦理道德的事情，但是一旦行动起来，我们是否能够把我们的行动贯彻到底呢？还是半途而废呢？实际上，我们经常没有完成预期的计划。我们缺乏实践自己决策或者诺言的决心及意志力。

二、德鲁克六步法[①]

德鲁克将管理伦理决策分为以下六个步骤。

[①]　李玮、刘建军：《现代商业伦理》，清华大学出版社 2017 年版，第 110 页。

（1）对商业道德问题进行分类，明确问题是普遍性问题、特例性问题或是新问题。高效决策者首先会对问题进行分类，对于普遍性问题、新问题（即新问题的早期表现）则采取普遍性的解决方案，也就是制定某种规则、政策或原则，并结合实际来处理问题；而真正的特例性问题则必须个别处理。

（2）对商业道德问题进行定义，即我们遇到的是什么问题，明确所做的定义是否能解释已发生的情况，是否能解释所有情况。

高效决策者明白，对问题进行定义的这一步骤中，应该避免出现貌似合理、实则不全面的定义，并且明确定义所要促成的目标。

（3）明确决策的限定条件。"限定条件"即决策必须实现什么目标？决策的最低目标是什么？必须满足什么条件？只有满足了限定条件的决策，才能是有效的决策。

（4）判断哪些是符合限定条件的"正确"决策，而不是先考虑决策可否被接受。若从一开始就考虑"什么样的决策会被接受"，那么决策往往会丢掉重点，这便不利于做出有效的决策，更不用说正确的决策。要恰当运用前面所述的道德决策模型以促进决策的正确性和有效性。

（5）在制定商业道德决策时将实施行动考虑在内。要将决策转化为行动，在制定决策时就必须确认：将决策告知哪些人？采取哪些行动？由谁来执行？为了使执行者能够胜任，任务应该是什么样的？

（6）对照实际执行情况检验决策的正确性和有效性。决策过程中还必须建立信息跟踪和汇报机制，不断将决策的预期目标与实际情况进行对照。高效管理者往往通过一个要素明确、步骤清晰的系统化过程来进行重大决策。

三、利益相关者分析

利益相关者分析的目标是创造一种"双赢"或"多赢"的结果，即在实现利润目标的同时，能合乎伦理地对待利益相关者，使他们的需要也能得到满足，分为以下问题。

（1）谁是我们现行的利益相关者？谁是我们潜在的利益相关者？

一位 MBA 的学员在讨论中分享了她的感受：两年前，我从东北来到现在的城市并加入这家国企。我在这里结婚生子、努力工作并参加了 MBA 课程学习。一个月以前，公司把我从分公司调入总部，我期待着更好的职业前景。但是，就在两天前，我突然被告知总部要迁往另一个城市。我感到很沮丧，我的家庭、学业都在这里，如果提前知道，我宁愿待在分公司。我感到自己被忽略了，有些无所适从。企业在搬迁过程中的人事调配决策显然忽略了这位学员的感受。其他一些利益相关者，包括生态环境等，也很容易被决策者忽视。

（2）利益相关者想从我们这里得到什么？我们想从利益相关者那里得到什么？

在识别利益相关者的基础上，决策者还需要考虑利益相关者的真实需求，这是平衡其利益的基础。我们的决策会给哪些利益相关者带去利益？利益有多大？我们的决策会给哪些利益相关者造成伤害？伤害有多大？对决策后果的分析，是最为关键的步骤。正确识别决策后果，才能够意识到可能产生的伦理问题并对此进行处理。有时候，伦理问题的发生并不是出于主观上的不道德，而是缺乏伦理敏感性造成的。请看下面的例子。

张莉是一位社区工作者，她所在社区附近拟规划一家化工厂。张莉应邀参加项目论证，并作为社区代表参加了赴国外考察团。结束考察后，张莉被要求签署一份同意书。虽然该项目并不符合相关规定并缺乏充分论证（这一点项目方并未向张莉说明），张莉依然签署了同意书。

张莉的行为是否涉及道德问题？考虑到她的专业和职业，张莉的决定很可能是因为她没有意识到该建设项目可能给所在社区及居民带来的不良影响，而不是因为参加了项目方的考察团。对决策后果缺乏想象力，使其没有意识到其中的伦理问题。

一个决策的后果可能是短期的，也可能是长期的。在商业决策中，人们往往容易忽视其长期结果，而专注于短期的利益。

（3）利益相关者受到损害后会不会采取行动？如果会，会采取什么样的行动？可能采取行动的利益相关者的影响力有多大？企业对利益相关者承担着何种经济的、法律的、道德的责任？

前面的分析，集中在对利益相关者的影响方面。这里的分析则关注利益相关者的反应对决策者的影响。上例中的项目方，可能已经评估了其行为被张莉了解后的反应并认为不会带来重大影响。毕竟，人们对木已成舟的事情很难做出更激烈的反对。

四、伦理审计

伦理审计包括八个部分：目的分析、原因分析、价值分析、意图和结果分析与比较、利益相关者分析及协商、长远思考、伦理检验、确定例外立场。

第一步，目的分析。这是一个收集信息、厘清事实并确定伦理问题的过程。很多决策者面对伦理决策，往往直接凭借直觉给出解决方案，缺少理性的、结构化的分析过程。目的分析就是帮助决策者界定问题的过程。具体问题包括：①是否准确定义了问题？②如果站在他人立场上，会有何不同（换位定义）？

第二步，原因分析。其目标是分析问题产生的根源，具体问题如下：伦理问题是如何产生的？

第三步，价值分析。这是用来评估决策者个人对伦理准则重要性的认识的，决策者需要对其重要性做出排序。具体问题如下：作为个人和公司成员，你认为谁最重要、什么最重要？

第四步，意图和结果分析与比较。在这里，决策者需要评估其决策的后果，包括当前以及潜在的后果，并对决策目标和可能造成的后果进行比较，从而判断决策是否符合其利益。具体问题如下：①你的决策想要达到什么目的？②你的决策的后果与想要实现的目标是否相符？

第五步，利益相关者分析及协调。利益相关者分析过程是一个角色扮演的过程，决策中需要从多方角度审视其决策的影响。具体问题如下：①你的决策会损害哪些相关者的利益？②是否可以在决策前与受决策影响的利益方讨论该问题？

第六步，长远思考。这一步主要思考伦理决策的长期效果，包括对企业组织的象征性影响也应考虑在内。具体问题如下：从长期观点来看，你的决策还能像现在这样看起来那么有成效吗？

第七步，伦理检验。如果说以上六个步骤是对伦理决策的理论分析，第七步就是对伦理决策的直觉审核。具体问题如下：①你能公开地在上司、高管、董事、家庭和整个社会面前谈论你的决策或行动吗？你是否会对此决策感到不安？②他人是否会误解你的决策？你如何面对误解？如果没有误解，他们会如何看待你的决策？

第八步，确定例外立场。任何决策都有可能存在例外。伦理决策也不存在绝对的非此即彼的判断。在这里，决策者需考虑创造性地解决伦理困境。具体问题如下：在什么条件下，你会改变你的立场？有时候决策者可能基于个人利益而做出例外选择，同样也可能基于更重要的目标而做出例外选择。

伦理决策过程是一个反复的过程，是对"好""效果""效率"的综合评价，是平衡道德和经济原则之后的选择。通过伦理决策分析，可以帮助决策者综合衡量决策所涉及的各种因素，包括决策者及所在组织的利益、相关者利益、决策后果以及决策的情感因素，从而做出更适合的决定。

➤ 实例分析①

20 世纪 60 年代末期，福特汽车公司开始面临来自德国和日本汽车厂商的竞争。公司两位主要负责人克努森和艾柯卡之间就福特未来的发展方向产生了分歧和争议。艾柯卡希望抢占小型汽车市场，而克努森则希望将业务集中在大中型汽车市场上。

CEO 福特二世支持艾柯卡的决定，在克努森被迫辞职后，福特公司决定用两年时间推出 Pinto 车，这大大短于正常的研发、制造所需的时间。艾柯卡决定将研发、测试工作同时进行。1971 年，Pinto 如期完成，但在碰撞测试中，公司发现该车型油箱设计中存在严重缺欠，进行碰撞试验的 11 辆车中有 8 辆没有通过测试，另外 3 辆在加装了防护装置后通过了测试。

当时，该项测试并没有被列为正式的官方标准，因此 Pinto 车虽然存在缺欠，但却符合当时的汽车标准。如果对此进行改进，福特会面临两方面的困难。

成本增加：正如引例所描述的，该款车型面向价格低于 2000 美元的低端市场，如果改进汽车的安全性，则成本为 13750 万美元，收益为 4950 万美元。

影响汽车的行李空间：如果进行改进，现有的行李空间会减少，这将影响汽车的销量。至 1973 年，陆续有报告显示 Pinto 汽车即使在低速（25 公里每小时）碰撞中也可能产生爆炸事故。

在这个案例中，作为决策者，涉及哪些伦理问题呢？如何决策？

第一步：目的分析。

第一个时间点在 1971 年，作为决策者，需要决定是否增加防护装置，这将带来上亿美元的商业损失；第二个时间点是 Pinto 汽车投入市场后，随着爆炸事故不断发生，决策者需要决定是否召回该款汽车，这时的损害将会更高。

在每个时间点上，决策者都需要定义自己所面临的问题：这是一个费用—效益分析的问题还是生命价值的问题。

显然，福特的决策者认为这是一个费用—效益分析的问题。他们在司法诉讼中的辩解可以很好地诠释这种思维：公司必须进行费用—效益分析，每个人都知道一些人会发生车祸，但消费者希望得到低价的产品，他们购买低价产品就等同于接受风险。这种思维方式在今天也还大有市场，包括国内很多企业经理人在

---

① 于惊涛、肖贵蓉：《商业伦理：理论与案例》，清华大学出版社 2016 年版，第 166 页。

内，选择低价竞争的同时，也将安全风险留给了消费者。

从企业的角度，费用—效益分析是必不可少的，但也是不够的。缺乏伦理敏感性的决策者将生命安全问题等同于费用—效益问题，最终可能付出惨重的代价。

而从消费者和社会大众的角度，可以想象，他们对福特的决策者将是否改进安全措施和是否召回 Pinto 汽车的决策定义为费用—效益的问题，将会如何愤怒。联系三聚氰胺事件后社会的强烈反响，就不难理解问题界定的重要性。

第二步：原因分析。

原因分析是要找出伦理决策的难点和冲突的要点在哪里。在本案例中，经济利益和生命安全的权衡是最关键的。福特二世的态度可能直接决定了管理者的态度，公司对利润和市场竞争的关注超过了对生命的敬重。

第三步：价值分析。

艾柯卡作为福特公司的总裁，在决定是否改进、是否召回方面具有直接的影响力。我们可以试着去理解，对他们来说，什么是最重要的。根据已经披露的资料，福特公司一直在尝试说服当时的高速公路交通事故安全管理局，使他们相信安全的可行性是建立在费用—效益分析基础上的。汽车工业的游说活动几乎取得了成功，虽然早在 1968 年交通事故安全管理局就推出了相关标准，但直到 1977 年才获得正式批准。在那之后生产的所有的 Pinto 汽车都装上了防破裂油箱。

显然，对公司的决策者，安全管理局是重要的，他们决定了公司的行为是否合法；市场销量和成本是重要的，因为决定了公司的利润；消费者的安全不是最重要的因素，因为他们选择了低价产品就意味着需要承担风险。

第四步，意图和结果分析与比较。

事态的最终发展显示，福特公司的决策忽略了公众的反应，福特二世和艾柯卡都被认为对此负有严重责任，有些评论人士甚至认为他们是在犯罪。未能正确预见其行为的后果，使其付出了巨大的声誉代价。

第五步，利益相关者分析及协调。

如同在第三步中所分析的，低端消费者对价格敏感，其利益没有被考虑进来。

福特公司忽视的重要利益相关者就是社会公众，当社会舆论铺天盖地地指责福特公司轻忽生命时，福特将不得不承担其后果。人们将福特二世和艾柯卡的行为称为推动消费者"自杀"。

第六步，长远思考。

显然，这是一个典型的为了应对眼前市场竞争而缺乏长期思考的决策。在当时，决策者忽略了他们决策被曝光后可能产生的社会影响以及对公司品牌、声誉的损害。在 13750 万美元和 4950 万美元之间的选择，在收获短期利润的同时，企业也付出了长期的代价。

第七步，伦理检验。

假定你是当时的决策者，在发现测试中存在的问题时，你是否会重新设计油箱？在汽车投产后，你是否会进行召回？

显然，福特公司的决策者并不希望内部文件曝光。他们的内部争议，也显示了他们对决策后果并不是一无所知，但是对经济利益的追逐超越了伦理追求，伦理检验的结果是公司选择任由事故发生。

这种事情今天也并不罕见。问题在于，作为个体的决策者该如何处理这些问题。特别是当决策者个人的伦理理念与公司的决策发生冲突时，你会如何选择。一些人选择辞职，一些人选择随波逐流，一些人选择公开真相。

第八步，确定例外立场。

在本案例中，应该允许例外吗？在今天的观点来看，无论是高端消费者还是低端消费者，都应享有生命安全的保障。在生命面前，似乎不应存在任何例外。但事实如何呢？在各种道德困境中，你会做出怎样的选择呢？对福特的决策者来说，生命很重要，安全很重要，但希望购买廉价产品的消费者例外。

想一想，你是否有其他的选择？如果在低端市场上无法获得足够的利润，作为公司是否可以有其他选择？或者你仍然会像福特的决策者一样行事吗？管理伦理决策可能充满了矛盾和困境，作为决策者，更需要审慎地思考与评价。

五、道德决策树模型

如图 7-1 所示，这个模型有两个特点：一是从决策的后果和决策对义务与权利的尊重两个方面来评价决策在道德上的可接受性。模型首先要求决策者考虑决策对相当广泛的利益相关者的影响，如对企业自身、对整个社会目标的实现、对整个经济体系的运转、对决策涉及的个人权利的影响等，是站在较高的层次运用功利论的。在从后果上衡量之后，模型要求继续从道义方面评价决策，必须考虑对受影响者权利的尊重和对各方的公正性。二是运用加勒特的相称理论，考虑例外情况的解决方式。模型虽然比较复杂，但其全面性是显而易见的。

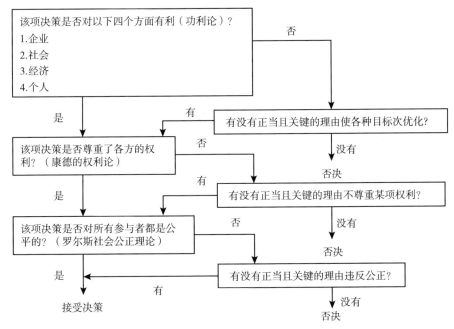

图 7-1 道德决策树模型

六、纳什模型[①]

美国学者劳拉·纳什提出了以下衡量企业决策伦理性的 12 个问题。

（1）你已经准确地定义决策问题了吗？

对决策问题必须有清楚的理解，掌握的事实越多越准确，处理时就越少感情用事。

（2）如果你站在他人立场上，会怎样定义问题？

从可能会对决策是否道德质疑或最有可能受决策不利影响的人的角度审视决策问题，问问自己，在定义问题时，是否做到了客观、不偏不倚。

（3）问题是怎样产生的？

考察问题的形成过程，搞清问题的实质。

（4）作为一个个人和公司成员，你忠诚于谁，忠诚于什么？

每个管理者都会遇到忠诚冲突，如自己的良心与履行公司职责之间的冲突，

---

① 李玮、刘建军：《现代商业伦理》，清华大学出版社 2017 年版，第 103 页。

还有同事要你参与违反公司政策的事情等。

（5）你做该决策的意图是什么（目的）？

为什么要这样做，如果得不到满意的回答，就不要选择该方案。

（6）你的决策意图与可能的结果相符合吗？有时意图很好，但结果可能是有害的。

（7）你的决策会损害谁的利益？

即使产品有正当用途，但如果使用不当或落入一些人手中，会对消费者造成伤害，管理者就得重新考虑是否生产和销售该产品。

（8）你能在做决策前与受影响的各方讨论该决策问题吗？

例如，你要关闭某个工厂，是否能在事先与受此影响的工人和社区讨论这一问题，以评估决策的后果。

（9）你认为从长远来看，该决策将会比现在看上去那样有成效吗？

你能坚持你的承诺吗？你能预见可能改变你的想法的条件吗？今天的好决策到明天会是一个失误吗？

（10）你能毫无顾忌地与你的上司、高层管理者、董事、家庭以及整个社会谈论你的决策吗？

你做的决策在电视上报道，你会感觉如何？你会乐意接受采访吗？

（11）如果理解正确，人们会对你的行为产生什么样的看法呢？误解了又会怎么样？这一问题涉及真诚与他人对行为的看法。

（12）在什么样的条件下，你会允许对你的立场有例外（即稍稍改变你的立场）？

你发现一个员工挪用了 1000 元，随后归还了，公司员工手册对挪用公款有严格规定，一经查实，立即开除，假如这笔钱是用于支付紧急医疗费用，你会怎么办？如果是用于赌博呢？

对于这名员工在公司里工作 12 年或者 18 个月这两种情形，你的决定会有什么不同？

本章小结

管理伦理决策需要有依据的理论，本章主要介绍了功利论、权利论、义务论、公正论、关怀论、美德论，以期在管理伦理决策过程中找到可依凭的根据。同时需要了解伦理论证是需要有规范的过程的，伦理因人的主观性而出现相对性。管理伦理决策的影响因素主要有个人层面因素、组织层面因素、社会层面因素。其中个人层面因素主要包括道德推理阶段、人格变量、个体道德发展水平、价值观等因素。

管理伦理决策工具与方法主要有西蒙四步法、德鲁克六步法、利益相关者分析、伦理审计、道德决策树模型、纳什模型。

本章关键术语

功利论　公正论　伦理相对性　伦理论证　利益相关者分析　伦理审计　道德决策树　纳什模型

复习思考题

1. 简述管理伦理决策理论。
2. 为什么说伦理是相对的?
3. 管理伦理决策的影响因素有哪些?
4. 如何用利益相关者分析法做管理伦理决策? 试举例说明。
5. 如何使用伦理审计法做管理伦理决策? 试举例说明。
6. 如何使用道德决策树法做管理伦理决策? 试举例说明。

➤ 情景分析

情景分析1：肺癌的益处①

菲利普·莫里斯捷克公司是一家生意很大的烟草公司。在捷克,吸烟现象很普遍,而且得到社会认可。由于担心吸烟使医疗费用不断攀升,捷克政府一直在考虑提高烟草的税额。为了阻止税额增加,菲利普·莫里斯成立调查团,就吸烟对于捷克国民预算的影响做了一项成本收益分析。该研究发现,吸烟给捷克政府所带来的收入要大于支出,其原因在于:尽管烟民在世期间会在预算中花费更多的医疗费用,可是他们死得早,因此能够给政府在医疗、养老金以及养老院等方

---

① 迈克尔·桑德尔:《公正:该如何做是好》,中信出版社2011年版,第251页。

面节省数目可观的费用。根据这一研究，如果将吸烟的"积极效果"包括烟草税的财政收入以及烟民早死而节省下来的钱计算在内，国库每年的净收入将达到1.47亿美元。

这份分析报告成为菲利普·莫里斯公关史上的一场灾难。一名评论员写道："烟草公司过去常常否认烟草能够杀人，可是现在它们却为此吹嘘。"一个反吸烟组织在报纸上刊登了一则广告，它展示了停尸房中一具尸体的脚，脚趾上贴着一张标价1277美元的标签，这代表每一例与吸烟相关的死亡给捷克政府节省的开支。面对公众的愤怒和奚落，菲利普·莫里斯的首席执行官为此公开道歉，他说："这一研究体现了一种彻底的、不可接受的、对人类基本价值的漠视。"

思考与讨论：

1. 菲利普·莫里斯是用何种伦理观进行决策的？为什么？

2. 这种伦理观存在何种缺陷？

3. 本案例对企业经营有何启示？

情景分析2：解雇老员工①

C公司原本是一家新加坡家族企业，风格保守稳健，在中国发展超过了30年。所以无论是在公司总部，还是全国各地的工厂，都拥有相当大比例的年资超过5年的老员工，他们有新人所不具备的优势，如熟知公司内部发展的历史和故事，拥有能在公司生存的为人处世技巧，拥有自己的人脉关系等。这个资历丰富的群体，拥有相对较高的工资，同时由于对公司内部运作非常熟悉，他们总能躲避公司内部的条条框框，让自己活得足够舒适自在。

这种状况随着公司被一家美国资产运营公司收购而彻底改变了，公司高层换了人，新总裁是一个年轻、充满活力、希望改变的美国人，他到任后的第一个重要举措，就是分批解雇工龄超过5年的老员工，他们大部分工资水平高出市场水平30%，而新总裁相信，公司可以以低于市场价格20%的薪资水平，招聘到更年轻、资历更低的具有潜力的员工。例如一个工作8年，月薪为30000元的部门主管，解雇成本为一次性30000×(8+1)=270000元（费用），换来市场上招聘15000元月薪的年轻员工。这样，公司的账面就可以在人力成本上马上体现50%的节约；18个月后，就可以获得这次替换的实质性回报。

---

① 周祖城：《企业伦理学》，清华大学出版社2020年版，第173页。

这些被解雇的员工，大部分距退休年限都超过 5 年，他们长时间在一家公司工作，对新环境接受程度有限，以至于很大部分人，要花上一年或者更长时间，才能找到下一份适合的工作，而能稳定地在新公司生存发展的例子则更少。在这些人当中，多数人原本是一个家庭的主要收入来源。这就意味着，这个变化带来的，是很多个家庭，超过一年的生活收入发生巨变。

思考与讨论：

如何从伦理上评价 C 公司分批解雇工龄超过 5 年的老员工的做法？

情景分析 3：接受礼物规定①

X 公司是一家中外合资企业，在日常的业务运营过程中需要与成百上千家上下游的供应商展开合作，在与供应商的商业往来中，公司针对商务礼仪有这样一项规定：针对供应商或者潜在供应商在日常商务与技术交流中存在的送礼问题，单次礼品（包括购物卡等）价值小于 200 元人民币，员工可以自行处理，不必申报。对于价值大于 200 元的礼品，员工需要向法务部门申报上交，由公司统一处理。

公司制定这项政策主要出于以下几点考虑：

第一，在行业内，供应商的礼物和招待是一个惯例，除去那些非法的商业贿赂不谈，正常的商务交往中，每家供应商都准备了一笔招待费预算，用于改善与客户工作人员的关系，促进团队合作。因此，X 公司作为一个重大客户，面对大量供应商的礼品与招待是不可避免的环节。

第二，从日常工作层面上来讲，客户与供应商工作人员无论是商务还是技术人员在正式和私下场合的互动在中国目前环境下是司空见惯的，礼尚往来也是中国历来的文化传统，在不触碰商业贿赂底线的情况下，公司接受一定限额的礼品招待，对员工的工作交流与积极性可能也有一定的帮助。

第三，如果公司要求员工拒不接受所有供应商的礼物与招待，一律交由公司法务等相关部门统一处理，一方面增加法务部门的工作量；另一方面对于供应商来讲似乎显得有点不近人情，毕竟所有的具体工作都是由双方人员开展的。

第四，既然商务礼品和招待无法杜绝，不如在限制合理条件下给员工一定的自由度与福利，同时也能提升公司员工对外交流合作的积极性，对公司业务的开

---

① 周祖城：《企业伦理学》，清华大学出版社 2020 年版，第 172 页。

展也有利。

思考与讨论：

1. X 公司的规定在伦理上是否可以接受？为什么？

2. 也有公司规定，对于任何供应商的礼物与招待，不论价值如何，员工必须一律交给公司法务部处理。你更赞同这一规定还是 X 公司的规定？为什么？

参考文献

［1］顾剑：《管理伦理学》，同济大学出版社 2012 年版。

［2］龚天平：《伦理驱动管理》，人民出版社 2011 年版。

［3］宋志勇：《企业伦理学》，清华大学出版社 2017 年版。

［4］于惊涛、肖贵蓉：《商业伦理：理论与案例》，清华大学出版社 2016 年版。

［5］刘爱军、钟尉：《商业伦理学》，机械工业出版社 2016 年版。

［6］李玮、刘建军：《现代商业伦理》，清华大学出版社 2017 年版。

［7］戴木才：《卓越管理的道德智慧》，湖南教育出版社 2015 年版。

［8］叶陈刚：《商业伦理》，东北财经大学出版社 2020 年版。

［9］周祖城：《企业伦理学》，清华大学出版社 2020 年版。

CHAPTER 8

第八章　公司治理中的伦理问题

▷ **学习目标**

　　1. 了解公司治理的主要内容。

　　2. 理解公司治理存在的潜在危害。

　　3. 掌握股东会、董事会、监事会、经理层、信息披露、内幕交易中存在的非伦理行为。

　　4. 熟悉公司治理中非伦理行为产生的原因。

　　5. 掌握如何应对公司治理中非伦理行为。

▷ **引导案例**

安然事件①

　　因为各种原因，安然事件已经成为企业失败的典型案例。这个案例在全世界引起巨大反响，部分原因是安然是美国第七大公司，还因为安达信会计师事务所以及 J. P. 摩根公司 (J. P. Morgan)、花旗集团 (Citigroup) 和美林 (Merrill Lynch) 等财务机构也卷入了该案例中。另一个原因是该公司的迅速消亡。

　　1. 事件还原

　　首先遭到质疑的是安然公司的管理层，包括董事会、监事会和公司高级管理人员。他们面临的指控包括疏于职守、虚报账目、误导投资人以及牟取私利等。在 2001 年 10 月 16 日安然公布第二季度财报以前，安然公司的财务报告是所有投资者都乐于见到的。2001 年第一季度，"季营收成长 4 倍，是连续 21 个盈余

---

① 刘爱军、钟尉：《商业伦理学》，机械工业出版社 2016 年版，第 173 页。

成长的财季"等。到了2001年第二季度，公司突然亏损了，而且亏损额还高达6.18亿美元！之后，一直隐藏在安然背后的合伙公司开始露出水面。经过调查，这些合伙公司大多被安然高层官员控制，安然对外的巨额贷款经常被列入这些公司，而不出现在安然的资产负债表上。这样，安然高达130亿美元的巨额债务就不会为投资人所知，而安然的一些官员也从这些合伙公司中牟取私利。更让投资者气愤的是，显然安然的高层对于公司运营中出现的问题非常了解，但长期以来熟视无睹甚至有意隐瞒。包括首席执行官斯基林在内的许多董事会成员一方面鼓吹股价还将继续上升，另一方面却在秘密地抛售公司股票。而公司的14名监事会成员有7名与安然关系特殊，要么正在与安然进行交易，要么供职于安然支持的非营利性机构，对安然的种种劣迹熟视无睹。位列世界第一的会计师事务所安达信作为安然公司财务报告的审计者，既没审计出安然虚报利润，也没发现其巨额债务。2001年6月，安达信曾因审计工作中出现欺诈行为被美国证券交易委员会罚了700万美元。

2. 结局反思

安然的崩溃并不仅仅是因为假账，也不全是高层的腐败，更深层次的原因是急功近利和贪婪冒险的赌场文化，这使安然在走向成功的同时也预掘了失败之墓。安然的核心文化就是盈利，甚至可以说是贪财。在安然，经营者追求的目标就是"高获利、高股价、高成长"。《财富》杂志撰文指出：正是由于安然公司的主管们建立了以盈利增长为核心的文化，经理们才有了很大的动力去涉险，安然追求的目标最后也只剩下一个，那就是盈利。安然鼓励的是不惜一切代价追求利润的冒险精神，用高盈利换取高报酬、高奖金、高回扣、高期权。安然强调个人英雄主义而造就了领导伦理的缺失，使得安然的领导更加注重利益而非伦理型领导方式。

第一节　公司治理概述

一、公司治理的定义

所有权与控制权的分离，以及由此产生的委托代理关系，是公司治理问题产生的根源。公司治理是一种契约关系。公司是多个契约的联合体。这些契约治理着公司发生的交易，并可以降低交易成本。经济行为人行为的有限理性和机会主义特征使得这些契约具有不完备性，即在事前无法对各种随机情况做出预期，因而无法对各种情况下缔约方的利益和损失都做出明确规定。为了节约契约成本，不完备契约常常采用关系契约的形式，以减少不断谈判不断缔约的成本。公司治理的安排在本质上就是这种关系契约，它以简约的方式规范公司各利益相关者的关系，约束他们之间的交易，以此实现公司交易成本的比较优势。

公司治理是一种制度安排。关系契约若要生效，关键是要对在出现契约未预期的情况时谁有权决策做出安排。一般来说，谁拥有资产，或者说，谁有资产所有权，谁就有剩余控制权。公司治理的首要功能，就是配置这种控制权。主要为两层意义：第一，公司治理是在既定资产有权前提下安排的。所有权形式不同，公司治理的形式也会不同。第二，所有权中的各种权力通过公司治理结构进行配置。这两方面的含义体现了控制权配置和公司治理结构的密切关系；控制权是公司治理的基础，公司治理是控制权的实现。

从公司治理的内容出发，主要是公司权力的分配与制衡，即在股东会（stockholder's meeting）、董事会（board of directors）、监事会（board of supervisors）、管理者之间如何分配权力并进行制衡的组织结构安排及机制的安排，保证公司利益最大化。

二、公司治理模式

（一）英美模式

又被称为市场模式，其核心在于市场激励，并以强调股东价值最大化为目标，通过对管理层的激励使管理者利益与股东利益一致，明确并强化管理层和董事会的责任，被视为公司治理的有效手段。在该体制下，无论是单个公司还是集团公司的管理层，都享有相当大的自由权利。雇员权利则通过雇佣契约和劳工团体协商等方式加以保障。股东、雇员和管理层之间存在高度对抗，因而监督和制衡机制的建立备受重视。美国、英国、爱尔兰等都属于这一类国家。

虽然英美公司治理模式经常被并称为英美模式，但美国的公司制度具有强烈的例外性质，股权高度分散的公众公司在美国的比例远高于其他国家，公司内部权力制衡具有其独特性。

（二）德日模式

德日模式的称谓与英美模式相类似，两个国家之间既有共同点又有较大的区别。德日模式的共同特点是债权人（主要是外部银行）对公司具有主导性的影响力，传统上公司股东、管理层、雇员之间的冲突低于英美模式，强调合作而不是对峙；同时法人交叉持股使得资本市场和控制权市场较英美发育迟缓。德国模式更强调所谓经济民主化，雇员在参与公司管理和利益分享中有更大的自主权，共同决策在德国发挥了重要作用。日本则更具东方特点，产经关系体现为政府指导下的利益共同体。

（三）西欧模式

以法国、意大利为代表的西欧国家，公司股东和雇员关系体现了高度对抗性。国家垄断产业和竞争性产业并存，股东管理控制力度较强，家族企业占据较大比例，对小股东和雇员权利的保护程度基本取决于法律保护的强度。法国雇员主要是通过企业委员会保障其利益，企业委员会可以聘请财务顾问、检查账目、进行集体谈判。多数西欧国家，包括英国和爱尔兰，雇员工会的力量是相当强大的。

（四）东亚模式

东亚模式以韩国、东南亚等国家及中国香港和台湾地区为典型代表，公司类型以家族企业为主，家族成员在公司管理中发挥重要作用，股东（管理层）和雇员的冲突、对峙类似西欧国家，但行业工会或企业委员会在保护雇员权益方面作用不强，雇员处于相对弱势地位。

（五）中国特色

中国经济具有高度的二元性，国有企业在垄断行业占主导地位，其管理具有明显的公营事业特点；民营经济主要集中在竞争性行业，具有典型的东亚特点，家族管理和大股东控制占主导地位；雇员力量虽然较为薄弱且缺乏必要的行业组织加以保障，但雇员寻求自我利益保护的意识开始觉醒，政府也在推动集体谈判等措施。

总体来说，虽然公司运营的政治基础和利益制衡机制各不相同，但股东、管理层和雇员所承担的基本伦理责任和义务大同小异，都强调信托责任和职业伦理。

三、合规管理与内部控制

一些公司的高管团队设有与"合规"相关的职位，如首席治理官/合规官/首席道德及守法官。这些职位的设立表明公司治理开始从被动遵守法律转向企业实现可持续发展的内在需求。首席道德及守法官通常直接向董事会报告，其职责是确保公司遵守所有的法律、法规、准则、道德守则，制订公司守法计划和政策、监督守法政策和程序的运行，整合公司守法文化。

合规管理已经成为与企业业务经营和财务管理同等重要的企业支柱，金融业是中国较早实行合规管理的行业，对合规管理有明确的行业准则。例如，《证券公司合规管理试行规定》（证监会，2008）、《商业银行合规风险管理指引》（银监会，2006）等，都对合规管理做出了明确规定。国内很多其他行业的公司也设立了合规管理办公室。

合规管理的核心是从法律的角度确保公司的长期守法经营，确保公司对外部利益相关者的责任，包括财务信息披露、管理层信息披露、公平竞争等。

公司合规管理的相关规定须经董事会批准，合规要求公司及其雇员行为必须"符合法律、法规、规章及其他规范性文件、行业规范和自律规则、公司内部规章制度，以及行业公认并普遍遵守的职业道德和行为准则"。合规管理的基本制度包含了合规管理目标、管理原则、机构设置、违规事项报告和处理及责任追究、合规有效性评估、合规风险识别和防范等，合规官对公司合规管理负有法律责任。

内部控制是指由公司董事会、管理层及其他人员为实现公司目标而提供的保障过程，这些目标既包括公司经营目标也包括守法目标。一个典型的内部控制包括事前防范、事中控制和事后监督三个完整的阶段。防范伦理风险的合规管理，其内部控制流程也不例外。财政部会同证监会、审计署、银监会、保监会制定并于2009年实施的《企业内部控制基本规范》确定了中国企业内部控制的五大要素。

内控环境和基础设施：企业实施内部控制的基础，一般包括治理结构、机构设置及权责分配、内部审计、人力资源政策、企业文化等。

风险评估：企业及时识别、系统分析经营活动中与实现内部控制目标相关的风险，合理确定风险应对策略。

活动控制：是企业根据风险评估结果，采用相应的控制措施，将风险控制在可承受范围之内。

信息与沟通：是企业及时、准确地收集、传递与内部控制相关的信息，确保信息在企业内部、企业与外部之间进行有效沟通。

监督机制：企业对内部控制建立与实施情况进行监督检查，评价内部控制的有效性，发现内部控制缺陷，应当及时加以改进。

COSO（反虚假财务报告委员会下设发起人委员会，2014）对内部控制框架进行了扩展，将报告内容扩展到非财务报告，并在 17 项原则中纳入了反舞弊和反腐败的内容。

➢ **阅读材料**

COSO 内控原则

1. 对诚信和道德价值观做出承诺。

2. 董事会独立于管理层，并对内部控制的实施和绩效进行监督。

3. 管理层在董事会的监督下，为实现企业目标建立健全组织架构、汇报路径、合理授权及责任机制。

4. 致力于吸引、开发和留任优秀人才以实现企业目标。

5. 建立企业内部控制责任人问责制度。

6. 设定清晰的目标并识别、评估与其相关的风险。

7. 对影响目标实现的风险进行全面识别和分析，并以此为基础进行风险管理。

8. 在风险评价中，应考虑潜在的舞弊行为。

9. 识别并评估对组织内部控制有重大影响的变化事项。

10. 选择并实施内部控制活动以将风险降低到可接受水平。

11. 选择并开发通用控制技术以支持控制目标的实现。

12. 建立内部控制政策和切实可行的控制流程以落实内部控制政策。

13. 整合并使用高质量的相关信息以支持内部控制发挥作用。

14. 在企业内部宣传包括内部控制目标、责任在内的内控信息以支持内控体系发挥作用。

15. 与外部利益相关者就影响内控效果的信息进行沟通。

16. 选择、推动并实施持续的/独立的评估以确认是否存在且有效运行内部控制。

17. 定期对内部控制存在的问题进行评价，并与包括董事会和管理层在内的应采取行动的相关方进行沟通。

在企业实施内部控制的过程中，很多国家的法律、法规和准则要求上市公司管理层对内部控制报告的有效性进行评价，并将内部控制报告整合到公司年报中，并披露公司内部控制存在的重大弱点。

内部控制的另一个关键问题是全员培训。只有当遵循内控过程并嵌入相关业务流程中，内部控制才能可持续地实现。

第二节 公司治理中的责任与权利

一、股东责任与权利

股东伦理主要解决股东与股东之间、股东与企业之间的伦理关系，其基本原则包括股东利益保护、股东之间的公平性、明确的股东和企业责任、信息透明等。股东权利又分为自益权和共益权。自益权被称为"受益权"，是指股东从公司获得以经济利益为目的的权利；而共益权属于派生权利，又被称为"治理权"，是以股东参与公司治理为目标的权利，包括参与公司决策、经营管理、监督控制等权利。

（一）提高股东价值

股东价值的提高属于如何做大"蛋糕"的问题，由于所有权的差异，在分散的公众持有公司和控股性股东持有公司中，股东对公司的管理控制有很大差异。股东所拥有的公司管理控制权越高，提高股东价值的理念越容易占据主导地位，伦理问题集中在股东之间。在高度分散的所有权结构下，公司管理控制权掌握在"内部人"手中，内部人作为"代理"可能会肆无忌惮地掠夺属于股东的公司利润，因此主要的伦理问题集中在对职业经理剩余控制权的管理和规范方面，股东与管理层的关系是其中的重点。

（二）股东之间的公平分配

股东之间的公平分配主要集中在大股东对小股东的剥夺问题上，其核心是如何在股东之间分配"蛋糕"。大股东通过各种方式（如掏空、内幕交易等）对小股东进行剥夺，就其本质而言是一种偷窃，是对小股东财产权和管理权的窃取，解决伦理问题的关键是加强对中小投资者的保护。

拥有多数表决权的大股东的剥夺问题比较明显，但一些小股东可以通过交叉持股、多元持股、集团公司等方式在仅握有少量所有权的情况下，在实质上掌握对公司的控制权。

由于小股东控制的隐蔽性，小股东的偷窃行为更不易被发现。

（三）股东参与

股东参与主要是股东共益权的实施。股东参与公司管理，与直接管理公司是有差别的。股东的参与管理主要是通过股东大会挑选董事会、通过董事会选择公司管理层并对其进行监管。与股东权利相对应，股东也应履行相应的责任，其中之一是任命和监督公司董事会（董事），中国《公司法》和证监会相关规则对公司董事会（董事）及监事会（监事）的成立和运作做了详细规定，对董事会委员会的设立没有强制性规定，但对上市公司独立董事及委员会做了相应要求。股东可以参与但不能剥夺管理层的自由决策权，在监管权与经营自由权之间始终存在一些模糊地带：一方面股东有义务进行监管（有些情况下，国有股东、公众公司股东的监督权利和责任，经常被忽略），但另一方面也不应越过管理边际而直接干预公司经营。

（四）信息透明与财务报告

信息透明和公允的财务报告是股东参与和股东权利保护的基础。信息透明是股东对公司进行有效监管的必要条件之一。所谓信息透明是指公司应该向股东披露具有实质性内容的信息，包括：公司财务和经营成果、公司目标、主要股份的所有权和投票权、董事会成员和主要执行官的薪酬政策、董事会成员相关信息、关联交易、可预见的风险因素、有关员工和其他重要利益相关者的重要问题、治理结构和政策，尤其是公司运营所依据的任何公司治理规则或政策及程序的内容。财务报告舞弊一直是公司伦理的重大问题，这多数是由管理人员和内部会计及审计人员所造成的。为了达成目标，管理层可能会要求会计人员粉饰、甚至伪造财务报表。从操纵会计数字到会计欺诈，都是伦理监测的重点。

（五）股东诉权

股东诉权是一种衍生权利，是维护股东利益的基本权利之一，其诉讼的对象是公司董事会及高管团队，虽然股东可以就董事会及管理层违反受托责任而造成的损害进行求偿，但在实际操作过程中却经常处于一种"两难境地"：通常这些应该被起诉的董事或高层管理者正在掌管公司（西方谚语说的狐狸掌管鸡舍，说的就是这种情况），股东想以公司或公司代表的名义起诉他们存在一定的困难。

股东诉权在英美国家有明确的法律规定，股东或投资者可以就相关问题提起法律诉讼，包括集体诉讼和证券欺诈的集体诉讼。目前，我国尚未有完整、清晰、明确的股东（投资者）诉讼制度，法律救济手段相对有限。

股东伦理既影响企业本身的绩效，也影响公司控制权市场。从企业内部的角度，股东伦理是指导股东、管理层决策和行为的指南和标准，也是指导企业建立良好公司治理机制的基础；从控制权市场的角度，规范、良好、可预期的股东伦理环境有助于投资市场的稳定和繁荣。否则，当股东伦理出现重大问题（如安然公司的财务欺诈问题）时，投资者利益如果无法获得保护，就只能选择用脚投票。

二、董事会与管理层责任与权利

董事会和管理层的伦理责任主要是他们对股东的信托责任。随着现代公司制度的演变，公司治理的双重委托关系确定了董事会和管理层的双重信托责任。

所谓信托责任是为他人利益而行动的责任，在履行信托责任时，受托人必须使其个人利益服从他人利益。董事会和管理层所承担的信托责任主要是忠诚责任和审慎责任。

（一）忠诚责任

对于董事会而言，主要是要求董事以善意按照公司及其股东的最佳利益而行动，不能将自己的利益置于公司利益之上，包括不能与担任董事的公司竞争、避免在与公司的交易中存在利益冲突；经理人的忠诚责任还包括不能在没有委托人（股东）同意的情况下做出对其不利的决策和行动，也不能在没有委托人同意的情况下代表其对委托人不利的人采取行动。违反忠诚责任的例子包括内部交易、欺诈、窃取公司财产等。

（二）审慎责任

要求董事和经理人在履行其职责时勤勉谨慎，这里所说的谨慎是合理的审慎，包括董事对管理层的监督和管理层的经营管理活动，均应审慎决策和行动。

董事会和管理层的信托责任还包括顺从、善意和公允披露的责任。顺从责任要求他们在公司章程和其他规章制度规定的权利范围内履行其责任；善意责任则要求避免不负责任、鲁莽和不忠诚行为的发生；公允披露责任则要求向股东和其他利益相关者提供及时、可靠、透明的财务及非财务信息。

例如，美国证交会明确要求上市公司披露是否建立了高级经理人员的伦理守则。适用于公司管理层（包括主要财务经理人员）的伦理守则包括：管理层应按照道德要求处理个人和专业关系中的利益冲突问题，披露任何可能造成利益冲突的事项，遵守适用的法律、法规和规定，进行充分、公允、准确、及时和可理解的财务报告，对违反伦理守则的行为及时进行内部报告，建立并遵守公司伦理守则责任制等。

在现代公司制度下，经理人经常为了获得个人利益或者个人的管理权势而偏离投资者利益的目标。例如，管理层通过建立与公司的不当交易获得不当利益、管理腐败（如直接侵占公司财物、偷懒行为、不合理契约、个人权力垄断、不按照股东利益进行决策）等都是违反公司伦理的常见做法。管理层的薪酬和绩效评价也是公司伦理管理的重要内容。由于管理层掌握着公司的实际控制权，他们可以通过各种手段（如设定不合理的薪酬），将股东财富转移到个人或其利益相关者手中。因此，管理层的不道德行为就成为伦理监督的重点。

判断董事会及管理层的信托责任，需要与商业判断原则相区别。虽然商业判断原则经常被管理层用来对抗董事会和股东的监督，但它仍然是非常重要的基本原则。商业判断原则是一种保护管理层经营自由权的程序原则，只要管理层是出于善意、履行了审慎责任、所做的商业判断不存在重大失误、不存在个人利益冲突并且符合法律要求，则管理者不必为其管理失误而承担法律责任。商业判断原则作为管理层的保护伞，一方面有利于公司的正常经营，另一方面也需要防止管理层以此为借口实行管理腐败。

第三节 公司治理的伦理困境

一、股东中的伦理问题

当董事、经理自身的利益与公司的利益发生偏离甚至冲突的时候，他们可能会牺牲公司及股东的利益而追求自己的最大利益，由此而做出的经营决策不当、滥用权力乃至中饱私囊等逆向选择行为必然会导致道德风险，这种行为就是高层管理中的非伦理行为。

（一）大股东与小股东之间的伦理问题

股东以其投资拥有监督决策权，通过股东会行使表决权，从而对选举公司董事、公司利润分配及公司合并分立等重大事项进行决策。大股东通常在管理中具有更多的发言权或者对公司具有控制权。此时股东伦理表现为大股东的伦理，即大股东行为是否在满足自身利益最大化的同时，也符合其他利益相关者的权益。大股东"掏空"、盈余管理与资金占用等行为侵占了公司的财产，损害了中小股东的权益，是较为典型的大股东非伦理行为。

1. 控制性股东与掏空行为

所谓"掏空行为"是指能够控制公司的股东为了自身利益将公司的财产和利润转移出去的行为。由于现代公司的股权集中于控股股东手中，股权的过度集中导致控股股东以其控股权对公司实施控制，在内外部治理机制薄弱、信息严重不对称和外部市场监管能力有限的情况下，控股股东有充分的动机与能力掠夺公司财富，实施"掏空行为"。

通常以较低的价格将上市公司的资产出售给控股股东拥有较高现金收益权的公司，向经理人员支付较高的薪水，为控股股东拥有较高现金收益权的企业提供贷款担保，侵占公司的发展机会等都是大股东掏空上市公司的非伦理行为。随着股权集中度的提高，大股东对经理层的监督动机增加，与此同时，大股东牟取私人利益的能力也随之增加。

2. 盈余管理

盈余管理作为利润操纵的一种，毫无疑问也是非伦理行为中常见方式之一。盈余管理是指企业实际控制人运用职业判断编制财务报告和通过规划交易以变更财务报告的机会主义行为。控股股东通过实施盈余管理，向外界披露不真实的盈余数据，使得以报告盈余为估值基础的投资者付出过高的兑价，损害了中小投资者的利益。同时，利用可操控应计利润进行盈余管理会导致后期应计利润的逆转，使企业经营业绩下降，进而损害了中小股东的权益。

3. 占用上市公司资金

占用上市公司资金是大股东典型的非伦理行为。在股权分散的情况下，中小股东行使权利的成本通常高于因此获得的利益，因此中小股东的利益往往受到拥有公司控制权的大股东的侵犯，在法律监管不完善的情况下，控股股东利用其绝对优势的表决权占用公司资金，以损害公司盈利、侵犯中小股东权益为代价，满足自身利益。

4. 股利政策由大股东掌控

控股股东凭借其对企业的控制权对股利政策具有决定性的影响，由于持股比例的不同，控股股东与中小股东对股利政策的偏好并不一致。由于少派现甚至不派现能够为企业保留更多的资金，因此控股股东倾向于减少股利发放，保留资金，通过这种非伦理方式对公司资源进行控制，谋求其他更多对自己有利的利益，这一行为损害了中小股东获取股利收入的权益。而当控股股东的股权缺少流动性时，为实现经济利益，控股股东倾向于大量派现，这一非伦理行为导致企业留存收益减少，使企业后续发展缺乏足够资金，经营绩效下跌，最终仍旧损害了中小股东的权益。

（二）股东与其他利益相关者之间的伦理问题

1. 并购后控股股东的非伦理行为

对企业进行投资的目的除了经济利益和社会责任外，公司控制权也是部分投资者的目的。以获得控制权为目的进行投资的控股股东，在并购成功后，往往采取措施降低成本，实施新的战略或者进行资产分拆出售。这样的股东通常拥有公司的绝对控股权，在并购完成后出于度过短期财务难关、提高生产效率等目的，通过大量裁员或减少业务部门等方式，降低生产成本，和员工等其他利益相关者的利益造成巨大损害。

2. 企业利益最大化与环境污染冲突

环境污染问题是企业利益最大化过程中最典型的非伦理行为。许多企业声称它们并无可行的以合理成本消除空气污染、水污染和其他环境污染问题的技术，因此无法在保持竞争力的同时提供消除环境污染的服务。

由于技术水平等原因，在监测企业环境污染时往往能力有限，企业通常为节约成本按照政策规定的最低标准处理污染物。甚至有部分企业利用地区之间法律规定的差异，将污染物运送到法律限制较为宽松的地区。如近年来经常发生美国、欧洲等发达国家的公司将垃圾、工业废料、废弃电子产品等污染物以集装箱的形式运到中国等国家或地区，由于在发达国家按照法律程序处理废料的成本远远高于运输成本，因此企业为降低成本可能会做出此类严重的非伦理行为。

二、董事会中的伦理问题

董事会责无旁贷地承接了对全体股东的道德责任。从伦理角度来说，董事会理应是各利益相关者利益的集中反映之地。董事会伦理也是公司治理伦理的重要组成部分，然而现实中董事会非伦理问题的存在严重影响了公司的健康发展。董事会中产生的非伦理问题可以从董事会的形成和运行过程两方面进行阐述。

（一）董事会形成中的伦理问题

1. 暗箱操作董事会成员

从董事会的产生机制来看，董事会成员由股东会选举产生，如果因此而产生的董事仅仅代表着股东的利益，那么这无疑是"股东至上"原则的又一体现，其非伦理性则无须再赘述。而且，即便同是股东，如果董事的任免仅仅依靠选票，则必然有部分股东不得不向投票原则妥协。如若所有的董事任免均由大股东一手操纵，执行董事自不必说，甚至外部（独立）董事也无法摆脱大股东的影响，这样，大股东在公司内部的非伦理行为可能就会借助董事会的作用而披上"合规"的外衣。

虽然可以通过"累积投票制度"，实现在选举董事的过程中反映不同股东的观点，靠法律法规规定董事会中独立董事的数量或比例、规定职工董事或利益相关者加入或列席董事会，让董事会充分考虑到利益相关者，但是董事会制度规定的董事产生方式决定了"伦理隐患"的存在。

2. 委托—代理伦理风险

董事会的出现使股东—经理层的关系中增加了一个层次，形成了双层委托代理关系，股东通过选举产生董事会，把最高决策权委托给董事会，董事会又通过任命经理，把企业经营权委托给经理。而这种双层委托代理关系无疑提高了经理"机会主义"和"道德风险"出现的可能性，也使得伦理问题存在的土壤更加"肥沃"。例如，董事会的不作为会违背股东给予的信托责任；经理人则可以通过直接控制或贿赂董事会成员（人数有限）的方式，掌握董事会的主导权，形成所谓的"内部人控制"。上述这些非伦理问题，恰恰是董事会制度本身作为股东—经理层委托代理的中间环节而产生的，是制度的伦理代价。

（二）董事会运行中的伦理问题

1. 对高层管理者监管不力

每个公司的董事会差别很大，很多年来，许多公司里董事会的构成取决于董事会主席对董事会成员做出的选择，而董事会主席大多数情况下也是首席执行官，董事会的功能之一是监管公司高层管理者对公司的管理。但有时，公司的首席行政官们相互在对方公司的董事会任职，并达成默契，在这种条件下，董事会成员代表股东利益的责任可能很容易就会妥协，很多情况下存在没有解决的利益冲突，此外，首席行政官掌控了董事会成员收到的信息，因此可以向他们隐瞒信息或行动。

2. CEO 中心主义的扩大化

由董事长引发的非伦理行为主要是由于公司董事领导结构不合理，具体是指董事长与 CEO 两职合一所带来的 CEO 中心主义的扩大化。在许多公司中已经形成了以 CEO 为中心的文化，出现了总经理与公司"并驾齐驱"的现象，董事长和总经理两职合一的现象则加剧了 CEO 中心主义的扩大，进一步降低了董事会的独立性，从而使 CEO 得不到有效的监督。董事长与 CEO 两职兼任会降低董事会对公司战略决策的参与程度。

3. "花瓶董事"

独立董事有时被描述为"橡皮图章""花瓶董事""缄默董事""攫取型董事"。在安然公司董事会中虽然有独立董事，但有的独立董事通过为安然公司提供财务咨询获取高额报酬，有的独立董事接受安然提供的科学开发经费，有的独立董事会同关系密切的慈善机构一道接受安然公司的大量捐款等。安然公司与独立董事存在利益关系导致了其独立董事成了摆设，无论是对独立董事还是对整个董事会而言，这都是非伦理的。

4. 被动行权

董事会还可能会出现"被动行权"的非伦理行为，即经理层凭借管理上的信息优势甚至是"管理者势力"，事实上掌握着决策权，而董事会很难对公司产生实质性影响，其职权是被动行使的，仅仅停留在对有关提案的开会提议与表决通过等方面。

➢ **阅读材料**

诊断董事会的 22 个问题①

董事会是治理结构中的重要部分：

1. 每有一个内部董事，就有三个或更多的外部董事吗？

2. 内部董事只限于 CEO、COO、CFO 吗？

3. 董事会成员是否定期与不在董事会之列的高级管理人员会面？

4. 董事会的规模是否合理？

5. 非管理部门的审计委员会在负责企业审计事务的过程中，有权指定合作伙伴吗？

6. 审计委员会是否定期审查具有高风险的领域？

7. 薪酬顾问是否向薪酬委员会而不是公司的人力资源部门汇报？

8. 即使公司为 CEO 制定的薪酬方案不同于行业内的标准，薪酬委员会有足够的勇气根据长期的业绩为 CEO 制定薪酬方案吗？

9. 执行委员会的活动是否充分包括防止"双重"董事会出现的任务？

10. 外部董事每年都会审查高级管理人员的任免方案吗？

11. 外部董事每年都对 CEO 的能力、弱点、目标、个人方案以及业绩进行正式的评估吗？

12. 由提名委员会而非 CEO 来负责寻找新的董事会成员并邀请候选人参与选举吗？

13. 外部董事有条件更改 CEO 拟定的董事会议程吗？

① 顾剑：《管理伦理学》，同济大学出版社 2012 年版，第 189 页。

14. 企业是否提前向各董事呈报相关的常规的资料以及对关键的议题分析资料，以帮助董事做会议准备吗？

15. 除了管理部门的长篇大论外，董事会留有足够的时间进行深入讨论吗？

16. 外部董事是否定期召开没有管理层出席的会议？

17. 董事会是否从规划周期的开始就积极地参与制定长期的经营战略？

18. 无论是在时间中还是理论上，都由董事会而不是现任的 CEO 来挑选新的 CEO 吗？

19. 董事的薪酬至少是与企业的业绩挂钩吗？

20. 董事的业绩会定期得到考核吗？

三、监事会中的伦理问题

股东会了避免失控于董事会、经理层，必须建立一个机构来监督董事会、经理层的受托代理行为是否与股东的意志相符，从而使股东的利益得到保障。但监事会往往有时会为了利益而违背企业意愿，与损害企业的相关者勾结，而做出一些非伦理行为。

（一）监事会构成中的非伦理行为

1. 人员构成不合理

整体来说，我国公司的监事会普遍存在兼职监事较多、专职监事很少、监事长兼职情况的现象，且监事会人员构成不合理，缺少中小股东或其他利益相关者的代表。公众或外部监事人数仅占极小的比例，甚至可以忽略不计。但是公众股股东所持有的股权比例却远远大于这个比例，面对这种情况如果只是希望内部股东做好自我监督和自我约束那无疑是天方夜谭，因此必须建立一套相对独立的监督体系去改善这种情况。

2. 人员素质不达标

在我国监事会制度对于公司监事会的完善有重要的影响，但除此之外，监事会成员的专业素质对公司的监事会有着举足轻重的影响。在大多数情况下，即使有一个完美的监事会制度，但是缺乏有专业素质的人员去执行，那么这套制度也会错误百出。从对公司的调查可得知，会计审计等专业的监事约占 2/5，而大多数是其他专业的，部分监事对会计审计等专业知识略显欠缺，如此的监督怎能发挥作用。

（二）监事会责任中的非伦理行为

1. 无视董事会、经理层违规行为

监事会的职责之一就是公正审查，正确处理各种不同类型的经济利益关系。公正审查是指监事人员应当具备正直、诚实的品质，公平正直、不偏不倚地对待有关利益各方，不以牺牲一方利益为条件而使另一方受益。监事人员在处理审查业务过程中，要正确对待与被审查单位有利害影响的各方面关系人。董事会与经理层有时会做出一些不利于企业发展的行为，监事会在察觉到高层管理者的违规行为后，要及时妥善处理，而非袖手旁观或合谋。必要时，甚至可以对违规的董事、独立董事或经理提出法律诉讼。

2. 贪污腐败

监事会的另一个重要职责是廉洁执法。廉洁执法是指公司监事人员在审查监督中必须保持清廉洁净的情操，在独立、客观公正的基础上，恪守国家任何有关法律、法规及制度的规定，依法进行合理、合法的审查监督业务。但是在实际监管中，存在部分监事会利用自己的身份、地位和执业中所掌握的被查单位的资料和情况，为自己或所在的单位牟取私利，甚至向被查单位索贿，有的则会接受被查单位馈赠的礼品和其他好处等。

3. 监督不力

监事会对公司的监督工作往往要贯穿于经济活动的全过程中，要把公司监督寓于决策之中，寓于管理之中，寓于日常的财务业务之中，这样，既可以防患于未然，又能及时解决出现的各种问题，避免造成大的损失。具体来说，这一规定就是要求监事人员运用一定的方法、手段和公司资料对本单位的经济活动进行严格的事前、事中和事后的监督。事前监督是指在公司各项经济业务活动的准备阶段，以财经政策、制度和公司计划为准绳，对公司经济合同、经营计划等所做的合法、合理、合规、经济性审查，使之符合规定要求。事中监督是指在公司生产经营过程中以计划、定额、预算等为标准，对生产消耗、成本升降、资金使用、收益大小加以控制，及时发现并校正执行中的偏差，促使预定目标实现。事后监督则是指在一个生产经营过程完结之后运用公司资料进行检查，对经营全过程做出评价，并检查公司工作的质量，为下一个生产经营过程做全面准备。然而，监事会往往会为了减轻工作负担，对公司中的大小决策都不关心。

（三）监事会权利中的非伦理行为

1. 监事会不具有独立性

监事会没有独立的否决权，独立性差，在很多方面依赖董事会，从而造成工作实施的困难与不完善。监事的选任基本由控股股东决定，监事会成员都与公司大股东有着密不可分的关系，甚至不乏一些监事会成员是通过董事会的关系进入监事会的，在这样的情况下，监事会必然会缺乏其独立性。

2. 监事会流于形式

虽然在法律上上市公司监事会与董事会和股东会平行存在，但却是徒有其名，在真正的权力赋予方面，监事会的职权缺乏力度，权力范围过小，和董事会以及股东会掌握的权力根本无法相提并论。监事会职权缺乏力度表现在以下几个方面：首先一个公司的监督机关是监事会，但是监事会却没有一定的代表权，更别说公司重大决策的否决权；其次监事会真正掌握的权力仅仅是对有违反法律和公司章程的董事、高层管理人员提出罢免的建议权，而非直接进行人事管理的权力，使得监事会的监督权有名无实，缺乏力度；最后由于监事会没有实权，使得其信息闭塞，无法对公司的运作有深入的了解，那么也就无法全面了解公司的决策和判断是否有利于公司的发展，难以发挥监事会应有的作用。

四、经理层中的伦理问题

经理层主要是指在现代企业制度下，企业为谋求进一步发展，通过中介机构寻找或者内部自我培养的，受双方协商后的契约关系所制约，对企业拥有部分性控制权，并通过自身拥有的知识和经营管理能力，对企业现有资源进行重组和利用，能够代替企业所有者行使决策、监督、考核等管理职能的企业雇员。然而，当经理层面对巨大的经济诱惑和委托代理关系下的行为偏差时，经理层有时会漠视企业的道德文化而产生一些非伦理行为。

（一）经理层行为中的非伦理问题

1. 恶意圈钱

公司为了发展需要增资扩股，只要股东认可这一行为，并认为可行，那么这种增资扩股的行为就是合法合理的。但是，如果经理层难以向股东说明为何要进行增资扩股，就任意向股东筹资，那么这种非理性的再融资就被投资者称为恶意圈钱。经理层有时为达到自身目的（如提高自身的年薪及奖金）而不择手段，甚至可以牺牲大部分股东的利益。

2. 编造假账、蚕食资产

编造假账对付企业利益相关者在实践中颇为流行。侵吞国有资产的手段也多种多样，通过编造假账侵吞国有资产时有发生，如四川某股份有限公司董事长周某就是其中一例。周某通过四个环节侵吞国有资产：第一步，利用中介机构疯狂造假，从一个资产为负 647 万元的公司变成总资产达 27 亿元的实力公司，而中介公司从中获取 11 万元业务费；第二步，银行高管出谋划策，让周某用银行贷款的 3.8 亿元收购上市公司股权，而周某允诺给银行高管一幢别墅；第三步，国有股权转让决策草率，不加监管；第四步，国企高管与其内外勾结，放任周某侵吞国有资产，收购后四个月内，周某从公司划走资金 5 亿元，国有股权代表、公司总经理收受周某贿赂百万元以上。周某原打算兼并公司后，让兼并方尽快破产使自己脱身退出，2006 年 9 月东窗事发，周某被捕入狱。

3. 携款逃逸

携款逃逸是指企业高层管理人员利用职务之便，侵占企业共有财产，再利用国内监管缺失漏洞，举家逃往国外，以躲避国内的法律惩罚。其中，最为常见的是银行高管携款逃逸。搜索"银行高管逃逸"，就会发现相关报道。

（二）经理层薪酬中的非伦理问题

薪酬体系在组织中起着重要作用，如今，争议越来越大的一个问题就是经理层高薪酬问题。即使在某些方面，经理层的权力已经变小了，但他们的工资仍在急速上升。是这些经理层的工资太多了，还是他们对其所领导的公司的贡献的确值得那么多的工资和债券，我们不得而知，但是经理层过高（特别是高管层，下文中主要也是指高管层）的薪酬确实会引发一定的非伦理行为。

1. 高管为维护高薪水平所做出的非伦理行为

（1）内部人控制。从程序上看，股东会要对董事（包括独立董事、董事长和副董事长）、监事的报酬事项做出决议，董事会要对经理、副经理和财务负责人等高级管理人员的薪酬做出决议。上市公司中，在董事会向股东会提出董事、监事的分红方案之前，要经过薪酬委员会做出决议。薪酬委员会、董事会和股东会这三道门槛都应当发挥实质性的过滤与审查作用。但由于我国上市公司一股独大的股权结构现状尚未根本扭转，内部人控制的现象尚未得到根本遏制，独立董事的信息占有不对称现象还依然存在，导致高管层为自己炮制的过高薪酬方案往往能够顺利实现。

（2）勾结董事会成员。在现代企业制度中，CEO与董事会主席往往是同一个人，而高管人选又是由董事会决定，高管薪酬也由董事会决定，在这样的背景下，某些高管为了能够获得高薪而与董事会成员相互勾结，通过贿赂、收买等形式，与董事会成员达成协议，通过能够获得高额薪资而听命于董事会成员。

（3）注重短期收益。高管在做决策时，往往需要考虑公司长远发展的需求，为企业的利益着想，这也是高管的基本责任之一，然而，有些高管在难以获得自己期望的薪酬水平时，他们往往会做出一些非伦理行为来提升自己的薪资，常见的手段就是放弃长期利益。

（4）倒卖公司股权。高管们往往拥有数量众多的本公司股票，是公司期望以此来对高管进行控制，希望高管能够与公司共同发展，然而，有些高管却辜负公司的一片良苦用心，将公司给予的股权倒卖给其他外部人员。有的高管在获知内幕消息后高价卖出自己的股票，之后在股票下降后又再次购买回来。有的高管则是为了抗议公司过低的薪资，将手中的股权卖给企业的竞争对手，这样一来，企业很可能就会被恶意并购甚至从此消亡。

（5）裁员提升股价。当高管的薪酬过低，并对股票过度依赖时，反而会形成一种反效果。当管理层的薪酬和股票价格联系在一起时，就会诱导高管人员过度关注股票的短期价值，而不注重公司的长期利益。提高股价的最快途径之一就是裁员，而这并不总是出于对公司自身利益的考虑，也许仅仅就是为了股价的提升，同时，把高管人员的薪资与裁员联系在一起也是很不恰当的。

2. 经理层薪酬中的其他伦理问题

（1）与业绩关联性不大。在实践中可以明显地看出，高管薪酬与业绩的相关性低于公众的预期，至少就股票的表现来说，无论企业成功与否，高管都能够获得巨额的奖金。

（2）缺乏有效监督。董事会的职责应该包括确保制订公平的高管人员薪酬方案，不给高管人员支付过高的薪酬。董事会还有对高管人员的业绩进行评估、对高管人员的行为进行监督的职责，然而，往往是需要被评估、被监督的高管人员反而与董事会主席是同一个人，董事会成员往往也是由高层管理者自己任命的，此外董事会成员的工资也由CEO决定，从而造成新的利益冲突。

（3）薪酬信息披露不详。公司必须清楚地披露它们的高管人员的收入情况并对他们的收入做出合理的解释，此外，还必须用一张单独的图表报告公司的股票和股息业绩情况。这些规则使股东很容易地了解管理者的总收入情况，并根据企业的经营状况来判断这个收入是否合理，从而扩大了股东的权利。然而，在现实中，即使公司在披露了高管薪酬后，企业中的小股东甚至公众也尚不清楚为何高管薪酬水平如此之高。从实体看，高管薪酬方案必须能够准确反映和体现高管在创造公司财富方面的贡献份额，要预防和反对高管无功受禄。现在最大的问题恰恰在于，社会公众认为高管的高薪水准没有真实地反映高管自身在公司财富中的贡献。

➢ 阅读材料

奥巴马痛斥华尔街金融企业高额分红[①]

美国前总统奥巴马于 2009 年 1 月 29 日说，在美国纳税人出钱拯救金融业之时，华尔街的金融企业仍向员工发放近 200 亿美元的高额分红，这是一种非常不负责任的"可耻行为"。华尔街高管享受的高薪一直遭人诟病。

如今，由华尔街引发的金融危机把美国拖入经济衰退的泥潭，上到国会议员，下到普通纳税人，越来越多的美国人将怒火转向华尔街的高管。"美国人明白，我们已陷入黑洞中，必须把自己拔出来。民众还指望他们填平黑洞，他们却将洞越挖越深，"奥巴马说，"这是高度不负责任，是可耻。我们要求他们表现出克制、守纪和责任感。"

"可耻"论一出，引起美国民众、议员的强烈反应。布什政府通过 7000 亿美元救市计划时，美国民众以及议员就非常反对。理由是，他们不愿意看到用纳税人的钱去为贪得无厌、拿着天价高薪的华尔街金融大佬捅下的天大窟窿埋单。金融危机发生以来，美国政府每次出台救市措施，在反对者的意见里，都有对金融企业、实体企业高管高薪的不齿。值得奥巴马政府庆幸的是，这次华尔街金融企业高额分红的消息恰巧是在美国众议院表决通过 8190 亿美元的经济刺激方案后被披露公开的，否则，可能给通过此方案增加难度。据分析，奥巴马痛斥其"可耻"，有出于民众怨恨、平息民众愤怒的因素，也有为了 8190 亿美元顺利获得参

---

① 《奥巴马怒斥华尔街高额分红可耻》，新浪网，http：//finance. sina. com. cn/stock/usstock/economics/20090203/12235810028. shtml。

议院通过的政治目的而说给参议员们听的因素。

也有华尔街专家指出，奥巴马忽略许多金融从业员并非定额支薪，而是根据合约发放分红，赚取某个百分点的销售利润，如果不发红利，随时会有几家公司关门大吉。"很多红利具有合约基础，很多人都是根据百分比打工支薪。""把金融业不同岗位的从业人员，笼统化成单一的一群金融恶魔"是错误的。这些"反驳"不能说一点道理都没有。类似中国保险业销售人员的底薪＋销售保单业绩提成的一般打工销售人员，按照合约进行提成分红并没有错误。

但必须注意到，奥巴马痛批其"可耻"的两个重要因素：一是从总量上说，据《纽约时报》2009年1月29日被露，2008年美国华尔街金融企业员工获得了总额达184亿美元的高额分红，相当于2004年金融业鼎盛期的水平。一边面临倒闭危机，一边分红相当于鼎盛时期水平，无论如何都说不过去。二是时机选择问题。奥巴马说得非常明白，华尔街企业总会有赢得利润并获得分红的时日，"但不应该是现在"。同时，人们包括华尔街必须明白两点：经济好的时候不分红也许调动不起来工作积极性，但在经济很差、失业很严重的情况下，哪怕只有底薪也一样有人愿意卖命工作；正因为根据业绩提成，华尔街才开发出一些高风险高收益的工具，为自己最大限度地谋利，而一些金融风险有相当长的积聚过程，一些金融从业者就在这段时间内谋取了大量的利益，这是产生金融风暴的根源之一。

华尔街金融高管薪酬问题，不仅是个高与低、该不该享受的经济问题，而且已经成为一个民众与特殊利益集团之间、党派之间角力的政治问题。一些国会议员建议设置"索回条款"，即当高管所在公司出现问题时，政府有权将高管的薪酬和分红收回。这很值得中国借鉴。从所有权结构上，中国政府必须约束国有以及国有控股金融企业高管的过高薪酬；从市场风险约束和中小股东利益上，中国监管部门必须约束上市金融企业高管的过高薪酬。

五、信息披露中的伦理问题

信息披露是指公司提供一系列不同形式的信息的过程。总的来说，信息披露可以理解为公司定期或不定期，依照规定或自动地，向社会公众或利益相关者发布公司的财务、经营、重要决策等各方面信息。近年来，随着证券市场的不断发展，公司信息披露制度不断完善和规范。另外，国内外频频爆出公司信息披露违规的丑闻，严重打击了投资者的信心，损害了公司诚信经营的形象，也对证券市场的健康发展形成了极大的阻力。

（一）披露陈述中的伦理问题

企业在信息披露时，应该遵循真实性、准确性、完整性、及时性的原则。但是企业往往会利用一系列手段对自己的会计信息、人力资源信息等许多重要信息采取隐瞒、欺骗等手段，以减少必要的信息披露。在信息披露陈述中，最常见的不道德行为是企业进行虚假陈述。

虚假陈述是指行为人对证券发行、交易及其相关活动的事实、性质、前景、法律等事项做出不实、严重误导或有重大遗漏的陈述或者诱导，致使投资者在不了解事实真相的情况下做出证券投资决定。下面我们就虚假陈述常见的表现形式进行详解。

1. 按行为主体分类

按照行为主体，可将虚假陈述分为证券发行人虚假陈述、证券公司虚假陈述、中介机构虚假陈述及其他机构的虚陈述四种常见类型。

（1）证券发行人虚假陈述，是各种虚假陈述中最重要的类型。因为证券信息主要是关于证券发行人的信息，证券发行人对这种信息最为了解，无论其做出虚假记载、误导性陈述或遗漏，都最容易被他人相信和依赖，发行人虚假陈述的危害性最大。

（2）证券公司虚假陈述，是证券公司在证券发行、上市过程中做出的虚假陈述，通常与证券交易无关。一些证券公司在证券交易过程中向其客户做出的虚假意思表示，可能构成欺诈客户行为。

（3）中介机构的虚假陈述，主要是会计师事务所、律师事务所、资产评估机构等中介机构在履行职责过程中，通过其专业报告做出虚假陈述。由于中介机构依法出具各种专业报告，所以此种虚假陈述的范围有限，但影响程度比较大。

（4）其他机构的虚假陈述，主要指《证券法》第五十六条规定的禁止证券交易所、证券公司、证券登记结算机构、证券服务机构及其从业人员，证券业协会、证券监督管理机构及其工作人员，在证券交易活动中做出虚假陈述或者信息误导。

区分上述四种虚假陈述具有重要意义。首先，不同行为主体在信息披露上承担的义务范围不同。证券发行人、承销的证券公司、中介机构的信息披露范围依次更为狭窄。其他机构甚至不承担信息披露义务。不同行为主体虚假陈述的责任程度有所不同。其次，不同行为主体承担法律责任的主观态度不同。相对而言，证券发行人应承担严格责任，证券公司及其他专业机构则承担过错责任。

2. 按行为阶段分类

按照虚假陈述发生的阶段，可将其分为证券发行虚假陈述和交易虚假陈述。证券发行虚假陈述，是信息披露义务人在证券发行过程中做出的虚假陈述，主要表现形式为在招股说明书或其他募集文件中做出有违真实、准确和完整性的陈述。证券交易中的虚假陈述，则为信息披露义务人在证券交易中做出的虚假陈述，典型情况是在年度报告、中期报告和临时报告等信息披露文件中做出的虚假陈述。

上述分类同样具有重要意义。一方面，发行虚假陈述的行为主体广泛涉及证券发行人、证券公司、中介机构及其工作人员，而且各行为主体须依法承担连带责任；证券交易虚假陈述的行为主体为证券发行人及其董事、监事和经理等，在广义上，还可包括参与证券交易的其他机构，如证券交易所、证券登记结算机构、证券投资咨询机构等。另一方面，两种虚假陈述违反的法定义务不同，发行虚假陈述违反了公开发行证券的信息披露义务，交易虚假陈述则违反了持续性信息披露义务。因此，处理两种虚假陈述所适用的法律有别。

3. 按行为性质分类

按照虚假陈述的行为性质，可分为虚假记载、误导性陈述和陈述遗漏。虚假记载是在信息披露文件中做出违背事实真相的记载和陈述。如前所述，虚假记载是行为人做出某种积极行为的方式，如将不存在的情形记载为客观存在。误导性陈述则是使人发生错误判断的陈述，通常也属于作为形式，如将某种特定性质的行为表述为他种性质的行为。虽在许多场合下虚假记载与误导性陈述难以清晰划分，但虚假记载更侧重事实上的虚假，误导性陈述偏重使人发生误会的情况，而不论是否属于事实上的虚假。陈述遗漏是信息披露文件中未将应记载事项做出记载和反映，属于不作为的虚假陈述。

在发生虚假记载和误导性陈述场合下，无论性质及后果如何，行为人均应承担民事法律责任；至于是否承担行政及刑事责任，则要考虑行为人的主观态度。但陈述遗漏场合下，须以重大遗漏作为承担民事责任的条件，对陈述遗漏是否构成重大遗漏，需结合实际情况确定。

（二）披露时限中的伦理问题

由于证券市场信息不对称，投资者等市场主体并不能及时了解清楚公司经营状况的变化，所以公司应毫不拖延地披露重要信息，以供市场主体做决策参考。然而，公司信息披露不及时的行为在信息披露伦理中占将近一半的比例，而且几乎每年都会爆发相关案例。信息披露不及时一般表现为不在法定期间内披露定期报告和不及时公布临时报告。一方面，一些公司在规定的披露期限结束后还未披露定期报告；另一方面，一些公司在发生重大事件后，迟迟不予以披露。这种信息披露的滞后性损害了投资者的合法利益，扰乱了证券市场正常的运转秩序，违背了信息披露的宗旨。信息披露时限中常见的非伦理行为主要表现为以下几点。

1. 未按时披露定期报告

定期报告反映了公司完整的经营情况和财务状况，是公司信息披露体系中的核心内容，也是投资者了解公司情况的主要渠道。因此，在规定期限内及时披露定期报告，是公司信息披露制度的根本要求。

2. 未按期披露年报

公司不按期披露定期报告非伦理行为主要表现在未按期披露年报上。此类违规行为易于被发现，调查也比较简单，一般超期未发布年报的，证监会就能了解到公司涉嫌违规，且多数违规只处罚公司本身。发生此类违规行为多因公司与所聘任的会计师事务所出现意见分歧，公司既不同意会计师事务所提出的审计意见，又没有采取有效的措施保证年报及时公告。此行为违背了证券市场信息披露规则，损害了投资者的合法权益。

3. 未及时公布临时报告

未及时公布临时报告也可以认为是未及时披露公司重大事项，这是不及时披露中最主要的表现形式，包括不及时披露重大诉讼和仲裁，关联关系和关联交易，重大担保，关联方资金占用，重大资产抵押、质押，对外重大投资，重要合同等违规行为。

六、内幕交易中的伦理问题

内幕交易（insider trading）是指内幕信息知情人或非法获取内幕信息的人，在内幕信息公开前买卖相关证券，或者泄露该信息，或者建议他人买卖相关证券的行为。内幕信息是公司内部的人可以拥有但公司外部的人却得不到的信息，它不仅包括商业机密，还包括公司的战略和计划。和内幕信息相关的伦理问题是个人可能会在作为公司成员时利用这些信息，这个问题会引发两个方面的难题。一个难题是公司内部人员会以公司的利益为代价，利用内幕信息牟私利，这被称为利益冲突。另一个难题是公司内部人员会利用内部信息来获得公司外部人员所不具有的个人优势。

（一）关于内幕交易的伦理争论

尽管大多数人认为内幕交易是不道德的，但在这个问题上也的确存在着不同意见。不同的意见大致可归纳为以下几点，它们主要是出于经济效率的理由而为内幕交易辩护的。

首先，从经济效率的角度看，制止内幕交易活动是一种得不偿失的做法。因为，内幕交易是一种非常广泛的活动，证券交易委员会的调查和新闻媒介的报道仅仅抓到了一些皮毛，要制止这种活动需要太多的钱财和精力，成本太高。

其次，从经济效率的角度看，内幕交易并没有扰乱股票市场，也未打击公众投资股票市场的热情，证券委员会的担心是没有根据的。因为，内幕交易有助于使股票的价格接近于一旦内幕信息公开后的股票价格，这就是说，如果兼并的消息一旦公布，那么被兼并公司的股票价格必然会上涨至某一点，现在持有内幕信息的人先去买入它的股票，就有助于使其价格接近这一点，并且间接地给出了公众直接得不到的内幕信息。

最后，有人认为内幕交易本身并非不道德，因此不应当是非法的。假设股票市场上有三个人，A 出于自己的考虑打算出售某只股票，B 也出于自己的考虑打算以 20 元的价位买入 1000 股这只股票，而 C 则由于获知了这只股票所代表的上市公司将被并购的内幕信息而以同样的价位买入了 50 万股这只股票。根据内幕交易是不道德的观点，可以说 C 的做法是不道德的，但 B 的做法却没有什么不道德，然而这种说法与他们两人在相同的时间以同样的价位甚至是从同一个交易者那里购买了同一只股票这一事实是不协调的。此外，C 这样购买股票也并没有损害任何人的利益，首先 C 并没有强迫 A 出售自己的股票，其次 C 要买入如此大量的一只股票的提请很可能会使这只股票的价格上涨，从而有利于 A，使 A 的收益提高，同时，这虽然会使 B 付出了更多的钱来购买股票，但由于 C 的提请会使股票价格进一步上涨，所以对 B 也没有实质上的损害。

这些理由表面上看起来似乎有些道理，但实质上是站不住脚的。

首先，证券市场的效率和投资者的投资热情是相比较而言的，而且的确要在很大程度上依赖于公平，除非市场的交易者相信市场是公平的，所有的参与者能够平等地进行交易，否则他们就不会对市场抱有信任，这肯定会影响投资者的投资热情。假如你知道一种游戏暗中受到操纵而肯定不利于你，你还会继续参与吗？假如一种游戏被设计得有利于某些参与者，那么即便你暂且只能继续参与其间，你也会希望参与一个公平的游戏而不愿只有这一种选择。如果可以说内部人利用其内幕信息进行的交易并未使股票市场降低效率，那么还可以更加肯定地说，内幕信息的公开化将会使股票市场更有效率。

其次，市场经济的前提就是交易双方地位平等的公平交易，内幕交易显然不是地位平等的公平交易，其不平等在于人为的信息不对称。如果说信息不对称在市场经济中不可能完全消除，那并不是人为制造信息不对称的理由。根据制度经济学的分析，道德风险以及由此产生的经济低效率的根本原因就是信息不对称，因此，只有尽可能地消除信息不对称，才有利于市场经济的健康发展，有利于经济效率的提高。

再次，就上述例子而言，尽管 C 认为其内幕交易没有损害任何人的利益，但在 A 与 B 看来，他们的利益受到了损害。因为，如果 A 与 B 也得知了内幕信息，那么或者 A 的卖价本可以更高些，或者 B 的买价本可以更低些。

最后，从经济公平的角度看，内幕交易的根本错误在于上述指出的盗用以及由此而来的损人性质，因此，即便内幕交易的后果没有影响股票市场的效率，那也不能用来为其根本的错误辩护。一个行为只要对某些方面是不公平的，那么即便它的结果有利于行为者及其客户，也不能被认为是正确的。

（二）买卖股票中的伦理问题

在内幕交易中，最关键的是其所掌握的内幕信息，内幕交易就是内幕交易人员利用其所知悉的内幕信息进行的不平等证券交易。内幕交易所涉及的内幕人员包括公司职员、董事和掌握公司发展重大机密进行公司证券交易的员工；朋友、商业伙伴、家庭成员，以及经过他人获得内幕信息的律师、银行、经纪人和编排印刷人员等；由于为政府工作而获知内幕消息的政府人员；以及其他从雇主处获取并滥用内幕信息的人员。在股票市场中，内幕交易的常见行为主要是以下两种。

1. 低价买进高价卖出

低价买进高价卖出在股票市场中可谓是每天都会发生的事情，但是内幕交易人员却是在知悉标的证券的市场价格将会出现一定幅度的上涨后，立刻大量买进该标的证券，等相关重大信息公开后，标的证券市场价格上涨时，抛出该股票获得大量收益。这种行为在表面上看似属于股票中的有涨有跌，但是却很容易被查出是内幕交易人员利用其所知晓的信息而做出的行为。

2. 在跌价前卖出避损

当内幕交易员在知悉标的证券的市场价格将出现一定幅度的下跌时，会立马卖出该标的证券，从而避免了相关重大信息公开后该标的证券的市场价格下跌所造成的损失。因此，除了少部分之外，没有人会了解公司有关的坏消息，一旦公司内部人员获知公司股票将下跌便会提前抛售。

交易的行为主体以在标的证券的市场价格上升过程中获利及在标的证券的市场价格下跌的过程中避免亏损为目的，从事证券交易，这种情形属于内幕交易行为。相反，如果内幕人员在知悉标的证券的市场价格在相关重大信息公布后可能产生一定幅度的上扬的情况下，卖出标的证券或者在知悉标的证券的市场价格在相关重大信息公布后可能出现一定幅度的下跌的情况下，买进标的证券又或者在其所知悉的内幕信息公开后进行的证券交易行为，此种情形不属于内幕交易行为，应理性区分两者的不同。

（三）买卖内幕信息中的伦理问题

除了上述所说的内部高层人士自己利用内幕信息之外，内幕信息往往也成为他们的获利工具，通过买卖内幕信息获得高额收益。这种行为不仅损害了证券市场的公平性和健全性，并且降低了投资者的信心，无论从法律上还是道德上都是难以让人接受的。

1. 建议他人买卖证券

公司内部人员在持有内幕信息时，会根据这些信息向家人、朋友或他人提供购买或出售公司股票的暗示时，就属于一种内幕交易。秘密信息包括尚未向公众公布的只有特权人士才能了解的信息，如果这些信息可能对公司短期或是长期业绩造成财务影响，或对谨慎的投资者做出投资决策有重要影响，那么这些信息将会更加重要。公平性是投资者参与证券交易最基本的要求，对于这一要求，并不是说使投资者能够平等地获得收益，而是要保障投资者有公平竞争的市场环境。内幕交易人员利用其所掌握的不对称的信息；依托市场走势的判定，与其他并未知悉该消息的投资者交易，在交易的过程中，内幕交易人员无须承担任何风险，而其他投资者却成为其获利的标靶。承受由此引发的市场波动的冲击，极大地损害了投资者的投资信心。

2. 卖给他人内幕信息

除了建议他人购买之外，当内部人员将内幕信息非法卖给竞争对手或急需信息的人，那么这种内幕交易不仅有违伦理，更是一种违法行为。这种行为不仅损害了公司的利益，同时对于投资者等其他利益相关者来说也是非常不公平的。

与内幕知情人员相比，其他投资者将付出更大的信息获取成本，内幕交易知情人员利用其所知悉的内幕信息购入标的证券后，往往会有组织、有计划地通过亲朋好友、证券中介机构（以证券公司为主）或传媒资讯等渠道向公众透露部分内幕信息或虚假信息，并以此诱使并不完全知悉真相的投资者盲目跟从参与证券交易，从而为内幕交易人员谋取利益创造了有利的交易环境。内幕交易人员还会根据市场情况，利用其资金、职权、信息等优势影响证券市场，人为地干扰证券市场行情，压低或者抬高标的证券的市场价格，构成了典型的市场操纵行为。内幕交易行为与虚假陈述行为、市场操纵等行为相互交织在一起，使证券市场财富再分配的功能难以有效地发挥，是一种典型的违法违规行为。

第四节　公司治理中的伦理举措

一、加强外部环境伦理道德意识

（一）加强法律意识

做到最基本的遵纪守法。遵守所有的法律、法规，包括《公司法》《消费者权益保护法》《劳动法》以及社会保障的法律、法规等，完成所有的合同义务，合理实施公司治理，以法律为根本，以规章制度为基本。

（二）重视公众利益

把社会公众福祉与根本利益摆在首位，为社会公众服务，明确自己的社会责任。企业不但要言行统一，而且还应要求员工以及整个企业的行为，都不损害消费者、社会公众的切身利益，无论在什么时候什么情况下，绝不做对社会公众有害的事情。

（三）完善经理人市场

通过市场的竞争机制、价值机制和激励机制，能分清职业经理人群中谁优谁劣，使出类拔萃的德正业精的职业经理人脱颖而出，受到企业的青睐和争相聘请；而那些经营失误、毫无业绩、惧怕风险、品德不良的经理人自然会受到企业的冷落，以致被淘汰出市场。

（四）塑造公司信誉

做到能够积极配合证监会的工作，按时、完整、充分、真实地披露公司相关信息，拒绝出现任何损害公司形象的非伦理行为，严格制止公司出现内幕交易等违背市场的情况发生，促进企业公司治理的不断完善，以此提升企业软实力，铸造竞争力。

二、改善内部环境治理制度规范

（一）健全公司体制

企业应建立与公司治理相关的伦理守则，该守则是企业所接受、信奉的道德规范，并愿意踏踏实实地按此去做的。在建立该伦理守则时，企业必须考虑其特定的历史、文化、技术、产品等条件，必须与企业的使命、宗旨、战略相一致，因为企业的道德规范反映企业期望达到的道德水准。健全公司有关伦理的规定，是公司全体员工对伦理概念的重新认识，是高层对伦理领导的进一步执行到位。

（二）构建伦理型领导

伦理型领导带领企业从战略高度出发，把社会责任贯穿于企业整个经营过程中。只有当公司不把利润看得高于一切的时候，才有可能采取具有远见卓识的行动。伦理型领导应该拥有这样的经营管理理念：重视伦理建设是企业获得社会公众好感的基本条件，也是受社会尊敬的重要前提，注重公司治理伦理或许使企业的短期效益受损，但换来的却是比所损害的短期利益多得多的长期利益。

（三）建立公开透明的企业信息系统

信息系统的建立可以加强对经理层行为的识别。管理信息系统的建立使企业经理层的经营决策等各种活动被客观地记录下来，其经营的成效也能快速地反映到信息系统中，于是经理层的行为变得更易识别，大大减少了代理人的道德风险。信息系统的建立还可以降低监督成本，信息系统的规范要求使企业内外部的监督相对容易。

（四）建立损失补偿和成本承担机制

目前，很多企业对职业经理人实行了年薪制、股票期权制以及岗位工资制等多种激励措施，但是缺少相应的约束措施，使得经理层的责、权、利三者不统一。企业应该尽快地建立补偿基金，并不是将所有的年薪全部发给经理层，而是将年薪中的一部分提出来作为补偿基金，当经理层完成合同后，再将这部分补偿基金发给经理层。如果经理层未完成合同规定的目标，一一相应地扣发部分补偿基金，作为对损失的补偿。通过这种方法可以使经理层的收入与其经营的业绩表现联系起来。只有使经理层对自己造成的损失承担责任，才可以激发他们趋利避害、尽心尽力地完成合同规定的目标任务。

三、防范道德风险与逆向选择

（一）防范道德风险的方法

1. 树立以人为本的管理理念，创造良好的工作环境

加强商业诚信文化建设，营造融洽的企业人际关系，提高员工的认同感和归属感，提高员工的工作满意度，从而减少员工的道德风险。

2. 建立监督机制

建立各种机制，加大对员工的考核，加强对员工的监督和管理，通过各种制度的规范减少道德风险。例如，为防范财务资金流失，采取会计与出纳分开、互相牵制和监督，规避财务人员违背职业道德挪用或转移资金的风险。又如采购部，可以利用招投标的方法或利用询价与采购分开的方法管理采购部的道德风险。

3. 建立激励机制

激励可以诱使员工采取经理所希望的行动，因而它能够在很大程度上有效地解决员工道德风险问题。其主要原理是通过改变经理人激励模型改变员工的行为，这主要是通过"纳什均衡"的原理，加大其道德风险的成本。这样就可以让

员工在选择时选择回避"道德问题"。

4. 建立道德风险基金

这一项主要是针对中高层管理人员而言，企业和管理人员签订道德风险合同，如果发现有违反道德风险的现象，取消管理人员的期权或其他福利。这样大大增加了管理人员违反道德的成本，从而选择回避"道德风险"。

（二）"逆向选择"问题的解决方法

1. 根据商品的定价来推测商品的质量

因为"柠檬"原理告诉我们，在非对称信息环境中，商品质量依赖价格，也就是说，高价格意味着高质量。或者更进一步讲，我们可以将价格作为传递和判断质量高低的信号，这也是市场参加者以价格判断商品质量的信息经济学解释。

2. 制造与传播信号

制造与传播信号是最为重要和最为常用的手段，主要通过品牌、广告或者向客户提供质量保证书、保修、退回等办法，来使消费者把它的产品与"柠檬"区别开，以相信它的产品是高质量的。

3. 中介为买卖双方提供信息

中介利用他的专业知识为买方提供信息，通过他"撮合"买卖双方，如券商、经纪人等，当然中介所获的收益取决于他提供信息的质量。

4. 政府、消费者协会建立标准

政府、消费者协会等建立质量合格的标准，通过这个标准来保证产品的质量。

5. 信息搜寻的运用

这种方法就是消费者通过自身进行信息搜寻来改变其所处的逆向选择地位，如走访、调查、函询等。

本章小结

公司治理是指通过一套包括正式的、内部或外部的制度或机构来协调公司与利益相关者之间的利益关系，以确保公司决策的科学化，从而最终维护公司各方面的利益的一种制度安排。

董事会制度是为了降低股权分散情况下进行决策的组织成本或者减少机会主义而出现的。董事会中常见的非伦理行为：对高层管理者监管不力、"暗箱操作"董事会成员、委托—代理伦理风险、CEO 中心主义的扩大化、花瓶董事、被动行权等。

监事会是股份有限公司的常设监督机构，负责监督董事会、经理层执行业务的情况，一般不参与公司的业务管理，对外一般无权代表公司。监事会中常见的非伦理行为：无视董事会、经理层违规行为，贪污腐败、监督不力、人员构成不合理、人员素质不达标、监事会不具有独立性、监事会流于形式等。

经理层主要是指在现代企业制度下，企业为谋求进一步发展，通过中介机构寻找或者内部自我培养的，受双方协商后的契约关系制约，对企业拥有部分性控制权，并通过自身拥有的知识和经营管理能力，对企业现有资源进行重组和利用，能够代替企业所有者行使决策、监督、考核等管理职能的企业雇员。董事会中常见的非伦理行为包括恶意圈钱、编造假账、蚕食资产、携款逃逸等。

信息披露可以理解为公司定期或不定期，依照规定或自动地，向社会公众或利益相关者发布公司的财务、经营、重要决策等各方面信息。常根据信息披露的真实性、充分性和及时性三个方面来判断是否存在非伦理行为。

内幕交易是指内幕信息知情人或非法获取内幕信息的人，在内幕信息公开前买卖相关证券，或者泄露该信息，或者建议他人买卖相关证券的行为。

本章关键术语

公司治理　董事会　股东会　监事会　高管层　信息披露　内幕交易　高管薪酬　道德风险　逆向选择

复习思考题

1. 简述公司治理中可能存在的非伦理行为及可能的危害。
2. 股东会中存在的非伦理行为主要分为哪几大类？各自主要的行为有哪些？
3. 董事会中存在的非伦理行为主要分为哪几大类？各自主要的行为有哪些？
4. 监事会中的非伦理行为有哪些？
5. 经理层中的非伦理行为有哪些？
6. 简述信息披露中的非伦理行为。
7. 公司治理中的伦理举措有哪些？

➤ 情景分析

大众尾气检测作弊是工程师个人行为吗?①

2013 年 5 月，美国西弗吉尼亚大学一位工程师丹尼尔·卡德和他的 5 人研究团队，发布了一份质疑德国大众柴油车尾气排放数据作弊的报告。丹尼尔的研究团队发现，大众柴油车的尾气排放量与官方检测数据相差甚远，实际排放量可能比官方数据高出 10~35 倍。

丹尼尔的报告引起了美国政府和公众的关注。美国环保署和加州空气资源委员会证实了丹尼尔的研究结果。根据美国环保机构的调查，大众汽车集团自 2008 年开始在美国销售的约 48.2 万台柴油车内安装了非法作弊软件。该软件能够识别汽车尾气检测，通过启动汽车的全部排放控制系统以降低尾气排放量。但该控制系统在日常驾驶过程中则不会启动，这将导致氮氧化物排放量最高可至法定标准的 40 倍，此举明显违反了美国《清洁空气法》。

2015 年 9 月，大众公司承认存在作弊行为。2015 年 10 月，美国众议院能源和商业委员会举行了听证会，大众 CEO 迈克尔·霍恩承认大众汽车存在尾气检测造假并宣布大众汽车将对此负责。前 CEO 文德恩辞职负责，奥迪研发主管哈肯贝格、保时捷发动机主管哈茨也被解雇。哈肯贝格此前负责大众汽车的品牌开发，而哈茨负责大众发动机的开发工作。

大众公司监事会执行委员会认为已经辞职的前 CEO 对作弊行为并不知情。在回答众议院质疑时，霍恩表示"这不是公司的决定，董事会及监事会没有对此行为负责，造假是个人行为"。但这一回答遭到众议员的抗议，众议员克里斯·柯林斯批评大众公司"最高层串通起来掩盖真相，而且直到现在还在掩盖真相"。

美国环保局指出，大众公司的行为旨在规避美国汽车尾气排放标准，属于违法行为并有害公共健康。根据美国的法律规定，该行为有可能导致最高 180 亿美元的罚款。彭博社报道指出，大众汽车德国高管直接控制了在美国进行的排放测试。根据该报道，位于美国加州 West lake Village 的实验室检测人员根据从德国公司传来的测评标准对相关车型进行评估，所有结果在上报美国环保署之前都要先行发给德国总部。如果任何车型未能达到排放标准，德国总部或者奥迪在巴伐利亚州英格施塔特基地的一组工程师会被派往加州。通常用一周左右的时间，该

---

① 于惊涛、肖贵蓉：《商业伦理：理论与案例》，清华大学出版社 2016 年版，第 196 页。

车型就会通过检验。

事件爆发后，不仅大众公司股价下跌，德国公司的品牌价值也下跌了 4%。同时，美国司法部开始着手调查该事件是否存在刑事犯罪。

思考与讨论：

在大众尾气检测作弊事件中，公司管理层和雇员都负有哪些责任？

➤ 案例分析

承德露露涉嫌误导性陈述，多家券商研究员"中招"受损①

在杏仁露市场已经取得很高市场份额的情况下，为了巩固在植物蛋白领域的优势地位，承德露露在 2009 年中秋前后推出了另一项新品——核桃露。在业内看来，核桃露的市场规模高于杏仁露市场，承德露露是后来者，但凭借公司的品牌优势，其核桃露产品值得期待。在 2013 年中报数据显示核桃露实现收入 2.29 亿元，同比增长近 4 倍。核桃露半年时间大幅放量，成为承德露露全年的重要看点。不少券商根据这一"靓丽"数据对承德露露进行估值分析，更有数位券商研究员预测该公司核桃露的全年收入将超 4 亿元。但 2013 年年报中核桃露 1.47 亿元的收入，直接让研究员此前的美好预测落空。面对中报中"失真"的财务数据，承德露露选择了沉默，直到 2013 年年报披露后，面对前后核桃露数据的不一致，公司董秘解释为中期的核桃露数据有误，是一个很简单的会计失误，且数据不一致是由于产品口径分法不一致。然而，董秘所说的简单会计失误，不仅让中报核桃露同比 4 倍的收入增长瞬间化为泡影，更是让包括券商在内的众多投资者，对公司主要产品的经营数据产生了误判。

更重要的是，对于 2013 年中报这一分类的变化，公司方面并未在中报中予以说明，且在券商研报乐观预测核桃露营业收入数据时，公司也并未予以澄清。此外，对于中报数据的"失误"，公司在 2014 年 3 月 12 日公布的年报中也未加以说明，直到 3 月 14 日接受采访时，董秘才予以解答，而此时距离 2013 年中报公布已近 7 个月。

对于承德露露中报数据与年报数据不一致，以及公司对分类口径等问题的解

① 《承德露露涉嫌误导性陈述 多家券商研究员"中招"》，每经网，http://www.nbd.com.cn/articles/2014-03-18/817695.html。

释并不能服众。首先，产品营业收入在会计科目中的分类应保持统一和稳定，不能随意发生变化，发生变化也要有依据，承德露露显然未能做到这一点，承德露露的会计处理也涉嫌违规。其次，产品收入的归类发生变化，承德露露也应在年报中做出明确提示，而年报中并未看到相关信息，承德露露未能做到准确、完整地披露信息。最后，从中报数据来看，承德露露核桃露产品同比增长 4 倍以上，这是有可能对股价产生影响的重大信息，但承德露露并未在中报中对数据的构成向投资者做出任何提示，对投资者必然产生的误读持放任态度，误导投资者将相应收入视为纯核桃露产品的收入，误导投资者对公司的产品结构和发展前景进行错误解读，承德露露在中报中已涉嫌构成误导性陈述。

2014 年 3 月 18 日晚间，承德露露更新了 2013 年中报，核桃露营业收入由原中报中的 2.29 亿元改为 0.89 亿元，终于为其令人"看不懂"的 2013 年年报画上了句号。承德露露公告称，在 2013 年年报发布后，经公司核对发现，由于工作失误，在《公司 2013 年中期报告》中分产品的"核桃露"包含了果仁核桃、花生露产品的营业收入 1.40 亿元。而在 2012 年、2013 年年报中，分产品"核桃露"仅为核桃露系列产品。直到 2013 年年报发布，公司一直未能发现上述定期报告中对产品归类统计口径的不同，因此未予及时更正。

思考与讨论：

1. 承德露露在公司治理中存在怎样的伦理问题？
2. 如何解决承德露露在公司治理中存在的伦理问题？

参考文献

[1] 刘爱军、钟尉：《商业伦理学》，机械工业出版社 2016 年版。

[2] 宋志勇：《企业伦理学》，清华大学出版社 2017 年版。

[3] 于惊涛、肖贵蓉：《商业伦理：理论与案例》，清华大学出版社 2016 年版。

[4] 顾剑：《管理伦理学》，同济大学出版社 2012 年版。

[5] 张世云、温平川：《公司治理伦理：概念模型及作用机制》，四川大学出版社 2009 年版。

[6] 叶陈刚：《公司伦理与企业文化》，复旦大学出版社 2007 年版。

[7] 薛有志：《公司治理伦理研究》，南开大学出版社 2011 年版。

[8] 胡丹娜：《上市公司信息披露违规行为研究》，西华大学，2012 年。

［9］徐大建：《企业伦理学》，北京大学出版社 2009 年版。

［10］祁晓颖：《我国股票市场内幕交易的现状、成因及其监管研究》，辽宁大学，2013 年。

［11］薛有志：《董事会伦理研究：一种理论初探》，南开大学商学院，2008 年。

CHAPTER 9

第九章　财务管理与伦理

➢ 学习目标

1. 掌握会计活动中的伦理问题。
2. 了解审计活动中的伦理问题。
3. 掌握财务咨询中的伦理问题。
4. 了解我国企业融资中的伦理问题。
5. 熟悉我国纳税中的伦理问题。
6. 掌握财务活动非伦理行为的治理对策。

➢ 引导案例

尔康制药财务造假①

湖南尔康制药股份有限公司（以下简称"尔康制药"）成立于2003年10月，是国内优秀的药用辅料生产企业，也是国内少数几家拥有青霉素类抗生素——磺苄西林钠原料药和成品药注册批件的企业之一。公司现有129个辅料品种，44个原料药品种和151个成品药批文，是一家综合性的制药公司。2017年5月9日，一篇题为《强烈质疑尔康制药涉嫌严重财务舞弊：中国海关喊你来对账！》的文章直指A股上市公司尔康制药涉嫌严重财务造假，对18万吨木薯淀粉生产项目实现的6.15亿元净利润提出怀疑，并质疑尔康制药有虚构资产嫌疑。消息一出，尔康制药股价闪崩，跌停收盘。2018年4月18日证监会公布《行政处罚事先告知书》，尔康制药财务2015~2016年间涉嫌虚增营业收入2.7313亿

---

① 钟佳裕：《尔康制药财务造假及其治理》，载于《经营者》2018年第6期，第39页。

元，虚增利润 2.4811 亿元。

从功利主义视角看，功利主义注重决策行为的最终结果，并对这种行为后果所产生的功效或利益进行量化，并加以道德判断。尔康制药财务造假行为直接及间接影响的人群包括投资者、债权人、会计师事务所、证监机构、政府社会公众。综合分析其行为给这些利益相关者带来的损益包括：（1）债权人：通过减持套现获得了 9 亿元，被给予警告以及 30 万元的处罚；（2）企业：在造假事件披露后，公司股价持续下跌，无法正常开展业务，公司形象遭到了极大的破坏，危及生存；（3）投资者：公司流通股股东人数曾达 15993 人，个人亏损从百万到千万的不少；（4）政府、社会、公众：破坏了以诚实信用为基准的市场经济秩序，损害了国家和广大人民群众的利益。

从道义主义视角看，道义论主张行为的道德性与其结果无关，而是取决于行为是否符合道德法则。第一，天健会计师事务所有义务按照企业会计准则的规定编制财务报表，并对尔康制药企业的财务报表真实性、完整性和合法性负责。但是显然财务造假说明天健会计师事务所并未达到审计目的，并没有履行其应有的义务。第二，根据权利理论，公司有义务披露准确可靠的信息给投资者，投资者有权利知晓公司的经营状况、偿债能力、收入状况等。显然，尔康制药的管理人员和会计人员考虑到企业经营缺乏资金支持，选择在公司财务上造假以筹集更多的资金，导致投资者利益受损。

从美德主义视角看，美德主要研究作为人应该具备的品德。尔康制药的管理人员为了能够筹集资金联合会计人员，伪造、编造虚假的信息，隐瞒企业真实的经营状况，误导广大投资者，这无疑是一种欺骗行为。所以从美德主义视角看，企业的管理者不是一个有道德的人。

导致此次事件的问题原因有三个。第一，会计法规系统不健全，会计造假行为严重。尔康制药通过虚报财务信息，虚增 2.4 亿元利润，误导投资者，并且套现 9 亿元。受到的处罚是：尔康制药责令改正，给予警告，并处以 60 万元罚款；董事长帅放文、董事刘爱军给予警告，并分别处以 30 万元罚款。显然利益与损失不成正比，犯罪成本太低驱使企业经营者铤而走险。第二，审计机构执业规范，体系不完善。天健会计师事务所各监督检查单位工作协调性不强，没有形成完善的监督体系。审计机构往往无视自己的专业胜任能力，承接不能胜任的业务，导致审计结果与真实结果不符。并且政府对审计机构的法律约束力不强，更使得审计机构执业不规范，未能履行职责达到审计目的，严重影响了审计信息使用者的决定。第三，企业缺乏商业伦理意识。企业经营者缺乏商业伦理意识，只顾眼前利益，只追求短期利润最大化，既损害了公众的利益，也危及企业长期的发展。

第一节　财务管理内容

财务活动是企业经营过程中发生的涉及资金的活动，包括资金的筹集、资金的运用和资金的分配等一系列活动，财务活动有狭义、常义和广义之分。狭义财务活动仅指企业在资本市场中的负债筹资活动。常义的财务活动不仅包括狭义财务活动，也包括企业在资本市场中的股权筹资活动和对外投资活动。股权筹资包括发行普通股和留存收益，对外投资主要是指证券投资，有短期投资和长期投资之分，也有股票投资和债券投资之分。广义财务活动不仅包括常义财务活动，也包括经营活动。常见的财务活动包括会计活动、审计活动、财务咨询活动、融资活动和纳税活动等。

会计是以货币为主要量度，使用特定的原理和方法对经济单位的经济业务进行全面的、连续的、系统的记录、计算、分析和检查，并定期以财务报表的形式反映财务状况和经营成果。核算和监督是会计两项基本职能，随着管理技术手段的进步和充分利用会计信息的需要，衍生出会计预测、会计决策、会计分析和会计考评等管理职能。

审计是由具有专业胜任能力的独立机构或人员接受委托或授权，按照审计准则的要求，实施必要的审计程序收集审计证据，运用审计标准来判断被审计单位的经济活动的适当性、合法性、公允性和效益性的经济监督、经济评价、经济鉴证活动。其特征集中体现在独立性、权威性和公正性三个方面。审计的独立性主要是指审计主体的独立性，审计主体包括审计人、被审计人和审计委托人三方。

财务咨询是指具有财务会计专业知识的自然人或法人，接受委托向委托人提供业务解答、筹划及指导等服务的行为。财务咨询的含义十分宽泛，无论是接受委托提供专业服务的财务咨询，还是从属于全面管理提供咨询服务的附属性财务咨询。广义上的财务咨询可以定义为：咨询公司、证券公司、投资银行等专业机构及其专业人员，为客户、投资者等服务对象提供的有关资产管理、证券投资等财务方面的管理咨询服务，即一切有关财务的咨询服务活动。

➤ **阅读材料**

三种类型的财务咨询①

1. 行业投资评价型

该类财务咨询类似于会计师事务所等提供的社会鉴证业务，咨询服务的目的是提供客观的、不带有利益色彩的建设性观点。专业咨询人员以调查、收集的数据为基础，进行深入分析，并根据现有分析对未来做出预测。该类财务咨询业务一般由专业性的财务咨询公司开展。

2. 财务整体服务型

该类财务咨询由专业咨询人员提供一整套有关企业、个人财务运作与管理的规划、策划等服务，在提供整体服务的条件下强调业务领域专长，根据企业、个人需要，可以量身定做方案并提供贴身服务。该类财务咨询业务一般由专业财务公司、综合性管理咨询公司、证券公司及部分提供咨询业务的会计师事务所等机构开展。

3. 附属增值服务型

该类财务咨询的目的是扩大主营业务，专业咨询人员运用一系列理财工具，为客户提供专业、全面的财务分析和理财建议，并兼顾产品销售。该类财务咨询业务主要由银行、保险公司等金融机构的"个人理财中心"等部门提供。

融资是指企业根据自身的生产经营状况、资金拥有的状况，以及企业未来经营发展的需要，通过科学的预测和决策，采用一定的方式从特定的渠道向企业的投资者和债权人筹集资金，并组织资金的供应，以保证企业正常生产需要。企业融资有三大目的：企业扩张、还债以及混合目的。

第二节　财务管理的伦理困境

一、会计信息中的伦理问题

近年来，中外资本证券市场少数公司诚信缺失严重，将上市作为"圈钱"的

---

① 刘爱军、钟蔚：《商业伦理学》，机械工业出版社 2016 年版，第 132 页。

手段，为此不择手段炮制假账、虚构盈利、蒙骗公众、谋取私利，从而引起不少知名上市公司因巨额造假纷纷破产倒闭，层出不穷的会计信息失真对社会造成巨大危害。

（一）会计信息失真的分类

会计信息失真是指会计信息的形成与提供违背了客观的真实性原则，不能正确反映会计主体真实的财务状况和经营成果。会计信息失真行为分为主观性失真和客观性失真两大类。

1. 主观性会计信息失真

此类会计信息失真是指会计行为人在处理或者披露会计信息的时候，出于主动或者被动的主观原因，有意识地降低了会计信息的真实性，这种行为实际上就是典型的会计造假。

2. 客观性会计信息失真

此类会计信息失真是指会计行为人在处理或者披露会计信息的时候，出于各种技术性原因而导致的会计信息真实性的降低。一般指会计人员在工作中，他的精神集中程度、精力投入程度、提防错误发生的谨慎程度没有达到一个正常、理性的水平。

（二）会计信息失真的常见形式

1. 原始凭证虚假

原始凭证本应是会计账簿的原始依据，其真实性、重要性应是会计之首，然而近年原始凭证的失真极其普遍，严重影响了会计信息质量。原始凭证的造假行为主要表现在：①不完整。原始凭证的填写不完整，凭证各项要素的填制不按会计基础规范的要求，漏填、少填、不填现象较为普遍。②不真实。一是会计原始凭证填写的经济业务项目与实际发生的项目内容不符。二是经济项目内容与发票使用范围、经营范围不符。③不合法。一是使用过期作废发票及收费收据等。二是违规编制虚假的自制原始凭证。

2. 账务管理混乱

具体如下：①在会计账簿设置和会计科目使用上没有严格按照《中华人民共和国会计法》及财政部的有关规定来设置，会计核算缺乏系统性，随意性很大，账目混乱，账证、账账、账表严重不符。②账务关系处理不当，我国有些大中型企业存在企业部门之间、企业与企业之间账务关系混乱的现象，且资金收支、权责不清的现象也较为严重，导致企业中存在许多坏账，最终引起账务危机。③资金管理混乱，有些企业的经营资金并没有真正用到企业生产经营上，而是被占用、挪用。如有的企业的领导缺乏自我约束意识；有的企业盲目追求高消费，购置价格昂贵的办公用品，挤占正常运营所需的资金。

3. 会计报表虚假

会计报表的虚假具体表现在离开账簿，人为地调整报表数字，粉饰财务报告，夸大经营业绩，甚至编制两套报表，一套自用，另一套对外提供，导致报表使用者不能了解企业真实的财务状况和经营成果。

（三）会计信息披露质量不高

1. 会计信息中存在虚假陈述

企业为了达到某些特殊目的，常常通过利用准则漏洞和做假账的方式，来制造虚假的会计信息并对外披露。

2. 利用关联交易操纵利润

企业在进行关联交易（connected transaction）时，不存在自由竞争市场，且交易双方关系密切。这就增加了交易双方通过虚假交易、转移收入与费用等手法，进行会计造假及披露虚假信息的可能。

3. 会计信息披露内容蓄意误导信息使用者

一些企业出于某些目的的考虑，往往通过披露大量的无关信息、采用大量难懂的专业词语或与实际情况不符的信息来误导投资者，使其不能做出准确的判断。

4. 会计信息披露不公平

一些上市公司会计信息披露存在不公平的现象，主要表现为内幕信息的形成及内幕交易的发生。上市公司在进行信息披露前，其内部信息应严格保密，不得对外泄露，内部人员不得利用内幕信息进行交易。

二、审计中的伦理问题

（一）外部审计中的伦理问题

在外部审计形式下，注册会计师（certified public accountant）通过接受委托人委托，依法对被审计人的财务报表和会计账目进行查证，鉴定其财务状况和经营成果是否真实、合法，是否符合有关法规和公认会计原则。企业外部审计中出现的伦理问题，主要是由注册会计师或会计师事务所在执业过程中所造成的。

1. 执业不规范，审计造假

注册会计师在执业活动中应当具备良好的职业道德，因为影响审计报告质量的因素有两个方面，审计技术和职业道德。而从实践来看，一些注册会计师在执业过程中不遵循注册会计师独立审计准则的规定，不履行必要的审计程序，甚至无视法律和职业道德的约束，直接参与伪造、编造会计凭证、会计账簿、会计报表等，并出具虚假的验资报告和审计报告。

2. 采取各种不正当手段招揽客户

为排挤竞争对手，随意降低收费标准；利用行政干预，搞行业垄断和地区封锁；以公关交际费、信息咨询费等各种名义支付高额的介绍费、佣金、手续费或回扣；与有关部门进行收益分成式的业务合作等。

3. 无视自己的专业胜任能力，承接不能胜任的业务

在审计失败的案例中，一些是由于专业胜任能力不足造成的。如在承办审计业务活动中，由于专业胜任力不足，对客户的了解和问题的澄清未能妥当采用分析性程序，轻易接受客户当局所做的解释；未能利用营运活动的有关信息印证或确认财务信息的可靠性等。由此引发审计风险，造成审计失败。

4. 为谋取私利而有意泄露客户的商业秘密

保护客户的商业秘密是对注册会计师职业道德的基本要求。注册会计师的职业性质，决定了其能够掌握和了解委托单位大量的资料和核心信息，有些属于委托单位的机密信息。这些机密信息一旦外泄，可能会给委托单位造成经济损失，因此，《中国注册会计师职业道德基本准则》要求注册会计师对所掌握的委托单位的资料和情况，应当严格保守秘密。

5. 按服务成果的大小决定收费标准

注册会计师完全以职业服务给客户带来的满意程度为依据收费，一些注册会计师为了挣得更多，就会在利益动机的驱动下，放弃客观、公正、独立的立场，发表不恰当的审计意见，出具不真实的验资报告等。例如，如果以审计后的净收益的一定比例作为审计收费，就有可能导致审计人员赞同委托单位虚增收入的行为。

（二）内部审计中的伦理问题

《中华人民共和国审计法》有关章节以及《审计署关于内部审计工作的规定》第十九条指出：对认真履行职责、忠于职守、坚持原则、做出显著成绩的内部审计人员，由所在单位给予精神或物质奖励。对滥用职权、徇私舞弊、玩忽职守、泄露秘密的内部审计人员，由所在单位依照有关规定予以处理；构成犯罪的，移交司法机关追究刑事责任。《中国内部审计准则》第一章中也明确了内审机构及人员的相关责任和应遵守的职业道德。以上各项法规制度是对内部审计机构和人员工作的一种约定，若审计人员在履行义务时无法或未能按要求履行职责，达到审计目的，即为内部审计失败。内部审计失败严重影响到审计信息使用者的决策行为，导致企业经济利益分配不公和失效，影响企业的效率和企业资源的有效配置，制约了被审计单位的健康发展。内部审计中的伦理问题主要表现在以下几个方面。

1. 内部审计角色定位不准

一些内部审计人员在实施审计过程中不能正确处理与被审计对象的关系，以居高临下、盛气凌人的态度对待工作，导致被审计对象产生抵触情绪，对审计工作不予配合，使审计工作难以开展。内部审计师是内部咨询师，而不是内部的冤家对头；是家中的宾客，而不是街上的巡警；他不仅要寻找那些或大或小的错误，而且要为改善业务活动提供指南，他不是处分众人的事后诸葛亮，而是鞭策人们励精图治的咨询师，他不仅关心事情是否做得恰当，而且关心该做的事是否做了。

2. 内部审计结果质量不高

审计报告和意见是审计工作的最终成果，是审计质量和成果的集中体现。一篇好的审计意见可以对被审计单位起到积极的促进作用。然而，目前我国一些企业的内部审计结果质量偏低，造成这方面问题的原因主要是：①敷衍了事。由于某些审计人员工作责任心不强，对应审计事项敷衍了事，对被审计单位的情况或存在的深层次问题不深入挖掘分析，撰写的审计报告及提交的审计意见"空洞无力"，缺乏有价值的审计结论。②徇私舞弊。某些审计人员为了谋取私利，对审计中发现的问题或被审计单位的舞弊行为不加以揭露，而是"网开一面"，造成审计结果失真。③审而不纠。审计成果运用比审计过程更重要，一些被审计单位之所以屡查屡犯，就是因为对审计决定的强制性和自身违纪问题认识不够，造成了审计无法发挥其应有的作用。

3. 内部审计机构及其职能设置不合理

西方发达国家企业的内部审计机构大多隶属于董事会及其下设的审计委员会，直接对董事会负责，其他部门无权干涉，独立性较强。而我国企业的内部审计机构多数由总会计师或财务副总经理领导，有的企业至今仍然没有专职的内部审计机构，而是将其并入财会部门或纪委监察部门。

监督和评价是内部审计的两大基本职能。现代西方发达国家的内部审计属于"管理导向"型的"控制系统"，在职能定位上侧重于为内部经营管理服务的评价职能。而我国的内部审计属于监督导向型的检查系统，侧重于财务收支的合规性与合法性审计，即过分强调其监督的职能，而忽视其评价的职能。

三、财务咨询中的伦理问题

财务咨询属于管理咨询的一种，有效的财务咨询无论是对宏观经济运行，还是对企业、个人理财活动都具有重要意义。在宏观方面可以引导理性投资，优化社会经济资源配置；在微观方面可弥补企业、个人等财务主体自身知识结构、运营能力等方面的不足，有助于解决经营和管理中遇到的问题。但在"利益至上"的市场经济环境下，财务咨询活动出现了不少有违伦理道德的事情。

（一）财务咨询与审计之间的伦理冲突

1. 审计关系模糊

基于受托责任而形成的审计，存在着委托人、被审计人与审计人三者的特殊关系。委托人是财产的所有者，被审计人是受托管理财产的代理人，二者与审计人共同构成审计关系的三个主体。审计独立性的保障是以审计人独立于委托人和被审计人为前提的，审计人独立于被审计人则尤为重要。注册会计师在执行审计鉴证业务时，是受托于委托人，以独立的第三者身份对客户进行审计，而注册会计师对同一客户提供管理咨询等非审计服务时，则直接受托于客户。"三位一体"的审计关系即被打破，尤其是在同一事务所的会计师在两种业务之间发生角色互换的情况下，审计人与被审计人之间的关系已变得模糊不清，审计的独立性被打破。

2. 过低价策略的实施影响了审计独立性

美国学者曾对审计费用与财务咨询之间的关系进行了实证调查，结果表明：

购买财务咨询的公司比不购买财务咨询的公司审计费用要高。也就是说，如果审计师在审计服务中获取的知识能有效地运用于财务咨询活动中，就会带来成本的节约。正因为联合服务的成本优势，委托人总是要求提供更多的较低定价的审计服务，因此，在给定的价格弹性的情况下，总体审计费用就升高了。

3. 对客户成功的欲望影响了审计的独立性

财务咨询业务可能将注册会计师置于公司的管理位置，而在进行审计业务时，扮演管理角色的注册会计师，可能难以客观地评价与判断企业业务活动和交易性质。一般而言，审计人员总是希望客户能取得成功，因为只有对一个盈利的客户才能提高审计收费和其他收费，并且成功的客户卷入诉讼的可能性也较小。

（二）财务咨询从业人员的道德问题凸显

1. 信息采集中缺乏保密意识

企业的信息是企业的财富，尤其在现代社会，拥有信息就等于拥有了一半的市场。财务咨询公司要真正了解企业的实际情况，以便做出准确的诊断分析，就必须详细收集企业诸如董事会决议、历年财务报表、工资表、投资项目等相关信息。但一些财务咨询人员由于保密意识淡薄，或者受个人利益驱使，将企业资料透露给外界，甚至该企业的竞争对手，给被咨询企业造成一定程度的损失。

2. 诊断分析中缺乏责任意识

对企业进行详细的诊断分析是财务咨询工作中非常关键的一个环节，它的准确性直接影响着改善方案的思路和质量。而某些咨询人员在诊断分析中责任意识不强，因而出现一些不合道德的行为：收集外部资料不充足，随意减少调查样本数量；在内部访谈中不屑于事先设计问题，致使访谈流于形式，不能得到实质性结论；等等。

（三）财务咨询公司的道德问题

1. 缺乏基本的伦理定位

只注重咨询公司的经济性质，而忽略它作为社会细胞的伦理性。在经营运作中，存在诸如触犯国家法律、法规，浪费社会资源，不尊重企业的主体性，欺骗客户，不遵守合同条款，只注重眼前利益而忽视长远利益，不尊重员工的权利，提供的报告脱离企业实际等问题。

2. 缺乏合理的价值目标

一些财务咨询公司确立的目标单一，只追求经济效益而忽略社会效益，做调查不考虑企业实际，而是从如何节省费用考虑；项目报价不认真核算成本，能要多高就要多高；只求员工提高工作效率，而很少提供培训；提供的财务优化方案只求过关，而不管它是否对企业适用，这些都是缺乏合理价值目标的体现。

3. 咨询公司专业化程度不高

国外著名管理咨询公司都有自己明确的业务定位，如罗兰·贝格擅长战略和组织结构咨询，麦肯锡擅长企业战略等。但我国一些咨询企业由于思想意识的偏差，为了追求业务量和获取更大利润，一味贪大求全，在根本不擅长财务咨询的情况下，盲目承接财务咨询项目，结果导致服务质量降低。

四、企业融资中的伦理问题

近年来我国企业出现了一些不道德的融资活动，不道德融资行为的实质是融资者利用他们与投资者的信息不对称状况，以各种欺骗的手段来进行融资，诱骗投资者对不利于投资者或有很大风险的项目进行投资。

（一）民间融资中的伦理问题

民间融资是指出资人与受资人之间，在国家法定金融机构之外，以取得高额利息与取得资金使用权并支付约定利息为目的而采用的民间借贷、民间票据融资、民间有价证券融资和社会集资等形式暂时改变资金使用权的金融行为。民间金融包括所有未经注册、在央行控制之外的各种金融形式。民间融资属于正式金融体制范围之外的民间借贷，它游离于国家有关机关批准设立的金融机构之外，良莠不齐，既对社会生产经济繁荣发展产生过巨大推动作用，也产生过危害较大的问题。

（二）表外融资

表外融资是资产负债表外融资的简称，指企业资产负债表中未予反映的融资行为，即该项融资在资产负债表中既不反映为资产的增加也不反映为负债的增加。表外融资的实质是企业通过各种协议的方式控制、使用了某项资产或与某项资产保持密切联系而又不将相关负债反映于资产负债表中。

表外融资的隐蔽性也容易被异化成欺骗社会公众的工具，给债权人和投资者的利益带来损害，给国家宏观经济监管理下隐患。表外融资的不良财务影响主要表现在以下两个方面。

（1）美化企业财务状况，粉饰财务报告。表外融资的负债以及形成的资产不在企业资产负债表内反映，而表外融资活动所取得的经营成果却在利润表中反映，扩大企业的经营成果。这样，根据财务报表计算的有关财务比率，会表现出较低的资产负债率和较高的资产收益率，显示出较好的资产利用效率和较低的风险。有些企业通过表外融资将财务比率控制在期望的范围内，从而达到美化企业财务状况，粉饰财务报告的目的。

（2）夸大企业举债能力，加大财务风险。为保障债权安全，借款合同往往会对借款人做出一定的限制，表外融资的债务不在资产负债表中列示，使企业负债总额因无须披露而从表面上降低，企业的资产负债率和净权益负债率随之下降，使企业可以规避借款合同限制，夸大其举债能力。

（三）通过利润操作发布虚假财务信息

企业融资的主要目的就是从资本市场上获取现金，但是由于一些公司业绩并不是太好，所以只有粉饰财务信息才能筹集到更多的资金。处于信息劣势地位的投资者，特别是不具备财务专业知识的个人投资者是很难识别部分伦理丧失的会计师事务所的，发布虚假财务信息的问题在我国各种类型的企业都普遍存在。其主要手段如下。

（1）通过虚假销售，调整利润总额。这种利润操纵现象在年终表现尤甚，往往是在企业年终达不到既定的利润目标时，便采取虚假销售或提前确认销售，从而达到既定的利润目标。这种利润操纵现象比较普遍，一些企业通过混淆会计期间，把下期销售收入提前计入当期，或错误运用会计原则，将非销售收入列为销售收入，或虚增销售业务等方法，来增加本期利润以达到利润操纵的目的。

（2）通过挂账处理。按会计制度规定，企业所发生的该处理费用，应在当期立即处理并计入损益。但有些企业为了达到利润操纵的目的，尤其是为了使当期盈利，则故意不遵守规则，通过挂账等方式降低当期费用，以达到虚增利润的目的。

（3）通过折旧方式变更。企业对固定资产正确地计提折旧，对计算产品成本、损益都将产生重大影响。在影响可计提折旧的因素中，固定资产使用年限的确定较难把握。

（4）通过非经常性收入操纵。一方面为其他业务利润，其他业务是企业经营过程中发生的一些零星的收支业务，其他业务不属于企业的主要经营业务，但对一些公司而言，它对公司整体利润的贡献确有"一锤定千斤"的作用；另一方面为其他应收款和其他应付款科目调节利润，按照现行国家会计制度的规定，其他应收款主要核算企业发生的非购销活动的债权，其他应付款主要核算其他的应付暂收的款项，但一些企业违背其核算内容，通过这两个科目进行利润调节。

（四）过度融资

企业过度融资，俗称"圈钱"，是我国资本市场一大痼疾。过度融资，从公司财务理论角度讲，是指对某一项目进行融资决策，如果融资规模超过了完成该项目所需资金，就可以认为公司进行了过度融资。

（五）对股权融资的偏好

从企业价值最大化目标来看，成本低廉的内源性融资应该是企业融资的首选；当内源性融资不足而需要外部资金时，债权融资则成为企业的又一重要选项；只有当前两项都不能满足企业资金需求时，成本过高的外部股权融资才能成为企业融资结构的一种补充形式。股权融资的长期负面影响最终会体现在企业经营业绩、治理机制以及社会经济等方面。我国企业强烈的股权融资偏好对治理上市公司资产负债率低、长期债务少，转型期社会投机心理严重、诚信缺失、腐败等问题十分不利。

五、纳税中的伦理问题

（一）偷税和逃税现象严重

目前我国还存在一些偷税和逃税现象，使得我国财政收入流失问题显得较为突出，这已经是一个众所周知的事实。

（二）骗税现象十分明显

骗税现象主要是出现在出口退税这一方面，这与出口退税的制度有着密切联系。出口退税制度原本是鼓励国家的出口货物以不含税的价格进入国际市场，从而促进本国出口贸易的发展。但是，在出口退税制度的实行过程中却产生了负面效应，这个有利于经济发展的制度，却被奸商用来骗取国家的退税款。在我国，由于税收制度和出口管理等方面的原因，出口骗税问题显得尤为突出，已经阻碍了出口退税政策效应的发挥，损害了出口企业公平竞争的环境。

➤ **阅读材料**

羊毛空转骗 8 亿元，谁在鲸吞国库税款①

普通的羊毛纱线，摇身一变升级为"羊绒纱线"高价出口，再以"棉纱线"低价进口，骗取出口退税 8 亿元，这是在 2012 年 9 月上海破获的数额最大的骗取出口退税案件。名不见经传、不足百人的小企业，平均年出口金额居然达到 18 亿元，逼平一线服装品牌，这一"跷"不是来自《天方夜谭》，而是最近上海市公安局发现的"骗税高手"。

上海市公安局调查显示，犯罪嫌疑人黄某、陈某控制的四家企业中，只有一家具备小规模生产加工能力，而四家企业员工一共也不到百人；其实际购买和生产能力与公司的羊绒纱线出口规模更是大相径庭。原来，自 2009 年以来，黄某伙同陈某等人在报关出口时，将羊毛纱线虚报为羊绒纱线，并高报价格，用从内蒙古、河北、辽宁等地大肆虚开的增值税发票，出口至境外，骗取了高额的出退税。

"国内一般的羊毛纱线价格是每公斤 70~120 元不等，而山羊绒纱、羔羊纱的售价则是每公斤 680~850 元，两者价格相差 6~12 倍。"上海市公安局经侦总队五支队副支队长徐翔说，黄某公司出口的所谓羊绒纱线，比同一关区、同一品种的物品都要高出许多。而货物运抵境外后，再由他们控制的"空壳"公司将同批货物虚报品名为"棉纱线"，以约 16 元每公斤的价格买入境内，重新包装后再做循环出口。羊毛纱线变羊绒纱线，再变成"棉纱线"进口，就这样的"空转"往返，4 年左右的时间里，他们累计"出口"金额近 70 亿元人民币，骗取出口退税款 8 亿余元。

（三）各式各样的避税问题

避税是指企业在税收法律法规许可的范围内通过对经营活动和财务活动的

---

① 《上海骗税大案曝出退税黑洞：羊毛变羊绒，空转"骗"八亿》，新华网，http://news.xinhua-net.com/legal/2013-11/14/c_118141587.htm，2013-11-14。

巧妙安排以达到规避和减轻税收负担的管理活动。但是避税违反道德却不违法，正是如此，它常被作为一种管理技巧，这种管理技巧引起了企业管理者的高度重视。

（四）纳税人抗税的行为常出现

抗税是指纳税人以暴力、威胁方法拒不缴纳税款的行为，抗税行为侵犯了国家税收征管制度和国家收利益，侵害了税务人员的人身权利。抗税主体以从事生产经营的自然人纳税人居多，抗税行为多发生在调整税收定额、税款征收、违章处罚及强制执行环节。

（五）居高不下的欠税

欠税是指纳税人、扣缴义务人逾期未缴纳税款的行为。这样的行为不仅影响税收的严肃性，更影响了国家财政收入。近年来，国家对此种情况多次强调要从严处理，各地区各部门也狠抓清欠工作，但欠税的税额还是在年年增加，不可否认的是有一些客观原因存在。

（六）矢量的隐性收入与地下经济的存在

隐性收入是指职工在工资、奖金、津贴、补助等正常渠道之外取得的非公开性收入。"地下经济"一般是指逃避政府的管制、税收和监察，未向政府申报和纳税，其产值和收入未纳入国民生产总值的所有经济活动。"地下经济"活动涉及广泛，生产、流通、分配、消费等各个经济环节都有所涉及，是当前世界范围内的一种普遍现象，被国际社会公认为"经济黑洞"。

第三节　财务管理伦理问题的原因与对策

一、财务管理伦理问题的原因

（一）会计法规系统不健全，会计造假行为严重

虽然新《会计法》《证券法》《企业会计制度》《企业会计准则》相继颁布，

这些法规、制度和准则的出台，对遏制会计造假行为，保证会计信息质量，发挥了重要作用，但从实际执行效果来看，仍存在着一些缺陷和漏洞，对相关责任的界定还比较模糊，对会计造假的处罚还存在弊端，一些法律法规的条文可操作性不强且执行不力，这在客观上为虚假会计信息的滋长提供了温床。

（二）监督体系不完善，削弱监督效力

在财务活动监督中，各监督检查单位工作缺乏协调性，没有形成完善的监督体系，审计、财政、监察、纪检等部门各自为政，各行其是，往往是在造成严重危害时才开始追究法律责任，削弱了监督的效力。

（三）企业经营者业绩考核不合理，盈利目标脱离实际

企业的自然条件、生产工艺、采购及销售环境千差万别，一些企业的主管部门由于主观原因对企业情况掌握不全面，对市场估计不准确，往往使盈利目标脱离实际，造成盈利目标不具有可行性，企业很难完成。在此条件下，企业管理者以营利目标为依据，采用种种手段来应付目标的完成，这样必然造成财务活动的造假。

（四）眼前利益驱动，短期行为猖獗

在目前社会经济转型时期，产权制度的改革相对滞后，国有企业缺少国家所有者的产权硬约束，使有些国有企业的经营者钻了制度不完善的空子，只顾眼前利益，实行短期行为，编制虚假报表，形成任职期间内利润最大化，并以此邀功请赏，获取实惠。

二、财务管理伦理问题的对策

（一）外部环境

1. 加强道德教育，强化信用观念

加强以人为本的财务信用道德教育，强化市场主体和财务从业人员的信用观念，广泛开展宣传教育活动，对传统文化中"人无信则不立""诚信为本""一诺千金"等信用观念进行宣传，使其在现在的市场经济社会获得新的生机。培养全民信用观念和诚信操守，使全社会的人们都认识到诚信的重要性和不诚信的危

害性，形成诚信者受尊重、不诚信者遭鄙视的社会道德环境和舆论氛围。

2. 建立财务伦理核心价值的法律奖惩制度

建设财务伦理核心价值应当立法先行，强化会计法规建设是适应财务活动发展的要求与保障社会廉洁的根本。我国目前缺乏财务伦理核心价值管理制度的立法，财务信用环境差。在立法条件尚未成熟的条件下，现阶段的财务伦理核心价值治理应尽快制定补充与会计诚信有关的管理法规和制度，修改有关会计诚信行为的法制管理规定，加快建立健全以财务模式为主要内容的财务法规体系。

3. 强化审计的监督和约束功能

审计在促进会计信息质量，保证会计信息可信性方面起着特殊作用。在外部审计方面，加强对注册会计师和会计师事务所的监督，各监督主体应相互协调以加大违法的处罚力度和违规成本。在内部审计方面，可以通过自身的监督工作发现并纠正会计信息失真问题，督促企业各级管理人员及各位员工遵纪守法，保证财务报告的真实可靠。

（二）内部条件

1. 加强企业信用伦理文化建设

加强企业信用伦理文化建设的目的是使诚信原则成为会计行业伦理规范的重要内容。企业文化的作用在于引导员工树立合规意识，提高员工职业道德水准，规范员工职业行为，指导企业或员工明确应该做什么，不应该做什么。

2. 加强会计从业人员的道德自律性

高质量的会计信息不仅取决于企业的会计人员的道德素质，还取决于企业管理者、董事会成员、内外部审计人员等管理人员的道德素质。尤其是会计人员应具备会计职业道德的自律意识，自觉遵守会计规范，努力使会计信息符合透明、全面和真实的原则要求。

3. 建立有效的企业内部控制制度

健全的内部控制能有效防止财务活动领域中信用缺失的问题，也是确保财务工作正常运行、提高经营管理水平、健全法人治理的重要基础。加强企业内部控制，建立完善的系列内部控制制度，应从公司治理机构、控制环境、风险评估控制活动、信息交流、监督评审与素质优化等方面进行。

第四节　会计人员职业道德准则

一、国外会计人员职业道德准则

1. 国际会计师职业道德守则

2018 年，国际会计师职业道德准则理事会（International Ethics Standards Board for Accountants，IESBA）发布了新修订的《国际会计师职业道德守则》（International Code of Ethics for Professional Accountants）。守则规定，职业会计师应遵守以下五项基本道德原则：

（1）诚信（integrity）。

职业会计师在所有职业和商业关系中必须坦率、诚实。

（2）客观性（objectivity）。

职业会计师不应当允许偏见、利益冲突或者他人的影响超越其职业或商业判断。

（3）专业胜任能力和应有的谨慎（professional competence and due care）。

职业会计师有义务随着业务、法规以及技术的不断发展，将自己的专业知识和技能保持在一定的水平之上，以确保客户能够享受到合格的职业服务。

职业会计师在提供职业服务时应保持应有的职业谨慎和勤勉的作风，并且遵守适用的技术准则和职业准则。

（4）保密性（confidentiality）。

职业会计师应对在职业和商业关系中所获得的信息保密。

（5）职业行为（professional behavior）。

职业会计师应当遵守相关的法律和规章，并且避免任何有损整体职业信誉的行为。

2. 管理会计和财务管理从业人员的道德行为准则

美国管理会计师协会（Institute of Management Accountants，IMA）发布的《管理会计和财务管理从业人员道德行为准则》（Standards of Ethical Conduct for Practitioners of Management Accounting and Financial Management）中提出管理会计和财务管理从业人员有责任做到以下四个方面：

（1）专业胜任力（competence）。

①不断提升自己的知识和技能以保持适当水平的职业能力；

②按照相关的法律、规则、技术标准履行职业责任；

③在对可靠的相关信息进行分析后，提出完整、清晰的报告和建议。

（2）保密（confidentiality）。

①在未经授权时，不能披露在工作过程中获得的保密信息，除非法律要求这样做；

②提醒其下级合理关注在他们的工作过程中获得的保密信息，并应对他们的活动进行监督以确保保密性的维持；

③禁止个人或通过第三方利用在工作中获得的保密信息获取不道德的或非法的利益。

（3）诚信（integrity）。

①避免实际的或形式上的利益冲突，并将所有潜在的冲突告知相关各方；

②禁止从事任何可能妨碍其合乎道德地履行工作职责的活动；

③禁止接受任何可能影响或被认为会影响其行为的任何礼物、馈赠和宴请；

④禁止任何主动或被动地妨碍组织合法和合乎道德的目标实现的活动；

⑤确认并传达妨碍负责任的判断或成功履行职责的职业局限和其他限制；

⑥传达不利和有利的信息，以及职业判断或观点；

⑦禁止从事或支持任何有损职业信誉的活动。

（4）客观性（objectivity）。

①客观公正地传达信息；

②应充分披露对有意使用者理解所提供的报告、评价和建议会产生可以合理预期的影响的信息。

3. 职业行为原则

美国注册会计师协会（AICPA）在其《职业行为原则》（Principles of Professional Conduct）中提出了以下五项基本原则：

（1）责任（responsibilities）。

在履行作为专业人士的职责时，成员应在其所有活动中做出敏锐的专业和道德判断。

作为专业人士，注册会计师扮演着重要的社会角色。这一社会角色要求注册会计师协会的成员对利用其职业服务的所有人负责。应坚持不懈地与其他成员相互合作，以提高会计工作水平，维护公众的信任，并履行职业自律的特殊责任。

维护和提升职业传统有赖于所有成员的共同努力。

（2）公众利益（the public interest）。

成员有义务以服务公众利益、尊重公众信任、提升专业能力的方式开展工作。

一项职业的显著标志是接受它对公众的信任。会计职业的公众由客户、信贷提供者、政府、雇主、投资者、商业与金融机构以及其他所有依赖注册会计师的客观和诚信来保持商业有序运行的个人和机构。这种依赖使得注册会计师有责任保护公众利益。公众利益指的是接受或依赖注册会计师职业服务的人与机构所形成的集体利益。

在履行职责过程中，成员可能遇到来自不同群体的有冲突的压力。在解决这些冲突过程中，成员应正直行事，信守当成员履行对公众的责任时客户和雇主的利益能得到最好保护的理念。

那些依赖注册会计师的个人和机构期望他们按照诚实、客观、应有的谨慎和真正关心公众利益的方式履行其职责，保证服务质量、收取合理费用、提供多种服务。

所有成员都应该尊重公众的信任。为不辜负公众的信任，成员应始终不懈地致力于追求卓越。

（3）诚信（integrity）。

为了维护和提高公众对于注册会计师职业的信任，成员应以最高意义上的诚信来履行所有的职业责任。

诚信是一种职业得到认可的基本要素，是获得公众信任的源泉，并且应当是成员评价其判断的最终标准。

诚信原则要求成员在为客户保密的前提下，做到诚实和坦诚。不能把个人利益凌驾于所提供的服务和公众信任之上。诚信容许无意的差错和诚实的不同观点，但不允许欺骗和对原则的妥协。

诚信原则要求成员以正当和公正作为行为准则。在缺乏具体规定、准则或指南，或遇到观点冲突时，成员应通过提出以下问题来检验决策和行为：我所做的是一个诚信的人应当做的吗？我保持了我的诚信了吗？诚信原则要求成员不仅在形式上而且在实质上遵守技术和道德准则。

诚信原则还要求成员奉行客观、独立和应有的谨慎原则。

（4）客观性与独立性（objectivity and independence）。

成员应在履行职责过程中保持客观，免于利益冲突。成员在提供审计及其他鉴证业务时应保持实质上和形式上的独立性。

客观性是一种思想状态，一种能够为成员的服务增值的品质，也是会计职业的一个鲜明特征。客观性原则要求不偏不倚、诚实和免于利益冲突。独立性要求在提供鉴证服务时排除会妨碍客观性的关系。

成员经常以其不同的能力服务于多种利益，必须在各种不同的情况下维护其客观性。有的成员提供鉴证、税务和管理咨询服务，有的受雇于他人编制财务报表、履行内部审计职责，有的在企业、学校和政府部门中承担财务和管理工作。无论工作性质和提供的服务有何不同，成员都应该保持工作中的诚信和客观性，避免在决策上的任何妥协。

客观性与独立性原则要求公开执业的成员持续评估与客户的关系和公共责任。提供审计和其他鉴证服务的成员应当在形式上和实质上保持独立性。在提供任何其他服务时，成员应当保持客观性和免于利益冲突。

尽管非公开执业的成员无法保持形式上的独立性，但他们在提供职业服务时仍然有责任保持客观性。受雇于他人编制财务报表，或提供审计、税务、咨询服务的成员在客观方面应与公开执业的成员承担相同的责任，在运用公认会计原则时必须保持小心谨慎，在处理与公开执业的成员的关系时必须坦诚。

（5）应有的谨慎（due care）。

成员应遵循会计职业的技术标准和道德标准，不断努力以提高胜任能力与服务质量，并尽自己最大的能力来履行职业责任。

对完美的追求是应有的谨慎的精髓。应有的谨慎要求成员在履行职业职责时发挥专业才能并保持应有的谨慎。应有的谨慎要求成员在遵守职业对公众的责任的同时，为服务接受方的最佳利益尽自己的最大努力。

专业胜任力是教育和经验共同作用的结果。它首先来自对作为注册会计师所要求的基本知识的掌握。对专业能力的维持要求成员在其整个职业生涯中不断学习和改进职业能力，这是成员的个人责任。在承担所有业务和履行所有责任时，每一个成员都应当具备一定程度的专业胜任力，以确保所提供服务的质量达到行为原则所要求的职业水准。

专业胜任力意味着获得和维持一定水平的理解力和知识，使得成员能有效率地提供服务。它也要求当所接受的业务所需的能力超过成员个人的能力或其所在公司的能力时，必须寻求咨询和帮助。每个成员都有责任评估其自身能力，评估其所受的教育、获得的经验和判断能力是否胜任其承担的责任。

成员在履行对客户、雇主和公众的责任时应做到认真勤勉。勤勉意味着细心、有效率地提供服务，考虑周到，遵守适用的技术和道德标准。

二、中国会计人员职业道德守则

中国注册会计师协会制定了《中国注册会计师职业道德守则》和《中国注册会计师协会非执业会员职业道德守则》，自 2010 年 7 月 1 日起施行。其中，《中国注册会计师职业道德守则》具体包括《中国注册会计师职业道德守则第 1 号——职业道德基本原则》《中国注册会计师职业道德守则第 2 号——职业道德概念框架》《中国注册会计师职业道德守则第 3 号——提供专业服务的具体要求》《中国注册会计师职业道德守则第 4 号——审计和审阅业务对独立性的要求》《中国注册会计师职业道德守则第 5 号——其他鉴证业务对独立性的要求》。

中国注册会计师职业道德基本原则包括：

1. 诚信

注册会计师应当在所有的职业活动中，保持正直，诚实守信。

注册会计师如果认为业务报告、申报资料或其他信息存在下列问题，则不得与这些有问题的信息发生牵连：①含有严重虚假或误导性的陈述；②含有缺少充分依据的陈述或信息；③存在遗漏或含糊其词的信息。注册会计师如果注意到已与有问题的信息发生牵连，应当采取措施消除牵连。

2. 独立性

注册会计师执行审计和审阅业务以及其他鉴证业务时，应当从实质和形式上保持独立性，不得因任何利害关系影响其客观性。

会计师事务所在承办审计和审阅业务以及其他鉴证业务时，应当从整体层面和具体业务层面采取措施，以保持会计师事务所和项目组的独立性。

3. 客观和公正

注册会计师应当公正处事、实事求是，不得由于偏见、利益冲突或他人的不当影响而损害自己的职业判断。

如果存在导致职业判断出现偏差，或对职业判断产生不当影响的情形，注册会计师不得提供相关专业服务

4. 专业胜任能力和应有的关注

注册会计师应当通过教育、培训和执业实践获取和保持专业胜任能力。

注册会计师应当持续了解并掌握当前法律、技术和实务的发展变化，将专业知识和技能始终保持在应有的水平，确保为客户提供具有专业水准的服务。

在应用专业知识和技能时，注册会计师应当合理运用职业判断。

注册会计师应当保持应有的关注，遵守执业准则和职业道德规范的要求，勤勉尽责，认真、全面、及时地完成工作任务。

注册会计师应当采取适当措施，确保在其领导下工作的人员得到适当的培训和督导。

注册会计师在必要时应当使客户以及业务报告的其他使用者了解专业服务的固有局限性。

5. 保密

注册会计师应当对职业活动中获知的涉密信息保密，不得有下列行为：①未经客户授权或法律法规允许，向会计师事务所以外的第三方披露其所获知的涉密信息；②利用所获知的涉密信息为自己或第三方谋取利益。

注册会计师应当对拟接受的客户或拟受雇的工作单位向其披露的涉密信息保密。

注册会计师应当对所在会计师事务所的涉密信息保密。

注册会计师在社会交往中应当履行保密义务，警惕无意中泄密的可能性，特别是警惕无意中向近亲属或关系密切的人员泄密的可能性。

注册会计师应当采取措施，确保下级员工以及提供建议和帮助的人员履行保密义务。

在终止与客户的关系后，注册会计师应当对以前职业活动中获知的涉密信息保密。如果获得新客户，注册会计师可以利用以前的经验，但不得利用或披露以前职业活动中获知的涉密信息。

在决定是否披露涉密信息时，注册会计师应当考虑下列因素：客户同意披露的涉密信息，是否为法律法规所禁止；如果客户同意披露涉密信息，是否会损害利害关系人的利益；是否已了解和证实所有相关信息；信息披露的方式和对象；可能承担的法律责任和后果。

6. 良好职业行为

注册会计师应当遵守相关法律法规，避免发生任何损害职业声誉的行为。

注册会计师在向公众传递信息以及推介自己和工作时，应当客观、真实、得体，不得损害职业形象。

注册会计师应当诚实、实事求是，不得有下列行为；夸大宣传提供的服务、拥有的资质或获得的经验；贬低或无根据地比较其他注册会计师的工作。

➤ 阅读材料

1.6 万人进行诚信宣誓①

2019 年 9 月 18 日，中国注册会计师协会按照《注册会计师诚信宣誓办法》，组织参加行业诚信教育远程示范培训班的全体学员集体进行诚信宣誓，宣誓人员列队面向国旗，右手握拳上举过肩，随领誓人郑重宣誓：自觉遵守国家法律法规，恪守职业道德规范，严格执行执业准则；树立诚信意识，保持良好执业行为，维护行业形象；牢记社会责任，保证服务质量，维护公众利益，愿与行业同仁一道，为维护社会经济秩序，促进行业健康发展，贡献自己的力量。

宣誓活动采取远程视频方式，全国人大代表、中注协监事会监事长、天衡会计师事务所首席合伙人余瑞玉在南京会场领誓，全国 9000 余家会计师事务所负责人、注册会计师及助理人员共约 1.65 万人，在 32 个省区市（含深圳市）分会场同步跟读宣誓。

这次宣誓活动，是落实财政部《关于提升会计师事务所审计质量的专项方案》要求，在全行业集中开展一次诚信教育的具体行动，也是深化行业"职业化建设年"主题活动和行业"不忘初心、牢记使命"主题教育的有益探索，旨在通过富有仪式感的宣誓活动，进一步激发从业人员牢记习近平总书记对注册会计师行业"紧紧抓住服务国家建设这个主题和诚信建设这条主线"的教诲，不忘初心，担当使命，诚信服务国家建设。

本章小结

会计信息失真可以分为主观性失真和客观性失真两大类。会计信息失真的常见形式有原始凭证虚假、财务账务管理混乱、会计报表虚假。企业融资的伦理问题主要表现在民间融资乱象、发布虚假财务信息、对股权融资的偏好和过度融资等方面。会计法规系统不健全、监督体系不完善、企业经营者业绩考核不合理和眼前利益驱动是财务活动产生伦理问题的主要原因。

财务管理伦理问题的原因有以下几个方面：会计法规系统不健全，会计造假

---

① 《1.6 万人进行诚信宣誓》，中国注册会计师协会网，http：//www.cicpa.org.cn/news/201909/t20190923_52122.html。

行为严重；监督体系不完善，削弱监督效力；企业经营者业绩考核不合理，营利目标脱离实际；眼前利益驱动，短期行为猖獗。财务管理伦理问题的对策的外部环境方面：加强道德教育和强化信用观念，建立财务伦理核心价值的法律奖惩制度，强化审计的监督和约束功能。内部条件方面：加强企业信用伦理文化建设，建立有效的企业内部控制制度，加强会计从业人员的道德自律性。

中国注册会计师职业道德基本原则包括诚信、独立性、客观和公正、专业胜任能力和应有的关注、保密、良好职业行为六个主要的方面。

本章关键术语

会计伦理　股权融资　注册会计师　财务信息　关联交易　会计师职业道德

复习思考题

1. 简述财务活动中伦理问题的潜在危害？
2. 会计信息失真的常见表现形式有哪些？
3. 外部审计中常见的伦理问题包括哪些？
4. 财务咨询与审计之间的冲突主要表现在哪些方面？
5. 企业融资中常见伦理问题有哪些？
6. 我国纳税中的伦理问题主要包括哪些？
7. 对于财务活动中的伦理问题该如何治理？
8. 中国注册会计师的职业道德包括哪些方面？

➤ 情景分析

会计师事务所的故事①

当赵德威坐在奢华的新椅子上时，他感到很焦虑。是什么让他如此烦心？事情怎么会变化得如此之快？他现在的状态就像正在行走时被一辆卡车出其不意地撞到。几年来，赵德威在天明会计师事务所工作，这是一家中型会计师事务所。

---

① 宋志勇：《企业伦理学》，清华大学出版社 2017 年版，第 335 页。

他妻子左姬燕在一家制药厂上班，现在怀有身孕，孩子即将出生。医生告诉她，她是一名高危产妇。因此在预产期的前三个月，她就申请并获得了四个月的假期。这样很好，但问题是她休假期间没有薪水。好在赵德威刚刚获得了升职，现在是一名部门经理。

会计行业正在发生一些有趣的事情。例如，赵德威的上级决定所有注册会计师都必须参加考试，以获得注册投资顾问的资格。出现这样一个新变化道理很简单，公司可以利用与客户的关系来增加投资方面的收益。因为与许多个人和企业建立了长期关系，加上注册会计师必须诚实地对待工作和客户，客户们相信他们不可能辜负如此高的信任，正如赵德威的上司宣传的那样。赵德威所在部门里许多人不喜欢这项新政策；但通过这项考试的人工资涨了15%。午餐时赵德威一位搞财务的朋友热情地对他说："赵德威，你现在做的事情是不公平竞争。"接着这位朋友指责他说："例如，你是唯一可以获取客户纳税人绝密信息的注册会计师，这可以给你洞察人们财务需求的机会。此外，你还可以轻易地将客户引向你业已拥有的共同基金，使你自己的个人投资不会进入困境。再次，如果某些共同基金已经开始走下坡路，但你的下属却还在投资以获取佣金和费用，你的信用就会遭到质疑，人家就不会再信任你。最后，从现在开始你的下属必须随时了解财务、税收和会计上的最新变化。"

当赵德威回到办公室时，他发现一些下属已经开始推荐天明会计师事务所正在审查的几家共同基金。突然，他们公司的一位会计客户——天使共同基金打来了电话。

"蓝天共同基金是我们的直接竞争对手，你让下属向别人推荐它，你想干吗？"对方继续咆哮，"赵德威，我们付给你很多钱来完成我们的会计程序，你就这样回报我们？今天下班前我想知道你是否还会继续推销我们竞争对手的产品。如果这样，不用我说，你也该知道你和你们部门都会受到直接影响。而且，这类事情也会在业内传开的。"

说完这些，对方突然就把电话挂断了。

思考与讨论：

1. 赵德威所面对的会计伦理问题是什么？

2. 对于赵德威每一个已经做出和将要做出的决定，试讨论其优劣。

3. 赵德威该如何应对？

➤ 案例分析

安然与安达信不诚信自毁前程①

2001 年，美国华尔街明星企业纷纷倒闭，道－琼斯股票指数、纳斯达克股票指数和标准普尔 500 种股票指数屡创新低，股市投资者损失惨重，公众信心接连遭受打击。2001 年 1 月，曾在《财富》杂志全球 500 强名列第七的美国能源超级大企业安然企业对外公布：企业 1997～2000 年虚报盈利 5.91 亿美元，增列 6.28 亿美元负债，直接导致投资者信心崩溃。

在不长的时间内，安然企业股价从最高超过 90 美元，股票市价过 630 亿美元，一路狂跌至不足 1 美元，连续 30 个交易日，其股价徘徊在摘牌底线的 1 美元之下，安然企业股票被摘牌。

同年 12 月 2 日安然企业正式向纽约一联邦地方法院申请破产保护，破产清单所列资产达 631 亿美元。安然企业破产后，其受害者遍及全球。安然企业股票投资者损失惨重，血本无归；贷款给安然企业的华尔街金融企业、欧亚各银行承受了至少 50 亿美元的损失；美国著名的信用评级企业标准普尔估计，与安然企业债务相关的证券商遭受 63 亿美元损失。伴随着安然企业的破产倒闭，全球五大会计师事务所之一、创立于 1913 年的安达信国际会计企业碰到了巨大麻烦，遭遇了严重的诚信危机，进而引发全球会计行业的强烈地震。从安然企业成立之日起的 16 年里，安达信一直担任安然企业的独立审计师。2001 年会计年度安达信的业务收入为 93.4 亿美元，有 5200 万美元的收入来自安然企业，而其中的 2700 万美元是管理咨询业务收入，只有 2500 万元才是审计鉴证收入。很显然，安达信担任安然企业的独立审计师可谓扮演了双重角色：外部审计师和内部审计师。因此，安达信的审计失去独立性，无法做到公正。正如美国《商业周刊》评论员所说："一只手做假，另一只手证明这只手做的账。"这样，怎能不出假账？

2001 年 12 月，安达信 CEO 约瑟夫·贝拉迪诺在国会作证确认，安达信对安然企业的财务会计问题处理上判断失误。在收到美国证券交易委员调查安然企业财务与会计违规问题传票后，2002 年 1 月 10 日，安达信发表简短声明，承认其负责安然企业审计工作的前主审计师大卫·邓肯曾召开一个紧急会议，组织力量迅速销毁上万份与安然破产有关的文件，而邓肯则说他是接到安达信的律师的指

---

① 叶陈刚：《公司治理层面的伦理结构与机制研究》，高等教育出版社 2006 年版，第 51 页。

令后做的。销毁文件的做法违反会计业内的最基础审计原则。美国司法部以"妨碍司法调查罪"将安达信告上法庭。美国休斯敦联邦大陪审团裁定安达信销毁安然文件、妨碍司法调查罪名成立。令人吃惊的是，上述两大申请破产的美国环球电讯企业和"世界通信"企业的独立审计师也是安达信。安达信曾因为其他客户做假账，而被罚款 1.17 亿美元。2000 年，安达信在对 Waste Management Inc. 审计中，因违反美国一般公认会计原则（USGAAP）和不正当行为，被美国证券交易委员会处以与 Waste Management Inc. 共同承担 4.57 亿美元的罚款。

总之，安达信的诚信缺失导致近百年的美名毁于一旦，最终自取灭亡，自毁前程；美国东部时间 2002 年 8 月 31 日，安达信国际会计企业正式宣布退出审计行业，这家拥有 89 年辉煌历史的世界著名会计企业因为"安然事件"付出了丢掉诚信的昂贵代价——被迫黯然关门。

到底是什么原因致使中外企业巨子造假成风与欺诈盛行呢？美国经济学家赛斯拉·布克认为，从 20 世纪 90 年代以来，美国大企业的高管人员薪酬暴涨，过去的 15 年间，大企业 CEO 平均年工资增幅为 866%，而同期工人平均年工资增幅为 63%。许多商业伦理者唯恐失去既得利益，接受并采用"无商不奸"的本质与做法，放弃商业经营中最核心的诚信根基，不择手段编造企业业绩。布克明确指出，我们要像保护无时无刻要呼吸的空气和每天要喝的水一样保护我们今日社会中无处不在的商业诚信道德。

思考与讨论：

1. 结合安达信兵败安然的案例，谈谈对注册会计师审计独立性的认识。

2. 到底是什么原因致使中外企业巨子造假成风与欺诈盛行呢？分析此案例在会计诚信文化建设中的启示。

3. 注册会计师应如何遵守职业道德？

参考文献

［1］刘爱军、钟尉：《商业伦理学》，机械工业出版社 2016 年版。

［2］苏勇：《现代管理伦理学》，石油工业出版社 2003 年版，第 143 页。

［3］叶陈刚：《商业伦理》，东北财经大学出版社 2020 年版。

［4］叶陈刚：《公司治理层面的伦理结构与机制研究》，高等教育出版社 2006 年版，第 51 页。

［5］阎至刚：《中国注册会计师职业道德与法律责任读本》，北方交通大学

出版社 2001 年版，第 223～226 页。

　　［6］郭云：《会计虚假信息的危害及治理对策》，载于《财会研究》2009 年第 22 期，第 32～33 页。

　　［7］宋志勇：《企业伦理学》，清华大学出版社 2017 年版。

第十章　企业伦理建设

➤ 学习目标

1. 掌握企业伦理建设的原则。
2. 了解商业伦理建设评价的方式与体系。
3. 学会运用企业伦理建设的措施。
4. 了解企业社会责任报告的撰写与传播。

➤ 引导案例

德胜洋楼员工手册：企业圣经把农民工变成绅士①

德胜洋楼，是一家真实到令人震撼的公司。它建造的美式木结构住宅超过了美国标准，它把农民工改造成高素质的产业工人和绅士，它的员工手册被誉为中国企业的管理圣经，这一切成功源自德胜朴素的价值观。

1. 把话说透，把爱给够

"工友们，严肃紧张的制度学习会之后，团结活泼的拍卖会时间到了！"一位操着湖南普通话的小伙子快步走上前台，拿起话筒，以兴奋的语调宣布了一场拍卖会的开始。这是德胜（苏州）洋楼公司一间不大的中餐厅，里面摆放了五六张方桌和长条桌，员工们团团围坐在桌旁的藤椅和方凳上，瞪大了眼睛，张望着前方的台子——那里摆放着将要被拍卖的物品，有丝绸围巾、高山生态茶、迷你音响、浴巾，甚至还有特色小菜……

---

① 《德胜洋楼员工手册：企业圣经把农民工变成绅士》，商业评论网，http://www. ebusinessreview. cn/。

外行看热闹，内行看门道。在旁人看来，这样一场热热闹闹的拍卖会不过是一台自娱自乐的员工晚会。但是如果你了解了个中的良苦用心，就明白这绝对不是一场拍卖会那么简单。一场小小的拍卖会其实经过了深思熟虑的制度设计，背后体现了该公司独特的管理逻辑，其一，反腐败；其二，让员工有尊严地得到实惠。其三，培养员工的社会责任感，让员工为社会献出一份爱心，可谓一举三得！

《德胜公司员工读本》中的《反腐公函》明确规定："员工在商业关系中不可夹杂有任何形式的腐败行为。"然而，每年都有一些客户出于感激与欣赏，赠送各种礼物给德胜员工。怎么办？如何对待这些来自客户的真诚回馈？德胜公司的解决办法是：首先把礼品收受情况以简报形式公之于众，然后把礼品拿到公司内部拍卖会上进行拍卖，所得款项全部捐献给长江平民教育基金会。这就是德胜公司在反腐方面的严格举措，此举既杜绝了员工受贿现象，同时也照顾了客户的一片心意。

然而，在制度上"把话说透"的同时，德胜公司在文化上还倡导"把爱给够"——让员工有尊严地获得实惠。拍卖会上一条色彩优雅的素绸缎大方巾，商场里的价格在200元以上，而起拍价只有50元。员工们你拍我抢，三条绸缎围巾转瞬间在120~150元之间的价位被员工们拍得。一方面，员工为教育基金会捐献了一份爱心，自豪感油然而生（尽管他们并不属于高收入阶层）；另一方面，员工自身也得到实惠——会上所拍得的物品往往具有很高的性价比。

一场小小的拍卖会，既反映出德胜的制度之严，也折射出德胜的爱心之深！这是德胜公司一贯的管理之道，在制度上绝不放松对员工的严格要求，在私下里以润物细无声的方式把关爱渗透给员工。在这里，你看不到任何环节上的粗放式管理或草率处理；在每一个细微之处，你都会发现：这是一个"用心"在做管理、"用心"做制度设计的企业。

2. 每个农民工都可以免费出国考察

机关干部和企业高管出国考察是常有的事情，但是有谁听说过农民工出国考察？苏州的德胜洋楼公司就有这项措施，只要工作满5年，每个农民工都可以免费出国考察一次。公司创始人聂圣哲的心愿是让所有员工今生都有一次机会出国看看外面的世界。

每年圣诞节，德胜公司还会把全体农民工请到苏州最好的五星级酒店开年会，这恐怕是国内绝无仅有的。德胜公司希望让每位员工，尤其是处于社会底层的农民工享受绅士的待遇，感受高品质的生活，获得一份自豪感和尊严感。因为，只有受人尊重、拥有尊严的员工才能反过来尊重自己的工作，把自豪感代入工作之中。

3. 把"小人"变成君子

除了给予农民工绅士般的待遇，德胜公司改造农民工的重要一环是教会他们遵守制度，德胜公司深信："制度只能对君子有效，对于小人，任何优良制度的威力都将大打折扣，或者无效。德胜公司的员工应努力使自己变为君子，远离小人。"

德胜要求员工做君子，最明显的例子是财务报销制度——员工报销任何费用，都不需要领导签字。在德胜公司看来，费用报销事关个人信用，既然是个人信用问题就应当让员工个人承担。德胜公司建立了一套个人信用计算机辅助系统。任何腐败与欺诈行为一旦通过抽样调查和个人信用计算机辅助系统被发现，员工就会为自己的不诚实行为付出昂贵的代价。

4. 把管理贵族变成精神贵族

德胜公司拥有一个精简高效的组织结构，它的管理成本很低。因为它不设置总裁办，也没有副总裁，只有几个部门总监和经理，上千人的公司一共只有十几名管理干部。公司提倡"精神贵族"，反对"管理贵族"——那些喜欢颐指气使地指挥别人做事，自己不愿意动手实干的管理者。公司重视劳动，无论什么职位，新员工都要首先参加3个月的体力劳动，劳动合格才能转正。同理，每位管理者都要"首先是一名优秀的员工"，每月必须抽出一天时间参加一线劳动。

5. 管理必须精细化

国人经常说要从制造大国到创造大国，但德胜认为现在制造还未做好，何来创造？中国需要培养创新型人才，但很多人本职工作都没有做好，怎么创新？对于普通员工来说，创新就是对自己所从事的工作极其熟练以后的提升与飞跃，只有重复地把工作做到极致才可能去突破、搞创新。由此，德胜认为，员工首先要培养的是"机械精神"，必须把日常工作做到精细、再精细，纯熟、再纯熟，在此基础上再谈创新和开拓。为此，德胜创立了程序中心，树立了质量至上的最高原则，建立了质量督察制度，真正做到精细化管理。

6. 做一家真实的公司

德胜的价值观把"诚实"放在第一位，这是德胜最令人敬佩的一点。德胜不喜欢做表面功夫，不重营销（整个公司只有一名销售人员），也很少做广告，而是扎扎实实练内功，完善内部管理，对产品质量的重视达到了苛刻的程度。

管理的本质是教育，德胜以自己的实践证明了通过制度强化和文化熏陶，员工可以成为"诚实、勤劳、有爱心、不走捷径"的精神贵族。

第一节　企业伦理建设原则

一、诚实守信原则

《说文解字》是这样解释诚实守信的："诚，信也""信，诚也""信有二义：信任和信用。其内容是诚实不欺。"由此可见，诚实守信的含义就是诚实不欺，恪守诺言，按照自己许诺的话忠实地履行其行为。

诚实守信是我国传统道德中的重要原则。无论个人还是国家，都离不开诚信。许多著名企业成功的最大秘诀是诚信。被誉为"红顶商人"的胡雪岩创办的杭州胡庆余堂，一百几十年来悬挂在营业厅的两块巨匾，一块朝着顾客，上书"真不二价"四字；另一块面对内部员工，上面由胡雪岩亲笔书写的"戒欺"二字。这两块匾是胡庆余堂经营伦理的"缩写"。

《韩非子·说林上》曰，"巧诈不如拙诚，惟诚可得人心"，"巧诈"乍看之下好像是机灵的策略，但是时间一久，周围的人怀疑甚至远离的可能性会提高。相反，"拙诚"是指诚心地做事，似乎比较愚笨，但是会赢得人们的信赖和支持。做人如此，做企业亦是如此。各种假冒伪劣、虚假宣传、不正当竞争和忽悠行为千奇百怪，少数商家创造出来的产品营销手段让消费者瞠目结舌。在质量第一、信誉至上才能做大做强的市场经济时代，不浮夸、不作秀、不忽悠，踏踏实实经商才是经营者的立足之本。

优秀的企业总是把诚信看作是企业永续经营的基本原则，信誉至上，童叟无欺，它们向消费者公布真实、完全的产品信息，包括商品的价格、产地、生产者、用途、性能、规格、等级、主要成分、生产日期、有效期限、检验合格证明、使用方法说明书、售后服务，或者服务的内容、规格、费用，提供质量安全可靠的商品，商品具备应当具备的使用性能，价格合理，不生产销售假冒伪劣商品，广告真实可信，不做引人误解的虚假宣传，不欺骗和误导消费者。它们向政府、投资者等提供真实的财务状况、经营状况、经营内容等，不做假账。它们不假冒他人商标、包装、字号，不侵犯他人商业秘密。

> **阅读材料**

"缎子王"的故事①

有一则关于"缎子王"的记载可谓形象地诠释了我国儒商是如何注重诚信和荣誉的：

清代北京有个经营绸缎布匹的王掌柜，人称"缎子王"。缎子王经营生产的指导思想是重信誉、行仁义、施公道。他总是对自己的伙计强调买卖不成仁义在。他的经商哲学信条是个人和商号的名誉高于一切。久而久之，这一经营之道使他不断赢得了顾客的赞誉。

一次，乾隆皇帝召见外国驻华使臣，请他们谈谈在华观感时，他们说：在中国不仅看到士大夫们读书识礼，就连商人也很讲礼貌，行仁义。例如在东华门外有个绸缎铺的王掌柜就是这样的人。我们外国人到那儿买东西，对绸缎布匹的行情不熟悉，经常给的钱多于实物价格，但他从不多收钱，总是把多付的钱如数退回来。一次我们买东西忘了带钱，他居然肯赊给我们。当时正是中午，他又热情款待我们用午饭，使人确有宾至如归之感。中国确确实实是礼仪之邦。

乾隆皇帝听后非常高兴，后来专门召"缎子王"进宫，称赞他仁义经商，并给予嘉奖。从此，"缎子王"名声更是传遍北京城。

二、人道原则

坚持人道原则就是"以人为本"，就是要在企业经营管理中强调以人为中心，尊重人、理解人、关心人，满足人的合理要求，从而进一步调动人的积极性，使员工在保持心情舒畅的情况下高效地达成企业的目标。人，不仅是"经济人""社会人""自我实现的人""复杂人"，还是"目的人""义化人""道德人"。它要求不仅要考虑企业内部的人，还要考虑企业外部的人，乃至全人类；不仅要把人作为手段，还要把人作为目的。坚持人道原则就是要把企业当作由人组成的集合体，办企业是为了满足人、满足社会的需要，提高人们的生活质量和工作质量；同时还要依靠全体员工的智慧和力量，实行"全员经营"。因此，"企业即人""企业为人""企业靠人"就成为人本管理的出发点和落脚点。

---

① 笔者自编。

人道原则的第一个内容就是要关心爱护员工。每个人都有被关心的需要，也都应该得到适当的关心爱护，爱是人与人连接的重要纽带。企业要把员工当人看，给予员工合理的人性关怀，满足员工的正当需要。要为员工提供安全生产的场所，关注员工的身心健康，预防职业病，避免过劳死。要为员工提供良好的工作预期，对自己的未来充满希望和信心，让员工相信只要努力就会有前途、有未来。

人道原则的第二个内容则是要给予员工尊重。任何人都有自尊心，都希望得到别人的尊重和理解，自己的才能得到同事和管理者的肯定，工作成绩得到组织的确认。尊重员工是企业伦理的重要组成部分，包含尊重员工的权利、价值和差异。（1）尊重员工的权利。每个人并非生来平等，但个人的权利是最基本的权利，也就是人权，这不取决于人的社会地位。人权由个人权利和自由组成，包含经济权利和文化权利等。这些权利可以保障个人在社会中的有效活动和引领个人的劳动是具有社会价值。（2）尊重员工的价值。每个员工的价值都存在于团队、企业和社会里，当员工离开这些社会环境，那他就不能探讨个体的价值了。而员工的价值是由人格价值和工作价值所构成。人格价值是指每个人都具有权利义务的价值，并不会因为工作的差异性而有所差别。人格价值在企业伦理的展现方式，就是人的伦理道德品格。而在工作价值的部分，企业需要尊重员工方方面面的贡献及价值，既是同时尊重体力劳动者及脑力劳动者；尊重生产者及管理者的价值；尊重创造利益的员工，也尊重后勤员工的价值；尊重直接和间接利益相关者。（3）尊重员工的差异。在企业里面，每个员工都具有差异性，主要分为两个方面。第一个方面是在素质方面，体现在性别、种族、背景、心理、个性、能力等方面；第二个方面是在绩效方面，由于员工在素质方面的不同而可能会对他们的工作成果及贡献产生差异性。首先，企业要先尊重每个员工在客观存在的差异性，并引领他们能够发挥出他们最大的潜力。其次，依据每个员工在绩效方面的差异给予所对应的薪酬及奖励，并确立公平的奖酬机制来激励员工。

人道原则的第三个内容则是要信任员工。信任是个人与他人相互之间所建立的互信机制。当企业不信任员工时，那也就很难获得员工的信任、忠诚或贡献。而企业对员工的信任就是基于尊重以及建立在互信基础之上。不难想象一个与员工缺乏互信的企业能有效地经营，也无法在社会中与其他企业、组织或团队能建立稳定发展的信用关系。

人道原则的第四个内容是要宽容员工。每个人都是独一无二的生命，都有着与众不同的个性特征和差异，"君子和而不同"，企业要能够大度地容纳员工的道德品质、有耐心地培训员工。允许人们存在着不同的利益追求，不同的信念、信仰，不同的行为方式和习惯。事实上，企业的长远发展也需要不同的人才从事不同的岗位。所以在企业里，宽容他人就是一种道德精神，是在企业内部中创造一个具有包容性的工作环境，也是企业永续经营的重要前提。

三、公平平等原则

1. 分配公平

当不同的员工对于企业会有不同的要求，并且都无法同时满足时，就会因为利益而产生这个问题，例如岗位、住房、医疗等。而分配公正的基础原则是相同的岗位有相同的待遇，不同的则有不同的待遇。具体来说，在一个团队里，有着相似的工作内容应该有着类似的责任及利益，即使在其他方面有所不同；而在对待不同方面的员工时，那就要依据他们的特点给予对待。但是要如何去区别差异性，就是一个非常困难的问题，因为每个人都存在着不同的想法，例如，平均分配、贡献分配、能力分配等。

2. 交易公正

当企业与另一家企业达成协议时，就会产生相应的义务和权利。例如，消费者购买了火车票，那铁路部门就与消费者形成了契约关系，铁路部门就有服务乘客的义务，另一方面乘客就有权得到铁路部门的服务。这样的合同关系所产生的义务和权利是相对的。当企业与其他竞争者在交易时，都会希望对方能够兑现交易前的口头承诺。

3. 程序公平

程序公平的基本因素有以下几种。第一个是普遍性：要保护全体成员的利益，对每个企业、群体、团队及个体都是一样的。不能以牺牲其他企业群体或成员的利益来获取自己的利益。第二个是公平对待：在处理事情时，要有同一个标准，假如一定要有差异时，要对事不对人。另外，要保持中立的立场，不要偏袒其中的一方，这样才是体现公平对待的方式。第三个是公开性：企业政策在制定或执行时，需要让相关者获得与他们有关的信息，因为他们也具有平等知晓的权利。如果出现制定者与执行者信息不对称的情况，那就会出现信息垄断、诈骗或难以执行等，那也就无法说这样的企业是一个公正的企业。

4. 惩罚和补偿公正

这部分所注重的是对犯错的人要怎样惩罚才是公正的？对损伤的一方要怎么

补偿才合适？在惩罚方面要先考量三个因素。第一个是犯错者是否在不知情或能力不及的情况下。如果是的话，那么就不应该让他受到处罚。第二个是如果员工知道但由于疏忽或故意忽视的情况。这要分为三种不同的情形：如企业已具有完善的系统，但员工是蓄意毁坏；企业重视所发生的问题，但企业并没有建立健全的管理体系，员工也因个体的意识不够而导致事件发生；企业因想要抢先进入新市场而没有做好相对应的管理，导致员工犯错。在这三种情况下，企业管理者及员工所承担的责任及任务是不同的，所以员工在第一种情况下是需要受到惩罚，在第二种情况下则是要看事情的大小，在第三种情况下员工则不用被处罚。接下来，企业就需要去制定出如何处罚，因为每个企业对于犯错的内容不一定一样，但是都需要保持着犯错和惩罚的力度是一致的，要基于大错大罚、小错小罚的原则。另外，企业对于补偿也是要谨慎考虑，因为补偿应该也要等同于受害者的损失，但是有些损失是难以估量及无法弥补，例如，声望及生命。企业需要尽量给予受害者相应的物质补偿。

四、效率原则

一个有效的企业伦理系统就是让企业有效规范及应对伦理问题。企业可以设立物质层面及精神层面的两种不同的系统。第一个是遵守导向。要求员工遵守企业所规定的行为规范，并在违反规定时受到惩罚。第二个是价值观导向。这是企业更关注在精神层面的理想，包含企业/个人责任、承诺等，并引导员工与企业具有共同的价值观。因为当个人的价值观与企业的保持一致时会对企业伦理产生积极的影响。这两种方式分别帮忙员工处理不同层面的道德问题，遵守导向的系统可以指导员工在遇到道德问题时，他该如何及怎么去处理相关的问题；提高员工对于道德问题的推理、伦理风险意识的培养、决策的规则等。价值观导向的系统则是在员工遇到模棱两可、未曾发生过的道德问题的时候，协助员工思考解决这类问题。因为价值观导向可以提升员工的道德意识、公平感、沟通意愿等。总的来说，这两种系统都会使员工产生正向的助力，并且价值观导向是企业伦理的根基。

另一个可以提高效率的方式是行为规范。大多数企业都是通过正式公文的方式来建立企业伦理程序及宣布行为行为规范，包含了行为规范和道德准则。行为规范是企业表明对员工行为的预期。这是一个能够激励人心的书面材料，包含可认同和不可认同的行为类型。道德准则是行为规范的基准，也是最综合性的声明。一般会列出明确的企业伦理系统、违反规定的具体方式及惩罚方式。

第二节　商业伦理建设评价

一、商业伦理道德评价的方式

商业伦理道德评价的方式有三种：社会舆论、传统习俗和内心信念。前两者是商业伦理道德评价的客观方式，后者是商业伦理道德评价对人们的商业道德行为进行善恶判定，从而会对企业员工的思想和行为产生重大影响。

1. 社会舆论

社会舆论就是众人的议论，是人们用语言或文字对所关心的社会生活中的事件或现象所发表的某种倾向性的意见。社会舆论可分为：政治舆论、文艺舆论、宗教舆论和道德舆论等。企业的社会舆论是指道德舆论，也就是人们依据商业伦理道德评价的标准，对企业员工的思想、行为所作的褒贬，如光荣或耻辱、公正或偏私、正义或非正义。社会舆论具有两个显著特点：第一，范围广泛性，凡是存在人群的地方，任何人都要受到社会舆论的制约；第二，外在强制性，也就是舆论的压力。

正是因为社会舆论存在上述特点，所以它成为影响人们意识的强大力量，成为商业伦理道德评价的主要方式。社会舆论就其产生来说，有的通过自觉的途径形成，有的则通过自发的途径形成。从企业领域来讲，自觉的社会舆论是指各级人民政府和国家商业伦理机关（财政部门），利用各种宣传工具（如报纸、杂志、广播、电视等），表彰或肯定优秀企业员工的道德行为，谴责或否定少数企业员工的不道德行为，对企业员工进行宣传教育，从而形成一种精神力量，使企业员工接受、遵循社会主义道德规范。同时，不少报刊对深原野、琼民源、闽福发、红光实业、棱光实业、银广夏、四砂股份、黎明股份、猴王股份、方正科技、兰州黄河等企业的各种舞弊造假案件加以披露，令人触目惊心、愤怒万分，而其中没有一个案件与企业脱得了干系，人们自然把企业与假账联系起来，企业的社会公信力降至谷底。其实，诚信对任何人都重要，如果我们每个人都以诚信要求自己，都以诚信对待他人，我们的社会就会成为诚信、和睦的社会。所以说，今日之中国社会最需要的是诚信。

2. 传统习俗

传统习俗即传统习惯和社会风俗，它是人们在长期社会生活中形成的一种稳定的、习以为常的行为倾向，它具有稳定性和群众性两个特点。传统习俗也称自发的社会舆论，它是商业道德评价的另一种方式。企业领域的传统习俗是长期以来在企业业务实践过程中形成的、习以为常的职业行为倾向，它表现为一定的业务情绪和业务方式。这些企业习惯，世代相传，具有历史稳定性。这些是企业员工之间不言自明的道德常规，即"习惯成自然"。风俗习惯可一分为二：新习惯和新风俗，旧习惯和旧风俗。对于前者要大力支持、肯定、宣传；对于后者的合理部分可加以改造，对于后者的消极、落后部分则应予以清除。

3. 内心信念

内心信念是道德评价借以调整人们行为的内在方式，是一种内在力量。商业道德的内心信念，是指企业员工发自内心对商业道德治理原则、商业道德治理规范或商业道德治理理想的真诚信服和高度责任感，它是企业员工道德情感、商业道德观念和商业道德意志的内在统一，是企业员工对自身职业行为应负商业道德义务的一种商业道德责任感。对企业员工来说，内心信念是他们商业道德活动的理性基础，它使人们对商业道德行为的必然性和正当性做出合理的解释，使企业员工在道德评价中形成一种自知、自尊、自戒的精神，从而成为企业员工对行为进行自我调整的巨大精神支柱。

二、商业伦理建设评价体系

本书对商业伦理道德评价指标体系与评价标准从六个维度进行设计，分别是股东权益与控股股东行为的道德评价、董事与董事会的道德评价、监事与监事会的道德评价、经理层的道德评价、信息披露的道德评价以及利益相关者的道德评价。

（一）股东权益与控股股东行为的道德评价

评价股东权益与控股股东行为应包括股东会、上市企业独立性、中小股东权益保护以及关联交易等四个方面。对股东权益与控股股东行为的道德评价，我们主要设计两个方面四个指标：

（1）关联交易的道德评价：同行联系度；融资资信度。

（2）股东道德状况：股东忠诚度；股东信誉度。

（二）董事与董事会的道德评价

董事会治理质量的评价应密切结合中国上市企业的治理环境，充分考虑法律赋予董事会的职责以及董事会的特征，从保障企业科学决策的目标出发，注重董事行为的合法性和董事会运作的有效性。基于上述考虑，我们从董事权利与义务、董事会运作效率、董事会构成、董事薪酬和独立董事五个维度，设置评价董事会治理质量的指标体系。

对董事与董事会的道德评价，我们主要设计两个方面四个指标：

（3）独立董事的道德评价：独立董事的独立性；独立董事勤勉尽责的程度。

（4）董事会道德状况：董事忠诚度；董事信誉度。

（三）监事与监事会的道德评价

我国上市企业的监事会作为企业内部的专职监督机构的基本职能是以董事会和总经理为主要监督对象，监督企业的一切经营活动以及财务状况。在监督过程中，随时要求董事会和经理人员纠正违反企业章程的越权行为。对监事会参与治理的评价应该以"有效监督"为目标，注重监事的能力和监事会运行的有效性。其中监事能力保证性包括监事会成员的独立性、监督的积极性等；监事会运行的有效性包括规模上的有效性、结构上的有效性、监督权力的有效性等。

对监事与监事会的道德评价，我们主要设计两个指标：

（5）监事会道德状况：监事会的独立性；监事的胜任能力程度。

（四）经理层的道德评价

企业的社会责任使得企业经理层不仅要为股东的利益服务，而且要为更广泛的利益相关者服务。为了促使经理层能够有效地行使职责，一个最基本的前提条件是要选拔优秀的经理人员。在此基础上，给予经理人员充分的权力以及有效的激励与约束都是提升其效率的关键。在中国转轨时期，经理人市场的作用极为有限，市场的选拔机制以及激励机制的作用程度很低，对经理人的选拔以及激励约束主要应通过内部治理机制来实现。目前中国上市企业经理层治理实质上要解决两方面的问题：一是要使经理层有能力并积极地通过自身利益的实现来使利益相关者的利益最大化，从而解决管理无力和管理腐败的问题，这可以通过良好的激励与约束机制来实现；二是要尽可能使有能力的经理层做出有利于企业长远发展的科学决策，这可以通过恰当的任免机制和执行保障机制来实现。

对企业经理层的道德评价，我们主要设计三个指标：

（6）经理道德评价：经理人操守；经理人忠诚度；经理人信誉度。

（五）信息披露的道德评价

上市企业信息披露评价主要包括四项内容：一是财务信息，包括使用的会计准则、企业的财务状况、关联交易等；二是审计信息，包括注册会计师的审计报告、内部控制评估等，审计及信息披露评价当前比较注重审计关系本身的合规性、独立性；三是披露的商业伦理信息是否符合相关规定，目前虽具有较高的定性标准，但是缺乏具体的量化标准；四是信息披露的及时性等。其中信息透明度是核心，具体从完整性、真实性以及及时性三个方面衡量信息披露的质量。其中信息披露的真实性是信息的生命，要求企业所公开的信息能够正确反映客观事实或经济活动的发展趋势，而且能够按照一定的标准予以检验；信息披露的及时性要求企业应在信息失去影响决策的功能之前提供给决策者。由于投资者、监管机构和社会公众与企业内部管理人员在掌握信息的时间上存在差异，为解决获取信息的时间不对称性可能产生的弊端，上市企业应在规定的时期内依法披露信息，以增强企业透明度，降低监管难度；信息的披露完整性要求上市企业必须提供企业完整的信息，不得忽略、隐瞒重要信息，使信息使用者能够全面了解企业的商业伦理结构、财务状况、经营成果、现金流量、经营风险及风险程度等。公开所有法定项目的信息，使投资者足以了解企业的全貌、事项的实质和结果，披露的完整性包括形式的完整和内容的完整。

对信息披露的道德评价，我们主要设计三大方面三个指标：

（7）完整性披露（相关性披露）。

（8）真实性披露（可靠性披露）。

（9）及时性披露（信息披露的公信力）：会计报表诚信度；审计报告诚信度；信息披露的社会接受程度。

（六）利益相关者的道德评价

我们根据利益相关者在商业伦理中的地位与作用，并且考虑到评价指标的科学性与可行性，主要从利益相关者参与商业伦理和利益相关者关系的和谐角度设置反映利益相关者的评价指标。利益相关者参与商业伦理方面主要评价其参与商业伦理的程度，较高的利益相关者参与程度意味着企业对利益相关者权益保护程度和科学决策的可能性的提高；利益相关者关系的和谐角度方面主要考察企业与由各利益相关者构成的企业生存和成长环境的关系的协调程度，包括企业员工参与程度、社会责任履行状况、企业投资者关系管理、企业和监督管理部门的关系、企业诉讼与仲裁事项等评价内容。

对信息披露的道德评价，主要设计五大方面十七个指标：

（10）企业社会责任履行状况：税收贡献率；企业就业率；企业残疾人就业率；社区融洽度；社会美誉度。

（11）企业投资者关系管理：企业对投资者忠诚度。

（12）企业与购销客户的关系：企业对顾客忠诚度；供销稳定度；产品价格满意度；产品质量满意度；客户服务满意度。

（13）企业诉讼与仲裁事项：企业遵纪守法程度。

（14）企业员工参与程度：企业对员工的忠诚度；员工对企业的忠诚度；员工的敬业程度；企业对退休员工的关心程度；员工的满意度。

具体对股东权益与控股股东行为的道德评价、董事与董事会的道德评价、监视与监事会的道德评价、经理层的道德评价、信息披露的道德评价以及利益相关者的道德评价的一级指标、二级指标、三级指标所形成的指标体系、指标说明与评价标准如表 10 - 1 所示。

表 10 - 1　　　　　商业道德评价指标体系与评价标准表

一级指标	二级指标	三级指标	指标说明	评价标准
股东权益与控股股东行为	（1）关联交易的道德评价	同行联系度	考核企业横向联系水平	与同行企业保持良好关系
		融资资信度	考核企业诚信水平	按时按量履行还款义务
	（2）股东道德状况	股东忠诚度	衡量股东是否长期持有该企业股票	持有期限
		股东信誉度	评价股东对承诺的履行程度	按时按质履行
董事与董事会	（3）独立董事的道德状况	独立董事的独立性	考核独立董事职责履行的保障状况	有关规定
		独立董事勤勉尽责的程度	考核独立董事的工作成果	企业有关章程

续表

一级指标	二级指标	三级指标	指标说明	评价标准
董事与董事会	（4）董事会道德状况	董事忠诚度	考核董事对企业利益的维护程度	有效保障企业利益
		董事信誉度	考核董事履行承诺的程度	有效履行承诺
监事与监事会	（5）监事会道德状况	监事会的独立性	考核监事会工作的客观独立性	监事会能独立履行职能
		监事的胜任能力程度	考核监事的工作能力	监事具备专业素质履行职能
经理层	（6）经理道德评价	经理人操守	考核经理个人的道德水平	具备综合的个人修养
		经理人忠诚度	考核经理对企业的忠诚	对股东利益一贯性的维护
		经理人信誉度	考核经理对承诺的履行	能按时按质履行承诺
信息披露	（7）完整性披露（相关性披露）	会计报表诚信度	考核上市企业信息披露是否真实公允	应真实披露企业财务信息
	（8）真实性披露（可靠性披露）	审计报告诚信度		
	（9）及时性披露（信息披露的公信力）	信息披露的社会接受程度	考核公众对财务信息的接受程度	公众对企业财务信息有较大认可度
利益相关者	（10）企业社会责任履行状况	税收贡献率	考核企业对纳税义务的履行	企业越及时足额纳税越好
		企业就业率	考核企业对社会就业的贡献	企业吸纳就业人数占总人口的比率
		企业残疾人就业率	考核企业对社会公益事业的贡献	企业吸纳就业的残疾人人数
		社区融洽度	考核企业对社区文化的贡献	对社区其他成员利益的考虑
		社会美誉度	考核企业社会责任的履行程度	企业对整个社会公益的关心
	（11）企业投资者关系管理	企业对投资者忠诚度	考察企业对投资者的关心程度	企业对投资者利益的维护水平

续表

一级指标	二级指标	三级指标	指标说明	评价标准
利益相关者	（12）企业与购销客户的关系	企业对顾客忠诚度	考察企业对顾客的关心程度	企业对顾客利益的考虑
		供销稳定度	考察企业的产销链是否成熟	企业产销链是否正常运营
		产品价格满意度	考察企业的产品定价是否合适	企业产品的性价比越高越好
		产品质量满意度	考察企业的产品质量是否可靠	企业产品安全可靠
		客户服务满意度	考核企业提供服务的质量	企业提供的服务是否及时有效
	（13）企业诉讼与仲裁事项	企业遵纪守法程度	考察企业对法律法规的遵守度	企业接受起诉和处罚的次数
	（14）企业员工参与程度	企业对员工的忠诚度	考核企业提供服务的质量	企业提供的服务是否及时有效
		员工对企业的忠诚度	考察员工对企业利益的维护度	企业员工是否一贯维护企业利益
		员工的敬业程度	考察员工对工作的认真度	企业员工是否一贯认真完成工作任务
		企业对退休员工的关心程度	考察企业对退休员工的关心度	企业是否关心退休员工利益的维护
		员工的满意度	考察企业对员工利益的保障度	企业对员工个人的综合利益的考虑

第三节 企业伦理建设的措施

一、制定伦理愿景与价值观

共同愿景最简单的说法是我们想要创造什么。正如个人愿景是人们心中或脑海中所持有的意象或景象，共同愿景也是组织中人们所共同持有的意象或景象，它创造出众人是一体的感觉，并遍布到组织全面的活动，而使各种不同的活动融汇起来。

共同愿景对伦理型企业的建设至关重要，因为它为企业健康发展提供了奋斗的方向与动力。"共同愿景"能够创造出人我为一体的感觉，激发潜伏在企业成员心中的一股令人深受感召的力量，以使企业不同的个体活动加以整合，并遍及到企业的整个机体，让人难以抗拒。一旦建立起"共同愿景"，就可增强企业凝聚力，并使企业拥有强大的内驱力，以孕育出无限的创造力。

组织的伦理愿景将个人道德标准与组织伦理规则进行有效整合。很多企业管理者愿意以自我价值判断作为组织的价值标准，一般雇员也更关心自己是否胜任工作、是否在工作中获得满足和自我价值的实现。提出统一的组织伦理愿景，可以打破伦理缄默现象，并鼓励雇员在合规性前提下实现自我发展和组织发展。

某电视台综艺节目中，有位男嘉宾让观众记忆深刻。他生于美国，在中国香港长大，大学本科就读于哈佛大学，硕士就读于牛津大学，现在正在攻读加州大学伯克利分校的博士，全部是世界顶级名校，如此超豪华的学历背景让全场不禁一阵惊呼。但是让人没有想到的是，在男嘉宾提问的环节中，男嘉宾问女嘉宾："如果中了一千万美元大奖会怎么花？"他希望的答案是能够成立基金会，帮助别人。非常认真地强调"为人民服务"很重要！女嘉宾的回答与其相去甚远，于是男嘉宾最终选择了独自离开。哈佛的教育成功之处在于将学校的价值内化为学生的价值观，有些人嘴上说为人民服务，但是当听到别人说为人民服务时，竟然哑然失笑。可见，对有些人来说，为人民服务已经不再是价值观了。

二、制定伦理准则

为了激励、培养、维护员工行为的一致性，组织常常制定行为守则与伦理规范。行为守则是关于行为的说明和规定，对员工的一些具体行为给予合理的规定。伦理守则是表明一个组织基本价值观和希望其成员遵守的道德规则的正式文件。一方面，道德准则应尽量具体，以向雇员表明应以什么精神从事工作；另一方面，道德准则应当足够宽松，从而允许雇员们有个人判断的自由。行为守则规定必须遵守（规定性）或避免（禁止性）的行为。如上、下班时间的规定是必须遵守的，但是偶尔迟到、早退也是被允许的。又如公司员工之间不得结婚或发生办公室恋情。有些公司，如果本公司男女员工结婚，必须至少有一个人离开公司。

伦理规范是对员工符合组织期望的行为概括，鼓励员工发展特定的素质，如忠诚、诚信、廉洁、正直等"美德"。调查发现，行为守则条款是伦理规范条款数量的两倍。因为守则较具体，而伦理规范较抽象。因此，如果能够充分自信地预见员工可能面临的各种情景以及与这些情景相关的所有环境，那么可以制定具体的行为守则。然而，不同岗位职责，情况会有所不同，总的来说，高层管理人员适合伦理规范，而低层员工适合行为守则。即使是操作性岗位，也不可能囊括所有的行为，因此制作一部伦理规范是非常必要的。

1943年，强生公司首次提出了著名的23项信条，较为详细地勾勒出公司对顾客、雇员、社区和股东所负责任的内涵，被认为是世界上第一部正式的企业伦理守则。伦理守则在不同的组织中呈现出多种形式，这些守则包括在公司的行为守则、操作守则或者公司目标中。

伦理守则描述了企业对利益相关者的责任或者对员工行为的期望，明确了公司追求的道德目标、所秉持的道德观念以及所承担责任的内容。伦理守则的主要内容通常涵盖雇员关系（包括平等就业发展机会和合理报酬、安全健康的工作环境等问题）、社区和环境（包括遵守各种法律法规、保护环境等问题）、顾客关系（包括产品质量和安全、诚实信用等问题）、股东关系（包括股东利益和经理层的信托责任等）、供应商及其他商业伙伴（包括公平交易、尊重财产权和商业秘密等问题）、竞争者关系（包括公平竞争等问题）等方面。

具体来讲，需要做好以下几个方面。

第一，企业应该在企业使命陈述、企业价值观、企业战略选择等制度设计中体现伦理要求，以保证做出正确的伦理判断。

第二，设立伦理委员会，建立伦理规范。伦理规范是企业全体成员应该遵守的道德规范，企业应该以多种方式让全体员工参与规范的制定，以增强认同感和自觉性。

第三，指派一名高管负责实施、监督伦理规范。伦理主管的职责有：检查员工是否遵守企业的伦理规范；检查员工是否遵守包括各种法律法规在内的规章制度；指导员工进行伦理决策判断；负责员工的伦理教育计划，使他们在面对伦理问题时能够坚持伦理原则。

第四，通过奖励举报和惩罚错误行为的机制来强化伦理标准。人们愿意从事会受到奖励的事情，逃避会遭到惩罚的行为。因此，应奖励那些遵守企业伦理规范的行为和个人，惩罚那些违反企业伦理规范的行为和个人，而且奖励和惩罚的力度要足够大。如果不道德行为不加以惩罚，甚至得到鼓励，这种不道德行为会越来越频繁、越来越严重。如果不对不遵守规范的人加以惩罚，伦理守则将成为一纸空文。事实上，这比没有伦理规范还要糟糕，因为它传递的是不遵守规范不要紧的信息。

位于苏州的德胜洋楼有限公司，花费了很大力气细化和完善公司的各种制度规定。德胜的员工人手一本员工手册，这本手册的最新版本长达 268 页，内容可谓洋洋洒洒、包罗万象，不但包括关于生产和运营各方面的详细规定：财务报销、采购规则、质量监督、工程管理、仓库管理、安全管理、用车规定，等等，甚至涉及个人卫生和工作习惯的规定。

德胜洋楼的管理制度又是严格的，对新进公司和老员工都有不同程度的要求，从生活起居到工作制度都有明确的规定，特别是对产品质量的要求更是近于苛刻，公司是造木结构房子的，木结构房子在需要钉钉子的地方必须是每个钉子之间的距离是六厘米，少了不行多了也不行。公司还有一项特别的规定，就是赋予质量总监以特权，质量总监在质量问题上决不退步，如果因为坚持质量而被上级领导开除的话，他必须做到三点：第一，将质量隐患向客户通报；第二，向国家质量管理部门通报；第三，向媒体公开。在做完也必须做完这三件事时，质量总监可以一次性得到公司发给的五年的工资总额。

➤ **阅读材料**

××公司员工守则节选

我实在没有什么大本事，只有认真做事的精神。

管理干部不能脱产。再高级别的人都要去定岗，每月至少一次，除非你的年龄已经超过了 50 岁。一定要在第一线做一个合格的员工。一定要制度化地在第一线工作，这是我们德胜的传家宝。

公司要成为诚实人的天下。事做错了诚实承认的不仅不会受到惩罚，还应该受到一定的表扬。对那种掩盖错误真相的一定要惩罚。公司要成为一个诚实人的天下。

公司永远不打卡。

工作场所要衣冠整齐、不得打闹、不得穿拖鞋。

工作时间埋头工作，不说闲话和废话。

礼貌待人，见面问声好，分手说再见。

做错任何一件事情，必须立即向上级反映，不诚实的人是得不到信任和重用的。

工作期间，中餐严禁饮酒，晚上需要加班的也严禁饮酒；除春节法定假期外，任何时间都严禁赌钱。如果员工被发现赌博或者违反饮酒规定的，经规劝不改者，就会受到公司的解聘处理。

三、伦理培训

许多公司通过制定道德规范来体现和维护组织的道德价值体系，为员工提供了可以遵循的规章制度，但同时借助教育培训的方式阐释了他们之于各个利益相关者所应具有的使命。例如，在董事会成立伦理委员会，把伦理道德融入公司高层，使其向外界传达公司对道德的关注，并通过在解决棘手问题时所需的必要的政治影响来支持伦理方案，委员会还可以得到伦理办公室的支持，后者通常负责处理和协调日常伦理管理中的方方面面，进行公司的伦理培训、执行和管理全过程，向员工传达伦理规范并解答员工的问题。有些公司为了完成这一任务还安装了免费"伦理热线"，由伦理办公室官员负责，调查各种疑似违规行为并向董事会报告。为了监督这些活动的有效性，伦理办公室还展开伦理审计，努力调查雇员是否了解各种规范、是否能够应对伦理敏感局势、公司伦理计划的哪些方面或部分可能需要调整等。

伦理教育的核心是通过道德培训强化组织成员的道德认知，特别是对本企业价值观和道德准则的认知。例如，松下电器强调团队精神，通过培育团队合作精神提升企业的组织勤奋精神。道德教育和伦理培训的关键在于将企业的规制和伦理守则，以清楚、明白的形式呈现给组织成员，并帮助他们理解和应用这些规则和守则。伦理教育对组织伦理氛围的形成有非常重要的作用，对职场新人伦理行为的养成尤为重要。我们可以通过一个简单的例子说明这种影响。假如你是一个刚进入公司的新人，你的同事告诉你公司为了得到一个政府项目，对某些产品进行低价投标；然后公司会采取降低产品质量的方式来弥补低价投标可能造成的损失。作为一个新人，如果你必须独立应对这种不道德的欺骗行为时，你可能会感觉到很大的道德压力。但是，如果你的同事告诉你以那样的低价格供给那样质量的产品是很公平的，在行业里也是很"正常"的，你所面临的道德压力可能就会消于无形。此时，如果没有组织系统的伦理培训和教育，作为职场新人的你，很可能就此接受了原本认为不符合伦理的观点和行为。

通过形式多样的培训，让员工了解企业伦理原则，学习到在遇到道德问题的情景下什么应该做、什么不应该做，员工就能够清楚地知道不是依据情感而是依靠伦理原则来处理相应的道德问题。

德胜公司为了保证员工伦理守则和制度能够"融入员工的血液"，所有员工，在每个月的 1 日和 15 日的晚间都要集中在一起学习召开制度学习会，每次学习某一方面的制度条例，学习时间为半小时。会议采取接龙形式，由在座员工每人朗读一句话，以保证大家的注意力不分散。每月两次的制度学习会旨在给大家反复灌输遵守制度的重要性，久而久之，这些制度规定就在员工的脑子中生了根，成为无形的约束。

四、成立伦理部门

为了培养伦理文化，需要进行结构化的伦理管理。如成立企业伦理办公室、设置伦理官（ethics officer）、成立企业伦理管理委员会、进行伦理沟通和培训等。20 世纪 80 年代，伦理官一词在美国出现，1991 年，成立了伦理规范官协会（ECOA，参见 www. eecoa. org），使命是"宣扬商业伦理行为，成为信息和策略交流的场所"。到 2020 年，已经有 5000 名以上的会员，纳入了《财富杂志》100

强半数以上公司。伦理官在公司的职责是审查伦理现状，建立正式和非正式的伦理沟通渠道，组织伦理培训，建设企业文化。

为了有效地进行企业伦理培训工作，可以设置专门的伦理部门来负责具体工作，比如检查员工是否有遵守企业手册中的伦理道德规范、与经营有关的伦理行为、培训和指点员工的道德判断等，这些可以使企业的员工从理解、学习到执行都能够知道当面对伦理道德问题时，要如何去应对并保持一定的伦理原则。

伦理部门必须由尊重法律及伦理道德规范的高阶人士来担任，这些伦理官要负责管理、监督执行企业的伦理原则。他们的责任包括：评估制订公司伦理计划所必须强调的需求及风险；发展及传达伦理守则或行为守则；对员工进行伦理教育；建立并维护一个保密的服务方式，来回答员工有关伦理道德的询问；确保公司有遵从政府的规定；监督并稽核伦理行为；对可能违反公司守则的行为采取行动；审视并及时更新守则。

这个部门会因扮演以下四种角色的不同而要面临及解决的问题就会有所不同。①委托人：这个部门是有其专业性，所以企业的员工都可以向他们询问道德伦理的问题，或将企业所遇到的状况给予适当的咨询、指导或建言。②专家：当员工面对伦理道德的问题时，就有可能会产生自我内心或与他人之间的矛盾。而要解决关于伦理问题的矛盾，最好的方式就是寻找一个"知道的人"也就是专家。在这个部门中，会有许多具备专业知识或管理经验的专家来帮忙判断及解决主要的伦理问题。③法官：伦理委员部门也必须扮演着有如法官般庄严及公正的角色。它可以有着定期检测、评价及纠错的方式来让企业不会误入歧途或保持在正轨中。因此它就需要被赋予一定的权力，因为当它发现企业中具有非伦理活动时，它能够停止这个计划，并对其中的伦理部分进行相关的修改，直到伦理委员部门认定该计划调整到正轨后才会再次启动。④督促者：伦理委员部门是在敦促及完善企业的伦理行为，因此评价和督促企业内部的伦理道德活动就是整个部门的日常工作。

五、实施关爱

在一个缺乏关爱和伦理氛围的组织中，商业决策的道德风险明显更高。最主要的道德风险包括：雇主欺骗雇员、滥权行为、工作歧视、欺骗股东和投资者、虚报工作时间、工作条件不安全、将个人利益置于组织利益之上、招聘问题、性骚扰、产品和服务质量低劣、环境问题、滥用网络资源、错误使用公司信息、篡改公司财务记录以及腐败行为等。调查还显示，这些不道德行为的发生与公司伦理氛围的缺失有直接关联性。关爱有助于形成良好的伦理氛围。对多数雇员来说，企业如果关注雇员个人的需求、在管理中有更多的关怀与互动、管理文化更加宽容和包容，雇员就更倾向于认为所在的组织是更具道德感、更具有吸引力的。

关爱也意味着领导者不仅关心决策的后果，也关心决策过程是否符合道德标准，是否人性化。如果雇员感受到他们的雇主和管理层愿意倾听他们的心声，而不是仅仅把他们当作企业盈利的工具，雇员就更愿意遵从公司的伦理政策和规则。例如，对于被怀疑违反公司政策的雇员，应该经过公平的调查给出公正的结论；对于一般性错误，应该先警告后解雇；在公司内部创造公平、公正、平等的氛围。这些都有助于让雇员感受到组织的关爱，从而减少敌意行为，增强组织的向心力。雇员乐于为企业做出自己的贡献，其前提是雇员能感受到自己被公平对待。

与单纯追求经济利益最大化的理性组织和追求小群体利益的政治性组织不同，关爱型组织将公司看作所有雇员共同组成的社会网络。在这个社会组织中，强调人际关系中的"关爱"和"友善"。企业组织是通过向市场提供优质产品和服务而获得利润，从这个意义上讲，获得利润是优质产品和服务的"副产品"而不是企业组织的唯一目标，一心只想获得利润的企业反而无法获得他们所期望的利润。同样地，企业社会网络通过营造关爱和友善的道德环境来实现经济效益的增长，利润、产品同样是关爱和友善的"副产品"。

关爱型组织强调从传统理性组织转向更个性化的管理方法，强调组织文化氛围，其理念与积极心理学不谋而合。越来越多的管理者相信，关爱和美德，是增强组织竞争力、提升雇员幸福感和工作激情的动力。海底捞的总经理张勇在总结其经营之道时，强调愉快管理学的重要性，他指出服务顾客首先要服务雇员。海底捞的管理意味着"激情 + 满足感 = 快乐，这两条都满足了，员工自然就会快乐，并把这种情绪带到工作之中。

关爱型组织并不意味着放任式管理，关爱型组织同样需要处理个体之间的利益冲突问题。在个体、组织和社会利益发生冲突时，解决何者优先的问题在任何组织中都无法回避。建立组织伦理规制就是为了解决这些问题的，使企业能够在遵守法律、追求组织的公正性以及个人层面的公平感之间保持平衡。

六、构建信用体系

➤ 阅读材料①

电视片《大国崛起》片段：1596～1598 年，荷兰的一个船长巴伦支，试图找到从北面到达亚洲的路线。经过三文雅（俄罗斯的一个岛屿），他们被冰封的海面困住了。三文雅地处北极圈之内，巴伦支船长和 17 名荷兰水手在这里度过了 8 个月的漫长冬季。他们拆掉了船上的甲板做燃料，以便在 –40℃ 的严寒中取暖；他们靠打猎来勉强维持生存的衣服和食物，在这样恶劣的险境中，有 8 个人死去了。但荷兰商人却做了一件令人难以想象的事情，他们丝毫未动别人委托给他们的货物，而这些货物中就有可以挽救他们生命的衣物和药品。冬去春来，幸存的商人终于把货物几乎完好无损地带回荷兰，送到委托人手中。他们用生命作代价，信守承诺，创造了传之后世的经商法则。在当时，这样的做法也给荷兰商人带来显而易见的好处，那就是赢得了海运贸易的世界市场。为了纪念这位百折不挠的探险家，从 19 世纪中叶起，人们就把埋葬他的那个大海命名为巴伦支海。

大多数人认为，要建立信任，首先必须行为道德。信任是一个人、一个群体或一个企业信赖另一个人、群体或企业，自愿承认有责任确认和保护所有参与共同事业或经济交易的人的权利和义务。道德的行为不是取得信任的充分条件，却是必要条件。信任是基于经验之上的，通过经验能确信他人、团体或企业将履行保护权力和利益的义务，信任减少了预期的风险。商业交易中有两种准则被广泛认可：①尽可能兑现承诺；人不能食言。②生产优质产品并捍卫该产品。我们可以得出可靠的结论，如果商人互相不信任，商业就不会顺利进行。

德国学者马克斯·韦伯认为中国商人没有独立的宗教信仰，没有独立的伦理体系和价值核心，所以中国商人是不诚实的。但他确实又听到许多对中国商业诚信的赞誉，使他大感不解，于是提出了中国商人伦理"西来"说。这显然是错误的。日本人比德国人了解中国。安东不二雄一百多年前在《支那漫游实记》中说，中国人具有优于他国之人有益于经商的特殊品质，一是"中国人富于忍耐、

---

① 顾剑：《管理伦理学》，同济大学出版社 2012 年版，第 207 页。

节俭、勤勉之能力与习惯"，二是"中国人善于处世之术""勤勉、节俭、忍耐、能够永续其业"，而且讲信用，重情义，"同业者富于团结一致之心""论讲求货殖之道之缜密周致，除犹太人之外，天下当莫如中国人。"

历史上山西商人的商业伦理观核心是先义后利、以义制利，其特点是勤劳节俭，保守财富；义利相通，关公崇拜；以人为本，和气生财；贾儒相通，行贾习儒；商士同性，修身正己，其伦理渊源是唐晋遗风、地理环境、儒家思想。虽然历史上的晋商已经退出历史舞台，但晋商的商业伦理在今天的市场经济中仍然具有重要的现实意义。

第四节　企业社会责任报告

一、编制企业社会责任报告的准备

1. 组建报告小组

企业社会责任报告带有综合性，涉及公司各个方面，需要一个跨部门的工作小组进行团队协作完成任务。因此当公司决定要发布企业社会责任报告时，第一件事就是组建报告撰写工作小组，由他们全面负责报告的组织决策、撰写、设计和发布工作。报告小组的组建要遵循三个原则。

（1）报告小组成员的关键领导参与原则。没有公司高层管理人员的直接支持和领导，不但不能写出符合公司实际的高质量报告，也很难保证报告的效果。

（2）报告小组成员的跨部门原则。一个跨部门的报告小组能够保证报告的均衡性和内容的完整性。

（3）报告小组成员的跨利益相关方原则。有条件的企业如果能够将公司的一些关键利益相关方邀请到报告小组中来，无疑会增加报告的针对性，发挥报告的利益相关方参与的作用。

2. 编制工作计划

报告小组组建以后就必须着手编制工作计划，而这主要有三方面的内容，分别是确定报告的完成时间、确定报告质量目标和确定人员分工。

一般来说，公司可以以公司财务年度报告的发布时间为导向来确定报告的完成时间，在国际上，企业越来越趋向于同时发布可持续发展报告和财务年度报告。

报告的质量问题可以从内部因素（报告可以在多大程度上反映公司的企业社会责任）和外部因素（准备选择何种报告标准来参考或指导报告）两方面来考虑。

企业社会责任报告的准备工作并不是报告小组成员在他们的日常工作之外可以完成的，他们必须腾出足够的时间，而且还要确定好每个人员所应该负责的工作，制定专门的联系人等。

3. 选定报告名称

选定合适的报告名称是准备阶段的另一重要任务，企业要根据企业的实际情况，如企业文化或经营理念与目标，以及报告是单一性的或综合性的等因素来决定选择什么样的企业社会责任报告名称。而根据现有的相关调查，总体上讲，国际上取名"可持续发展报告"的最多，取名"社会责任报告"的位居第二；国内公司发布的报告中，取名"企业社会责任报告"的占第一位，取名"可持续发展报告"的位居第二。

4. 收集资料

企业社会责任报告的撰写要以企业的实际情况为基础，因此，收集好相关资料是写好企业社会责任报告的基础。

资料的收集可以分为基础资料的收集和专题资料的收集两大方面。基础资料的收集主要是针对现有的书面资料，包括两方面的内容：一是公司社会责任和可持续发展的文字性资料；二是数字性资料。专题资料则包括企业的一些具体资料，如安全、劳工关系、社会信用、相关方等方面的具体内容和要求。

资料采集主要通过对企业内部管理过程和业务流程的梳理，以及对利益相关方的访谈来获得报告所需资料和一些关键性指标，其中利益相关方访谈是这一阶段的重点。

二、企业社会责任报告的撰写

1. 报告结构

报告的结构问题关系到整个报告的质量，在撰写时必须着重考虑。一般来说，企业第一份报告的结构方式会在后续的报告中遵循下去，因此要准备一份目录及一份报告布局样图。当然，实践中有很多企业会借鉴已有成熟的企业社会责任报告的样式，根据本企业的实际情况进行适当修改。

2. 报告内容

一般来讲，在整个社会责任报告中总论和公司治理方面的内容是基础部分，内容较为固定，通常公司有相应的文本文件可以借鉴。业绩描述部分应该是整个报告中内容最广泛的部分，在许多企业的社会责任报告中，它几乎占据了报告一半以上的篇幅，而且与企业的实际活动联系较为紧密。

一般来讲业绩描述可选择以下几种结构开展。

（1）三重底线报告结构。根据可持续发展的前后关系，常常引用可持续发展的三重底线，即环境、社会和经济。从广泛的意义上讲，三重底线包括一系列的价值观、问题和过程，企业必须分析所有这些方面，以尽可能减少其活动可能带来的不利影响，同时创造经济、社会和环境价值。许多公司采用三重底线的结构来描述它们的业绩，这样的阐述逻辑性很强，不足之处是三重底线之间的联系性不够紧密。

（2）按产品和企业部门划分结构。按产品划分结构时需要特别注意的是，不要把报告变成一份产品销售目录。

（3）按题目划分结构。如2017年，国家电网公司发布的第二份企业社会责任报告反映了公司社会责任的12个基本方面，即科学发展、安全供电、卓越管理、优质、合作共赢、服务"三农"、科技创新、员工发展、环保节约、全球视野、沟通交流、企业公民。这是一个把经典的三支柱报告模式创造性地整合成不同主题的范例。

3. 报告的篇幅和格式

如何确定报告的篇幅是编制报告的一个重要问题。有咨询公司做了一项调查，喜欢50页以上报告的人只有30%，大部分人希望阅读50页以下的报告；在接受该项调查的人中，有2/3的人花费不超过30分钟的时间去阅读报告。目前，国内的报告有的多达80页，篇幅太长，一般读者阅读起来会觉得很累。为了使企业社会责任报告的信息能够传达给利益相关方，建议报告篇幅的设计应该以适合阅读为主。

三、企业社会责任报告的发布与传播

编制好企业社会责任报告以后，应先进行内部评估，同时征求外部利益相关方的意见，进行报告的内外部评价和审检，这是提高报告可信度的重要手段。

发布和传播企业社会责任报告的形式有互联网发布、印刷品发布等，而传播途径有新闻发布、网络传播、信函和 PPT 介绍等。

公司公关部门需要做一些工作，制造一些新闻点，引起媒体关注。如 2020 年 4 月 22 日，中国石油天然气集团公司发布 2016 年度社会责任报告和《西气东输（2002 - 2013）企业社会责任专题报告》，同时发布《中国石油天然气集团公司履行社会责任指引》，这是中国石油 2006 年建立社会责任报告发布制度以来，连续第 15 年发布社会责任报告。媒体反应积极，多家广播、电视、报刊及网络媒体进行了相关报道，包括中央电视台的《经济信息联播》。

目前仍有不少企业将企业社会责任报告与年报一起发布，但独立的企业社会责任报告是发展的趋势。企业可以考虑将企业社会责任报告的发布和其他企业社会责任行动结合起来，以达到沟通及宣传效果的最大化。

四、企业社会责任报告的信息反馈

按照信息反馈系统理论，反馈信息一般要经过信息收集、信息过滤以及信息分析环节才能最终形成。因此，应采取以下措施形成反馈信息的渠道。

（1）对社会责任信息进行必要的解释和宣传。直接的途径是使社会责任信息通俗易懂，在公开社会责任信息的同时附加一些背景、专业术语，对一些重要数据加以解释说明等，也可以编制一些通俗易懂的宣传资料，使公众获得更为清晰明了的社会责任信息。

（2）采用多种形式收集反馈信息。可能的方式包括媒体的书面调查，企业自身的走访调查以及通过网络平台接收公众的反馈信息等。

（3）建立科学的信息处理系统。首先要通过信息处理系统对收集到的信息进行整理和分析，找出其内在联系，分析公众对社会责任信息需求的特点和规律，作为将来调整社会责任报告目标的事实依据。

五、编制企业社会责任报告的误区

目前中国企业在编制企业社会责任报告时容易出现三个方面的误区。

（1）认识上的误区。概念认识出现偏差，一是公司对社会责任的涵盖范围认识不足。例如，在社会责任报告中对股东利益只字不提或者将社会责任等同于社会捐赠、"企业办福利"。二是未能界定社会责任报告的主题和时间范围。例如，将员工的捐赠行为，大股东的社会公益活动同样视为公司社会责任活动予以报告。

三是将社会责任报告视为"绿色洗脑"或公司宣传作秀的工具，公司产品获奖、社会赞誉、政府表彰在报告中铺天盖地，而披露的社会责任实践活动寥寥无几。

（2）内容上的误区。一是内容不完整，有的报告对股东、员工、环境、社区、客户等的信息描述不全面、不完整，只展示正面信息，而对负面信息只字不提；对社会责任实践方面的亮点做重点披露，而对不足之处不说明原因，也不提出改进的办法。二是报告缺少真实性。以环保为例，有的社会责任报告隐瞒超标排污实情。三是有的公司原文照搬相关部门发布的报告内容，没有传递公司在履行社会责任方面的具体措施。四是堆砌枯燥的文字、数据，对具体项目的实施将给中国环境、社会和经济方面造成的影响不进行分析。

（3）形式上的误区。报告只讲形式而缺乏实质性的内容，或形式重于实质。有些报告仅仅是描述公司对社会责任的认识、原则和口号，大讲"应该如何"，而没有披露公司"实际是如何做的"，没有描述企业在经济、法律、道德等社会责任中所扮演的角色；有的上市公司的社会责任报告对关键的定性信息表述得不够清晰，不够详尽，定量数据没有注明数据来源，没有提供第三方证明，也不加以说明。

本章小结

企业伦理建设是企业经营行为符合伦理、企业永续经营的重要保证。企业伦理建设的原则有诚实守信原则、人道原则、公平平等原则、效率原则。商业伦理建设评价体系包括六个方面：股东权益与控股股东行为的道德评价、董事与董事会的道德评价、监事与监事会的道德评价、经理层的道德评价、信息披露的道德评价以及利益相关者的道德评价。

企业伦理建设的措施可以从以下几个方面展开：制定伦理愿景与价值观、制定伦理准则、伦理培训、成立伦理部门、实施关爱、构建信用体系。

企业社会责任报告需遵循四个环节：准备、撰写、发布与传播、信息反馈，同时要注意避免编制企业社会责任报告的误区。

本章关键术语

企业伦理建设原则　商业伦理建设评价体系　伦理愿景与价值观　伦理准则
伦理培训　伦理部门　企业社会责任报告

复习思考题

1. 企业伦理建设需遵循哪些原则?

2. 商业伦理建设评价体系包括哪些部分?

3. 企业伦理建设的措施包括哪些方面?

4. 如何编制公司的企业社会责任报告?

5. 从网上选择一家公司所发布的企业社会责任报告,分析其内容构成和写作方法。

6. 有些公司设置伦理官职位,你觉得有必要吗? 谈谈你的认识。

➤ 情景分析

情景分析 1　赠送礼物的标准[①]

每一年在盛行送礼和招待活动的节日到来之前,一些美国公司会发出通常所称的"谢绝送礼信",要求供货商尊重他们的有关政策,并说明他们允许雇员接受的礼品的尺寸和性质。下面是联合技术与西科尔斯基飞机公司发出的"谢绝送礼信",是典型的一种。

女士们,先生们:

圣诞佳节即将来临,我谨借此机会对贵单位为我们事业的成功所作的持续贡献表示诚挚的感谢。我还想就我们双方都极为重要的一个时下关注的问题向你们表明我们的看法。

在我们双方的代表之间逐渐形成了个人友谊和伙伴关系,这是非常自然的事情。这种友谊可能会以各种方式表达出来,如果纯粹从个人关系的角度看,也许是无可厚非的。但是,遗憾的是,商业关系和个人关系之间的区别实际上常常无法分辨。如我们所知,有些仅仅作为友谊和善意的象征而提供的赠与,按照《反回扣法案》(适用于美国政府的承包商和转包商等),可能不仅被推断为违背道德,甚至是一种犯罪。

西科尔斯基飞机公司的政策始终是,禁止雇员索贿行贿、送礼收礼。这包括

---

① 宋志勇:《企业伦理学》,清华大学出版社 2017 年版,第 71 页。

向雇员或其家人赠送财产、设备、礼金或纪念品。我们继续请你们配合，以使这一政策生效，使我们能够保持我们双方都必需的相互尊重的正常交易关系。

在这封"谢绝送礼信"中，西科尔斯基飞机公司非常清楚地表明，它的惯例和准则要求公司的员工在碰到类似的问题时，员工应按公司的道德规范要求做，同时当它的惯例和准则与供货商不同时，它希望尊重并按西科尔斯基飞机公司的惯例和准则办。送礼招待活动的政策针对公司购货过程，以从根本上杜绝腐败的可能，如果这种情况出现，可能危及公司的生存能力。但是与此同时，在不同的公司、行业和文化之间有各不相同的做法，也是可以理解的。

围绕送礼和招待活动的环境变化多端，也使人产生困惑：有些人把它看作工于心计的手段，与此相反，有些人则认为，在商业活动中，个人关系还是会带来重大优势，而送礼和社交活动在一定程度上可以促进个人的关系。在这方面，勾勒出个人关系的性质和背景的文化因素对于确定可允许行为的界限变得很重要。韩国、日本和沙特阿拉伯只是以在商业关系中送礼高度仪式化著称的国家中的少数几个。在美国，公司为体育活动或其他娱乐活动的"超级包厢"花费大量金额。这些国家各有其独特的做法。在沙特阿拉伯习以为常的无节制的礼物，在美国司空见惯的无节制的娱乐，在像日本这样的第三个国家中，可能被看作超出了正确行为的界限。这样公司员工如果多元化，来自不同文化背景的员工将面对自己信奉的道德规范与公司的道德规范不一致而产生的道德困惑。

分析思考：你是否认同联合技术与西科尔斯基飞机公司的做法？为什么？

情景分析2　Y公司的损耗管理制度①

　　Y公司是一家在全国排名前十位的电子商务公司，经营范围不仅有3C数码电子产品、日用百货，还有母婴玩具和食品饮料，商品品种超过十万种。作为一家创业型公司，虽然成立时间不长，但得益于中国电子商务的大环境，以及公司创始人对公司的准确定位，加上员工秉承诚信服务、顾客至上的公司理念，公司年度业务增长速度高达60%以上，在短时间内就把业务扩展到全国各地，成为全国知名的电子商务品牌。

为了更好地提供优质服务，进一步快速响应顾客需求，并持续提高各主要业务区域的顾客满意度，公司决定在各主要城市建立自己的仓储运营中心，不到两

---

① 周祖城：《企业伦理学》，清华大学出版社2020年版，第114页。

年的时间，公司员工由几百人急速扩张到几千人。仓库的人员特别是基层操作人员的大幅增加，加之有经验的管理人员不足，给仓库的日常运营工作造成了极大的压力。加之电子商务销售波动性较大，随着业务急剧增长，新公司流程不完善、员工上岗缺乏训练等问题和矛盾越发凸显，各种违规现象在各地仓库急剧上升，严重时，平均每天有5000元的损失，最高时一天中有高达2万元的商品被仓库员工偷拿偷吃。

为了遏制日益泛滥的偷窃现象，将各项非正常的损失控制在合理范围内。管理层决定成立独立的损耗管理部门，并派驻到各地仓库进行现场管理。

损耗管理人员经过现场调查发现，由于仓库员工大多是新招聘的，对公司管理制度和规定都不熟悉，很多员工都是经同乡介绍而来，管理人员大多也来自不同背景的传统公司，不仅对部门的员工情况不熟悉，对电子商务的操作特点也很不了解，还未形成整体有效的管理体系。加之仓库监控设计不合理，有很多盲区，给一些爱贪小便宜的员工可乘之机，一些员工得手之后，其他员工看到没有被追究，也就抱着不拿白不拿的心态，跟风作案，导致一时间内仓库偷盗之风盛行，同时，公司人事管理制度在设计时，没有考虑到此类情况，处罚过轻，没有威慑力。比如，若发现有充分证据，证实员工有偷盗行为，按照公司原制度，只是行政处罚扣10分，然后做开除处理（公司规定，一年内一名员工累计扣到10分，就会被公司开除）。这对流动率非常高的基层操作员工而言，根本谈不上威慑，而且不是每次偷盗行为都能被及时发现，又有同乡相互庇护，使得在相当长的一段时间里，偷盗之风未能被有效遏制。

在新任仓库管理层的支持下，损耗管理部门根据现场实际情况，于2012年年底制定了一系列严格的管理制度，不仅规定各责任部门的损耗考核指标，而且引进第三方保安公司，对进出仓库的人员均进行安全检查。特别是针对仓库员工，大幅修改了管理制度，新制度规定：若发现员工偷吃偷拿公司商品，一经证实，未到警方立案金额的，不仅需要按照商品售价10倍罚款，还要其再缴纳现金1000元，作为公司损失补偿，同时做开除处理。

制度公布执行之后，仓库员工上下都非常重视，各项制度都得到了严格执行，同时梳理优化了各项工作流程，对基层员工和管理人员进行各项制度的培训，并大力宣扬公司诚信文化，对违反制度的员工，严格按照公司制度进行处罚。随着这一系列组合措施的快速落实，仓库偷吃偷拿之风被逐步刹住。

其间虽然也有人力资源的同事提出不同看法：认为损失补偿形同罚款，是否合适？但当时运营管理层觉得乱世用重典，没有震慑的制度，铁腕的执行，愈演愈烈的偷吃偷拿之风，不可能在短时间打下去，于是也就排除了不同意见，继续落实下来。一年后，新来的公司内审人员在审计损耗管理制度时，指出此类罚款规定不妥，有违反劳动法之嫌，因绝大多数被处罚的员工，当时拿不出这么多现金缴纳补偿金，要求在其工资中扣除；其次处罚过重，例如偷拿一包纸巾，售价1元钱，但根据制度，需要罚款1010元。

损耗管理部门争辩说，新员工入职都会签署一份诚信协议，协议中已清楚表明了对偷盗行为的处罚规定，而且每一名被发现涉嫌偷窃的员工，都会有充分的证据来证明其偷窃行为，包括现场录像、证人的笔录及其本人签字的承认偷窃的面谈文件，损耗管理部门还会要求其亲笔签署一份自愿补偿公司的声明文件，文件中有"自愿补偿"的明确字样。即使劳动部门追究，在手续文件方面也不会有问题。而且一般而言，涉嫌偷窃的员工因怕丢面子，也不会主动去劳动部门申诉，在已经处理的100多人中，尚没有出现去投诉公司的先例。

从实施情况来看，高额的罚款也确实起到了震慑作用，仓库中因内部偷窃造成的损失几乎降为零。管理层担心，如果取消该制度，好不容易被控制下来的偷拿偷吃现象，会不会死灰复燃？

分析思考：你认为 Y 公司实行的新制度在伦理上可以接受吗？理由是什么？

➤ 案例分析

从葛兰素史克案看进口药价如何翻跟斗①

据记者涂端玉2014年5月15日报道，14日从湖南省长沙市公安局获悉，历经10个多月的侦办，葛兰素史克（中国）投资有限公司（以下简称 GSKCI）涉嫌对非国家工作人员行贿、单位行贿、对单位行贿等案已侦查终结，于日前依法移送检察机关审查起诉。

1. 牟取非法所得数十亿元

2009年1月，马克锐就任 GSKCI 处方药事业部总经理后，为了完成 GSK 总部下达的高额销售增长指标，在张国维等的支持下，全面倡导"以销售产品为导向"的经营理念，强调"没有费用，就没有销量"的销售手段，先后组建和扩充了多个销售部门，将贿赂成本预先摊入药品成本，并组织各部门在虚高药价条

---

① 李玮、刘建军：《现代商业伦理》，清华大学出版社2017年版，第78页。

件下，通过大肆贿赂医院、医生、医疗机构、医药相关协会组织等医药销售相关部门及其所属人员推销药品，牟取非法所得数十亿元。

GSKCI 在中国销售的药品大多冠以海外原研药名义，在药品进口前通过转移定价的方式，增高药品报关价格，在将巨额利润预提在境外的基础上，设定高额销售成本用于支撑贿赂资金。GSKCI 药品的价格远高于在其他国家的价格，最高的达到其他国家的 7 倍。通过贿赂销售，GSKCI 的主营业务收入实现了逐年攀升，从 2009 年的 39 亿余元，增长至 2012 年的 69 亿余元。在此期间，马克锐等犯罪嫌疑人组织其财务部门，采取在 GSKCI 内部虚假交易的手段，将在中国境内的绝大部分违法所得作为采购成本转移到境外预设的公司结算。其巨额贿赂成本及违法所得，实际上都通过虚高的药价转嫁给中国的病患人员和国家财政承担。

为了刺激增加销售额，GSKCI 采取多种方式鼓动销售员工"轻合规，重销售"，不但向员工提供高额销售费用，还制定了奖惩制度，完成销售指标获得高额奖金，完不成者则面临着被解雇或无法升迁的命运。在这种畸形的考核目标和制度导向下，GSKCI 下属销售员工采用各种方法大肆进行贿赂活动。马克锐等公司高管人员组织各部门，在各种公开场合和行政执法部门检查中，极力回避和掩护贿赂销售行为，努力维护行贿费用的资金输出渠道。

2. 通过贿赂设排他性障碍

为抢占市场份额，GSKCI 通过贿赂设置排他性障碍，提高药品市场销量。2010 年以来，因肝炎药"贺普丁"专利药资格到期、大量国内仿制药即将大量上市，GSKCI 先后实施所谓"长城计划""龙腾计划"，行贿数千万元，并明确要求不得采用国产同类药品。实施"长城计划"后，不少医院不再采购"贺普丁"国内同类药品。

打开中国市场的五条"贿赂链"：

（1）自营药品销售贿赂链。医药代表贿赂医生、地区经理贿赂大客户、大区经理贿赂 VIP 客户。

（2）外包药品销售贿赂链。将药品外包给本土多家公司代销，通过其对医生行贿。

（3）"冷链"（疫苗）销售贿赂链。出资采购汽车、电视机、电动车、摄影摄像器材等非医疗设备，向疾控中心和疫苗接种点客户行贿。

（4）大客户团队销售贿赂链。大客户部贿赂机构，对一些部门拉关系、搞贿赂，确保药品高价销售。

（5）危机公关贿赂链。组织人员成立危机应对小组，先后向多地工商行政执法人员和关系人行贿，意图阻止工商部门进行查处。

此外，在近年的贿赂销售过程中，全国多地工商部门不断接到该公司涉嫌商业贿赂的举报并立案调查。2012 年，马克锐、张国维、赵虹燕组织人员成立危机应对小组，先后向北京、上海等地工商行政执法人员和关系人行贿，意图阻止工商部门对其查处，直至 2013 年 6 月被查获。

3. 逐步翻番的药价

以贺普丁为例，经核查，2012 年，贺普丁真实成本为 15.7 元，转移定价后到中国工厂的口岸价是 73 元，GSKCI 出厂价（不含税）为 142 元，经物价部门核准的最高零售价为 207 元。

4. 畸形的价格反差

以知名药品贺普丁为例，在中国的出厂价是 142 元，而在韩国只有 18 元，在加拿大不到 26 元，在英国不到 30 元，在德国、日本等国家，其出厂价也远远低于中国。也就是说，购买一盒贺普丁，中国的患者要比其他国家付出高得多的代价。

5. GSKCI 的药品价格为何如此之高？价格又是如何确定的？

多名涉案的 GSKCI 高管供述，新药进口到中国前，公司便会启动"倒推计算"价格过程。"这一过程也叫转移定价。"原 GSKCI 副总裁兼疫苗部总经理陈洪波说，这是跨国公司实现利润最大化的一种主要方法。在原产国分公司把要赚的利润确定好，把确定后的（原产国）零售价作为销往另一个国家分公司的成本价。在这个基础上，再实行一套价格策略，确保在另一个国家能够盈利。

6. 巨额利润实则已留境外

"对 GSKCI 而言，除了进口成品药，还有一种方式是进口原料再加工。"陈洪波供述的原料由 GSK 在塞浦路斯的分公司做，瓶装是在意大利分公司，从塞浦路斯到意大利进行一次价格转移；从意大利分公司到中国贴标签，再进行一次价格转移。多次价格转移之后，每个分公司都赚钱，总利润相当可观。

据 GSKCI 副总裁兼企业运营总经理梁宏供述，GSKCI 的这种做法不仅大幅提高进口药品价格、获取巨额利润，而且将应当在中国境内产生的大部分利润留在境外，达到少缴税的目的。

因此，GSKCI 财务报表上的数据也就不难理解。2012 年公司主营业务收入约为 39.78 亿元、48.62 亿元、55.29 亿元、69.75 亿元；而同期的营业利润约为 1.10 亿元、-0.47 亿元、0.60 亿元、-1.88 亿元。

"值得注意的还有主营业务成本，与主营业务收入一样，也呈逐年猛增之势。"侦办 GSKCI 案件的专案组民警介绍。2009 ~ 2012 年，公司主营业务成本

（进货成本）分别约为 30.39 亿元、37.13 亿元、43.16 亿元和 50.30 亿元，其中就包含通过转移定价预留在境外的利润。

7. 微利或亏损只是表面

据介绍，除了通过"转移定价"把利润留在国外之外，GSKCI 还在国内进行了另一次"价格转移"，其报关进口虚高价格的药品后，通过设在中国的工厂加工包装出售。在这部分"价格转移"中，不仅实现了其中国工厂的利润，也通过 GSKCI 药品出厂价与其中国工厂出厂价中间的差价，预提了在中国的贿赂销售费用和目标利润。

由此可见，把高价药品卖出去是葛兰素史克中国公司的最大目标，表面上看是微利或亏损，实际上卖得越多赚得越多。

思考与讨论：

1. 结合案例，试用商业伦理观点说明你对 GSKCI 高价药事件的看法，并说明理由。

2. 试结合案例分析该公司行为的影响，你认为应如何加强商业伦理体系建设会更加有效，试写出方案。

参考文献

[1] Jitendra Mishra, A. Molly Morrissey. Trust in employee/employer Relationships: A Survey of West Michigan Managers [J]. *Public Personnel Management*, 1990, 19 (4): 443 – 486.

[2] Peg, Holmes. Communicatiors Help Build Employee Trust at General Motors [J]. Communication World, 1985, 2 (7): 18 – 21.

[3] 刘红叶：《企业伦理概论》，经济管理出版社 2007 年版。

[4] 劳拉·P. 哈特曼等：《企业伦理学》，机械工业出版社 2015 年版。

[5] 费雷尔：《企业伦理学：诚信道德、职业操守与案例》，李文浩等，译，中国人民大学出版社 2016 年版。

[6] 宋志勇：《企业伦理学》，清华大学出版社 2017 年版。

[7] 徐金发等：《企业伦理学》，科学出版社 2008 年版。

[8] 赵斌、陈玉保：《企业伦理与社会责任》，机械工业出版社 2011 年版。

[9] 李玮、刘建军：《现代商业伦理》，清华大学出版社 2017 年版。

[10] 顾剑：《管理伦理学》，同济大学出版社 2012 年版。

CHAPTER 11

第十一章 伦理领导的修养

▷ 学习目标

1. 了解伦理型领导的内涵。
2. 了解伦理型领导的结构。
3. 掌握并践行伦理领导的修养之道。

▷ 引导案例

稻盛和夫的 "敬天爱人" ①

有这样一个人：他在商海沉浮 50 余载，一手创建两家不同领域的世界 500 强企业。78 岁又再出山，挽救了日航，短短 10 个月时间，他 "妙手回春" 又让原本濒临崩溃的日航重返世界 500 强行列。没错，他就是来自日本的 "经营之圣" ——稻盛和夫。

商界人士对这个名字应该更为熟悉，目前全亚洲盛行学习稻盛和夫管理思想的浪潮，自发创建了 60 多家 "盛和塾"，将近 9000 多名 "塾生"，学生遍及各个领域，都取得了不小的成就。就连软银董事长孙正义都曾当过 5 年 "塾生"，他提起这段经历总是不禁感慨：如果没有稻盛和夫先生，就没有我的今天。

对于这位传奇的人物，很多人都好奇：他能获得成功并且经久不衰的秘诀是什么？对于这个问题，稻盛和夫非常乐意与年轻人分享，专门有一本名叫《稻盛和夫给年轻人的忠告》一书详细记录过。稻盛先生曾坦诚地说："我活了 89 岁，一生所有的经验总结，就是这 4 个字。" 被稻盛和夫认为财富宝典的这 4 个字就

---

① 笔者自编。

是"敬天爱人","敬天"是"作为人应当做的正确的事情","爱人"也就是"关爱众人"。

"敬天爱人"原本是稻盛先生的鹿儿岛老乡西乡隆盛所提出的,两人不谋而合。鹿儿岛的人们对这4个大字再熟悉不过,在当地的各处都能看到这几个字。稻盛和夫儿时最爱在鹿儿岛的城山隧道附近游玩,如今那里就立有一块写着"敬天爱人"的石碑。就连小学校长办公室也挂着这四个字的书法……可见其影响力非同凡响。

要说稻盛和夫何时开始参悟这4个字,要追溯到他27岁创立京瓷时,一位同事出差回来送给他的一样特别的礼物,是一幅西乡隆盛写有"敬天爱人"的书法作品,他将这幅书法作品郑重其事地挂在办公室醒目的位置。

大名鼎鼎的京瓷公司创立之初,稻盛和夫资历尚浅,遭遇诸多难题困扰。当时他最大的问题在于没有基本的判断标准,做事前总会思考"这样可不可以"的问题。一旦有这种想法,就会束缚到他的行动。因为当时的稻盛和夫也是心惊胆战,害怕出错。因为自己失误一步,都有可能让公司陷入危险的境地,这样的后果,是年轻的稻盛无法承担的。

有一次,稻盛和夫正在纠结一个问题,思考很久都没有做出合适的判断。突然,他看到墙壁上挂着的"敬天爱人"这4个字,瞬间顿悟:"我应该做正确的事用正确的方式贯彻下去,全身心致力于公司经营。"

究竟何为正确的事?在稻盛和夫看来,经营要顺应天理,管理要满足员工在物资和精神上的需求。用《心》中提到的一句话解释,就是"遵从规律,心怀善意,不作恶。"

想通之后的稻盛和夫,在管理企业时,提出"阿米巴经营模式"和"时间管理法则",都以全体员工为主体,将员工的幸福放在首位。以此来激发员工的积极性,发挥员工的最大价值。稻盛和夫65岁退休时,还将个人股份都分给员工,以此来激励他们。之后,稻盛和夫提出"利他"思想:"事事为他人着想,学会换位思考,事情就会出奇顺利,内心也会感到平静充实。"

稻盛和夫虽已退休多年了,退居二线了,但是其哲学思想和经营智慧依然稳居一线。《稻盛和夫给年轻人的忠告》中回答了年轻人普遍的人生困惑,他对于教育、工作和社交等方面的思想精髓为年轻人的成长提供了切实可行的方法。晚年,稻盛和夫复盘一生,将自己的工作经验、管理哲学和人生智慧都写进《心》《活法》《干法》三本书中,希望能影响到更多有梦想的人。

第 一 节　伦 理 型 领 导 的 内 涵

　　企业追求经济利润最大化的单一使命观与当前社会变革对企业所提出的积极承担公民责任、构建伦理型商业组织的要求之间存在明显差距。要想真正拉近二者距离，平衡经济效益与社会价值，企业组织必须首先重塑自身伦理观，切实地让每位成员感知并认同其正确的伦理主张，进而逐步与其多方利益相关者实现行动匹配和利益共赢。在这一过程中，作为企业运营与管理核心的企业领导必然要被赋予新的定义与功能，伦理型领导正是在这一变革背景下应运而生的。

　　伦理型领导最初被界定为一种思维方式，旨在明确描述管理决策中的伦理问题，并对决策过程所参照的伦理原则加以规范。伦理型领导包括个体和组织两个层面的内涵。在个体层面上，伦理型领导关注的是领导者个人的行为合乎伦理，领导者具备诚信、正直等个体特征，并能执行公平、符合伦理规范的决策，在与下属持续互动的过程中能够成为实施伦理行为的模范榜样。在不断沟通和对话过程中，激励和引导下属做出符合伦理道德标准的行为。在组织层面上，领导是合乎伦理的管理者，关心他人和组织利益，并采取能正面影响组织价值观、道德观以及下属行为的符合伦理规范的策略。从这个意义上，伦理型领导应该是指帮助下属应对各种变化，帮助下属在经济快速发展的社会背景下处理价值冲突，激励下属勇于面对困难，并为下属提供一个值得信任的工作环境。

　　总体来说，伦理型领导应该是通过自身行为与人际互动，向员工表明什么是规范的、恰当的行为，并通过双向沟通、强制等方式，使其遵照执行。所谓"规范性的、适当的行为"，主要体现在对他人诚实、公平公正、关心他人等被下属认为是合乎其所处环境背景、符合道德规范并被下属视为榜样而进行的行为；"双向沟通的方式"是指伦理型领导者不只关注自身行为的规范性，还会通过适当的方式去规范和引导下属行为；"强制的方式"则指伦理型领导者会通过建立伦理标准，并依据此标准对下属行为进行奖罚，从而促使下属实施符合伦理道德的行为。

➤ **阅读材料**

测一测伦理型领导①

　　此问卷每题最高分为 5 分，设想一位你熟悉的企业领导并测量其伦理型领导行为表现，每题得分加总即为总分，问卷值越高代表此领导为道德型领导。右侧数字分别为：1. 完全不相符；2. 不太相符；3. 说不准是否相符；4. 大致相符；5. 完全相符。

题项	1	2	3	4	5
1. 他/她信守企业并购前做出的员工利益保障承诺					
2. 他/她给予我们充分的支持以完成并购后的新工作					
3. 他/她所做的并购后部门决策和安排值得我们依赖					
4. 他/她切实按照并购前的部门调整方案开展人员安排					
5. 他/她如实地告诉我们并购所导致的员工利益变动					
6. 他/她支持我们继续开展并购前的部门内部活动					
7. 他/她不会让我们自行解决并购产生的业务问题					
8. 他/她不会以牺牲我们的利益为代价，来换取自己在并购业务管理中的业绩表现					
9. 他/她考虑我们在新工作环境中的利益和目标设定					
10. 他/她不会强迫被并购公司的员工做额外的工作					
11. 他/她经常会与我们讨论自己对待员工的方式是否正确					
12. 他/她关注我们在公司被并购后的工作感受					
13. 他/她花时间与我们私下开展如何适应新环境的交流					
14. 他/她关心我们在工作环境变化后的个人需求					
15. 他/她会花时间帮助我们调整在新环境中工作的情绪					
16. 他/她真诚地帮助我们考虑在新环境中的个人职业发展					

　　国外企业家中，世界巧克力巨头吉百利公司创始人乔治·吉百利，不仅在公

---

① 宋志勇：《企业伦理学》，清华大学出版社 2017 年版，第 354 页。

司开辟"每日读经时间"，而且对内善待员工，对外重视慈善，其动机"只是履行了每个雇主和每位基督徒公民都会履行的责任而已"。美国的钢铁大王卡内基说过："在巨富中死去是一种耻辱。"今天，巴菲特说："我的一切都来自美国人民，我没有理由不把这一切交还给美国人民。"在美国，民众为什么对富人没有强烈的厌恶感和"仇富心理"？美国金融界当之无愧的大哥大—J.P.摩根。他经过30年的奋斗，建立了美国最著名的银行和最大的钢铁公司；他被称为"银行家中的银行家"。但是，在他去世的时候，人们发现这位华尔街巨贾居然只留下了8000万美元遗产，并且其中大部分是艺术品。其他的财产到哪里去了？大都会博物馆！他被尊称为"大都会历史上最慷慨的个人捐赠者"。J.P.摩根死后，他的所有私人藏书、艺术品和住宅被捐献出来，成为纽约麦迪逊大道上最著名的旅游点之——摩根图书馆。摩根不需要留下更多的财富，仅这个图书馆就足以让他名垂青史！

国内企业家中，海尔集团CEO张瑞敏深受中国传统文化影响，利用中国传统文化的力量，带领海尔走向了成功。他从《论语》《道德经》《孙子兵法》等经典中汲取企业发展的智慧，从《易经》中探求企业发展的动力。他采用《易经》中的"君子终日乾乾"名句，在海尔工业园内建造名为"乾泉"的泉水景观，以激励海尔人自强不息、追求卓越。成都恩威集团董事长薛永新将佛道思想用于人生和企业实践，并将自己的感悟写成《大道·无为》一书，上篇是"道家思想与企业管理"；下篇是"佛家思想与人生经营"。方太总经理茅忠群，以儒家之道修身养性，在方太集团内部建立了一所"孔子堂"，自己研读并培训员工学习中国传统文化书籍。

第二节　伦理领导的修养之道

一、提升境界、天人合一

（一）人生境界

世界是同一世界，人生是同样的人生，但其对于每个人的意义，可能有所不同。中西方哲学家眼中不同的人生目的，反映了不同的人生境界。冯友兰认为，就大的方面看，人所处的境界可以分为四种：自然境界、功利境界、道德境界、天地/宇宙境界。①

1. 自然境界

在这种境界的人，其行为是顺才或顺习的。所谓顺才，就是率性。所谓顺习，就是一个人的个人习惯，也可以说是一个社会的习俗。顺才而行，是指"行乎其所不得不行，止乎其所不得不止"。这种境界的人，对于所做事情的性质并没有清楚地了解。所做事情，对他也没有清楚的意义。从这个方面看，这种人所处的境界处于混沌之中。在这种境界的人，不能说是不识不知，只是不著不察，对宇宙、世界、人生没有了解和觉知。在自然境界中的人，也有为自己之利的行为，但他对于自己及自己的利，并无清楚的觉解，他不自觉地有这种行为。

在自然境界中的人，本来不打算做其才能所不能做的事。他顺才而行，能够做的事情，总是受到才能的限制。对于自然境界中的人，生没有很清楚的意义，死也没有很清楚的意义，所以这种境界的人不知怕死。

2. 功利境界

在这种境界中的人，其行为是"为利"的，是为他自己的利益。大多数动物的行为，也是为自己的利益的，但出于本能的冲动，不是出于心灵的计划。在功利境界中的人，对于自己及自己的利益有清楚的了解。他了解他的行为是怎么一回事。行为虽然不同，最后的目的是为他自己的利益。他追求自利的行为可能损害别人，也可能对他人有利，且可能有大利益，但并非有意为之。在功利境界中的人，大多以为社会与个人是对立的。在功利境界中的人，其行为以占用为目的，是"取"。在功利境界中，人即使在"给予"的时候，其目的也是"取"。

在功利境界中的人是自私的。见别人的才能比自己的高，则感到愤恨。在功利境界中的人，生是"我"的存在的继续，死是"我"的存在的断灭。因此，功利境界中的人怕死。这种境界中的人，对付死的办法有三种：一是追求避免死；二是追求眼前的快乐；三是相信灵魂不灭。

利己主义者追求个人的快乐与享受。西方的世俗利己主义、中国的超世俗利己主义属于这种境界。

3. 道德境界

在这种境界中的人，其行为是"行义"的。求自己之利益的行为，是行利的行为；求社会之利益的行为，是行义的行为。在这种境界中的人，对于人的本性

---

① 冯友兰：《中国哲学简史》，中华书局 2019 年版，第 58 页。

已有觉解，他了解人的本性是蕴含在社会中的。社会制度、道德及政治规律都是可以制约个人行为的。在道德境界中的人，知道社会与个人并不是对立的，人不但在社会中才能存在，并且必须在社会中才能完全、完善。社会是整体，个人是社会的一部分，社会制度、道德及政治规律并不是压迫个人的，这些都是人之所以为人的道理中应该有的东西。人必须在社会制度、道德及政治规律中才能得到发展，才能成为人。在道德境界中，人的行为以"贡献"为目的，是"给予"。在道德境界中，人即使在"取"的时候，其目的也是"给予"。

在道德境界中的人，在精神上不受才能的限制。因为其行为都是求义的，以尽伦尽职为目的。人有大才，做大事，可以尽伦尽职；有小才，做小事，也可以尽伦尽职。

在道德境界中的人，视别人的才能如同自己的才能，视别人的成就如同自己的成就。所以即使自己的才能或成就不及别人，也感受不到才能限制的痛苦。

在道德境界中的人，生是尽伦尽职的开始，死是尽伦尽职的结束，所以不怕死。在道德境界中的人，不注意死后，只注意生前，注意使其一生行事充分表现道德价值，使其一生如一件完美的艺术品，自始至终全无一处败笔。一个人的一生，如果想在道德方面始终完美，是一刻不能疏忽的。所以在道德境界中的人，在必要时宁可牺牲生命，也不肯让其行为有道德方面的不完善。

古希腊哲学家的美德伦理希望人成为有美德之人；康德的义务论认为人是有理性的人，类似于道德境界；儒家讲修身养性成为君子、圣贤，属于道德境界。

4. 天地/宇宙境界

在这种境界中的人，其行为是"事天"的。他们了解社会、了解宇宙。人只有在知道宇宙时，才能使人之所以为人者尽量发展，才能穷尽人的本性。这种人对宇宙、人生有高层的觉解。他知道人不但是社会的一部分，而且是宇宙的一部分；不但对于社会人应该有贡献，对于宇宙人也应该有贡献。

在天地/宇宙境界中的人，没有受才能限制与不受才能限制的问题。在这种境界中的人，其行为以事天赞化为目的，才大者做大事可以事天赞化，才小者做小事也可以事天赞化。

在天地/宇宙境界中的人，生是顺化，死也是顺化。这种境界的人对于生死有彻底的觉解，无所谓怕死不怕死。道家"一物我，齐死生"，佛家不惜自我牺牲、自度而度人，他们的境界是天地/宇宙境界。

5. 不同境界之比较

在自然境界及功利境界中的人，对于人之所以为人的道理并没有觉解。他们不知人的本性，对宇宙、人生没有高一层的觉解。所以这两种境界是在未觉醒的一边。在道德境界、天地/宇宙境界中的人，知性知天，对宇宙、人生有高一层的觉解，所以这两种境界是在觉醒的一边。

普通人做道德之事，其境界不一定是道德境界。他做道德的事情，可能是由于天资或习惯。如果这样，其境界依然是自然境界。他做道德的事情，如果是为了得到名利尊敬，则他的境界是功利境界。一个人必须对道德真正了解，根据了解做道德之事，其境界才是道德境界。

天地/宇宙境界对宇宙、人生需要最多的觉解。但这种境界在觉知上又有些混沌，因为在天地/宇宙境界中的人，最后自同于宇宙，属于大全。严格地说，大全是不可说的，也是不可思议的。这种觉解是佛家所谓的"无分别智"。不过这种混沌不是不了解，而是完全了解。

在自然境界中的人不知"有我"，他的道德行为是由于习惯或者冲动。在功利境界中的人"有我"，一切行为皆是为我，他做道德的事情，不是因为道德而做，而是将其作为求名求利的工具。在道德境界中的人"无我"，这种境界的人做道德的事情，是因为道德而做。在天地/宇宙境界中的人也"无我"，不过这种"无我"是"大无我"。人在道德境界、天地/宇宙境界中所舍弃的"我"，并不是人的"真我"。人的"真我"必须在道德境界中才能发展，在天地/宇宙境界中才能完善。

四种境界表示一种发展，这种发展就是"我"的发展。"我"自天地间之一物，发展至"与天地参"。在道德境界、天地/宇宙境界中的人，可以说真正地"有我"。在道德境界中的人，"无我"而"有我"。在天地/宇宙境界中的人，"大无我"而"有大我"。

（二）提升境界与"天人合一"①

天和人成为中国传统哲学的两大主干范畴，而且也使天、人关系成为中国古代哲学史上亘贯始终、恒提恒新的主题。"天人合一"是中华优秀传统文化最基本的标识，而中国传统文化是以圣人为各个时代文化之象征。"天人合一"中的"天"相当于易学的"无极"、老子的"道"、儒学的"心"、佛学的"觉"。这是指大而无外、小而无内的无限性境界。古人所指的"天"，并非指我们目之所

---

① 黄金枝：《"天人合一"的数学语境诠释》，载于《自然辩证法研究》2021年第1期，第77页。

及的大气层和天空。其无极、无形无相、永恒、绝对，是指没有尽头、没有边界的称其为"体"的体，头脑不容易理解，语言难能描述其意涵，即所谓"言语道断"。

"天人合一"是圣人的语境，圣人具有无限性的宇宙观（N 维（N→∞）），而一般人（非圣贤）的宇宙观仅仅是 N = 3 维，由于处在不同语境与维度上，"N = 3 维"很难理解 N→∞ 维度在表述什么。当小学生用算术方法（数轴上，是一维）解"鸡兔同笼"问题时，是一道很晦涩的难题。而对于学过代数（平面，二维）的初中生来说，这类问题是简单的问题，问题变简单的关键在于维度由一维升至二维。宇宙观决定世界观，即宇宙观决定人们的认知，"N = 3 维"的认知在讨论 N→∞ 维度的事情时，如盲人摸象一般，必然导致众说纷纭。圣人与一般人的区别在于看问题的角度不同、视域不同、世界观不同。圣人的境界开阔旷达，包罗天地万象。只有将"天"置于 N 维（N→∞）的框架及视域下，才能接近圣人的智慧。

人类生活在长、宽、高的三维立体空间中，对于空间的任何位置都可以用三个维度的坐标确定出来，但对于仅仅增加一个维度的四维，人类无法感知，肉眼也看不到，穷尽语言难能描述，但数学可以很容易表达四维空间的任何一点 X（x1，x2，x3，x4），或点 Y（y1，y2，y3，y4），甚至增加至无穷维度都可以实现其表达，如点 X（x1，x2，x3，x4，…，xn）（n→∞）。数学的优势在于能表达无限性，其体现在掌握 N 维（N→∞）空间并不比掌握三维空间更困难。因为相比于三维来说，四维只是比三维增加一个变量，N 维只是变量增加到 N 个而已，不存在本质规律的变化。

从古到今，人类从未停止追问"空间是什么"和"时间是什么"。人们早已习惯了空间和时间的存在，将其视为日常生活的前提，但是，探究它们是什么，就会发现这是既浅显又深奥的问题。人们目前感知到的空间为具有长、宽、高的三维空间，感知到的时间为从过去到未来的单向流动。而"天人合一"的"天"是其大无外，其小无内的。采用"直角坐标系统"构建多维宇宙空间系统，从 0 维到 N 维（N→∞）构成的宇宙空间系统。0 维是一个质点，一维是一条直线，由一个变量构成。二维是一个平面，这个平面由 X 和 Y 两个变量构成。三维是立体空间，由 X、Y、Z 三个变量构成。四维是由四个变量构成，五维是由五个变量构成，以此类推，N 维是由 N 个变量构成。增加一个维度相应地增加了一个变量。构建多维的宇宙空间系统，在这个系统中"天人合一"的"天"是从 0 维到 N 维（N→∞）。

一般人在 N = 3 维世界里获取信息，而圣人们超出这个认知限制，在 N 维（N→∞）获取信息，这个更大宇宙空间也是现代物理学家探索的方向。《道德经》"故道大，天大，地大，王亦大。域中有四大，而王居其一焉。人法地，地法天，天法道，道法自然。"这里的"王"代表人，"域中四大"是"道、天、地、人"。"天、地、人三者参赞天地万物之化育"。"道、天、地、人"中的"人"是"大我"也是"完整的我"。这个"大我"无边无际。瑞士心理学家荣格把自我分为"大我"和"小我"，他把"大我"比作一个圆的圆周，而"小我"就是这个圆的圆心。"小我"是有形的身体，而"大我"是"小我"身外的无形之身。在"天人合一"境界时，"大我"在投影源处创造了包括"小我"的一切，同样"小我"也可不断扩展至与"大我"合成同心圆。"大我"（完整的我）和"小我"不仅仅是肉身的"小我"，而是与天人合一的"大我"。"大我"（完整的我）与"天"匹配才能达到"合一"。应该像"大我"一样在地球上生存。用两双眼睛看世界：一双是肉眼（在 N = 3 维），一双以 N 维（N→∞）的境界。从看山是山（N = 3 维），到看山不是山（N 维（N→∞）），再到看山又是山（在 N = 3 维中且具备 N 维（N→∞）的境界）。即置身于"限制"（N = 3 维）之中而领悟"限制"之外。

随着维度的提升智慧增加，每增加一维会增添无穷倍的智慧，以此逻辑直至终极智慧是在 N 维（N→∞）。如果把自己完全空掉，无我，和万物融为一体。假设外面有一万个物体，就会分为一万份融入其中，就能完全地觉知这一万个物体。每个人都具有圣人证悟的能力，只是圣人们把这种能力挖掘出来，一般人没能开发或训练出来，局限于 N = 3 的定义域中，而圣人在 N 维（N→∞）的定义域中。圣人觉知到的信息就是超出了人们在 N = 3 维世界用眼、耳、鼻、舌、身所体验到的信息，是整个宇宙的信息。也即沿着量子科学家的探索方向，此时的人是"完整的人"，是"大我"，此时的"人"是从 N = 3 的维度跃迁到 N 维（N→∞）的境界，与"天"合一，体现"天人合一"既是一个维度提升的方向趋势，也是一种结果或境界。其实，在投影源处 N 维（N→∞），无须再去合一，本是一体的，本是"一"。

（三）伦理领导的境界修为

领导者的认知与维度的提升相关，伦理智慧随着维度的纵向提升而提升。"天人合一"对于领导者来说是境界，"天"与"人"始终是合一的；而对于一般人来说是一个过程，是人效仿天地的过程。如《大学》中的"大学之道，在明明德，在亲民，在止于至善"中的第一个"明"字，是动词，表示一种向"明德"（明德是圣人的境界）目标的趋近，是一个维度不断提升的过程，"止于至善"中的至善就是达到圣人的境界，是大智慧。

伦理领导的修养方法，是使人成为圣人的方法，是让人进入天地/宇宙境界的方法，其要义在于修身养性。程朱的方法是"涵养须用敬，进学在致知"，其中"用敬"是注意，"致知"是觉解。陆王的方法是"识得此理，以诚敬存之"。这一派的修养方法是：先有深度觉解，然后用敬。程朱一派认为，人对于宇宙人生较深的觉解，并非一蹴而就，必须"今日格一物，明日格一物"。这样稳扎稳打，步步为营，最后才能常驻于天地宇宙境界。陆王一派则认为，人对于宇宙人生的觉解，在于发现自己内在的良心，在于"致良知"。

当我们脑子里装的是原子论思维时，看什么都只是原子，都是点。通常，领导者受自己已经知道的、了解的、学习的以及思维习惯的制约，常常为头脑里的范式、信条、偏见所困，仅仅在舒服、熟悉的领域中思考。手里拿着锤子，看什么都像钉子。鱼缸里的鱼，只知道鱼缸、其他鱼和水，而如果有一条鱼跳起来，它就知道，鱼缸之外还有一个更大的世界。这种获得更大视角的过程就是"超思维"。超思维是最卓越的量子思维，也是建立量子系统动力学的关键技能。不管是串行思维还是联想思维，都将我们困于"鱼缸"之中，串行思维囿于规则，联想思维囿于习惯，这两种思维都将我们局限在单一模型或者单一视角之中。正如爱因斯坦所说，我们不能用制造问题时的思维来解决问题。量子思维的关键在于，它能够将我们带到任何一种特定的模型或视角的边缘，展现出思考背后的思维，从而使我们得以超越。通过培养量子思维，领导者能够学会处在各种模式的边缘（包括看待环境、问题、机遇的方法），从而在应对瞬息万变的现实情况时，随时都能有新的视角来制定战略和决策。领导者要拥有自发性，必须卸下防备，展示自身柔弱和真实的一面，与自发性的精神维度接触——接受生活中的一切可能性。

传统领导者生活在一个非常自我的文化中，却很少拥有自我意识，无论是在私人生活中还是在各种各样的组织中，既没有反思的习惯，也没有促进反思的体系，领导者极少甚至根本不会花时间了解自己或是审视内心。而形成量子领导思维，首先应拥有一个"深层次的自我"，这是隐藏在我们内心深处的真实个性，通过日常的行为和思想得到表达。这种自我意识的主要层次能够使领导者摆脱自尊的种种狭隘限制，将自身带到意识的核心，赋予领导者遵循内心最高动机来行动的力量。这种深层次的自我意识使领导者能够挖掘自身无限的潜力，倾听内心深处的召唤，倾听良知和责任感的声音。

高层次的企业家，是思想的创造者和管理者，进入这种层次的人，才是真正有思想的企业家。纵观全球，每一个行业内的佼佼者都是（工业经济时代）行业内先进思想理念的引领者，不仅内部要有良好统一的文化，对外还要有引领整个行业发展的思想，要给全行业做出前瞻性指导，发挥引领作用和领袖风范。在发展观上，要把人类的福祉、国家的政策、行业的利益结合到企业发展战略里来，在利益分配上应该遵循共享、分享的原则。在管理工作中，要把环境保护、安全、社会责任放在速度、规模和效益之前，这些都是非常重要的。企业家要树立终身做企业的观念，要关注国家和民族的命运，要站得更高，要有一往无前的企业精神和永远面向正前方的人生态度，这样才能带领企业在追寻和实现"中国梦"的过程中做出更大的贡献。中国企业和中国企业家下一个目标不只是创造多少个世界五百强，而是能否创造更多闪光的企业思想，能否产生中国的亚科卡、韦尔奇和稻盛和夫。

一个好的社会，应该提供这样的企业家成长的土壤，而不是让小富即安、苟且钻营、以次充好的企业大行其道。我们的国家也需要稻盛和夫，也需要马斯克，但不需要瑞幸，又或者乐视，不管这些人做事初心如何，但结果是给社会带来了极大的负面影响，让我们变得更难信任。好的企业家也是一个健康的、现代的社会守护神，和科学家、发明家、政治家、艺术家一起推动整个社会的进步。

二、修心开智、自觉觉他

每一个心灵都是自然宇宙与人类智慧的结晶，每一个员工都有丰富的心灵与巨大的潜能，领导只需要将其内在的良知良能唤醒。员工的内心世界就像一个藏满宝藏的盒子，在这个盒子里，有智慧、有理性、有意志、有品格、有美感、有直觉等生命的能量。如果我们不能揭开人类心灵的神秘面纱，我们就无法真正理解领导的真谛；如果我们不能潜入到人类灵魂的最深处去感悟生命的神奇，我们就永远找不到领导的力量。

心理治疗大师欧文亚隆写的小说《当尼采哭泣》中描述了19世纪心理学大师布莱尔与哲学大师尼采的故事。布莱尔有五个子女和美丽的妻子，外表看起来很幸福，他却感到人生无味，并且深陷对女病人的肉欲幻想而无法自拔。尼采超越时人的存在主义思想而孤芳自赏、自命清高，即使患有奇特的偏头疼也拒绝接受任何治疗。布莱尔原本以为透过自己的部分坦白可以换取尼采的坦诚并使他打开自我，进而协助他发掘深藏心中的症结，解决束手无策的痼疾。没想到随着谈话一天天的深入，反而是布莱尔不能自已地把内心深处的困扰一个个给摊开了，他对未来的忧虑感，对生存的孤僻以及对死亡的恐惧等，通过相互启发，布莱尔认清了自我的局限和执拗，也终于从性幻想的沉溺中得到解脱。而不屑于治疗的尼采却也在教布莱尔解脱的过程中看到自己的盲点，终于，在极度的心灵碰撞与反思之后，他接受了布莱尔的拥抱，并留下平生从未有过的感动泪水。原本自命不凡、都想拯救对方的两个人却出人意料地在教别人的过程中关照到自我的生命，发现了深藏在潜意识中的自己。

所谓开悟，就是指磨炼心智到达真我的状态。苏格拉底说："只要我们不脱离肉体，我们的灵魂就会被不完美的肉体所玷污，我们就会迷失在对真理的追求中"。稻盛和夫的方法：运用理性和良心来抑制感性和本能，努力去控制它们，也是一种有效的接近真我的路径。

苏格拉底的父亲是一位著名的石雕师傅，在苏格拉底很小的时候，有一次他父亲正在雕刻一只石狮子，小苏格拉底观察了好一阵子，突然问父亲："怎样才能成为一个好的雕刻师呢？""看！"父亲说，"以这只是狮子来说吧，我并不是在雕刻这只石狮子，我是在唤醒它！""唤醒？""狮子本来就沉睡在石块中，我只是将他从石头监牢里解救出来而已。""唤醒"，多么富有启发意义的领导箴言！苏格拉底本人不也是一个伟大的心灵雕刻师吗？他经常说："我没有智慧，我只是智慧的接生婆。"他利用接生术将那个时代的人们的心灵一次又一次从蒙昧状态中唤醒。我们的员工，特别是我们认为业绩不好的员工就是石块里面沉睡的狮子，我们应该唤醒员工心灵深处的天赋潜能和内在力量，让员工从蒙昧中醒来。领导者要做心灵的唤醒师，要做高超的雕刻家。

觉醒的那一刻我们会发现，员工不是机器中一个可有可无的零件，而是作为一个富有创意、富有热情的人被寄予厚望，需要教育、引导员工提高意识层级、明确工作的目的和意义。使员工因工作而得到心灵的满足，实现自身价值，通过工作，让他们觉得自己能成为这个世界极具价值的一部分，人们因为他的存在而更加幸福。一生参加过四次著名战役、冲锋陷阵、亲身体验过战争的残酷与壮烈的德国军事理论家克劳塞维茨在《战争论》中有这样生动描述："什么是领袖？领袖就是在茫茫黑暗中，把自己的心拿出来燃烧，发出生命的微光，带领队伍前进。"组织越来越大、员工越来越多时，一个人的满腔热情无法触及所有的问题及角落，只有全力以赴与全体员工实现哲学共有、价值方向统一，才能形成强大合力，只有一条路径可走，不断将自己的高能量灌注给部下，不断激发每个人的潜能。

伦理领导的目的不在于传授和灌输某种外在的、具体的知识与技能，而是要从心灵深处唤醒员工沉睡的自我意识、生命意识，促使员工价值观、生命感、创造力的觉醒，以实现自我生命意义的自由、自觉的建构。伦理领导的过程也不仅是要从外部解放员工，而是要唤醒员工内在的心灵能量与人格理想，解放员工的智慧，发展员工的潜能，激发员工的生命创造力。伦理领导是一个灵魂唤醒另一个灵魂，是一颗心灵感召另一颗心灵，是一个生命点燃另一个生命的力量，是人类集体心灵神秘参与的智慧活动。这位智慧的希腊老人的故事给我们的启迪是：保护好员工的自尊，呵护好员工明净的心灵，让他们见微知著、触类旁通、自觉自悟，在成长中收获自尊、自信，树立生命价值意识，当有一天，员工惊喜地感受到一种跃动的活力、一种难以遏制的生命激情与力量的时候，伦理领导也就触及了其真正的本质——"唤醒"，这也正是领导的精髓与智慧之所在！

唤醒不只是依靠外界的一种力量，更重要的是一种自我觉知与自我唤醒的觉悟与力量。领导要做唤醒的功夫，而不是强行地灌输知识。当员工的求知欲望与生命的力量被唤醒之后，员工就会自觉主动地去探索未知的世界，而这个探索的过程也就是员工自我唤醒心灵智慧的过程。领导的目的是为了不领导，也就是说领导是为了引导员工进行自我领导。当员工能够进行自我领导的时候，员工就会全身心地投入学习与生命成长的体验，这种亲身的体验以及知识的得来是经过他自己验证的，这样也就将员工独立思考的能力培养了起来，员工有了自我思考的能力，也就有了明辨是非的能力，明辨是非的能力就是智慧。员工的心智唤醒了，他就会留心发现周围的世界，探究其中的道理，并思考怎样与世界发生联系，在这个探索的过程中员工自然会得到成长力量，并一定能找到自己生命的意义与方向。

人有两次生命的诞生，一次是肉体的诞生，一次是灵魂的觉醒！自我觉醒的前提是领导者的"场独立性"。"场独立性"是个心理学术语，指的是能够公然违抗大众，或者打破自己之前的思维定式。领导者应具有坚定的人生信念，即使它会让自己变得孤立起来。只有了解自己的思维，坚持自己的观点，才能够洞悉自己所处组织的主流观点或文化，才能够置身突发状况之外，看清事情的本质。对于量子领导思维的形成来说，更难的一点是"场独立性"要求能够与固定的思维模式或者思维范式脱离开来，能够发现什么时候犯了错误。更确切地说，要能够摆脱掉各种纠缠不清的东西，远离与生俱来的那些会禁锢自己的东西——贪恋、怨恨、憎恶、嫉妒、渴望被别人夸奖或希望别人给予。

伦理领导者强调人与人之间交互的"同理心"。同理心是主动地感受别人的感受，愿意（甚至强迫自己）参与其中。拥有感同身受和深切同情的特质，以感恩和同情作为一切行为的基础。与曾经伤害了你的人一起工作确实很难。但是在他们的行为背后，我们能感觉到他们的痛苦和无奈，我们不必以眼还眼、以牙还牙，而是以同情、理解对方的心态去行动。同理心会给我们带来大智大慧，带来新的思路、新的力量。同理心使曼德拉产生了大智慧，曼德拉被服刑了27年，1990年出狱后，转而说服大家，不要因为白人曾欺压了我们，我们今天领导国家时就要以牙还牙，而大力倡导与支持调解民族矛盾，推动多元族群民主，推动了社会和南非的积极发展，1993年荣获诺贝尔和平奖。2004年，被选为"最伟大的南非人"。

➤ 阅读材料

慈善事业挽救了洛克菲勒①

美国石油大王洛克菲勒出身贫寒，可当他富甲一方后，便变得贪婪冷漠。宾夕法尼亚州油田地带的居民深受其害，对他恨之入骨。有的居民甚至做成他的木偶像，然后将那木偶像模拟处以绞刑，以解心头之恨。无数充满憎恨和诅咒的威胁包围着他。连他的兄弟也因为不齿于他的行径，而将儿子的坟墓从洛克菲勒家族的墓园中迁出，他的这位兄弟曾经气愤地解释说："在洛克菲勒支配的土地内，我的儿子无法安眠！"洛克菲勒的前半生就是这样在众叛亲离中度过。

洛克菲勒53岁时，疾病缠身，人瘦得像木乃伊。医生们向他宣告了一个残酷的事实：他必须在金钱、烦恼、生命三者中选择一个。这时他才开始领悟到，是贪婪的恶魔控制了他的身心。他听从了医生的劝告，开始过一种与世无争的平淡生活。

更重要的是，洛克菲勒开始考虑如何把巨额财产捐给别人。密歇根湖畔一家学校因资不抵债行将倒闭，他马上捐出数百万美元，从而促成了如今的芝加哥大学的诞生；北京著名的协和医院也是洛克菲勒基金会赞助而建成的；1932年中国发生了霍乱，辛亏洛克菲勒基金会资助，才有足够的疫苗预防而不致成灾；此

---

① 张应杭：《管理伦理》，浙江大学出版社2006年版，第46页。

外，洛克菲勒还创办了不少福利事业，帮助黑人。

洛克菲勒一生至少赚进了 10 亿美元，捐出的就有 7.5 亿美元。他用一生的时间才找回曾经丢失的世界，那里有用金钱买不到的平静、快乐、健康和长寿，以及别人的尊敬和爱戴。

三、开发灵商、超越自我

灵商（spiritual intelligence quotient，写成 SQ），即是对事物本质的灵感、顿悟能力和直觉思维能力。灵商是 20 世纪 90 年代末期出现的一个新概念，在科学家相继提出智商和情商的概念后，英国人达纳·佐哈、伊恩·马歇尔夫妇提出了灵商的概念，灵商开始为人们所认识。"灵商"这个"心之官则思"的"心力"资本，它是以与生俱来的心灵感应原理为依据的灵感智力。灵感是人在神奇的创新活动中的心理现象，它是人脑的机能，是客观现实的反映。

"灵商"是建立在马斯洛需求层次的第六层上的。丹娜·左哈尔基于马斯洛需求层次第六层而提出来的"灵商"，强调要开发员工对事物本质的灵感，要让员工有顿悟能力和知觉思维能力[1]。组织要激发人的创造和创新性，要追求满足人的第六个层次需求而不是第五个层次。第五个层次是"自我实现"，但是真正要激发他创新的内在动力系统，其实要满足他自我超越的需求，就是要让他有巅峰体验。从这个角度上来说，企业的激励体系、分配体系，就要更多去关注员工的体验和物质以外的东西。这与我们提出的全面认可激励是一致的，即全面认可激励，让他有成就感，让他实现自我超越，高峰体验，灵性成长。

与灵商相关的主要是右脑。人的大脑由左脑和右脑两部分组成，左脑主要司职分析、抽象、计算、语言等内容，侧重于抽象思维的表达模式，被称为"科学脑"；右脑主要司职想象、虚构、感受、创造等内容，侧重于直觉的形象思维模式，被称为"艺术脑"。右脑思维在认知方面的直觉思维能力、顿悟思维能力、形象识别能力、空间判断能力，以及对复杂关系的理解能力和情绪表达能力等方面，远远超过左脑，这正是确立"灵商"概念包容的丰富内涵的立论点。据现代科学手段测试得知，灵感、顿悟、直觉思维能量与抽象逻辑思维能量之比是 100∶1。说明产生创造性思维的能力有赖于灵感、顿悟、直觉的激发涌现。即

---

[1]　丹娜·左哈尔著，杨壮译：《量子领导者：商业思维和实践的革命》，机械工业出版社 2016 年版，第 95 页。

使是具有高度抽象思维能力的哲学家要在自己领域有所突破，也需要将直觉顿悟与逻辑语言结合起来才能有成就。故此，称右脑是"创造脑"，这绝不是臆造。爱因斯坦曾经说过："我思考问题时，不是用语言进行思考，而是用活动的跳跃的形象进行思考。当这种思考完成以后，我要花很大力气把它们转换成语言。"由此可见，右脑的跳跃性形象思维方式是我们创新能力之源泉。领导者们必须意识到人的右脑的能量——右脑以图形而不是文字去思考，所以不受语言和逻辑的限制。右脑能够把看上去无关联的观点集中起来，并把它们排列组合形成富有创意的一组观点。除此，右脑还能够在瞬间处理数百万的视觉图像，比按部就班的左脑快上无数倍。当一个管理者选择形象化地、而不是以文字来思考时，他/她就会逐渐地摆脱时间的线性通道。因此，通过形象化的思考过程，管理者就能够逃离时间的管束，进入一个新的领域；在这个领域中，完全不相干的事物也能够毫无困难地形成极具创意的解决方案。

未来企业的竞争是领导人灵性的竞争。乔布斯也是一个有灵性的人，他认为下一波商业浪潮走向的将是意义、人生目标和深层的生命体验，真正意义的全球品牌需要包含一种基本的人类关怀和情感，寻找人类共同的价值、尊重、宽容、爱、忠诚，并将其植入品牌中。灵商高的领导者，对自己有更深刻的觉知，能够体悟到自己的内在价值，内在追求。有足够的能量支撑他度过任何困境，向着自己的梦想前进。灵商是一种综合性的心灵的能量。这种力量让自己与外在有一个很好的连接，不仅能感受到人际方面的情感，更能感受到整个世界和生命的相关性。所以很多灵商高的领导者走上了人类公益事业的道路，以及心灵修行的道路。灵商越高的领导者对环境的依赖程度越小，他不那么容易受到环境的影响（坏的方面），相反，他如饥似渴地从环境里面汲取养料，充实自己，丰富自己。好的环境里面，他能够充分运用条件，去实现自己的追求和梦想，去做自己想做的事情。不好的环境里面，通过那些困境，撑大自己的认知度和理解力，撑大自己灵魂的格局，撑大自己心灵的包容力。更重要的是，在这样的环境里面，更加深刻地激发出他的创造力，激发出他的改革决心，给予他创建新环境甚至改革社会的力量。

四、使命引领、愿景导航

一个有使命感的人，一定不会将自己置身事外、冷眼旁观，而是以真诚主动的姿态投身于升华生命体的洪流中，也正因为这样的心胸宽广到足以容纳无数生命，命运也必将对他委以重任，帮助他成就更大的事业。

组织中存在一些看不见的影响力，如文化、价值观、愿景、道德规范等。这些所谓的"场"虽然在我们的日常管理工作中不具备实际形态，看不到、摸不着，但是其在管理中所发挥的作用却十分重要。因此，无论文化、价值观、愿景或是道德规范，它们如同量子物理中的场，每时每刻都存在于我们的组织中，并且影响着各种组织工作的开展，它们能促使组织中的个体形成自己的态度，并且相互作用。显然，如果能够帮助组织中的个体形成共同的认识，不但有助于形成和谐的组织氛围，更有助于整个组织提高效率。所以，作为领导者要学会运用这些看不见的力量，通过组织文化创造一种团结向上的氛围，通过价值观增强组织的向心力，通过愿景描述一个美好的未来增加组织动力，通过道德规范指导人们的行为与操守。

在传统领导思维下，领导者竭尽全力满足现有的需求，或通过控制需求使得人们对产品产生欲望，也就是创造出供给不足的情形，使人们永远不能满足，并缔造出了现代社会的错觉，使人们认为个人的精神空虚可以用物质来填满。然而，伦理领导者会意识到人们是追求意义的，人们会因为梦想而超越失败和个人极限。伦理领导者应致力于提供给消费者这种可能性、梦想和意义。这样的领导者所鼓励的组织基础架构能够将他自己的、以意义为中心的方面和组织成员的生活以及公众的以工作为中心、以目标为导向的方面结合起来。梦想和愿景会随着与文化之间的对话而演变，伦理领导者会适应不同的需求和渴望，或者说它们扎根的人类意义和价值层面是超越文化和时代的。领导者首要的责任是明确：我要把组织带到哪儿去？伦理领导者会有一个清晰的目标和愿景，更为重要的是，这一目标和愿景含有马斯洛需求层次论第六层的"自我超越"。他们在努力追求利润的同时，也为商业发展和人类福祉增添一些新的维度。

马云曾经在日本街上的一个小店里看到门口挂了一块牌，说"庆祝本店152周年店庆"。马云很好奇，这家店竟然有152年，跑进店里一看，估计（店面）不会超过20个平方米，一个老头儿和一个老太在做糕点。马云说："你们这个店有152年啊！"他说："152年。我们家的糕点提供给了日本皇宫。"马云说："你怎么不想搞得大一点？"他说："挺好的，我们几代下来就在这个地方做，我们挺享受的。"马云问："那你们家孩子呢？"原来他们孩子在京都大学读书，不过毕业以后，也得把这个店搞下去。我无比的感动，他们过得快乐、舒适。另外一个例子就是星巴克的创始人舒尔茨跟马云讲，他觉得这个故事很经典，在座每个人都应该去思考这个问题。他说有一次到伦敦去，伦敦最贵的一条街，非常繁华，寸金之地。中间里面有一个人开了个很小的门帘卖奶酪。奶酪在国外就像我们的盐和酱油一样，根本不可能在那么贵的地方卖。这就像在我们北京最贵的地方开了个酱油店卖一样。然后他就跑进去看，想看看这家店怎么付房租嘛，然后看到一个老头，胡子邋遢，在那边唱着歌切奶酪。舒尔茨问老大爷："你这个店在这开交得起房租吗？"老头儿说先买20块钱奶酪我再告诉你。然后他买完了奶酪，老头儿说："年轻人，你出来我跟你讲讲。"老头儿说，你看这头到那头，再到那头，都是我们家的。我们家几代就在这卖奶酪。除了卖奶酪我对其他生意也没兴趣，也不会做，我就买下了很多门帘，结果边上的很多店，都租了我的门帘，我依旧卖我的奶酪，我觉得无比快乐。我儿子现在还在离这半个小时的农庄做奶酪。只有你热爱，只有你坚持，知道自己什么不碰，才能做好。你发现没有？企业做大，不一定快乐；做小，不一定不幸福。

五、连接交互、聚合链接

在传统管理模式中，员工需要像一粒不会犯错误的螺丝钉一样，一直坐在办公室依照管理者的命令行事，发挥你的固定功能。在传统领导思维下，每一个孤立的组成单元都在冷酷地追逐自身利益，不理会其中的相互关联。但领导不能把自身划分成一些相互竞争的孤立部门和职能团队，冲突和对抗的旧模式必须让位于动态整合的新模式。当个人融入更大的工作整体时，新模式必须保证个人所关心的完整性。而个体与个体之间的充分连接和交互，可以产生难以预测的创造力和灵感级的群体智慧。伦理型领导注重关联和互动，将个体蕴于关联之中，在互动和"碰撞"升级智慧和创造力。单一个体是相互链接的，个体孕育观点，交互产生价值网，互动交流产生聚合效应，产生群体创新。在伦理领导思维引领下，组织的基础架构能够激励关系的构建，包括领导者和员工之间的关系、员工之间的关系、各部门和职能团队之间的关系等。伦理领导者既能了解自身企业环境——人、组织、社会和生态环境，也能构建并激励与环境进行沟通对话的基础架构。

每一个事物在世界上都不是孤立的存在，企业里虽说有不同部门，但也需要打破"部门墙"，开放地合作，互通有无。注重关联，从一定程度上来说，就是打破恒定的部门墙。在硅谷，很多世界级互联网企业的总部，并非摩天大楼，而是几栋矮楼零星分布着。他们的办公空间，也非传统的格子间，而是开放式的办公室，甚至很多管理者都没有自己独立的办公室。据说在Facebook，办公楼里的茶水间和休息室，都经过重新规划，可以让不同部门的员工每天多跑几趟，大家能借此机会促进交谈。颠覆传统的工作环境，意味着员工之间有充足的互动，而创意也往往是在互动之中产生的。这种强烈的互动在很大程度上将决定现代企业运营的能力，这种互动可以通俗地喻为"大唠嗑"（dialogue，交流），而饮誉当代的量子物理学家戴维·玻姆晚年时，也十分推崇大唠嗑。玻姆从科学的角度对此解读：不同背景的科学家开会、讨论、通信，发表研究成果，发现新问题，得出新的解决方案。同时，科学家不断与自身过去的经验交流，审视自己的研究成果，完善自己的理论。在以谷歌和 Facebook 为代表的硅谷创新型企业中，组织结构一般都是基于任务或项目而成，部门和人之间的架构也都是交叉进行，这种组织结构既灵活又能使员工不断与其他部门产生联系。除此之外，在 Facebook员工不仅能自由选择岗位，而且还有这样一个规定，每隔一年半，工程师就必须暂停本职工作，加入其他项目，而在一个月之后，可以选择回到原来的团队，也可以决定加入新团队。通过这种方式促进内部流动，从而促进信息的流通，而创意就产生于这种流动中。在谷歌，有一个全体员工都能参与的学习项目，即谷歌人对谷歌人（Googler2Googler），每个员工都可以开设自己的课程，向其他同事提供培训，这些课程可谓五花八门——既有技术性很强的课程，比如搜索算法的设计、MBA 课程，还有其他纯粹玩乐的课程，比如走钢丝、吐火或者讲解自行车的历史等。这些课程，不仅增强了每个人之间的联系，而且带来了新鲜的精神风貌，有助于营造更具创新性、更快乐、更有生产力的工作环境。

华为在组织的运行上采取项目式的组织运行机制，通过项目的动态线条，来灵活地摩擦掉企业的各种结构性边界和板结。在一些业务流程上，通过前台灵敏的铁三角、权责深度下沉，让一线能够有充分的权责来呼唤炮火。前中后台快速拉动、高效联动。支撑这些组织和流程机制，他们也不断创新激励机制，近年来不断优化"获取分享制"。阿里巴巴的政委体系让业务和人力的条线融合，你中有我我中有你，直接交互；在团队建设上强调插件式的人才、插拔式的团队，人与人之间即插即拔、灵活攻坚。海尔 13 年来一直创新实践其"人单合一"模式，让员工与用户直接连接、员工价值与用户价值直接连接，用户付酬，让员工与员工之间、围绕用户价值动态合伙，激发自组织伙伴们成为的小微创客，海尔成为一个宽阔的大平台，结成"大平台 + 内外部小微创客"的合作生产关系，甚至升级企业体制为"创客所有制"。万科最近几年也在组织上大力变革创新，比如通过任务导向型组织，打破组织边界板结；通过将从上至下的战略解码与从下至上的"V 战队"等机制有机结合，让更多奋斗者有机会自发涌现、自我挑战、自主担当、自组织创新创造，让人们更直接、更紧密地连接、服务客户，让组织内外部共同创造真实价值的伙伴们，通过事业合伙组织与机制的持续创新，结成共创、共担、共享的事业共同体。还有腾讯的人才活水计划，激活生态内部人才市场，动态优化人才的流动配置……

➤ 阅读材料

电视连续剧《亮剑》结局李云龙演讲

同志们，我先来解释一下什么叫亮剑。古代剑客们在与对手狭路相逢时，无论对手有多么强大，就算对手（方）是天下第一的剑客，明知不敌，也要亮出自己的宝剑。即使是倒在对手的剑下，也虽败犹荣，这就是亮剑精神。事实证明，一支具有优良传统的部队，往往具有培养英雄的土壤。英雄或是优秀军人的出现，往往是由集体形式出现，而不是由个体形式出现。理由很简单，他们受到同样传统的影响。养成了同样的性格与气质。例如，第二次世界大战时期苏联空军第16航空团，P3939战斗机大队，竟产生了20名王牌，获得苏联英雄称号的王牌飞行员。与此同时，苏军空军某部施乌德飞行中队涌现了21名获得苏联英雄称号的模范飞行员。

任何一支部队都有自己的传统。传统是什么？传统是一种性格、是一种气质！这种传统与性格，是由这种部队组建时首任军事首长的性格与气质决定的。他给这支部队注入了灵魂。从此，不管岁月流逝，人员更迭，这支部队灵魂永在。同志们，这是什么？这就是我们的军魂，我们国家进行了22年的武装斗争，从弱小逐渐走向强大，我们靠的是什么，我们靠的就是这种军魂，靠的就是我们的军队广大战地指导员的战斗意志。纵然是敌众我寡，纵然是身陷重围，但是我们敢于亮剑，我们敢于战斗到最后一人。一句话，狭路相逢勇者胜。亮剑精神，是我们国家军队的军魂；剑风所指，所向披靡。

六、阴阳平衡、动态演变

1937年，丹麦物理学家、诺贝尔物理学奖得主玻尔来中国访学，与物理学家周培源一起看京剧《封神演义》，当看到姜子牙指挥天下英豪及各路神仙的一面带有太极图的令旗时立刻大加赞赏，他苦苦思索的基本粒子和波粒二象性等理论都可以用太极图作为基本模型来阐释。1947 年，丹麦政府为了表彰玻尔的功绩封他为"骑象勋爵"，玻尔亲自设计族徽样式，采用的是中国的太极图。两千年前中国道家老子在《道德经》中指出有无相生，万物负阴而抱阳。伦理领导力需要培育基于阴阳平衡的和合能力。比如，必须处理短期效益和长期发展的关系，要处理产品创新和生产效率之间的关系，要处理股东、客户、员工和社区之间的利益平衡关系，等等。在组织领域，也要处理很多阴阳，比如说科层制和扁平组织之间怎么平衡；跨界无边界和职责清晰应该怎么平衡；与下属拉近距离与保持距离如何平衡？以自我为中心和以他人为中心如何平衡？集权和分权、有序和无序、组织内部的分工与协作之间该怎么平衡；正式组织和非正式组织又该怎么平衡？等等。从科层制和扁平组织来看，企业不会是绝对的科层制或者完全的扁平组织，应该是科层制之中也能够看得到扁平组织的影子，扁平组织中也能看到有科层制的原则，两者之间往往是融合的关系。

人们会这样评价稻盛和夫：性格温润善良，有时却毫不留情地当场辞退员工；看似爱较真的理性主义者，却又是个感情丰富的性情中人；胆大与心细、温情与冷酷、理性与感性——要让这些对立的性格特征在同一个体上相互交融贯通灵转。不论它以怎样的面目出现，他都给人以安全感，这安全感来自他身上的那股强大的正义力量。关心员工物质利益和幸福感是小爱，迫使其成长才是大爱。阿米巴经营中大爱与小爱互补，其运用是一门高超的实践艺术，正如钢的高温淬火能大幅提高钢的刚性、硬度、耐磨性、疲劳强度以及韧性等，从而满足各种机器零件和工具的不同使用要求，稻盛和夫就是"炼钢"高手。

管理中所有的这些二元阴阳，不是非此即彼的关系，所以我们很难在这一连串的询问当中得到答案。一个优秀的伦理领导能够有效处理这些阴阳，能把这些阴阳和矛盾统一在动态发展的平衡当中，并通过这种动态的平衡，获得组织自身的发展。这种处理阴阳的能力，实质上是一个组织核心能力的体现。那些能够处理这些阴阳的组织，才能走得更久、更远。当然，当今管理实践中，这种管理阴阳现象越来越普遍，也跟当前环境的变化有很大的关系。当组织所处的外部环境比较简单、稳定、线性、可预测的时候，组织的功能就很单一。随着环境越来越动态、越模糊、越不可预测，客户的需求更为多样化，企业的战略和组织本身就必须具备一定的二元性和矛盾性，以应对环境带来的动态变化以及不可预测性。

伦理领导者要练就把握平衡的能力，让组织和个人能够在动态平衡之中得到发展。

一方面，需要研究管理中各类平衡的内容和形式。研究内容可以分为：战略平衡、组织平衡、领导平衡、人力资源平衡等方面。其中，战略管理至少存在三大平衡：短期效益和长期发展的平衡；产品生产的效率与创新的平衡；利益相关者的平衡。组织层面至少存在四大平衡：分工与协作的平衡；集权与分权的平衡；契约与关系的平衡；规则与例外的平衡。以集权与分权的平衡为例，集团到底集权集到什么程度，哪些事情该集权哪些事情该分权，才能够既实现集团的统一管控，又能够让下属企业有活力？人力资源管理的平衡内容更多，如个人与团队怎么平衡；竞争与合作怎么平衡；人力资源制度与管理者的能力怎么平衡；物质激励与精神激励怎么平衡；自主管理与加强考核怎么平衡；制度约束与文化管理怎么平衡；等等。除了上述平衡，不同层级要素之间可能还需要平衡。比如战略和组织之间怎么平衡，组织和领导之间怎么平衡，组织和人力资源管理之间怎么平衡，人力资源管理和企业文化之间怎么平衡，等等。

另一方面，需要关注平衡动态演变的过程。组织从平衡到不平衡再到重新平衡，这个过程和机制是什么。组织存在的各种不平衡可能是常态。组织达成平衡的过程是组织战略升级和组织发展的过程。旧的平衡状态存在过久，可能会产生一种惰性。这个时候我们就需要主动打破旧的平衡，建立新的平衡，这种过程其实是组织变革。每一次重新达成平衡的过程，是组织发展和组织能力建设的过程，组织的核心能力和对环境的适应能力就会随之提高。我们还要研究平衡的动态性和相对性。平衡是动态的，它意味着情境中各种力量的变化都会随时打破这种平衡，这个时候就需要去寻找新的平衡点，这种动态的平衡点，并不是说阴阳五五开，而是综合情境当中各种力量对外部环境做出的一种反应，是一种不断变化的动态平衡。随着环境的变化，现在组织中的这种扁平的、非正式的、无规则的、开放和有机的成分在增加，而传统组织的官僚、科层和机械的成分在减少。但是不管这种成分如何变化，只要它是随着环境做出的一种正确的调整，它就是平衡点。

七、无我利他、共享共赢

有人问稻盛和夫，日航重建成功的原因是什么？个人魅力？政府政策？体制结构？稻盛和夫回答："主要是我让日航的干部员工们感动了。我已经80岁高龄，身为航空业的门外汉，不取一分报酬，没有私利，原来与日航也没有任何瓜葛，冒着玷污名节的风险，鞭策这把老骨头，全身心投入日航的重建。看到像他们父亲、爷爷一样高龄的人，为了他们的幸福拼命工作的样子，日航的员工感动了，他们觉得自己不努力可不行啊。从此团结奋斗，不断改革进取，日航重建成功"。稻盛和夫的实践证明了《大学》所言"一人定国"的决定性作用。

任正非在华为尼泊尔代表处看望员工时发表了一番肺腑之言："只要我还飞得动，就会到艰苦地区来看你们，到战乱、瘟疫的地区来陪你们。我若贪生怕死，何来让你们去英勇奋斗？"这像是一位经历九死一生的将军对士兵的宣誓。松下幸之助说，员工 100 人时，我必须站在员工的最前面，身先士卒，发号施令；当员工增至 1000 人时，我必须站在员工的中间，恳求员工鼎力相助；当员工达到 10000 人时，我只有站在员工的后面，心存感激即可；如果员工增加到 5 万至 10 万人时，仅是心存感激还不够，必须双手合十，以拜佛的虔诚之心来带领他们。

谈到企业的目的，许多人会说是要为股东挣钱，更精准的说法是企业的目的就是股东利益最大化，因为企业是股东设立的，追求股东利益最大化天经地义。伦理思维告诉我们，股东利益只是企业目的的一个方面，企业的目的应包含社会进步、股东回报和员工幸福三个方面的内容。片面强调股东至上只会让企业发展短期化，使企业失去社会基础和员工支持，丧失活力。这些年，许多企业尤其是上市公司，把股东利益最大化作为不二法则。由于股东派出董事，所以股东也间接控制董事会，在公司法下股东只按出资额在股东会行使相应权利，同时也只承担以出资额为限的相应责任，公司则拥有相应的法人财产权，是自负盈亏的独立的法人主体。从这个意义看，公司是社会的，股东可以通过分红和买卖股票而获利，也可以通过股东会行使相应权利，但公司并不属于股东。从经营责任来看，公司中的董事一经派出，就应该为公司负责，对公司担负无限责任。但现在一些规定中明确要求董事要对股东负责，这是片面的。正确的做法应该是要求董事对公司负责，只有这样，公司才不会被股东操纵，才会成为真正的法人主体。如果股东超越股东会权利，去操纵董事会，股东就应该对公司承担无限责任。

随着高科技时代的到来，公司的资本形态发生了重要变化，公司的资本不再只是机器和厂房，有创造力的员工是企业最重要的资本，虽然公司那张资产负债表上没有记载企业的人力资本，但员工能力已经成为企业创造财富的源动力。在这样一个时代，企业创造的财富应该让员工的人力资本参与分配，让企业成为一个财富共享的平台。实际上，建设共享平台已经成为今天优秀企业的自觉选择。华为等高科技企业，采用员工持股等方式，用"财散人聚"的思想使企业得以快速发展，让员工收入进入社会的中产阶层，极大地调动了员工的积极性，增加了企业的向心力和凝聚力。通过员工持股，员工不仅可以分享企业创造的财富，还可以真正获得企业主人翁的归属感。除了员工持股外，让员工分享企业财富的办法还有分红权，这也是一些跨国公司广泛采用的分配制度。员工分红权方法的核心在于把企业的利润直接分配给员工一部分，其余的归股东分配，员工不一定要有股份，在这种方法下，员工每年都能根据企业的效益估算出自己的收入水平。像埃及采用国家立法，要求企业每年的利润必须拿出不低于 10% 的额度给员工分红。不少跨国公司是管理层奖励股票，而员工享受现金分红。

八、破除权力、无为而治

权力会使一个人变坏，如果领导者贪恋手中的权力，他的人性就会慢慢地滑向一个阴暗的角落。《指环王》里肩负销毁魔戒使命的是那群特别善良、特别纯洁的霍比特人，尤其是男主人公弗罗多，但是最后当他们把魔戒历经千辛万苦带到末日山的火山口时，弗罗多突然想把魔戒据为己有，他抵挡不住权力的诱惑，最后是咕噜一口把他的手指头咬掉，魔戒才掉到火山口里头被销毁了。所以权力就这么可怕，它能够把这么善良的天使一样的一个人变成魔鬼，更何况我们是普通人。

对人类文明威胁最大、破坏最惨烈的，首先是不受制约的权力；其次才是自然灾害和人类的无知。几千年的人类文明史，始终伴随战争、奴役、掠夺、破坏的阴影，究其原因，不是因为科学落后、技术低下、艺术匮乏、思想缺位，而是因为权力不受制约。把权力关进笼子，才是文明社会的核心价值和人民幸福的牢固基石。

海尔张瑞敏破除权力，倡导"企业无边界、管理无领导、供应链无尺度、员工自主经营"的理念，将 8 万多人分为 2000 个自主经营体，让员工成为真正的"创业者"，让每个人成为自己的 CEO。阿里巴巴马云破除权力，将 25 个事业部分拆，腾讯六大事业群的调整，都旨在发挥内部组织的平台化作用。领导者的职责是创建一个公开、信任的环境，并设计共同的目标。员工知道了企业的目标，也明白如何向客户传递价值，兑现承诺，领导者就可以退场了。为员工创造理想的工作场所，让员工可以在工作中获得兴奋点，参与到企业的管理当中。小米可谓将"去管理化"的企业文化做到了极致。在小米公司，没有管理层，超级扁平化。没有 KPI，没有组织架构，不开会。没有绩效管理，没有级别体系……取而代之的是让业务管理驱动员工管理，让员工进行自主管理。只有两个目标：用户是否为产品尖叫，用户是否推荐给朋友。组织的话语权在互联网时代是分散的，过去组织的话语权在上，是自上而下的单一的话语权链，但在互联网时代谁最接近客户，谁最接近企业价值最终变现的环节，谁就拥有话语权，谁就可能成为组织的核心。

本章小结

伦理型领导应该是通过自身行为与人际互动，向员工表明什么是规范的、恰当的行为，并通过双向沟通、强制等方式，使其遵照执行。伦理型领导包含坚持以人为本、设置伦理标准、拓展伦理意识、采取伦理行动以及执行伦理决策等内容。

伦理领导的养成之道可以通过以下八个方面实现：提升境界、天人合一，修心开智、自觉觉他，开发灵商、超越自我，使命引领、愿景导航，连接交互、聚合链接，阴阳平衡、动态演变，无我利他、共享共赢，破除权力、无为而治。

本章关键术语

伦理型领导　天人合一　自觉觉他　灵商　使命　愿景　利他　无为而治

复习思考题

1. 简述伦理型领导的内涵。
2. 如何修炼成为伦理领导？
3. 商人与企业家有什么异同？试举例说明。
4. 在培养领导德行方面，如何理解孔子的"为政以德，譬如北辰，居其所而众星共之"？
5. 在修炼成为伦理型领导的过程中最难克服的是什么？我们如何修行？

➢ 情景分析[①]

美国小布什总统在任时曾提出，考虑停止征收遗产税，这种法案对美国资本

---

① 顾剑：《管理伦理学》，同济大学出版社 2012 年版，第 272 页。

家绝对是个利好消息，却有两位企业家登报反对，一个是微软的比尔·盖茨，一个是巴菲特。他们说："不能允许第二代不劳而获！因为他们的不劳而获，会使同时代的年轻人处于不公平的竞争情况，而公平竞争机会的沦丧会摧毁美国百年来立国的基础。"

分析思考题：

如何看待这件事情？

➤ 案例分析

我花了 20 年研究华为：绝大多数失败的企业，都毁在了老板的自私上①

田涛　华为国际咨询委员会顾问

近些年全社会都在喊创业，尤其是大江南北热血沸腾的青年们。创业成为时尚，但创业维艰。资本、技术、市场、客户……样样维艰，处处维艰，而最艰难处却是人，是团队。

乐视公司最火爆时，我告诫好几位热捧的学界朋友，乐视是不是庞氏我不知道，但戈壁滩上是种不出郁金香的，乐视和许多新创公司共有的现象是，组织建设的模式有问题。

什么模式呢？高度的交易型人才模式。急于求成，急于扩张，急于追超BAT，有钱没人怎么办？挖人，满世界高价（甚至几倍于原公司待遇）挖人，一时间让被挖公司的人力资源老大们整夜整宿的失眠头痛，而苹果的、华为的、三星的、阿里的……"牛"公司的一大批"牛人"呼啸而来，山寨大营瞬时间将帅济济，旌旗招展，好一派风光无限……

但且等等，等半年，最多一年，一个现象级的问题出现了：雄心向野心的异化，英雄向枭雄的演化。高价交易得来的精英们差不多都会干几件事（而且很快）：一是从老东家那儿挖一批"自己人"，快速建个山头，以壮自我势力；二是各念一套经：三星经、华为经、苹果经……组织文化异质化、碎片化，并且严重对立；三是多数沦为指手画脚的批评家……

何以南橘北枳？根本上在于新创公司没有自己的主体文化，没有自身强大而

---

① 《我花了 20 年研究华为：绝大多数失败的企业，都毁在了老板的自私上》，经管之家网，https://view.inews.qq.com/w2/20200825A08D8500。

鲜明的价值观，同时制度体系也是零碎的、不完整的。

有些东西可以赶超，可以弯道跨越，但太多的东西不能，只能脚踏实地，一步一个脚印，尤其是人才和组织建设，而组织建设的根本又是文化建设与制度建设。

如果说华为是一个18万不同种族、不同国籍的知识劳动者所构成的巨大的"混凝土"组织，那么华为文化便是其中最强韧的"凝胶剂"。

任正非阳光、激情，拥有罕见的活力，和对人性的穿透力与掌控力，更有点唐·吉诃德的影子：碰壁不断，挫折无数，但却始终乐观、乐观地"举着长矛战风车"，而追随他的一帮年轻的"桑丘"（唐·吉诃德的跟随者），一边批评甚至嘲笑着老板，一边激情澎湃地跟着老板闯世界。

过去30年，任正非对内对外吹过的"牛"（愿景）都实现了，而且远远超出预期。

原因之一：华为的使命、愿景与价值观是一个统一的思想体，使命牵引愿景，价值观奠基使命与愿景的达成。

原因之二：层层"念经"，时时"念经"，"阿弥陀佛，阿弥陀佛……"久而久之，个体的人被"洗脑"了，进而整个组织卷起了使命的旋风，价值观的旋风，持续奋斗的旋风。

原因之三：老大和各级主管身体力行。世界上最蛮荒的地方有华为人，最炎热和最寒冷的地方有华为人，战乱、地震、海啸、疟疾发生的地方和海拔最高的地方有华为人，有华为人的地方就有74岁的任正非和华为主管们的足迹。

价值观是组织之魂。华为"以客户为中心，以奋斗者为本，长期艰苦奋斗"的核心价值观是融进了18万人的血脉之中的，更融入了整个组织的制度与流程体系。换个说法，是价值观决定了华为的制度走向、制度框架和制度创新，并进而成为左右华为人才战略与干部取向的根本准则。

对于华为而言，价值观本质上是利益关系的认知与界定，它规定了企业的价值创造来源、价值评价标准和价值分配原则，通俗点讲，是一个钱从哪儿赚，靠谁去赚钱，赚了钱后怎么分（也包括权力的分享、成就感的分享），分钱分权的目的是什么的三段论，很显然，这也是一个高度闭环的利益—观念体系。

我近距离观察和研究华为将近20年，我的印象中华为每年都要给员工普遍加薪，而且幅度不小，以至于蓝军部门撰文批评，认为是Overpay（过度支付）。

任正非说，钱分好了，管理的一大半问题就解决了。

分钱是门学问，但更考验老板和各级管理者的人格。"公平分配"至为重要。

我观察和分析过一些民营公司，我的一个深刻认知是：创始人、老板们、高管们的自私是妨碍企业发展的重要根源。

多劳者、贡献者则"发财"，这条准则从华为创立之初到如今，始终贯彻得很彻底，由于"分配不公"引起的组织内讧、大面积的消极情绪以致团队分裂的现象在华为历史上很少发生；与此同时，多劳者、贡献者则"升官"的干部晋升机制，在华为也一直坚持得比较好。

思考与讨论：

1. 你是否认同"绝大多数失败的企业，都毁在了老板的自私上"？

2. 以华为为例，说明一个优秀的领导如何在经营管理中觉悟并带领企业可持续健康发展？

参考文献

［1］张应杭：《管理伦理》，浙江大学出版社 2006 年版。

［2］辛杰：《量子管理：不确定时代的管理变革》，机械工业出版社 2020 年版。

［3］陈春花：《激活个体：互联时代的组织管理新范式》，机械工业出版社 2015 年版。

［4］丹娜·左哈尔著，杨壮译：《量子领导者：商业思维和实践的革命》，机械工业出版社 2016 年版。

［5］玛克丽特·惠特利：《领导力与新科学》，浙江人民出版社 2016 年版。

［6］张含峰、董文芳、宋超：《老子之道与量子论的融通》，载于《学术论坛》2008 年第 7 期，第 56~65 页。

第十二章　个体的伦理修养

➤ **学习目标**

1. 了解个体的伦理内涵。
2. 了解个体伦理与制度伦理的关系。
3. 掌握个体伦理的修行路径。

➤ **引导案例**

你的名字，我们的希望——记国家援鄂抗疫医疗队①

肺部毛玻璃样阴影、长长的就诊队伍、超员的病房……2020 年初，面对突如其来的疫情，国家援鄂抗疫医疗队挺身而出，逆风驰援武汉。

"我不知道你是谁，但是我知道你为了谁。"

在重症监护室、在病毒肆虐时，每一件防护服上都有一个不朽的名字，每个名字都一笔一画地承载着医者的担当、患者的希望。

1 月 23 日，武汉"封城"。

同一天，北京协和医院党委发出致全体党员的公开信，短短 18 小时内，全院 3306 名同志报名请战。

第一时间选派呼吸、感染、重症专业精兵强将奔赴湖北，48 小时内完成重症病房改造，整建制接管重症病房……一个个驰援瞬间，展现出"风暴眼"中的"协和速度"。

---

① 陈聪、屈婷：《你的名字，我们的希望——记国家援鄂抗疫医疗队》，载于《新华日报》2020 年第 19 期，第 69~70 页。

疫情如火，却挡不住迎难而上的北京协和医院医疗队员们。

面对未知病毒，如何群策群力、拧成一股绳？医疗队组建前线核心组，每晚8点召开工作例会，针对临床问题，不断优化调整诊疗策略。

面对复杂病情，如何保证救治规范化制度化？医疗队因地制宜建立起40多项规章制度，强调"到病人床边去"。

面对重症患者，如何保证个体施治有效性？医疗队采用多学科协作、全方位个性化的治疗方案，形成"一人一策"。

告别家人，转身逆行，一个个平凡的身影挺身而出，开启了以生命赴使命的征程。出征前，有母亲一夜没睡，凌晨3点就开始蒸馒头为即将上前线的儿子送行；有人自始至终都没告诉父母，母亲从电视上看到新闻，哭着打电话过来；有人向三岁半的儿子解释，自己是去一个叫武汉的地方"打怪兽"……

穿上厚重的防护服，戴上口罩、面罩和3层医用手套……白衣战士们脸上留下的口罩勒痕，是逆行战"疫"的勋章。

3月3日晚，一位47岁的患者突然病危，呼吸心跳骤停！原来，这位患者同时患有严重糖尿病，因为糖尿病坏疽发生足趾坏死脱落，多个器官存在潜在性破坏。十万火急之时，在北京医院外科ICU副主任常志刚的主持下，由外科ICU、肾脏内科、呼吸与危重症医学科、心血管内科等组成的多学科团队立即进行体外膜肺氧合（ECMO）装机抢救。随着机器的运转和不断的调试，病人的血氧饱和度等指标逐步好转，状况逐渐开始稳定。当血氧饱和度达到100%的那一刻，在场所有的医护人员不约而同地鼓起了掌！

"虽然刚刚经过一夜的奋战，但看到患者重新燃起了生的希望，大家的疲惫一扫而光。"常志刚说。

北京协和医院内科重症医学科主任杜斌是1月18日抵汉的国家卫生健康委员会高级别专家组中唯一的重症专家。

为了尽快摸索出行之有效的救治办法，杜斌没日没夜地"泡"在ICU：最多的时候，他一天要巡查5家医院的ICU；最长的时候，他穿着防护服在ICU忙碌了10个小时。

从策划和组建武汉最初的几家临时ICU，到不顾安危实施气管插管，杜斌的早期气管插管、俯卧位通气等重症救治经验被写入了国家诊疗方案，为稳定抗疫形势做出贡献。

危险面前，他们用实际行动诠释"争分夺秒"——中日友好医院副院长曹彬带领科研团队及时总结患者临床特征、救治经验，参与编写第一版新冠肺炎诊疗方案，在医学期刊《柳叶刀》发表治疗重症患者的临床试验结果，向全球传递了中国声音、中国智慧、中国经验，为世界各国防控政策制定提供科学依据；北京大学第三医院的护士们在每次上班前，都会通过微信工作群提前了解患者情况，明确每一位患者的护理要点，保证每次接触患者都是有计划地进行，为患者提供更精准的护理，同时也避免体力的浪费、降低物资的消耗。

打开北京大学第一医院驰援护士的工作记录，长长一串任务清单令人吃惊：护理评估、病情观察、呼吸道管理、管道护理、饮食营养、皮肤护理等，各个大项的工作内容又被细分为一个个小项，变为更精细和专业的操作要求。

正是这样一次次无悔的付出，书写了医者的担当——得知患者多、病情重，刚刚下了夜班又折回医院支援到凌晨，是担当；忍住大汗、头痛、胸闷、急促心跳，以及如百爪挠心的饥渴感和胃痛，是担当；近距离护理气管插管患者，为患者排痰、翻身、协助大小便，也是担当。

在被雾气和汗水打湿的护目镜背后，一位位白衣天使牵挂患者的目光，就是千万患者的希望之光。

向险而行、无悔担当，英雄正是这般模样。

第 一 节　个 体 伦 理 与 制 度 伦 理

个体伦理与制度伦理的统一表现为：一方面，个体伦理为制度伦理提供前提。从道德实践的角度看，个体伦理规范水准的好坏，直接影响着制度伦理的实现与否。特别是个体心性伦理的达成，对于制度伦理的实现有着重要作用。另一方面，制度伦理为个体伦理提供保障和支持。个体伦理是有限的，特别是在社会发生变革时期，仅仅通过求助于个体道德水准的提高来维系社会的和谐发展是不可能的，这就需要进行制度的伦理设计，通过各种有组织的、强制性的方式来强化个体的道德要求，保障个体伦理的实现。制度伦理的合理化和程式化，还能为个体伦理提供指导和方向，有助于个体形成合理和明确的道德观。

制度伦理尽管与个体伦理有着这样与那样的联系，但两者的核心内容却有着根本的区别。这种区别表现为：

其一，两者所调节的伦理关系不同。个体伦理主要调节人与人、人与社会之间的关系，而制度伦理则侧重调节人与人、人与社会、社会与社会之间的关系。

在个体伦理中，实际调节的是个人与他人、个人与社会之间的关系，也就是说其规范的主体和对象主要是个人。在个人与他人的关系中要求个人如何利他、爱人；在个人与社会的关系中，要求个人如何遵从整体和服从社会。在所调节的上述各种关系中很少关注个体的权利，更多的是要求个体尽义务。因为个体的权利问题涉及的就是一定的社会或组织如何施为的问题，这就需要制度的伦理安排。在制度伦理中，调节的不仅仅是个人与社会、他人与社会之间的关系，而且还要调节社会与社会之间的关系。这就是说，制度伦理规范的主要对象是社会性的组织，其关注的重心是如何为社会成员和公民的权利而尽义务，同时协调各社会组织之间的运行，使各环节达到协调与统一。

其二，两者的规范原则不同。从道德角度讲，个体伦理与制度伦理在道德规范原则的要求上是不同的。个体伦理所强调的道德规范原则是道义、利他、利社会；而制度伦理则强调公正、平等、正义等。适用于制度的原则决不能和用于个人及其在特殊环境中的行动的原则混淆起来。这两种原则适用于不同的主题，必须分别地加以讨论。个体伦理的规范原则具有个性与社会性特征，而制度伦理的规范原则具有整体性与政治性特征。

其三，两者的实施方式不同。在实施方式上，个体伦理主要通过宣传教育、社会舆论、内心自省等非强制性手段来加以实施，而制度伦理则是主要依靠相应的运行机制、政策、法规的强制性来实现的。因此，必须在个人的社会道德行为与社会群体（包括国家的、种族的、经济的社会群体）的社会道德行为之间做出严格的区别，因为社会中的不公正不能像教育家和社会科学家所相信的那样，单靠道德与理性的劝告就能够得到解决。与个体伦理相比，制度伦理在实现方式上，更具稳定性、强制性和社会性，并依靠社会组织来保障和监督其实施。

其四，两者的道德评价不同。在道德评价上，制度伦理与个体伦理相比更具不确定性。对个体道德行为的评价常常是针对具体的个人及其行为，可依据社会确立的道德标准来进行动机与效果的评价。而对于制度是否合乎伦理，难以确立社会统一的标准来做出相应的评价。不能简单地用伦理学中的动机论和效果论来对制度伦理做出评价，对制度的伦理评价必须要放在历史的长河中，依一定的社会历史条件和物质条件，以及与社会发展相适应的人的认识水平才能做出评判，也就是说不能简单地用个体伦理的评判标准及其模式来评价制度伦理。

个体在追求财富积累的同时，还要关注灵魂的回归。灵魂需要安身之所，生命需要意义的港湾。寻找生命之道，追问生存的终极价值，是我们的必经之路。圣贤们，征服的虽然只是自己，却能感动天下人！所以，豪杰们的事业如烟花，虽然显赫一时，但转眼就烟消云散；圣贤们的事业则如长江大河，源远流长，万古常新。人的全面发展，创造物质条件和自由发展的空间，绝不是全面发展自己的欲望和邪念。越来越多的商业人士在努力获取财富的同时，开始寻找精神家园，试图探寻人生最根本的问题。他们尝试用信仰来管理内心的欲望，把握事情和人的纹理，缔造健康的生活方式。

第二节　个体伦理的修行路径

一、不忘初心、大义名分

习近平总书记在党的十九大报告中说："中国共产党人的初心和使命，就是为中国人民谋幸福，为中华民族谋复兴。"初心神圣，使命光荣。初心如磐，坚不可摧。共产党人的初心坚若磐石，与生俱来。从嘉兴南湖的革命之舟开始，练就了共产党人不畏惊涛骇浪的金色信仰，井冈山的绿竹翠柏，孕育出共产党人不畏炮火硝烟的坚韧。为了新民主主义革命胜利，为了新中国，初心如磐，多少志士前仆后继，多少英烈视死如归。只有心中装着人民，才有初心如磐。

初心常指一个人的初衷、初志、初愿。不要忘记最初所确定的目标，矢志不移，有始有终地坚持下去，才会取得好的结果。初心，就是一开始所持有的心态。"人之初，性本善。"当我们还是小孩子时，总会有一颗纯粹的心，对这个世界充满了好奇，看到的任何东西都是新的，都是真善美的，对任何事物和问题都没有固有的概念，总是以单纯的心去对待。随着年龄的增长，我们长大了，有了诸多的私人感情和欲望，有了诸多的利益纠纷，有了诸多的恩怨算计。尤其是生活在如今的追求成功的年代，我们很多人多了柴米油盐的奔波，少了仰望星空的浪漫；多了世故老练的成熟，少了纯朴善良的简单。有人甚至为了金钱名利，钩心斗角，不惜出卖自己的人格与尊严。乔布斯说："创造的秘密就在于初学者的心态。"的确，一个人时时记得珍爱初心，努力纯净自己的初心，用心珍藏自己的初心，就能给自己一双澄澈的眼睛，找对人生的方向，静静地等待时机，带上梦想，充满信心，一如当初的少年，抵达成功的彼岸。

在人类几乎任何一个文明阶段，率先掌握使用更高能量的文明常常在那个时期中处于竞争优势；更高能量驱动的个体，也常常处在更高的生态位。20世纪

60 年代，普林斯顿大学访问爱因斯坦："这个时代最重要的科学问题是什么？"爱因斯坦答曰："最重要的科学问题是这个世界是善良的还是邪恶的？如果科学家相信这个世界是邪恶的，他将终其一生去发明武器，创造壁垒和伤害人的东西，他们会制造墙壁，把人隔得越来越远。如果相信世界是善良的，他会用尽一生去发明联系、创造链接，去做那些能把人们联系得越来越紧密的事情。"

稻盛和夫反复用自己、用松下、用很多伟人的故事告诉大家：在我对自己的境遇满腹牢骚、抱怨的时候，没有一件事情的进展是顺利的。但是从我坦然接受命运，下定决心全身心投入工作的那一瞬间，人生就从逆风变成了顺风。只要对企业经营有利的，哪怕有风险，也要去试试，无非暂时忍受各种委屈，去争取用好的结果换取社会的谅解，给自己重新出发的机会。如果你还不肯抛弃"工作是别人要我做的"这种不恰当的意识，就无法从工作的"苦难"中解脱出来。明确"为什么而存在"的"大义名分"，经营者身先士卒、以身作则，针对不同层次的员工开展有效赋能，牵引员工人生观、职业观和企业经营观趋向统一，形成相同的判断基准，大家心心相印，同频共振，才能共度美好人生。稻盛和夫"大家族主义"形成的一体感可以极大地增强企业外部竞争力，遵循"实力主义"搭建的阿米巴经营赛台则可以充分激发员工潜能。自燃型的人对一切遇见的人、事、物怀有巨大的热情，凡事全力以赴，相信工作本身就是一种修行，哪怕跌到谷底也能反弹，甚至可以一次次不断自我超越达到更高的巅峰，他拥有强大的心力，靠的是使命驱动。当企业中到处可见被这样的人卷起的"漩涡"，企业也就充满了生机和活力。

➤ 阅读材料

孙思邈的"大医精诚"①

张湛曰：夫经方之难精，由来尚矣。今病有内同而外异，亦有内异而外同，故五脏六腑之盈虚，血脉荣卫之通塞，固非耳目之所察，必先诊候以审之。而寸口关尺有浮沉弦紧之乱，俞穴流注有高下浅深之差，肌肤筋骨有厚薄刚柔之异，唯用心精微者，始可与言于兹矣。今以至精至微之事，求之于至粗至浅之思，其不殆哉！若盈而益之，虚而损之，通而彻之，塞而壅之，寒而冷之，热而温之，

---

① 罗先平：《大医精诚——孙思邈传》，作家出版社 2020 年版，第 55 页。

是重加其疾，而望其生，吾见其死矣。故医方卜筮，艺能之难精者也。既非神授，何以得其幽微。世有愚者，读方三年，便谓天下无病可治；及治病三年，乃知天下无方可用。故学者必须博极医源，精勤不倦，不得道听途说，而言医道已了，深自误哉！

凡大医治病，必当安神定志，无欲无求，但发大慈恻隐之心，誓愿普救含灵之苦。若有疾厄来求救者，不得问其贵贱贫富，长幼妍蚩，怨亲善友，华夷愚智，普同一等，皆如至亲之想。亦不得瞻前顾后，自虑吉凶，护惜身命。见彼苦恼，若己有之，深心凄怆。勿避险巇，昼夜寒暑，饥渴疲劳，一心赴救，无作功夫形迹之心。如此可为苍生大医，反此则是含灵巨贼。自古名贤治病，多用生命以济危急，虽曰贱畜贵人，至于爱命，人畜一也，损彼益己，物情同患，况于人乎？吾今此方所以不用生命为药者，良由此也。其虻虫、水蛭之属，市有先死者，则市而用之，不在此例。只如鸡卵一物，以其混沌未分，必有大段要急之处，不得已隐忍而用之。能不用者，斯为大哲亦所不及也。其有患疮痍下痢，臭秽不可瞻视，人所恶见者，但发惭愧凄怜忧恤之意，不得起一念蒂芥之心，是吾之志也。

夫大医之体，欲得澄神内视，望之俨然；宽裕汪汪，不皎不昧；省病诊疾，至意深心；详察形候，纤毫勿失；处判针药，无得参差。虽曰病宜速救，要须临事不惑。唯当审谛覃思，不得于性命之上，率尔自逞俊快，邀射名誉，甚不仁矣。又到病家，纵绮罗满目，勿左右顾眄；丝竹凑耳，无得似有所娱；珍羞迭荐，食如无味；醽醁兼陈，看有若无；所以尔者，夫一人向隅，满堂不乐，而况病人苦楚，不离斯须，而医者安然欢娱，傲然自得，兹乃人神之所共耻，至人之所不为。斯盖医之本意也。

夫为医之法，不得多语调笑，谈谑喧哗，道说是非，议论人物，炫耀声名，訾毁诸医，自矜己德；偶然治瘥一病，则昂头戴面，而有自许之貌，谓天下无双，此医人之膏肓也。

老君曰：人行阳德，人自报之，人行阴德，鬼神报之；人行阳恶，人自报之，人行阴恶，鬼神害之。寻此二途，阴阳报施，岂诬也哉。所以医人不得恃己所长，专心经略财物，但作救苦之心，于冥运道中，自感多福者耳。又不得以彼富贵，处以珍贵之药，令彼难求，自炫功能，谅非忠恕之道。志存救济，故亦曲碎论之，学者不可耻言之鄙俚也。

二、叠加高能、开悟正觉

爱因斯坦的质能方程式说明物质的本质就是能量，世界上所有的物质都是由微观旋转的粒子组成的，万物靠能量的转变而运作。这些粒子有着不同的振动频率，是粒子的振动使我们的世界表现成目前丰富多彩的样子。我们的人身和各种生命也是如此。心是掌管信息的，而信息和能量是不可分割的。所以能量通道堵塞了，首先要从心（信息）来调整。当我们心态不平和的时候，我们的一切能量处于量子叠加态，我受到了他人意识和心魔意识的叠加和控制，负能量叠加到我们的精神上，降低我们的生命能量。心里的罪恶不除，痛苦就不可能解除。那么什么东西会堵塞我们的心呢？怨恨恼怒烦，贪嗔痴慢疑，这些就是堵塞我们清净内心的罪魁祸首。如果我们都能够认识到障碍在内不在外，出现一切障碍都从自心找原因，就是真正回归了正知正见，这才是解决问题的正道。中国古代有些德高望重的老中医有着菩萨一样的心肠，病人到他那里不用吃药病都能好三分，这是因为他的慈悲心所形成的充满祥和之气的能量场让病人感到心情舒畅。而现在有的医生不是想着如何让病人减少痛苦，而是盘算着怎么才能从病人的口袋里多掏些钱出来，好让自己拿的回扣能多一些，这些人的自私狭隘所产生的能量处在比较低的层次，这也是现在人之所以看不好病的原因之一。

美国著名的大卫·霍金斯博士（David R. Hawkins, Power vs. Force）与诺贝尔物理学奖获得者合作，运用人体运动学的基本原理，结合使用精密的物理学仪器，进行了近三十年长期的临床试验。其随机选择的测试对象横跨美国、加拿大、墨西哥、南美、北欧等多地，包括各种不同的种族、文化、行业、年龄等多元性指标，累积了几千人次和几百万笔数据资料，经过精密的统计分析之后，发现人类各种不同的意识层次都有其相对应的能量振动频率物理学指数。科学的有效性有赖于数据测试的可重复性。对于意识能量层级的测试数据，霍金斯博士发现，结果无一例外，全都是一致的，而且是可重复的。霍金斯博士运用现代科学的研究方法，把人类的意识映射到 1～1000 的频率标度值范围，一共划分为 17个能级。[1]

人类意识能级分布图如下：

01 开悟正觉：700～1000

---

[1] 大卫·霍金斯：《意念力》，方智出版社 2012 年版，第 55 页。

02 宁静极乐：600

03 平和喜悦：540

04 仁爱崇敬：500

05 理性谅解：400

06 宽容接纳：350

07 主动乐观：310

08 信任淡定：250

09 勇气肯定：200

10 骄傲刻薄：175

11 愤怒仇恨：150

12 欲望渴求：125

13 恐惧焦虑：100

14 忧伤无助：75

15 冷漠绝望：50

16 内疚报复：30

17 羞耻蔑视：20 及以下

人的邪念会导致最低的频率。当你想着自私、罪恶的邪念时，就在削弱自己的能量层级。渐高依次是报复的恶念、冷漠或绝望、忧伤或痛悔、害怕与焦虑、私欲的渴求、发火和怨恨、傲慢与刻薄，这些全都对生命有害。勇气的状态在200，是中性的。往上是信任，信任带来淡定，开始有益于生命。再往上的频率依次是主动乐观、温和宽容、理智合理。达到500的仁爱、和蔼和尊敬能级的人就是极其稀少的了。再往上是更加罕见的平和安详、喜悦在540以及宁静极乐的600。最后是正觉或开悟（启示）在700～1000。频率值200是一个人正负能量的分界点。1～600这个意识能级范围，代表了人类中绝大部分人的心理体验和能量场的强度。当某人的意识能级由于内在情绪或外在条件而降到200以下，他就开始丧失生命能量，变得更加脆弱，更加不健康，生命缺乏活力和动力，更加为环境所左右。意识层次的能级在200时，是一个人所处正负能量状态的分界点。简而言之就是，意识能级高于200的人是正能量的人，意识能级低于200的人是负能量的人。任何导致人意识的振动频率低于200（20000赫兹）的意识状态均会削弱身体，而从200～1000的频率递增则会使身体力量逐步增强。

霍金斯博士的研究成果还表明，这个世界上绝大多数人都是在能级200以下。达到500的人已经拥有了非常强大的能量场，可以影响成千上万的人。世界上只有千分之四的人达到这个能级。超过 600 的人在地球上已经是凤毛麟角，只有千万分之一。霍金斯亲眼遇到过的最高最快的频率是 700，出现在当年他研究特蕾莎修女（1910～1997，获 1997 年诺贝尔和平奖）的时候。当特蕾莎修女走进屋子里的一瞬间，在场所有人的心中都充满了莫名的幸福感，她的出现即刻使人们几乎想不起任何杂念和怨恨。

人的能级的起伏跟一个人的心境直接相关。科学研究发现，能够显著影响和决定一个人意识能级的因素不是其文化程度、学历、阅历、权力、财富、地位等世俗尺度。相反，以上这些因素会明显地受人的意识能级所制约。决定一个人意识能量层级的关键因素是这个人的社会动机和心灵境界。因为每一个人的能量层级都是由这个人的信念、动机、行为准则和心灵境界决定的，而一个人的能量层级又决定了这个人一生的一切，所以我们每一个人最终将会为我们自己的每一个念头、语言、行为负责，并将重新体验那些我们使别人遭受过的痛苦。一个人的意识能级跃升不是件简单事，通过整理无数的数据，霍金斯发现，诚实、同情和理解等正面精神状态，能增强 个人的意志力和身体力量，能改变身体中微观粒子的振动频率，进而能够改善身心健康的状况和整个生命的过程。

提升意识能量层级并不是一件轻而易举的事情，那是因为从一个层次进步到更高的一个层次需要巨大的生命能量，一个人在一生中往上提升一个层次都会极其艰难。人类能级叠加态的属性不是持续恒定和渐进式的，而是跳跃性的，具有典型的量子性。某一刻的对事物的觉察会使我们顿悟，此刻的能量级别会大幅提升，如听到名师对自己的教导，或者在某位开悟者的演讲课堂上听到某句话时的光芒显现等。一个人从 200 以下跃升到 200 以上，是一个巨大的能级跳跃，这甚至可以改变一个人一生的命运。跨越 500 是另一个巨大的能级跳跃，对于超越了 500 这一层级的人，物质财富和世俗的需要就变得无关紧要。而这正是那些真正的修行者、心灵导师、大德宗师和极少数伟大的艺术家为何不追逐，也不贪图物质利益的原因之所在。在一个高级的精神状态中，也就是在一个能级很高的意识状态中，一瞬间就可以彻底颠覆一个人一生所坚持的生命价值取向、世界观、人生观和人生目标！所以，这种跳跃，可以使一个人从此脱胎换骨，重获新生。这种改变不仅能够改变一个人自己的生命，而且其能量场也能够改变他或她对他人甚至对世界的影响。随着地球进入新的时代，更多的人将迈向高能级，地球的整体能量也要提升到一定的更高水平，这需要更多人参与到这个全球觉醒的活动中来，更多的人需要迈向觉醒。

少数人的正能量抵消大多数人的负能量，极少数高能级的人抵消了绝大多数低能级人的负能量，使得全人类的整体能量层级不至于低得以至于走向灾难甚至消亡。科学家发现，在任何一个组织里面，这个规律也是完全适用的。整个组织的整体能量水平取决于全体组织成员的平均意识能量水平。因此，在一个组织中，高意识层级的人越多，组织本身的能量层级也就越高。作为人类，我们所能做的最重要的事情就是提升自己的个人意识能级。一个人的意识能级水平最终决定了这个人的生命成就和人生丰盛程度，人在一生中所追求的一切目标的实现程度都取决于其意识能级的高低水平。实现高能量叠加态和意识能级的方法就是放弃和远离低能级的东西，持续不断地护持正念并和高能级的东西待在一起。正所谓道心生，凡心退，提升自己的精神能级，努力把自己从生活中那些毫无价值的思想、毫无价值的行动和毫无价值的关系中挣脱出来，让所有的负面能量"没有空间"进入自己的时间内。

实现叠加态还可以通过能量共振的方法。为了说明能量是如何从低振频转换到高振频的，必须提到 1665 年荷兰科学家贺金斯所发现的共振原理：当两种有着不同周期的物质能量相遇时，振动韵律强大的物质会使较弱的一方以同样的速率振动，而形成同步共振现象。也就是说，强大韵律的振动，投射到另一有相对应频率的物体上，因此振动韵律弱的物体由于受到相对应频率之周期性的刺激，因而与较强的物体产生共鸣而振动。贺金斯曾在房间里的墙上并排放置不同速率的老爷钟，然后走出房间，第二天再回来时发现老爷钟的钟锤皆以同速率同步摆动。其后许多人相继重复此钟锤实验，屡试不爽。当你和人谈话很投机产生共鸣时，或课堂上老师的谈话很吸引你而你猛点头时，你的脑波可能正在共振。有时与人相处，彼此虽无言语却灵犀相通，也是共振的现象。共振可应用在人体的各个层次上，在细胞层次上来说，我们可以将人体内堆积过多的自由基转换成为阴离子；在肉体上，可以将高度浓缩的肿瘤转换成密度较小的健康肌肉；在情绪上，我们可以将比重大的痛苦升华成比重小的快乐；在认知上，可以将负面的批判转换成正面的欣赏，将悲观的看法转为乐观的态度；在灵性上，可以将人的意识从原本只认同有形的肉体，提高到也能感觉无形灵体的状态，从而唤醒我们的灵性意识，重新和自性本体联结，最后达到和宇宙合为一体的状态。

三、提高心性、拓展经营

"天行健，君子以自强不息"。有德行的君子，不畏艰难、刚健有为、积极进取、精益求精，以自己坚持不懈的执着追求，赋予有限的生命以永恒的意义。正如物质可以分为自燃物、可燃物、不燃物一样，人也可分为三种类型：点火就能燃烧的可燃型的人；点火也不会燃烧的不燃型的人；自己就能熊熊燃烧的自燃型的人。想要成就一番事业，就必须具有自我燃烧的热情。伦理个体需要拥有"自我燃烧"的热情，把自己变成企业需要的"自燃型"人才。有一种貌似"很酷"的人，他们表情麻木，完全没有"燃烧"的感觉，说话者明明已经在"熊熊燃烧"了，可听话者却态度冰冷，搞得说话者的热情都要被他浇灭，这种人是非常要不得的。

想要自我燃烧，除了热爱自己的工作之外，还要抱有明确的目标。伦理个体坚信，幸福是奋斗出来的，一定要设定高目标，然后向高目标发起挑战，我们提倡共同完成高目标并享受不断突破自我的成就感和一体感。稻盛和夫说，越是忍不住要放弃时，越要坚持到底；成长，是苦难撑起来的。身为伦理个体，面对竞争，唯有奋斗；征途漫漫，唯有奋斗；追求卓越，唯有奋斗。不管面对怎样严峻的、困难的状况，都要绞尽脑汁、正面迎击，思考一切条件，探索克服困难的具体方法，保持谦虚和真挚的态度，锲而不舍、孜孜以求，才有可能突破进步。坚定地相信自己"能行"，相信光明的未来必定到来。

提高心性的具体过程是"事上修行，以事为镜，事上磨炼"。每天工作的每件事，都是修行功课。经营的每一天都是提高心性的每一日，不断磨砺心灵，减少能量无谓损耗。抱怨是成长的天花板，抱怨是前进的绊脚石，抱怨是环境的污染源，抱怨是消耗能量的无底洞，普通人的能量就卡在这里。能量无损耗 = 无为 = 致良知 = 道 = 心纯见真（过程：格物、去弊）。工作的产出和状态，是内心的镜子，映射出内心的状态。产品能够反映出制作者的心地，心地粗糙的人制造出来的东西是粗糙的，心地细腻的人制造出来的东西是细腻的。所以要借事练心，通过把工作做完美，最终实现心性的提升，生命的完美。在修心方面，我们可以借鉴稻盛哲学磨砺心志的"六项精进"：付出不亚于任何人的努力；要谦虚不要骄傲；每天反省；活着就要感谢；积善行、思利他；不要有感性的烦恼。

稻盛和夫经营哲学的核心精髓就是度过美好人生的人生观 - 工作即修行的职业观 - 全员幸福的经营观。怀特海一生最精炼的总结是"多成为一，一增益多"。稻盛先生经由灵魂的磨炼，在纷繁复杂中找到了"真我"那个"一"，他的"多"就自然呈现。吾道一以贯之，一 = 真我。世间万物，始于心，终于心。在解读京瓷哲学时，稻盛指出：在"人生·工作的结果 = 思维方式 × 热情 × 能力"的成功方程式中，"人心"就是"思维方式"，而"热情"，也是"人心"所生。由此可见，人心有多么重要。如果企业家心灵清澈，则企业经营便会顺利且稳定。所谓提高心性，即一心向善、美化心灵。这是一个人的人生旅程和经营事业都迈入良性轨道的原动力。

稻盛和夫用半年时间进行了"心斋"，在这半年里，他每晚都会叩问自己的内心：我的所求是不是正当动机？还是为了出风头、金钱和哗众取宠这样充满私欲的想法？他拷问八个字：动机至善、私心了无。对事业的无私之心，自认为不输给任何人。日航员工在不知不觉中被旧日航的不良风气熏染和同化，稻盛和夫到来后反复向他们讲述做人应有的、正确的姿态，并通过全员持续学习建立在人性真善美基础上的《日航哲学》，员工们苏醒了，开始努力回归真我。

➤ 阅读材料

自我实现者的十六个特征[①]

美国心理学大师马斯洛（Maslow）在研究了许多历史上伟人共同的人格特质之后，详细地描绘出"自我实现者"（开悟者）的画像。

1. 他们的判断力超乎常人，对事情观察得很透彻，只根据现在所发生的一些事，常常就能够正确地预测将来事情会如何演变。

2. 他们能够接纳自己、接纳别人，也能接受所处的环境。无论在顺境或逆境之中，他们能安之若命，处之泰然。虽然他们不见得喜欢现状，但他们会先接受这个不完美的现实（不会抱怨为何只有半杯水），然后负起责任改善现状。

3. 他们单纯、自然而无伪。他们对名利没有强烈的需求，因而不会戴上面具，企图讨好别人。有一句话说："伟大的人永远是单纯的。"我相信，伟人的脑子里充满智慧，但常保一颗单纯善良的心。

4. 他们对人生怀有使命感，因而常把精力用来解决与众人有关的问题。他们也不会以自我为中心，不会单顾自己的事。

5. 他们享受独居的喜悦，也享受群居的快乐。他们喜欢有独处的时间来面对自己、充实自己。

6. 他们不依靠别人满足自己安全感的需要。他们像是个满溢的福杯，喜乐有余，常常愿意与人分享自己，却不太需要向别人收取什么。

7. 他们懂得欣赏简单的事物，能从一粒细砂想见天堂，他们像天真好奇的小孩一般，能不断地从最平常的生活经验中找到新的乐趣，从平凡之中领略人生

---

① 马斯洛著，高适译：《马斯洛说完美人格》，华中科技大学出版社 2012 年版，第 75 页。

的美。

8. 他们当中有许多人曾经历过"天人合一"的宗教经验。

9. 虽然看到人类有很多丑陋的劣根性，他们却仍满有悲天悯人之心，能从丑陋之中看到别人善良可爱的一面。

10. 他们的朋友或许不是很多，然而所建立的关系，却比常人深入。他们可能有许多淡如水的君子之交，素未谋面，却彼此心仪，灵犀相通。

11. 他们比较民主，懂得尊重不同阶层、不同种族、不同背景的人，以平等和爱心相待。

12. 他们有智慧明辨是非，不会像一般人用绝对二分法（不是好就是坏）分类判断。

13. 他们说话含有哲理，也常有谑而不虐的幽默。

14. 他们心思单纯，像天真的小孩，极具创造性。他们真情流露，欢乐时高歌，悲伤时落泪，与那些情感麻木，喜好权术、控制、喜怒不形于色的人截然不同。

15 他们的衣着、生活习惯、方式、处世为人的态度，看起来比较传统，保守，然而，他们的心态开明，在必要时能超越文化与传统的束缚。

16. 他们也会犯一些天真的错误，当他们对真善美执着起来时，会对其他琐事心不在焉。

据马斯洛的估计，世上大概只有1%的人，最后能成长到上述这种"不惑""知天命""耳顺""随心所欲而不逾矩"、圆融逍遥、充满智慧的人生境界。不敢期望每个人都能达到这个境界，然而，当我们愈趋近这种境界时，我们的人生会愈有喜乐、愈有意义。

四、制心一处、无事不办

老子在《道德经》第六十三章中说："为无为，事无事，味无味。"也就是说，我们可以有所作为，但要用无所执着的心去做。六祖坛经有云："善知识！我此法门，从上以来，先立无念为宗，无相为体，无住为本。"六祖以无念、无相、无住作为修行的法门。所谓无念，并不是没有念头，而是在念头升起时不必要起心去压制它，在念头熄灭时，也不要起心去跟随它，这样，念头虽起起落落，心保持澄明的观照，这就是"于念而无念"。所谓无相，并非要逃避眼前一切事项，而是指心不要贪著于事相。从事商业的终极判断标准以什么为判断的基准？只是凭本能的损益算计？或仅凭感觉？不拿"亏还是赚"做基准，也不拿"赚钱多还是少"为基准，而是用"作为人，何为正确？"也就是"利他"这一原则作为判断基准。稻盛说："如果企业家心灵清澈，则企业经营便会顺利且稳定。人心惟危，道心惟微，关照自性和觉察自己的缺点并修正如同警察和小偷的关系。"

顶级高手都有一种把"我"练没的本事，天下最高等的功夫是无招胜有招。古人造的"慈悲"二字道出了本性之内涵，"兹"是"此"的意思，"慈悲"二字就是"此心非心"，就是没有心，不动心，平等无分别心。《倚天屠龙记》中，张三丰临阵传授张无忌太极剑法，他们之间有一段这样的对话："无忌，我教你的还记得多少？""回太师傅，我只记得一大半""那，现在呢？""已经剩下一小半了""那，现在呢？""我已经把所有的全忘记了！""好，你可以上了……"全部忘记之时，也是学成之时，达到得其意、忘其形，随意出招自成章法的境界。金庸先生的这一段小说，描写出东方哲学中"高手"的层次——普通高手通过勤学苦练掌握技艺，就像张无忌的对手，熟悉天下各大门派剑法的"八臂神剑"东方白；更厉害的高手跳出技艺的形式，抓住内在的心法，能万变不离其宗、随心所欲不逾矩；而大神级的高手，连心法都忘了，全然没有自己的想法，仅仅是让大道真理通过自己在作用。

日本东京有一位叫小野二郎的寿司师傅，他在东京银座一栋办公楼地下室开了间寿司店，外表与最普通的寿司小店无异，甚至有点寒碜，只有十个座位。但就是这样一间小店，连续多年被评为米其林三星餐厅，美国人还专门拍了一部纪录片《寿司之神》讲他的故事。小野二郎是全球最年长的米其林三星大厨。他9岁就开始学徒，做了一辈子寿司。在日本做寿司学徒没有任何捷径可走，过程艰难而漫长，所有的学徒要先从学会拧烫手的毛巾开始，再逐步着手处理和准备食材，10年过后，才会让你独立从事蒸蛋工作，而要出师成为一位真正的寿司匠人，至少需要数十年。小野二郎在制作寿司时，庄严肃穆、浑然忘我，仿佛与食材合二为一。同时，他会根据客人的体貌特征和当下的情绪状态，调整寿司的大小、顺序甚至口味，让客人在味蕾愉悦的同时，得到精神上的疗愈和感动。每个吃过的人都会感叹，这是"值得一生等待的寿司"。

"一旦你决定好职业，就必须全心投入工作之中，你必须要和你的工作坠入爱河……你必须穷尽一生磨炼技能，这就是成功的秘诀。"小野二郎说道，"即使到了我这个年纪，工作也还没有达到完美的程度……我会继续攀爬，试图爬到顶峰，但没人知道顶峰在哪里。"匠人精神讲求"心技合一"。"技"要精益求精，不断追求更高的水准；"心"要在工作的过程中磨炼，去抵达"空"的禅定境界，最终"物我两忘，浑然天成"。在学习外在知识方面，要做加法；在修炼内在精神方面，要做减法。这也是老子在《道德经》第四十八章提出的观点：为学日益，为道日损。损之又损，以至于无为。无为而无不为。取天下常以无事，及其有事，不足以取天下。

如果我们肯把自己的全部感情、理智、精力投入某一件事、某一问题、学问或工作上，让它形成一个焦点，在那个焦点上就会迸放出智能的火花，就会使生命发光发热。章太炎夜读，他姐姐送了一盘炸年糕和白糖，结果他用年糕沾着一盘墨汁吃光了而不自觉，这就是食而不知其味。瓦特在实验室，家里人给他两个鸡蛋，叫他饿时煮来吃，到想吃鸡蛋时，一看煮的却是怀表。爱迪生纳税时忘了自己的名字，蜜月旅行丢了新婚的太太，专心研究不看时钟，养两只猫开两个洞……看起来好像智商零蛋，实际上他心无二用，他把精力、智慧和感情，全部集中到他酷爱的工作上了。练习瑜伽的叫人观蜡烛、观香火、观四大，道家炼丹，叫人守窍——观想丹田那一点。这些修行方法的目的都在教人"制心一处"，把心力集中成为一个焦点，然后才能发挥心的力量，也才能完成自我突破——自我解脱。

五、利他无我、同体大悲

"囚徒困境"与纳什均衡的模型如图 12 – 1 所示。

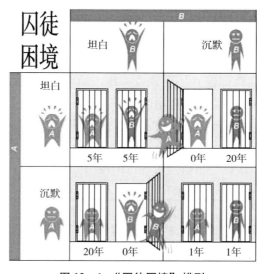

图 12 – 1 "囚徒困境"模型

"囚徒困境"中为什么警察几乎每次都会赢？源于犯罪嫌疑人都有一个"小我"而无视于另一个人的得失。假如两个人都为对方考虑，他们就会这样思考：假如我抵赖，他坦白，他将无罪释放；假如我抵赖，他也抵赖，那谁也抓不住把柄，最多判一年。可是如果我坦白了，那么不管他怎样，他都会被至少判八年。

纳什用数学证明了救赎全人类的唯一路径是"爱"，或者说利他。

习近平主席在党的十九大报告中提出"建设人类命运共同体"，孔夫子在《论语》中提到"大同世界""四海之内皆兄弟"，《金刚经》中有个词叫"一合相"。这个世界哪来那么多对错是非，恩怨情仇？哪来的那么多高低长短、你我彼此？不过就是一个大家庭，不过就是一片大风景。哪里分成彼此你我，缺失短长？

地球资源是有限的，这就像是警察开出的条件，似乎只要你得到了我就只能失去——为了让自身得以生存和发展，争夺资源会激发出人与人之间、国与国之间的"小我"之争而伤害他人最终也会伤害到自己。如果每个人坚持利他，最终自己也将无罪释放；只要一个人坦白有罪，那么包括这个坦白的人在内，所有人依旧身处地狱。这样看来，我们全人类的命运其实是紧紧连在一起的，我们时时刻刻的思想和行动是利己还是利他，都会对整体带来影响。

世界乃是所有人共业所感，大洪水来袭之前没有一滴水认为自己有罪，雪崩时没有一片雪花无辜。你我都是世界的一部分，世界亦是你我的一部分。一个人能主动与多少其他生命产生"纠缠"，就一定能收到多少生命与生命间的回应。

人类学家玛格丽特米德说："人类最初的文明不是鱼钩、石器、火等，是我们发现了一块折断之后又愈合的肱骨，这表明有人花了很长时间来照顾受伤的人——处理伤口、提供食物、保护他不受攻击。从困难中帮助别人才是文明的起点。"

宇宙本身是个生命体，这个生命体就是个体生命的模板，世界上所有有形的物质都是由宇宙生命整体的模板创造出来的，所以每一个生命体里面都有整体宇宙生命的内核，都包含着宇宙的真理。宇宙本来就是一个没有分别的整体，是由于人们有了错误的分别心，才使六根、六触、六识产生了心理所设的障碍。宇宙中的一切众生，个体性越强，造业也越重，所形成的生命层次也越低。相反，整体性越强，越是无私忘我者，越靠近宇宙这个整体，其生命层次也越高。修行就通过明明德，破除我执，断除分别，把那个一切从自我出发的心熄灭，分别心没有了，才能恢复自然，才能打开那个浩瀚的真我本性。如果沿着平等无分别心的道路走，其结果是：平等心—无分别—无执着—无捡择—无取舍—无得失—无烦恼—清静无为—顺其自然—真空妙用—大超脱—大自在—生命层次上旋。因此，修行人常说："舍去小我得大我，舍去大我得无我，无我方为永恒我。"当修到忘我无我的境界时，我们就进入了"道"，在道中也同时得到了永恒。

在1982年，巴黎大学物理学家阿兰·阿斯拜科特所领导的一组研究人员进行了一项重要的实验——全息摄影（holography），也称为"激光立体照相术"，激光射出后分为两束，一束投射于被拍照的物体上，反射后再与另一束光相互干扰，然后将干扰波形存于全息胶片上。与传统摄影方法不同的是，这张胶片上看起来只是一大堆像水波的纹路，看不出一点被拍照物体之形象，可是当我们用激光以正确的角度投射于胶片上时，就会显现出该物体之立体影像。然而，全息摄影最富有启发性的一个特征在于：全息摄影中每个点都包含了原始场景的光线的信息，从原理上说，整个场景可以通过任意小的一部分全息摄影胶片上还原出来。这就是全息宇宙的试验过程，这与美国量子物理学家和科学思想家戴维·玻姆的想法十分类似：此发现意味着客观现实并不存在，尽管宇宙看起来具体而坚实，但其实它只是一张巨大而细节丰富的全息摄影相片！

全息宇宙论的核心思想是，宇宙是一个不可分割的、各部分之间紧密关联的整体，任何一个部分都包含整体的信息。在这个宇宙之下，每一个物体，哪怕是一个小小的电子，都包含了整个宇宙的信息。就像一位诗人所说的那样："整个宇宙存在于一杯葡萄酒中"。传统科学总是将某一系统的整体性看作是零件组成后相互运作的结果，而真正的事实却是，零件的行为由整体组织所操纵。与之相类似，我们宇宙中的基本粒子群并不是分散移动于虚空间，而是所有的粒子都属于一个"超级宇宙"，每个粒子都按照"超级宇宙"给定的各种程序不断运行。爱因斯坦在他的相对论中提出空间与时间是不可分割的一个整体，他称为"空间—时间连续体"，这个理论震惊了全世界。隐秩序必须被扩展到一个高维现实，这个高维原则上是不可分割的整体，其包含整个具有其全部场和粒子的整体宇宙。全运动在高维空间中卷入与展出，其维数实际上是无限的。从那个"超级宇宙"里观看我们的宇宙，一切事物都是相互关联的，所有的基本粒子都不是分离的"独立部分"，而是更大整体的一个小片段。一切的分类都是一种假象，宇宙万物就像是一块地毯上不同图案一样，是不可分的，万物皆为一体。

西方哲学偏重于从个体而结成整体，而东方哲学则偏重于从整体而派生出个体。中、西方人使用完全不同的方法观察和了解同一个世界，思维方式有着显著的不同。比如，中国人写信时收信、寄信的地址一定是"先大后小"：先写国家，再依次写某省、某市、某街道和某某号。而西方人写信时却正相反，先写某某号，再依次写街道、城市、国家。中国人的姓名，是先整体后个别，先是"姓"后是"名"，即代表全家族的姓氏在前，然后才是个人的名字；而西方人却是依个人名字、父名、家庭姓氏的排列顺序。中国人对日期的写法也是从大到小，按年、月、日顺序排列，而西方人则刚好相反。从这些细节上的差异可以看出，中国人注重整体，从整体到局部，看问题往往从宏观的角度出发，在总体上去把握事物的发展变化规律；而西方人注重局部，看问题的角度是从局部到整体，关注个体和细节，喜欢把复杂的事物无限细分。西方人的这种思维是一种还原论思想，即认为整体即是部分之和。虽然西方科学在还原论思维方式的指导下获得了巨大的成就，但也正是在还原论思想的统治下，西方哲学思想最终走向了机械决定论。从大看小则不明，从小看大则不尽。东方哲学是从大看小，因此常常看得不够细、分析得不够精确，"差不多"就可以了；而西方科学对于数学工具的运用已炉火纯青，西方哲学则从小看大，往往有看不尽之处，这需要上达于形而上的道，才能在更高的层次"一览众山小"。

从本性的角度讲，宇宙间一切事物都是平等无差别的。人们由于不明白宇宙本性和真相，站在自我利益的角度上，一切以自己的五官感知判断事物，由于五官受三维的局限，把一切能感触到的东西都判断为"实有"，由此而分别出有、无，继而分别出好坏、取舍等等。一切习惯于以自我利益为判断事物好坏、是非、对错、善恶、取舍的标准。人们被自己错误的认识反反复复地输入的程序控制着，形成了根深蒂固的习气——分别心。长此以往，习惯成了自然，使自己已经完全察觉不到这些属于背道的东西，故非常难破。分别——善恶（好坏、是非、对错）——取舍——执着——欲望——得失——烦恼……再往下分析，除了人们各种各样、无穷无尽的烦恼以外，社会的动乱，杀、妄、淫、盗以及战争等一切不安定因素，都源于人们的分别心。一有分别就失去了它自然的本来面目，分别就是偏在了两边，失去了中道，分别就是造业的起因。

现代兴盛起来的系统科学、非线性理论等，无一不是把有机的整体作为研究对象的，而整体思维正是中国哲学思想的精髓。古老的"易经"和老子的"道"都是中国古人对人与自然整体规律的一种总体认识，其中包含了丰富的整体论思想和量子思维的观点。老子之道以义理的宏富玄奥而著称，他的理论体系超越了巨大的时空跨度，与当代科学的量子理论联系在一起，从一个侧面反映了人类思维的深刻统一性。老子哲学体系中的核心是：道（或无）的概念。道的本体是空的，具有无量无边的光。道是无极，是太极一。"道"在自身的作用下必然产生：道生一，一生二，二生三，三生万物。德一生天地，天地交感生人，相互交感生万物。天为阳，地为阴，人有阴有阳。天是阳中有阴，地阴中有阳。相异两两相感为"万物负阴而抱阳"，一阴一阳为之道。在"三"这个层级，相异两两相感产生万物。太极分化为天地，轻轻上升为天，重浊下凝为地。天地相感生成人，人与天地相感生纷繁复杂的世界，这就是"三"生万物。这个世界的每一个数字又是一个新的"一"即太极演化出新的"二""三"形成新的"世界"，如此层层无尽。"一沙一世界"就是这个意思，点是一个整体，同时又是一个结构。一个点是粒子，同时又是阴阳，又是波动的。这个整体不仅是可分的，同时具有阴阳属性，与对称的整体粒子发生相感相合或排斥。两异不仅相感或相合乃至互相转化，如此"世界"的生生化化，构成我们缤纷复杂的宇宙空间。

➤ 阅读材料①

特蕾莎修女（又译德兰修女）（1910～1997），出生于阿尔巴尼亚，她一生追随基督，扶贫济困，先后在印度和其他国家创办了 50 余所学校、医院、济贫所、青年中心和孤儿院；她把一切都献给了穷人、病人、孤儿、孤独者、无家可归者；曾获得印度尼赫鲁奖金、美国约瑟夫·肯尼迪基金会奖金和罗马教皇约翰二十和平奖金，并于 1979 年获得诺贝尔和平奖。

特蕾莎修女说过，那种比贫穷更可怕的"孤独与被抛弃的感觉"仍然钳制着相当多的人。每个人都可以选择假装看不到这些穷人，也可以选择走到他们中间去。特蕾莎修女做出了"以穷人的名义"的选择，引起全世界的关注。在诺奖颁奖典礼上，她说："我是帮穷苦的人代领这个奖。我很高兴贫穷的人受到应有的注意。"她把奖金全部用在贫穷苦难者身上。当她得知颁奖后的国宴需花费 7100 美元时，她流泪了，向主管方发出真诚、柔弱但又难以拒绝的请求：能否把这次国宴的钱连同诺贝尔奖资金一起赠给我。一顿豪华国宴只能供 100 多人享用而已，却可以让 15000 名印度穷人一天吃饱饭。

她离世时，拥有 4 亿多美元的资产，而她的个人财产仅有一张耶稣受难像，一双凉鞋和三件粗布纱丽：一件穿在身上，一件待洗，一件已经破损……她使加尔各答数以十万计的身处苦难的人们得到关怀，她的仁爱与慈悲至今清音未绝，并将传诸久远。而除此之外，她告诉了这个世界什么是真爱，如何去爱。

诺奖评委会在给她的获奖理由中写道："那些最孤独的人、处境最悲惨的人，

---

① 笔者自编。

得到了她真诚的关怀和照料。这种情操发自她对人的尊重，完全没有居高施舍的姿态。"而且，"她以尊重人类尊严的观念在两者之间建设了一座桥梁。"以有尊严的方式对待穷人，这一点是这么重要，然而我们今天的很多人却未必能够真正了解。

特蕾莎：活着就是爱

原文：Mother Teresa（特蕾莎修女）

人们不讲道理、思想谬误、自我中心，

不管怎样，还是爱他们；

如果你友善，人们会说你自私自利、别有用心，

不管怎样，还是要友善；

如果你成功以后，身边尽是假的朋友和真的敌人，

不管怎样，还是要成功；

你所做的善事明天就会被遗忘，

不管怎样，还是要做善事；

诚实与坦率使你容易受到欺骗和伤害，

不管怎样，还是要诚实与坦率；

人都会同情弱者，却只追随赢家，

不管怎样，还是要为一些弱者奋斗；

你耗费数年所建设的可能毁于一旦，

不管怎样，还是要建设；

如果你找到了平静和幸福，人们可能会嫉妒你，

不管怎样，还是要快乐；

人们确实需要帮助，然而如果你帮助他们，却可能遭到攻击，

不管怎样，还是要帮助；

将你所拥有最好的东西献给世界，可能永远都不够，

不管怎样，还是要将最好的东西付出！

你看，说到底，它是你和上帝之间的事，这绝不是你和他人之间的事。

六、磨炼工匠精神、敬畏工作

在 2016 年的政府工作报告中，李克强总理说"要鼓励企业开展个性化定制、柔性化生产，培育精益求精的工匠精神"。近些年来充斥媒体的"中国制造"

"中国创造""中国精造""工匠精神"，如今成为决策层共识，写进政府工作报告，显得尤为难得和宝贵。

当今社会心浮气躁，追求"短、平、快"（投资少、周期短、见效快）带来的即时利益，从而忽略了产品的品质灵魂。因此企业更需要工匠精神，才能在长期的竞争中获得成功。当其他企业热衷于"圈钱、做死某款产品、再出新品、再圈钱"的循环时，坚持"工匠精神"的企业，依靠信念、信仰，看着产品不断改进、不断完善，最终，通过高标准要求历练之后，成为众多用户的骄傲，无论成功与否，这个过程，他们的精神是完完全全的享受，是脱俗的、也是正面积极的。

著名企业家、教育家聂圣哲曾呼吁："中国制造"是世界给予中国的最好礼物，要珍惜这个练兵的机会，决不能轻易丢失。"中国制造"熟能生巧了，就可以过渡到"中国精造"。"中国精造"稳定了，不怕没有"中国创造"。千万不要让"中国制造"还没有成熟就夭折了，路要一步一步走，人动化（手艺活）是自动化的基础与前提。要有工匠精神，从"匠心"到"匠魂"。一流工匠要从少年培养，有些行业甚至要从 12 岁开始训练。要尽早恢复学徒制。税制要改革，要促成地方政府对制造业重视的局面。中国的教育要学德国、日本而不是美国……

工匠们喜欢不断雕琢自己的产品，不断改善自己的工艺，享受着产品在双手中升华的过程。工匠们对细节有很高要求，追求完美和极致，对精品有着执着的坚持和追求，把品质从 0 提高到 1，其利虽微，却长久造福于世。工匠精神是社会文明进步的重要尺度、是中国制造前行的精神源泉、是企业竞争发展的品牌资本、是员工个人成长的道德指引。"工匠精神"就是追求卓越的创造精神、精益求精的品质精神、用户至上的服务精神。

我们做的每一个产品都是广告牌，制造现场就是展示厅。一尘不染的环境，闪闪发亮、井然有序运转的设备、神采奕奕、精力充沛的员工，这样的职场才能带给客户感动。一位木匠从事庙宇神社的修建工作长达数十年，师傅说："树木里宿着生命，工作时必须倾听这生命发出的呼声，我们工作的精湛程度必须经得起千年日月的考验。"如果找到了不合格产品，就是听到了产品的"哭泣声"。正是由于艺术作品中融入了作者的灵魂，所以才令人感动。同样，如果工业产品中也融入了制造者的灵魂，那么，也一样能够令人感动。关于工作与禅行的关系，稻盛有如下明确而精辟的论述：贯彻完美主义，认真努力，埋头苦干。如果能像这样坚持三五年，甚至十年，就能逐渐探明事物的本质。在埋头研发精密陶瓷和努力经营企业的过程中，稻盛和夫抓住了事物的核心。即使看起来是枯燥无味的事情，也要把它看作上苍赋予自己的天职，倾注自己的全部心血，这样锲而不舍，不懈努力，真理一定会显现。

工匠精神落在个人层面，就是一种认真精神、敬业精神。其核心是：不仅仅把工作当作赚钱养家糊口的工具，而是树立起对职业敬畏、对工作执着、对产品负责的态度，极度注重细节，不断追求完美和极致，给客户无可挑剔的体验。将一丝不苟、精益求精的工匠精神融入每一个环节，做出打动人心的一流产品。与工匠精神相对的，则是"差不多精神"——满足于90%，差不多就行了，而不追求100%。工匠精神落在企业家层面，可以认为是企业家精神。具体而言，表现在几个方面：第一，创新是企业家精神的内核。企业家通过从产品创新到技术创新、市场创新、组织形式创新等全面创新，从创新中寻找新的商业机会，在获得创新红利之后，继续投入、促进创新，形成良性循环。第二，敬业是企业家精神的动力。有了敬业精神，企业家才会有将全身心投入到企业中的不竭动力，才能够把创新当作自己的使命，才能使产品、企业拥有竞争力。第三，执着是企业家精神的底色。在经济处于低谷时，其他人也许选择退出，唯有企业家不会退出。

具体来说，工匠精神包含四个方面的内涵。

（1）敬业。敬业是从业者基于对职业的敬畏和热爱而产生的一种全身心投入的认认真真、尽职尽责的职业精神状态。中华民族历来有"敬业乐群""忠于职守"的传统，敬业是中国人的传统美德，也是当今社会主义核心价值观的基本要求之一。早在春秋时期，孔子就主张人在一生中始终要"执事敬""事思敬""修己以敬"。"执事敬"，是指行事要严肃认真不怠慢；"事思敬"，是指临事要专心致志不懈怠；"修己以敬"，是指加强自身修养保持恭敬谦逊的态度。

（2）精益。精益就是精益求精，是从业者对每件产品、每道工序都凝神聚力、精益求精、追求极致的职业品质。所谓精益求精，是指已经做得很好了，还要求做得更好，"即使做一颗螺丝钉也要做到最好"。正如老子所说，"天下大事，必作于细"。能基业长青的企业，无不是精益求精才获得成功的。

（3）专注。专注就是内心笃定而着眼于细节的耐心、执着、坚持的精神，这是一切"大国工匠"所必须具备的精神特质。从中外实践经验来看，工匠精神都意味着一种执着，即一种几十年如一日的坚持与韧性。"术业有专攻"，一旦选定行业，就一门心思扎根下去，心无旁骛，在一个细分产品上不断积累优势，在各自领域成为"领头羊"。在中国早就有"艺痴者技必良"的说法，如《庄子》中记载的游刃有余的"庖丁解牛"、《核舟记》中记载的奇巧人王叔远等。

（4）创新。"工匠精神"还包括追求突破、追求革新的创新内蕴。古往今来，热衷于创新和发明的工匠们一直是世界科技进步的重要推动力量。新中国成立初期，我国涌现出一大批优秀的工匠，如倪志福、郝建秀等，他们为社会主义建设事业做出了突出贡献。改革开放以来，"汉字激光照排系统之父"王选、"中国第一、全球第二的充电电池制造商"王传福、从事高铁研制生产的铁路工人和从事特高压、智能电网研究运行的电力工人等都是"工匠精神"的优秀传承者，他们让中国创新重新影响了世界。

> **阅读材料**

本杰明·富兰克林 13 条美德体系①

1. 节制：不要吃得像个傻子，也不要喝得飘飘然。

2. 沉默：只说那些能让他人或自己受益的话，避免闲聊。

3. 秩序：让东西各归其位，给自己的事务安排好时间。

4. 决心：下定决心做你应该做的，把要解决的问题成功解决掉。

5. 节俭：只花对他人或自己有益处的钱，就是说不要浪费任何东西。

6. 勤奋：不要浪费时间。总应该有些有用的事来做，取消一切不必要的活动。

7. 诚实：不要恶意骗人。以善意和公正为思考的出发点，而且说话也应如此。

8. 正当：不应当去伤害人或因失职而使利益受损。

9. 适度：避免极端。克制怨恨会带来多大的伤害仅在自己一念之间。

10. 整洁：不可容忍身体、衣服和住所的污秽。

11. 贞洁：仅为健康和生育的目的行房；不要在此事上犯傻，也不要软弱，更不要有损于自己或他人的平静与名声。

12. 冷静：不要让琐事、普通或不可避免的事故来扰乱自己。

13. 谦逊：向耶稣和苏格拉底学习。

本杰明·富兰克林，美国科学家、政治家、外交家、美国独立宣言和宪法签署人、作家、出版家、成功的印刷厂主。据说这 13 条美德是他在 20 岁时自己制定的，每周努力实习一项，到 13 周后重来一遍。

---

① 笔者自编。

七、守护正念、觉知觉察

中科院心理健康重点实验室和浙江师范大学教育学院经过实证研究认为，冥想能促进顿悟和创造性思维。研究选取了没有任何冥想经验的大学生，并设计10 个典型的顿悟问题让他们解决，比如："每 24 小时池塘里面的荷花就会生长出一倍。在春天的第一天，池塘中只有一朵荷花，60 天后荷花开满了整个池塘。请问第几天的时候有一半的池塘开满荷花？"（答案：第 59 天）研究人员想知道，这 10 个顿悟题中，测试者所不能解决的那些问题，是否有可能在 20～30 分钟的冥想之后得到解决。研究结果表明：无论是经过 20～30 分钟（做腹式深呼吸并专注于数呼吸的次数），还是经过 20～30 分钟的控制任务（判断自己所听到的简单单词是中文还是英文）之后，大学生被试都能成功地解决一些他们在先前的尝试中未能解决的顿悟题目。它不但能促进顿悟，且促进的效果似乎更明显，相对于 8 个小时的睡眠而言，只要经过 20～30 分钟的冥想，人们的创造性思维就能显著提高。同时它还表明，冥想促进顿悟的途径并不是通过被动的休息，而是通过保持清醒而专注的意识状态。①

世界 500 强、华尔街、创业之都"硅谷"等都开始推广正念练习。乔布斯曾说："冥想时光塑造了我的世界观，并最终影响了苹果的产品设计。""这是一个经典的时刻。我独自一人，所需要的不过是一杯茶、一盏台灯和一台音响。你知道，这就是我的全部。"搜索引擎巨头 Google 公司为员工开设了正念冥想培训课程——探索内心的自己（search inside yourself，SIY），并进行每月一次的静默"觉知午餐"活动。除此之外，Google 甚至还斥资在公司内修筑了一座正念冥想行走迷宫，方便员工进行行走冥想。"在世界 500 强企业，通用磨坊、宝洁、塔基特、亿贝等也为员工提供了静心冥想的硬件设施。比尔·福特（福特汽车）、瑞克·葛因斯（特百惠）等 CEO 对冥想大力推崇。我们有理由相信，即将爆发的冥想经济，将给人们带来更具开创性的未来。

我们要接收外界的能量，首先要调整自己状态（频率），使频率同外界进行对接，然后获得传输而来的能量。我们的能量主要是通过起心动念消耗的，要想吸收能量，首先我们要使自己安静下来，静下来意味你开始减少能量的消耗。

---

① 《中科院实证研究：冥想能够促进创造性思维》，搜狐网，https：//www.sohu.com/a/195606496_430237。

"静心"的本质就是不断提高自己与自然的共融能力，最终达到天人合一的境界。比如道家讲究虚极、静笃，只有虚，才能开始从太空宇宙中吸收能量。而静的最高境界就是让自己无限趋于虚无，这样能量才能流进来。对于很多悟道、修行的人来说，打坐、苦思、冥想的本质，其实是调整人体的运作状态，使身体的运作秩序同外界的宇宙天体一致，你就变成了宇宙天体在世上的一个投影，然后做到了忘我、无我。

生命是动与静的合理结合，动中有静，静中有动。《易传·系辞传上》有"《易》无思也，无为也，寂然不动"。所谓冥想，并非什么都不想，关键是一个"静"字，即不加强制地、自然而然地放松下来，驱散杂念，放飞思维，天马行空，濛濛飘忽，超越不二。静思冥想的思维过程，与量子思维有着相似性，实验证明，从生物、医学及脑结构的角度，打坐、冥想亦可改变大脑血流途径，影响脑功能，变大脑结构，使部分脑电波类型变化，使人敏捷、快乐、减压。至于屈腿打坐，能使下半身血液变慢，上半身循环加强，心可安定，妄念减少，开悟增智。不论是道家式、禅宗式、瑜伽式或自由式，只要是大脑思维活动，都和其他物质结构运动一样，体现量子化运动的规律。

在正念冥想过程中还要注重觉察功夫的训练，觉察就是很专注地看着事物的发生、变化，而不介入。比如说你正在病痛着，你可以感受到病痛所带给你的不舒服，但不要去认同它，你专注看着这个病痛，而不加以评断这是好的或是坏的，也不抱怨为什么自己会受如此的折磨。你把信任交给存在，看看这个痛到底能在你的身体里怎么个横行，看着它，静静地，看着它，在某一个瞬间，某一个小片刻，你会超越这个不舒服感觉，并体会到一种宁静与祥和，你已进入了一个量子场，这个量子场来自空无，之后你可能会深沉地睡眠，那就好好睡吧，你的觉察已启动了身体自我的修护机制。专注地看，不要被它左右，这就是量子力学所说的"观察者"，当观察者观看一件事物时，这件事必然会崩陷，而呈现一个事物的本来面目，而人的本来面目是没有病痛的，病痛是意识创造出来的一种不真实的存在，当你信以为真地在情绪上对抗时，你的病痛便会加剧，而这个物质世界以及你的物质身体就更加让你感觉痛苦了。东方文化背景下，培养一个人的伦理直觉能力往往是通过禅修的方法，禅的真理在于实修，它源于中国人所具有的实践精神与知行合一的心学理念。苹果、Google 都特别推崇禅文化，它们的企业精神都强调自我超越，从而超越时代，创造世界，而禅的本质也是要人超越一切成规的羁绊，回到生命实相，从内在去生活和感知世界，践行更高层次的心灵追求。

八、破除我执、顺其自然

悟道最大的障碍就是我执。无觉生无明，无明受恶种，恶种生恶因，恶因出恶果，恶果我人相，我人相生执，一执千年苦，轮转不解脱。"我执"是站在自我利益和自我见解的角度上来分别一切事物，并执着于对自己有利的。对于不合自己利益和见解的事物和人，就会起反感，由此而产生种种烦恼。只要心里还有我，还不能达到忘我、无我的心境，围绕着我的一切都不可能放下。有我就不可能平等，有我就不可能清净，有我就是在执着个性，有我就失去了整体性，我们也就永远不可能进入道。

宇宙是无限的，宇宙中的生命维层也是无限的，对于同一个事物，每一个维层所看到或感知到的结果都是不同的。人类属于三维生命层次，因此，人类的五官被限制在三维层次中，限制自己对宇宙真相及多维层的认识。生存在任何一维空间的生命形式只对本维度有感知，而高一维空间的那个特有的维度对它们便是认知的极限了。人类的五官只能感知到长、宽、高三维以内的事物而被三维所障，眼、耳、鼻、舌、身、意为"六根"，六根相对"六尘"的色、声、香、味、触、法，从而产生"六识"，凡夫往往被这五蕴六尘所遮蔽而产生坚定的执着，这就是自己给自己划定了界限，有了界限，人们就被这些界限所束缚。

西方脑科学家曾对成人与婴幼儿的脑电波进行过比较研究，他们发现成人的思维敏捷而活跃，脑电波表现为较高频率的 α 波（读作阿尔法波）或 β 波（读作贝塔波），幼儿中则没有这样的波形出现。幼儿的脑电波主要表现为频率很慢的 δ 波（读作德尔塔波），这种波形，成人只有在深层的睡眠状态中才可能出现。可以看出，幼儿的思维，也就是心念的分别活动非常缓慢。随着年龄的增长，我们越来越熟悉感官世界的规则，我们能够正确地分别事物了，思维也越来越活跃，而相应地我们的执着心也就越来越强，心灵本有的能力也就越来越弱。因此老子非常推崇回归到没有虚妄分别心的婴儿时期。在《道德经》第十章中，老子说："专气致柔，能如婴儿乎？"在第五十五章中又说："含德之厚比于赤子。"这些话都表明，老子主张的为道，就是要返璞归真和回归挚诚的本心。人通过禅修可以控制自己的分别识速度，使自己的分别识变慢，当人深入禅定状态中时，对于修习禅定的人来说时间会变慢。

投射在墙上的影像，是没法改变的，把墙砸碎也改变不了影像，我们只能改变投影源——心，墙上的影像才能改变。每个人只能靠内在的改变，减轻我执，乃至彻底放下我执，才能真正悟道。现代管理中的一些说法，道理都是对的，但我在具体实践中很多却是越管越苦，越管越悲剧，越管越混乱。不是理论出了问题，是因为缺少一颗慈悲爱人的心，是控制人和利用人的心，所以任何看似华丽的方法都会成为有毒的东西。想去控制、占有、改变别人，就会形成人与人之间的压迫，施恩图报，伪善欺诈，利益交换，道德胁迫，乃至种种精神控制。

所有的修行方法归根结底都是告诉人们不要执着于眼、耳、鼻、舌、身、意六根，所谓六根清净，不是说什么都不听、不看也不想，而是指不要执着于外在的现象世界。《列子·仲民篇》中也说："眼如耳，耳如鼻，鼻如口，无不同也，心凝形释。"老子同样深知此理，在《道德经》中，多处劝导世人不要执着于感官的享受。在《道德经》第十二章中，老子说："五色令人目盲，五音令人耳聋，五味令人口爽，驰骋畋猎令人心发狂，难得之货令人行妨。是以圣人，为腹不为目，故去彼取此。"老子在《道德经》第四十八章中，具体阐明了"为道"与"为学"的差异。老子说："为学日益。为道日损。损之又损，以至于无为。无为而不为。"意识是说，求学的人，其情欲文饰一天比一天增加；求道的人，其情欲文饰则一天比一天减少，减啊减，减到最后恢复光明本性就是"无为"的境地，这个本自具足的自性显现时也就是无为而无不为了。老子在这里所推崇的"无为而为"，与六祖所提倡的"无念行"，其实质是一样的。都是教人们不要执着于感官的享受，不要受现象世界的羁绊，如果能做到"于相而离相"，那么离"道"就近了。

烦恼即菩提，开悟者眼里是没有障碍的，所谓的顺境、逆境也都是凡夫以分别心分别出来的。对自己有利的事就分别为顺境、好事，对自己不利的事就分别为逆境、坏事。而在开悟者眼里，已无我无他，何有顺逆？一切都是自然而然，一切境都是帮我修行的助缘，来者不拒，顺其自然。从本性来讲，顺境和逆境完全是平等的，只是作用不同而已，并无好坏之分。每一个遭遇和情境，都是你生命的助缘。我们自然而真诚地感谢在你生命中出现的所有的人，因为他们都是来帮助你成长的。这个宇宙生命体透过所有智慧个体的所有形式和展现来表现它自己，只有一个唯一的目的，就是去启动个体生命的旋律并实现向觉悟的转化。逆旅与助缘，自当不分别。同体与共生，欢喜自向前。

本章小结

个体伦理的修行路径可以从以下八个方面实现：不忘初心、大义名分，叠加高能、开悟正觉，提高心性、拓展经营，制心一处、无事不办，利他无我、同体大悲，工匠精神、敬畏工作，守护正念、觉知觉察，破除我执、顺其自然。

本章关键术语

个体伦理　伦理危机　信仰　不忘初心　开悟　心性　同体大悲　工匠精神正念

复习思考题

1. 习近平主席所讲的"不忘初心"是什么含义？如何在工作、生活中嵌入"不忘初心"的精神要义？

2. 如何在伦理实践中"提高心性、拓展经营"？

3. 人这一生中最难克服的心性缺点是什么？如何克服？

4. 现在不少国内外的企业都在推行"正念训练"，请查询三个知名公司的正念训练实务，阐述企业如何在经营管理和工作中实施"正念训练"。

5. 下面是一些伦理守则的例子，请参照这些例子，制定自己的伦理守则。

莎士比亚《哈姆雷特》：倾听每一个人的意见，但是只对少数人表达你的意见；接受每一个人的批评，但是保留你自己的判断；不要向人放贷，也不要借别人的钱；因为借款出去，往往不但丢了本钱，而且还失去了朋友；向人放贷容易养成因循懒惰的习惯。尤其重要的是，你必须对自己忠实；正像有了白昼才有黑夜一样，对自己忠实，才不会对别人欺诈。

名人典范：本杰明·富兰克林创建了13条美德体系，并在其自传中表现出来。包括：节制（食不过饱、酒不过量）；诚恳（思想纯洁公正，说话也要如此）；中庸适度（要容忍别人对你实行应得的处罚）；谦虚（效仿耶稣和苏格拉底）；贞洁（除非为了健康或生育后代）。

➤ 情景分析

电影《阿凡达》所折射的人生真相①

电影《阿凡达》写的是地球人在潘多拉星球的这种尴尬，地球人是闯入者，是干预者。而且他们认为自己是主宰者，要主宰潘多拉大地，但是后来逐渐地发现那个有点像主奴关系的颠倒。试图去主宰的东西，反而被它主宰，你是一个闯入者，后来发现你的生活，你的家园，也被闯入。跨越一定的界限，人就自取其辱。比如说在朋友关系、夫妻关系、上下级关系等里面出现冲突的一个很重要的原因就是彼此都不知道界限在哪里。万物之间有一个界限，人与世界之间，人与人之间，都有一个界限，这种界限决定了人们之间的协同、互动、平等的关系。如果跨越了这个界限，等于把生态破坏了，结果导致一系列的紊乱，大到组织的紊乱，小到身体的紊乱。这部电影为什么能这么触动人们的心灵呢？因为不管是基督教里面的玛利亚，还是佛教或者其他教派的先知，讲的都是一种很自然的通灵的关系，就是跟自然是合一的。这种合一因为现代科技、文明的发展被阻断了。

思考与讨论：

结合电影《阿凡达》的情景，分析圣贤们所讲的"与万物合一"指的是什么意思？如何达到"天人合一"？

➤ 案例分析

安金磊：颠覆中国"农民"一词的传奇人物②

"他是一个田园里的哲学家，用传统的耕种方式、生活方式，诠释着天人合一的生命智慧。在这个充满浮躁、忧虑重重的现代社会，他告诉我们，回归本然，才是真正的幸福之路。"这是"2012 感动河北年度人物"给他的颁奖词，他却把功劳都给了土地。

---

① 顾剑：《管理伦理学》，同济大学出版社 2012 年版，第 121 页。
② 《不用化肥农药不杀虫照样得高产的神人》，搜狐网，https://www.sohu.com/a/220839497_761736。

这是一个会颠覆你对"农民"这个群体名词的传奇人物，《南方周末》、《三联生活周刊》、中央电视台等多家国内主流媒体都报道过他，柏林禅寺的方丈明海大和尚曾在讲法中向大家推介他，他的人格魅力征服了无数来拜访他的记者、英才墨客，他的故事引发世界性的关注……他是谁，为什么有这么大的影响力？

安金磊系河北省枣强县马屯镇东紫龙村村民。他在我们赖以生存的土地已被化学物质污染得病入膏肓的今天，反其道而行之，他种庄稼既不使用化肥、农药和除草剂，也不使用转基因种子，而是使用传统的普通农家肥和自己培育的种子，结果取得了丰硕的成果，创造了一个现代农业的神话。他在自家耕作的40亩庄稼地里参透了自然，弄清了天人合一和与环境共生存同毁灭的自然命题。

1993年，当安金磊走出农校到农场做技术员，第一次接触农药时，深感其气味难闻。一次，他听一人讲其子因为吃了自家地里的西瓜中毒，原因是那块瓜田用了过量的农药。高烧不退，把中考都耽误了。从此，他就立志要做拒绝使用农药和除草剂的第一人。

1997年，农场改制解体，安金磊回到家乡，以50元/亩的价格承包了村子边缘的40亩荒废的偏远薄地，当时别人仅愿出2元/亩，最高者也仅出6元/亩。

华北地区农业向来以种植棉粮为主体，而安金磊却别开生面，他把承包的40亩地分成多块，种上了不同的庄稼。同时，他的种植方法也异于常人：既不除草，也不用化肥、农药等含化学成分的物质，而是以日常积攒的粪肥和杂草秸秆的浸泡堆积肥即传统的农家有机肥为肥料。

安金磊没有上过大学，他的知识全靠自学以及广泛的阅读涉猎，从儒释道经典到美国前副总统戈尔的《濒临失衡的地球》，无所不有。在他的床头，就挂着一幅借笔太极图的《阴阳鱼》、一副《般若波罗蜜多心经》，书架醒目的位置则摆着一套《南怀瑾全集》。

安金磊相信，中国的土地、自然和中国固有的文化是结合在一起的，传统文化里的精神能更好地帮助人理解自己存在的意义和生活方式。因为不希望孩子接受"与自然脱节"的教育，他把孩子送到成都一所书院学习中国传统文化，接受"开化心智"的启蒙。他希望儿子将来还能回来种地，做一介农夫，一个比他更能通达自然的农夫。

"仁者以天地万物为一体，一荣俱荣，一损俱损。"安金磊喜读老庄的书，以及《齐民要术》《本草纲目》等，真诚地认为："人法地、地法天、天法道、道法自然。"那时候，安金磊读庄子，读《齐民要术》《本草纲目》，先贤的智慧让他从"道法自然"中获得了启示，那就是尊重、顺应自然规律。在安金磊看来，自然是一个和谐的整体，植物、昆虫、鸟类、微生物等，没有绝对的害虫和益虫，生物越多样这个系统才能运转更稳定。农药杀的不只是害虫，它连带破坏了整片土地的生态链。如果土地里没有蚂蚁，草籽无法被集中储存，第二年可能就会出现草荒，土地的能量会因此失衡。不用农药，"害虫"虽然不死，但"害虫"的天敌也不会死，这是自然界相生相克的法则。

他认为，一个种田人不识稼穑、不知农时就不是一个合格的农民。麻雀做麻雀该做的，小草做小草该做的，青蛙做青蛙该做的，我们就做我们该做的。

对他来说，一早一晚听着几十种昆虫的叫声，还有庄稼拔节、抽穗及露水的声音，那是何等美妙的天籁之音啊！他种植的基本是棉花和五谷，用的是附近养鸡场买来的鸡粪，全部人工除草以涵养水分。草是庄稼的好邻居，它既能使农田丰收，而且还能解除植物的多种疾病。用农药是图一时之快，虽然把害虫除掉了，但同时也把一些对庄稼有益的虫子杀死了。比如蚯蚓———防止土地板结的天然卫士，有经验的农民都知道，蚯蚓使土壤的松软程度远胜过机械深耕，而且蚯蚓的排泄物对土壤有肥沃作用；有点生物知识的人都知道，化肥、农药和除草剂中的有害物质会随空气和水乃至食物链四处蔓延，从而使破坏面越来越大，破坏程度越来越严重，最终威胁整个生态系统的平衡。

为了给麻雀提供食物，安家专门种了一亩的稷子。起初，麻雀来食者寥寥，渐渐地就达上万只，令人称奇的是麻雀只吃预备的稷子和棉田里的椿象、蚜虫等害虫，根本不去碰周围别的庄稼。为了不伤害蛾子和蚜虫，安家把玉米和芝麻种植在棉田的边缘，安金磊说："蛾子更喜欢玉米，有了玉米就不去棉花上了，蚜虫不喜欢芝麻的味道，会远远地躲开，这样棉花就沾光了"。为了给土地减轻负担，安家的土地实行轮番休息，今年这片，明年那片，休息的土地什么都不种，任其荒草丛生。安金磊认为，土地是有语言的，我们需要融入进去才能读懂它。土地像人一样，它们也是需要休息的，只有休息好了，才能让它们为我们长久地供给。

"万事开头难。"由于安金磊是种植自己培育的种子和使用传统农家有机肥种庄稼，所以刚开始其产量并不高，但几年后，土地恢复了天然的生命力，安家的庄稼就明显比别人家的都要好。玉米虽小，但颗粒饱满而坚硬，而用化肥的地里长出的玉米颗粒都很干瘪；棉花个头不大，可纤维明显比别人家的长。2004 年华北地区大面积发生枯黄萎病，绝收的棉农大有人在，有三、四成收成即是幸运，可安家的棉花虽然也受到了些影响，但仍然保持着最合适的含水量，亩产达200 公斤。2006 年初秋，正值棉花收获时节，但连续两个月的伏旱使棉花严重干渴，成片死亡，但安家的棉田里却是一片油绿，植株齐人胸膛，无一株有病状。由于安家的棉花绒长，抗拉性明显优于其他棉花，2007 年安家的棉花被一纺织厂商以 9 元/公斤，远高于市价 5 元/公斤的价格全部收购。

安金磊说："我们对土地应该报以感恩的心，大地给予我们的太多，我们不应该伤害土地，土地并不完全属于人类，我把土地看作是与人类同等重要的生命。"多么深刻的认识！是啊，人类社会正在努力构建和谐社会，其实人与自然之间也应构建一种和谐关系，尤其是与为我们提供生存基础的土地。为了达到自己所追求的人与自然和谐相处的境界，安金磊家里用的东西全是来自大自然：洗碗用丝瓜瓢，做饭、烧水用玉米棒，洗头用碱面。每天进门，顺手从藤蔓上摘下新鲜的薄荷叶，放进茶壶泡水喝；饭后的碗筷先用玉米面粉擦一遍，再用清水一冲即可。用后的玉米面粉拌上些瓜果菜皮，便成了狗的美餐。玉米、芝麻、棉花等秸秆全部留下，堆积为次年的肥料。他坚持不在地里打手机，怕辐射到禾苗和昆虫。

在安金磊的潜移默化下，当地村民深受其影响。有的瓜果农户不再使用化肥、农药，改用传统农家有机肥，并把遗留在棉地里的塑料膜捡回来。随着安金磊影响的扩大，远道而来取经的农户越来越多。

如今，安金磊是着力推广有机农业的香港公益机构———社区伙伴的座上宾。同时，受邀出访泰国，还在云南、四川登上了"农民生计与可持续发展"论坛的讲台，并入围《南方农村报》、天涯社区和中山大学公民社会中心联合主办的"最具行动能力三农人物"的评选。

当然，在追求农业高产乃至超高产的今天，要改变广大农民朋友已根深蒂固地使用高科技转基因种子、化肥、农药和除草剂种庄稼的观念，不是一件易事，因为他们一时难以明白其中的道理。但我们应该注意到，我们的衣、食、住、行、医远比我们的祖辈好得多，可为何患病率和所患疾病的种类都超过了我们的祖辈？据专家研究发现，这其实与我们的日常食物和生存环境受到了污染有相当大的关系。

既然症结已经明确，我们为何不尽快想办法弥补呢？我想安金磊模式就是一剂良方，虽然刚开始实施时效果可能不明显，但只要坚持不懈，待到土地天然的生命力恢复，即可立竿见影，事半功倍。这样既保证了食物的绿色性，又维护了生态系统的平衡，使人类真正达到天人合一的美好境界！何乐而不为？

思考与讨论：

1. 安金磊是基于怎样的"初心"来做生态农业的？

2. 分析安金磊的个人伦理对生态农业经济效益和社会效益的影响。

参考文献

［1］《爱因斯坦文集》（第一卷），商务印书馆 1976 年版。

［2］玻尔：《原子论和自然的描述》，郁韬译. 商务印书馆 1964 年版。

［3］玻姆：《量子理论》，商务印书馆 1982 年版。

［4］陈鼓应：《老子今注今译》，商务印书馆 2017 年版。

［5］成素梅：《量子论与科学哲学的发展》，科学出版社 2012 年版。

［6］王守仁：《阳明先生集要》（上），中华书局 2008 年版。

［7］孙新波：《管理哲学》，机械工业出版社 2019 年版。

［8］李兰芬：《当代中国德治研究》，人民出版社 2008 年版。

［9］约翰·罗尔斯：《正义论》，上海外语教育出版社 2019 年版。

［10］稻盛和夫：《京瓷哲学》，东方出版社 2016 年版。

［11］张应杭：《管理伦理》，浙江大学出版社 2006 年版。

［12］辛杰：《量子管理：不确定时代的管理变革》，机械工业出版社 2020 年版。

［13］陈春花：《激活个体：互联时代的组织管理新范式》，机械工业出版社 2015 年版。

［14］丹娜·左哈尔著，杨壮译：《量子领导者：商业思维和实践的革命》，机械工业出版社 2016 年版。

［15］玛克丽特·惠特利：《领导力与新科学》，浙江人民出版社 2016 年版。

［16］顾剑：《管理伦理学》，同济大学出版社 2012 年版。

［17］张含峰、董文芳、宋超：《老子之道与量子论的融通》，载于《学术论坛》2008 年第 7 期，第 56～65 页。